商业银行对公授信培训

（第四版）

立金银行培训中心　著

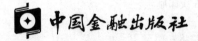
中国金融出版社

责任编辑：亓　霞　张清民
责任校对：孙　蕊
责任印制：丁淮宾

图书在版编目（CIP）数据

商业银行对公授信培训（第四版）/立金银行培训中心著．—北京：
中国金融出版社，2017．10
ISBN 978 - 7 - 5049 - 9248 - 2

Ⅰ. ①商…　Ⅱ. ①立…　Ⅲ. ①商业银行—信贷管理　Ⅳ. ①F830. 5

中国版本图书馆 CIP 数据核字（2017）第 247973 号

商业银行对公授信培训（第四版）
SHANGYE YINHANG DUIGONG SHOUXIN PEIXUN（DI-SI BAN）

出版
发行　　中国金融出版社

市场开发部　（010）66024766，63805472，63439533（传真）
网 上 书 店　www. cfph. cn
　　　　　　（010）66024766，63372837（传真）
读者服务部　（010）66070833，62568380
邮编　100071
经销　新华书店
印刷　北京七彩京通数码快印有限公司
尺寸　169 毫米 ×239 毫米
印张　47. 25
字数　750 千
版次　2008 年 4 月第 1 版　2011 年 9 月第 2 版　2013 年 10 月第 3 版
　　　2017 年 10 月第 4 版
印次　2025 年 9 月第 6 次印刷
定价　98. 00 元
ISBN 978 - 7 - 5049 - 9248 - 2
如出现印装错误本社负责调换　联系电话（010）63263947

序

做优秀的商业银行客户经理

没有传统金融就没有基础，没有同业金融就没有爆发力，没有投行金融就没有利润，没有互联网金融就没有未来。

《商业银行对公授信培训》2008年4月第一版，2011年9月第二版，2013年10月第三版以来，总计销售超过10万册，刷新了银行常用授信产品专业图书的一次纪录，非常感谢各位银行同人的支持。

很多银行客户经理通过学习本书，获得了快速的成长，业务提升很快，我们感到非常欣慰。

《商业银行对公授信培训》是一本汇集了银行常用授信产品的专业教材。最近两年，商业银行金融创新层出不穷，投行、互联网金融、商业汇票等涌现出很多新工具，为了保证此书前沿指导性，我们对《商业银行对公授信培训》进行修订。新书最大变化就是加入了一些最新的授信产品，同时将原来解释不够透彻的内容进行了完善。

谈谈我多年来对客户经理培训中的一些心得体会。

客户经理只有熟练使用对公授信产品才可以在银行立足。在银行的产品"花园"中，对公授信产品是"花中之王"。

银行必须首先满足客户需要，才可能有相对于客户而言存在的价值。在纷繁芜杂的众多银行产品中，客户最需要的是银行信贷产品。正确地使用银行信贷工具，可在满足客户商业需要的同时，实现银行吸收存款、获取收益的目标，使银企双赢，成为牢固的商业合作伙伴。

要知道，客户愿意与客户经理接触并不是客户经理有什么过人之处，而是需要他背后的银行，每个客户经理的价值依托于银行而存在，而银行价值在于其经营信贷的天然优势——能够帮助客户解决扩大生产经营，以及快速扩张的资金问题。

——销售金融服务方案的价值远远超过单一产品

不要去销售标准化的银行产品，而应当去销售金融服务方案。标准化的银行产品收益太单薄，而综合金融服务方案的收益会大幅提高。要做一个会设计授信方案的优秀银行客户经理。

对大部分中国商业银行而言，最缺乏的就是能够独立设计金融服务方案的优秀客户经理。每个客户经理都要精通各类票据、贷款、保函等产品，深度理解企业的商业模式，能够将银行的授信产品与企业的商业模式进行对接。

一个信贷项目绝不仅仅是提供单一的授信产品，而应当是为客户设计一个整体的金融服务方案，方案的好处在于能将银行信贷产品嵌入客户的产业链，实现与客户经营需要的完整对接，而且能使银行清楚信贷资金的用途和授信的准确风险度。

客户经理应当记住：一个项目能否成功必须满足"开心、放心"两个原则。"开心"原则就是银行提供的授信服务方案必须使客户感觉得到了现实的利益，满足了其需要，客户愿意使用银行的产品；"放心"原则就是银行对借款人使用银行信贷资金用途很清楚，确信企业能到期还款。

——授信操作需要坚持

授信项目报批最熬人，这是做客户经理的直观感受。客户到底有没有风险，客户经理最清楚。授信项目报批需要客户经理异常坚韧，你认准的就是对的，非常执着。有时业务部门与审批部门进行的是一场博弈，选择信贷客户是一个相互妥协的过程，公司业务部门和信贷风险审批部门彼此妥协。公司业务部门希望信贷审批部门适度降低要求，这样满足标准的客户会更多；信贷审批部门希望公司业务部门提高标准，这样可以更加有效地控制风险，可是能够达到审批标准的客户数量会有一定程度下降。所以双方要有一定的彼此妥协，既能达到信贷准入标准，同时又能成功地营销客户。客户经理需要坚持，要懂得聪明地处理各方的关系。

我们在培训的时候经常讲，客户经理要懂得换位思考，如果换做你做信贷审批人员，可能你会更加苛刻。客户经理和信贷审批人员会对银行的大部分授信项目存在分歧，而对客户最了解的是客户经理，客户经理必须坚持自己认为正确的项目，要想方设法说服信贷审批人员。

绝对不可以项目一旦不批，就只是干发牢骚、怨天尤人，这于事无补。

本书有以下三个特点：

1. 汇集了最前沿的新产品。本书介绍了当前市场上使用较为广泛的各项

银行对公授信产品，其中很多产品非常新颖，如互联网金融、同业金融、交易融资、供应链融资、法人账户透支业务、商业承兑汇票保贴业务、代理出票、买方付息票据贴现、代理票据贴现、保兑仓融资、未来货权质押融资等，还包括很多最前沿的银行融资方案，如供应链融资方案、传统授信与现金管理产品的捆绑操作方案等。

2. 收录了最新的金融授信案例。本书对每个产品配以实际案例，通过案例详细解释每种授信产品的含义、功能、操作规定，并结合营销实践经验，提炼产品的营销技巧。

3. 使用最直白的语言。在这里，没有艰深复杂的银行产品和枯燥的银行理论知识，而是全部使用通俗易懂的语言解释清楚每种银行授信产品。授信产品对于银行而言是一项风险业务，在博取收益的同时也蕴含一定的潜在风险。通过这本书，我们把对银行产品的理解、产品适用客户、存在的风险点及如何防范等进行详尽的介绍，希望客户经理能尽快掌握银行产品，并切实应用在营销工作之中。

真正成熟的客户经理，一定会将各类银行产品融会贯通，应用自如。

感谢各位银行公司业务战线的同人十年来的不离不弃。

目　　录

第一章　授信与票据

第一节　基础信贷知识

一、授信

【定义】

授信是指银行相信企业的最大偿债能力，而企业的最大偿债能力是银行对企业未来现金流的折现评估。

授信额度是根据企业的最大偿债能力，对企业经营能力和现金流状况综合评价的结果，银行相信企业在这个金额范围内有足够的清偿能力，能够控制企业的偿债能力风险。所以，只要是银行做信贷业务，首先必须为借款人核定授信额度，在授信额度内操作信贷业务。

银行应当首先判断企业是否有偿债能力。抵押和担保仅是一种控制手段，是为了让企业做事有底线，不会轻易违约，银行能够控制企业的道德风险。不是有了抵押和担保银行就一定提供授信，而是企业必须有独立的偿债能力。

【点评】

银行控制信贷风险的箴言：牢牢控制信贷资金用途，必须让企业按照承诺的方式使用信贷资金。一旦企业挪用了信贷资金，那么银行以前对客户的风险控制都会形同虚设。

【优秀授信方案的三步骤】

1. 授信（控制）。

担保、房产抵押、动产质押、保理（应收账款转让）

应收账款质押、保兑仓（回购担保）

企业向银行申请授信，就是希望银行为其提供资金（融资），或者是提供信用（融信），由于银行承担了企业不能偿还贷款的风险，因此，银行必须控制企业的履约行为，必要时采取强制手段迫使其履约，要求企业提供物的担保或人的担保。如果借款人违约，银行就会处置担保。

银行通过提供信贷资源积极支持企业发展的同时也必须采取风险控制手段。

2. 用信（给予）。

贷款、银行承兑汇票、国内信用证、商业承兑汇票、担保

银行在做好风险控制工作后，会提供给企业融资或融信，这是企业用信的行为，对于商业银行而言，也是利用资本创造价值的过程，或者说是货币或银行的信用在发挥作用，在为银行创造利润。

3. 支付或收款（经营）。

贷款

银行承兑汇票（扣息）（买方付息＋代理贴现）

国内信用证（回购担保）（买方付息＋代理议付）

商业承兑汇票（买方付息＋代理贴现）

担保（银行对卖方贷款）

指定回款账户、应收账款质押、担保收款、现金管理

企业向银行申请获得的授信都有确定的经营支付目的，用于商品和原材料的采购或者是用于确定的收款等。银行必须对授信产品进行对客户的适应

性改造，从而与企业的商业经营模式进行完美对接，控制企业的支付与收款行为。

【分析】

通常银行客户经理的最大问题在于，总是瞄准企业的融资需要。其实，从表面来看企业需要的是融资，而其真正需要的是商务的支付，银行的核心目标是帮助企业解决支付问题。银行应当立足于给企业多提供支付的商业汇票、信用证、供应链融资等，而不是简单的提供流动资金贷款。

二、综合授信

【定义】

综合授信是指商业银行在对客户的财务状况和信用风险进行综合评估的基础上，确定能够和愿意承担的风险总量，而给目标企业核定的最高授信额度。

综合授信方案实际是银行在对客户核定的最高额授信额度内，银行根据企业的经营特点，组合提供各种适合的授信品种，用于支持企业发展的一种组合授信套餐方式。银行对企业综合授信见图 1 – 1。

图 1 – 1 银行对企业综合授信示意图

授信额度的最大便利是，在这个额度内客户向银行借款可减少烦琐的贷款检查。而综合授信的最大优势在于组合各类银行授信产品，可以最大限度地满足企业的各种经营需要。

综合授信形式是一揽子授信，即贷款、打包放款、进口押汇、出口押汇、贴现、信用证、保函、银行承兑汇票等不同形式的授信都要置于该客户的授信额度上限以内，以便集中统一管理和有效控制信用风险。而且这种单一产品的组合非常有目的性，根据企业的经营特点，有序列地组合各类银行授信产品。

【政策依据一】

《关于进一步加强信用风险管理的通知》（银监发〔2016〕42号）规定：

一、改进统一授信管理。银行业金融机构应将贷款（含贸易融资）、票据承兑和贴现、透支、债券投资、特定目的载体投资、开立信用证、保理、担保、贷款承诺，以及其他实质上由银行业金融机构承担信用风险的业务纳入统一授信管理，其中，特定目的载体投资应按照穿透原则对应至最终债务人。在全面覆盖各类授信业务的基础上，银行业金融机构应确定单一法人客户、集团客户以及地区行业的综合授信限额。综合授信限额应包括银行业金融机构自身及其并表附属机构授信总额。银行业金融机构应将同业客户纳入实施统一授信的客户范围，合理设定同业客户的风险限额，全口径监测同业客户的风险暴露水平。对外币授信规模较大的客户设定授信额度时，应充分考虑汇率变化对风险暴露的影响。

【解读】

1. 授信品种扩大化，即从债权类资产扩展至投资类资产，银行债权类信用风险资产包括贷款（含贸易融资）、票据承兑和贴现、透支、债券投资、开立信用证、保理、担保、贷款承诺等表内外业务形成的资产及或有资产，而对特定目的载体的投资实际上作为类信贷资产或非信贷资产对待，部分银行并未纳入统一授信管理。而从银监会2016年度非现场监管报表更新来看，对信用风险资产重新进行了调整与归类，意味着只要持有因交易而产生的金融资产，就存在信用风险（违约风险），银行应将所有承担信用风险的业务纳入统一授信管理。

2. 特定目的载体投资纳入统一授信管理，最终债务人按照穿透原则确定，即授信对象穿透化。明确将特定目的载体投资按照穿透原则对应至最终债务人。而在此之前，有的银行是对特定目的载体进行授信，更多银行是对SPV发行方进行授信，并在风险加权资产计算的过程中视同为对金融机构的债权。授信对象穿透并纳入统一授信后，就必须纳入统一授信集中度管理，需要满足不超过15%的授信集中度监管指标要求。原本《关于规范金融机构同业业务的通知》（银发〔2014〕127号）只表述为"实质重于形式进行穿透"更多是体现在表内信用风险加权资产计提方面，防止变相节约资本实施监管套利。

3. 将同业客户纳入统一授信范围，但没有明确是否需要符合额外集中度要求（除 127 号文的 1/3 指标外）。

【适用对象】

综合授信对象一般是法人。

1. 大型工商制造类企业。例如钢铁企业、石化企业、家电制造企业等，对这类企业应当充分考虑其上下游企业的需要。银行核定综合授信额度，多考虑提供商业承兑汇票、担保额度和国内信用证额度等，用于开发其上下游企业。

2. 中小贸易商。在综合授信方案中，银行应当多考虑提供票据品种，通过银行承兑汇票和商业承兑汇票的组合运用，控制企业的现金流。

3. 大型医院、学校等单位。在综合授信方案中，银行应当多考虑提供商业承兑汇票和担保品种，通过商业承兑汇票和担保品种的组合运用，控制企业的现金流，争取营销其上下游客户。

4. 大型施工企业等。在综合授信方案中，银行应当多考虑提供商业承兑汇票、银行承兑汇票和保函的组合品种，通过商业承兑汇票、银行承兑汇票和保函的组合运用，促进企业的经营，争取营销其上下游客户。

【授信期限】

授信按期限分为短期授信和中长期授信。短期授信是指 1 年以内（含 1 年）的授信，中长期授信是指 1 年以上的授信。

具体业务是指根据银行对客户的综合授信确定的，银行向客户提供的贷款、银行承兑汇票、贸易融资等具体的授信业务。

【综合授信专业术语】

最高授信额度是指根据银行对客户综合授信确定的，客户在本协议约定的综合授信有效期内可向银行申请使用的各项具体业务形成的债务本金的最高余额。

具体授信额度是指在最高授信额度内确定的，客户在本协议约定的综合授信有效期内可向银行申请使用的某一项具体业务形成的债务本金的最高余额。例如，客户可以使用银行承兑汇票、国内信用证、流动资金贷款等。

已用授信额度是指在具体授信额度内，客户在本协议约定的综合授信有效期内尚未清偿的某一具体业务的债务本金余额之和。

【授信种类】

综合授信由表内授信和表外授信两类构成。

表内授信包括贷款、项目融资、贸易融资、贴现、透支、保理、债券投资、对特定目的载体的投资等。

　　表外授信包括贷款承诺、保函、国内信用证、银行承兑汇票等。

　　通过组合表内授信工具和表外授信工具，实现有效的表内工具和表外工具的互补。表内工具有利于创造利息收入，但其对控制企业现金流帮助有限；表外工具可以有效控制企业的现金流，但其缺陷是不能贡献利息收入。

【政策依据二】

　　《商业银行表外业务风险管理指引》（修订征求意见稿）规定：

　　第一条　（表外业务定义）本指引所称表外业务是指商业银行从事的，按照现行的会计准则不计入资产负债表内，不形成现实资产负债，但能够引起当期损益变动的业务。

　　第二条　（表外业务的分类）根据表外业务特征和法律关系，表外业务分为担保承诺类、代理投融资服务类、中介服务类、其他类等。

　　担保承诺类业务包括担保类、承诺类等按照约定承担偿还责任的业务。担保类业务是指商业银行对第三方承担偿还责任的业务，包括但不限于银行承兑汇票、保函、信用证、信用风险仍在银行的销售与购买协议等。

　　承诺类业务是指商业银行在未来某一日期按照事先约定的条件向客户提供约定的信用业务，包括但不限于贷款承诺等。

　　代理投融资服务类业务指商业银行根据客户委托，为客户提供投融资服务但不承担代偿责任、不承诺投资回报的表外业务，包括但不限于委托贷款、委托投资、代客非保本理财、代客交易、代理发行和承销债券等。

　　中介服务类业务指商业银行根据客户委托，提供中介服务、收取手续费的业务，包括但不限于代理收付、财务顾问、资产托管、各类保管业务等。

　　其他类表外业务是指上述业务种类之外的其他表外业务。

　　第三条　（原则）商业银行开展表外业务，应当遵循以下原则：

　　（一）全覆盖原则。商业银行应当对表外业务实施全面统一管理，覆盖表外业务所包含的各类风险。

　　（二）分类管理原则。商业银行应当区分自营业务与代客业务；区分不同表外业务的性质和承担的风险种类，实行分类管理。

　　（三）实质重于形式原则。商业银行应当按照业务实质和风险实质归类和管理表外业务。

（四）内控优先原则。商业银行开办表外业务，应当坚持风险为本、审慎经营的理念，坚持合规管理、风险管理优先。

（五）信息透明原则。商业银行应当按照监管要求披露表外业务信息。

三、同业授信

【产品定义】

同业授信是指对具有法人资格的金融机构及经法人授权的非法人金融机构分支机构核定额度，在额度内与之进行短期资金融通，主要用于资金拆借，此外还包括票据买入、贴现以及与国外银行的保理额度等。

【政策依据】

1. 《中国银监会关于进一步加强信用风险管理的通知》（银监发〔2016〕42号）规定：

银行业金融机构应将同业客户纳入实施统一授信的客户范围，合理设定同业客户的风险限额，全口径监测同业客户的风险暴露水平。对外币授信规模较大的客户设定授信额度时，应充分考虑汇率变化对风险暴露的影响。

2. 《关于规范金融机构同业业务的通知》（银发〔2014〕127号）规定：

一、本通知所称的同业业务是指中华人民共和国境内依法设立的金融机构之间开展的以投融资为核心的各项业务，主要业务类型包括：同业拆借、同业存款、同业借款、同业代付、买入返售（卖出回购）等同业融资业务和同业投资业务。

金融机构开展的以投融资为核心的同业业务，应当按照各项交易的业务实质归入上述基本类型，并针对不同类型同业业务实施分类管理。

二、同业拆借业务是指经中国人民银行批准，进入全国银行间同业拆借市场的金融机构之间通过全国统一的同业拆借网络进行的无担保资金融通行为。

同业拆借应当遵循《同业拆借管理办法》（中国人民银行令〔2007〕第3号发布）及有关办法相关规定。同业拆借相关款项在拆出和拆入资金会计科目核算，并在上述会计科目下单独设立二级科目进行管理核算。

三、同业存款业务是指金融机构之间开展的同业资金存入与存出业务，其中资金存入方仅为具有吸收存款资格的金融机构。同业存款业务按照期限、业务关系和用途分为结算性同业存款和非结算性同业存款。同业存款相关款项在同业存放和存放同业会计科目核算。

同业借款是指现行法律法规赋予此项业务范围的金融机构开展的同业资金借出和借入业务。同业借款相关款项在拆出和拆入资金会计科目核算。

四、同业代付是指商业银行（受托方）接受金融机构（委托方）的委托向企业客户付款，委托方在约定还款日偿还代付款项本息的资金融通行为。受托方同业代付款项在拆出资金会计科目核算，委托方同业代付相关款项在贷款会计科目核算。

同业代付原则上仅适用于银行业金融机构办理跨境贸易结算。境内信用证、保理等贸易结算原则上应通过支付系统汇划款项或通过本行分支机构支付，委托方不得在同一市、县有分支机构的情况下委托当地其他金融机构代付，不得通过同业代付变相融资。

五、买入返售（卖出回购）是指两家金融机构之间按照协议约定先买入（卖出）金融资产，再按约定价格于到期日将该项金融资产返售（回购）的资金融通行为。买入返售（卖出回购）相关款项在买入返售（卖出回购）金融资产会计科目核算。三方或以上交易对手之间的类似交易不得纳入买入返售或卖出回购业务管理和核算。

买入返售（卖出回购）业务项下的金融资产应当为银行承兑汇票，债券、央票等在银行间市场、证券交易所市场交易的具有合理公允价值和较高流动性的金融资产。卖出回购方不得将业务项下的金融资产从资产负债表转出。

六、同业投资是指金融机构购买（或委托其他金融机构购买）同业金融资产（包括但不限于金融债、次级债等在银行间市场或证券交易所市场交易的同业金融资产）或特定目的载体（包括但不限于商业银行理财产品、信托投资计划、证券投资基金、证券公司资产管理计划、基金管理公司及子公司资产管理计划、保险业资产管理机构资产管理产品等）的投资行为。

七、金融机构开展买入返售（卖出回购）和同业投资业务，不得接受和提供任何直接或间接、显性或隐性的第三方金融机构信用担保，国家另有规定的除外。

八、金融机构开展同业业务，应遵守国家法律法规及政策规定，建立健全相应的风险管理和内部控制体系，遵循协商自愿、诚信自律和风险自担原则，加强内部监督检查和责任追究，确保各类风险得到有效控制。

九、金融机构开展同业业务，应当按照国家有关法律法规和会计准则的要求，采用正确的会计处理方法，确保各类同业业务及其交易环节能够及时、完整、真实、准确地在资产负债表内或表外记载和反映。

十、金融机构应当合理配置同业业务的资金来源及运用，将同业业务置于流动性管理框架之下，加强期限错配管理，控制好流动性风险。

十一、各金融机构开展同业业务应当符合所属金融监管部门的规范要求。分支机构开展同业业务的金融机构应当建立健全本机构统一的同业业务授信管理政策，并将同业业务纳入全机构统一授信体系，由总部自上而下实施授权管理，不得办理无授信额度或超授信额度的同业业务。

金融机构应当根据同业业务的类型及其品种、定价、额度、不同类型金融资产标的以及分支机构的风控能力等进行区别授权，至少每年度对授权进行一次重新评估和核定。

十二、金融机构同业投资应严格风险审查和资金投向合规性审查，按照"实质重于形式"原则，根据所投资基础资产的性质，准确计量风险并计提相应资本与拨备。

十三、金融机构办理同业业务，应当合理审慎确定融资期限。其中，同业借款业务最长期限不得超过三年，其他同业融资业务最长期限不得超过一年，业务到期后不得展期。

十四、单家商业银行对单一金融机构法人的不含结算性同业存款的同业融出资金，扣除风险权重为零的资产后的净额，不得超过该银行一级资本的50%。其中，一级资本、风险权重为零的资产按照《商业银行资本管理办法（试行）》（中国银行业监督管理委员会令2012年第1号发布）的有关要求计算。单家商业银行同业融入资金余额不得超过该银行负债总额的三分之一，农村信用社省联社、省内二级法人社及村镇银行暂不执行。

十五、金融机构在规范发展同业业务的同时，应加快推进资产证券化业务常规发展，盘活存量、用好增量。积极参与银行间市场的同业存单业务试点，提高资产负债管理的主动性、标准化和透明度。

十六、特定目的载体之间以及特定目的载体与金融机构之间的同业业务，参照本通知执行。

【操作要点】

银行给予同行授信额度，也有相应的用途和品种，比如银行承兑汇票贴现、转贴现、同业存款。以银行承兑汇票举例示范，所以一般给予国有银行的同业授信都比较高，约 500 亿~1000 亿元，一旦超过这个额度就不再接受这家银行开的银行承兑汇票。

【产品分类】

1. 同业资产。

存放同业：商业银行放在其他银行和非银行金融机构的存款。满足客户与本银行之间各类业务往来的资金清算需求及部分盈利性需求。

拆出资金：金融机构（主要是商业银行之间）为了调剂资金余缺而短期借出资金的行为，无抵（质）押物。拆出资金在同业市场融通，获得盈利。

买入返售：先买入某金融资产，再按约定价格进行回售从而融出资金。如债券、票据、股票、信托受益权等金融资产的返售。

2. 同业负债。

同业存放：其银行或非银行金融机构存放在商业银行的存款。以第三方存管资金为主。

拆入资金：金融机构（主要是商业银行之间）为了调剂资金余缺而短期借出资金的行为，无抵（质）押物。向同业市场拆入资金，满足投资需求和流动性需要。

卖出回购：根据回购协议按约债券、票据、股票、定价卖出金融资产从而融入资金。信托受益权等金融资产的回购。

【同业业务风险】

1. 存款成本上升风险。银行理财产品、信托产品成为活期存款和储蓄存款的普遍替代方式，显著分流部分活期存款和储蓄存款，使之转移至表外。这部分资金一方面通过买入返售等业务转移计入同业存放负债，直接导致同业存放资金的增加；另一方面，由于表外业务急剧增加引起银行资金的流动性缺口，而这部分缺口银行又通过同业拆入来弥补，直接导致负债成本大幅增加。

2. 银行资产负债表规模明显扩大。《商业银行资本管理办法（试行）》第六十一条规定：商业银行对我国其他商业银行债权的风险权重为25%，其中原始期限三个月以内（含）债权的风险权重为20%。以风险权重为零的金融资产作为质押的债权，其覆盖部分的风险权重为零。商业银行对我国其他商业银行的次级债权（未扣除部分）的风险权重为100%。而第六十二条和六十三条分别规定，商业银行对我国其他金融机构债权的风险权重为100%、商业银行对一般企业债权的风险权重为100%。因此，各商业银行倾向于通过配置同业资产来降低风险系数，同时提高资产收益水平。

3. 资产端与负债端期限错配引发的流动性风险。同业业务资产端包括"存放同业""拆入资金""买入返售"，期限普遍偏长。买入返售票据余期一般在3个月左右，买入返售信托受益权余期一般在9个月。而同业资产对应的同业负债期限则短很多。一些激进型商业银行为追求高收益，通过扩大期限错配，拆短投长，将同业存放资金、拆入资金投资于期限较长的票据类资产及买入返售资产。在银行间整体流动性宽松，银行间拆借利率较低时，此举能带来较高的收益。在货币政策一收紧时，则易引发流动性风险。

4. 同业业务系统性风险。存贷息差越来越收窄，而金融机构利率的市场化带来的信用利差，银行同业业务规模不断扩大，同业业务收入也节节攀升。买入返售业务将资金投向房地产信托、政信合作类信托，资金流入房地产企业、政府平台公司，不仅与人民银行调控政策背道而驰，而且资金流入"影子银行"体系，难于监控，也易引发系统性风险。

增量授信是指对客户拟核定的授信额度大于原审批授信额度。

存量续授信是指对客户拟核定的授信额度等于或小于原审批授信额度。

余额授信是指对五级分类存在不良的客户，或淘汰、退出类客户，或根据公式测算法及担保测算法测算授信额度理论值不足的客户，按照不高于实际授信业务余额核定授信额度。

四、内部授信额度

【定义】

内部授信额度是指对于一些特别强势的特大型客户，银行通过收集公开资料的方式，对法人客户核定的用于银行内部控制的授信额度，以实现对这类特别强势的特大型客户的上下游企业进行批量营销的一种特定授信业务。

内部授信额度通常用于商业承兑汇票保贴或保押，或者是保兑仓项下的回购担保。

【操作要点】

在内部授信额度内可办理各类担保，尤其是贸易融资项下的担保，包括保兑仓回购担保、保理付款担保、商业承兑汇票质押、商业承兑汇票贴现等。

【期限】

内部授信额度的有效期最长不得超过 3 年，具体有效期由审批确定。额度到期后必须按规定重新报批。在内部授信额度内办理单笔业务的期限不受额度有效期的约束。

【适用客户】

一些垄断企业的供应商、经销商，以及垄断企业下属子公司与银行签订保兑仓、保理业务合同的时候使用内部授信。

例如，银行准备对中国移动通信集团江苏有限公司的供应商办理保理融资，中国移动通信集团江苏有限公司拖欠 A 供应商 5000 万元应收账款，银行准备对 A 供应商办理保理融资，需要对中国移动通信集团江苏有限公司提前核定 5000 万元的授信额度，考虑到中国移动通信集团江苏有限公司实力极强，根本不会配合银行提供任何的授信资料，不会提出申请，银行就需要核定内部授信额度。

内部授信额度属于可以使用的授信额度，但是不是中国移动通信集团江苏有限公司自己使用，而是用于中国移动通信集团江苏有限公司的上下游企业，以中国移动通信集团江苏有限公司为授信主体，以上下游企业为用信主体。

分析：中国的大型央企、三甲医院、大型政府机构等本身都有融资需要，但是这类机构往往非常强势，很难拿到财务报表，对这类公司授信，就应当立足于提供内部授信。

【电子商业承兑汇票】

电子商业承兑汇票

出票日期 20160226			票据状态 背书已签收													
汇票到期日 20160826			票据号码 29071000002982016022604139328													
出票人	全称	元宝山发电有限责任公司	收票人	全称	无锡新业石油电力设备厂											
	账号	01018250130		账号	10651001040001752											
	开户银行	国电财务有限公司		开户银行	中国农业银行无锡市锡山支行营业部											
出票保证信息	保证人名称：			保证人地址：						保证日期：						
票据金额	人民币(大写)	伍拾捌万叁仟叁佰捌拾元整				十亿	千	百	十	万	千	百	十	元	角	分
								¥	5	8	3	3	8	0	0	0
承兑人信息	全称	元宝山发电有限责任公司	开户行行号	907100000298												
	账号	01018250130	开户行名称	国电财务有限公司												
交易合同号			承兑信息	出票人承诺：本汇票请予以承兑，到期无条件付款												
能否转让	可再转让			承兑人承兑：本汇票已经承兑，到期无条件付款												
				承兑日期 20160226												
承兑保证信息	保证人名称：			保证人地址：						保证日期：						
评级信息(由出票人、承兑人自己记载，仅供参考)	出票人	评级主体：			信用等级：					评级到期日：						
	承兑人	评级主体：			信用等级：					评级到期日：						

分析：通过以上票面可以看出，元宝山发电有限责任公司属于中国国电集团的全资子公司，实力非常强大，银行在成功开发成功持票人后，很难拿到元宝山发电有限责任公司的授信申请材料，如果采取传统授信方式，必须索要元宝山发电有限责任公司的财务报表等资料才能核定授信额度，肯定会丧失机会，只能采取核定内部授信方式。

五、授信与用信

先授信，再用信。授信不产生价值，只有用信才会产生价值和回报。授信与风险控制有关，必须测算企业的偿债能力；用信是银行的信贷产品在使用中创造价值和回报。

授信是核定授信额度，评估企业最大偿债能力的过程；用信是安排企业使用具体的融资产品，满足企业商务支付结算的过程。

【所需资料】

1. 授信所需常规资料。

（1）公司章程和公司组织架构图；

（2）经过年检的营业执照正、副本原件及复印件；

（3）出示贷款卡，并留下贷款卡号和正确的密码；

（4）上年末及近期财务会计报告及审计报告；

（5）出具授权委托书，法人和经办人身份证原件及复印件；

（6）真实有效的贸易合同，且交易商品在企业的经营范围之内；

（7）抵押物或质押物的清单及保证金账户的存款证明。

2. 用信的资料。

（1）有关的商品购销合同、劳务承包合同等，要求合同中约定使用票据进行结算；

（2）抵（质）押合同；

（3）承兑申请书；

（4）承兑协议书。

【案例】一个卖包子老头的商业信用技术

其实，这个世界，大家都在彼此核定授信额度。银行对企业核定的是信贷授信额度，所以银行敢对企业提供贷款，赌企业会还款，如果看错了，就是不良贷款；企业之间核定的是商业信用额度，所以卖家敢对买家放账期，赌销售后买家会回款，如果看错了，就是坏账；男女之间核定的是情感授信额度，所以女方可以以身相许，赌男方会好好待她，如果看错了，男方就是负心郎。

某楼下有个老头卖包子，分三类销售模式。

1. 预收款。包子 1 元 1 个，如果每天买 2 个包子，1 个月买 60 个包子，需 120 元。如果提前将 1 个月的钱交了，老头会额外赠送 3 个包子。对老头来说，包子虽然便宜了，但是回款量较大。

客户：院里的老头和老太太。

资金对应：购买面和肉等。

2. 现款现结。包子 1 元 1 个。

客户：上班族、年轻人士。

资金对应：交付平时的水电费等。

3. 赊销模式。给本楼的一些公司送包子，送货记账，按月结账。特点是量大，批量销售。

客户：附近写字楼里的一些中小公司。

资金用途：给儿子将来盖房子、说媳妇。

这个老头就是非常优秀的银行专家，分类经营客户，核定授信额度。

六、银行资产管理计划

【产品定义】

银行将客户委托的资金，以特定的目的主体为介质，直接投资于确定特定载体，银行承担代为保管、代理资金拨付、清算等的一种中间业务。

由于理财产品没有独立的法人地位，在投资企业债权等标的时，需要借助间接投资具有独立法人地位的信托产品、券商资产管理产品，来实现理财资金对企业的融资输血。

【产品优势】

1. 从根本上减少期限错配风险。过去购买理财产品不能流通转让，理财的资金来源是短期、滚动发行（一方面是投资者要求流动性，另一方面是短期资金成本也不用太高），但理财投向是长期，因而产生了"借短配长"的期限错配问题。未来直接融资工具可转让，相当于理财资金来源可以是长期资金，"借长配长"，同时资金成本又比现有的长期资金成本要低，因为投资者自己在二级市场转让又可以满足短期流动性需要。

2. 银行理财资产管理计划性质使其具备标准化债权的特征（单位份额、可报价转让、净值可见、投资者直接面对风险收益/损失），可以使理财非标转为标准化债权资产。

3. 降低实体的融资成本。银行自己发行资产管理计划，企业可以直接对接银行，省去资金掮客环节，可以节省通道费、资金掮客的融资顾问费。

【业务流程图】

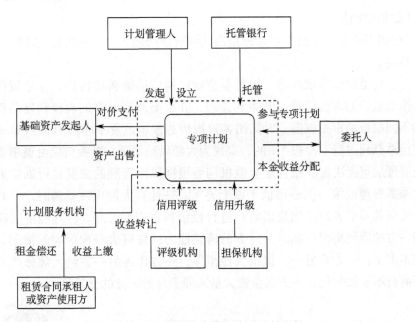

图 1 - 2　银行资产管理计划业务流程

七、集团统一授信

集团统一授信是银行对集团客户进行整体风险承担能力的评估，从整体上把握集团客户的履约能力，提供整体授信，在总授信额度内操作子公司的具体授信业务，可最大限度地控制集团客户的授信风险。

【产品定义】

集团统一授信是指由商业银行向集团客户提供的一揽子授信，其中集团总公司作为授信额度的承担主体，下属公司作为具体业务承债主体，银行兼顾评估集团整体风险和业务主体个案风险的一种授信业务模式。

集团统一授信是银行为了整体控制对集团客户授信风险而采取的对集团客户统一进行授信资源承担能力评估的举措。

具体可以采取银行给集团总公司提供授信额度，授信额度授权给下属公司使用，这样可以避免银行分别营销成本较高的弊端。同时，可以借助集团总公司高位切入一些大型集团总公司，营销整个集团所有成员企业，有效提升营销的效率。

【政策依据】

《中国银监会关于进一步加强信用风险管理的通知》（银监发〔2016〕42号）规定：

三、规范授信审批流程。银行业金融机构应明确新增授信、存量授信展期和滚动融资的审批标准、政策和流程，并根据风险暴露的规模和复杂程度明确不同层级的审批权限。对集团客户授信总额超过资本净额10%或单一客户授信总额超过资本净额5%的，应视为大额风险暴露，其授信应由董事会或高级管理层审批决定。银行业金融机构可根据风险管理的需要自行确定大额风险暴露管理政策，但不得低于以上要求。在计算大额风险暴露时，对具有经济关联关系的客户参照集团客户进行授信和集中度管理。存在经济关联性是指一方的倒闭将很可能对另一方的清偿能力造成重大负面影响的情形，包括但不限于：一方为另一方提供大额担保，一方作为另一方绝大部分产品的购买商且不易被替代，一方现金流大量来源于与另一方的交易等。

【点评】

特大型集团客户是银行重要的客户群体，商业银行对集团客户是又喜又怕，喜的是这些客户通常资金运作量极大、关联效益较好，银行可以实现批发营销客户；怕的是这些客户通常透明度不高、内部关联交易较多，一旦出了风险，就是连环反应，会给商业银行带来巨大损失。

所以，有必要对集团客户进行额度统一掌控。各家商业银行都在摸索对集团客户进行整体授信，并在总授信额度内操作业务，从整体上把握集团客户的履约能力，最大限度地控制集团客户的授信风险。

【适用对象】

1. 集团客户都在强化资金的集中管理，集团总公司统管系统内对外融资。国资委监管的大型石化、电力、电信等企业都在执行严格的资金集中管理，下属公司没有对外融资权，所有融资必须在总公司的统一调控之下。其中流动资金贷款一般都由总公司资金部统借统还；票据融资由总公司切分额度，下属企业在额度内，在总公司指定的商业银行办理业务，未来这种操作必然是未来大型企业选择的主流资金管理模式，商业银行必须重视。

2. 国内银行流行"大总行、小分行"，总部集中全系统的资源配置，而国内大型集团客户也都是推广"总部集权、弱化分支机构"的经营模式，银行选择集中统一授信也是与企业的管理模式的对接。

3. 资金高度集权管理的集团公司，如中国石油化工股份有限公司、中国石油天然气股份有限公司、中国铁建股份有限公司、中国中铁股份有限公司、联通新时空移动通信有限公司、苏宁电器股份有限公司。

【营销建议】

1. 集团客户纷纷加大了对系统内成员单位资金的集中管理（成员单位的资金实行收支两条线或账户限额管理）。国资委明确要求，中央企业必须加强对下属公司的资金集中管理，下属公司大额资金对外支付运用必须得到总公司批准。而管理较为严格的集团更是要求下属公司报告采购计划，由总公司集中对外支付。大型集团客户资金集中管理已经成为大势所趋，银行可以有效地把握这个趋势，营销重点集团客户。

2. 营销对象要限定在经营管理规范、对系统内企业负债实行高度集权管理的集团公司，尤其是国资委所属的中央企业、大型外资机构投资的中国企业等。典型的代表有：中资企业较为流行的模式，即中国石化、中国石油的"资金限额管理"；外资企业较为流行的模式，即松下电器集团、通用电气的"收支两条线管理"。

推荐网站：国务院国有资产监督管理委员会 http：//www.sasac.gov.cn。

【所需资料】

通常按照一般贷款的需要要求企业提供授信所需常规资料。

1. 集团公司章程和公司组织架构图；

2. 经过年检的营业执照（三证合一）复印件；

3. 上年末及近期财务会计报告及审计报告；

4. 出具授权委托书，法人和经办人身份证原件及复印件；

5. 集团切分授信额度的函；

6. 各子公司授信资料；

7. 银行要求的其他有关资料。

【产品优势】

1. 便捷、高效的整体合作模式，可使大型集团客户迅速得到银行全辖机构标准一致的整体性服务。

2. 集团公司代表整个系统申请统一授信，统一商谈授信内容，将可以获得银行批发的优惠，体现在贷款利率、提前还款方便等方面，同时有利于降低集团与银行的谈判成本。

3. 集团公司在系统内切分授信额度，各子公司在当地银行分别使用授信额度，总公司随时可以监控旗下企业的授信使用。借助集团统一授信，可强化集团总公司对集团成员企业整体负债的管理力度。

4. 形成授信额度决定权由总公司掌控，子公司仅有授信使用权的、松紧适度的集团授信资源管理机制。

5. 整体授信模式，统一操作标准。基于对某一企业集团的整体现状和经营前景的评估，由商业银行总行制定对集团的授信政策和综合金融服务方案，各分支机构统一、规范地为客户提供服务，解决了集团成员单位分别与银行商洽合作成本过高的问题。

6. 集中控制风险。商业银行集中控制对客户的风险，避免多头授信可能带来的风险失控，以便捷、高效的整体合作模式，使集团客户迅速得到银行全面而规范的整体性服务。

7. 借助该模式，可协助集团总公司强化对整个集团的融资管理，防止集团贷款失控。集团统一授信作为一种新型整体授信模式，大大便利了跨国企业集团获得银行整体性、"一揽子"授信支持和金融服务，以便支持其全球性扩张。

8. 总体评估、重视个体差异。在评估时须注意，既要评估集团整体实力，同时又必须充分考虑集团客户各成员单位具体资信和风险承受能力，统筹兼顾。

【点评】

1. 集团客户都在强化资金的集中管理，集团总公司统管系统内的对外融资。国资委监管的大型石化、电力、电信等企业都在执行严格的资金集中管理，下属公司没有对外融资权，所有融资必须在总公司的统一调控之下。其中，流动资金贷款一般都由总公司资金部统借统还；票据融资由总公司切分额度，下属企业在额度内，由总公司指定商业银行办理业务。这种操作必然是未来大型企业选择的主流资金管理模式，商业银行必须重视。

2. 国内银行流行"大总行、小分行"，总部集中全系统的资源配置，而国内大型集团客户也都是推广"总部集权、弱化分支机构"的经营模式，银行选择集中统一授信也是与企业的管理模式相对接。

【业务流程】

1. 集团总公司向商业银行总行递交授信申请书。包括具体业务需求、合作对象范围、集团情况说明。要说明集团成员之间在股权、资金管理、生产和销售上的相互关系，集团的财务报表及主要分公司、子公司的财务报表等资料。

2. 商业银行总行进行审批，明确集团总部及各成员单位使用授信的品种、金额、期限，以及具体的合作方式。

3. 审批同意后，总行与集团总公司签订集团客户统一授信协议，需要担保（抵押）的，可以由总行统一与担保人签订担保（抵押）协议。

4. 总行通知相关分行，各分支机构对已经切分授信额度的集团所属分公司、子公司无须再次审查，可以直接办理相关业务。

【业务流程图】

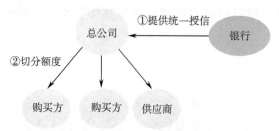

图1-3 集团统一授信业务流程

【风险控制】

中国的商业银行在信贷业务选择上都热衷于大型集团客户，但是集团客户也是最容易发生风险的客户群体。主要有以下两方面原因：

1. 集团信息透明度不够。集团客户最大的问题在于关联交易过多、资金往来复杂，商业银行很难准确判断集团客户经营与财务信息的真实性，很难全面掌握集团客户整体的贷款情况及相互之间的担保关系。

2. 信用意识的缺失。一些集团客户通过资产重组和关联交易等手段有意识地逃废银行债务，加大了银行风险管理的难度。

集团统一授信风险控制合作框架见图1-4。

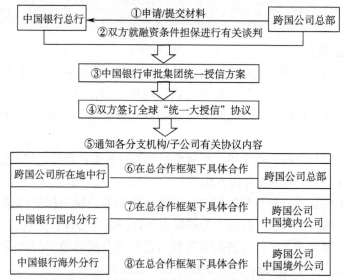

图1-4 集团统一授信风险控制合作框架图

【案例】 中国大地路桥建设集团的集团统一授信

一、企业基本情况

中国大地路桥建设集团是亚洲最大的工程建设公司，企业规模较大，资产总额达 422 亿元，营业收入 427 亿元，公司盈利能力良好。主营业务为勘察设计、施工监理、施工承包、科研咨询、工业制造、远洋运输和外经外贸等。该路桥建设集团在北京、上海、武汉、沈阳等 12 个城市有超过 20 家子公司，下属公司资金都是各自向银行融资。

【点评】

该公司财务指标优良、资金管理效率较高、资金周转速度较快，长短期偿债能力较好，集团整体财务状况良好。

二、银行切入点分析

某银行发现，该公司虽然整体财务指标优良，资金管理效率较高，但下属公司经常挪用资金，私自对外担保，其中不少已经给集团造成巨大损失；同时，本行系统内上海分行、武汉分行都分别提供给中国大地路桥建设集团下属企业上海道路分公司授信 1500 万元、武汉分公司授信 2300 万元，本行与该客户系统有着较好的合作基础。因此，某银行直接上门表示将提供集团统一授信，协助集团公司强化管理系统内融资的集中管理。该银行提供了如下方案：提供 8 亿元集团统一授信，将上海、武汉两家子公司额度纳入，集团可以将额度切分给下属企业使用。下属企业启用额度必须得到总公司授权，银行每月定期将下属公司使用授信余额情况通报集团总公司。通过这种方式，集团公司可以对下属公司的资金高度集权管理。

三、银企合作情况

中国大地路桥建设集团总公司统一向银行申请授信，切分额度给下属企业使用。某国有银行总行提供 8 亿元统一授信和银行优惠贷款利率。通过统一授信，集团客户所有分公司、子公司都享受到了最优惠的银行服务。

通过统一授信，不仅银行提供了统一的优惠利率贷款，解决了融资成本过高的问题，同时由总公司切分授信，便利集团对整个系统资金的高度集权管理，彻底改变了以往成员单位向银行借款与用款安排没有统筹规划、随意性较大、集团公司对下属公司负债管理失控的现象。

【点评】

1. 很多银行热衷于与集团客户签订全面合作协议，协议内容往往过于泛泛，都是原则性的内容，实际操作性较差。建议认真研究集团客户整体状况，签订集团统一授信协议，明确授信金额、授信使用主体、授信使用规则等，这样分行就可以有的放矢地开展营销工作。

2. 特大型集团客户越来越重视下属公司的资金运作行为，强调信贷资源的集中管理，防止下属企业与主业无关的随意贷款担保行为发生，商业银行在拓展客户的时候要牢牢抓住这个要点，设计服务方案。

3. 特大型集团客户目前呈现出如下趋势：

（1）下属企业成为成本中心，根据业务单元设立，全部作为类似加工车间存在，进行高效生产。

（2）集团成立集中采购中心，集团全部的原材料进行集中采购。

（3）集团成立集中销售中心，集团全部产品进行集中销售。

（4）集团成立资金管理中心，资金全部集中到总部，由集团总部集中运作。

这是当前跨国公司的主流经营管理模式。

【政策依据】

《商业银行集团客户授信业务风险管理指引》规定：

1. 集团客户是指具有以下特征的商业银行企事业法人授信对象：

（1）在股权或者经营决策上直接或间接控制其他企事业法人或被其他企事业法人控制的；

（2）共同被第三方企事业法人所控制；

（3）主要投资者个人、关键管理人员或与其关系密切的家庭成员（包括三代以内直系亲属关系和二代以内旁系亲属关系）共同直接控制或间接控制的；

（4）存在其他关联关系，可能不按公允价格原则转移资产和利润，商业银行认为应视同集团客户进行授信管理的。

2. 授信业务包括：贷款、拆借、贸易融资、票据承兑和贴现、透支、保理、担保、贷款承诺、开立信用证等。

3. 集团客户授信业务风险是指由于商业银行对集团客户多头授信、过度授信和不适当分配授信额度，或集团客户经营不善以及集团客户通过关联交易、资产重组等手段在内部关联方之间不按公允价格原则转移资产或利润等情况，导致商业银行不能按时收回由于授信产生的贷款本金及利息，或给商业银行带来其他损失的可能性。

4. 商业银行对集团客户授信应遵循以下原则：

（1）统一原则。商业银行对集团客户授信实行统一管理，集中对集团客户授信进行统一风险控制。

（2）适度原则。商业银行应根据授信客体风险大小和自身风险承担能力，合理确定对集团客户的总体授信额度，防止过度集中风险。

（3）预警原则。商业银行应建立风险预警机制，及时防范和化解集团客户授信风险。

5. 商业银行应结合自身经营管理水平和信贷管理信息系统的状况，制定集团客户授信业务风险管理制度，其内容应包括集团客户授信业务风险管理组织建设、风险管理与防范的具体措施、确定单一集团客户范围所依据的准则、对单一集团客户授信限额标准、内部报告程序以及内部责任分配等。

6. 商业银行对集团客户授信，应由集团客户总部（或核心企业）所在地的分支机构或总行指定机构为主管机构。主管机构应负责集团客户统一授信的限额设定和调整或提出相应方案，按规定程序批准后执行，同时应负责集团客户经营管理信息的跟踪收集和风险预警通报等工作。商业银行制定的集团客户授信业务风险管理制度应报银监会备案。

7. 商业银行对集团客户内各个授信对象核定最高授信额度时，不仅要充分考虑各个授信对象自身的信用状况、经营状况和财务状况，还应充分考虑集团客户的整体信用状况、经营状况和财务状况，最高授信额度应根据集团客户的经营和财务状况变化及时作出调整。

8. 当一个集团客户授信需求超过一家银行风险承受能力时，商业银行应采取组织银团贷款、联合贷款和贷款转让等措施分散风险。超过风险承受能力是指一家商业银行对单一集团客户授信总额超过商业银行资本余额15%以上或商业银行视为超过其风险承受能力的其他情况。

9. 商业银行应建立健全信贷管理信息系统，为对集团客户授信业务的管理提供有效的信息支持。商业银行通过信贷管理信息系统应能够有效识别集团客户的各关联方，能够使商业银行各个机构共享集团客户的信息，能够支持商业银行全系统的集团客户贷款风险预警。

【文本】

额度使用授权委托书

（用于向子公司授权）

＿＿＿＿＿＿＿＿＿银行：

贵行与我公司于＿＿＿年＿＿＿月＿＿＿日签署了编号为＿＿＿＿＿＿的综合授信协议（以下简称综合授信协议），同意按照综合授信协议的条款和条件向我公司提供金额为＿＿＿＿＿＿元人民币的授信额度（以下简称授信额度）。我公司，以此授权委托书为凭，在此不可撤销地授权我公司控股的子公司＿＿＿＿＿＿＿＿＿＿（以下简称子公司）：

1. 以子公司自身的名义使用授信额度。

2. 与贵行具体办理使用授信额度的相关具体信贷手续，包括但不限于就具体信贷业务签订单独的贷款合同、银行承兑协议或类似授信文件（以下简称授信合同）以及相关的其他文件。

对于上述授权，我公司在此确认并同意：

1. 子公司在本授权委托书有效期内根据本授权委托书的授权以其自身名义与贵行签订的相关授信合同构成对授信额度的合法有效使用，我公司在此承诺将督促子公司履行其在授信合同项下的各项承诺和还款义务，并承诺对子公司在相关授信合同项下对贵行所负的全部债务承担连带偿还义务。

2. 如果子公司未能按照相关授信合同项下的约定履行还款或兑付义务，贵行无须首先向子公司提起任何诉讼、仲裁或者采取其他任何措施向子公司实现债权，即可直接要求我公司偿还子公司在授信合同项下对贵行的债务。贵行有权从我公司在贵行开立的任何账户中扣划相应款项抵偿子公司对贵行所负的债务，如扣划款项不足清偿子公司对贵行所负的债务，贵行可采取授信合同中约定的以及法律许可的其他任何手段向我公司追偿，直至我公司偿清贷款合同项下所有债务为止。

本授权委托书有效期至_____年___月___日。本授权委托书有效期的终止不影响我公司对本授权委托书有效期内已签署的授信合同项下的债务所应承担的连带清偿责任。

授　权　人：

法定代表人：

_____年___月___日

额度使用授权委托书

（用于向分公司授权）

_____银行：

贵行与我公司于_____年___月___日签署了编号为_____的综合授信协议（以下简称综合授信协议），同意按照综合授信协议的条款和条件向我公司提供金额为_____元人民币的授信额度（以下简称授信额度）。我公司，以此授权委托书为凭，在此不可撤销地授权我公司的分公司_____（以下简称分公司）：

1. 以我公司的名义使用授信额度。

2. 与贵行具体办理使用授信额度的相关具体信贷手续，包括但不限于就具体信贷业务签订单独的授信合同、银行承兑协议或类似文件（以下简称授信合同）以及相关的其他文件。

对于上述授权，我公司在此确认并同意：

1. 分公司在本授权委托书有效期内根据本授权委托书的授权以我公司名义与贵行签订的相关授信合同构成我公司合法和具有约束力的义务，我公司承诺按照相关授信合同的约定履行还款义务。

2. 如果分公司和我公司均未按照相关授信合同的约定履行还款义务，贵行有权从我公司在贵行开立的任何账户中扣划相应款项抵偿我公司对贵行所负的债务，如扣划款项不足抵偿我公司对贵行所负的债务，贵行可采取授信合同中约定的以及法律许可的其他任何手段向我公司追偿，直至我公司偿清授信合同项下所有债务为止。

本授权委托书有效期至_____年___月___日。本授权委托书有效期的终止不影响我公司对本授权委托书有效期内已签署的授信合同项下的债务所应承担的清偿责任。

授　权　人：

法定代表人：

_____年___月___日

第二节　票据产品

一、银行承兑汇票

银行承兑汇票以真实商品交易为基础，银行将信贷资金投放、收回与真实商品销售结算紧密、完美地结合在一起，是银行支付工具、信用工具、结算工具、融资工具完美的结合体。

【产品定义】

银行承兑汇票是由在承兑银行开立存款账户的存款人出票，向开户银行申请并经银行审查同意承兑后，保证在指定日期无条件支付确定的金额给收款人或持票人的票据。

纸质银行承兑汇票期限自出票之日起最长不得超过6个月。

对出票人签发的商业汇票进行承兑是银行基于对出票人资信认可而给予的信用支持。

银行承兑企业签发的商业汇票意味着银行对购货企业承付货款提供了担保。一旦商业汇票到期购货方无力支付货款，银行必须无条件替企业垫付资金。从这个意义上讲，银行承兑汇票是银行的一种对外担保业务。

【适用对象】

真实商品交易的买家，企业以及事业单位均可以使用银行承兑汇票。使用银行承兑汇票较为流行的行业包括钢铁、汽车、家电、化肥、煤炭、石油、大学、医院、电信、有色金属等行业。

【点评】

1. 最早汇票的作用在于保证交易履约的安全，是一种保证结算付款的工具，随着市场对票据功能的不断挖掘，票据逐渐承担了融资功能。

银行承兑汇票必须基于真实贸易背景，属于自偿性票据，即票据用于物资采购，然后以物资的销售回款偿付票据。纯融资性票据没有任何的实际交易背景，单纯为了获得资金的融通，一旦用于高风险的投机，将非常危险。

2. 银行承兑汇票的核心作用在于强制客户在本行做结算，只有将结算依托在本行的客户才是一家银行的基础客户群体。银行营销必须清楚自己要什么，以及客户的最大价值。想要使客户成为本行的基础客户群体，必须想方设法使客户在本行做结算，一旦客户将主要结算依托在本行，则授信风险可以得到一定程度的控制，同时便于银行根据客户现金流挖掘客户价值。

综上所述，建议对大型客户提供一定的授信额度后，可以循序渐进分次开票，使客户在本行做结算。法人账户透支业务核心作用也在于强制客户在本行做结算，效果相对于银行承兑汇票更好。

【产品要求】

根据中国人民银行 2005 年发布的《关于完善票据业务制度有关问题的通知》，出票人（持票人）向银行申请办理承兑和贴现时，承兑行和贴现机构应按照支付结算制度的相关规定，对商业汇票的真实交易关系和债权债务关系进行审核。

我们得出如下解读含义：

票据签发、转让必须基于真实的交易关系和债权债务关系。只要交易双方存在真实的交易关系和债权债务关系就可以使用票据，这样工程款项、劳务结算也可以使用票据。

监管部门要求承兑商业汇票必须基于真实贸易背景，将票据必须对应真实贸易背景的要求前移，这样票据因支付交易而诞生，进入企业之间的结算交易市场，到最终收款人在银行办理贴现，退出企业间结算交易市场，两端都保证基于真实贸易背景。

【营销建议】

1. 水、煤、电、油、燃气等特殊商品销售可以使用银行承兑汇票，但是需要提供销售合同，或供应计划，或其他能证明真实贸易背景的资料。

2. 购买土地、支付工程款等可以使用银行承兑汇票。

3. 医疗卫生、机关学校等单位可以使用银行承兑汇票，用于医疗卫生设备、教学设备的采购。

4. 支付各类税费，如车船使用税、企业所得税等完全可以使用银行承兑汇票（通常都是买方付息票据，且要放弃对收款人的追索权）。

【点评】

很多银行通过办理票据、进行贴现，转成保证金存款，再次办理足额保证金银行承兑汇票，反复操作，通过空转票据虚增银行存款，这是一个非常危险的资金游戏。在不断高筑借款人资金成本后，很容易导致借款人资金链断裂，最终造成银行的损失。

银行经营利润的实现不得以损害企业的正常商业利益为前提，如果企业在支付给银行融资利息后，经营利润勉强持平或干脆亏损，这样的企业还在拼命借钱，那么银行一定要仔细调查企业背后的目的。

【产品定价】

1. 手续费：承兑银行按承兑金额的 0.05% 收取手续费。

2. 风险承担费：按照敞口金额的一定比例收取，通常为 0～1%。

【所需资料】

1. 有关的购销合同、劳务合同等，要求合同中约定使用票据进行结算。

2. 通常按照一般贷款的需要要求企业提供授信所需常规资料。

【产品优势】

1. 成本低廉。相对于贷款，银行承兑汇票仅收取 0.05% 的手续费，融资综合成本极低。

2. 可以实现供应链营销，银行沿着银行承兑汇票的链条，关联营销上游供应商。

银行承兑汇票与贷款的比较见表 1－1。

表 1－1　　　　　　　　　　银行承兑汇票与贷款的比较

项目	银行承兑汇票	贷款
融资综合成本	极低，按票面金额的 0.05% 收取（银行承兑汇票收费非常低，使得企业可以以极低的成本使用银行信用，因此银行承兑汇票受到了市场的极大追捧。相对于贴现利用，承兑手续费甚至可以忽略不计）	偏高，按照贷款金额的一定百分比收取
资金使用效率	随用随开，没有资金闲置（期限灵活。相对于贷款的固定期限，银行承兑汇票可以根据贸易结算的需要灵活设定期限，期限可长可短）	可能有资金的闲置
用途监控	可以监控资金用途，防止资金挪用（相对于贷款，票据与资金结算直接连接，可以有效地监控资金用途，防止企业的资金被挪用）	很难监控，容易被挪用

【点评】

　　银行承兑汇票虽然属于表外项目，但实质上同贷款一样同比例折算成风险资产并收费，银行承兑资产风险权重等同于贷款，银行承兑的风险收益率应能够覆盖违约风险率，即它的风险收益率应在一般拨备率（1%）之上，目前银行承兑手续费收费标准明显偏低。

　　很多银行倾向采取收取风险承担费等进行收益弥补，即在承兑手续费之外收取一定的其他费用，提高银行承兑汇票的综合收益率。当然，这需要根据客户对银行的贡献度以及客户的议价能力来综合确定，通常标准是银行承兑汇票敞口金额的 0～1%。

【业务流程】

　　1. 出票人申请办理银行承兑汇票，提供银行要求的授信资料及交易合同资料。

　　2. 银行按照内部操作规程进行审批，分别审批出票的偿债能力和基础交易的真实性。

　　3. 审批通过后，出票人交存保证金，并办理相关担保手续。

　　4. 出票人与承兑行签订《银行承兑协议》，出票人签发票据，银行加盖汇票专用章。

　　5. 承兑银行将办理好的银行承兑汇票交付给出票人。

　　6. 银行承兑汇票到期前，出票人将足以支付汇票金额的资金存入承兑银行。

　　7. 汇票到期，持票人将银行承兑汇票送交其开户银行办理托收。

　　8. 托收银行（持票人的开户银行）将银行承兑汇票和委托收款凭证传递给承兑银行。

　　9. 承兑银行向收款人（持票人开户银行）划转汇票款项。

【业务流程图】

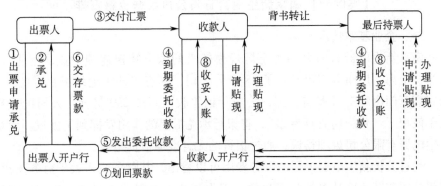

图 1 - 5　银行承兑汇票流程

【风险防范】

1. 银行承兑汇票必须建立在真实的贸易背景之上，银行不得签发融资性银行承兑汇票。

2. 出票人必须具备到期解付银行承兑汇票的能力，根据贸易结算需要及自身的资金运作能力签发票据。

3. 银行必须采取严格审批，确信企业到期有足够的资金解付银行承兑汇票才给予承兑资格。

4. 谨防操作风险。银行承兑汇票必须按章操作，现实操作中经常出现逆程序办理承兑、银行贷款转保证金循环承兑等违章操作问题。

5. 银行应当严格按照授信审查标准，严格落实对票据使用企业的授信，在额度内操作票据业务。

6. 必须要求客户将票据项下的销售回款通过银行办理，控制企业的现金流。

7. 防止企业操作融资性票据，利用票据套取信贷资金，导致短借长用。

银行承兑汇票与商业承兑汇票的区别见表 1 - 2。

表 1 - 2　　　　　　银行承兑汇票与商业承兑汇票的区别

比较项目	银行承兑汇票	商业承兑汇票
适用客户	中小企业适用，多发生在异地之间的结算，陌生或熟悉企业之间都适用	大型集团客户适用，且一般在本区域内使用，且多为关联配套企业之间使用
利率	利率较低，一般高于同业拆借利率一定百分点，明显低于同期限贷款利率	利率较高，一般稍低于贷款利率
流通性	可以多次跨区域流通	一般流通仅限于出票人和收款人之间，很少出现多次背书转让情况

【案例一】 南京新生电器有限公司票据金融安排

一、企业基本情况

南京新生电器有限公司为全国规模较大的家电零售连锁企业，在北京、天津、上海、广州等城市设立了 28 个分公司，拥有包括香港地区在内的 160 余家直营门店和 1 万多名员工，公司年销售收入超过 230 亿元。公司的成功在于使用了"供应链管理专家"，将银行承兑汇票的作用发挥到了极致。南京新生电器有限公司盈利秘诀：通过银行的无息票据借贷赚钱。

通过分析新生电器公司的财务费用可以看出，其财务收入大于财务支出，表明公司流动负债基本都是无息的。因为该公司占用了供应商货款而得到的无息融资，而且在银行办理大量定期存款，收入了不菲的银行存款利息。

公司的销售利润率约为 4%，利润来源：（1）厂商的销售返点，占比为 2% 左右；（2）资金存放银行的定期存款利息收入，占比为 2% 左右。

【点评】

南京新生电器有限公司与消费者进行现金交易，通常延期 3~4 个月支付上游供应商货款，这就使得其账面上长期存有大量浮存现金。这种商业模式的核心支撑点是该公司有垄断特性的渠道资源。

二、银行切入点分析

电器行业的毛利率较低，一般不能承受高达 5% 以上的贷款利息，因此结算多使用利率较低的银行承兑汇票。对于家电经销企业而言，正确地使用银行工具非常重要。家电经销商一般注册资本较少，而经营规模庞大，现金流紧张的局面非常突出，属于典型的"小马拉大车"。合理地设计银行服务方案，能够大量地吸收存款。

由于新生电器公司属于民营企业，信用贷款很难批准。对于此类企业，银行应当要求其提供抵押担保，最大限度地控制授信风险。某银行了解到，该公司同时还开发有房地产项目，因此极力劝说公司将该项目抵押给银行，银行提供票据融资。企业归还银行票据融资后，银行会同步解冻抵押项目，不影响该房地产项目的正常销售。

三、银企合作分析

某银行南京分行为该公司提供 3500 万元银行承兑汇票额度，保证金为 30%，敞口部分由房屋作为抵押。南京新生电器有限公司一般签发 4 个月票据，在 20 天左右即实现销售回款，用现金补足敞口部分，重新签发票据，在银行的存款沉淀超过 8000 万元。

【点评】

1. 今天的这个消费经济社会，谁拥有终端消费者，谁就拥有产业链的话语权。最赚钱的企业往往不是在制造领域，而通常是在流通领域。在电器产业链条，渠道商（苏宁、国美、阿里巴巴、京东）依托其遍布全中国的销售网络，一定程度上拥有交易链条定价权。客户经理必须非常透彻地了解客户产业链、运行规律的特点，只有这样才能设计出合理的融资方案，既能满足客户的需要，又能最大限度地降低银行融资风险，同时，实现银行自身的利润目标。

2. 通过以上案例的分析可以看出，"存款"是设计出来的，如果一味地因为银行提供授信支持，就要求企业无条件地配合存款，这种做法无疑是低层次的吸收存款的手段。真正高明的做法是从企业的经营资金流动特点出发设计服务模式，以制造客户在银行沉淀资金的机会，既能满足客户的需要，也能达到银行吸收存款的目的，实现银企"双赢"。

3. 没有票据就没有众多大型电器经销商。今天的国美、苏宁在电器经销商界的地位如日中天，都是在银行票据支持下的结果。没有银行票据，这些电器经销商可能也会发展起来，但不会有今天这么大的规模，如果仅依靠银行贷款，其高额的利息将使这些薄利经销商背上沉重的负担，压得它们根本"跑不快"。未来，这些经销商要想有更强大的竞争力，建议其应当注意不断补充自身的资本金，放缓扩张的脚步，提升现有网点资源的有效管理水平，提高单店的竞争力，适当降低财务杠杆比率，做强自己，只有在长跑中获胜才是真正的赢家。

【案例二】北京新达电气股份有限公司的失败票据策略

一、企业基本情况

北京新达电气股份有限公司为国内大型电站开关设备制造商，公司产品性质决定其一般采取分期付款，客户订货后预付20%的定金，半年交货后支付30%的进度款，在3~5个月安装调试完毕并运行一段时间后交付40%的后期款，剩余10%的款项作为质保金（通常运行1年没有问题后再支付）。公司年销售额一般为5亿元，多年来积累了大量的应收账款，账面应收账款高达18亿元。

二、运用金融工具情况

新达电气公司在银行获得1000万元银行承兑额度，使用票据进行支付。由于新达电气公司销售回款不力，现金流非常紧张，开始大量滚动签发银行承兑汇票，以新票偿还旧票，开始了"票据接力游戏"，最终资金流转困难，票据出现垫付。

三、银行反思

电站设备销售是典型的分期收款交易，销售回款时间较长，一般超过2年。该公司的短期资金被长期占用，资金链一直处于紧绷状态，加上本身应收账款管理能力较差，导致现金回流不畅，出现"拆东墙补西墙"的局面，不断挪用资金堵银行承兑汇票的窟窿，最终失去现金的流动性。

结论：银行承兑汇票不适合新达电气这样的分期付款销售行业。因为公司缺少一个强大的资金池，即强大的、可以产生充裕现金流的主业。

【点评】

对于资金实力极其雄厚、资金融通渠道较多的大型垄断型客户，使用票据融资替代流动资金贷款，即融资票据化，通过票据改善融资结构，可以收到"锦上添花"的效果。而对于经营状况一般的企业，尤其是新建企业，这类客户可能最需要的是长期资金，帮助企业可以实现资金周转滚动经营；而作为短期融资工具的银行承兑汇票不适合这类客户，银行承兑汇票甚至可能在其紧张的资金链上会"雪上加霜"。

票据容易给客户以虚幻的假象，如同信用卡，借款人以为不是自己的钱，不用支付任何利息，可以随意花。

二、全额保证金银行承兑汇票

全额保证金银行承兑汇票出现在一些对资金价格不敏感行业客户之间的结算，需要银行有意识地去引导企业使用。

【产品定义】

全额保证金银行承兑汇票是指银行根据客户保证金额度，开具与保证金本金同等金额的银行承兑汇票，是一种票据业务形式。

【适用对象】

1. 强势的客户。适用于具有真实贸易背景的、有延期付款需求的各类国有企业、民营企业、医疗卫生、机关学校等单位，这类客户都是对上游处于较为强势地位的客户，可以采取银行承兑汇票延期付款方式占用上游客户的资金时间价值。

2. 现金流充裕的客户。全额保证金银行承兑汇票最适合对经销商营销，这类客户本身现金流非常充裕，有足够的资金配合银行操作全额保证金银行承兑汇票。如钢铁经销商、汽车经销商、家电经销商、煤炭经销商、燃料油经销商、药品经销商、水泥经销商、食品经销商等客户。

全额保证金银行承兑汇票出现在一些对资金价格不敏感的行业客户之间，或买方占据一定市场优势情况下的结算，需要银行有意识地去引导企业使用。比如在空调销售淡季，经销商大量出具全额保证金银行承兑汇票用于提货。

【营销建议】

1. 适用的基础商业交易应具备如下特点：保证金存款利息的收益超过卖方提供的商业折扣幅度，即保证金存款收益可以弥补因采取票据而失去的价格优惠损失。

2. 通常民营企业对全额保证金银行承兑汇票比较敏感，只要客户经理熟悉客户所在行业的商务政策，在商业折扣低于存款利息时，就可以大力营销全额保证金银行承兑汇票。

该产品是银行吸收存款业务的经典产品，可以给银行贡献可观、稳定的保证金存款。

保证金必须是出质人自己可自由支配使用的资金，否则将对银行没有任何保障。

【所需资料】

1. 有关的购销合同、劳务合同等，要求合同中约定使用票据进行结算。

2. 授信所需常规资料，包括营业执照、法人代码证书、税务登记证、人民银行征信材料等资料。

3. 定期存单等资料。

【产品优势】

对出票人而言，与现金付款相比，可以增加保证金利息收益。

【业务流程】

1. 客户缴存全额资金办理存单或进入保证金账户。

2. 客户提交交易采购合同，与银行签订存单质押协议和银行承兑协议。

3. 银行为客户办理全额保证金银行承兑汇票。

4. 客户持银行承兑汇票交付收款人。

5. 银行承兑汇票到期，银行扣划保证金兑付银行承兑汇票。

【业务流程图】

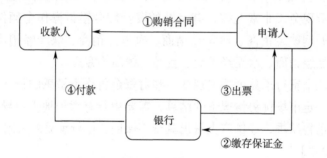

图1-6　业务流程

【风险防范】

1. 保证金存款一般为通知存款或定期存款，且期限与银行承兑汇票期限保持一致。

如果是1~3个月期限的全额保证金银行承兑汇票，应当办理7天通知存款，且采取滚动存款的方式，为客户提供最高的收益。

如果是超过3个月期限的全额保证金银行承兑汇票，应当办理3个月定期存款。

如果是3~6个月期限的全额保证金银行承兑汇票，应当办理3个月定期存款，剩余期限办理7天通知存款，且采取滚动存款方式，为客户提供最高的收益。

如果是超过 6 个月期限的全额保证金银行承兑汇票，应当办理 6 个月定期存款。

2. 严禁贷款资金违规转作承兑汇票保证金。

【处罚案例】

表 1 – 3　　　　中国银监会××监管局行政处罚信息公开表
（×银监罚〔2015〕44 号）（××银行××省分行）

行政处罚决定书文号			×银监罚〔2015〕44 号
被处罚当事人姓名或名称		个人姓名	—
	单位	名称	××银行××分行
		法定代表人（主要负责人）姓名	××
主要违法违规事实（案由）			贷款资金违规转作银行承兑汇票保证金、违规办理银行承兑汇票业务、违规收费
行政处罚依据			《中华人民共和国银行业监督管理法》第二十一条、第四十六条，《中华人民共和国商业银行法》第三十五条、第五十条、第七十三条，《中华人民共和国票据法》第十条等
行政处罚决定			罚款人民币 292.78 万元
作出处罚决定的机关名称			××银监局
作出处罚决定的日期			2015 年 12 月 17 日

【案例】山东新名钢铁贸易公司全额保证金银行承兑汇票

一、企业基本情况

山东新名钢铁贸易公司是该省特大型钢材批发企业，主要业务是向本地的二级钢铁经销企业批发钢材，年销售额超过 12 亿元，公司现金流较为充裕。某银行一直希望能够服务该客户，该公司与钢厂结算一般是根据钢厂销售政策来选择银行结算工具，在销售旺季，厂家提供的折扣较少，该公司选择使用现款结算；在销售淡季，厂家提供的折扣较多，该公司使用票据结算。

二、银行切入点分析

该银行了解到该公司最近将从该省另一家钢铁集团购进钢材。在 12 月，钢厂提供优惠，现金结算提供 1 个点的折扣；银行承兑汇票提供 0.4 个点的折扣。在这种方式下，银行客户经理提议，使用足额保证金银行承兑汇票结算，并为客户算账如下：

以1亿元货款结算为例，计算如下。

（1）采用足额保证金银行承兑汇票结算，该钢铁贸易公司的收益为

1亿元存款半年获得的收益：1亿元 × 2.25%/2 = 112.5万元（资金收益率1.125%）

1亿元银票结算获得的商业折扣：1亿元 × 0.4% = 40万元

（2）采用现金付款方式结算，该钢铁贸易公司的收益为

1亿元现款结算获得的商业折扣：1亿元 × 1% = 100万元

两者比较：虽然现金付款较银票结算可以多获得60万元的折扣，但是1亿元存款可以保证客户获得112.5万元的收益，远远大于60万元的商业折扣。在这种方式下，建议买方使用全额保证金银行承兑汇票结算，客户肯定同意。

三、银企合作情况

山东新名钢铁贸易公司接受了该行的服务方案，在销售淡季共计出票1.6亿元，银行存款大幅上升，该公司也获得了不菲的存款利息收益。

【点评】

1. 保证金业务是最简单的理财顾问业务，当顾问就必须了解企业，而不是仅仅了解银行的产品。所以，营销必须研究客户，清晰地了解企业经营、采购、销售的具体经营情况，设计服务方案能切中企业的需要，为企业实现真正的价值增值。

2. 保证金银行承兑汇票通常存在于以下行业：商品存在季节性销售，在淡季厂商提供价格折扣促销。在这个时候，可以大力营销足额保证金银票业务。如空调进入秋季后，厂商提供打折优惠；某款车准备停产，汽车厂商准备清理库存等，提供一定的优惠；大型钢厂在进入冬季后，钢材进入明显的销售淡季，厂商提供优惠等。在这个时候，厂商提供的现款结算与票据结算的折扣差别很小，如果经销商有资金，不妨采取足额保证金方式签发银行承兑汇票。

三、准全额保证金银行承兑汇票

准全额保证金银行承兑汇票是一种吸引力极强的工具，操作简单，对质押率提出全新的思路，给客户提供了更有价值的融资方式选择，为银行细微的差异化经营策略创造出了绝对的竞争优势。

【产品定义】

准全额保证金银行承兑汇票是指银行根据客户保证金额度，开具不大于保证金及其未来孳息之和的一种银行承兑汇票的业务操作形式。

【适用对象】

1. 对其他银行全额保证金银行承兑汇票的客户，本行可以营销准全额保证金银行承兑汇票。准全额保证金银行承兑汇票是攻击全额保证金银行承兑汇票的天敌。

2. 对上游客户处于强势地位的客户。用于具有真实贸易背景的、有延期付款需求的各类国有企业、民营企业、医疗卫生、机关学校等单位，尤其是民营企业。

3. 现金流充裕的客户。各类经销商客户：家电经销商、汽车经销商、煤炭经销商、混凝土经销商、轮胎经销商、煤炭经销商、成品油经销商、药品经销商、钢铁经销商、焦炭经销商。

【产品要求】

缴存的保证金及利息等于签发的银行承兑汇票票面金额。

【营销建议】

通过该产品争取在其他银行签发足额保证金银行承兑汇票的客户，以细微的差别创造优势。在上游客户对接受现款和票据没有差别的时候，客户就可以采取在银行办理准全额保证金银行承兑汇票方式，赚取上游客户的资金时间价值。例如，客户提供 98 万元资金，在银行办理 100 万元银行承兑汇票，就可以支付 100 万元的合同货款。

【所需资料】

1. 有关的商品购销合同、劳务承包合同等，要求合同中约定使用票据进行结算。

2. 通常按照一般贷款的需要要求企业提供授信所需的常规资料。

（1）公司章程和公司组织架构图；

（2）经过年检的营业执照原件（三证合一）及复印件；

（3）上年末及近期财务会计报告和审计报告；

（4）出具授权委托书，法人和经办人身份证原件及复印件；

（5）真实有效的贸易合同，且交易商品在企业的经营范围之内；

（6）抵（质）押物的清单及保证金账户的存款证明；

（7）存单；

（8）承兑申请书；

（9）承兑协议书；

（10）银行要求的其他有关资料。

【业务要点】

1. 保证金的实际存款期限与银行承兑汇票期限一致。考虑到活期存款利率存在下调的风险，因此本产品对应的银行承兑汇票期限须超过3个月。

如果汇票期限确定为3个月或6个月，考虑3个月或6个月期限保证金存款产生的孳息。

如果汇票期限超过3个月不足6个月，仅考虑3个月期限保证金存款产生的孳息。

2. 保证金金额根据银行承兑汇票金额、期限计算。其计算公式为

保证金金额＝银行承兑汇票金额／（1＋保证金存款期限×保证金存款利率）

3. 业务项下的保证金包括保证金本金及本金未来产生的孳息。

【银行收益】

1. 银行承兑汇票手续费。

2. 银行承兑汇票保证金存款收益。

3. 通过票据，可以获得客户稳定结算存款。

某客户申请办理100万元银行承兑汇票业务，准全额保证金银行承兑汇票与一般的全额保证金银行承兑汇票需要保证金比较，见表1－4。

表1－4　　　　　　　　银行承兑汇票需要保证金比较

项目　　　　　　　　种类	准全额保证金银行承兑汇票	全额保证金银行承兑汇票
需要保证金（万元）	98（该金额根据同期限存款利率调整）	100
质押率（%）	101.1以上	100

【点评】

可以看出，准全额保证金银行承兑汇票相比一般的全额保证金银行承兑汇票仅是适当提高了质押率，在1%左右，就是这一点优势，对重视财务费用的民营企业就具备足够的吸引力。推而广之，实际上可以开发出准全额保证金信用证、准全额保证金保函等类似产品，其原理一样。

【风险控制】

必须按照存款的期限存入足额的资金，签订好相应的质押协议。

由于法律规定，申请人出现法律纠纷，银行可以扣划申请人的保证金本金，而且包括保证金的利息，因此，出现申请人纠纷后，法院将准全额保证金产生的利息扣划走。银行应当监控申请人经营是否正常，是否经常出现法律纠纷。

【案例】沈阳新龙贸易有限公司准全额保证金银行承兑汇票

一、企业基本情况

沈阳新龙贸易有限公司为辽宁省油脂一级批发商，向省内经销粮油、饲料的二级批发商批发销售粮食、油品等。该公司年销售收入9872万元，利润938万元。该公司原来一直在银行签发全额保证金银行承兑汇票。

二、银行切入点分析

某银行了解到该公司在银行办理的全额保证金银行承兑汇票超过1亿元。该公司资产规模偏小，申报敞口授信肯定困难。提供同样的全额保证金银行承兑汇票，作为后来进入的银行很难获得客户认可。该银行决定，提供准全额保证金银行承兑汇票。

三、银企合作情况

银行通过提供准全额保证金银行承兑汇票成功介入该公司，该公司在该行开立准全额保证金银行承兑汇票2700万元，通过准全额保证金银行承兑汇票便利该公司的采购支付需要。

【点评】

1. 小型民营企业往往对价格、优惠条件非常敏感，一点优势就可能决定客户的选择。与这些客户合作的游戏规则非常简单，在符合国家监管规定的大前提下，打价格战、优惠条件战。对这些客户要把握一个原则，在没有资金风险的前提下，出于竞争需要，可以尝试提供适度优惠。对中小银行而言，必须体现出创新优势、机制优势。机制优势并不是费用多，而是创新速度更快、更贴身。往往很多新业务，从逻辑上认识其风险不大，但就是因为银行决策链条太长，导致一些简单的新业务得不到批准。

2. 异化服务产生竞争优势。银行之间竞争激烈，市场的后来者必须提供比现有银行更有竞争力的融资工具、业务组合才可能有获胜的机会，简单地模仿对手是没有出路的。

3. 银行创新就是银行出让了更多的利益（如法人账户透支业务、短期融资券业务），承担了更多的风险（如固定利率贷款业务），需要银行有更高超的经营技巧，有更强的风险控制能力。因此，现代商业银行必须提高自己的经营能力，这是大势所趋。

利息前置与后置：

利息前置是指部分收益或者全部收益可以提前兑付，但是一般是以开票或者开证的形式支付本金和利息；利息后置是指收益只能在到期时才能支付本金和利息。比如一般贷款都是所谓的利息后置，汇票融资就是利息前置。

如果是借贷，就如楼上所讲你所要支付的利息，是提前支付，还是没经过一段时间后支付前期对应的利息。

提示：客户经理要想在营销领域出人头地，那就必须"放下面子，俯下身子，耐住性子"，多学习本行的产品制度，熟悉产品，强化自身的技能；多走出银行，多去接触客户，一天至少见 5 个客户，强迫自己去拜访新客户，一定锻炼出胆量；多沟通，多观察，多总结。

四、银行承兑汇票质押开立银行承兑汇票业务

在实际交易结算中，客户有时将收到的票据直接背书转让，会遇到收到票据的金额与需要支付结算的金额不对应的情况，需要银行协助进行"改装"，即进行票据的拆分，大票拆小票，长票拆短票，银行在"改装"票据中获取收益。

【产品定义】

该业务是指以客户持有的银行承兑汇票作为质押，银行重新开立新的银行承兑汇票，保证客户结算需要的一种票据业务操作形式。

【适用对象】

该业务适用于较为强势，希望获得一定理财收益的高端客户。例如，汽车厂商、外资背景的制造类企业等，希望办理银行承兑汇票，适度提高保证金的存款收益，获得一定的理财收益。

改装的方向：将短期银行承兑汇票改成长期银行承兑汇票或将长期银行承兑汇票改成短期银行承兑汇票。

强势的公司收到短期银行承兑汇票，可以改造为长期银行承兑汇票对外付款；弱势的公司收到长期银行承兑汇票，可以改造为短期银行承兑汇票对外付款。

【所需资料】

1. 授信所需常规资料包括营业执照等一般资料。

2. 拟质押银行承兑汇票的查询资料等。

3. 证明交易真实性的资料。需要说明：以银行承兑汇票质押开立银行承兑汇票，客户需要提供拟质押银行承兑汇票所对应的商品交易合同、增值税发票等资料，同时需要提供新签发银行承兑汇票所对应的商品交易合同资料。

【产品优势】

1. 银行方面来看。

（1）在质押银行承兑汇票早于新银行承兑汇票的情况下，可以获得一定的保证金存款收益，对于票据量较大的客户，可以有效地吸收大量的银行存款。

（2）可以借助票据业务自然连接采购方和销售方，实现关联营销。

2. 客户方面来看。

（1）合理安排票据的拆分与组合，大票换小票或小票换大票，满足采购需要。

（2）手续简便，便于企业操作。

（3）减少了银行承兑汇票贴现方式下企业需要支出的贴现利息，降低其财务费用。

银行承兑汇票收费非常低，使得企业可以极低的成本使用银行信用，因此票据受到了市场的极大追捧，相对于贴现利息，承兑手续费甚至可以忽略不计。

（4）客户可以获得保证金存款利息收益，实现票据理财。

【营销建议】

由于票据的转换成本极低，客户在转换票据过程中获得的收益超过转换票据的成本，客户从利益角度考虑，就会选择票据置换这款产品。

营销这款产品，客户经理必须非常清楚自己目标客户的上游企业票据收款的商务政策，如果上游客户对收到 6 个月的银行承兑汇票和现款是一个销售政策，银行就可以营销票据短换长这款产品；如果上游客户对收到 3 个月的银行承兑汇票和现款是一个销售政策，银行就可以营销票据长换短这款产品。

针对一些中小农信社的银行承兑汇票，银行可以提供小行票置换为大行票的服务。例如，钢铁经销商收到钢铁施工企业支付的小银行银行承兑汇票，钢铁经销商不能支付给钢铁生产厂商，银行可以对钢铁经销商提供小行票置换为大行票的服务。避免钢铁经销商直接将银行承兑汇票贴现的高额成本。银行承兑汇票质押开票与银行承兑汇票贴现的比较见表 1 – 5。

表 1-5　　　　银行承兑汇票质押开票与银行承兑汇票贴现的比较

业务 项目比较	银行承兑汇票质押开票	银行承兑汇票贴现
收取费率	极低，按票面金额的 0.05% 收取	较高，按贷款金额收取贴现利息
资金使用效率	较高，随用随开，没有资金闲置	较低，可能出现资金的闲置

【点评】

　　以银行承兑汇票质押签发银行承兑汇票有很多技巧，旧票（作为质押的银行承兑汇票）与新票（银行新承兑的银行承兑汇票）的期限不同，可以创造很多利益。客户经理应当充当企业的财务顾问，为企业提供一定的票据理财服务。

　　客户对于票据的期限没有严格的要求，如 3 个月和 4 个月的票据，对收款人而言，可能差别不大。在这方面，银行应当发挥财务顾问的作用，如旧票还有 1 个月到期，则可以开立 100 天的银行承兑汇票，旧票托收回来的资金在银行形成 3 个月的定期存款沉淀，用于新票的解付。

【业务流程】

　　1. 持票人申请办理银行承兑汇票。银行按照内部操作规程进行审批。审批通过后，出票人提交票据，签订质押合同。

　　2. 持票人与承兑行签订银行承兑协议，出票人签发票据，银行加盖汇票专用章。

　　3. 银行将办理好的银行承兑汇票交付给出票人。

　　4. 银行承兑汇票到期前，出票人将足以支付汇票金额的资金存入承兑银行置换票据，或由银行将质押票据托收回来的款项用于解付票据。

　　5. 汇票到期，持票人将银行承兑汇票送交其开户银行办理托收。

　　6. 托收银行（持票人开户银行）将银行承兑汇票和委托收款凭证传递给承兑银行。

　　7. 承兑银行向收款人（持票人开户银行）划转汇票款项。

【业务流程图】

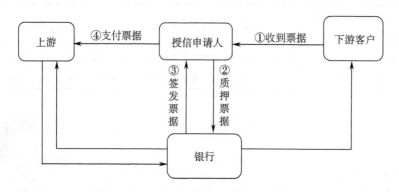

图 1-7　票据置换流程

【风险控制】

应根据拟质押银行承兑汇票期限确定新银行承兑汇票期限。

1. 如果质押的银行承兑汇票到期日晚于新银行承兑汇票，需要借款人提前填写好贴现申请书、贴现凭证等资料，准备可能的贴现，以备新银行承兑汇票解付的需要，这时质押率应当考虑扣除贴现利息。

2. 如果质押的银行承兑汇票早于新银行承兑汇票，则应当要求企业提前填写好托收凭证等资料，并承诺质押的银行承兑汇票托收回来的款项继续用于质押，以备新银行承兑汇票解付的需要，这时可以考虑100%的全额质押率。

银行与客户签订合同，在质押合同中必须明确约定以下事项：对于出质的票据，在票据到期时由银行托收，将收回票款直接偿还银行授信或全部存入在银行开立的保证金账户，继续提供全额保证金担保。当托收有问题时，出质人同意无条件地补充提供100%保证金或立即清偿银行授信，收回其出质银行承兑汇票。

【案例】北京利源石化有限公司"票易票"操作

一、企业基本情况

北京利源石化有限公司为二级成品油经销商，年销售额超过11亿元，公司销售回款大多是银行承兑汇票。该公司定期从新疆某公司购进成品油，使用结算工具也多是银行承兑汇票，但由于金额不能配对，因此该公司一般都是将收到的票据办理贴现，然后以现款支付新疆某公司。

二、银行切入点分析

某银行经过分析认为：该公司应当通过票据质押开票业务，进行票据的适度改造，可以明显比现有的票据贴现方式降低财务费用。银行虽然工作量较大，但可以获得相当量的存款收益。同时，可以利用关联票据营销其上游企业。

三、银企合作情况

该公司办理2亿元银行承兑汇票质押开立银行承兑汇票业务，将150多张零散票据转成20张整金额银行承兑汇票，支付货款。

【点评】

1. 票据拆分业务市场较大，可以满足持票大户的需要，同时能给银行带来相当量的稳定存款，因此商业银行务必重视，票据质押开立银行承兑汇票是有效管理票据、创造存款的高效工具。

2. 可以适度放大质押金额。银行提供的新银行承兑汇票金额可以适当超过质押的票据金额，如提供质押的票据金额为100万元，期限还有1个月到期，可以提供101万元的银行承兑汇票，期限6个月，银行风险可控。100万元存入银行5个月，利息应当可以达到1万元，即使考虑定期存款利率可能下跌，银行承担的风险也远远小于一般的担保贷款。

五、商业承兑汇票

【产品定义】

商业承兑汇票是指由付款人或收款人签发，付款人作为承兑人承诺在汇票到期日对收款人或持票人无条件支付汇票金额的票据。

【政策依据】

《支付结算办法》规定：

第七十二条 商业汇票是出票人签发的，委托付款人在指定日期无条件支付确定的金额给收款人或者持票人的票据。

第七十三条 商业汇票分为商业承兑汇票和银行承兑汇票。

商业承兑汇票由银行以外的付款人承兑。

银行承兑汇票由银行承兑。

商业汇票的付款人为承兑人。

第七十五条 商业承兑汇票的出票人，为在银行开立存款账户的法人以及其他组织，与付款人具有真实的委托付款关系，具有支付汇票金额的可靠资金来源。

【点评】

商业承兑汇票是大客户使用的产品，多在钢铁、石化、铁道、电力、电信等行业使用，签发客户多是特大型的钢铁集团、大型石油集团、铁道部所属铁路局（公司）、大型电力集团、大型电信集团等客户，而小客户签发的商业承兑汇票很难被市场接受。

客户签发商业承兑汇票，银行仅收取售票工本费，不收取手续费。

【票样】

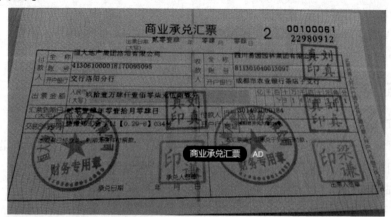

【适用对象】

商业承兑汇票适用于在银行开立存款账户、根据购销合同进行商品交易结算并约定以商业承兑汇票作为结算工具的法人或其他经济组织。

【办理条件】

1. 申请人为经工商行政管理部门（或主管机关）核准登记的企（事）业法人或其他经济组织。

2. 申请人在银行开立结算账户，与银行有着真实的委托付款关系。

3. 贸易双方有真实、合法的商品交易背景。

4. 申请人具有到期支付承兑汇票的能力。

【营销建议】

1. 商业承兑汇票必须依靠承兑人解付汇票，因此营销应定位在实力较强的大型集团公司，其出具的商业承兑汇票可以办理贴现。

2. 银行一般对承兑人核定商业承兑汇票贴现额度，客户签发商业承兑汇票后，银行为持票人办理贴现。商业承兑汇票签发与银行对承兑企业的授信额度"捆绑"在一起，收款企业以能够办理贴现为前提收取商业承兑汇票。

3. 商业承兑汇票使用较为活跃的客户主要集中在铁路物资、石化、钢铁、电信、电力等国有垄断行业，在营销的时候应当有意识地在此领域拓展业务。

4. 银行应当非常重视商业承兑汇票市场，切实吃透商业承兑汇票的市场规律，商业承兑汇票一般都是特大型企业承兑，这类客户实力雄厚、经营行为规范，风险并不比银行承兑汇票高，同时，商业承兑汇票收款人一般都为小型企业，价格承受能力较高，银行办理商业承兑汇票贴现收益较好。

在银行贷款规模受到控制时，或者对单一客户的授信规模有一定的最高金额控制要求时，往往可以营销商业承兑汇票保贴业务。例如，很多城市商业银行和农信社对特大型的集团客户的贷款规模受到限制，还有经常在年底，银行的贷款规模受到控制，这时候，就非常适合营销商业承兑汇票保贴业务，客户签发商业承兑汇票并不占用本行的贷款规模。银行通过为商业承兑汇票持票人办理贴现，间接地给商业承兑汇票的签发人提供了融资。

【点评】

　　应当启发大型集团企业签发商业承兑汇票，银行想办法拿回来办理贴现。相对于竞争白热化的银行承兑汇票市场，商业承兑汇票市场属于远未深度挖掘的"荒地"，竞争者甚少，潜力极其巨大。如果一家银行在这方面深度创新，取得先发优势的话，肯定会赚得盆满钵满。

【产品优势】

　　1. 为企业节省财务费用。办理银行承兑汇票需要向银行缴纳0.05%的承兑汇票手续费，办理商业承兑汇票免除手续费。

　　2. 企业签发商业承兑汇票，不需要录入人民银行征信材料，企业可以减轻在银行记录过多负债的压力，尤其是对于上市公司、准备发行短期融资券、中期票据客户非常适用（说明：企业签发的银行承兑汇票和商业承兑汇票记入资产负债表中应付票据科目）。

　　3. 商业承兑汇票相对于国内信用证的优势：

　　（1）对于国内信用证，商业承兑汇票操作更简单，商业承兑汇票贴现仅需提供增值税发票、交易合同等资料；国内信用证需提供增值税发票、交易合同及发运单据，尤其对于一些小单子，索要发运单据过于复杂。一个原则，金额较大的交易，可以使用国内信用证；小金额交易，尽可能使用商业承兑汇票。

　　（2）国内信用证对于货运单据的提交时间较为苛刻，必须在发运后立即提交银行。而在买方较为强势的状况下，一般都是先发货（这时候出具发运单据），在相当长一段时间的账期后才开始结算（这时候出具增值税发票），商业承兑汇票正好可以满足这种支付模式。国内信用证要求发运单据、增值税发票及合同时间对应，国内信用证对于单据的要求与这类交易不符。国内信用证大部分出现在关联企业间，发货后，马上出具增值税发票，卖方可立即提交单据办理议付。

（3）国内信用证仅能一次背书转让，而商业承兑汇票可以很轻松的多次背书转让，便利收款人。

（4）国内信用证要求信用证的开证人和商务交易合同严格对应，而现在很多特大型集团客户的采购环节，都是执行下属子公司分别签订采购合同，由集团结算中心统一支付的模式，商业承兑汇票代理出票可以解决这一问题，而国内信用证不行。

【业务流程】

1. 出票人向开户银行购买并签发商业承兑汇票（通常银行仅对在本行获得授信额度的客户出售商业承兑汇票）。

2. 付款人在汇票上记载相关要素，并加盖预留银行印鉴承兑票据。

3. 商业承兑汇票到期前，付款人将票款足额缴存其开户银行。

4. 商业承兑汇票到期前，持票人将商业承兑汇票送交其开户银行办理委托收款。

5. 持票人开户银行将商业承兑汇票和委托收款凭证寄送给商业承兑汇票上记载的付款人开户银行。

6. 付款人开户银行向持票人开户银行划转汇票款项。

【业务提示】

1. 商业承兑汇票到期一律通过银行传递办理托收。

2. 商业承兑汇票到期日，如付款人账户不足支付，其开户银行将汇票退给收款人或持票人，并对付款人按票面金额处以一定的罚款。

3. 如果是分期付款的交易，可以一次签发若干张不同到期日的汇票，但不能在一张汇票上分别记载不同的到期日，如果这样记载则汇票无效。

4. 商业承兑汇票提示付款期限自汇票到期日起 10 天，收款人或持票人超过提示付款期限提示付款的，其开户银行不予受理。

5. 商业承兑汇票可以背书转让和贴现。

【风险控制】

商业承兑汇票必须是签发人（或承兑人）在额度内签发（或承兑），银行在额度内办理商业承兑汇票贴现或商业承兑汇票质押签发银行承兑汇票业务。

【业务流程图】

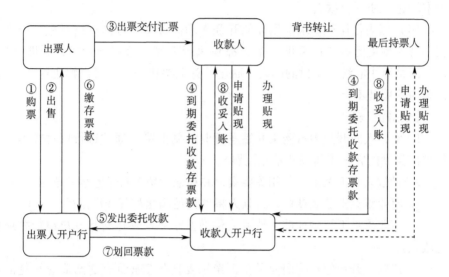

图 1-8　商业承兑汇票流程

【案例】北京新源钢铁公司商业承兑汇票

一、企业基本情况

北京新源钢铁公司为大型钢铁制造厂商，年销售额超过 20 亿元，年采购焦炭超过 3 亿元。该公司在银行核定有 2 亿元综合授信额度，有超过 5 家焦炭供应商，以往的销售模式都是先货后款，供应商资金压力非常大。随着焦炭市场的走俏，供应商纷纷要求改变支付方式。

二、银行切入点分析

某银行经过分析认为：北京新源钢铁公司的供应商一般都是焦炭供应商，普遍规模偏小，流动资金紧张，但是行业利润率较高。这些供应商对该公司的生产非常关键，非常希望银行能够支持这些供应商，确保生产正常。但是，北京新源钢铁公司不愿意使用银行承兑汇票，因为以往都是先货后款。经过分析，该银行认为可以选择商业承兑汇票作为突破口。

三、银企合作情况

北京新源钢铁公司向某银行推荐新晋焦炭公司，银行随即向新晋焦炭公司承诺，北京新源钢铁公司承兑的商业承兑汇票保证予以贴现，贴现利率不超过 4% 。于是北京新源钢铁公司签发了 2 亿元商业承兑汇票给新晋焦炭公司。新晋焦炭公司收到商业承兑汇票后办理发货，同时向该银行办理票据贴现业务。

【点评】

可以建议收款人签发商业承兑汇票，由付款人进行承兑。很多特大型制造类客户经常拖欠供应商的货款，但是坏账的可能性不大。可以建议由这些供应商签发商业承兑汇票，请特大型制造类客户进行承兑，银行对这些商业承兑汇票进行贴现的风险不大。

主动授信

银行在授信操作方面应当有一定的突破。对于很难拿到其财务报表的特大型垄断行业客户，允许在没有报表的情况下，向这些客户提供商业承兑汇票贴现额度。如中国移动通信股份有限公司属于中国四大电信运营商之一，实力非常强劲，公司承兑的商业承兑汇票违约风险很小。由于采购频繁，公司大量出具商业承兑汇票。该公司市场地位极高，中小银行不可能拿到该公司的财务报表，按照现有的传统授信操作思路核定对该客户授信额度很困难。这时，需要银行授信审批政策有所突破，允许从公开网站下载的资料或依托评估公司的评估报告核定授信，专项用于这些公司承兑的商业承兑汇票贴现业务。

六、卖方付息票据贴现

票据贴现业务是各家商业银行资金实力的博弈，大型银行完全可以大量持有票据，大打"价格战"，充分展现王者之风。中小银行要切忌打肿脸充胖子，也大量持有票据，与大银行正面争夺，这样可能随时遭遇票据利率风险。

中小银行操作票据贴现业务的正确思路是以大型银行为下家，买进票据后转卖给大银行，快进快出，赚取息差，自己仅保留很少的票据余额。

【产品定义】

卖方付息票据贴现是指商业汇票持票人将未到期的商业汇票转让给银行，银行按票面金额扣除贴现利息后，将余额付给持票人的一种票据业务操作模式。

【点评】

大型银行完全可以凭借自身雄厚的资金实力大量囤积票据。而中小银行资金实力有限，同时受到贷款规模约束，一旦贷款业务快速增长，票据就需要给贷款腾出信贷规模，大量转出票据，一旦低买高卖势必出现票据利率风险。

大型银行是票据市场主导，它们制定的贴现利率已经作为市场定价的"风向标"，各家银行一般都根据大型银行的转贴现报价决定自己的对外报价。大型银行事实上已经左右了票据市场利率，这就是实力决定游戏规则。

中小银行操作票据贴现业务的正确思路是以大型银行为下家，买进票据后及时转卖给大型银行，借助大型银行的资金，维护和发展自己的客户。

【适用对象】

卖方付息票据贴现适用于企业（事业）法人或其他经济组织。

【业务提示】

1. 对于首次办理贴现业务的客户，需要银行指派双人对贴现企业进行实地调查。

2. 办理贴现业务，必须审查该笔贴现业务所涉及的商品交易是否在企业经营范围之内，审核贴现量与企业的经营销售能力是否匹配。经常出现的融资性票据就是票据对应的商品交易合同超出了贴现申请企业的经营范围。例如，一家经营范围为投资咨询业务的小公司办理钢铁交易项下的银行承兑汇票贴现；一家注册资本仅为 50 万元的小型贸易公司，报表年销售额不过 100 万元，办理超过 5000 万元银行承兑汇票贴现，这些明显都是融资性票据。

3. 应当落实贴现资金严格划入与贴现企业名称一致的银行账户，防止经办人欺诈。

4. 经收款人背书给出票人，并由出票人申请贴现的商业汇票不得买入。

5. 对贴现业务商品交易背景的真实性要进行认真审查，特别是对经过逻辑分析确认的为关联企业签发的商业汇票进行严格审查，防止融资性票据以贴现形式套取现金。

6. 承兑人在异地的，贴现的期限及贴现利息的计算应另加 3 天的划款日期。

7. 可以与客户签订商业汇票贴现总协议，客户一年签订一次总的合作协议，客户办理贴现时无须每次签订协议文本。

【营销建议】

1. 在钢铁、石化、水泥、汽车、电子、电器、金属矿等行业，商业汇票使用非常普遍，客户经理可以在这些行业的相关网站里找到本地企业名录，开发这类客户。

2. 营销票据业务要"速战速决"，客户一旦有贴现需求，应当立即办理，切勿拖延。中国商业银行发展贴现业务还不是很成熟，经常出现临时的政策变化，这直接决定票据能否办理。在资金紧张的时候，会突然拉高利率；出现一笔大额票据风险，会临时停止所有的贴现业务，致使经办行无所适从。因此，客户经理在拓展票据业务客户的时候，有了贴现业务就尽快完成查询手续，尽快办理。

【所需资料】

1. 商业汇票及证明存在真实商品交易的相关文件，如交易合同、增值税发票等。

2. 授信所需的常规资料。

【产品优势】

1. 对企业的益处。

（1）票据具备非常好的流动性，企业可以根据自身的资金情况，决定是否贴现取得资金。

（2）能够有效地降低资金成本，相对于贷款而言，票据融资成本较低，符合企业的利益取向。

（3）对于买方而言，可以在一定限度上转移资金成本（利息支出），占有货币时间价值；对于卖方而言，相对于赊账可以降低坏账风险。

2. 对银行的益处。

（1）可以有效地锁定资金用途。票据可以有效地监控企业信贷资金用途，防止资金挪用。

（2）票据自然连接上游、下游客户，通过票据可以顺理成章地联系产业链条的上游企业，实现链式营销。

（3）调整信贷规模的有力工具。通常银行操作票据贴现业务的思路是与贷款反向操作：当贷款增长乏力时，应适当调低贴现价格，大力发展票据业务；当贷款快速增长时，应适当拉高贴现价格，减少乃至抑制票据增长，为贷款增长腾出空间。

【业务流程】

1. 客户持商业汇票向银行提出贴现申请。

2. 银行办理票据的查询。

（1）银行承兑汇票方式下，采取以下三种方式：

①票交所查询。贴现银行通过人民银行票交所系统进行自助查询。

②人民银行大额支付系统查询。参照《大额支付系统业务处理办法（试行）》执行。

③实地查询。对于本金额较大、初次与银行合作、经常发生票据案件的高风险地区客户持有的票据，应由双人完成实地查询，请承兑行在查询（复）书上加盖结算专用章。对于同城票据，应当尽可能做到实地查询。

（2）纸质商业承兑汇票方式下，需要贴现行实地去承兑企业与开户银行查询。

①承兑企业。查询商业承兑汇票是否为公司法人行为签发，对应的贸易背景是否正常。

②开户银行。检验票面印鉴真伪。

3. 银行会计部门再次审核商业汇票的真实性，并由信贷审批部门按照审批权限进行审批。

4. 银行审批同意后，客户当场背书转让汇票并办理相关手续。

5. 银行根据贴现金额将相应的资金划转到客户的存款账户。

6. 汇票到期，银行将商业汇票及委托收款凭证寄送给商业汇票付款人开户行（或承兑行）。

7. 商业汇票付款人开户行（或承兑行）向贴现行划转汇票款项。

【期限】

纸质商业汇票贴现期限最长不超过 6 个月，电子银行承兑汇票贴现期限 12 个月。

【利率】

贴现利率按照在中国人民银行公布的再贴现利率的基础上加一定百分点方式确定，最高不超过同期贷款利率（含浮动）。汇票承兑人在异地的，贴现期限及利息计算应另加 3 天划款日期。

1. 最新规定。

贴现利率＝Shibor（3 个月）＋利差

中国人民银行针对贴现利率改革的趋势是贴现利率与 Shibor 挂钩。

2. 制定贴现利率的依据。

（1）根据中央银行制定的再贴现利率，这是决定贴现利率的基础。

（2）以同档次的流动资金贷款利率为上限。

（3）根据最近银行间同业拆借市场利率及票据回购利率综合确定，票据贴现利率一般与这两个市场的利率走势呈正相关，并略微高于这两个市场的利率。

（4）根据本地票据市场利率情况。由于贴现利率已经市场化，客户对贴现利率敏感度较高，银行制定贴现利率的时候，必须考虑同业的票据贴现利率。

（5）根据客户综合贡献度情况。贡献度越大的客户，定价越低；反之，定价越高。

（6）风险配比原则。实力较强的银行承兑的银行承兑汇票的贴现利率要低于实力一般的银行出具的银行承兑汇票。

（7）内外有别原则。对本行系统内承兑的票据提供相对有一定比较优势的贴现利率，以鼓励客户尽可能在本行系统内出具银行承兑汇票。

3. 贴现利率计算公式。

（1）本地票据贴现利率：按票面金额扣除贴现日至汇票到期前一日的贴

现利息计算。

贴现利率 = 承兑汇票金额 ×（贴现日 + 汇票到期前一日）× 贴现利率/360

（2）异地票据贴现利率：按票面金额扣除贴现日至汇票到期前一日另加3天的贴现利息计算。

贴现利率 = 承兑汇票金额 ×（贴现日 + 汇票到期前一日 + 3天）× 贴现利率/360

【风险防范】

1. 贴现申请企业必须能够提供与汇票相关的商品交易合同、增值税发票，确保汇票基于真实贸易背景，这是防范政策性风险，以及一旦出现银行之间纠纷的关键保障。

2. 必须做好汇票的提前查询工作，确认承兑行曾经承兑过该号码的票据。

3. 必须查询承兑行是否具备办理银行承兑的资格。

4. 贴现银行必须为承兑银行核定授信额度，在额度内操作贴现业务。

5. 票面要素及真实性必须经过会计人员严格审核，确保汇票的真实性。

【案例一】杭州西湖钢铁公司票据贴现业务

一、企业基本情况

杭州西湖钢铁公司为特大型钢铁联合企业，主营业务为钢铁冶炼、加工，以及钢材、水渣生产及销售，公司总资产达147亿元，主营业务收入54亿元，净利润2亿元。

二、银行切入点分析

该公司财务人员较少，而票据量非常大，需要逐张填写合同，加盖印章。某银行为其设计一次性签订一份总协议，约定双方的权利义务，以后办理单笔业务不再单独签订贴现合同，都受总协议的约束，贴现凭证作为协议的附件。这样可以有效地简化该公司的操作手续，提高操作效率。

三、银企合作情况

该公司每年收到大量的银行承兑汇票，为了降低财务费用，该公司在银行办理了10亿元的银行承兑汇票贴现。通过办理票据贴现，公司节省了大量财务费用。

【点评】

　　企业通过票据贴现，可以大量替代流动资金贷款，从而达到降低财务费用的目的。

　　1. 特大型的票据客户往往非常挑剔，经常在银行现有的标准规定之外提出一些额外要求。对于一些可以简化的工作，建议银行应当考虑简化，这是拓展大客户的需要。与大客户合作，大客户一般占据绝对优势地位，经办行更多地处于劣势。

　　2. 大客户通常可能提出的要求。

　　（1）极低的贴现利率，通常远低于市场平均利率。中小型银行可以联系总行，要求提供特定专项资金，购入这些大客户的票据，或联系大型银行为票据接手银行，买入票据后当日转给大型银行，不占用自己的资金头寸和规模。

　　（2）特殊简化的操作，办理贴现没有合同或发票。可以要求客户提供年初统一签订的大额采购的专项合同，无须提供每笔具体合同，同时，客户提交定期签发的大额增值税发票，而不需要提交与每笔票据一一对应的发票。有时，可以将特定大客户的要求进行整理，向当地监管部门备案后操作。监管部门要求办理票据贴现需要提供发票、合同的目的在于防止出现融资性票据，不是只为了要合同和发票。

　　（3）快速的反应操作，通常交票即贴。可以为客户核定一个专项用于贴现的授信额度，同时提前与企业签订协议，约定本银行提供最高额的贴现承诺。企业承诺：一旦出现虚假票据，将随时提供等额票据进行替换或以现金补偿银行；银行承诺：见票即贴。大客户通常会配合银行的这些要求。

【点评】

　　总之，大客户的要求其实不难满足，关键在于客户经理必须提前做好准备，提出切实的解决方案。不可以简单地将大客户需求直接报送分行、总行，一味等待上级的帮助。同时，切记对大客户的服务必须保持连续性，绝对不可以朝令夕改。

【案例二】扬州新元高速公路公司工程建设项目票据贴现业务

一、企业基本情况

　　扬州新元高速公路公司为特大型国有企业，公司总资产147亿元，主营业务收入54亿元，净利润1亿元。每年需要支付金额较大的工程款，公司信誉良好，资金运作能力较强，是各家银行的黄金客户。某银行属于新进入者，虽然签订了合作意向协议，但是该公司很少提款，公司提出希望银行能够协助降低财务费用。

二、银行切入点分析

　　银行经过分析，该公司主要的资金来源是银行贷款融资，主要资金用途包括工程款、物资采购、人员开支、水电费、到期银行贷款及利息等。人员开支、水电费、到期银行贷款利息属于特定支出，以现金支付基本不可改变。但工程承包款项、劳务款项为公司支出大头，供应商及工程承包商对于收款方式没有严格要求，只是希望能够尽快拿到现金，并且这些客户有较强的价格承受能力。银行进一步分析认为，该公司每年有大量的通行费收入及上级部门划拨的养路费，因此，主业现金流较为稳定，公司具备较强的解付票据能力。

　　银行设计方案如下：

　　1. 票据支付工程款方案。通过票据可以将部分财务费用转嫁给供应商、工程承包公司，经过认真分析，银行认为针对工程建设劳务项目交易，可以使用票据作为结算工具，工程承包公司项目经理部就可以办理贴现。

2. 授信额度授权使用。该公司作为授信主体，与银行签订银行承兑汇票承兑合同。

三、银企合作情况

该公司欣然接受银行为其设计的金融服务方案，公司作为银行承兑汇票的出票人，工程公司在办理贴现业务时，提供根据税收制度有关规定出具的发票。该公司在银行签发的 10 亿元银行承兑汇票全部在该行办理贴现。

【点评】

目前全国高速公路建设中类似情况很多，高速公路有限公司普遍负债过重，希望降低财务费用，因此可以使用票据帮助企业节省财务费用支出。

七、买方付息票据贴现

未来买方付息票据的发展潜力非常大，发展的相对速度将超过传统的票据贴现业务。买方付息票据与代理贴现、无追索权票据贴现进行捆绑销售，将会受到大客户的追捧。

【产品定义】

买方付息票据贴现是指商业汇票的持有人（卖方）将未到期的商业汇票转让给银行，银行在向买方收取贴付利息后，按票面金额将全款支付给持票人的一种票据贴现业务操作形式。

买方付息票据除了付息人不一样外，其他管理规定同卖方付息票据贴现业务完全一样。

买方付息票据的期限与价格计算同卖方付息票据一样。

贴现银行应当采取先收贴现利息，后付贴现款方式操作。

【点评】

传统票据业务发挥更多的是票据的结算作用，保证支付；而买方付息票据实际上更多地体现票据融资的作用，签发票据的企业通过买方付息票据大量替代流动资金贷款。

【适用对象】

该业务适用于企业（事业）法人或其他经济组织，尤其适用于业务密切的买卖双方。经常出现在钢铁行业、汽车行业，大型钢厂、汽车厂明确规定，可以接受银行承兑汇票付款，但是必须由买方承担贴现利息。

【营销建议】

1. 应当选择具备以下特征的客户：买卖双方合作密切，买方不希望将贴现利息转嫁给卖方，或卖方处于强势地位，买方无法转嫁贴现利息，而买方希望通过票据方式尽可能降低财务费用的客户。

2. 买方付息票据贴现业务一般存在于集团客户关联企业之间，尤其是在上下游一体化的集团公司内部，如外商投资企业同时控股的生产商和销售商之间的买卖交易。

3. 买方付息票据实际上与企业直接在银行贷款融资很相似，买方（即借款人）得到银行利息凭证可用于做账，贴现利息远低于贷款利息，更符合企业的利益选择。

【产品优势】

1. 买方付款的效果同现金付款一样，可以获得较好的商业折扣，卖方在持票后，可以非常迅速、便捷地从银行办理贴现，获得票面全款。

2. 可以有效地降低买方的融资成本，相对于贷款融资，买方筹资成本低很多。

3. 会计处理更加规范。在传统的卖方付息票据贴现方式下，关联企业之间结算，往往贴现利息虽由买方承担，但买方私下再将贴现利息转给卖方。而买方付息票据贴现则是通过银行扣划贴现利息并出具利息凭证，会计手续规范。买方获得扣息凭证后，可以计入财务费用，在税前扣除。

依据《中华人民共和国企业所得税暂行条例》，费用包括纳税人在生产、经营期间向金融机构借款的利息支出，按实际发生额扣除。

4. 办理贴现的手续非常简便。

【业务流程】

1. 买方在签发银行承兑汇票（或商业承兑汇票）的时候，同时签发承诺支付未来贴现利息的承诺函或在承兑协议中增加补充条款，表明票据贴现利息由买方承担。

2. 卖方持商业汇票向银行（通常是承兑行和承兑行系统内的兄弟行）提出贴现申请。

3. 银行审核商业汇票真实性，并按照审批权限进行审批，审批同意后，客户当场背书转让汇票，并办理相关手续。

4. 银行向买方扣收贴现利息。

5. 银行按票面金额将全款划转到贴现申请人账户。

【操作要点】

1. 买方必须提供由其签章的承诺函，表明由其承担贴现利息。在实际操作中，也有买方、卖方（持票人）、银行签订三方合作协议的情况，这种操作方式更为便利。

2. 买方付息贴现的票据可以办理转贴现及再贴现。买方付息的票据在票据上不作任何特殊标注。

3. 贴现利息也可以由第三方支付，灵活操作。实际上，无论是谁支付的，只要银行可以收到应扣除的利息，就可以将票据全款支付给卖方（持票人）。

4. 既可以是本行银行承兑汇票或他行银行承兑汇票，也可以是企业签发的商业承兑汇票，操作的前提是银行对承兑人核定授信额度。

5. 既可以是买方第一手签发的票据，也可以是买方收到的票据，在再次背书转让时，向贴现银行承诺自己承担贴现利息（在实际操作中，很多银行不清楚此项规定）。

【业务提示】

买方付息票据可能会被利用做套利，当贴现利率低于同期限定期存款利率时（在市场资金面极度宽松，银行信贷增长乏力的时候曾经几度出现过），企业通过签发足额保证金银行承兑汇票，之后买方以付息贴现方式进行套利，银行必须小心，要坚决防止企业通过融资性票据进行套利操作。

【发展趋势】

1. 买方付息票据将成为市场的主流票据产品，未来买方付息票据发展潜力非常大，发展速度将超过传统的票据贴现业务。

2. 买方付息票据贴现经常出现买方提前兑付，即指商品交易中的付款方（买方）将由其支付贴现利息、收款方（卖方）已在银行办理贴现的银行承兑汇票或商业承兑汇票在到期日前就申请提前兑付的业务，要求银行将其已支付的利息退还买方。

其优势在于，减少企业资金的无效闲置；随时支配资金，提高资金的使用效率。

【案例】西安延长炼化有限公司的买方付息票据操作

一、企业基本情况

西安延长炼化有限公司为陕西省规模较大的炼化公司，年销售规模超过30亿元，公司大量采购成品油。公司的主要原油供应商是北京新兴石油有限公司。由于公司大量地从银行贷款取得现金采购原油，因此财务费用一直较高，公司希望降低财务费用。

二、银行切入点分析

某银行经过分析后认为，必须采取新的银行工具才能打动客户。因为，一是西安延长炼化有限公司在银行有大量的闲置额度，新加入竞争的银行同样提供贷款融资，没有任何的竞争优势。二是由于北京新兴石油有限公司非常强势，不愿意承担贴现利息，因此是不会接受使用传统票据的。经过银行向西安延长炼化有限公司营销，西安延长炼化有限公司说服北京新兴石油有限公司接受买方付息票据。

三、银企合作情况

在某银行西安开发区支行开户的西安延长炼化有限公司向原油销售商北京新兴石油有限公司购买价值1000万元的原油，选择使用某银行的买方付息票据。终于，该银行通过买方付息票据成功切入该公司。

西安延长炼化有限公司采取以下两种方式办理货款支付：

（1）传统现金支付方式。西安延长炼化有限公司先向银行借款1000万元，期限为6个月，利率为5.04%（半年期基准贷款利率），然后以现金方式支付。西安延长炼化有限公司的资金成本为贷款利息25.2万元。

（2）买方付息银行承兑汇票方式。西安延长炼化有限公司向北京新兴石油有限公司签发商业承兑汇票 1000 万元，期限为 6 个月，贴现利率为 3.5%，西安延长炼化有限公司的成本为贴现利息 17.5 万元。

两种方式比较后发现，西安延长炼化有限公司的成本可以轻松降低 7.7 万元，有效地降低了资金成本，提高了对原油价格波动的承受能力，增强了企业竞争力。

【点评】
　　企业选择不同的支付方式，财务费用大相径庭，银行客户经理应当担任企业的财务顾问，辅导、培训企业正确、合理地使用银行产品，以最大限度地降低财务费用，合理安排现金流出，控制企业的销售回款风险。

买方付息票据与准全额银行承兑汇票
　　买方付息票据与准全额银行承兑汇票属于一正一反两个工具，买方付息票据属于银行先收贴现利息；准全额银行承兑汇票是企业先使用存款利息。

【文本示范】

买方付息票据付息承诺函

××银行
　　（必须写明开户行全称）
　　1. 我公司将遵守银行关于买方付息票据贴现业务方面的管理规定，及时、足额支付我公司签发票据的贴现利息。
　　2. 我公司付息票据的范围：我公司委托银行承兑的银行承兑汇票，承兑行名称：＿＿＿＿＿＿，汇票号码：＿＿＿＿＿＿。
　　我公司持有的其他××承兑的银行承兑汇票，承兑行名称；＿＿＿＿＿＿，汇票号码：＿＿＿＿＿＿。

以上银行承兑汇票的复印件见附件。

银行无须通知我公司，可以直接从我公司指定的账户对以上票据划款付息。

指定账户名称：_____，账号：_____。

3. 企业预留印鉴：

_____（企业名称）

年　　月　　日

八、回购式票据贴现

回购式票据贴现对于票据业务规模较大、资金经常出现阶段性盈缺的优质大型客户非常适用。利用回购式贴现可以为大型集团客户提供以票据为工具的理财产品。该业务一般结合票据的综合管理、现金管理等业务综合开办。

【产品定义】

回购式贴现业务是指已在银行办理贴现业务的客户，在票据到期之前可根据自身资金安排的需要，随时将该票据进行回购，银行根据其实际用款天数，将已收取的剩余时间的贴现利息返还客户的一种票据业务操作形式。

回购式票据贴现业务背书规定：在背书人栏内不注明贴现银行的名称。

【点评】

1. 该业务实际是一种票据贴现的期权业务，银行给予客户一定的权利，在某个确定的日期，客户可以根据自身的资金状况及资金机会成本决定是否办理回购。针对这种期权，目前银行一般不收费，因此，该产品银行一般都是向用常规手段不能攻克的高端客户推荐。

2. 该业务对银行的管理提出了很高的要求，由于票据背书人栏没有任何的记载，因而贴现银行一旦丢失票据，将无法主张自己对票据的权利。

3. 很多优质的大客户资金紧缺存在周期性，很有规律，如大型空调厂商，通常每年的 2 ~ 4 月是销售淡季，一般会收到大量的银行承兑汇票，现金短缺；而在 5 ~ 9 月是销售旺季，现金回款量非常大，这时又经常在银行有大额的资金沉淀。很多企业对这种现象叫苦不迭，贴现利息损失严重，因此提出了这项产品需求。

【适用对象】

回购式票据贴现适用于财务管理方式灵活，有阶段性融资需求的企事业单位客户。尤其是管理规范、重视降低资金成本、规模较大的大型集团客户。通常，银行仅对特大型企业提供回购式贴现业务。

【营销要点】

1. 回购式票据贴现仅适用于回购日期与贴现日期在同一年度内的商业汇票。

2. 回购式票据贴现的票据不可办理转贴现和再贴现，且对银行的流动性管理要求较高，因此贴现利率原则上应高于一般贴现业务利率。银行为客户提供了一定的期权服务，理当获得超过一般贴现业务的风险补偿。

3. 其他要求同一般票据贴现业务规定。

电子商业汇票的出现，给回购式票据贴现提供了巨大的市场空间。电子商业汇票期限长达 1 年，且操作手续非常简便，非常便利银行操作电子商业汇票业务。

【产品定价】

对于回购式票据贴现，由于银行对客户授予了一定期权，持票人可以在某个特定时间回购票据，降低了银行利息收入，同时，对银行头寸管理增加了难度，因此，该业务收取手续费。回购式票据贴现与普通票据贴现的区别见表 1 - 6。

表 1-6　　　　　　　　回购式票据贴现与普通票据贴现的区别

回购式票据贴现	普通票据贴现
贴现利率 + 手续费	贴现利率
不能办理转贴现	可以办理转贴现
银行承兑汇票、商业承兑汇票均可	银行承兑汇票、商业承兑汇票均可

【所需资料】

通常按照一般贷款的需要要求企业提供授信所需常规资料。

1. 公司章程和公司组织架构图。

2. 经过年检的营业执照正本、副本原件及复印件。

3. 出示人民银行征信材料，并留下人民银行征信材料号和正确的密码。

4. 出具授权委托书，法人和经办人身份证原件及复印件。

5. 真实有效的贸易合同，且交易商品在企业的经营范围之内。

6. 真实的银行承兑汇票。

7. 查询、查复书。

8. 银行要求的其他有关资料。

【产品优势】

1. 相对于贴现，客户可以根据自身的资金状况，灵活安排票据贴现期限，减少资金的无效闲置。操作灵活，在资金短缺时，可通过票据贴现融资；在资金宽松时，可随时将已贴现票据回购，减少财务费用支出，获得一定的理财效果。

2. 相对于汇票质押贷款，可以明显降低融资利息。回购式票据贴现业务与票据质押贷款业务有些类似，只是回购式票据贴现执行的是票据贴现利率，汇票质押贷款执行的是贷款利率，两者差距非常明显，见表 1-7。

3. 银行不仅获得银行承兑汇票贴现利息收入，还可以获得客户办理贴现后留下的沉淀存款收益。

表 1-7　　　　　　　　汇票质押贷款与回购式贴现比较

汇票质押贷款	回购式贴现
案由：本金 1 亿元，3 个月汇票质押贷款，利率为 4.35%	案由：本金 1 亿元，3 个月回购式贴现业务，利率为 4%
1. 利率：流动资金贷款利率为 4.35%（半年期流动资金贷款利率）	1. 贴现利率：4% 左右（再贴现利率）
2. 签订质押合同、流动资金贷款合同	2. 签订贴现合同
3. 利息：约 108 万元	3. 利息：100 万元

【业务流程】

1. 客户将银行承兑汇票（或商业承兑汇票）提交贴现银行，同时提供在确定日期回购票据的承诺函。

2. 银行审核商业汇票的真实性，并按照审批权限进行审批，审批同意后，客户当场背书转让汇票，并办理贴现手续（注意：银行在背书人栏不做标注）。

3. 在约定日期，客户将票面全款退还贴现银行。

4. 银行根据其实际用款天数，将已收取的剩余时间的贴现利息返还客户，并将票据退还给客户，客户当场验票。

【业务流程图】

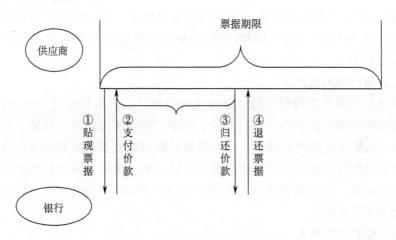

图1-9　回购式票据贴现流程

【点评】

回购式票据贴现将会受到特大型集团客户的欢迎，成为其票据贴现的首选。但是，银行应当在一定金额范围内发展该项业务，同时向客户收取一定的期权费用。没有计划、没有规模控制地发展回购式票据贴现业务，给银行资金头寸管理带来极大困扰。

【发展趋势】

回购式票据贴现业务的迅速发展，将会是未来银行在拓展特大型票据客户时客户首选的银行票据产品。

【案例】北京新马汽车有限公司的回购票据安排

一、企业基本情况

北京新马汽车有限公司为特大型汽车制造企业，年销售额超过 200 亿元。产品销售呈现明显的周期性，在销售淡季，鼓励经销商提货，经销商使用银行承兑汇票支付；在销售旺季，经销商使用现金支付。因此，在3～4 月销售淡季，通常收到大量银行承兑汇票，公司办理贴现以取得现金用于周转；在 5～6 月销售旺季，公司收到大量现金，而这时又是公司采购淡季，对外支出不多，这种周期性的资金潮汐现象给公司资金的调度管理带来了较大困难。

二、银行切入点分析

××银行属于股份制银行，是市场的后来者。该银行经过分析后认为，采取传统的贴现方式和四大银行竞争，利率、资金实力都不占优势，鉴于客户资金存在周期性潮汐的特点，银行提出开展回购式票据贴现业务，客户可以根据自身的资金状况决定办理贴现与赎回。虽然这样会对银行的资金头寸管理带来困难，但是这也是银行拓展优质客户必须付出的代价，成本虽高，但是仍非常有价值。

三、银企合作情况

经过研究，银行提供如下方案：

1. 给予客户提供贴现便利，客户可以在总金额 5 亿元以内，随时办理贴现。

2. 客户必须在办理贴现超过 2 个月后，方可办理同一笔票据的回购，且限定在每月月初头 3 个工作日内。

3. 贴现后款项原则应当沉淀一部分在本银行。

最终，该客户在银行办理了 3 亿元回购式票据贴现业务，通过回购式票据贴现业务，××银行成功地切入该公司，成为其主要合作银行之一。

【点评】

回购式票据贴现业务应慎重开展，该业务对银行提出了如下能力要求。

1. 资金管理要求极高。回购式票据贴现业务为银行的资金管理提出了极高的要求，因此，通常银行限定一个办理回购式票据贴现业务总规模，同时要求每个客户在确定的日期回购，以便银行安排资金的头寸。回购式票据贴现业务必须针对高端客户，且必须细致匡算资金头寸。

2. 票据管理要求较高。由于贴现的票据没有在背书人栏注明贴现银行名称，因而一旦票据丢失，将无法保证贴现银行自身的权益。因此，票据务必严格保管，落实各环节的责任，确保票据的安全。

此种业务，对于票据业务规模较大、资金经常出现阶段性盈缺的优质大型客户非常适用。利用回购式票据贴现可以为大型集团客户提供以票据为工具的理财产品。该业务一般结合票据的综合管理、现金管理等业务综合开办。

九、协议付息票据贴现

在商业交易中，买卖双方的交易地位随着商品的供求关系、双方实力变化而不断迁移，这也直接决定了票据贴现利息承担方能够讨价还价。夹在双方交易结算博弈中，银行作为执行者操作双方的利益分割。

【产品定义】

协议付息票据贴现是指卖方企业（收款人）在销售商品后，持买方企业（付款人）交付的未到期商业汇票到银行办理贴现，并根据买卖双方协商，分担支付票据贴现利息的一种票据贴现业务形式。

【适用对象】

协议付息票据贴现适用于买卖双方合作关系比较紧密且融洽的企事业单位客户之间，根据商务结算条件，双方分别承担一部分贴现利息，通常存在于集团内部成员企业之间的交易结算。

【营销要点】

1. 协议付息票据主要适用于贴现利息的分担，在卖方较为强势的情况下，卖方仅要短票的情况下，买方签发期限较长的商业汇票，承担部分期限的承兑汇票贴现利息。比如卖方的销售政策对 2 个月期限的银行承兑汇票视同现款，买方由于商品周期较长，希望签发 6 个月期限的银行承兑汇票，买方可以签发协议付息票据，声明该笔银行承兑汇票 4 个月的贴现利息由买方承担。

2. 针对一些关联客户，通过协议付息票据可以分割一张票据的贴现利息，调节集团客户关联企业之间的利润。

3. 协议付息票据一般都是银行承兑汇票，在签发的时候，买卖双方商议好，并向银行提出分割的比例。

【产品优势】

1. 满足特定商业结算模式下企业的个性化需求，灵活方便，买卖双方在票据交易中可自行商定各自所承担的票据贴现利息份额。

2. 银行不仅可以获得稳定的贴现利息收入，还可以获得客户办理贴现后留存的沉淀存款收益。

【操作流程】

1. 客户将银行承兑汇票（或商业承兑汇票）提交贴现银行，同时提供票据当事人各自承担利息比例的承诺函。

2. 银行审核商业汇票的真实性，并按照审批权限进行审批。审批同意后，持票人当场背书转让汇票，并办理相关手续。

3. 银行在收到非持票人交付票据利息后，将按票面金额扣除贴现利息（包括非持票人承担的贴现利息及持票人应承担的贴现利息）后的余款支付给持票人。

【业务提示】

1. 银行审查买卖双方资信状况及是否存在真实贸易背景，并对商业汇票的真实有效性进行审核后，决定能否受理该业务。

2. 该业务项下的商业汇票可以背书转让，办理转贴现和再贴现。

3. 其他规定同一般的贴现要求。

【业务流程图】

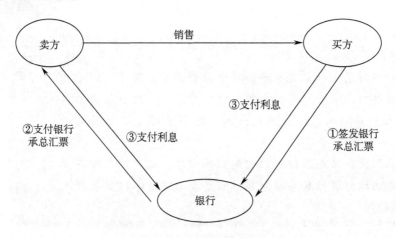

图 1－10　协议付息票据贴现流程

【案例】北京 NIN 贸易有限公司协议付息票据贴现

一、企业基本情况

北京 NIN 贸易有限公司是北京特大型钢铁经销商，常年从天津新大钢铁厂购进钢材。双方合作关系密切，彼此信任。由于钢铁行业结算特点，在销售旺季一般使用现金，在销售淡季则使用银行承兑汇票结算。从降低成本考虑，北京 NIN 贸易有限公司一直说服厂商在销售淡季、旺季都使用银行承兑汇票结算，但是关于贴现利息承担问题一直是双方矛盾的焦点。

二、银行切入点分析

某银行经过分析后认为，银行承兑汇票贴现利息可以由双方协商确定。银行负责利息扣划及出具贴现扣息凭证。银行经过与北京 NIN 贸易有限公司进行业务营销，该公司非常认可。北京 NIN 贸易有限公司在与天津新大钢厂沟通后，双方一致同意采取该银行的协议付息票据办理结算，根据天津新大钢厂的销售贴息政策，确定双方各自承担的贴息比例。

三、银企合作情况

天津新大钢厂收到北京 NIN 贸易有限公司签发的 2000 万元银行承兑汇票，期限为 6 个月，在某国有商业银行北京分行办理贴现，贴现率为 3.4%。

双方约定，各自承担50%的融资利息17万元。按约定北京 NIN 贸易有限公司向银行划付17万元贴现利息，银行将1966万元余额票款支付天津新大钢厂。

【点评】

协议付息票据贴现业务，对于协作紧密、双方共同承担票据结算方式融资利息的合作伙伴非常适用，协议付息票据贴现业务实际是银行作为执行人，调剂了买卖双方的利益分配。

实际上，只要银行可以收到贴现利息，就可以办理买方付息票据和协议付息票据业务，不要求一定是票据的收款人支付利息。

十、集团贴现

特大型集团客户越来越希望加强对系统内全口径资金的集中管理，现金已经通过网上银行实现了资金集中管理，而票据管理则是选择由集团成员单位将票据背书转让给集团结算中心，由集团结算中心统一掌控，根据整个集团的资金盈缺状况，寻找最有利的价格择机贴现。

【产品定义】

集团贴现是指集团成员单位将票据背书转让给集团结算中心，集团结算中心统一向银行申请贴现，银行将贴现后余款划付给集团结算中心的一种票据贴现业务操作形式。

【适用对象】

1. 一般为建立结算中心的大型集团客户。办理集团贴现的客户一般应具备以下管理特点：集团成员单位基本都在一个省，集团内部成立了结算中心，全部资金实行集中管理（如果是跨省份运作的集团，由于票据异地传递风险较大且成本较高，一般不会接受此种方式）。

2. 一般为规模较大的制造业集团客户，如大型的家电制造商、大型电力设备制造商、公路开发经营集团、大型地方石化集团等。

【产品优势】

1. 客户集中系统内的票据，获得批发贴现的优惠，降低贴现成本。

2. 便利集团公司对成员单位全口径资金的集约管理。

3. 系统内票据集中由财务结算中心统一管理、操作，节省人力成本。

4. 银行可以获得稳定的贴现利息收入和稳定的沉淀存款收益。通过集团结算中心可以深入挖掘整个集团庞大的票据资源。

【业务流程】

1. 成员单位将收到的银行承兑汇票（或商业承兑汇票）背书转让给集团结算中心，同时提供基础商品交易合同、增值税发票等资料。

2. 集团结算中心持票向银行申请办理贴现，银行审核商业汇票的真实性，并按照审批权限进行审批，审批同意后，集团结算中心当场背书转让汇票，并办理相关手续，提交前手与再前手之间的交易合同、增值税发票资料。

3. 银行在扣收票据利息后，将票面余款支付给集团结算中心。

4. 结算中心将贴现余款划给集团成员单位。

【业务流程图】

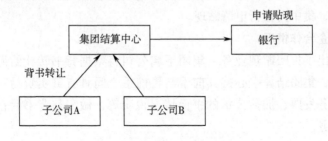

图 1-11 集团贴现业务流程

【业务提示】

集团企业内设的资金管理类机构作为申请人申请贴现时，可要求其提供证明其前手与再前手之间具有真实贸易背景的商品交易合同和相关税务发票、加盖公章的书面情况说明，做完整背书后可以买入。

书面情况说明须包括集团对申请人的授权（或集团公司的批准文件）、申请人业务操作模式、具体职责、资金管理特点、与集团成员单位之间的票据业务操作规定。

【案例】海马电器集团的集团贴现业务

一、企业基本情况

海马电器集团为特大型电器制造企业，实行总子公司管理架构，下设有电视制造公司、空调制造公司、冰箱制造公司等众多子公司，集团内设结算中心，由集团结算中心统一管理系统内资金。公司执行资金高度集中管理，下属公司账户实行限额，主要资金全部集中到集团结算中心，由下属公司申报支出项目，集团结算中心集中对外支付，实行集中管理、分别核算的资金管理体制。

海马电器集团子公司会收到大量银行承兑汇票，公司迫切希望银行能够协助其集中管理系统内庞大的票据资源，切实改变以往子公司各自在银行办理贴现，贴现利率较高及部分子公司挪用贴现资金等问题。

二、银行切入点分析

银行经过分析认为，集团结算中心对系统内的资金、票据管理具有绝对的权威，若银行去营销每家子公司，效果会很差，如果借助集团结算中心，将会事半功倍。集团结算中心为集团内部的资金管理机构，可以集中系统内的票据资源，集中向银行申请贴现。

三、银企合作情况

银行推出了集团贴现业务，集团下属公司将票据背书转让给海马电器集团结算中心，集团结算中心持其前手与再前手之间具有真实贸易背景交易合同和相关税务发票、加盖公章的书面情况说明等，做完整背书后在银行办理集中贴现业务。

海马电器集团结算中心在该银行办理超过 4 亿元集团贴现业务，节省了大量的财务费用。

【点评】

集团客户对系统内资金、票据进行集中管理的趋势日益明显，大型集团客户借助商业银行的网上银行已经实现将下属企业资金进行集中管理，而票据一直是这些客户集中管理的重点目标，集中管理票据也就实现了集中管理集团内部全口径的现金。

【文本示范】

集团贴现说明函

_____银行：

现我集团给他成员单位将收到的成员单位银票及商票均背书给我中心（_____集团结算中心），现我公司背书后，统一向贵行申请办理贴现，请办理为盼。

	成员单位名称
1.	
2.	
3.	

集团结算中心
年　月　日

十一、代理贴现

票据由于融资利率低、付款有保障，因而受到了市场的普遍欢迎。实际操作中存在的一些问题限制了票据的流通：如卖方不愿意承担贴现利息，普遍将贴现利息转嫁给买方；卖方感觉贴现的手续烦琐、所需资料过多，不愿意办理票据保管、贴现手续，要求买方提供现款结算；票据金额较小时，票据传递成本显得过高，基于以上原因，代理贴现业务应运而生。

【产品定义】

代理贴现是指商业汇票的贴现申请人通过与其代理人、贴现银行签订三方协议，委托其代理人在贴现银行代为办理票据贴现手续，贴现银行审核无误后，直接将贴现款项划付给贴现申请人的一种票据贴现业务形式。

代理贴现是纸票的特殊创新操作，对电子票据并不适用。

【法律依据】

1.《民法》支持。票据行为属于民事法律行为，民事法律行为可以代理，票据行为按推理也可以代理，委托人、代理人、贴现银行通过签订三方合作协议的方式，明确票据贴现的代理关系。

2.《票据法》支持。票据业务代理在《票据法》中有法律依据，《票据法》第五条第一款规定："票据当事人可以委托其代理人在票据上签章，并应当在票据上表明其代理关系。"

【适用对象】

买方属于卖方非常重要的客户，卖方愿意配合买方为降低财务费用采取的特殊票据业务操作方式。银行应当主动说服买卖双方接受银行的代理贴现业务操作，为买卖双方节省交易费用。

买卖双方多处于异地状态，异地使用票据传递成本较高，通过使用代理贴现，可以有效避免票据的传递成本。

【营销建议】

从买方的利益角度出发，将代理贴现业务与买方付息票据贴现业务捆绑营销，两项顶尖产品的结合将为交易中的买方（出票人）提供更大的便利，在买方（出票人）承担贴现利息并代理贴现模式下，买方（出票人）使用票据付款的效果同现款一样，而财务费用将大大降低，该种业务组合对于重视降低财务费用的大型优质客户非常适用。

【业务提示】

1. 票据代理贴现业务代理人限定：

（1）委托人的直接前手，通常是银行承兑汇票的出票人或商业承兑汇票的付款人；

（2）委托人直接前手的集团公司（很多集团公司都采取资金、票据集中管理模式，因此通过集团总公司集中系统内所有票据统一向银行申请办理贴现）。

除此之外的代理人一般不予接受。

2. 办理代理贴现的票据限定：贴现银行本行系统内各行承兑的银行承兑汇票及商业承兑汇票。

【点评】

由于在背书上存在特殊情况，可能会被其他银行认为背书不连续，代理贴现的票据难以在银行之间继续流转，因此，不能办理转贴现。各家银行一般都规定，代理贴现的票据仅限于本行承兑的银行承兑汇票以及由本行已经核定授信额度企业承兑的商业承兑汇票。

【所需资料】

代理人、委托人在银行办理代理贴现业务，须提交以下基本资料：

1. 营业执照副本等；

2. 法人代表证明书和法人代表身份证，如委托他人办理，提供法人代表授权委托书和法人代表授权代理人身份证；贴现银行留存法定代表人授权书及相应身份证件的复印件；

3. 人民银行征信材料和人民银行信贷登记系统记录清单；

4. 三方合作协议；

5. 拟贴现的已背书的商业汇票；

6. 贴现申请书和贴现合同；

7. 贴现凭证；

8. 商品交易合同；

9. 商品交易发票；

10. 银行在办理贴现时认为需要的其他有关材料。

其中委托人须提供 1~4 项资料；代理人须提供 1、2 和 5~10 项资料，同一委托人再次办理代理贴现时，仅须代理人提供上述资料。

【产品优势】

1. 降低了票据异地传送费用，防止了可能的利息丢失。

2. 在买方付息票据贴现业务项下，买方代理持票人（卖方）办理贴现，买方可以有效地控制贴现利息成本，同时买方可以获得同现金付款一样的商业折扣。

3. 银行有效地封闭票据，促进票据的体内循环；可以获得稳定的贴现利息收益；在银行承兑汇票方式下，节省了票据的查询、辨识工作，并可以保证票据的真实性，便利了业务操作；在商业承兑汇票方式下，从源头上营销出票人，获得风险可控的商业承兑汇票。

【发展趋势】

代理贴现业务便利了买卖双方的结算，降低了交易结算成本，未来发展前景极为看好，只要银行投入大力宣传，该产品很可能取代传统的贴现业务形式。

【业务流程】

1. 委托人、代理人与银行签订票据代理贴现业务三方合作协议（以下简称三方合作协议），明确委托人和代理人的委托代理关系，指定某银行为银行承兑汇票代理贴现业务的贴现行，确定三方当事人的权利和义务。

2. 代理人接受委托人的委托，收集并提交相关贴现资料，向银行申请贴现，银行核实双方委托代理关系的合法性，审查委托人的相关条件，落实申请材料和银行承兑汇票交易基础的真实性。

3. 在提供的贴现资料中，贴现凭证、拟贴现的银行承兑汇票背面的背书栏、贴现申请书和贴现合同中需委托人签章的地方均由代理人签章，并注明"××代理××公司（委托人名称）贴现"。

4. 委托人和代理人根据在三方合作协议中约定的贴现利息支付方式，出具相应的利息扣划授权书、签署相应的业务协议、填写相应的贴现凭证。

5. 银行审查银行承兑汇票无误后办理出账，将款项划入委托人指定的收款账号。

商业承兑汇票代理贴现业务操作程序与以上程序基本相同。

【业务流程图】

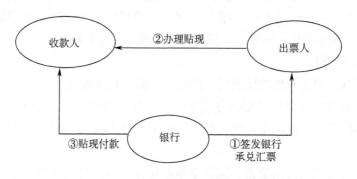

图 1-12　代理贴现业务操作流程

【案例】玛丽燃气有限公司买方付息代理贴现票据

一、企业基本情况

玛丽燃气有限公司是特大型燃气经营企业，年营业额超过 30 亿元，公司每年向大连保税区新祥国际贸易有限公司大量购入天然气，公司希望采取银行承兑汇票方式支付以降低成本，但是大连保税区新祥国际贸易有限公司一直认为贴现手续过于复杂，不愿意接受票据。

二、银行切入点分析

天然气业务属于紧俏物资，大连保税区新祥国际贸易有限公司不愿意承担贴现业务的烦琐手续。某国有银行××分行经过分析后建议：使用银行承兑汇票＋代理贴现方式结算，玛丽燃气有限公司承担贴现所需的所有工作，大连保税区新祥国际贸易有限公司收到全额现款后发货，这种操作对现有的商务模式改动很小。经过营销，双方同意接受银行的建议。

三、银企合作情况

某国有商业银行××分行向玛丽燃气有限公司推荐银行承兑汇票代理贴现业务，由玛丽燃气有限公司签发银行承兑汇票，并通过与大连保税区新祥国际贸易有限公司签订委托代理贴现协议，玛丽燃气有限公司代理大连保税区新祥国际贸易有限公司办理票据贴现，买方付息，大连保税区新祥国际贸易有限公司收到票据全款。玛丽燃气有限公司在该行签发近3亿元银行承兑汇票，并全部办理代理贴现。

通过代理贴现业务，玛丽燃气有限公司有效地降低了财务费用，并获得了与现金结算一样的商业折扣，银行不但有承兑手续费收入，还实现了票据的体内循环，获得了较为丰厚的贴现利息收益。

【点评】

代理贴现是票据操作的一次巨大创新，对于提高票据业务的操作效率、降低票据传递的风险、减少企业商务交易结算成本具有非常重要的作用。客户经理应当非常清楚这项业务的操作要求，并能在实际业务开拓过程中活学活用。

十二、放弃部分追索权商业汇票贴现

放弃部分追索权票据贴现业务仅是放弃对票据贴现申请人的追索权，并没有放弃对其他票据当事人，尤其是出票人、承兑人的追索权。因此，绝对的放弃全部追索权的票据贴现业务并不存在。

由于票据追索权的存在，企业普遍担心票据一旦被追索，自己必须提供连带偿还责任，因此希望将风险进行转移。

【产品定义】

银行从持票人手中买入未到期的银行承兑汇票（或商业承兑汇票），同时承诺在基础交易真实的情况下，票据发生兑付风险时放弃对贴现申请人（持票人）追索权的一种票据贴现业务形式。

说明：银行有条件放弃对贴现申请人（持票人）的追索权，如果票据对应的贸易背景存在虚假，则银行有权对票据贴现申请人（持票人）行使追索权。

【点评】

1. 有的大型外商投资企业会提出以下要求：

（1）在协议中约定，放弃对贴现申请人（持票人）的追索权；

（2）贴现银行同时需要承诺，已经贴现的票据不再背书转让给其他金融机构。

这些是合理的要求。外资企业非常准确地研究了中国票据的相关法律规定，贴现银行放弃已经贴现票据的转贴现操作，就意味着贴现银行是最后一手持票人，包括贴现银行在内没有任何一家金融机构会对贴现申请人（持票人）行使追索权。

2. 放弃部分追索权概念非常准确，仅是放弃对票据贴现申请人的追索权，并没有放弃对其他票据当事人，尤其是出票人、承兑人的追索权，绝对地放弃全部追索权的票据贴现业务并不存在。

【适用对象】

1. 营销对象首先定位于中外合资企业，尤其是世界 500 强在华投资企业、运作规范的上市公司。这些企业共同特点就是财务制度较为严格，希望降低票据应收风险。

外商投资企业包括大型的外资家电制造企业、外资电信设备制造企业、外资建材企业等。

外资企业发现中国商业伙伴很喜欢使用票据，政府也积极创造条件鼓励票据发展，于是慢慢接受了票据作为结算支付手段。但是，由于票据追索权的存在，外资企业普遍担心票据一旦被追索，自己必须提供连带偿还责任，因此希望将风险进行转移。

2. 其次定位于特大型国有企业及国家机关等，包括国资委监管的中央企业及地方国资委监管的地方大型企业和各类国家行政机关，如有收费职能的税务机构、海关机构、民航管理局等。针对这些客户，放弃部分追索权票据贴现业务可以和代理贴现及买方付息票据捆绑销售。

【所需资料】

1. 商业汇票及证明真实商品交易的有关资料（如增值税发票、基础交易合同等）。

2. 一般授信所需的常规客户基础资料等。

【产品优势】

1. 操作手续简便，可以有效地降低票据贴现申请人的融资成本。

2. 未来的收款风险全部转移给贴现银行，可以有效地转移票据贴现申请人的收款风险。

3. 贴现银行对应收票据进行买断，可以有效地改善票据贴现申请人的财务状况。

【业务流程】

1. 持票人申请办理票据贴现业务，并明确提出银行放弃对其的追索权要求。

2. 银行调查承兑人的资信状况，查询票据真伪。

3. 在查询票据的真实性后，贴现银行与持票人商议贴现利率，并签订票据贴现协议（在协议中加入补充条款，贴现银行放弃对贴现申请人的追索权），买入申请企业的票据。

4. 持票人办理票据的背书转让，银行划转贴现资金。

【价格】

由于银行需要风险补偿，放弃部分追索权银行承兑汇票贴现利率要稍高于一般银行承兑汇票贴现利率；放弃部分追索权商业承兑汇票贴现利率一般参照流动资金贷款利率，对金额较大的可以适当优惠。

【期限】

按照中国人民银行的规定，纸质票据买断期限在 6 个月以内，电子票据买断期限在 12 个月以内。

【与贴现的区别】

1. 在票据贴现项下，贴现票据追索对象包括贴现申请人、保证人、中间任何一手背书人。

2. 在放弃部分追索权票据贴现下，追索对象排除贴现申请人（即持票人），仅包括出票人、承兑人及中间任何一手背书人。

对于一般贴现业务，银行可以选择任何一手进行追索，包括出票人、承兑人、持票人、贴现申请人；

在放弃部分追索权融资项下，银行将放弃对贴现申请人的追索权，追索权的范围受到一定限度的限制。

贴现银行行使追索权见图 1 - 13。

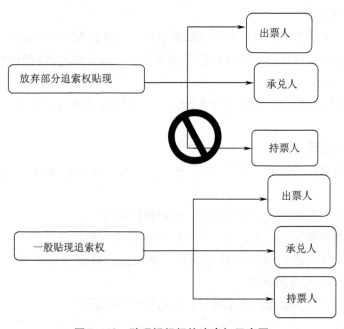

图 1 - 13　贴现银行行使追索权示意图

【点评】

　　放弃部分追索权商业汇票贴现业务实际上就是基于对承兑人的信任，相信承兑人到期一定能够解付商业汇票。就风险控制的着力点而言，银行本来的风险控制点就不在贴现申请人，而是在承兑人。因此，开办放弃部分追索权的贴现业务对银行而言，风险增加有限，收益却有一定程度提高，因此很多银行热衷于办理该项业务。

【政策规定】

　　财政部印发《关于执行〈企业会计制度〉和相关会计准则有关问题解答（四）》（财会〔2004〕3号）。

　　——以应收账款等应收债权向银行申请贴现，如协议中约定，若应收债权到期债务人未能偿还，申请人有责任向银行还款。申请企业应按照以应收债权为质押取得借款的规定处理。

　　——如果在协议中约定，在应收债权到期，债务人未按期归还，申请人不负有任何偿还责任时，应视同应收债权的出售。

　　——企业以应收票据向银行申请贴现，应比照上述规定处理。

【点评】

　　1. 财政部的规定体现了"实质大于形式"的会计核心思想。正是财政部的规定，使得国资委监管的大部分企业有此类业务需求，民营企业对该产品的需求可能性不大。

　　2. 随着中国的会计准则与国际接轨，未来放弃部分追索权的票据贴现业务将大行其道，获得迅猛的发展，并在一些特定客户群体内取代传统的票据贴现业务，成为市场的主流产品。

【案例】美日电子有限公司放弃部分追索权的银行承兑汇票贴现业务

一、企业基本情况

美日电子有限公司每年收到大量的银行承兑汇票，以前公司都是在银行办理票据贴现。近期，为了有效地改善财务状况，公司希望在银行办理无追索权票据贴现业务。该公司希望贴现银行放弃对其的追索权，同时要求银行承诺不将票据转贴现给其他金融机构。

二、银行切入点分析

经过研究后，某银行认为，美日电子有限公司为当地特大型电子公司，每年销售额高达 50 亿元，业务潜力非常巨大，银行值得为其提供创新性产品；美日电子有限公司属于规范经营的企业，遵守中国的金融纪律，不会出现融资性票据。银行提出了以下合作方案：

（1）银行承诺：在保证基础交易真实的基础上，如果银行承兑汇票到期拒付，贴现银行负责向出票人及承兑行索偿，放弃对甲方的追索权。

（2）提高贴现价格。在一般有追索权的贴现利率基础上上浮一定百分点，作为放弃对其追索权风险承担费用及放弃转贴现需要承担未来票据利率风险的补偿。

（3）在贴现协议中补充："在保证基础交易真实的情况下，本行承诺放弃对贴现人的追索权"。

三、银企合作情况

美日电子有限公司在该行办理超过 2 亿元银行承兑汇票放弃部分追索权贴现业务。

【点评】

很多国内企业认为银行承兑汇票收款风险很小，根本用不着贴现银行放弃对自己的追索权。而外资企业则认为，只要存在追索，就蕴涵风险。

外资企业认为自己应当专注于自身主业，不为任何小利所诱惑，宁可承担一定成本，也要将风险转移出去。外资企业极其谨慎乃至保守的经营理念成就了像通用电器、奔驰汽车等百年老店，这点值得我们很多中资企业认真学习。

十三、商业承兑汇票保贴

商业承兑汇票保贴客户定位于国内实力较强的大型企业集团，一般这些公司非常有实力，银行通常愿意为这些企业签发的商业承兑汇票提供保贴。可以与规模较大的财务公司合作，为其核定一定授信额度，利用财务公司与这些成员企业天然的血缘联系，由财务公司承兑这些成员单位签发的商业承兑汇票，银行保证予以贴现。

【产品定义】

商业承兑汇票保贴是指对符合银行授信条件的企业，以书函的形式（或在票据上记载银行保证贴现的承诺）承诺为其签发或持有的商票办理贴现，即给予保贴额度的一种授信业务。

申请保贴额度的企业既可以是票据承兑人，也可以是票据持票人。

主要业务种类是商业承兑汇票承兑人保贴业务和商业承兑汇票持票人保贴业务。

在银行开立存款账户、根据购销合同进行商品交易结算并约定以商业承兑汇票作为结算工具的法人或其他经济组织。

【适用对象】

商业承兑汇票的付款人（或承兑人）必须是非常强势的企业，履约能力极强，只有这样的商业承兑汇票才会被市场接受。

商业承兑汇票是针对大客户使用的产品，多在钢铁、石化、铁道、电力、电信等行业使用，签发客户多是特大型钢铁集团、大型石油集团、铁道部所属铁路局（公司）、大型电力集团、大型电信集团等客户，而小客户签发的商业承兑汇票很难被市场接受。

商业承兑汇票表明，企业自身良好的商誉也可以给企业带来价值，带来切实的利益。比如中国神华股份有限公司就可以签发商业承兑汇票，且被市场广泛接受。

【对商业承兑汇票的认识】

1. 一般对承兑人核定商业承兑汇票贴现额度，客户签发商业承兑汇票后，银行为持票人办理贴现。商业承兑汇票的签发与银行对企业的授信额度"捆绑"在一起，收款企业以能够办理商业承兑汇票贴现为前提接受商业承兑汇票。

2. 商业承兑汇票的流动性基本固定在"出票"企业与"收票"企业之间，很少有企业之间的背书转让，地域流通特征非常明显，造成这一现象的根本原因是支撑商业承兑汇票基础即企业信用还没有被广泛接受。

【点评】

1. 大型企业实力非常强，为什么还需要保贴呢？相信很多人会有这个疑问。因为即便是大型企业承兑的商业承兑汇票，由于银行办理贴现必须提前对承兑企业核定授信额度，如中国移动通信集团公司闻名天下，谁都知道履约风险很小，但是由于没有额度认同（除了几家知名大银行，其他中小银行很难与其建立授信合作关系），商业银行就无法办理贴现。如果在企业签发商业承兑汇票时，签发的是由银行保贴的商业承兑汇票，那么收款人就可以很容易地办理贴现。

2. 大型企业很少重视自己的供应商，这实际上是非常可怕的，供应商是产业链中的重要一环。企业通常认为市场（下游购买商）重要，但是上游一旦出现问题，自己同样难以置身其外。设想供应商经营困难，到处找钱，他能安心生产吗？而新选择供应商成本很高，需要筛选考验、稳定合作关系、熟悉磨合等。对于大型企业，银行非常愿意对其承兑的商业承兑汇票提供保贴服务，建议大型企业在出具商业承兑汇票时，可以考虑要求其开户银行出具保贴，为自己的供应商解决融资问题。

【文本】

商业承兑汇票保贴承诺函

致持票人：

银行已经对＿＿＿＿＿＿＿＿＿＿企业（商业承兑汇票承兑企业）核定授信额度，您可以持此商业承兑汇票及对应合同及发票来银行办理贴现。

联系人：

银行

年　　月　　日

【营销建议】

商业承兑汇票保贴客户定位：

1. 国内实力较强的大型企业集团，一般这些公司非常有实力，银行通常愿意为这些企业签发的商业承兑汇票提供保贴。

2. 有节省财务费用意识的集团客户，如一些管理较为规范的大型贸易企业，其实力雄厚、履约能力强，如特大型的钢铁、石油、化工、电力、煤炭等集团客户。

3. 与规模较大的财务公司合作。对于规模较大的财务公司，核定一定授信额度，利用财务公司与这些成员企业天然的血缘联系，由财务公司承兑这些成员单位签发的商业承兑汇票，银行保证予以贴现。

可以从中国财务公司协会网站寻找客户：http：//www.cnafa.org。可寻找国内排名靠前且系统内成员单位大量使用票据的财务公司，如中国华电财务有限公司、中国大唐电力财务有限公司、中国五矿财务有限公司、中粮财务有限公司、海尔财务有限公司、珠海格力集团财务有限公司、国航集团财务有限公司、南航财务有限公司、海航财务有限公司等客户。

【所需资料】

持商业承兑汇票的收款人在银行办理贴现，需提供以下资料：

1. 有关的商品购销合同、劳务承包合同等，要求合同中约定使用商业承兑汇票进行结算。

2. 通常按照一般贷款的需要要求企业提供授信所需常规资料。

（1）公司章程和公司组织架构图；

（2）经过年检的营业执照副本原件及复印件；

（3）出示人民银行征信材料，并留下人民银行征信材料号和正确的密码；

（4）出具授权委托书，法人和经办人身份证原件及复印件；

（5）抵押（质）押物的清单及保证金账户的存款证明；

（6）抵（质）押合同；

（7）银行要求的其他有关资料。

【产品优势】

1. 加强商业承兑汇票的变现能力和流通性。银行对商业承兑汇票加具保贴函（或在票据上记载银行的保贴承诺），会使商业承兑汇票的流通性大大提高，基本上可视同于银行承兑汇票。

2. 对于承兑人，相对于银行承兑汇票，客户可以省去一定的保证金及承兑手续费，节省了资金、财务费用；同时，企业可以根据结算需要，随时签发票据。对持票人，可快速获得资金融通，提高资金使用效率。

【点评】

特大型企业的供应商经常会被要求接受商业承兑汇票，要么拖着，这时候，供应商都会咨询银行，问能否办理商业承兑汇票贴现。如果能够办理商业承兑汇票贴现，供应商就要商业银行承兑汇票。这时候，银行如果主动站出来，说，我能够办理商票贴现，就可以很成功营销特大型企业的供应商。

【业务流程】

1. 商票签发人申请办理商业承兑汇票保贴需求，并提供相关授信资料。

2. 银行调查商业承兑汇票签发人的资信状况，核定商业承兑汇票贴现额度。

3. 银行签发商业承兑汇票持票人为抬头的保贴函（或在商业承兑汇票上加具保贴字样）。

4. 商业承兑汇票持票人办理票据的贴现背书转让，银行划转贴现资金。

【业务流程图】

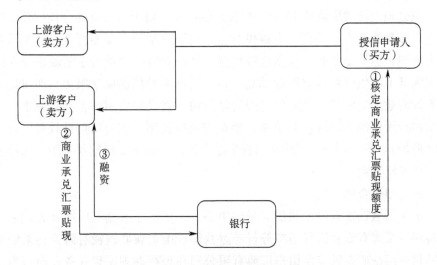

图1－14 商业承兑汇票保贴支付

【案例一】山东新城钢铁有限公司的商业承兑汇票保贴业务

一、企业基本情况

山东新城钢铁有限公司是经国家经贸委批准设立的大型工业企业，公司销售额达588亿元，利润总额135亿元。公司经营范围：钢铁冶炼、加工、电力、煤炭、工业气体生产、码头、仓储、运输等与钢铁相关的业务。主要产品包括冷轧产品、热轧板卷、无缝钢管、高速线材和钢坯，公司产品广泛应用于汽车、家电、石油、高档建筑和金属制品等行业。公司连续多年保持着稳定增长势头。该公司在某银行获得10亿元综合授信额度，一直没有启用。

【点评】

公司所属行业为资金密集型行业，交易频繁、单笔交易数额巨大，适宜用票据结算。

二、银行切入点分析

该公司上游供应商约15家，交易金额巨大，属于公司重要合作伙伴。这些客户多是铁矿石供应商、电煤供应商，属于典型的资源型行业，利率承受能力较强，但资金紧张。根据这些特点，某商业银行营销山东新城钢铁有限公司为其上游供应商开立商业承兑汇票，银行愿意提供保贴服务，即保证对其签发商业承兑汇票予以贴现（因为该公司一直没有启用综合授信额度，可以将综合授信额度转成商业承兑汇票贴现额度使用，该公司信誉较好，可以随时追加）。银行愿意对其供应商提供融资支持，山东新城钢铁有限公司接受了银行融资方案。

三、银企合作情况

山东新城钢铁有限公司成立采购中心，采用商业承兑汇票结算方式采购原材料。某国有商业银行山东分行经过营销，山东新城钢铁有限公司采购中心同意介绍铁矿石供应商山东广澳有限公司在该行办理贴现业务。银行为山东新城钢铁有限公司核定商业承兑汇票贴现额度，山东新城钢铁有限公司签发商业承兑汇票，银行保证予以贴现。山东广澳有限公司在银行办理商业承兑汇票贴现业务，取得了较好的营销效果。

【案例二】如何营销商业承兑汇票保贴业务

江中制药的包装品供应商找到银行，问是否能够办理江中制药签发的商业承兑汇票贴现，银行说不能办理贴现，结果包装商就拒收了江中制药的商业承兑汇票。

江中制药的包装品供应商拒收商业承兑汇票，为什么？是害怕江中制药的商业承兑汇票不能兑付吗？其实江中制药的包装品供应商并不是害怕兑付风险，而是对商业承兑汇票不熟悉，而且真的是资金紧张，一旦拿到商业承兑汇票，根本不知道怎样变现。

银行客户经理捕捉到这个有用信息，正确的做法是马上要求江中制药的包装品供应商给银行介绍江中制药公司，一定要将这种营销思路模式化。江中制药的包装品供应商数量应该多达上百家，这些都是银行的目标客户。

银行客户经理可如此营销银行的商业承兑汇票保贴业务：向江中制药介绍，可以采用商业承兑汇票支付对包装品供应商的付款，原来是拖欠3个月的应付账款，如果使用商业承兑汇票，可以签发4个月的商业承兑汇票，拖欠的账期延长了。对供应商介绍，原来被合同项下拖欠 3 个月的应收账款，现在变为 4 个月的商业承兑汇票，看似账期延长了，但是银行提供商业承兑汇票贴现服务，在付出很低的成本后，就可以立即拿到现金。

如果你是江中制药的包装品供应商，你会接受吗？

推而广之，银行可以向江中制药的原料药供应商群体如此推销商业承兑汇票支付方案。

十四、票据池

票据池是客户将票据全部外包给银行，自己将全部精力集中于主业，其可以根据自身需要，随时选择将票据池中的票据进行贴现、质押、到期托收等，是专业分工的表现，该业务是一项非常有前景的业务。

【产品定义】

票据池是指银行对客户持有并暂时没有贴现需求的商业汇票提供鉴别、查询、保管、托收等"一揽子"服务，银行可以根据客户的需要，随时提供汇票贴现、质押开票等一种综合票据管理服务，见图 1 – 15。

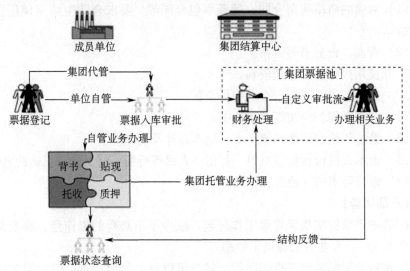

图 1 – 15 综合票据管理服务

银行将根据客户为银行创造的综合收益确定是否向客户收费及收费金额。

对于票据池，银行提供的是一种服务，而不是单纯的融资业务。

【适用对象】

票据池适用于票据量非常大，暂时没有贴现需求的大型客户，如钢铁、汽车、石化、电力物资等重要客户。

【点评】

商业汇票综合管理服务对于大型集团客户非常适用，是一项非常有前景的业务，值得各家银行重视。企业将自己的票据业务全部外包给银行，建立票据池，根据自身的需要，随时选择贴现、质押、到期托收等。

【所需资料】

1. 入池票据。

（1）对应的商品购销合同、劳务承包合同等，要求合同中约定使用票据进行结算。

（2）查询、查复书等资料。

2. 新使用授信所需常规资料。

3. 一般贷款的需要要求企业提供资料。

（1）公司章程和公司组织架构图。

（2）经过年检的营业执照正本、副本原件及复印件。

（3）出示人民银行征信材料，并留下人民银行征信材料号和正确的密码。

（4）银行要求的其他有关资料。

【产品优势】

1. 客户将票据实物保管等工作外包，减少了不必要的工作量，将全部精力集中于主业，专业分工提高了效率。

2. 银行按照标准程序查询票据，客户可以放心收票放货，银行服务嵌入到企业生产经营中，可增加客户对银行的依赖。

3. 银行代为保管的票据，客户可以根据需要随时办理贴现、质押开票，便利企业的资金运筹。

【业务流程】

1. 银行向持票人营销票据池业务，提出业务方案。

2. 持票人根据自身业务状况，提出具体的业务需求，可以包括单项或综合项目，如票据质押、保管等。

3. 银行根据持票人的需求设计协议文本、操作方案等，并签订相关协议。

4. 持票人办理票据的交付，银行按照协议约定办理票据的鉴别、查询、保管等。

【业务流程图】

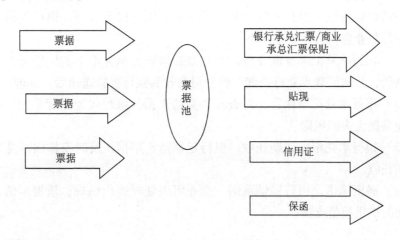

图1-16　票据池业务流程

【业务提示】

应当为每个客户单独保管票据，建立独立的账册，便于与客户进行核对。

【风险控制】

入池的所有票据必须经过查询和真伪鉴别，符合银行的贴现要求。银行对企业新办理授信业务必须在入池票据与池内现金之和的总额度内办理业务，动态管理额度。

【案例】宾州新桂钢铁有限公司票据池

一、企业基本情况

宾州新桂钢铁有限公司年销售规模达到150亿元，公司销售结算以票据为主，每年收到大量银行承兑汇票。公司一般在收到票据、查验票据真伪后发送货物。

二、银行切入点分析

××银行了解到，该公司流动资金非常充裕，没有贴现的需求。由于最近市场上克隆票据较多，票据大案频发，公司一直为此事担忧。鉴于此，××银行对该客户提出票据外包业务。宾州新桂钢铁有限公司可以将收到的票据全部直接交给银行管理，银行查询票据真伪后，通知其可以办理发货。票据由银行保管，宾州新桂钢铁有限公司可以随时选择贴现、质押开票等。

三、银企合作情况

公司收到的银行承兑汇票全部交给银行，银行代为管理。银行提供完整的票据外包业务，具体操作如下。

（1）银行承兑汇票查验业务。尤其是提供银行承兑汇票鉴别服务，查验汇票真伪，并向汇票承兑行查询。该公司在收到银行查验通知后，办理发货。

（2）银行承兑汇票保管。对查验真实的票据，银行代为保管票据，减少了企业票据丢失的风险。

（3）银行承兑汇票到期托收。银行定期清点票据，及时安排向承兑行办理到期托收。

（4）融资承诺。银行提供承诺，企业可以随时提出贴现、质押申请，银行将随时提供授信支持。

【点评】

企业还是应当将主要精力放在主业上，而将涉及结算收款、付款的业务尽可能外包，专业化分工意味着效率。企业可以省去购置专用保险柜、安排专门人员的问题，节省财力、人力。

十五、商业承兑汇票变银行承兑汇票（短期变长期）

商业承兑汇票直接贴现应当是万不得已选择，最好的方式是商业承兑汇票质押改造成银行承兑汇票，需要资金的时候，办理银行承兑汇票贴现，这样可以为客户大量节省财务费用。

【产品定义】

商业承兑汇票变银行承兑汇票是指银行根据买方的需要，协助买方转换票据的性质，将买方收到的短期商业承兑汇票采取质押方式置换成长期银行承兑汇票，满足买方支付结算需要的一种票据业务形式。

【适用对象】

该业务适用于收到大额票据而支付较为零碎的客户。

客户办理该业务动机：客户是一家贸易商，其下游客户（买家）相对较为强势，支付其商业承兑汇票，而上游客户（卖家）同样较为强势，同时对买家付款能力存在疑虑，为了防止出现收款风险，一定要收取银行承兑汇票甚至现款。这样，银行居间帮助客户改造票据的性质，最大化降低财务费用。这类贸易商往往夹在产业链的中间，上下游两头都得罪不起，只能被动接受商务条件，银行如果可以合理提出解决方案，将会获得巨大的经济效益。

有时，需要和买方付息票据捆绑操作，为买方节省一定的财务费用（银行承兑汇票贴现利息远低于商业承兑汇票）。

如特大型二级钢材经销商（上游为一级批发商，下游为大型建筑企业）、医药经销商（上游为大型药厂，下游为大型医院）、小家电经销商（上游为大型家电厂商，下游为大型商场）等。

【产品优势】

1. 客户的益处。相较于直接将商业承兑汇票贴现，客户通过将商业承兑汇票质押转换成银行承兑汇票，改变了商业承兑汇票的属性，可以大幅降低财务费用，增强了票据的流通性。

2. 银行的益处。

（1）银行可以获得可观的保证金存款收益及银行承兑汇票中间业务手续费收入。将商业承兑汇票直接贴现，银行的收益就是贴现利息。

（3）通过对票据适度改造，银行可以借助银行承兑汇票关联营销下游客户。直接将商业承兑汇票贴现，银行丧失了利用票据拓展买方上游客户的机会。

【营销要点】

1. 商业承兑汇票质押改造成银行承兑汇票，充分利用银行承兑汇票贴现利率远低于商业承兑汇票贴现利率的优势，这样操作可以大幅降低票据贴现的融资成本。

2. 该业务最好和商业承兑汇票保贴业务捆绑销售，尤其是与商业承兑汇票保贴业务捆绑。持票人拿到商业承兑汇票后，银行立即为其办理商业承兑汇票质押发签发银行承兑汇票，最好再将这笔新签发的银行承兑汇票封闭索回办理贴现。银行借助持票人，关联营销其众多上游客户。

【所需资料】

1. 提供质押的商业承兑汇票原件；

2. 银行承兑汇票需要对应的购销合同等；

3. 申请人需要的人民银行征信材料等资料；

4. 财务报表等资料。

【业务流程】

1. 客户持商业承兑汇票向银行申请办理质押，提供拟质押银票对应的商品购销合同、劳务承包合同等，要求合同中约定使用票据进行结算。

2. 银行对拟质押的商业承兑汇票实地照票，并办理质押手续。

3. 客户提交新签发银行承兑汇票对应的资料，以及对应的商品购销合同、劳务承包合同等，要求合同中约定使用票据进行结算。

4. 银行为客户办理银行承兑汇票，用于商品采购。

【业务流程图】

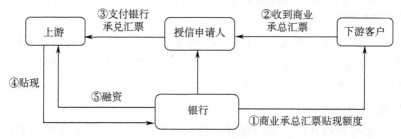

图 1-17　商业承兑汇票银行承兑汇票（短期变长期）业务流程

【案例】北京东开医药销售有限公司商业承兑汇票变银行承兑汇票（短期变长期）

一、企业基本情况

北京东开医药销售有限公司注册资本 800 万元，年销售规模达到 16 亿元，为北京大型医药经销商，公司下游企业：各大医院，销售结算模式是商业承兑汇票，通常金额较大。公司上游企业为各大药厂，相对较强势，通常只接受银行承兑汇票提货，对银行承兑汇票期限并不在意。

二、银行切入点分析

××银行了解到：该公司票据业务量大，银行必须争夺该客户票据资源。由于下游客户非常强势，通常需要给予账期 3 个月，然后医院支付现款；某银行参与商务谈判，建议可以给予账期 2 个月，要求医院提供 2 个月商业承兑汇票。银行将 2 个月的商业承兑汇票转换为 6 个月银行承兑汇票。

三、银企合作情况

××银行提供如下服务：

1. 该公司收到一笔商业承兑汇票，期限 2 个月，金额 1000 万元，交付给某银行。

2. 银行对质押的银行承兑汇票完成票据真伪鉴别，并完成票据查询手续后，将商业承兑汇票置换银行承兑汇票业务。

3. 银行与该公司签订《商业承兑汇票质押协议》《银行承兑协议》。北京东开医药销售有限公司向某药厂支付货款，银行承兑汇票金额为 1000 万元，期限 6 个月。

4. 2 个月后，商业承兑汇票到期托收回来的资金存为 3 个月定期存款，等待银行承兑汇票兑付。

十六、商业承兑汇票变银行承兑汇票（长期变短期）

（相对于直接将商业承兑汇票贴现，客户可以大幅降低财务费用。通过改造商业承兑汇票的属性，票据流通性极大增强，同时流通费用大幅降低。）

【产品定义】

商业承兑汇票变银行承兑汇票（长期变短期）是指银行根据买方的需要，协助买方变换票据的性质，将买方收到长期商业承兑汇票采取质押方式置换成短期银行承兑汇票，满足买方支付结算需要的一种综合票据服务。

【适用对象】

该业务适用于收到大额票据而支付较为零碎的客户。

客户办理该业务的动机：客户的买家相对较为强势，支付商业承兑汇票，而客户的卖家同样较为强势，一定要收取银行承兑汇票甚至现款。同时，对收取票据的期限较为苛刻，提供不同的价格折扣，银行帮助客户改造票据的性质。

有时，需要和买方付息票据捆绑操作，为买方节省一定的财务费用（银行承兑汇票贴现利息远低于商业承兑汇票）。如一级钢材经销商（上游为大型钢厂，下游为大型建筑企业）、汽车刹车片生产厂商（上游为大型钢厂，下游为大型汽车企业）等。

【产品优势】

1. 客户的益处。通过改造商业承兑汇票的属性，客户可以大幅降低财务费用，增强了票据流通性，同时大幅降低了票据的流通费用。

2. 银行的益处。

银行可以获得可观的保证金存款收益以及银行承兑汇票中间业务手续费收入。有时捆绑销售买方付息代理贴现业务，银行同时可以获得可观的贴现利息收入。通过对票据适度改造，银行可以借助银行承兑汇票关联营销下游客户。

【操作规则】

转换结构需要备用配套工具。商业承兑汇票变银行承兑汇票（长期变短期），需要配套至少20%存款。如果是同等期限、同等金额的商业承兑汇票置换为银行承兑汇票，银行操作置换业务是亏损的。

有时，需要配套买方付息贴现，进一步降低申请人的财务费用。

【所需资料】

1. 长期商业承兑汇票对应的相关资料包括商品购销合同、劳务承包合同等，要求合同中约定使用票据进行结算。

2. 短期银行承兑汇票对应的相关资料包括商品购销合同、劳务承包合同等，要求合同中约定使用票据进行结算。

3. 通常按照一般贷款的需要要求企业提供授信所需常规资料。

（1）公司章程和公司组织架构图；

（2）经过年检的营业执照正原件（三证合一）及复印件；

（3）上年末及近期财务会计报告及审计报告；

（4）出具授权委托书，法人和经办人身份证原件及复印件；

（5）商业承兑汇票；

（6）商业承兑汇票查询书、查复书；

（7）质押合同、承兑申请书；

（8）承兑协议书；

（9）银行要求的其他有关资料。

【业务流程】

1. 客户持商业承兑汇票向银行申请办理质押，提供拟质押商业承兑汇票对应的商品购销合同、劳务承包合同等，要求合同中约定使用票据进行结算。

2. 银行对拟质押的商业承兑汇票查询，并理质押手续。

3. 客户提交新签发银行承兑汇票对应的资料，以及对应的商品购销合同、劳务承包合同等，要求合同中约定使用票据进行结算。

4. 银行为客户办理银行承兑汇票，用于商品采购。

【业务流程图】

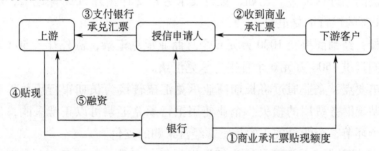

图 1-18 商业承兑汇票变银行承兑汇票（长期变短期）

【风险控制】

由于两张票据期限不同，价值不同，银行必须充分考虑其中的票据价差。

价差计算规则：如 6 个月 1000 万元长期商业承兑汇票换成 1 个月短期银行承兑汇票，

价差 = $1000 \times$ 贴现利率$/360 \times 150$

贴现利率为银行在未来 5 个月内任意时点，愿意提供给客户贴现利率，由于贴现利率变化较快，银行可能需要承担贴现利率风险。

采取以下两种控制方式：

1. 补足贴息：银行计算两张票据直接的价差，客户将长期票据和短期票据之间的价差（即息差），以银行存款方式存在银行办理质押。

有时，还需要考虑价差存款本身在银行还有定期存款利息，将这部分利息也要考虑进去，客户可能存入的息差还要少些。

2. 扣除贴息：银行计算两张票据直接的价差，在办理质押时，直接在新签发的银行承兑汇票金额中扣除。

【营销建议】

1. 短期商业承兑汇票转换为长期银行承兑汇票：银行不收取任何的费用。所以，要求企业签发尽可能短的商业承兑汇票，如签发 4 个月的商业承兑汇票。

营销要点：企业通过将短期商业承兑汇票转换为长期银行承兑汇票，不但避免了贴现财务费用的损失，而且还可以获得存款利息的回报。企业使用银行承兑汇票可以正常采购，保证持续经营。

2. 长期商业承兑汇票转换为长期银行承兑汇票：银笔要求企业配套存入一定比例的额外保证金。比如，银行要求客户交存额外 50% 保证金，给客户签发 150% 的银行承兑汇票。

例如：经销商提交 1000 万元 6 个月商业承兑汇票；额外存入 500 万元存单，我们提供 1500 万元 6 个月银行承兑汇票。

营销要点：企业通过将长期商业承兑汇票转换为长期银行承兑汇票，可以避免贴现财务费用的损失。企业使用银行承兑汇票可以正常采购，保证经营。这个环节，企业最关心的是正常经营采购的支付。

3. 长期商业承兑汇票转换为短期银行承兑汇票：银行要求企业配套存入一定比例的额外保证金。比如，银行要求客户交存额外 50% 保证金，给客户签发 150% 的银行承兑汇票。

例如，经销商提交 1000 万元 6 个月商业承兑汇票；额外存入 500 万元存单，银行提供 1500 万元 3 个月银行承兑汇票。

营销要点：企业通过将长期商业承兑汇票转换为短期银行承兑汇票，可以避免贴现财务费用的损失，而且还可以迎合厂商的销售政策。

对于把 3 个月以下银行承兑汇票看作现款的厂商，企业可以获得进一步降低财务费用的好处。而且还可以保证企业正常采购，保证经营。

【案例】上海西华金属材料销售有限公司商票变银票（长期变短期）

一、企业基本情况

上海西华金属材料销售有限公司注册资本 3000 万元，年销售规模达到 26 亿元，为北京大型钢铁、生铁、焦炭经销商，公司从上海宝新钢铁集团购买成品钢材，销售给各大建筑公司。

该公司盈利模式：强大资金运作能力，强调高效运作资金，沟通买卖双方，作为重要渠道资源。下游客户各大建筑公司需要该公司提供一定账期，同时，需要钢材量有限，不能从钢厂直接提货；该公司重视强大资金运作能力。

二、银行切入点分析

××银行了解到：该公司是重要渠道资源，票据业务量极大，银行必须争夺该客户的票据资源。根据该客户上游客户——上海宝新钢铁集团为国内特大型钢铁集团，结算必须是现款或自行承担票据贴息。下游客户——各大建筑公司，相对较为强势，要求必须支付商业承兑汇票，且期限较长，多为6个月商业承兑汇票。某银行设计：将长期商业承兑汇票改造成短期银票，同时加入买方付息票据，最大限度降低上海西华金属材料销售有限公司财务费用。银行为了获得收益，要求：长变短方式的大变小，上海西华金属材料销售有限公司按照2:1的比例配套办理存单质押。

三、银企合作情况

××银行提供如下服务：

1. 上海西华金属材料销售有限公司收到一笔商业承兑汇票，期限6个月，金额1000万元。该商业承兑汇票承兑人为上海第一建工集团公司。

银行提供大变小业务，新银行承兑汇票期限1个月。银行核定：上海第一建工集团公司在本行有1000万元商票贴现额度。

2. 银行对质押的商业承兑汇票完成票据真伪鉴别，并实地照票完成票据查询后，确定提供大票变小票。

3. 银行与上海西华金属材料销售有限公司签订商业承兑汇票质押协议及银行承兑协议、定期存款质押协议。上海西华金属材料销售有限公司办理票据1张，金额为1500万元（补足650万元存单质押）。

说明：由于质押的1000万元商业承兑汇票为6个月期限，而新办理的银行承兑汇票为1个月期限，因此，必须考虑价差。

4. 1个月后，银行承兑汇票到期，银行扣划上海西华金属材料销售有限公司账户资金，银行办理兑付。

> 客户经理做事可以具体，做人必须器局开阔，眼界必须足够宽广，只有眼光长远，做事才能足够大气，才能做大事。你要让客户感觉到你做人很有气势，器局较为开阔，值得交往。

第三节 票据组合融资业务

如果将所有银行产品比喻成各种颜色，那么票据产品就是白色，可以和任何一种颜色搭配，在实际操作过程中，票据产品与流动资金贷款、信用证、银行保函、项目融资等产品可以进行任意搭配组合，形成有竞争力的金融服务方案。

一、信用证（保函）担保银行承兑汇票

这是根据贸易类客户产业链条设计的一项综合金融服务方案，实现银行信贷资金流与物流的逆向流动，即以信贷资金流的注入来保证物流的畅通，以物流的及时结算保证银行信贷资金的安全，是为中小贸易类客户解决融资问题的成功思路。

【产品定义】

信用证（保函）担保银行承兑汇票是指代理出口商取得进口商开具的信用证（保函）后，在信用证（保函）的额度内申请签发银行承兑汇票作为预付款支付给国内供应商，由国内供应商向银行申请办理银行承兑汇票贴现，取得资金融通用于采购原材料，进行生产备货，及时向代理出口商交货，代理出口商按时办理货物的出口，该业务是一项典型的组合贸易融资业务。

银行有两个授信对象：提供银行承兑汇票的代理出口商；提供银行承兑汇票贴现业务的国内供应商。

信贷资金流与物流的逆向流动，这是为中小贸易类客户解决融资的主要思路。

【适用对象】

该业务适用于具有短期融资需求的国内供应商或代理出口商。

【营销建议】

1. 以组织货物出口的出口代理商作为营销起端，由于信用证议付、银行承兑汇票出具及其贴现全部在一家银行办理，因此可以综合报价，提供一定的优惠。整个金融服务方案是建立在信用证保证交易安全的基础上，因此整

体风险相对可控，只要"单单一致、单证相符"就能够得到资金偿付。

2. 出口代理商可以定位在专业贸易公司，一些行业专业贸易公司在国内向供应商进行批量采购付款，然后通过自己在国外的销售渠道进行境外销售，如中国打火机、粮油、纺织品一般由专业的外贸公司在国内采购后出口，这种类型的专业外贸公司很适合这种金融服务模式。

3. 通常应当是中型规模的贸易商，在本行业经营多年，有较好的市场声誉。特大型外贸企业通常在银行都有一定的信用授信额度，不会接受这项产品。

【所需资料】

1. 代理出口商企业法人的营业执照原件（三证合一）及其复印件；

2. 代理出口商的授信申请书；

3. 代理出口商的公司章程；

4. 信用证（保函）及其副本复印件；

5. 出口代理协议与该协议项下的交易合同；

6. 说明资料：说明代理出口商与国内供应商之间的结算关系，签发银行承兑汇票的交易背景情况。

【产品优势】

1. 促进进出口企业资金周转，降低融资成本，节约财务支出。

2. 操作手续简便，满足交易各方的业务需求。

【业务流程】

1. 代理出口商与国外进口商签订出口合同，再与国内供应商签订国内采购合同。代理出口商收取国外进口商开来的进口信用证（保函）。

2. 代理出口商指定自己的开户行为议付行，并核实信用证相关信息。

3. 代理出口商向开户行申请以进口信用证（保函）作为担保，根据与国内供应商签订的国内采购合同开立以国内供应商作为收款人的银行承兑汇票。

4. 代理出口商将银行承兑汇票交付给国内供应商。

5. 国内供应商收到银行承兑汇票后申请贴现并获得资金，用于进料、生产并向代理出口商发货。

6. 代理出口商收到货物后，根据出口合同组织货物出口，收汇结汇后解付银行承兑汇票。

【业务流程图】

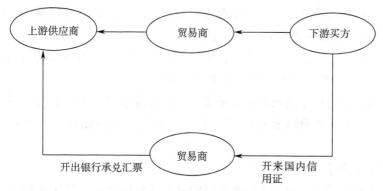

图1-19 信用证（保函）担保银行承兑汇票

【风险控制】

1. 对信用证项下打包银行承兑汇票的授信管理应比照银行承兑汇票管理的有关规定执行。

2. 对客户叙做打包银行承兑汇票时，应对开证行资信和信用证条款进行审核，对影响安全及时收款的技术性风险应向授信部门加以说明。

3. 应根据卖方的业务流程、实际资金需求等情况确定打包银行承兑汇票比例。一般情况下，打包银行承兑汇票金额不能超过信用证金额的80%。

4. 打包银行承兑汇票期限应与信用证付款期限、业务流程合理匹配。如拟以卖方押汇或议付款归还打包银行承兑汇票，银行承兑汇票期限不应超过信用证有效期；如拟以信用证项下付款归还贷款，银行承兑汇票期限不应超过信用证付款期加预计资金在途时间（1~3天）。

【案例】温州华生贸易公司信用证票据连接业务

一、企业基本情况

温州华生贸易公司主营业务为出口机电设备，公司主要从北京京远机电设备公司采购机电设备，然后组织出口，公司注册资本仅为500万元，但年出口额却超过3亿元。

二、银行切入点分析

银行经过分析后认为，该公司长期从事外贸出口，在业界有较好声誉，海外销售渠道稳定，但是由于自身资本过小，信用授信肯定不能通过。鉴于该公司有着国外银行稳定的出口订单，可以尝试全过程锁定资金流和物流，以贸易项下收到的现金来偿还银行融资。

三、银企合作情况

温州华生贸易公司与美国马克有限公司签订供货协议，金额为 3000 万美元。公司在收到美方开来的信用证后，以信用证作为担保，在某商业银行温州分行开立银行承兑汇票 2.4 亿元，向北京京远机电设备公司支付采购款项。北京京远机电设备公司收到银票后在银行办理票据贴现，使用现金采购原材料等保证生产，4 个月后公司交货。温州华生贸易公司收到货后，按照信用证要求，装船出口，获得发运单据，很快公司如期得到国外开证行信用证项下付款，温州华生贸易公司办理结汇，解付银行承兑汇票。

【点评】

1. 以上案例显示客户经理必须熟悉企业的生产经营运作模式，根据企业的采购、销售结算需要，组合银行产品、设计金融服务方案，尤其是对实力偏弱的中小型客户，更需要依托贸易融资类产品具备自偿性的特点，锁定银行授信风险。

2. 银行应当全过程封闭资金流，并借助专业物流公司的力量全过程封闭物流，实现整个贸易的自偿。

二、保兑仓业务

保兑仓业务最能满足大型制造类厂商的需求。厂商提供自身的信誉支持，帮助经销商在银行获得定向采购融资。在支持经销商发展的同时，保兑仓也促进厂商自身产品的销售。同时，厂商可以有效地控制货物，避免产生大量的应收账款风险。

【产品定义】

保兑仓是指以银行信用为载体，买方以银行承兑汇票为结算支付工具，由银行控制货权，卖方（或仓储方）受托保管货物并对承兑汇票保证金以外的敞口金额部分由卖方以货物回购或退款承诺作为担保措施，买方随缴保证金随提货的一种特定融资服务模式。

保兑仓分为三方保兑仓和四方保兑仓两种方式。

三方保兑仓：包括厂商、经销商、融资银行，通常向银行提供厂商退款承诺、回购担保承诺的保证措施，即银行承兑汇票到期前，如果经销商没有存入足额的保证金（即经销商没有从核心厂商提走全部货物），核心厂商负责退还银行承兑汇票票面金额与经销商提取的全部货物金额之间的差额款项，这又称直客式保兑仓。

四方保兑仓：包括厂商、经销商、融资银行及仓储公司，通常向银行提供的保证措施为厂商的回购担保。核心厂商一般提供回购承诺，即银行承兑汇票到期前，如果经销商没有存入足额的保证金（即经销商没有从仓储公司提走全部货物），核心厂商负责退还银行承兑汇票票面金额与经销商提取的全部货物金额之间的差额款项。

保兑仓最能符合当前核心厂商的想法，对经销商既愿意提供一定的帮助，促使其获得银行融资，促进自身产品销售；同时，也希望能够最大限度地控制货物，不希望经销商无节制地赊销，使厂商产生大量的应收账款风险。

【适用对象】

保兑仓业务适用于家电、钢铁、汽车、家电、电脑、轮胎、纸张、水泥、药品、服装制造企业等核心企业。甚至包括报纸等企业也可以使用保兑仓业务。

通常，采用经销商模式的产业链，只要厂商对经销商愿意扶持，且认为自己完全可以控制经销商的风险，就可以适合操作保兑仓业务。

【产品要求】

1. 保兑仓业务的产品必须是产品质量稳定（不易发生化学变化）、属于大宗货物、易变现、产值相对较高、流通性强的商品。在销售上采取经销商制销售体系，如家电、汽车、家电、电脑、轮胎、纸张等。

2. 卖方经营管理规范、销售规模较大、回购担保能力较强，属于行业的排头兵企业。

3. 买卖双方在过去两年里合同履约记录良好，没有因为产品质量或交货期限等问题产生贸易纠纷。

【营销建议】

1. 在保兑仓模式下，卖方获益较多，对经销商提供更多的价格折扣是保证经销商有动力参与保兑仓操作的关键，否则经销商更倾向于有多少钱提多少货。银行发起营销的主攻对象首先应当是厂商（卖方），银行向卖方介绍该业务可以扩大销售、扶持经销商等好处，动员卖方参与银行的保兑仓网络建设。

2. 本业务适用对象特点：厂商实力较强，而经销商实力一般，厂商有能力牢牢控制商品的销售渠道，对经销商之间的商品调剂销售能力非常强。

3. 可以考虑对特大型的核心厂商提供一个虚拟授信额度，如宝钢集团、武钢集团、攀钢集团，利用这些公司的公开资料进行授信核定，便利经营机构拓展这些钢厂的经销商；而不必像传统授信，一定要这些客户提出申请，拿到全套的授信资料才进行授信操作。

【所需资料】

1. 厂商所有的常规授信资料；

2. 经销商所有的常规授信资料；

3. 交易合同资料、货物物权凭证等。

【产品优势】

1. 买方（经销商）的益处。

（1）依托真实商品交易结算，买方借助厂商资信获得银行的定向融资支持。

（2）买方可以从厂商获得批发购买优惠，使其享受到大宗订货优惠政策，降低了购货成本。

（3）能够保证买方商品供应通畅，避免了销售旺季商品的断档。

（4）巩固了与厂商的合作关系。

2. 卖方（厂商）的益处。

（1）可以有效地扶持经销商，巩固、培育自身的销售渠道，建立自身可以控制的强大销售网络。

（2）卖方既促进了产品销售，同时又牢牢控制了货权，防止了在赊账方式下买方可能的迟付、拒付风险。

（3）卖方将应收账款转化为应收票据或现金，应收账款大幅减少，改善了公司资产质量。

（4）卖方提前获得订单，锁定了市场销售，便利安排生产计划。

（5）卖方支付了极低的成本（自身信用），借助买方间接获得了低成本的融资（票据融资）。

3. 银行的益处。

（1）可以实现链式营销。该产品针对整个产业链条，满足客户产、供、需各个环节的需求，银行可针对厂商及经销商进行链式营销，有利于银行进行深度拓展。

（2）风险控制优势。业务双向结算封闭在银行，销售回款覆盖融资本息，可以较好地保证银行信贷资金安全。银行有实力强大的卖方的最终保证，可以在一定限度上降低授信风险。

（3）借助在产业链中处于强势地位的核心厂商，"顺藤摸瓜"，对与其有关联的经销商开展关联营销，形成"以点带面"的营销效果。

【点评】

对卖方而言，提供了一定类似担保的信用，帮助经销商获得融资，厂商拿到票据后，通过贴现后置换自己在银行的贷款融资，可以有效地降低财务费用。同时，借助保兑仓可以牢牢地控制经销商专心经销卖方的产品。

【业务流程】

1. 授信申请人（通常是卖方）向银行递交授信申请，银行和卖方、买方、仓储公司签订四方合作协议（在没有仓储公司的情况下，签订三方合作协议，即卖方不经过仓储公司，直接向买方发货）。

2. 银行为买方核定一定金额的授信额度，明确首次保证金比例。

3. 根据单笔交易合同，买方签发以卖方为收款人的银行承兑汇票，银行办理承兑。

4. 根据四方合作协议规定的条款，买方在银行存入一定保证金，卖方将等额货物发至指定仓储方仓库（或买方）。在有仓储公司参与的情况下，货物从仓储方出库必须凭加盖银行预留印鉴的发货通知书（三方合作协议项下，厂商暂不发货）。

5. 仓储方根据银行出具的发货通知书向买方发放等额货物（三方合作协

议项下，厂商根据银行出具的发货通知书发货）。

6. 根据四方合作协议（或三方合作协议）规定，在银行承兑汇票到期前，买方提货金额不足银行承兑汇票金额，卖方回购货物，卖方将回购款汇入银行指定账户。

【业务流程图】

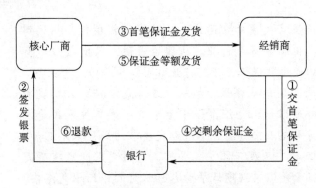

图 1−20　三方保兑仓流程

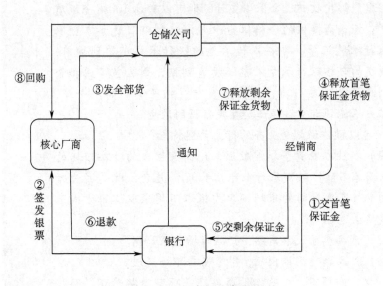

图 1−21　四方保兑仓流程

【风险防范】

保兑仓风险控制依托在厂商，因此，应当选择实力较强的厂商，并事先给厂商核定回购担保额度。考虑到经销商存在违约概率，即 10 家经销商在银行办理银行承兑汇票，可能有 2 家存在违约概率，即有 20% 的违约概率。因此，可以给厂商核定较高金额的回购担保额度。

【点评】

1. 保兑仓业务发展非常迅速，从最早的钢铁行业拓展到汽车、家电、化肥等多个行业。从理论上讲，只要核心厂商愿意提供回购或退款保证，任何行业都可以操作保兑仓业务。

2. 保兑仓呈现出多样性，第一种方式是经销商采用现金方式提货，补足银行承兑汇票保证金敞口；第二种方式是采用合格的银行承兑汇票（符合本行贴现要求的银行承兑汇票）质押提货。但是，以第二种方式提货，必须考虑：经销商提供的合格银行承兑汇票到期日早于本行承兑的银行承兑汇票，即在本行承兑的银行承兑汇票到期前，客户提交的合格银行承兑汇票能够托收回现金保证支付，则可以考虑 100% 全额质押提货；经销商提供的合格银行承兑汇票到期日晚于本行承兑的银行承兑汇票，即在本行承兑的银行承兑汇票到期前，客户提交的合格银行承兑汇票还没有到期，则应当考虑扣除贴现利息的合理质押率，并要求客户提供所有的贴现手续，防止客户不能到期交存保证金置换票据的风险。

3. 可以操作保兑仓业务的行业共同特点：

（1）行业本身竞争非常激烈，厂商有巨大的开拓市场的压力。而像石油、煤炭等行业很少出现保兑仓，就是因为行业是由少数寡头垄断的市场，卖方根本不用采取这种方式来刺激销售渠道。

（2）产品属于大宗商品，产品市场需求广阔。

（3）产品销售周期较短，很容易在市场变现。

4. 保兑仓项下，厂商提供商务交易项下退款承诺，而非对银行债务提供连带责任保证，因此，很多银行要求厂商签订保证合同，并在信贷系统中录入担保信息是不妥当的。

三、信用证加保兑仓

这是根据贸易类客户产业链条设计的一项综合金融服务方案，保证内贸与外贸的顺畅连接，实现银行信贷资金流与物流的逆向流动，以多项融资工具保证物流的畅通，步步捆绑，一气呵成。

【产品定义】

信用证加保兑仓是指代理出口商取得进口商开具的信用证后，在信用证的额度内申请签发银行承兑汇票作为预付款支付给国内供应商，由国内供应商根据与银行、代理出口商签订的三方合作协议发货，银行在信用证金额范围内提供打包贷款，支持代理出口商提货，在代理出口商组织货物全部出口取得发运单据后，办理出口押汇解付信用证的一种供应链融资业务模式。

银行提供以下三项融资。

1. 保兑仓项下银行承兑汇票：用于货物的采购。

2. 保兑仓项下出口打包到贷款：用于保兑仓项下的提货，解付银行承兑汇票。

3. 保兑仓项下出口押汇：用于偿付打包贷款。

最后，出口押汇随着融资银行从进口方银行支付的交易款而获得偿还。

【适用对象】

该业务适用于具有短期融资需求的国内供应商或代理出口商。

【营销建议】

1. 以组织货物出口的出口代理商作为营销起端，由于信用证打包贷款、出口押汇、银行承兑汇票出具全部在一家银行办理，因此可以综合报价，提供一定的优惠。整个金融服务方案是建立在信用证保证交易安全基础上的，因此整体风险相对可控。

2. 出口代理商可以定位于专业贸易公司，专业贸易公司在国内向供应商进行批量采购付款，然后通过自己在国外的销售渠道进行境外销售，多发生在如钢铁、汽车、油品等行业。

【所需材料】

1. 代理出口商的企业法人营业执照原件（三证合一）及其复印件；

2. 代理出口商的授信申请书；

3. 代理出口商公司章程；

4. 信用证（保函）及其副本复印件；

5. 出口代理协议与该协议项下的交易合同；

6. 说明资料：说明代理出口商与国内供应商之间的结算关系，签发银行承兑汇票的交易背景情况。

【产品优势】

1. 促进进出口企业资金周转，降低融资成本，节约财务支出。

2. 操作手续简便，满足交易各方的融资需求。

【业务流程】

1. 代理出口商与国外进口商签订出口合同，代理出口商与国内的供货方签订国内采购合同，代理出口商收到进口方开来的进口信用证。

2. 代理出口商指定自己的开户行为议付行，并核实信用证相关信息。

3. 代理出口商向开户行申请以进口信用证作为担保，根据与国内的供货方签订的国内采购合同、保兑仓三方合作协议，开立以国内供应商作为收款人的银行承兑汇票。

4. 代理出口商将银行承兑汇票交付给国内供应商。

5. 融资银行为代理出口商办理打包贷款，代理出口商交存保证金，融资银行通知国内供应商发货。

6. 代理出口商收到货物后，根据出口合同组织货物出口，获得出口单据后办理押汇。

7. 信用证到期后，融资银行用从进口方银行获得支付的信用证项下款项，偿还出口押汇。

【案例】厦门华银钢铁贸易公司信用证加保兑仓连接业务

一、企业基本情况

厦门华银钢铁贸易公司主营业务为钢铁产品的经销出口，主要从江西大地钢铁制造有限公司采购钢材，然后组织出口，公司自身注册资本仅为5000万元，但是年出口额却超过8亿元，公司属于当地税务部门认定的优质出口企业。

二、银行切入点分析

银行经过分析后认为，该公司长期从事外贸出口，在业界有较好的声誉，境外销售渠道稳定，但是由于自身资本过小，信用授信肯定不能通过。鉴于该公司有着国外稳定的出口订单，可以尝试全过程锁定资金流和物流，以贸易项下收到的现金来偿还银行融资。

三、银企合作情况

厦门华银钢铁贸易公司与新加坡澳立有限公司签订供货协议，金额为3000万美元。公司在收到新加坡澳立有限公司开来的信用证后，以信用证作为担保，在某国有商业银行厦门分行开立银行承兑汇票2亿元，向江西大地钢铁制造有限公司支付采购款项。根据保兑仓三方合作协议，厦门华银钢铁贸易公司提供资金补充银行承兑汇票敞口后，银行通知江西大地钢铁制造有限公司放货，厦门华银钢铁贸易公司组织货物出口后，银行办理出口押汇，解付信用证。

【点评】

　　以上案例说明客户经理必须熟悉所有主流的银行产品，包括票据、信用证等，并能够根据企业的采购、销售需要，组合银行产品、设计金融服务方案，尤其是对实力偏弱的中小型客户，更需要依托贸易融资型产品具备自偿性的特点，锁定银行的授信风险。

四、现货仓单质押担保信贷

仓单质押授信申请人一般限定在以仓单作为原材料进行生产的工业企业，或以对应的货物作为销售对象的商贸企业。要求企业本身具备较强的经营运作能力，要防止企业盲目囤货，积聚风险。

【产品定义】

现货仓单质押担保信贷是指企业以其自有或第三方持有的仓单作为质押物，银行向其提供的一种授信业务形式。通常情况下，都是授信申请人以自己持有的仓单作为质押。

【提单定义】

仓单是指仓储公司签发给存储人或货物所有权人的记载仓储货物所有权的唯一合法物权凭证，仓单持有人随时可以凭仓单直接向仓储方提取仓储货物。

1. 标准仓单是由国内期货交易所（目前仅指上海期货交易所、大连商品交易所和郑州商品交易所3家）统一制定的，在交易所指定交割仓库完成入库、验收、确认合格后，签发给货主的实物提货凭证，标准仓单经交易所登记后生效。银行可以接受电子仓单。

2. 非标准仓单由物资储运公司自行制作，银行必须核实。在实际操作中，也有使用商品调拨单（即提货单）作为质押物，商品调拨单由厂商签发，表明其为唯一的提货凭证。

【适用对象】

1. 三大交易所。建议营销可以定位于如下行业：成品油、粮食、有色金属、煤炭、棉花、木材、塑料原材料等属于国民经济重要行业，价值稳定、易变现产品。三大交易所的标注商品如下。

大连商品交易所：中国最大的农产品期货交易所，全球第二大大豆期货市场。品种有玉米、黄大豆1号、黄大豆2号、豆粕、豆油、棕榈油、聚乙烯、聚氯乙烯和啤酒大麦，正式挂牌交易的品种是玉米、黄大豆1号、黄大豆2号、豆粕、棕榈油、豆油和聚乙烯。

郑州商品交易所：品种有白糖—SR　PTA—TA　棉花—CF　强麦—WS　硬麦—WT　籼稻—ER

上海期货交易所：有黄金、铜、铝、锌、螺纹钢、线材、燃料油、天然橡胶等。

2. 特殊商品交易市场，包括安徽粮食批发交易市场、华中粮食中心批发市场、中国郑州粮食批发市场、湖南粮食中心批发市场、江苏粮油商品交易市场、南方粮食交易市场、河北省粮油批发交易中心、山东省粮油交易中心、河南省粮食交易物流市场、甘肃省粮油批发市场、大连北方粮食交易市场、福州市粮食批发交易市场、天津粮油批发市场。

【营销建议】

1. 仓单质押授信的申请人限定在以标准仓单作为原材料进行生产的工业企业，或以对应的货物作为销售对象的商贸企业。

2. 可以将三大期货交易所、全国棉花交易市场等市场为营销目标，通常这些交易所对银行的融资非常感兴趣，商议合作模式后，由其推荐成员单位办理质押融资业务，这样可以提高银行营销客户的效率。

银行可以将商品交易所、交易中心等作为渠道类客户，通过这些渠道类客户，银行可以大批量营销这些渠道类客户的交易会员单位。

【业务条件】

1. 出质人必须拥有完全所有权的货物仓单，且记载内容完整。

2. 出具仓单的仓储方原则上必须是银行认可的具有一定资质的专业仓储公司。

3. 质押仓单项下货物必须属于无形损耗小，不易变质，易于长期保管的货品。

4. 货物市场价格稳定，波动小，长期保值；规格明确，便于计量。

5. 货物属于大宗原材料，适应用途广，易变现。

【质押率】

质押率一般为60%～70%，根据商品的不同，质押率可能有所不同。通常价值越稳定，越易变现，质押率越高，如成品油、煤炭、化肥等大宗原材料等；商品价值波幅越大，越不易变现，则质押率越低，如钢材、汽车、芯片等。

【产品优势】

1. 有利于促进商品贸易，加快市场物资流通。

2. 为企业提供融资便利，提高企业资金使用效率。

3. 扩大企业的销售，增加企业的经营利润。

【业务流程】

1. 标准仓单质押操作业务流程。

（1）借款企业向银行申请标准仓单质押授信。

（2）银行、商品交易所、借款企业（出质人）签订三方协议，约定借款企业将仓单质押给银行，商品交易所代为监管货物。

（3）交易所登记后向银行出具质押书面确认文件，并在文件中声明在质押期间的标准仓单不得交割、挂失、注销和补办，仓单移交给银行。

（4）银行签收经确认质押的书面文件后，向借款人发放贷款或承兑商业汇票。

（5）如借款企业无法按时还款，银行将通过商品交易所处置仓单或委托拍卖公司拍卖变现；借款企业履行还款义务后，银行为出质人办理标准仓单的解除手续，退还标准仓单物权凭证。

2. 非标准仓单质押操作业务流程。

（1）借款企业向银行申请非标准仓单质押授信。

（2）银行、仓储企业、借款企业（出质人）签订三方协议，约定借款企业将仓单质押给银行，仓储公司代为监管货物。

（3）仓储公司向银行出具质押书面确认文件，并在文件中声明在质押期间的仓单不接受挂失、注销和补办，仓单移交给银行。

（4）银行签收经确认质押的书面文件后，向借款人发放贷款或承兑商业汇票。

（5）如借款企业无法按时还款，银行将通过仓储公司处置仓单或委托拍卖公司拍卖变现；借款企业履行还款义务后，银行为出质人办理仓单的解除手续，退还仓单。

【风险控制】

必须落实仓单交易的规范性。仓单必须约定清晰，且对应的品种有较大的交易量，同时，仓单的签发单位为市场认定的大型仓储监管单位，具备相应的资质。

仓单无须上保险。由于仓单为仓储单位签发，仓储单位应负责仓单对应商品的品质。

银行应当约定仓单的警戒线和平仓线，切实控制仓单风险。

【案例一】九七油脂公司的标准仓单质押融资

一、企业基本情况

九七油脂公司是江西省较大的油脂经销企业，公司年销售额突破2亿元，公司每年需要大量采购大豆，资金支出较大。

二、银行切入点分析

某银行经过分析，九七油脂公司为当地的龙头企业，资金运作能力较强，年销售规模较大，有较好的开发价值。大豆价值稳定，属于油脂加工的初级原材料，交易较为活跃，可以作为质押物。经过研究后，银行设计采用标准仓单质押方式融资。

三、银企合作情况

某国有银行南昌分行接受九七油脂公司提出的用大豆标准仓单质押贷款的申请，授信金额为 700 万元银行承兑汇票。该行与郑州商品交易所共同起草了仓单质押贷款担保协议书，分别与借款人、经纪公司、担保回购方签订一式四份的仓单质押贷款担保协议书及一系列附属文件，对授信金额、期限、利率、质押率、标准仓单的质押冻结和解冻、保证金比率、资金用途等均做了明确规定。标准仓单的质押价格以中国郑州粮食批发市场《中华粮网》公布的同期同品质的平均价格为准。为控制质押仓单所列商品价格波动或因交易所品质鉴定、注销再生成标准仓单而按期货合约标准重新检验带来的风险，协议规定了警戒线和处置线。

警戒线是指在质押标准仓单市值总和与贷款本息之比小于等于 75% 时，借款人在接到银行书面通知后 7 个工作日内，采取追加质押物、更换质押物或部分（或全部）归还贷款措施，否则银行有权宣布贷款提前到期。

处置线是指在质押标准仓单市值总和与贷款本息之比小于等于 70% 时，银行有权宣布贷款提前到期，要求借款人立即偿还贷款本息，借款人不偿还，由担保回购方代其偿还。

标准的仓单质押业务操作流程如下：

第一步，按照一般法人客户的授信管理办法，对客户进行风险等级测评，给予一定的授信额度。

第二步，在授信额度内办理具体业务时，首先，签订合同（四方协议、质押合同、承兑协议等）；其次，存入保证金（承兑金额的 30% 以上）并下达资金冻结通知书予以冻结；最后，给郑州商品交易所下达标准仓单持有凭证冻结通知书，由郑州商品交易所出具标准仓单持有凭证冻结确认书，将客户在经纪公司的价值为客户除保证金以外的差额部分的标准仓单予以冻结。

第三步，银行将由郑州商品交易所出具的上述数额的标准仓单凭证作为重要空白凭证下达入库单进行入库保管。

第四步，按照正常程序和审批权限为客户办理一定额度的银行承兑汇票，并将所有档案整理归档。

第五步，跟踪管理，经常关注该品种的期货行情走势和现货市场价格变动情况，看是否达到预设的警戒线，每周了解标准仓单冻结情况，以便发现问题并及时处置。

第六步，承兑到期，如果企业资金及时到位，顺利解付汇票，银行下达资金解冻通知书，同时向交易所下仓单解冻通知书解冻仓单，该笔业务结束。如果借款人在接到银行书面通知后七个工作日内，不能将除保证金之外的资金汇入银行账户，银行将实施前述的警戒线和处置线措施，确保资金安全，避免出现承兑垫款风险。

【案例二】吉林新港油料有限公司非标准仓单质押融资

一、企业基本情况

吉林地区油品行业交易金额较大，年交易额超过 100 亿元，企业数量众多，有超过 20 家油料经销企业，这些油料经销企业普遍实力较强、资金运作规模较大，有较好的开发价值。

二、银行切入点分析

某银行吉林分行根据融资市场的需求，对吉林地区的油品及相关企业进行了为期一年的跟踪、走访和调查，经过分析，决定依托优质生产商资信，利用票据、信用证等产品，为客户提供结算和融资服务。

三、银企合作情况

选定吉林省龙头客户吉林新港油料有限公司作为目标客户。

具体操作方式：50% 保证金，其余 50% 敞口以非标准仓单作质押，同时由质押物保管方——吉林中地油料仓储公司提供连带责任保证。

吉林分行累计开立银行承兑汇票 120 多笔，票面金额达 6 亿多元，无一笔逾期等不良情况发生，为银行带来了可观的收益。

【点评】

能源产业资金需求量大、客户价值高，交易链条易于梳理，客户关联性稳定，大部分交易标的可以实施物权控制，交易链中的大炼油厂、石化厂或电厂资金实力强，产业信息透明度较高，是理想的银行仓单质押融资产品拓展的领域。

非标准仓单可以涉足的行业较多，可以根据具体行业客户来确定，需要银行认真研究行业的具体特点及资金结算规律，制定细化的质押操作规则。

五、未来提单质押信贷

未来提单质押信贷有更好的市场适应性，该业务将成为更受欢迎的仓单质押品种，在成品油、有色金属、煤炭等行业有较好的市场机会。

【产品定义】

未来提单质押信贷是指银行与借款企业约定，以银行为借款企业提供融资远期定向购买的货物作为质押物的一种授信业务形式，也称未来提货权质押融资业务。

实际操作：购买方与卖方、融资银行及仓储公司四方提前约定，银行提供融资，购买方付款后，按照约定卖方将货物发送至银行指定仓储公司，仓储公司制成仓单后提交给融资银行，办理质押手续。

【业务条件】

1. 借款人（出质人）必须与卖方及仓储公司、银行签订好仓储质押协议，卖方根据协议约定将货物发送至指定仓储仓库。

2. 出具仓单的仓储方原则上必须是银行认可的、具有一定资质的专业仓储公司。

3. 质押仓单项下货物必须属于大宗原材料，适应用途广、易变现、无形损耗小、不易变质、易于长期保管。

4. 货物市场价格稳定、波动小。

【营销建议】

建议营销可以定位于钢材、油料、煤炭等大宗原材料产品。

【质押率】

质押率一般为60%～70%，根据商品的不同，质押率可能有所不同。通常价值越稳定，越易变现，质押率越高；商品价值波幅越大，越不易变现，则质押率越低。

【产品优势】

1. 有利于促进商品贸易，加快市场物资流通。

2. 提供融资便利，提高企业资金使用效率。

3. 扩大企业销售，增加企业经营利润。

【业务流程】

1. 银行、卖方、仓储公司、借款企业（出质人）签订四方协议或两个三方协议，约定借款企业将仓单质押给银行，仓储公司全程监管。

2. 借款企业向银行申请未来提单质押授信。

3. 买方在银行获得银行批准的银行承兑汇票额度后，将票据交付卖方（如果是封闭贷款，由银行将资金直接划拨至卖方）。

4. 卖方根据协议约定，将货物交付储运公司。

5. 储运公司将货物进行监管，制成仓单交付融资银行。

6. 买方交存保证金赎单，银行通知仓储公司释放货物。

【业务流程图】

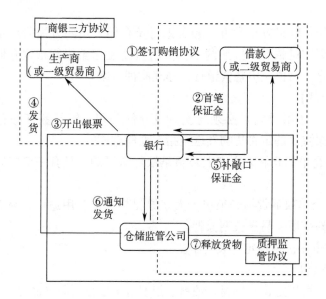

图 1－22　未来提单质押融资流程图

【风险控制】

1. 要求收款人必须是特大型制造企业或特大型贸易商，具备实际的发货能力，这是风险控制的前提。

如钢铁行业的宝山钢铁公司、沙钢集团、武汉钢铁集团公司、包钢股份有限公司等大型钢厂或五矿钢铁有限公司、中铁物资有限公司等特大型钢铁贸易商。

如石化行业的中国石油天然气股份有限公司下属子公司、中国石油化工股份有限公司下属子公司、中国海洋石油有限公司下属子公司、中艺华海进出口有限公司、珠海振戎有限公司、中国中化集团有限公司、中华物产有限公司等。

如煤炭行业的中国神华有限公司、中国中煤能源集团有限公司、山西煤炭进出口有限公司、山西晋煤集团有限公司等。

2. 全程控制货物。要求银行委托的仓储监管公司全程控股货物，不可忽视对货物的监管。

【案例】浙江省武林钢铁销售有限公司未来提单质押融资

一、企业基本情况

浙江省武林钢铁销售有限公司是浙江省规模较大的钢铁经销企业，公司年销售额突破 20 亿元，公司每年大量从武钢、沙钢、唐钢购进钢材，然后在本地销售。公司主要销售客户包括本地的大型建筑公司及钢铁二级批发商等。

二、银行切入点分析

某银行经过分析后认为，浙江省武林钢铁销售有限公司为当地钢铁经销龙头企业，资金运作能力较强、年销售规模较大，有较好的开发价值。大型钢厂的钢材价格稳定，属于大宗建筑材料，交易较为活跃，可以作为质押物。经过研究后，银行设计未来提货权质押方式融资。

三、银企合作情况

某国有银行杭州分行为浙江省武林钢铁销售有限公司办理 3000 万元银行承兑汇票。该行与浙江省武林钢铁销售有限公司、××钢铁集团销售公司签订三方合作协议，约定银行签发银行承兑汇票后直接交付给××钢铁集团销售公司，××钢铁集团销售公司收到银票后，将货物运往指定的中国物资储运公司杭州仓储，中国物资储运公司收到货物后，出具仓单，提交给某国有银行杭州分行。某国有银行杭州分行与浙江省武林钢铁销售有限公司及中国物资储运公司签订仓单质押保管协议书，以上协议文本对授信金额、期限、利率、质押率、标准仓单的质押冻结和解冻、保证金比率（不高于 70%）、资金用途等均做了明确规定。

警戒线是指在质押仓单市值总和与贷款本息之比小于等于 75% 时，借款人在接到银行书面通知后七个工作日内，采取追加质押物、更换质押物或部分（或全部）归还贷款措施，否则银行有权宣布贷款提前到期。

处置线是指在质押仓单市值总和与贷款本息之比小于等于 70% 时，银行有权宣布贷款提前到期，要求借款人立即偿还贷款本息，借款人不偿还，由担保回购方代其偿还。

六、委托开证提货权质押信贷

该业务模式涉及国内贸易商、进口代理商、出口商、船运公司、终端买方用户等一系列用户，通常依托终端买方客户的雄厚实力、良好的商业信誉保证整个资金链条的安全。

【产品定义】

委托开证提货权质押信贷是指国内贸易商委托进口商进口货品再销售给国内用户，还款来源为购销合同项下下游买方用户向国内贸易商支付货款，该货款的支付在融资实行封闭结算的一种组合金融服务模式。

涉及的客户：国内贸易商、进口代理商、出口商、船运公司、终端买方用户（终端买方用户通常为实力较为雄厚、履约记录较好的大型集团客户）。

【业务条件】

1. 出质人必须与卖方及仓储公司签订货物仓储质押协议，卖方根据协议约定将货物发送至指定仓储仓库。

2. 出具仓单的仓储方原则上必须是银行认可的、具有一定资质的船运公司。

3. 质押仓单项下货物必须无形损耗小、不易变质、易于长期保管。

4. 货物市场价格稳定、波动小。

5. 货物适应用途广、价值稳定、易变现、不易过时。

【营销建议】

建议营销可以定位于钢材、油料、煤炭等大宗原材料产品。

【质押率】

质押率一般为60%～70%，根据商品的不同，质押率可能有所不同。

【产品优势】

1. 有利于促进商品贸易，保证了国内急需的特殊能源类、高技术产品的进口。

2. 充分借助终端买方客户的雄厚实力及良好的商业信誉，保证了交易安全。

【业务流程】

1. 订立合同。国内贸易商与终端买方用户签订了正式货品购销合同，在购销合同（或补充合同协议）中明确：终端买方用户将全额货款划入国内贸易商在融资银行开立的指定结算账户。

2. 贷款申报。经办行将购销合同（复印件）与授信材料一并上报相关有权审批机构，为国内贸易商申请专项人民币短期流动资金贷款授信额度。在授信调查报告中，必须根据本办法的规定详细叙述融资完整运作模式。授信额度不得超过购销合同总金额的一定比例，额度期限为 12 个月，单笔贷款期限不超过 6 个月。

3. 开立信用证。国内贸易商将银行发放的专项货款资金全额划入进口代理商在银行开立的信用证保证金监管账户，同时国内贸易商将自有资金划入相同的信用证保证金监管账户，银行以 100% 保证金的形式为进口代理商开立不可撤销跟单信用证，用于进口货品。

信用证要素：不可撤销跟单信用证、货物溢短装 10%、银行收取保证金以溢装 10% 为限，约定：海运提单的"收货人"栏以"凭××银行××分行指示"的指示人身份显示。

4. 发货。货物由国外出口商发运至指定码头，船运公司直接发送至终端买方客户。

5. 还款。终端买方用户按照购销合同的约定，将其购买国内贸易商信用证项下进口货品的全额货款划入国内贸易商在银行开立的指定结算账户，银行扣划资金归还短期流动资金贷款本息。发货条件：

（1）终端买方用户在船舶到达指定港口后约定的工作日内，将货款划入国内贸易商在银行的指定结算账户，或国内贸易商在银行的监管账户内资金已经覆盖贷款本息，银行即通知船运公司卸货。

（2）船舶到达指定港口后约定的工作日内，如国内贸易商在银行的监管账户内资金不能覆盖银行专项短期流动资金本息（无论敞口多少）或与指定下游买方用户的交易未能完成，则银行立即将信用证项下提单收货人为银行的货品出售变现，偿还银行债权。

【风险控制】

1. 国内贸易商向银行出具承诺函。承诺在信用证项下的货物到达指定港口后约定工作日内，若未及时结清在银行的专项短期流动资金本息或与指定下游买方用户的交易未能完成导致货款未划入在银行的指定账户，则该货物的处置权归属银行。

2. 为保证货物的有效监管，银行必须与船运公司签订货物监管协议。船舶到达指定港口，船运公司上船签收国外船东签发的银行为收货人的货物到港通知，并附该公司的证明传真至银行。船运公司必须在接到银行的货物放行通知书的传真件后才能通知港口卸货过驳，运至下游买方用户。

【案例】山东青岛鑫河电力综合开发有限公司（进口证＋保理）

一、企业基本概况

山东青岛鑫河电力综合开发有限公司，企业注册资金 3000 万元。企业的主营业务铬铁合金产品质量经山东省冶金产品质量检查站及山东省质量技术监督局检查，各项指标均符合国家标准，环保经山东省环保局认定到达国家环保要求。

二、银行切入点分析

（一）本次授信方案的优势有以下几个方面。

1. 市场竞争优势。

（1）市场需求优势：申请人山东青岛鑫河电力综合开发有限公司的铬铁合金是不锈钢、特种钢冶炼的添加剂。预计未来我国铬铁合金的生产量仍无法满足不锈钢生产的需要，将达到及其紧张的供求关系，主要原因有：我国钢铁行业正进行大的产业调整，目前我国虽然是全世界最大的钢铁生产国，但是绝大部分是低端产品，国家正在调整投资，向不锈钢、特种钢、冷轧钢板等高端产品发展。

（2）成本和资源优势：铁合金生产主要依靠两个资源，能源优势和矿产资源优势，企业地处山东省水利水电资源丰富的大渡河流域，水电资源廉价丰富，企业的平均电价在 0.30 元/度，远低于行业平均电价 0.45 元/度，仅此一项成本就可以每吨节约成本 800～1000 元。企业拥有自备三座水电站，拥有装机容量 2.58 万千瓦，年发电量 1.4 亿度。加上企业地处青岛市金口河区，该地区地处大渡河流域，该地区拥有国电公司开发的两座大型水电站瀑布沟水电站（装机容量 240 万千瓦）、枕头坝水电站（装机容量 200 万千瓦），根据国电公司与地方政府达成的支持地方经济发展的协议：国电公司在该地区水电站发电总量的 20% 用来支持当地经济发展。

矿产资源方面，企业主要从国外进口铬铁矿石，与国外矿山集团，如南非 CROCDILE CHROME（PTY）公司、巴基斯坦 MAM ENTERPRISES 公司、南非 RANKCO TRADING 公司、巴基斯坦 ZAKORI ENTERPRISE 公司、阿曼 SKY SUCCESS INTERNATIONAL TRADING 公司、伊朗 AL－MA INTERNATIONAL CO. L. L. C（UAE）等建立了长期的战略伙伴关系。能从国外长期稳定地获得矿石资源，这是其他铁合金生产厂商不具备的优势。

（3）真实贸易背景优势：企业作为一个生产厂家进口矿石，风险要远低于贸易中间商的风险。银行授信基础是建立在企业真实的商品贸易基础上的，银行贸易融资部门对申请人以前的进口合同和企业在中国银行的进口记录进行了分析审查，下一步银行准备参与企业与外商的商务合同的谈判，确保贸易合同的真实性，确保银行信贷资金的安全。

（二）本次授信综合经济效益分析

本次授信方案将国际业务和货物质押结合起来，可以有效地控制风险，企业所有的国际业务结算将全部在银行办理，此方案预计将给银行带来较大的综合收益，包括信用证单证业务 2000 万美元左右，押汇、保理利息收入 150 万元左右，中间业务收入 40 万元（开证手续费，结售汇、保理授信费差等）。企业已向银行承诺：将企业在银行的账户列为下游销售厂家，如浙江青山钢铁公司、振石东方特钢、攀成钢长城特钢等钢铁企业的增值税发票账户，保证了企业的销售款项必须经银行出入，一方面可以严密监督企业的生产经营状况，把握企业的资金走向，一旦企业有异常情况发生，银行将最先获得信息，确保银行信贷资产的安全；另一方面，也可以增加银行的结算量和日均存款，预计企业在银行的存款将达到 4000 万元。银行的综合效益显著。

（三）本次授信的风险点

1. 监管机构能否履行监管责任。

（1）监管资格：此次授信的监管方是中国远洋国际货运有限公司（以下简称中运公司）。中远公司是经总行贸易金融部认可的第三方监管机构，中远公司已与总行签订了"总对总"监管协议，具备监管资格。

（2）具体监管措施：货物从国外运至港口后，中远公司就开始进入监管流程，从内陆运输至仓库，中远公司提供全程动态监管，中远公司在内陆各个重要港口码头如上海、重庆等都有分支机构。在监管仓库监管，中远公司将派专人 2～3 人在监管仓库 24 小时值班看守。为了更好地防范风险，规范监管措施，监管方将在仓库四周安装电子监控设备，通过电信局"全球眼"

系统实时在线监控，确保银行质押物的安全。货物进入监管仓库后，监管方将严格按照银行指令进行出入库监管。在质押物的内陆运输和仓储过程已全部购买保险，保单收益人为银行，保单正本流程银行，确保质押物的安全。

2. 质押物的价格质量确定和价格波动问题：质押物的质量由中国商检（CIQ）出具的质量检验报告确定。由于质押物铬铁矿石是大宗商品，价格透明，目前中华商务网、中国铁合金网每天都要发布铬铁矿石的市场指导价，所有的交易价格都可以在网上查询，价格公开、透明。价格波动问题：银行将全程监管质押物价格变化情况，确保银行资金安全。由于质押物的价格透明、公开，银行贸易金融部将派专人负责跟踪质押物市值价格变动情况，当质押物市值下跌幅度超过5%时，银行将要求申请人立即追加保证金，确保银行信贷资产安全。

3. 质押物变现能力：质押物铬铁矿石是大宗商品，主要用于铬铁合金冶炼。国内铬铁矿很少，国内冶炼企业的铬铁矿石90%以上依靠进口，属于紧俏的大宗进口商品。目前国内铬铁合金供应非常紧张，铬铁矿石也随之供应紧张。质押物变现能力很强，目前在连云港港口（全国60%铬铁矿石进口在连云港）有现货市场，价格由中国特合金网、中华商务网每天发布。如果申请人违约，银行有两个渠道处理质押物：

（1）货物在港口可以马上销售变现。

（2）货物在监管仓库一方面可以联系附近的银行授信的铁合金生产厂家（如山东明达集团、山东荥经一名铁合金公司）就近销售；另一方面，也可以运回连云港销售，运输费用大约200元/吨，铬铁矿石平均每吨200美元，运输费用约占矿石总成本的14%，而企业在银行保证金比例为30%，完全可以涵盖银行处理质押物的损失。

4. 山东青岛鑫河电力综合开发有限公司的股权价值和变现能力：

（1）申请人拥有的质押物可以从以下两个方面来判断其价值：

①公司账面价值：山东青岛鑫河电力综合开发有限公司审计年报总资产18824万元，净资产3764万元。

②股权实际价值：山东青岛鑫河电力综合开发有限公司装机容量2.58万千瓦，年发电小时5500小时，年发电量达1.26亿元，实现销售收入1950万元，实现利润680万元，2010年企业幸福一级、二级水电站将全部发电，销售收入将达到3000万元，实现利润852万元。

山东省水电资源十分稀缺，在水电开发市场上已建成的水电站每万千瓦价格在 10000 万~12000 万元，而且十分抢手。如果按 1 亿元/每万千瓦的价格计算，企业价值 2.58 亿元，扣除兴建电站的银行长期借款 1.8 亿元，企业实际价值为 7000 万元，完全可以覆盖银行授信敞口。

　　可以看出授信申请人山东青岛鑫河电力综合开发有限公司的股权是企业最优质、价值最高的资产。

　　（2）变现能力：水电开发具有一次性投资较大、建成后生产成本低，综合收益高、收益期长、清洁环保等特点，属于国家鼓励投资的行业。山东青岛鑫河电力综合开发有限公司地处大渡河支流具有已建成投产、单位造价低（5000 万元/每万千瓦）、发电时间长（年发电 5500 小时）等优点，在水电开发市场中属于优质中型水电站。

　　各大发电集团、民营资本都纷纷投入资金抢购水电资源，银行设定的质押物属于稀缺资源，十分抢手。如果借款人违约，该质押物变现能力极强，而且价值高，完全可以涵盖银行授信敞口，确保银行信贷资金安全。

三、银行授信方案

　　山东青岛鑫河电力综合开发有限公司的生产经营模式：企业最主要的原材料铬矿石从国外（南非、阿曼、巴基斯坦、伊朗等国）进口。企业进口矿石主要路线是集装箱到达上海港口，散货到达连云港，货物经铁路转运至企业工厂所在地青岛市金口河火车站。企业的产品铬铁合金全部销往国内大型钢铁企业，如浙江青山钢铁（全国第二大民营不锈钢生产企业，年产不锈钢 120 万吨）、振石集团东方特钢（全国第四大民营不锈钢生产企业，年产不锈钢 90 万吨）、攀成钢长城特钢等。

　　本次授信用途：开证授信及押汇用途用于企业向国外进口铬铁矿石，国内有追索权保理资金用途只能用于偿还银行信用证押汇。

　　特别要求：保理融资放款当日，申请人必须归还银行信用证押汇款项，营业日终申请人在银行授信敞口必须控制在 4900 万元以内。此次授信额度总金额为 10000 万元，敞口 7900 万元，开证授信及押汇额度 7000 万元，敞口 4900 万元，国内有追索权保理敞口 3000 万元，但银行只允许企业使用 4900 万元授信敞口。所以本次实际授信敞口 4900 万元，比上年度授信敞口 4200 万元新增 700 万元。

　　（一）授信方案

　　1. 银行上报授信敞口为 7900 万元，其中货押开证授信及押汇 4900 万元，国内有追索权保理3000万元，保理融资只能归还银行信用证押汇，实际授信敞口不超过4900万元。

2. 银行与申请人、监管人签订质押监管协议。

授信方案见表1-7。

表1-7   授信方案

额度类型	公开授信额度		授信方式	综合授信额度		
授信额度（万元）	10000.00		授信期限（月）	12		
授信品种	币种	金额（万元）	保证金比例	期限（月）	利/费率	是否循环
进口开证授信	人民币	7000.00	30	12	按银行规定费率	是
国内有追索权保理	人民币	3000.00		12	按银行规定费率	是
贷款性质	新增	本次授信敞口（万元）		7900.00	授信总敞口（万元）	7900.00
担保方式及内容	质押物名称：青岛中远国际货运有限公司非标准仓单、青岛市幸福电力开发有限公司30%的股权（300万股权）、鑫河公司持有的幸福电力有限公司70%的股权					

第一阶段，贸易融资业务方案：

授信品种：贸易融资项下的进口开证授信（按规定串用）

授信额度：7000万元

保证金：30%

费率：按规定费率

授信敞口：4900万元

担保方式：非标准仓单质押

质押货物：铬铁矿石

货物监管方：中远国际货运有限公司

赎货期90天（自装船日起算）

授信期限：1年

具体操作流程如下：

1. 银行为企业开出进口信用证（保证金30%），信用证收益人必须是与申请人签订长期供应合同的国外供应商：CROCDILE CHROME（PTY）LTD，

SKY SUCCESS INTERNATIONAL TRADING，MAM ENTERPRISES LTD，AL - MA INTERNATIONAL CO. L. L. C，PRONTOSA INT L（PTY）LTD 等供应商。

2. 信用证条款要求。

（1）保险方面：在 CIF 价格条款下，出口方购买海运一切险，证下提交全套保单。

（2）运输方面：全套空白抬头或以银行为收货人的正本运输单据并加列银行为被通知人。

（3）冶金级铬铁矿标准：合同规定信用证下提供 ALEX STEWART、SGS 或者 AH KNIGHT 出具的质量证和重量证，以上三家均为全球知名独立检验机构，另 5% 信用证尾款根据卸货港口所在地中国商检（CIQ）检验报告为最终依据支付。

3. 交单、交货：国外供应商在货物检验、装船运输后，将全套单证交给银行，银行在核对单证无误后，进行押汇付款。货物到达港口后，监管机构连云港中远公司会同海关、商检、港口等机构对货物进行验收，在对货物检验合格后，监管方中远公司在港口接受货物过磅称重，然后中远公司向银行开出仓单，银行形成货物质押，中远公司对质押物正式进行监管。

4. 监管机构：严格按照银行货押业务管理办法和总行批准的操作方案，落实分行货押业务专职岗位职责，切实履行对货押业务的核价、核库、出账、查库、出入库、盯市、预警等环节进行独立专业的操作和管理。

5. 按照总行与监管人总对总合作协议的要求，与监管人签订监管协议，以确保对质押物的有效管理及银行质权的安全、有效、合法。

6. 仓储监管：监管仓库是申请人鑫河公司所拥有的标准化专用矿石仓库，仓库由监管方中远国际货运有限公司向鑫河公司租用。监管方为了保障银行质押货物的安全，将派专人 2~3 人在监管仓库 24 小时值班看守。为了更好地防范风险，规范监管措施，监管方将在仓库四周安装电子监控设备，通过电信局"全球眼"系统实时在线监控，确保银行质押物的安全。货物进入监管仓库后，监管方将严格按照银行指令进行出入库监管。

7. 赎货：银行为企业设定的赎货期为 3 个月，银行将严格按照企业的生产计划向企业运输和供应矿石。企业根据生产需要提取矿石时，需先在银行保证金账户上存入保证金后，银行通知中远公司释放等值的货物，中远公司收到银行放货指令后，向企业释放等值货物。

8. 保险：质押物在内陆运输和仓储过程中全部购买保险，保单收益人为银行，保单正本留存银行。

9. 货物质量控制、价格盯市：进口货物的质量控制以中国商检（CIQ）的检验报告为准。价格盯市参照中华商务网，银行贸易金融部将派专人负责跟踪质押物市值价格变动情况，当质押物市值下跌幅度超过 5% 时，银行将要求申请人立即追加保证金。

（三）第二阶段保理方案

保理品种：国内有追索权保理

拟保理融资额度：3000 万元

融资比例：发票金额的 80%

协议文本：与银行签订标准国内保理协议文本、委托收款及账户质押协议

保理融资期限：发票日期后 90 天内

买方付款方式：电汇银承

付款条件：凭增值税发票结算

应收账款转让通知方式：买方客户对应收账款债权转让通知书盖章确认、邮寄商业发票提供邮寄回执。

回款路径：为鑫河公司开立保理监管账户，买方保理项下的付款全部进入监管账户归还银行保理融资。

具体保理业务操作方案如下：

1. 鑫河公司与买方签订合同后发货，开立增值税发票。

2. 鑫河公司向买方邮寄银行格式的商业发票，通知对方付款至银行的保理监管账户。

3. 鑫河公司将保理业务申请书、增值税发票、合同、发货的装运证明、鑫河公司向买方邮寄银行格式的商业发票的快邮收据等材料提交银行做保理融资。

4. 回款后，发票日期后 90 天内归还融资。

5. 若买方用银行承兑汇票付款，卖方出具书面承诺：保证将银行承兑汇票及时交到银行保管，并代为收款或贴现，收款或贴现资金进入监管账户用于归还保理融资。

6. 下游保理对象销售情况如下：

（1）振石集团及其子公司销售 1.6 亿元；

（2）青山钢铁集团及其子公司销售 1.4 亿元；

（3）河西金汇不锈钢公司销售 1.2 亿元；

（4）浙江清远钢铁公司销售 1 亿元；

（5）西南不锈钢公司销售 0.4 亿元。

7. 银行授信资金周转时间详细说明。

鑫河公司授信方案中不同融资产品与企业生产经营匹配的问题。

（1）进口矿石运输时间：银行开出信用证后，一般 15 天内货物可以装船，按装船到上海港口最远的土耳其计算，需 30 天，按内陆运输从港口到厂最长的 25 天计算，货物从装船到仓库最长共需 55 天。

（2）生产销售周期：矿石从产出成品到下游厂家，平均需要 20 天左右，原来现款现货，现在下游钢厂销售回款有最长 90 天账期。

（3）银行的融资发放：开证，到单押汇，保理放款归还押汇，应收账款收汇归还保理。银行收到单证后押汇时间是 90 天，加上保理最长期限 90 天，整个资金周转期理论上最长 180 天，但是在实际操作中，矿石一到工厂仓库企业就会按照生产计划赎货，平均赎货期为 60 天，下游钢厂的销售回款平均为 60 天，企业资金实际周转期应为 120 天。

【点评】

本次授信方案设计非常精妙，多个授信产品依序提供，并采取后续产品覆盖前期授信产品方式，授信总量看似较大，但是实际敞口较小。

七、汽车经销商票据金融网

汽车经销商票据金融网是当前较为受欢迎的供应链融资业务模式，银行通过票据融资，通吃汽车零配件供应商、制造厂商、经销商、终端用户等全部交易主体，同时借助汽车制造厂商对整个产业链的强大控制力锁定融资风险。

【产品定义】

汽车经销商票据金融网是银行以核心汽车厂商为风险控制的主体，以核心汽车厂商与其下游经销商签订真实贸易合同产生的预付账款为基础，核心厂商提供连带责任保证/回购担保/调剂销售，辅之以汽车合格证质押，为汽车经销商提供的以合同项下商品产生的销售回款作为第一还款来源的一种票据融资业务。

提供给汽车经销商授信工具除纸质银行承兑汇票外，现在更多是使用电子票据和法人账户透支业务，通过电子票据，汽车厂商所在地的银行可以拓展较多的外地经销商，通过法人账户透支业务，满足了一些高端厂商产业链的要求，高端汽车产业链厂商要求经销商必须支付现金，因此很难使用银行承兑汇票。

【适用对象】

该业务适用于从事汽车生产的汽车厂商，银行通过与其建立融资网络，关联营销其众多的汽车经销商。汽车厂商应具备以下特点：

（1）规模较大、技术领先的大型轿车生产企业；

（2）技术领先的工程机械车生产企业；

（3）具有一定的技术优势，经营规模较大的大型客车生产企业等。

【营销建议】

1. 以汽车厂商作为营销的起点。通常汽车厂商在银行本地，银行直接发起对汽车厂商的营销，介绍保兑仓对汽车厂商销售的益处，为汽车厂商组建汽车销售金融网络。

2. 以汽车经销商作为营销的起点。通常本地缺乏汽车厂商，但是汽车经销商数量众多，可以直接发起对汽车经销商的营销，通常大型的汽车经销商都已经与其他银行签订有保兑仓三方协议，熟悉三方协议的操作规定，银行可以直接使用其他银行的文本操作即可。别的银行已经操作过保兑仓，就说明已经对该业务模式进行过详细的论证，银行照搬即可。

【竞争优势】

银行与汽车金融服务公司、汽车财务公司在汽车金融服务领域存在一定程度的竞争，银行的优势在于：

1. 物理网点优势。与汽车金融服务公司、汽车财务公司相比，银行经营网点分布较广,远非这些机构可以相提并论。

2. 筹资成本优势。银行具备低成本筹资优势,人民币资金较为充裕,可以随时满足客户的融资需要。

3. 人力资源优势。银行在全国培养了大批业务素质较高、能力较强的客户经理队伍,可以随时提供高效、便捷的金融服务。

【融资模式】

1. 直接融资模式,即代理商直接与资金持有者发生的赊账借用关系,厂家提前供货支持,就等于给经销商提供融资,因解决了代理商进货所需的资金缺口。

2. 间接融资模式,即代理商不与厂商直接发生赊账借用关系,而是通过银行获得所需资金。

【所需资料】

1. 核心汽车制造企业的基本资料,包括营业执照(三证合一);

2. 核心汽车制造企业的销售计划;

3. 核心汽车制造企业的财务报表等资料;

4. 核心汽车制造企业的销售模式;

5. 核心企业制造企业经销商的基本情况介绍。

【产品优势】

1. 对汽车经销商来说。

(1)获得优质企业的担保,可大大提高其在银行获得融资的能力;在银行建立信用记录,有利于企业长期获得银行支持。

(2)交存一定比例保证金后开立银行承兑汇票,以少量资金便可实现销售周转,减轻了资金周转压力;以银行承兑汇票方式支付车款,减少了企业的财务成本,增加了资金收益。

(3)可优先获得银行个人消费信贷支持,有利于扩大销售规模。

2. 对汽车制造商来说。

(1)通过银行信贷支持,解决了经销商周转资金困难,有利于扩大制造商产品销售和市场开发,提高产品的市场占有率,能有效促进公司产品的持续销售。有利于培养经销商的"四位一体"建设,提升制造商的产品市场形象,形成良性循环。

(2)采取银行承兑汇票结算方式,销售回款有银行信誉作保证,减少了应收账款和坏账损失。

3. 对银行来说。

（1）以优质的汽车厂商为突破口，关联营销汽车经销商，实现链式营销。

（2）通过全程通，主办行可以获得稳定、源源不断的银行承兑汇票。

（3）协办行可以有效、快速地拓展票据业务，在风险可控情况下，与经销商建立合作关系。

【业务流程】

1. 银行与汽车厂商商议合作模式，确认协议内容，并为汽车制造厂商核定回购担保额度（用于汽车的回购，通常包括见合格证回购、见实物车回购、见提单回购等几种方式）。

2. 银行与汽车厂商签订汽车金融票据网合作协议，银行明确对经销商提供票据融资支持，汽车厂商明确对银行提供汽车的回购担保。

3. 汽车厂商推荐经销商名单，并提出为经销商切分回购担保额度的安排。

4. 经销商提供授信资料，银行为经销商核定授信额度（一般是银行承兑汇票额度）。

5. 银行与汽车厂商、经销商签订票据金融服务网络三方合作协议，银行为经销商承兑其签发银行承兑汇票。

6. 银行承兑汇票到期，经销商解付银行承兑汇票；或经销商到期拒付银行承兑汇票，厂商回购汽车，将货款回笼到银行指定账户。

说明，汽车经销商融资也可以采取经销商发起方式，银行直接联系本地经销商，要求汽车厂商提供

【业务流程图】

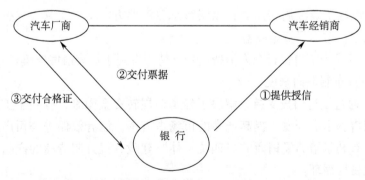

图 1-23　汽车经销商业承兑汇票金融网络业务流程

【风险控制】

1. 选择实力较强、管理规范、履约能力较强的大型汽车制造商或特大型的汽车批发商。

2. 银行必须加强过程控制，指定专人定期检查汽车库存和汽车合格证等。

3. 操作模式应由总行确定，并最好与汽车制造商签订总对总的金融服务网络合作协议。

【分类营销】

特别强势的汽车厂商提供调剂销售承诺：如果银行承兑汇票到期，经销商未能填满银行承兑汇票敞口，由汽车厂商负责对经销商未能销售出去的汽车进行调剂销售。以调剂销售后的款项兑付银行承兑汇票。如一汽大众、上汽大众、广州本田、广州丰田等。

实力一般的汽车厂商提供回购担保承诺：如果银行承兑汇票到期，经销商未能填满银行承兑汇票敞口，由汽车厂商负责对经销商未能销售出去的汽车进行回购。以回购后的款项兑付银行承兑汇票。如吉利汽车、奇瑞汽车、长城汽车、比亚迪汽车等。

【案例】山东上本汽车制造公司经销商融资

一、企业基本情况

山东上本汽车制造公司是当地银行的黄金大户，销售额在行业内名列前茅。公司销售汽车超过 100 万辆，销售额超过 220 亿元，公司在全国遍布有超过 60 家汽车经销商。

二、银行切入点分析

山东上本汽车有限公司现金流非常充裕，不需要银行的融资，传统方式很难切入。由于最近国内汽车生产厂纷纷上马，同类汽车竞争非常激烈，而汽车经销商纷纷表示流动资金紧张，要求山东上本汽车有限公司提供支持。切入山东上本汽车有限公司最好的方式就是支持其销售体系，但考虑经销商普遍规模偏小、资金实力偏弱，因此，某商业银行济南分行提出，可以支持经销商，但是山东上本汽车有限公司必须提供一定担保。由于可以支持经销商，进而促进本公司产品销售，山东上本汽车有限公司高层很快同意了银行的方案。

三、银企合作情况

在某商业银行总行的牵头营销下，该行济南分行为汽车公司核定 5 亿元回购担保额度，用于为经销商提供担保。银行出票后，直接将银行承兑汇票快寄给汽车公司，汽车公司在收到票据后，将汽车合格证全部寄给开票行，汽车发往经销商。经销商交存保证金，开票行释放同等金额的合格证。通过网络，该行与上本汽车制造公司及其经销商建立了密切的合作关系。入网经销商超过30家，全行累计出票超过20亿元。

通过该网络，提高了经销商的提货能力，加快了山东上本汽车制造公司的汽车销售，实现了票据结算的体内循环。而某商业银行济南分行作为山东上本汽车制造公司的主办行，由于大量收到兄弟分行出具的银行承兑汇票，办理托收后获得超过3亿元存款沉淀。

第二章 贷 款

贷款业务有三忌，银行从业人员必须牢记。

一、贷款业务忌"急"

银行工作人员必须执着地找到合适的贷款对象才可以发放贷款，决不可以为了投放而投放，合适的贷款对象必须经过精挑细选。没有合适的，宁可资金头寸闲置。

现有的利润考核体系下，银行工作人员必须大量发放贷款才可能有收益，很多客户经理、支行行长存在急迫的心理，拼命发放贷款。总行也经常要求早投放、早收益。而现在的考核体系更是推波助澜，年底按贷款余额提取1%的贷款准备金，资金成本（含资本占用费）一般为3%左右，这样综合成本就是4%，如果在6月以后发放贷款，按照现有的贷款利率计算，一般是亏损的。因此，在上半年加快投放速度成了硬任务。很多时候，在银行贷款规模有限的情况下，由于银行过快地发展信贷业务，导致劣质贷款充斥，而找到优质项目时，已经没有贷款规模了，白白错失了成为优质贷款的机会。

二、贷款业务忌"乱"

银行经营贷款必须有章法，应由总行主导，总行每年有一个统一规划，全行在限定的行业、限定的客户群内拓展，总行主导，不可越"雷池"半步。而不是像现在的模式下，分行发起，碰到什么样的项目做什么样的项目，根本没有挑选、没有主导。整个银行的信贷项目犹如一盘散沙，分析整个银行贷款项目的特点，没有任何的章法，什么行业的客户都有，什么类型的客户都有，根本体现不出这家银行有怎样的信贷业务价值取向。

银行经营贷款需要总行必须有强大的指挥能力，关键在于"方向、措施、士气"。方向是指向哪里进攻由总行说了算，总行必须指明大部队攻击的方向在哪里，不能由分行攻到哪里算哪里；措施是指必须有合适的产品，有明确的营销思路；士气是指必须有清晰的刺激措施，确保客户经理愿意冲锋陷阵。

三、贷款业务忌"浮"

贷款业务切忌过于依赖报表、依靠技术面，而不认真分析企业的实际经营情况及市场价值，不进行基本情况分析。实实在在地看看企业的经营场地、企业的现金流水，多与企业的员工交流，看看这些人的士气；多与企业的合作伙伴交流，看看人家的评价；多去市场，看看企业产品销售情况。信贷是非常实在的业务，来不得半点浮躁。财务报表往往代表过去，而且经常有粉饰，切忌过于盲目相信。

贷款业务要更多地相信自己的头脑，相信自己的眼睛，相信自己的耳朵；相信自己的理智，而不是直觉。

坐在办公室是甄别不出优质贷款项目的。

第一节　贷款基本知识

流动资金贷款是各类对公授信银行产品的基础工具，为所有"授信产品之王"，是银行的立行之本，经营商业银行必须懂得如何操作流动资金贷款。银行以利润为主要考核指标，客户经理必须懂得流动资金贷款的经营之道。

一、贷款基本概念

1. 企业流动资金贷款是指银行向借款人发放的、用于满足经营周转或临时性、季节性的资金需要，保证生产经营活动的正常进行而发放的本外币贷款。

企业流动资金贷款常见的担保方式包括：定期存单、国债凭证、企业债券凭证等有价证券作为质押；第三方企业提供不可撤销的连带责任担保，提供房产抵押等担保方式。

2. 固定资产贷款是指银行向借款人发放的，主要用于基础设施、市政工程等固定资产项目的新建、扩建、购置、改造及其相应配套设施建设的中长期本外币贷款。

按照贷款用途，固定资产贷款可分为基本建设贷款、技术改造贷款两种。

二、贷款主体条件

1. 借款人应是经工商行政管理机关（或主管机关）核准登记注册、具有独立法人资格的企业、其他经济组织和个体工商户。

2. 遵守国家的政策法规和银行的信贷制度，在国家政策允许的范围内生产、经营。

3. 经营管理制度健全，财务状况良好，资产负债率符合银行的要求。

4. 具有固定生产经营场地，产品有市场，生产经营有效益，不挤占挪用信贷资金，恪守信用。

5. 在银行开立基本账户或一般存款账户，经营情况正常、资金运转良好，具有按期偿还贷款本息的能力。

6. 经过工商部门办理年检手续。

7. 符合贷款银行的其他规定。

三、固定利率与浮动利率的营销要点

1. 贷款利率的通常规定。

（1）短期流动资金贷款按借款合同约定的贷款利率计息，借款合同期内遇利率调整不分段计息。

（2）中期流动资金贷款利率一般实行 1 年一定。根据借款合同确定的期限，按借款合同约定的贷款利率计息，每满 1 年后，再按当时相应档次的法定贷款利率确定下一年度利率。

国内商业银行也推出了固定利率贷款业务，在整个贷款期间贷款利率保持不变。

（3）外币流动资金贷款。一般有两种利率可供选择：一种是固定年利率，另一种是浮动利率（可按 1 个月、3 个月、6 个月或 9 个月浮动）。浮动利率一般为 LIROR + MAGIN。

2. 固定利率贷款与浮动利率贷款的营销要点。

固定利率贷款的优势在于可以回避利率上升的风险，在市场普遍存在加息预期，利率风险骤然增加的背景下，固定利率贷款成了规避利率风险的良好工具；但当利率走稳或者下调的时候，采用固定利率的贷款人又将被锁定在一个较高的利率水平上，白白多付利息。所以，浮动利率和固定利率两种贷款方式没有绝对的优劣之分。

对于借款人而言，需要对宏观经济特别是利率走势作出正确的判断，因为一旦签署固定利率贷款合同，若想修改合同或者提前还贷，就要向银行付出一定数量的违约金。

通常情况下，中国的利率变化有较强的信号暗示，如货币投放过快、商业银行贷款上升过猛等都可能引起加息，而宏观调控是"小鼓连锤"，一旦加息或减息政策出台，通常会连续进行尝试性操作，以缓慢步调调节宏观经济。银行的客户经理应当在研究中国利率变化方面积累经验，真正做好企业的参谋。

3. 固定利率贷款与浮动利率贷款的适用对象。

固定利率贷款适合那些希望财务费用保持长久均衡，经营业绩不出现过多起伏的客户，如大型上市电力企业，本身收入非常平稳，希望财务费用也保持稳定。

浮动利率贷款适合那些希望通过财务费用调节经营利润的新建企业。企业刚成立，本身经营现金流不足，希望财务费用低些，而在项目建成投产，产生稳定现金流，企业自然可以承受较高的财务费用。

四、贷款程序

1. 借款人提出贷款申请，填写借款申请书，并按银行提出的贷款条件和要求提供有关资料。一般情况下，银行要求提供的重要资料有以下几项。

（1）借款人及保证人的企业基本情况；

（2）连续三年财务报告及申请借款前一期财务报告（最好为经过会计师事务所审计）；

（3）企业拟借款资金投向情况说明；

（4）抵（质）押物清单，担保人的相关资料，有处分权人同意抵押、质押的证明及保证人；

（5）拟同意保证的有关证明文件；

（6）流动资金的使用用途报告；

（7）银行认为需要提供的其他资料。

2. 银行收到贷款申请和有关资料后，对借款人的合法性、财务状况的真实性、借款用途等进行调查，了解借款人在本行业的相关业务数据，核实借款人提供担保形式是否可靠，预测借款人按期还本付息的能力，完成贷款的评估、审查工作。

3. 银行同意贷款后，与借款人签订借款合同。借款合同中约定借款种类、借款用途、金额、利率、借款期限、还款方式、借贷双方权利、义务、违约责任和双方认为需要约定的其他事项；对于保证贷款还应由保证人与贷款人签订保证合同，或保证人在借款合同上写明与贷款人协商一致的保证条款，加盖保证人的法人公章，并由保证人的法定代表人或其授权代理人签署姓名；抵（质）押贷款应当以书面形式由抵（质）押人与贷款人〔抵（质）押权人〕签订抵（质）押合同。

五、贷款风险控制

1. 信贷资金不得用于投机性、高风险的用途，如投入股市、期市、炒作楼花等。高风险的行业坚决不碰，这是一条铁的纪律，客户经理必须坚决执行。银行信贷资金只能用于企业的正常生产经营周转或有明确用途的固定资产购置。银行提供的债权固定收益要求的资金，没有必要承担赌博性投资的回报。

2. 信贷资金避免投放国家限制性的行业，如小型火电、小型玻璃厂、小型电解铝。对于国家明令限制的项目，切忌存在侥幸心理。一家银行提供的信贷资金往往仅是借款企业的一项资金来源，中国大部分企业还款主要靠借新债还旧债，如果属于国家限制性行业，往往企业的后续融资存在巨大的不确定性，对前期提供贷款的银行隐藏了巨大的风险。

3. 认真签订有关的贷款合同、担保抵押合同。很多客户经理对协议不够重视，经常出现协议的日期及担保方式漏填、错填，签章不规范情况。而一旦出现了风险情况，又匆匆忙忙找合同，有时要求客户补签合同。切记，事前认真一些，就是麻烦一点也不要紧，一定要按照规范操作，事先的细致工作会给将来省去不必要的麻烦。

【点评】

1. 对于短期贷款的用途应当明确，很多客户经理在描述资金用途的时候较为模糊，经常出现描述成类似"资金用途：经营周转；还款来源：综合收入"的情况。这是工作不够细致、对付的做法，审批人员对此通常非常反感。

客户经理应当配合审批人员的工作，详细描述信贷资金到底用于做什么，用什么收入来还款，这样便于审批人员的考察。尤其是对中小企业，更需要认真地说明贷款资金用途，要求企业与银行签订资金封闭使用协议，约定资金的使用用途，银行有权对每笔资金用途进行审批，符合规定的才能给予划出。需要详细说明企业的还款资金来源，不可以为了获得贷款的审批而有意识地放大或虚构企业的还款资金来源，如虚增企业的销售收入等。

客户经理在接触客户的第一线，对客户的情况非常了解，客户一旦出现了较大变化，如经营临时恶化，出现在其他银行违约的情况等，必须立即采取措施，没有发放的拒绝发放，已经发放的要采取安全的补救措施。

2. 在众多的商业银行授信产品线中，短期流动资金贷款被视为"产品之王"，用途最广，被广泛接受，是企业最需要的银行产品，同时也是风险较高的银行产品，稍有不慎可能形成风险损失。因此，对于经营信贷业务的客户经理必须进行严格的培训，尤其是实战历练。

国外银行要求必须在操作不少于五笔贷款以后，才可以作为独立的主办客户经理，获得独立申报信贷项目的资格。

3. 避免信贷资金短借长用，防范资金风险。信贷审批人员经常会对贷款项目进行打折，如对金额打折、对期限进行打折，本来10亿元5年期的贷款项目，可能被打折处理为7亿元3年期。对于优质的项目，客户经理应当竭力争取，尽可能说服审批人员，按照客户的要求提供贷款，满足项目的本身需要。扭曲方式下的信贷资金供应，无论是对借款人还是对商业银行都隐藏了巨大的风险。

六、实贷实付

1. 实贷实付。

实贷实付是指银行业金融机构根据贷款项目进度和有效贷款需求，在借款人需要对外支付贷款资金时，根据借款人的提款申请以及支付委托，将贷款资金主要通过贷款人受托支付方式，支付给符合合同约定的借款人交易对象的过程。

2. 实需实贷。

过去存在挪用流动贷款资金的根源在于"超额放贷"，银行发放的贷款金额超出借款人实际资金需求。因此，此次《流动资金贷款管理暂行办法》对贷款资金总量提出了明确要求，规范重点之一就是要求银行业金融机构应贴近借款人实际，合理测算借款人的流动资金需求，进而确定流动资金贷款的额度和期限，防止超额授信。

《流动资金贷款管理暂行办法》对贷款资金的用途进行限制，规定贷款人应与借款人约定明确、合法的贷款用途，流动资金贷款不得用于固定资产、股权等投资，不得用于国家禁止生产、经营的领域和用途。防止银行信贷资金过多的进入股市和楼市，促进贷款资金真正流向实体经济。

3. 受托支付。

借款人要提供收款人名单，委托贷款银行直接划付给直接借款用途指定的收款人。

《流动资金贷款管理暂行办法》还强调对流动资金的支付和贷后管理，加强对回笼资金的管控，规定贷款人应根据借款人的行业特征、经营规模、管理水平、信用状况等因素和贷款业务品种，合理确定贷款资金支付方式及贷款人受托支付的金额标准。

七、贷款营销要点

为了提高客户的贡献度，银行应当根据客户的经营实际资金需要，设计综合金融服务方案，通常为 1 + N。1 是流动资金贷款，居于"领头羊"地位，是客户最需要的；N 是多种的配套产品，如票据产品（银行承兑汇票、买方付息票据、商业承兑汇票保贴、代理贴现等票据产品)、信用证产品（进口信用证、国内信用证)、结算产品（如支票、银行汇款)、网上银行业务（如一般网银汇划、集团网上银行服务等)。银行必须有这样的业务营销思路。事实上，多产品品种套餐的组合对客户价值非常大，可以为客户提供最佳的资金使用效果。如贷款投下的资金，在没有实际启用的时候可以做一些现金管理等。

通常需要由银行的信贷审批部门、法律部门、公司业务管理部门、支行客户经理部门共同组成工作小组，设计针对客户的综合金融服务方案。

第二节　短期贷款品种

一、有价证券质押流动资金贷款

一般银行规定存单质押贷款的质押率为 90% 左右，实际操作中这类贷款出现风险的情况很少，存单质押贷款方式应当考虑适当提高质押率。

【产品定义】

有价证券质押流动资金贷款是指以有价证券作为质押，银行向借款人发放的用以满足经营周转或临时性、季节性的资金需要，保证生产经营活动正常进行而发放的短期贷款。

通常采取国债质押贷款和存单质押贷款两种。

1. 国债质押贷款一般是凭证式国债质押。各商业银行之间一般不办理跨系统凭证式国债质押贷款业务。

不承办凭证式国债发行业务的商业银行不能办理此项业务。如果使用不同期限的多张凭证式国债作质押，以距离到期日最近者确定贷款期限。

2. 存单质押贷款一般采用开户证实书的方式。各商业银行一般不办理跨系统的存单质押贷款。

质押担保的范围包括债务本金、利息、手续费、违约金、损害赔偿金、保管费用、实现质权的费用。

存单质押信贷业务多为存单质押开立银行承兑汇票，而非单纯的存单质押贷款。

【适用对象】

该业务通常适用于中小型企业，且这类企业有着较好的股东背景。

【营销建议】

1. 目标客户可以定位在集团关联企业。在借款企业非常需要资金而其资质很一般，银行不愿意提供贷款的情况下，如果其关联企业有一定的闲置资金，一般会同意提供存单、国债凭证、企业债券等凭证作为质押。

2. 存单质押贷款方式下，应当考虑适当提高质押率。一般银行规定存单质押贷款质押率为90%左右，实际操作中这类贷款出风险的情况很少，因为客户一般不愿意银行处理质押物。客户普遍希望银行能够100%质押放贷款。其实，客户存单本身是有存款利息的，银行如果按100%发放贷款，风险敞口通常为贷款金额的3%～4%，相对于贷款金额而言很小。因此，对于管理规范较为优质的借款人，建议对这部分敞口由客户提供一定担保，银行发放100%存单质押贷款，以提高竞争力。

【所需资料】

1. 营业执照；

2. 公司章程；

3. 借款申请书；

4. 财务报表；

5. 质押物资料；

6. 人民银行征信材料；

7. 银行需要的其他资料。

【产品优势】

1. 操作手续简便易行，通常操作非常快。

2. 通常完全覆盖本息，对银行保证程度高，是银行大力鼓励发展的融资品种。

【业务流程】

1. 借款人向银行提出流动资金借款申请。

2. 银行对借款人进行审查，并确认质押物对贷款债权的保障程度。

3. 银行审批同意后，通知借款人。

4. 借款人、质押人与贷款银行签订贷款合同、质押合同，同时将质押物移交贷款银行。

5. 根据客户的用款需求，银行发放贷款。

6. 客户到期偿还贷款，银行退还质押物。

【质押物图】

图 2 - 1　凭证式国债认购单

图 2 - 2　单位定期存款开户证实书

【风险防范】

存单、国债等有价证券质押贷款最容易出现的就是欺诈风险。

1. 出质人与贷款银行个别工作人员串通，在未经公司有权决策人，尤其是股份公司未经董事会批准的情况下，擅自提供质押，恶意套取银行资金。为了防范风险，一定要求出质公司提供同意将本公司存单（有价证券）用于质押贷款的有权决策人文件，股份公司必须提供董事会决议，并当面见证对方法人代表在相关协议等法律文本上签字，必要时进行公证，防范可能的欺诈风险。

2. 虚假存单（有价证券）风险。办理存单质押贷款的存单通常须是本行存单，质押的凭证式国债是由本行发行的国债。

【案例】广州新麦贸易有限公司国债质押贷款

一、企业基本概况

广州新麦贸易有限公司注册资本 500 万元，新麦公司经营的主要产品有铝锭、锌锭、锡锭等有色金属原材料、化工原料及白砂糖等农副产品，其中有色金属在公司每年的销售额中约占 80%，也是该公司的主要盈利产品。该公司在广东、珠江三角洲、广西和上海地区都拥有稳定的客户资源，特别是铝锭，是该公司成立至今一直经营的产品，目前平均提货量为 8000 吨/月。该公司年销售收入为 9.8 亿元，实现利润总额 2026 万元，铝、锡等有色金属产品占总销售额的 98% 以上，实现净利润 1477 万元。

二、银行切入点分析

（一）本次授信优势

1. 新麦公司从事有色金属行业多年，上下游企业稳定，其中色国际贸易有限公司、广东洋迪实业有限公司、广新投资控股有限公司都是有色金属行业的龙头企业，回款来源有保证。

2. 本次授信支付方式为受托支付，用于向上游企业采购有色金属，资金流向可控。受托支付对象为中色国际贸易有限公司、广发期货有限公司、广新投资控股有限公司、湛江泰保实业有限公司。银行将定期检查新麦公司与其交易的增值税发票，新麦公司与洋迪公司往来贸易结算款直接在银行结算，方便监控资金流向。

3. 从银行与该公司开展业务的合作情况来看，该公司经营、资金流转均十分正常，未出现不良现象或影响银行债权的行为，也积极配合银行开展存款业务。所以本项目的风险可控。

通过本次增加授信可以大力开拓营销银行的本币结算业务，使该企业除可增加银行日均5000万元存款外，还可以增加银行承兑汇票开票、贴票、国内信用证、货押手续费收入等中间业务收入。同时还可增加银行的结算业务量和其相关上下游企业在银行的结算量。使银行取得营业收入、资金沉淀、基础客户结算等较大的综合收益。

（二）风险点

1. 挪用资金风险。经营单位擅自挪流贷款资金作他用，导致银行资金无法按时回笼，最终可能产生风险。

（三）防范措施

1. 密切关注国家的相关政策，及时了解掌握国内、国际上的经济变动，以及市场上有色金属的价格变动情况，实行严密的盯市制度和定期查库制度，防范可能出现对银行授信产生不利的因素。

2. 具体措施：（1）指定上游支付对象，即中色国际贸易有限公司、湛江泰保实业有限公司、广发期货有限公司、广东广新投资控股有限公司列为指定的受托支付对象，以保障银行资金的用途真实。（2）监控结算资金的回笼，特别是结算账户的资金要达到银行的监管要求，不定期会合风控部门检查购销合同和增值税发票，保证贸易的真实性，以及借款人的经营状况。（3）实时监控、查阅上海期货交易所的相关有色金属的交易价格走势和政策，跟踪资金的流向。（4）监控代发工资的变化，察看三表、三费的缴交和使用情况。（5）定期检查抵押物的状况和变化，以保障银行资金的绝对安全。

（四）主要上下游企业

1. 主要上游企业见表2-1。

表2-1　　　　　　　　　　　公司主要供应商

	前三名供应商（按金额大小排名）	金额（万元）	占全部采购比率（%）
1	中色国际贸易有限公司	79537	78
2	广发期货有限公司	13545	13
3	广东广新投资控股有限公司	8495	8

（1）根据实际的市场情况进行调配，新麦公司每月采购铝锭量达到10000～13000吨。

（2）质量标准：GB/T1196－2002 的国际标准。

（3）交付方式：采用现货或上海期货交易所注册仓库（上海、无锡、广州等地区）标准仓单的方式执行。

（4）交货地点：中储上海地区仓库或广东南储仓库。

（5）定价原则：按上海期货交易所官方网站公布的前一个期货交易日的铝锭加全平均价格为实际结算价格，但在实际价格高于市场价格时或参照实际成交价格由双方另行约定价格。

（6）结算方式：现款或银行承兑汇票，款到提货。

2. 主要下游企业见表 2－2。

表 2－2　　　　　　　　　　公司主要销售商

	前三名销售商（按金额大小排名）	金额（万元）	占全部销售比率（%）
1	广东洋迪实业有限公司	87355	88.3
2	广东强雄集团	4291	4.33
3	广东合润投资发展有限公司	2870	2.9

3. 付款方式。

（1）采购：铝锭等有色金属原料的采购一般先款后货，或货到付款方式；从成本上考虑，从山东采购的有色金属一般运往上海或到直接用户，而从青海或通过上海交易所交易，在南储提货的采购货物一般运往广东南储仓库或到直接用户。

（2）销售：新麦公司对有色金属等产品的销售也一直采用款到发货的结算方式，下游客户 50% 是直接用户，50% 是通过中间商销售的，公司的资金回笼情况良好。其他应收款按合同约定时间收款。新麦公司除了销售有色金属还销售少量钢材，占销售总收入的 5% 以下。

三、银行授信方案

该申请人本次授信金额为 11000 万元，授信的用途为企业流动资金周转。本次授信的实际用途是广州新麦贸易有限公司向其上下游单位购销符合国家标准的铝锭、锡锭、锌锭、铜等有色金属原材料及有色金属产品等，主要为铝锭。本次综合授信额度的担保方式为广州新麦贸易有限公司用国债作为质押，质押率 70%。期限为 1 年（见表 2－3）。

（1）授信品种：流动资金贷款，可串用为银行承兑汇票、国内信用证。

（2）授信用途：购买有色金属铝锭、锌锭。

表2–3   授信方案

额度类型	公开授信额度		授信方式	综合授信额度		
授信额度（万元）	11000.00		授信期限（月）	12		
授信品种	币种	金额（万元）	保证金比例（％）	期限（月）	利/费率	是否循环
流动资金贷款	人民币	11000.00	0.00	12	按规定	是
申请性质	首次授信	本次授信敞口（万元）		11000.00	授信总敞口（万元）	11000.00

【点评】

　　本授信方案非常精彩，通过房产抵押，有效降低了授信风险，同时清晰指定了授信资金用途，而且具体到具体型号及数量，授信非常扎实。

二、股票质押贷款

　　股票质押贷款在于解决借款人的流动资金紧张，弥补自有资金的不足，增强其自身的经营能力，恢复其"造血"功能，而不是一味地简单"输血"，否则银行可能被问题公司拖进"泥潭"。

　　【产品定义】

　　股票质押贷款是指借款人以证券交易所上市公司的股票作为质押，银行对其发放的流动资金贷款，用以支持企业的经营周转。股票质押贷款期限最长为12个月，且不办理展期。

　　【适用对象】

　　1. 持有流通股的上市公司或上市公司大股东。国内的较多控股型公司持有大量的上市公司股票，为了不降低股份，防止失去对上市公司的控制，一般不会选择在二级市场出售股票方式筹集资金。可以采用将股票质押给银行的方式筹集资金。

2. 上交所、深交所上市公司的大股东，通过质押旗下上市公司股份方式筹集资金。港交所、香港股票交易所的大股东股票质押暂时不接受。

上交所、深交所的股票流动性较好，成交活跃，而且有借壳机会，价值较高；香港股票交易所没有涨跌停板，交易不活跃，价值较低。

【所需资料】

借款人申请股票质押贷款时，须提供以下材料：

1. 企业法人营业执照（三证合一）、法定代表人证明文件、公司章程、董事会决议等资料；

2. 人民银行征信材料；

3. 上一年度及最新一期财务报表；

4. 用做质物的权利证明文件；

5. 用做质物的股票上市公司的基本情况；

6. 其他资料。

【产品优势】

1. 上市公司的股票往往有较好的变现性，可以较好地控制风险，银行处置较为容易。

2. 相对于房产抵押等方式，对于客户的操作手续简便，融资成本较低。

【业务提示】

1. 质押股票通常应当是大盘流通股，交易活跃。

2. 贷款前 6 个月质押股票价格波动幅度（最高价/最低价）低于100%。

3. 未被证券交易所停牌、除牌或特别处理。

4. 股票所属上市公司上一年度未出现亏损。

【点评】

最好是能源行业、金融行业、国家基础设施建设行业等超大盘流通股，其实这类股票本身投资价值非常大，长期涨势非常好，同时银行一般都愿意接受质押，企业可以获得资金的放大效应。

【业务流程】

1. 银行对借款人和质押物情况进行调查、审查、审批，在核定授信额度内确定贷款方案。

2. 与借款银行明确主办行关系，并签订相关合同，办理质押物登记，获得证券登记机构出具的股票质押登记书面证明。

3. 通过银行在证券交易所的特别席位和特别资金结算账户办理质押物的管理和处分。

4. 银行发放贷款，并监督企业按协议预定使用资金。

5. 银行资金交易部门随时盯盘，防范股票波动风险。

6. 贷款到期，如借款人归还贷款，银行书面通知证券登记机构解除质押；如借款人违约，处理质押物以变现偿还银行贷款。

【利率】

参照人民银行规定的金融机构同期同档次商业贷款利率，最高上浮幅度为30%，最低下浮幅度为10%。

【质押率】

1. 对于限售流通股，质押率应当低些；对于非限售流通股，质押率可以稍微高些。股票质押率平均为50%，限售流通股一般在30%~40%；非限售流通股，一般在60%左右。

质押率＝贷款本金/质押股票市值

质押股票市值＝质押股票数量前7个交易日股票平均收盘价

2. 警戒线和平仓线。

警戒线比例（质押股票市值/贷款本金×100%）最低为135%；平仓线比例（质押股票市值/贷款本金×100%）最低为120%。如被冻结股票的市值降至警戒线时，则要求客户追加保证金，到期缴纳相关费用；如到期仍需续当的，则办理续当手续并缴纳当期费用；如客户办理赎当，则在付清贷款本金和相关费用后，典当行为客户办理股票质押的解冻手续。

如被冻结股票的市值已由警戒线跌至平仓线，在客户仍没有追加保证金的情况下，贷款机构则根据协议相应予以平仓，以偿还贷款本金及费用。所得的价款直接用于清偿所担保的债权，余款清退给借款人，不足部分由借款人清偿。

（1）警戒线：当股票价格下跌到此价位，银行会通知质押人立即进行补仓，将质押率降到合理水平。

（2）平仓线：当股票价格下跌到此价位，银行会立即进行平仓，将股票全部卖掉。

【案例示范】

实际交易中，一般而言，警戒线和平仓线都是资金方定的，也就是谁实际给钱，根据谁的标准走，资金方大部分都是银行。

一般而言，警戒线比例为160%，平仓线比例为140%。

1. 假设123456号股票的大股东要质押融资，基准价格为10元，质押率为5折，交易数量1亿股，期限为360天。

则：

交易价格 = 10 元 ×50% = 5 元

融资额 = 5 元 ×1 亿 = 5 亿元

每年利息 = 5 亿 ×10% = 5000 万元

2. 融资成本为10%，那么初始交易完成后的预警线和平仓线除了要保证本金，还要覆盖全部利息余额，也就是说这个预警线和平仓线要把没还的利息也包括在内，甚至保函违约金（如有）。

预警价 = 5 元 ×（1 +10%）×160% = 8.80 元，预警市值为 8.80 亿元

平仓价 = 5 元 ×（1 +10%）×140% = 7.70 元，平仓市值为 7.70 亿元

【业务流程图】

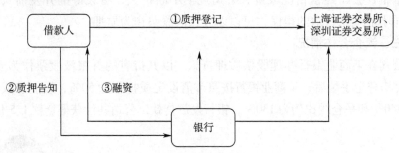

图 2-3　股票质押贷款业务流程

【风险控制】

银行需要设置警戒线和平仓线。切实掌握股票价格的走势，随时掌握处置主动权。

担保仅是风险控制的手段，关键是企业本身经营状况较好。不可以因为是非常好的股票作为质押，就忽略对借款人的审查。因为相信企业是优秀的

企业，银行愿意提供贷款，但是这类企业缺少担保或抵押物，所以银行愿意接受股票质押。

银行选择股票质押的时候，宁可多提供些贷款，也要尽可能控制最大比例的股票，一旦司法处置，银行会成为第一大股东。一旦拍卖，受让方可以成为第一大股东，往往这类股权更受市场欢迎。

比如，提供给一个上市公司股东质押40%的股票，需要提供贷款5000万元，如果质押50%的股票，需要提供贷款7000万元，那么，宁可提供7000万元贷款，也要成为第一大股东备选人，这类股东的股票极好出手。

【案例】 中国东信钢铁公司股票质押融资

一、企业基本情况

中国东信钢铁公司总部设在河北，属于中型钢铁集团，公司与某国有商业银行一直有着较好的合作关系，因为规模扩大，迫切需要银行的临时融资以缓解流动资金紧张问题。

二、银行切入点分析

中国东信钢铁公司持有大量的五粮液（000858）股票，五粮液属于大型企业，公司经营效益较好、股票价值非常稳定。某银行经过分析后认为，中国东信钢铁公司经营情况较好，公司规模不断扩大，有较好的开发前景，只是公司不能找到合适的担保，可以以五粮液股票作为质押。

三、银企合作情况

公司在某商业银行办理股票质押贷款，以其持有的五粮液股票作为质押，办理完毕登记手续后，某商业银行按照市值设定质押率为50%，设立警戒线比例为140%和平仓线比例为130%，银行发放贷款，公司共计获得贷款1.5亿元。

【点评】

股票质押贷款在于解决借款人的流动资金紧张，弥补其自有资金的不足，增强其自身的经营能力，恢复其"造血"功能，而不是一味地简单"输血"，否则银行可能被经营有问题的公司拖进"泥潭"。

三、备用信用证担保人民币贷款（外保内贷）

企业获得资金渠道一般有交易所上市、发行企业债券、银行贷款融资三种方式。交易所上市、发行企业债券需要经过复杂的程序，"远水解不了近渴"，最好的途径就是向银行贷款。但是，大部分外商投资企业的财务报表都是按照国外会计准则制订的，企业固定资产较少，看起来比较单薄，中国商业银行对外商投资企业想要深入了解较为困难。

中国商业银行普遍对外商投资企业不够了解，普遍抱着矛盾的心理，既希望开拓外资企业，但是又担心其风险。而外资银行虽然非常了解跨国公司在华企业，但是却苦于自身人民币资金不足，想支持却无能为力。因此，备用信用证担保人民币贷款应运而生。中资银行和外资银行合作，共分跨国公司的一杯羹。

【产品定义】

备用信用证担保人民币贷款是指境内的中资银行接受外资银行开出的备用信用证作为保证，为境内公司客户发放的人民币贷款的一种授信业务（或其他形式的融资，如银行承兑汇票等）。

备用信用证担保人民币贷款俗称"外保内贷"，可以简单理解为境外银行担保，境内银行贷款。

通常情况下，备用信用证担保常用币种包括美元、港元、欧元、日元、英镑和瑞士法郎。其必须在中资银行为外资银行核定的授信额度（中资银行对外资银行根据其履约能力而确定的，认为其履约能力的最高限额）内，接受其提供的担保，这种担保通常无须签订协议。

【点评】

美国联邦储备委员会曾规定较精确的定义，备用信用证是开证人代表开证申请人对受益人承担某种义务的信用证。该义务是：（1）保证偿付开证申请人的借款、预付款或对其债务负责；（2）保证依开证申请人没有履行债务的任何证明付款；（3）保证因开证申请人在其履行义务方面的任何违约行为而付款。备用信用证担保贷款只能用于补充企业流动资金不足，不得用于弥补长期项目投资缺口，也不得用于购汇进口和还贷。

【适用对象】

贷款对象限定在资本金已按期到位且未减资、撤资的外商投资企业，具体包括中外合资经营企业、中外合作经营企业、外商独资企业。

中资企业（包括国有企业、集体经营企业、民营企业）不能办理备用信用证担保贷款。

客户营销时应当牢记以上规定，避免盲目营销。

【营销建议】

虽然外资银行对跨国公司的经营情况较为了解，而且有充足的授信额度，但是由于经营范围及人民币资金头寸不足的限制，它们没有能力大规模开展人民币贷款业务。因此，外资银行对跨国公司中国投资企业的资金支持显得力不从心。建议中资银行可以和外资银行进行互补型合作。

1. 中资银行可以直接联系外资银行在当地的分行，将本银行备用信用证担保人民币贷款的报价（备证担保人民币贷款的利率、担保率）告诉对方，与对方共享客户资源，这样可以省去找客户的力气，因而外资银行往往也乐意与国内银行开展这样的合作。

从经验分析，港资银行中的汇丰银行、东亚银行；日资银行中的东京三菱银行、三井住友银行；美资银行中的美国银行、花旗银行；其他还有加拿大的枫叶银行、荷兰银行等是开立备用信用证的活跃银行。

2. 中资银行可以通过本地工商局网站查找当地的外资企业，向其营销备用信用证担保人民币贷款业务。通常只有在规模较小、新设立的企业还不能产生正常现金流的情况下，才会有这种需求，规模较大的外商投资企业一般不会有这类业务需求。

3. 在实践操作中，经常出现一个规模很小的外商投资企业，注册资本仅100万元人民币，而由于其投资方实力非常强，如世界知名跨国公司，外资银行有时能够提供金额非常大的担保，如2000万美元。很多客户经理感到疑惑，按照通常中资企业的标准考量，这根本不可以接受，这是由于中资企业和外资企业经营思路不同，外资企业有时不希望投入太多资本，对于非常看好的项目，外商往往希望扩大杠杆效应，尽可能提高资本回报率。

4. 在实践操作中，也出现中资银行依据备用信用证担保核定授信额度，申请人签发银行承兑汇票的情况，但是需要注意，备用信用证担保往往针对的是具体的贷款合同，在备用信用证中明确记载本备用信用证担保指向编号为××贷款合同项下的贷款；备用信用证往往是一次性开立，而银行承兑汇票往往是分笔操作，需要针对不同的收款人，每笔都需要签订一个承兑协议，会出现备用信用证很难描述所有银行承兑协议的问题。通常解决办法是中资银行与客户签订一个综合授信协议，约定在综合授信协议项下，单独每笔分别开立银行承兑汇票。备用信用证担保对应的是编号为××综合授信协议项下的银行承兑汇票多笔。

由于风险较低，中资银行非常欢迎此类贷款，客户经理应当认真学习本产品，积极开展营销。

【办理条件】

1. 备用信用证必须为无条件、不可撤销，备用信用证的金额包括借款人人民币债务本金及相关利息和费用；

2. 备用信用证所约定的币种为美元、欧元、日元、港元、英镑、瑞士法郎；

3. 备用信用证失效期应晚于贷款合同到期日，至少应在贷款合同到期日后延长 10 个工作日；

4. 备用信用证中必须注明所担保的贷款合同名称以及合同号；

5. 备用信用证的索偿条款必须单据化。

【产品优势】

1. 手续非常简单，只要外资银行向贷款银行开出备用信用证即可，无须签订担保合同、进行核保等工作。

2. 中资银行可以与外资银行共享客户资源，外资银行获得担保手续费，中资银行获得贷款利息收益。

3. 该类业务风险很低，国内银行一般视为低风险业务，风险度等同于银行承兑汇票贴现。

【业务流程】

1. 客户向银行提出流动资金借款申请，并向银行提供担保的外资银行信息。

2. 银行对借款人进行初步审查，并核实开证外资银行在本银行是否有可用额度。由于备用信用证贷款的风险控制点建立在开证行，通常情况下，对借款人审查仅是借款主体资格、借款用途等合规性审查，对借款人偿债能力也要兼顾考虑。

3. 授信审批通过，贷款银行通知借款人开证期限、金额及路径。

4. 担保外资银行向融资银行发送备用信用证，贷款银行核实信用证信息后，与借款人签订贷款合同，发放贷款。

5. 贷款到期，如借款人没有偿还，贷款银行向开证的外资银行索偿。

【业务流程图】

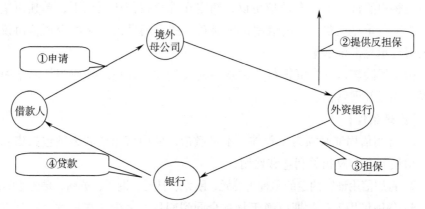

图 2－4　备用信用证担保贷款业务流程

【点评】

1. 真正有需求的借款人多存在于服务型外资企业中，由于规模偏小，经营初期还没有稳定现金流，因而急需母公司支持"输血"；大型制造类外资企业因为资产规模庞大，有着稳定的现金流，根本不需要外资银行担保，中资银行就会提供贷款，因此很少出现此类业务需求。

从经验分析，以下行业机会较多：外资背景的汽车经销商、外资食品类公司（如酒类、粮食类）、外商新设立大型超市、外资电器经销商等。

2. 可以接受外资银行境外总部及境内分支机构开立的备用信用证。中国很多银行要求外资银行的中国境内分行开立以人民币为价格标的的信用证，最大限度地规避风险。

【金额】

贷款金额 = 备用信用证金额 × 当日外汇牌价 × 担保率

备用信用证担保的金额一般不超过在贷款发放日备用信用证金额，按当日外汇牌价折算成人民币再乘以一个合适的担保率（通常为90%）。

例如，一个1000万美元的备用信用证，当日外汇牌价为6.3，担保率为90%，贷款金额为5670万元。

担保率用于防备可能出现索赔时的利息、罚息等。

【期限】

短期流动资金贷款期限不超过1年，中期流动资金贷款期限不超过3年。要求备用信用证的到期日要包括贷款到期日加银行办理索赔必需的工作期间。

索赔的工作时间一般不少于5个工作日。

【利率】

银行发放流动资金贷款，利率及其浮动幅度执行中国人民银行的规定。

1. 短期流动资金贷款按借款合同签订日相应档次的法定贷款利率计息，借款合同期内遇利率调整不分段计息。

2. 中期流动资金贷款利率一般实行1年一定。根据借款合同确定的期限，按借款合同生效日相应档次的法定贷款利率计息，每满1年后，再按当时相应档次的法定贷款利率确定下一年度利率，或执行固定利率贷款，在贷款期内，利率保持不变。

通常备用信用证担保贷款利率都执行最优惠的利率，因为风险较低。

【发展趋势】

未来备用信用证担保人民币贷款可能会逐渐走向衰落，因为外资银行在获准经营人民币业务后，加大吸收存款力度、货币互存（外资银行在中资银行存入外币，交换其等额的人民币存款）等多种方式积极筹措人民币头寸，一旦条件允许，外资银行肯定直接向外资企业发放人民币贷款，不再依托中资银行。

【案例一】北京大荣融资有限公司的备用信用融资

一、企业基本情况

北京大荣投资有限公司属于港商合资企业，注册资本1000万元人民币，在北京王府井地区开发经营商场。经营范围：从事房地产开发、销售商品房、房地产信息咨询等。公司经营地处北京最为繁华商业街，人流量极大，经营前景看好。

香港荣汇集团是大型商贸企业，全球营业额超过 300 亿美元，香港大里银行为其核定全球授信 10 亿美元，并承诺可以由其提供反担保，愿意提供备用信用证担保额度。北京新力集团为大型国有商贸企业，在北京地区的营业额超过 50 亿元。

二、银行切入点分析

北京大荣投资有限公司开发建设的大荣商场由于正处于内部装修施工阶段，公司流动资金紧张。鉴于目前公司状况，信用贷款根本不可能。而其母公司非常看好企业未来发展前景，愿意提供强有力的支持。北京大荣投资有限公司可以提供的担保方式有两种：中资股东担保（由于担保实力一般，所以银行一般要求基准利率上浮 10%）、外资银行备用信用证担保。经过分析，某股份制商业银行北京分行××支行认为：备用信用证担保的安全性明显强过中资股东的担保，因此要求采取备用信用证担保方式。为了鼓励客户采用备用信用证担保方式，某股份制商业银行北京分行××支行表示可以提供优惠利率，并适当提高备用信用证担保人民币贷款的比例。

三、银企合作情况

某股份制商业银行北京分行××支行得到消息后，马上向总行征询，该行已经对香港大里银行核定有 2 亿美元的授信额度，因此，同意接受该银行的担保。该行在收到香港大里银行北京分行开出的 2687 万美元备用信用证后，向北京大荣投资有限公司发放了 2000 万元人民币流动资金贷款，执行基准利率下浮 10%。

【点评】

备用信用证担保贷款业务属于中资银行鼓励发展的业务，客户经理应当非常重视。营销应当定位于知名跨国公司的内地投资企业。

备用信用证担保的竞争关键在于担保率，可以考虑适当放大担保比率，可以考虑提供 90% 甚至更高的质押率。考虑有中资银行、外资银行的双重制约，以及大型外资企业本身对信用的珍视，因而备用信用证担保项下的贷款通常都会按时履约还款。

【案例二】美国新克来尔银行与中资银行合作备用信用证担保融资

一、企业基本情况

新克来尔银行是美国一家规模较大的批发银行，在中国北京、天津、上海设立多家分行。该行与众多世界知名跨国公司有着深入合作。这些跨国公司要求越来越高，非常强势，一旦其子公司在中国的商业银行获得融资承诺后，往往非常紧急，由于备用信用证一般都是中国各家融资银行提供自己的格式，内容各不相同，因而新克来尔银行法律顾问需要不断审查条款，往往影响效率。

二、银行切入点分析

美国新克来尔银行非常希望能够寻找一家中国的银行作为其在中国的长期合作伙伴，双方合作，共同拓展市场。新克来尔银行希望与某家中资银行总行协商，明确可以接受的备用信用证格式、担保期限、融资利率。中国某股份制银行总行公司业务部得到此消息后，马上联络对方。经过磋商，双方签订了2亿美元备用信用证担保合作协议，中资银行提供最优惠利率，按基准利率下浮10%。新克来尔银行承诺，只要跨国公司客户提出融资需求，就将优先推荐给对方。

三、银企合作情况

由于有了这个合作协议，该股份制银行在中国境内的分行普遍得到了优质的备用信用证担保贷款业务。

【备用信用证与安慰函的区别】

表2-4 　　　　　　　　　　　备用信用证与安慰函的区别

备用信用证	安慰函
由银行签发	由企业签发
担保效力非常强大	担保效力较差
被担保对象往往实力偏弱	被担保对象往往实力较强

四、出口退税账户托管贷款

出口退税账户托管贷款业务的前景看好，中国的出口额连年增长，呈现出外向型特征，企业对于出口退税贷款的需求越来越多。国家对于出口退税政策的态度非常明确，该退税的决不拖欠。中国外向型经济的张力、企业自身经济的强劲增长决定对这类融资业务需求必然更加强劲，银行应当顺势而为，大力拓展出口退税贷款。

【产品定义】

出口退税账户托管贷款是指出口企业在出口退税款到账前，为了解决短期资金困难，在企业出口退税专用账户被托管的前提下，银行向出口企业提供的、以出口退税账款作为还款保证的一种短期流动资金贷款。

从实践看，银行为防范风险，一般对实力较差的外贸企业要求其提供额外担保。具体融资品种除短期贷款外，还可以是银行承兑汇票及开立信用证等。

以出口退税专用账户托管方式贷款的，应当签订书面质押贷款合同。质押贷款合同自贷款银行实际托管借款人出口退税专用账户时生效。出口退税专用账户质押贷款银行对质押账户内的退税款享有优先受偿权。

【最新出口退税政策】

关于调整部分产品出口退税率的通知

财税〔2014〕150 号

各省、自治区、直辖市、计划单列市财政厅（局）、国家税务局，新疆生产建设兵团财务局：

经国务院批准，调整部分产品的出口退税率。现就有关事项通知如下：

一、调整下列产品的出口退税率：

（一）提高部分高附加值产品、玉米加工产品、纺织品服装的出口退税率。

（二）取消含硼钢的出口退税。

（三）降低档发的出口退税率。

二、本通知第一条第（一）项和第（二）项规定自 2015 年 1 月 1 日起执行，第一条第（三）项规定自 2015 年 4 月 1 日起执行。提高玉米加工产品出口退税率的政策执行至 2015 年 12 月 31 日。具体执行时间，以出口货物报关单（出口退税专用）上注明的出口日期为准。

财政部　国家税务总局

2014 年 12 月 31 日

【适用对象】

该业务适用于具有进出口经营权的出口企业，多是贸易型企业。属于国家重点支持的出口企业，如国家鼓励的纺织品出口、玻璃制品、家具、陶瓷、塑料制品、玩具等，一般都有较高的出口退税金额。

【办理条件】

1. 在银行开立结算账户和出口退税专用账户。

2. 符合银行的一般授信条件。通常这类企业规模较小、管理规范，连续的生产经营需要补充流动资金。

3. 没有被外汇管理局列为"出口收汇风险企业名录"，且没有发生逃套汇行为。

4. 出口退税申请已经获得国家主管部门的审核同意，且出口企业在税务部门已办理完全部退税手续。

【营销建议】

1. 选择资信较好的出口企业。一般每年各地经贸厅和外汇管理局会给本地企业核定 A、B、C、D 等级，银行可以主要选择其中资信较好的 A 级、B 级企业作为营销目标。

2. 有积极、正确的态度。国家财政将以前年份的出口退税欠账全部兑现。因此，在企业真实出口，且无任何纠纷的情况下，该项业务资金风险相对较小。

3. 由于国家出口贸易额逐年增加、出口商品不断增多、退税税率计算趋向复杂审批环节较多等原因，企业对出口退税账户托管贷款的需要将不断扩大，银行应当密切关注这个市场。

4. 中国华东、华南、环渤海区域经济发达，出口业务较为频繁，而大量的出口企业普遍规模偏小，难以找到有效的担保，应当针对这类客户重点营销该项产品。

【产品优势】

1. 出口退税账户托管贷款可以缓解企业由于出口退税指标（每月两级财政安排用于退税的资金是确定的）不足而造成的短期资金紧张，扶持企业进一步扩大出口，最终减轻了财政部门面临的出口退税款及时划拨的压力。

2. 在对出口退税账户进行托管的前提下，针对管理规范，经营状况较好的企业通常不需要提供其他形式的担保。

3. 企业账户资金一旦到位即自动归还贷款，客户灵活使用了银行资金，有利于节约财务成本。

【贷款金额】

贷款金额一般不超过应退未退税款的80%。

【期限】

授信额度内单笔出口退税账户托管贷款期限按照退税周期确定，一般控制在6个月以内，最长不超过1年。

银行办理出口退税账户托管贷款，一般实行"额度授信、循环使用"的原则，即根据企业资信状况和应收出口退税金额，确定其在一定期限内该项贷款的授信额度，并纳入对其进出口融资授信额度管理。在授信有效期内，根据企业实际应收出口退税情况，可以循环使用授信额度。

【利率】

出口退税账户托管贷款的利率确定和利息计收，按照流动资金贷款利率执行。

【业务流程】

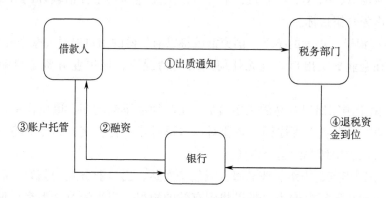

图 2-5　出口退税账户托管贷款业务流程

1. 出口企业办理货物出口后，申请出口退税应向税务局提供以下资料：

（1）外贸企业购货合同、生产企业收购非自产货物出口的购货合同，包括一笔购销合同下签订的补充合同等；

（2）出口货物明细单；

（3）出口货物装货单；

（4）出口货物运输单据（包括海运提单、航空运单、铁路运单、货物承运收据、邮政收据等承运人出具的货物收据）。

2. 在获得出口备案后，出口企业准备资料向银行申请授信，通常包括以下资料：

（1）企业营业执照、法人代码证书、税务登记证；

（2）公司章程；

（3）人民银行征信材料；

（4）借款申请书；

（5）公司长年办理货物出口的说明资料，企业近3年的出口退税记录；

（6）该出口退税已被外经贸部门或其他指定部门审核批准的文件及应退税款项清单、税务部门出具的出口商已办理出口退税手续及核定的出口商应退未退税款的相应证明文件；

（7）向银行提交承诺书及银行需要的其他资料，包括出口货物报关单（退税联）、出口收汇核销单（退税联）、增值税专用发票、专用税票、出口退税专用缴款书等送银行审核的资料。

3. 银行进行信贷审批通过后，企业在银行开立具有唯一性的出口退税专用账户。银行重点审核税务部门出具证明企业已经办理出口退税手续及核定的应退未退税款的证明文件。如税务部门不提供任何书面的证明，银行须采取有效方式与当地税务部门取得联系，以确保该账户为申请出口退税账户质押授信业务企业当前唯一的退税账户。

4. 核实无误后，银行与出口企业签订出口退税账户托管协议，银行办理贷款。

5. 退税款到账后，银行从退税账户直接扣收退税款，归还贷款。

【风险防范】

1. 必须落实出口企业在贷款银行开立唯一一个出口退税专用账户，并将开户银行、户名和账号报国税局备案，退税款项只能入该专户。在出口退税贷款本息未结清前，不得将该账户关闭。

2. 出口企业必须给予银行授权，当退税款项从国税局划来后，银行有权直接从该账户扣款偿还贷款。

3. 要防止企业组织材料、制造假出口凭证，骗取出口退税款，必要的时候要去海关核实出口。

4. 出口退税账户由于不是担保、质押，在出口企业遇到纠纷的时候，法院是可以冻结该账户的，因此，银行存在一定的风险。对于实力较差的外贸企业，应要求其提供额外的第三方保证。

5. 出口退税贷款必须预估退税款项到账期限，银行在确定贷款期限时候要预留出一定时间富余量。

【案例】江苏大元国际集团畜产进出口股份公司出口退税融资

一、企业基本情况

某股份制银行南京分行通过与××省国家税务局进出口管理分局联系，达成双方合作共同支持本地出口企业的意向，××省国家税务局进出口管理分局向本地出口企业推荐了该银行的出口退税贷款产品。其中，大元国际集团畜产进出口股份公司被该银行选中，首先开始业务尝试。大元国际集团畜产进出口股份公司是从事进出口贸易的专业外贸公司，在本地采购货物、组织出口，年出口业务量在 2.4 亿美元左右。由于国家退税款项经常很晚才能到企业账户，公司流动资金一直较为紧张。该公司属于典型的外贸公司，经营金额较大，但自有资本不足。

二、银行切入点分析

该公司最大的问题是流动资金紧张。经过银行了解，最近几年该公司的出口退税资金到位一般都正常。银行实地走访了当地的国家税务局进出口分局，了解到国家最近将进一步加大出口退税款的资金安排，以支持本地企业的出口。大元国际集团畜产进出口股份公司资信较好、履约意识较强，可以通过出口退税账户托管尝试给对方提供融资。企业对此非常感兴趣，并积极联系当地的国家税务局进出口分局准备银行融资所需资料。

三、银企合作情况

经过评审，某股份制银行××分行给该企业核定出口退税账户托管项下授信共计 6000 万元。

具体流程如下：

（1）大元国际集团畜产进出口股份公司向××省国家税务局进出口管理分局提出申请，将该公司进出口退税专户开设在某股份制银行××分行（唯一账户）。

（2）××省国家税务局进出口管理分局核准账户的唯一性、合法性，并承诺将所有应退税款全部汇入该专户。

（3）银行根据大元国际集团畜产进出口公司每年的贸易量、应退税金额、企业基本情况等核定出口退税账户托管项下的授信金额，报审批机构审批，根据批准的授信额度与该公司签署综合授信协议。

（4）该公司在办理具体单笔出口业务后向××省国税局进出口管理分局申请开具应退未退税额证实书。在不超过综合授信额度内，银行凭国税局开具的应退未退税额证实书金额按七折计算，办理给该客户的贷款。

（5）3个月后，退税款到账，企业归还银行贷款。

某股份制银行××分行收益：该公司办理国际业务结算量达2 500万美元，相关项下的收益约45万元人民币。

【点评】

出口退税贷款风险不大，因为一是银行融资基于企业的真实贸易背景，二是银行融资间接依托国家信用的担保。出口退税账户托管贷款应当定位在中小贸易型企业，这类企业出口频繁、经营活动连续、流动资金紧张。特大型出口企业融资渠道众多，一般不会选择这种操作较为复杂的融资产品。

经验总结，出口退税账户托管贷款多存在以下行业：机电设备、纺织品、电子器件、初级化工品、部分钢铁物资等。

【法律依据】

1. 国务院发布《关于完善出口退税负担机制有关问题的通知》（国发〔2015〕10号），现将有关问题通知如下：

一、出口退税（包括出口货物退增值税和营业税改征增值税出口退税）全部由中央财政负担，地方2014年原负担的出口退税基数，定额上解中央。

二、中央对地方消费税不再实行增量返还，改为以2014年消费税返还数为基数，实行定额返还。

三、具体出口退税上解基数、消费税返还基数，由财政部核定。

2.《国务院办公厅关于促进进出口稳定增长的若干意见》（国办发〔2015〕55号）。

参考网站：国家税务总局 http：//www. chinatax. gov. cn。

五、法人账户透支业务

银行通过提供法人账户透支业务作为"敲门砖"，将客户的结算资金吸引到本行办理，并开展银行承兑汇票、结售汇等全线的银行业务。如果单纯提供法人账户透支业务，对银行而言成本太高。

【**产品定义**】

法人账户透支业务是指银行根据客户的申请，在核定客户账户透支额度基础上，允许客户在其结算账户存款不足以支付已经发出的付款指令时，向银行透支以取得资金，满足正常结算需要的一种短期信贷额度。

法人账户透支业务是将短期融资和结算便利合一的银行业务。企业法人账户透支业务可以说是传统贷款业务的延伸。

法人账户透支业务资金属于信贷资金，透支资金不得以任何形式流向证券市场、期货市场及用于股本权益性投资。不能用于归还贷款本金、支付贷款利息和项目投资。

透支账户通常是基本账户，对于规模较大的客户也可以指定一个一般结算账户为透支账户，银行一般规定每家企业只能在一家银行开立一个透支账户。

一般要求客户将结算业务的60%（含）以上通过银行办理。

【**点评**】

法人账户透支业务是金融产品的"新贵"，刚登临银行市场就受到了客户的追捧。××外资电信设备制造企业在招标文件中明确规定，没有法人账户透支业务的银行不会选择合作。

银行对法人账户透支业务的态度是又喜又忧，喜的是其具有强大的"攻击性"，成为银行拓展高端客户的"绝对利器"；忧的是其对银行存款冲击很大，大客户会最大限度地降低在银行的无效资金沉淀。

因此，很多商业银行总行明确规定，法人账户透支业务必须选择对银行贡献度较大的高端客户慎重开展，在营销的时候，要有选择地重点推介。

【适用对象】

1. 实力强、信誉好、管理规范的大型企业单位。例如，钢铁厂商、汽车厂商、电力企业、公路集团等客户，对集团母公司核定法人账户透支额度，尤其是一些集团结算中心，方便其日常结算。

2. 结算频繁的中小商贸企业类客户。例如，汽车经销商、钢铁经销商、煤炭经销商等客户，对于上游厂商的一些畅销产品，谁先打款，给谁先发货，银行提供法人账户透支额度，帮助这些中小商贸企业快速响应厂商。

【利率及费率】

客户透支的利率是执行中国人民银行规定的流动资金贷款利率；银行一般按透支额度收取一定的年承诺费，作为银行备足头寸应付企业资金不时之需的补偿，年承诺费为 0.1% ~ 0.3%。

【营销建议】

1. 营销的对象要排除证券公司、期货经纪公司，因为透支业务发放的资金实际上是信贷资金，必须严格遵循信贷资金不得违规进入股市、期货领域的限制性规定。

2. 法人账户透支的概念是从国外引入中国的，因此，外资企业对这些业务非常熟悉，应当将大型的外资企业作为营销的对象。

3. 必须清楚：银行开办法人账户透支业务成本极高，必须随时备付大量的头寸应付客户可能的透支用款；同时，此产品是典型的存款"杀手"，客户一旦习惯使用法人账户透支业务后，将最大限度地降低在银行的资金沉淀。因此，切记该产品必须对综合收益明显的高端客户营销，否则单纯的法人账户透支业务对银行"得不偿失"。

4. 法人账户透支业务是吸引结算的、最主要的工具，银行承兑汇票、法人账户透支业务都是吸引客户在银行办理结算的重要工具，而法人账户透支业务吸引结算的作用更加强烈。有的客户一年内只是偶尔 2~3 次使用法人账户透支业务，而且金额极大，这样的客户对银行而言意义不大且成本极高。客户应当是经常使用法人账户透支业务，每次金额不大，而且客户将主要结算业务放在这家银行，不断用结算回款偿还透支融资。

5. 大型银行法人账户透支业务客户的定位：可以将实力较强、信誉好、管理规范的特大型集团企业结算中心作为营销对象，其一般每日与下属单位或合作伙伴有大量的资金往来结算，有时会遇到大额资金对外支付，临时筹措资金来不及而出现透支的情况，通常这类客户对法人账户透支业务需求迫切。

小型银行法人账户透支业务客户的定位：可以在主要结算依托本行、管理规范、经营资金往来频繁客户范围内选定一部分，如 20 家中小企业，总计核定一个银行可以接受的透支总额度，如 2000 万元，每家约为 100 万元，这样既便利了银行的资金管理，同时可以牢牢锁定一批优质的中小客户。

6. 提供一个吸收存款的小方法：可以对一些经营规模较大的集团客户核定法人账户透支额度，在年底冲刺存款的时候，要求客户配合银行在关联企业内部透支一次，资金划入关联企业账户，在来年年初归还银行透支资金，这个方法可以给银行贡献非常可观的存款。

【所需资料】

1. 授信人资料：（1）经年检的营业执照副本复印件（三证合一）；（2）定代表人身份证复印件；（3）被授权人身份证复印件；（4）法定代表人授权委托书；（5）公司章程复印件；（6）有效决议原件及签字样本；（7）人民银行征信材料资料。

2. 担保人资料：（1）经年检的营业执照副本复印件；（2）法定代表人身份证复印件；（3）被授权人身份证复印件；（4）法定代表人授权委托书；（5）公司章程复印件；（6）有效决议原件及签字样本；（7）人民银行征信材料资料。

【产品优势】

1. 即时结算，免除了退票罚款之忧。客户在结算时如遇账户上资金临时不足，银行将在核定透支额度内予以结算，法人账户透支业务为客户提供了极大的结算便利，有利于客户最大限度地降低在银行的无效资金沉淀，提高财务管理水平。

2. 循环使用，免除了烦琐的申请手续。在合同有效期内透支额度可以循环使用，随用随借、随存随还，这样方便客户灵活安排使用账户资金来及时结算。

【业务提示】

1. 在透支额度有效期间内，企业可连续使用透支资金，但未偿还透支资金余额不得超过银行核定的透支总额度。如果发生透支资金在日终营业结束前归还，不计收透支资金的利息；日终透支账户中透支余额为当日发生的透支额。

2. 存在多笔透支时，透支账户收到的任何款项按"先欠息后本金、先透先还"的顺序归还。客户在银行出现透支垫款的，如客户开立有其他账户，银行有权直接从客户在本行开立的其他账户扣划款项归还未偿透支借款本息。

3. 透支账户为基本存款账户的，客户可以在符合国家现金管理有关规定的前提下提取现金，但不得以透支形式提取现金，或直接将款项划入个人存款账户。

4. 透支额度由银行根据客户信用状况、还款能力及在银行结算业务量等情况审批核定。由于是协助企业应付突发性资金需求，因此透支连续有效期一般不长，最多90天。企业以往在银行的资金往来记录和信用情况都将成为决定企业能否被允许透支和透支额度大小的关键性因素。

5. 在银行开立基本存款账户或一般存款账户，结算业务60%（含）以上通过银行办理。

6. 银行通常需要核定本行可以开展透支额度的总额，一般控制在各行年初客户流动资金贷款余额的20%之内，以便利本行头寸及贷款规模管理。

【业务流程】

1. 客户提出法人账户透支业务的申请。

2. 银行客户部门进行初审，重点审查客户的综合贡献度，通过后提交银行风险审批部门进行信贷审批。

3. 银行风险审批部门按照一般贷款的流程进行审批，信贷审批通过后，银行与客户签订透支额度使用协议，约定透支的额度、期限、利率、罚息等。

4. 客户在办理结算业务的时候发生透支（使用支付凭证超过账户存款额，如使用支票、汇款或网上银行支付），银行发放贷款予以结算。

5. 在协议约定的期限内，企业收到结算回流资金即时还款。

【风险控制】

1. 在实践操作中，有时发现很多客户经常多次透支，而在规定的透支到期日不能偿还融资。在与客户签订透支协议前，务必向企业讲明白，企业应当准确掌握自己账户中的存款余额，透支金额到期应按时还款。如同贷款一样，银行对透支资金要收取利息，逾期还要加收罚息。

2. 法人账户透支主要用于解决客户生产经营过程中的临时性资金需要，通过透支形式取得的资金，不得用于归还贷款本金、支付贷款利息和项目投资，不得以任何形式流入证券市场、期货市场和用于股本权益性投资。

【发展趋势】

法人账户透支业务会被越来越多的大型客户所接受，并作为日常的备用额度。国内商业银行与大型客户谈判合作的基础产品必然包括法人账户透支业务，没有这项业务，大客户不会选择你。

未来，法人账户透支业务与现有的票据业务、人民币理财业务将会被组合使用。通过法人账户透支业务解决资金的临时需要，通过票据业务解决企业低成本的短期流动资金需要，通过人民币理财业务实现对富余资金的管理。

【案例】北京摩尔电器有限公司的集团资金池业务

一、企业基本情况

北京摩尔电器有限公司是外商投资企业，主业为电器制造销售，是我国外商投资规模最大的电子工业企业之一，公司总部设在北京，注册资本 21 亿元，下设各类电子、电器产品制造等子公司共计 19 家。

公司合并资产总额近 50 亿元、净资产总额达 30 亿元。该公司面临的问题：下属公司资金结算非常频繁，同时存在部分子公司现金流充裕，有大量闲置资金；部分子公司刚开始经营，销售收入很少，在银行大量贷款。为了强化系统内的资金集中管理，集团成立了结算中心，执行内部资金集中管理。该客户希望：下属企业资金全部集中到集团结算中心，而又不影响下属企业资金的正常运用。

二、银行切入点分析

在"采购、销售、融资、理财、管理"五大需求中，该公司最迫切需要的是资金集中管理，其次是理财需要。银行协助其高度集权管理系统内的资金，但是又必须保证不能影响下属企业的资金日常使用。法人账户透支业务成为最重要的银行选择工具。某国有商业银行北京分行设计：集团结算中心为下属企业确定透支额度，下属公司每日透支对外结算，以降低财务费用。集团结算中心对下属企业的透支资金提供担保。

三、银企合作情况

公司对商业银行进行了现金池招标，某国有商业银行北京分行中标。

合作模式：集团公司财务中心为下属 19 家企业确定具体透支额度，在该分行总计透支额度 2 亿元，下属公司日间在额度内透支对外支付，日终汇总透支金额，由总公司结算中心与银行清算。通过该方式，北京摩尔电器有限公司节省了大量财务费用，实现了集团结算中心对下属公司资金高度集权管理。

【点评】

1. 银行通过提供法人账户透支业务作为"敲门砖"，将客户的结算资金吸引到本行办理，并开展银行承兑汇票、结售汇等全线的银行业务。如果单纯法人账户透支业务，对银行而言成本太高。

2. 跨国公司很多都是百年老店，屹立多年不倒，除了本身产品过硬、有着非常强势的品牌外，更重要的是，外商企业的集团资金管理非常成功。虽然集团全世界到处扩张，但是总部牢牢掌控了其全球下属单位的资金运作情况，有效防止了资金管理的失控。这点对很多中资企业都有非常好的借鉴意义。

【流动资金贷款与法人账户透支业务区别】

表 2－5　　　　流动资金贷款与法人账户透支业务的区别

名称	流动资金贷款	法人账户透支业务
特点	期限确定，半年或一年	期限不确定，随用随借；随存随还
	收取贷款利息	收取透支利息及未透支承诺费

六、委托贷款

虽然银行不承担委托贷款的资金风险，但是银行仍应当做好贷前审查和贷后管理工作，如同自营贷款一样，协助委托人有效识别、管理贷款项目风险，做到"受人之托、尽责尽职"，不辜负委托人的信任，真正展现银行重视信誉的良好形象。

【产品定义】

委托贷款是委托人以其可以自主支配的资金，委托银行按其所指定的对象、规定的用途和范围、定妥的条件（期限、金额、利率等）代为发放、监督使用并协助收回的贷款。

委托贷款的委托人可以是国家机关、企事业单位、私募股权基金等。

委托贷款已经被各家银行广泛地应用于理财产品，委托人运用委托贷款获得较高的资金收益。为了控制委托贷款的风险，银行通常参与委托贷款的风险控制措施，如要求借款人提供银行承兑汇票质押、提供股权作为质押等。

【适用对象】

1. 关联企业之间多发生委托贷款。如总公司采取委托贷款方式向子公司提供资金，电力集团、房地产公司、石化企业、煤炭企业、有色金属企业等行业大量存在委托贷款。总公司实力非常强大，在外地不断设立全资子公司，下属子公司财务人员为总公司派驻，总公司对下属子公司有着绝对的控制力，会采取委托贷款方式向子公司提供资金。由于总公司实力非常强大，在银行的信誉较好，通常可以获得非常优惠的价格，如贷款利率下浮10%。而新设立的子公司实力较差，在银行融资成本极高，从降低整个集团融资成本的角度，由总公司设立资金池，然后委托贷款给子公司，也是一种较为合理的选择。

如果总公司所在地为发达城市，银行贷款规模较大，资金实力雄厚，而子公司所在地经济欠发达，银行贷款规模有限，也很难融到较大额的贷款。

2. 借款人多属于房地产开发商。由于房地产开发商属于资金极度饥渴的企业，而且房地产行业利润率较高，可以承受较高的融资成本。房地产开发商有房产作抵押，抵押物较为实在，而资金方愿意接受房产作为抵押。

【营销建议】

委托贷款业务对商业银行来说是中间业务，不仅不承担任何的资金风险，还是争取客户的较好手段。

营销的对象可以定位在以下几种类型。

1. 国内集团关联企业之间。集团关联企业之间经常发生委托贷款，这既是集团内部调剂资金余缺、减少对外资金依赖的需要，同时因为集团内部企业之间互相非常熟悉、彼此信任，保证了委托贷款资金的安全操作。很多大型集团客户对于委托贷款非常重视，银行客户经理可以发挥银行的专长，作为顾问协助集团客户制作集团内委托贷款管理办法，客户会非常欢迎。

2. 政府部门、企事业单位。很多客户经理不知道政府部门也能够办理委托贷款，其实自从国家拨改贷以后，政府部门的很多项目资金都通过委托贷款发放给各地方的政府用于支持企业。客户经理应当有意识地营销各级国家部委、事业单位等机构。

3. 有实力的个人。企业之间私下的借贷行为非常普遍，由于国家明令禁止企业之间的借贷，因此，一旦出现纠纷，将没有任何保障。而通过委托贷款可以规范委托方、借款人的行为，且业务合法合规。

【所需资料】

授信所需常规资料。

（1）公司章程和公司组织架构图；

（2）经过年检的营业执照正本原件（三证合一）及复印件；

（3）出示人民银行征信材料，并留下人民银行征信材料和正确的密码；

（4）银行要求的其他有关资料。

【产品优势】

1. 拓宽委托人富余资金的投资渠道，获得一定的理财便利。

2. 满足借款人的资金需求，操作手续便利。

3. 纯粹的中间业务，银行不承担贷款风险，但银行仍须认真落实借款人的条件，做好贷后调查工作，尽银行之责。

4. 在委托贷款到期后，如果委托人同意，可以签署委托贷款展期协议。

5. 可以协助集团客户实现集团资金内部调剂余缺，减少对银行的依赖。

【利率】

委托贷款的利率由委托人与借款人协商确定，但是必须在中国人民银行的规定范围之内。

【手续费】

银行一般是按贷款金额的一定比例，一次性收取一定的手续费。

【业务流程】

1. 委托人与借款人确定委托贷款的融资方式。

2. 委托人与银行签订委托贷款委托协议，将资金委托给银行通常有两种方式。

（1）签订委托贷款额度协议，即委托贷款总协议明确在一年时间内、一定金额内，按照确定的利率多次办理委托贷款，而无须单笔签订协议。通常适用于委托贷款对象固定、业务频繁的国家部委以及集团内关联企业之间。

（2）一笔一签委托贷款协议。通常是委托贷款不频繁的企业之间。

3. 银行与借款人签订委托贷款借款协议，发放委托贷款，向委托方收取手续费。

4. 银行定期做好贷后调查，评估借款人风险，并将情况及时通知委托人。

5. 贷款到期，借款人归还贷款。

6. 银行将资金归还给委托方。

【业务流程图】

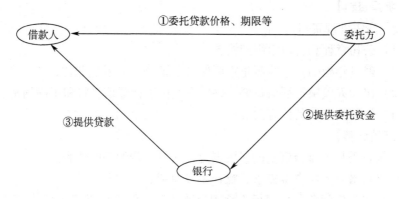

图 2-6　委托贷款业务流程

【风险防范】

1. 严格按章办理业务，防范操作风险。委托贷款必须是委托方有权人意思的真实表示，即委托方必须出具本单位有权决策人同意办理委托贷款的书面意见，有限公司必须出具董事会决议，必须由董事长或总经理（如果已经对总经理进行了授权），或其他经过授权的有权人进行签字并加盖公章。

2. 委托贷款最大的风险就是操作风险。企业有关决策机构在不知情的情况下，有的公司个别人员与银行工作人员内外勾结，通过委托贷款套取银行信贷资金，导致事后纠纷不断。

3. 委托人不得是金融资产管理公司和具有贷款业务资格的各类机构。

4. 商业银行严禁接受以下资金发放委托贷款：

（1）国家规定具有特殊用途的各类专项基金。

（2）银行授信资金。

（3）发行债券筹集的资金。

（4）筹集的他人资金。

（5）无法证明来源的资金。

5. 资金用途应符合法律规定和信贷政策。资金用途不得为以下方面：

（1）生产、经营或投资国家明令禁止的产品和项目。

（2）从事债券、期货、金融衍生品、理财产品、股本权益等投资。

（3）作为注册资本金、注册验资或增资扩股。

（4）国家明确规定的其他禁止用途。

【委托贷款的担保及抵押处理】

1. 委托贷款担保。如果存在第三方对委托贷款提供担保，则担保人直接与委托人签订《保证合同》，《保证合同》为从合同，《委托贷款三方合作协议》为主协议。

2. 委托贷款抵押。如果存在房产对委托贷款提供抵押担保，则抵押人与委托贷款银行签订《抵押合同》，《抵押合同》为从合同，《委托贷款三方合作协议》为主协议。

理由：很多地方房管局不接受非金融企业作为抵押权人，只能采取由银行作为抵押权人的操作。

【业务提示】

1. 对于委托贷款，银行不得对委托人提供任何形式的担保。虽然银行不承担委托贷款的资金风险，但是银行仍应当做好尽职的贷前审查工作以及完备的贷后管理工作，如同自营贷款一样，协助委托人有效识别、管理贷款项目风险，做到"受人之托、尽责尽职"，不辜负委托人的信任，维护商业银行自身的信誉，树立银行良好的社会形象。

2. 委托贷款是为集团客户设计资金池业务的核心工具。根据中国的法律，独立法人之间不允许无条件直接划转资金，委托贷款可以有效地解决以上矛盾，通过委托贷款，集团总公司可以划拨资金富余的下属公司的闲置资金，紧缺资金的下属公司可以通过委托贷款方式向集团总公司借款，实现系统内调剂资金余缺。

3. 部分客户资金用途限定不能操作委托贷款。证券公司的客户交易结算资金、部分受到限制的机关企业年金等是不能用于委托贷款的。曾经出现××市企业年金中心将企业年金通过银行采取委托贷款方式贷款给房地产开发企业，最终出现了还款风险。企业年金中心起诉后，商业银行被牵涉案件，要求归还贷款。原因就在于法院认为银行应当知道企业年金是不能用于委托贷款的，而却为其办理了手续，银行存在过错。

> 委托贷款实行担保方式的，委托人和担保人应就担保形式和担保人（物）达成一致，并共同签订委托贷款担保合同。委托贷款为抵（质）押担保的，抵（质）押权人应为委托人。

【关于委托贷款的规定】

1. 《贷款通则》第七条第二款规定，委托贷款是指由政府部门、企事业单位及个人等委托人提供资金，由贷款人（即受托人）根据委托人确定的贷款对象、用途、金额、期限、利率等代为发放、监督使用并协助收回的贷款。贷款人（受托人）只收取手续费，不承担贷款风险。

2. 最高人民法院 1997 年 12 月 13 日《关于审理存单纠纷案件的若干规定》第七条第二款规定，构成委托贷款的，金融机构出具的存单或进账单、对账单或与出资人签订的存款合同不作为存款关系的证明，借款方不能偿还贷款的风险应当由委托人承担。如有证据证明金融机构出具上述凭证是对委托贷款进行担保的，金融机构对偿还贷款承担连带担保责任。委托贷款中约定的利率超过人民银行规定的部分无效。

3. 中国人民银行办公厅 2000 年 4 月 5 日发布的《关于商业银行开办委托贷款业务有关问题的通知》第一条规定，委托贷款是指由政府部门、企事业单位及个人等委托人提供资金，由商业银行（即受托人）根据委托人确定的贷款对象、用途、金额、期限、利率等代为发放、监督使用并协助收回的贷款。商业银行开办委托贷款业务，只收取手续费，不得承担任何形式的贷款风险。

4. 《商业银行委托贷款管理办法（征求意见稿）》（2015 年 1 月 16 日）

5. 关于商业银行开办委托贷款业务有关问题的通知　银办发〔2000〕100 号

关于商业银行开办委托贷款业务有关问题的通知

银办发［2000］100 号

中国人民银行各分行、营业管理部：

最近，部分分行就商业银行开办委托贷款业务问题请示总行。经研究，现就商业银行开办委托贷款业务有关问题通知如下：

一、委托贷款是指由政府部门、企事业单位及个人等委托人提供资金，由商业银行（即受托人）根据委托人确定的贷款对象、用途、金额、期限、利率等代为发放、监督使用并协助收回的贷款。商业银行开办委托贷款业务，只收取手续费，不得承担任何形式的贷款风险。

二、中国人民银行对商业银行开办委托贷款业务由审批制改为备案制。商业银行开办此项业务，必须制订严格的内部控制制度。商业银行分支机构办理此项业务，需持其总行的批准文件及其他有关材料，向人民银行当地分支机构备案。

请各分行、营业管理部将本通知转发至辖内各城市商业银行。

中国人民银行办公厅

二〇〇〇年四月五日

【案例一】北京昌盛电力公司的委托贷款

一、企业基本情况

北京基础电力公司为特大型国有企业，负责北京部分地区的电力供应，公司资金较为充裕，有相当量的闲置资金，对银行没有任何需求。北京昌盛电力公司为北京基础电力公司的下属子公司，北京昌盛电力公司由于刚成立不久，正常生产经营还未开展，公司流动资金紧张。为了支持下属公司的发展，北京基础电力公司向银行提出需求，希望能够予以支持北京昌盛电力公司。

二、银行切入点分析

在得到该信息后，两家银行分别提供了以下方案。

第一种方案，北京国贸支行提供存单质押贷款方案，北京基础电力公司存入 1500 万元，6 个月定期存款作为质押，质押率为 90%，提供贷款 1350 万元。

第二种方案，北京新源支行提供委托贷款方案，北京基础电力公司存入

1500 万元，银行发放委托贷款，1500 万元全额发放给北京昌盛电力公司。

对于第一种方案，银行获得贷款利息，同时贷款金额仅为 1350 万元；对于第二种方案，北京基础电力公司获得利息，贷款金额为 1500 万元。实现了利息收益的体内循环，"肥水不流外人田"。

三、银企合作情况

最后，北京基础电力公司选定北京新源支行的方案，委托贷款利率为 5.22%、期限为 1 年、金额 1500 万元。通过委托贷款，减少了对银行信贷资金的依赖。同时，贷款利息归北京基础电力公司，实现了集团内部调剂资金余缺，保证了集团利益最大化。

【委托贷款与存单质押贷款的比较】

表 2-6   委托贷款与存单质押贷款的比较

名称	委托贷款	存单质押贷款
特点	资金使用方付出利息、手续费	资金使用方付出利息
特点	资金供给方得到利息收入，对于集团客户，利益在集团内部进行了分配	银行获得利息收入

【案例二】美国阿尔立特电力集团的委托贷款

一、企业基本情况

美国阿尔立特电力集团为特大型跨国公司，在中国投资超过 20 家企业，还在上海成立了资金管理中心。该公司的部分成员公司资金较为充裕，有相当量的闲置资金，还有部分成员单位资金较为紧缺。为了系统内调剂资金的余缺，该公司决定由集团结算中心统一管理系统内资金，集团整体资金的流转达到 130 亿元。

二、银行切入点分析

银行经过分析认为，可以通过委托贷款实现系统内调剂资金余缺。通过委托贷款跨国公司外汇资金统一营运，美元现金池项目就是将委托贷款最大限度地灵活应用。双方合作中，银行是受托人，集团公司和其子公司是委托人或借款人，然后通过电子银行来实现签订"一揽子"委托贷款协议。这使得原来需要逐一单笔办理的业务变成集约化的业务和流程，从而实现了整个集团外汇资金的统一运营和集中管理。

三、银企合作情况

某国有银行设计的服务方案是采用"集团委托贷款"管理。

（1）宗旨：协助集团公司对内部资金进行统一管理，减少整个集团的资金冗余，降低资金成本，提高资金使用效益。

（2）账户结构：集团设一个集合账户，各分公司开设一个结算户。

（3）资金调拨：集团根据需要，将资金较为充裕的成员单位账户资全部归集至集团集合账户，从集合账户将资金调拨给资金紧缺单位。资金的调拨全部按委托贷款核算。每天下午4时，系统自动对每个子公司账户进行扫描，将结余外汇归并到池子里。各子公司之间内部计价，向池子存钱的有利息收益，从池子取钱的有贷款利息支出，上述每一个步骤都以委托贷款的方式进行核算。

【点评】

该委托贷款方式为该公司节省了大量的财务费用。美国阿尔立特电力集团财务总监多特认为："我们测算过，如果不采用外汇现金池这一产品，一方面，部分子公司会产生多余现金；另一方面，部分子公司会因为资金不足而向银行贷款，企业大约会多产生1.5%的财务费用。而采用外汇现金池后，企业损失大约20个基点的财务费用。因此，两相比较，企业还是能够获益的。"

客户经理应当真正担负起企业财务顾问的角色，可以协助客户制作部分资金管理类文件等，使客户感谢银行，认同银行的专业能力。客户财务部门的具体经办人员非常需要这些服务。客户财务部门人员对调剂临时的业务有一定的权利。而与财务部门的具体经办人员搞好关系，对于今后了解客户的业务动态非常重要。

客户经理应当能够根据客户具体的资金管理特点，协助客户制定委托贷款管理办法等集团内部资金管理制度。这样的工作量看似很小，对客户的意义却非常重大。

【法律文本】

银行人民币委托贷款合同（参考格式）

贷款种类：

合同编号：

借款人：

住所：   电话：

法定代表人：

开户银行名称：

开户账号：

传真：   邮政编码：

受托贷款人：

住所：   电话：

法定代表人：

传真：   邮政编码：

借款人（以下简称甲方）：_____

受托贷款人（以下简称乙方）：_____

根据_____（以下简称委托人）与乙方签订的_____委托代理协议，由乙方代委托人向甲方发放_____贷款，并在受托范围与甲方协商后订立本合同。

第一条　借款金额

甲方借款金额为人民币（大写）_____。

第二条　借款用途

甲方借款将用于_____。

第三条　借款期限

甲方借款期限自_____年___月___日至_____年___月___日。

第四条　贷款利率和利息

贷款利率按_____息_____计算，按_____结息。

贷款利息自贷款转存到甲方账户之日起计算。在合同有效期内，如委托人调整贷款利率，自利率调整之日起按调整后的利率执行。

第五条　用款计划

甲方的分次用款计划为：

_____年_____月_____万元；_____年_____月_____万元；

_____年_____月_____万元；_____年_____月_____万元；

_____年_____月_____万元；_____年_____月_____万元；

_____年_____月_____万元；_____年_____月_____万元。

第六条 还款计划

甲方的分次还款计划为：

_____年_____月_____万元；_____年_____月_____万元；

_____年_____月_____万元；_____年_____月_____万元；

_____年_____月_____万元；_____年_____月_____万元；

_____年_____月_____万元；_____年_____月_____万元。

第七条 付息方式

甲方应在结息日前将资金汇入在乙方开立的存款户内，以便于乙方按期、按规定收取利息。甲方不能按时付息时，按规定计收复利。

付息户账号为：

第八条 扣款方式

甲方保证按第六条、第七条确定的还款计划归还借款和借款利息，若不能按期归还，又未取得委托人书面同意的，则甲方同意由乙方委托人从甲方的银行账户中直接扣收借款本金、利息及有关费用。

第九条 合同的变更和解除

1. 本合同生效后，甲、乙任何一方不得擅自变更和解除本合同。

2. 贷款到期，由于客观情况发生变化，甲方经过努力仍不能还清借款的，可以在借款到期前_____日内向委托人申请展期，经委托人书面同意并通知乙方。甲、乙双方签订展期还款协议书，作为本合同的附件。

3. 甲、乙任何一方发生合并、分立、承包及股份制改造等转制变更时，由变更后当事人承担或分别承担履行本合同的义务和享有应有的权利。

第十条 在本合同有效期内，甲方如需进行承包、租赁、合并和兼并、合资、分立、联营、股份制改造等改变其经营方式时，应提前_____日向委托人报告并通知乙方。

第十一条 甲、乙双方的主要权利和义务

1. 甲方有权要求乙方按委托方的计划及所供资金发放贷款；

2. 甲方应在乙方开立存款账户；

3. 甲方应在合同约定的期限内归还全部贷款本息；

4. 甲方必须按约定用途使用贷款，不得将贷款挪作他用；

5. 甲方应按乙方要求提供其有关的计划、统计、财务会计报表等资料；

6. 乙方有权检查贷款的使用情况；

7. 乙方有权对甲方的资金及经营情况进行监督；

8. 乙方应按委托方的计划及所供资金及时发放贷款。

第十二条　违约责任

1. 甲方未按约定用途使用贷款，乙方将停止发放贷款，同时向委托人报告，并按其书面意见处理。

2. 甲方未按期或超过本合同约定分次还款计划未偿清的贷款为逾期贷款，乙方有权按委托人规定对逾期贷款加收_____的利息。

第十三条　甲、乙双方商定的其他条款。

第十四条　本合同自甲、乙双方法定代表人或其授权代理人签字并加盖单位公章后生效，至合同项下贷款本息全部清偿完毕后终止。

第十五条　本合同正本两份，甲、乙双方各执一份，副本_____份。

甲方：公章　　　　　　　　　　乙方：公章

法定代表人：签字　　　　　　　法定代表人：签字

（或其授权代理人）　　　　　　（或其授权代理人）

　　年　　月　　日　　　　　　　　年　　月　　日

××银行人民币委托贷款合同（参考格式）使用说明

一、适用范围。本合同格式适用于××银行各级行委托代理业务中受托与借款单位签订的各类人民币委托贷款合同。

二、贷款依据必须填写清楚。合同中委托人、委托代理协议名称、贷款科目必须写全称。如煤代油基建贷款须填写"根据国家计委（以下简称委托人）与乙方签订的煤代油基建贷款委托代理协议，由乙方代委托人向甲方发放煤代油基建贷款，并在受托范围与甲方协商后订立本合同。"

三、合同中第一条、第二条、第三条、第四条、第五条、第六条均应按委托方的文件和规定填写。

四、第九条中"借款到期前_____日"需认真测算后填写。为便于会计账务处理，一般不少于 30 天。

　　五、第十三条"甲、乙双方商定的其他条款"可以填写本合同条款未涉及而又应当在合同中约定的其他事项。但要注意不能违背××银行与委托方签订的委托代理协议，不得侵害委托方的权益。

　　六、合同必须由甲、乙双方的法定代表人或其授权代理人签字，并加盖单位公章后才能生效。

委托贷款展期协议书（参考格式）

　　借款人（以下称甲方）：＿＿＿＿＿＿＿＿＿

　　受托贷款人（以下称乙方）：＿＿＿＿＿＿＿＿

　　甲方因＿＿＿＿＿＿＿＿＿＿原因，不能按期偿还＿＿＿＿＿＿＿＿号委托贷款合同的贷款。经委托人审查，同意甲方展期还款。现根据委托人出具的＿＿＿＿＿＿＿＿＿＿文件，甲、乙双方签订以下协议：

　　1. 甲方根据＿＿＿＿＿号合同向乙方借用的＿＿＿＿＿＿贷款＿＿＿＿＿＿万元，应于＿＿＿＿年＿＿＿＿月＿＿＿＿日到期，现经委托人审查，同意此笔贷款目前余额＿＿＿＿万元（大写）展期＿＿＿＿（年、月、日），贷款期限修订为＿＿＿＿年＿＿＿＿月＿＿＿＿日至＿＿＿＿年＿＿＿＿月＿＿＿＿日。

　　2. 贷款利率按委托人规定调整为＿＿＿＿＿＿。

　　3. 贷款展期后，甲方调整还款计划为：

　　＿＿＿＿年＿＿＿＿月＿＿＿＿日＿＿＿＿万元；＿＿＿＿年＿＿＿＿月＿＿＿＿日＿＿＿＿万元；

　　＿＿＿＿年＿＿＿＿月＿＿＿＿日＿＿＿＿万元；＿＿＿＿年＿＿＿＿月＿＿＿＿日＿＿＿＿万元。

　　4. 展期后，甲、乙双方的有关权利义务仍按＿＿＿＿＿＿＿号合同约定的条款执行。

　　5. 当事人商定的其他事项：

　　6. 本协议自甲、乙双方法定代表人或其授权代理人签字并加盖单位公章之日起生效，至本协议项下贷款本息全部清偿完毕后失效。

　　7. 本协议正本两份，甲、乙双方各执一份，副本＿＿＿＿＿份。

　　甲方：公章　　　　　　　　　　　　乙方：公章

　　法定代表人：签字　　　　　　　　　法定代表人：签字

　　（或其授权代理人）　　　　　　　　（或其授权代理人）

　　　　年　　月　　日　　　　　　　　　　年　　月　　日

委托贷款展期协议书（参考格式）使用说明

一、适用范围。本协议书是借款人不能按借款合同约定的还款期限归还借款本息，经委托方同意，并出具书面文件时，由××银行（受托贷款人）与借款单位签订的委托贷款展期协议。展期协议只有和合同在一起才是有效的。

二、展期贷款的数额、期限、利率均按委托方的文件规定填写。

三、本协议书的签字人和生效日期的约定同借款合同的规定一致，必须由甲、乙双方的法定代表人或其授权代理人签字，并加盖单位公章后才能生效。

七、工程机械车按揭贷款

工程机械车按揭贷款是未来拓展对私个贷业务的主要领域，发展潜力很大。若要开拓工程机械车按揭贷款业务，银行应当直接接触企业的销售部门，提供按揭金融服务方案，先攻下企业销售部门，财务部门便会不攻自破。

【产品定义】

工程机械车按揭贷款是指银行对在特约经销商处购买工程机械车借款人发放的人民币贷款，一般由特约经销商提供连带责任保证，工程机械车厂商提供回购担保，属于生产资料投资型贷款品种。

【业务提示】

银行通常仅对购买指定品牌的挖掘机、装载机、压路机、推土机、吊车等提供信贷支持。

通常情况下，贷款金额最高不超过工程机械价款的 70%，按揭贷款期限最长为 3 年。贷款担保方式：借款人所购工程机械抵押 + 厂商对按揭贷款方式所售工程机械回购担保 + 厂商提供一定比例保证金。

各地基建投资金额巨大，实力雄厚的外资工程机械车厂商纷纷抢滩中国，现代、小松、日立、英格索兰等世界知名工程机械车厂商都已经在中国设厂。而工程机械车的最终消费者一般都是各类个体户、小规模的建筑企业，普遍一次性付款的支付能力较差，依靠使用机械车施工赚取劳务费，长期现金流状况较好，能够提供分期还款，一般 3 年左右可以归还贷款。

工程机械车厂商由于可以采取技术手段控制车辆，同时为了销售的需要，一般都愿意提供回购担保。工程机械车服务行业的交易特点决定了其适合分期付款业务。

【适用对象】

该业务适用于以下大型工程机械车厂商、工程机械车经销商和工程机械车使用客户。

安徽星马汽车股份有限公司、三一重机有限公司——昆山中发资产管理有限公司、福田雷沃国际重工股份有限公司、金龙联合汽车工业（苏州）有限公司、郑州宇通重工有限公司—郑州安驰担保有限公司、广西玉林玉柴工程机械有限责任公司、徐州徐工筑路机械有限公司、郑州天源工程机械有限责任公司、三一重型装备有限公司、抚顺挖掘机制造有限责任公司、湖南中旺工程机械设备有限公司、唐山亚特专用汽车有限公司、鼎盛天工股份有限公司、上海华东建筑机械厂有限公司、四川邦立重机有限责任公司、包头北奔重型汽车有限公司、沃得重工（中国）有限公司、久保田建机（上海）有限公司、东风随州专用汽车有限公司、广西柳工机械股份有限公司、厦门厦工机械股份有限公司、广西玉柴重工有限公司、方圆集团有限公司、抚顺永茂建筑机械有限公司、陕西同力重工有限公司、小松（中国）投资有限公司——小松（常州）工程机械有限公司、三一重工股份有限公司、北汽福田汽车股份有限公司、合肥振宇工程机械有限公司、上海彭浦机器厂有限公司、陕西同力重工有限公司、辽宁抚挖重工机械股份有限公司、四川眉山市新筑建设机械有限公司、山重建机有限公司、利勃海尔机械服务（上海）有限公司、沃尔沃建筑设备（中国）有限公司、江苏苏美达集团公司、徐州重型机械有限公司、湖北奥马专用汽车有限公司、四川建设机械（集团）股份有限公司、辽宁海诺建设机械集团有限公司、凯斯工程机械（上海）有限公司、普茨迈斯特机械（上海）有限公司、河北宣化工程机械股份有限公司、马尼托瓦克（中国）租赁有限公司、山东临工工程机械有限公司、沈阳顺大天神工程机械有限公司、斗山工程机械（中国）有限公司、利勃海尔机械（大连）有限公司、现代（江苏）工程机械有限公司、北京现代京城工程机械有限公司、竹内工程机械（青岛）有限公司、日立建机（上海）有限公司、日立建机（中国）有限公司、上海鸿得利重工股份有限公司、湖北江汉建筑工程机械有限公司、湖北航天双龙专用汽车有限公司、陕西同力重工有限公司、四川长江工程起重机有限责任公司、辽宁东方神力工程机械有限公司 、徐州工程机械集团有限公司、山推工程机械股份有限公司、常林股份有限公司。

【入网经销商额度审核原则】

1. 对满足入网经销商具体评判标准的经销商，由工程机械车厂商初步核定额度并推荐给主办行，主办行在总额度范围内核定各入网经销商的开票额度，原则上，额度一经确定，一年内不得变动。

2. 核定推荐额度的具体标准为经销商提交的近两年财务报表、制造商提交的历史年度该经销商的销售业绩包括销售量、销售收入、库存车周转情况的证明材料等。

3. 最终核定的经销商开立银行承兑汇票额度原则上不得高于其在上年度销售工程机械车厂商销售总额的30%（如经销商申请额度超出上述限额，主办行需报总行公司部批准）。

4. 根据制造商的销售政策，原则上以工程机械车厂商核定的额度为准。

5. 入网经销商开票额度的增减原则上以其上年度销售业绩的增减和使用开票额度的多少为依据。

【营销建议】

1. 工程机械车贷款具有回报高、风险小、周期短、经济效益和社会效益较好的特点，是银行应当大力拓展的业务。

营销的目标客户可以定位在资信较好、有非常稳定的现金流入，以及有购置固定资产的需要，但又不愿意一次性将资金全部投入到固定资产中的企事业法人。较理想的客户如建筑公司、工程承包公司、较大规模的个体户等。

由于经销商普遍规模偏小、自有资本不足、抗风险能力偏弱，因此，一般都是银行对工程机械车制造商提供总担保额度，由制造商切分给经销商，经销商对按揭贷款提供担保，由制造商提供追加担保。

2. 由于我国工程机械车厂商众多，竞争激烈，因此必须选择规模较大、产品市场占有率较高、管理较为规范的大型厂商。

3. 提早要求工程机械车厂商提供确定的利益对价。工程机械车按揭贷款金额琐碎、工作量较大，银行承担了大量的工作，因此，必须提早向工程机械车厂商提出银行希望的对价，如合理的工程机械车按揭贷款金额与厂商提供的银行配比存款，否则，事后合作的摩擦会较多。

【所需资料】

申请经销商授信额度时须报送的材料：

1. 通过正常年检的企业法人营业执照（三证合一）、公司章程、企业组织架构图。

2. 近三年的财务报表和最新季度的财务报表（资产负债表、损益表、现金流量表）、审计报告；

3. 企业注册资本验资报告；

4. 股东会人员名单、签字样本、决议、法人代表身份证；

5. 企业公章、法人代表或被授权人（须有授权委托书）签字样本、印鉴；

6. 企业人民银行征信材料审查报告；

7. 商品交易合同（复印件）；

8. 上年度授信申请人（经销商）的销售业绩，包括销售量、销售收入、库存车周转情况的证明材料等；

9. 协办行授信调查报告；

10. 认为其他需提供的证明材料。

【产品优势】

工程机械车厂商需要银行帮助自己的经销商及终端购买客户提供融资，帮助工程机械车厂商销售工程机械产品，从而扩大自身的销售。银行通过为工程机械车厂商扩大销售，间接营销经销商及终端的购买客户。

【业务流程】

1. 由总行牵头，主办行（核心厂商所在地分行）为工程机械车厂商申报回购担保额度，总行与对方签订总对总工程机械车合作协议，明确双方合作内容、操作模式等事宜，厂商推荐经销商名单，总行将合作情况通知全行。

在这个阶段，银行客户经理可以直接联系工程机械车厂商的销售部门。

2. 协办行（经销商所在地分行）为特约经销商核定担保额度。在额度内，厂商与经销商、协办行签订工程机械车三方合作协议。在协议中明确具体的业务流程、保证金比例、厂商的回购条件，并声明：对于将来银行批准的工程机械车借款人，厂商将为其提供回购担保确认函，并明确借款人在三方合作协议约定的担保范围内。

在这个阶段，主办行可以协助协办行要求工程机械车厂商提供经销商名单。

3. 特约经销商向银行推荐购买工程机械车的客户。客户向银行提供相关资料，银行对客户进行信贷审查。

4. 信贷审批通过后，银行与客户（银行批准的工程机械车借款人）签订有关的贷款合同、保证合同、抵押合同，客户将一定比例的首付款缴存银行。

5. 经销商在银行按揭贷款发放前，将该买卖合同项下所售的商品发票及相应的工程机械按揭贷款申请暨不可撤销回购担保承诺函指定专人负责送达银行。经销商应保证向乙方提供的三包卡等厂家证明文件的真实性、有效性和唯一性。

若借款人以购买的工程机械车作为抵押物，应以银行为保险第一受益人向保险公司办理银行指定的险种，并将保险单正本交银行保存。投保期限应不短于贷款合同约定的借款期限。经销商和银行办理相应的抵押登记手续，同时，经销商和银行应就贷款合同、抵押合同进行强制执行公证。

6. 待办理好相应的手续之后，银行按贷款合同约定发放贷款至借款人在本行开立的储蓄存折或卡账户，并根据借款人的委托划款扣款授权书及划款授权书将首付款和贷款直接划入经销商在银行开立的账户。

7. 客户（银行批准的工程机械车借款人）分期偿还银行的贷款本息。

【期限】

通常工程机械车贷款期限最长不超过 3 年（含 3 年），可以根据借款人的具体情况确定。

【利率】

工程机械车贷款利率执行中国人民银行规定的同期贷款利率，具体如下：

1. 采取浮动利率的，贷款期限在 1 年以内的，按合同利率计息，遇基础利率调整，贷款利率不变；贷款期限在 1 年以上的，遇基础利率调整，在次年按相应利率档次执行新的贷款利率。

2. 采取固定利率的，在贷款期限内利率保持不变，无论基础利率是否调整。

【业务流程图】

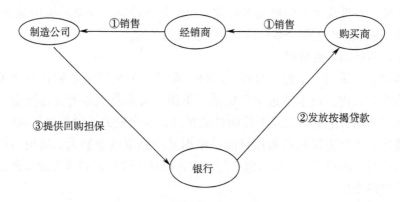

图2-7　工程机械车按揭贷款流程

【风险控制】

1. 工程机械车按揭回购担保是指当满足回购条件时，银行即向厂商发出工程机械车回购通知书和逾期清单，厂商应在收到上述文件后3个工作日内确认并完成抵押工程机械车的回购行为。

2. 回购条件是指借款人在还款期限内连续3个月未能按时、足额归还银行贷款本息及/或贷款最后到期仍未能足额归还银行贷款本息，回购条件即成立。

3. 回购价格等于借款人未清偿的贷款本息及相关合理费用，回购行为不涉及抵押工程机械车实物的移交，厂商见银行索偿即给予赔付。

【案例】山东清远工程机械（集团）有限公司的工程机械车按揭业务

一、企业基本情况

山东清远工程机械（集团）有限公司属特大型国有工程机械制造企业，企业总资产超过50亿元，销售额突破40亿元。主要产品有自行开发的"清远"系列轮式装载机、液压挖掘机、振动式压路机等。由于公司经营规模较大、现金流充裕，是当地银行的黄金客户，受到了各家银行的追捧。该公司的销售模式是，在全国设有30余家经销商，由经销商销售给用车个体户，并在指定区域内发展终端用车客户。

某国有银行济南分行属于本地后来者，一直没有机会切入该客户。后来经过调研，了解到该企业生产的挖掘机、装载机等工程机械产品存在很大市场份额，很多个人客户有购买工程机械车的需要，但普遍存在资金不足的困难，不能一次性支付工程机械车货款，而本地还没有一家金融机构为个人客户开办工程机械车按揭贷款，这是一个全新的领域。

二、银行切入点分析

客户的"采购、销售、融资、理财、管理"五大需求中销售最为关心，可以作为切入点。山东清远工程机械（集团）有限公司本身流动资金不缺，通过提供流动资金贷款方式不可能打动客户，客户最关心的是如何能够促进产品销售，非常迫切地需要银行能够根据其产品单体金额大、使用周期长、残值价值高、客户多为个体承包户的特点，设计个性化的销售金融服务方案，促进其产品销售。

三、银企合作情况

针对客户的需求，结合其产品销售特点，某国有银行济南分行精心设计了服务方案。

1. 担保方式是机械设备抵押＋厂家连带责任担保＋保险公司履约责任保险；

2. 购车客户最少支付合同金额的30％，银行提供贷款额度最高为合同金额的70％；

3. 贷款期限最长为1年，贷款利率为基准利率上浮10％；

4. 采取买方信贷，封闭贷款运作方式，放款后连同客户首付款封闭划给生产厂商。

某国有银行济南分行累计发放工程机械车按揭贷款170笔，发放金额约1.2亿元。发放贷款全部收回，产生的沉淀资金保持在7000万元左右。此次产品创新尝试使银行和生产厂商均获得了丰厚的回报，而该项产品也对企业的销售发挥了积极的促进作用，厂家借助银行提供的按揭，使产品在该地区一举打开了市场。

【点评】

《孙子兵法》云："以迂为直""避其锐气，击其惰归"，是说要为自己造成有利态势，从而掌握有利战机。通过企业的外围进入企业的核心区，不失为一种明智的选择。一些效益较好的大型企业集团财务部门往往很难打交道，对银行非常挑剔；而其销售部门由于属于市场部门，市场意识较强，在销售任务的高压下，非常希望外部机构能够协助其促进产品销售。开拓工程机械车按揭贷款业务，银行应当直接接触企业的销售部门，提供银行按揭金融服务方案，先攻下企业的销售部门，财务部门便会不攻自破。一个大型企业集团所有部门必须围着销售转，全力满足销售部门的需要。这种营销思路对特大型的制造企业集团非常适用，如汽车、钢铁、建材等行业的龙头企业。

八、客车按揭贷款

客车按揭贷款具有回报高、风险小、周期短、经济效益和社会效益较好的特点，是银行应当大力拓展的业务。营销的目标客户可以定位在资信较好、有非常稳定的现金流入、有购置固定资产的需要，但又不愿意一次性将资金全部投入到固定资产中的企事业法人、个人，较理想的客户如从事客运的汽车运输公司、从事客运的个体户等。

【产品定义】

客车按揭贷款是指银行对在特约经销商处购买客车借款人发放的人民币贷款，一般由特约经销商提供连带责任保证，客车厂商提供回购担保，属于生产资料投资型贷款品种。

【适用对象】

客车按揭贷款适用于大型客车厂商、客车经销商、运输企业、公交公司等。通过客车按揭贷款，银行可以关联营销大型客车厂商、客车经销商、运输企业、公交公司等整个产业链。大型客车制造企业如上海申龙客车有限公司、河西少林客车股份有限公司、郑州宇通客车股份有限公司、中通客车控股股份有限公司。

【营销建议】

1. 客车按揭贷款具有回报高、风险小、周期短、经济效益和社会效益较好的特点，是银行应当大力拓展的业务。

营销目标客户可以定位在资信较好、有非常稳定现金流、有购置固定资产的需要，但又不愿意一次性将资金全部投入到固定资产中的企事业法人、个人。较理想客户如从事客运的汽车运输公司、从事客运的个体户等。

由于经销商普遍规模偏小、自有资本不足、抗风险能力偏弱，因此，一般都是银行对客车厂商提供总担保额度，由制造商切分给经销商，经销商对按揭贷款提供担保，由客车厂商提供追加担保。

2. 由于我国客车厂商众多，竞争激烈，因此必须选择规模较大、产品市场占有率较高、管理较为规范的大型厂商。可以采取将客车厂商作为切入点，积极营销客车按揭贷款，帮助其促进产品销售；也可以将公交公司等机构作为切入点，从可以帮助购买客车角度来营销其使用按揭贷款。

3. 客车一般采用的销售方式就是厂家成立销售公司，销售公司在全国各地设立办事处进行销售。营销时注意从厂商销售部门入手，承揽按揭贷款业务。

【所需资料】

1. 有关的客车购销合同、购车发票等。

2. 通常按照一般贷款的需要要求企业提供授信所需常规资料。

（1）公司章程和公司组织架构图；

（2）经过年检的营业执照正本原件（三证合一）及复印件；

（3）出示人民银行征信材料，并留下人民银行征信材料号和正确的密码；

（4）上年末及近期财务会计报告及审计报告；

（5）出具授权委托书，法人和经办人身份证原件及复印件；

（6）银行要求的其他有关资料；

（7）客车厂商愿意提供担保的声明资料。

【基本规定】

银行通常仅对购买指定品牌的大客车提供信贷支持。通常情况下，贷款金额最高不超过客车价款的 70%，按揭贷款期限最长为 3 年，贷款担保方式为借款人所购客车抵押＋厂商对按揭贷款方式所售客车回购担保/经销商提供等额回购担保＋厂商/经销商提供一定比例保证金。

【产品背景】

中国经济发展迅速，城市化进程加快，客流量增长是客车市场增长的根本因素。大中型客车作为公路交通的主要工具，较火车、飞机更为方便灵活，受外部竞争因素影响较小，市场稳定，因而大中型客车需求量持续稳定增长。

购车客户一般为汽车运输公司，这类客户长期经营，现金流稳定。

【产品优势】

1. 客车按揭贷款是银行营销客车公司的尖端工具，非常符合客车制造企业的需要，为银行营销商业承兑汇票、法人账户透支业务等工具打开了机会。

2. 可以帮助客车制造公司销售客车，支持购车用户的融资需要，满足了客车制造企业扩大销售的需要。

【业务流程】

1. 由总行牵头，主办行（核心厂商所在地分行）为客车厂商核定回购担保额度，总行与对方签订总对总客车金融服务网络合作协议，明确双方合作内容、操作模式等事宜，厂商推荐经销商名单。总行将合作情况通知全行。

2. 协办行（经销商所在地分行）为特约经销商核定担保额度，在额度内，厂商与经销商、协办行签订客车三方合作协议。在协议中明确具体的业务流程、保证金比例、厂商的回购条件，并声明：对于将来银行批准的客车借款人，厂商将为其提供回购担保确认函，并明确借款人在三方合作协议约定的担保范围内。

3. 特约经销商向银行推荐购买客车的客户。客户向银行提供相关资料，银行对客户进行信贷审查。

4. 信贷审批通过后，银行与客户签订有关的贷款合同、保证合同、抵押合同，客户将一定比例的首付款缴存银行。

5. 经销商在银行按揭贷款发放前，将该买卖合同项下所售的商品发票及相应的客车按揭贷款申请暨不可撤销回购担保承诺函指定专人负责送达银行。经销商应保证向乙方提供的三包卡等厂家证明文件的真实、有效和唯一性。

若借款人以购买的客车作为抵押物，应以银行为保险第一受益人向保险公司办理银行指定的险种，并将保险单正本交银行保存。投保期限应不短于贷款合同约定的借款期限。经销商和银行办理相应的抵押登记手续，同时，经销商和银行应就贷款合同、抵押合同进行强制执行公证。甲方对于上述手续的办理应予以协助。

6. 待办理好相应的手续之后，银行按贷款合同约定发放贷款至借款人在本行开立的储蓄存折或卡账户，并根据借款人的委托划款扣款授权书及划款授权书将首付款和贷款直接划入经销商在银行开立的账户。

7. 借款人分期偿还银行的贷款本息。

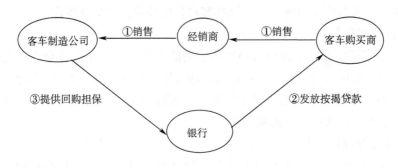

图 2 - 8　客车按揭贷款示意图

【期限】

通常客车贷款期限最长不超过 3 年（含 3 年），不同品牌车辆的贷款期限不同。

【利率】

客车贷款利率执行中国人民银行规定的同期贷款利率，具体如下：

1. 采取浮动利率的，贷款期限一般在 3 年以内，遇基准利率调整，在次年按相应利率档次执行新的贷款利率。

2. 采取固定利率的，在贷款期限内利率保持不变，无论基础利率是否调整。

【风险控制】

1. 客车回购担保（以下简称回购担保）是指当满足回购条件时，银行向厂商发出客车回购通知书和逾期清单，厂商应在收到上述文件后 3 个工作日内完成抵押客车回购。

2. 回购条件是指借款人在还款期限内连续 3 个月未能按时、足额归还银行贷款本息及/或贷款最后到期仍未能足额归还银行贷款本息，回购条件即成立。

3. 回购价格等于借款人未清偿的贷款本息及相关合理费用。回购行为不得涉及抵押客车的移交。

【案例】 中宇客车有限公司的客车按揭贷款

一、企业基本情况

中宇客车有限公司是国家和交通部定点客车骨干生产企业之一，企业总资产超过 13 亿元，销售额突破 50 亿元。公司主要产品有"中宇"系列大客车、中型客车等。公司由于经营规模较大、现金流充裕，是当地银行的黄金客户，受到了各家银行的追捧。车辆机械销售模式：在全国设有 50 余家经销商，由经销商销售给用车个体户，经销商在指定区域内发展终端用车客户。

某国有银行兰州分行属于本地后来者，一直没有机会切入该客户。后来经过调研，了解到该企业生产的客车产品存在很大市场消费潜力，很多个人客户有购买客车的需要，但普遍存在资金不足的困难，不能一次性支付车款。

二、银行切入点分析

客户的采购、销售、融资、理财、管理五大需求中的销售最为关心，可以作为切入点。

兰州分行通过细致的市场调查，了解到以下情况。

1. 购买车主现金收入稳定。购买车主多是客运公司，而客运市场相对规范，客车线路经营权属于垄断资源，行业竞争有序。每辆营运客车线路经营资格都必须经过政府交通运输管理部门审批，而交通管理部门严格控制线路营运车辆数量，从而避免了营运线路的恶意竞争，保证了营运车主的利益，一个好的线路资格证在兰州市场价值一般不低于 30 万元。车主现金流稳定，还款能力就有保障。根据调查，一辆营运车的正常使用寿命为 5～8 年，而 2～3 年的营运收入就可以确保收回全部投资。

2. 风险控制有保障。营运车辆的挂靠公司（一般为客运公司）对车主约束作用大。虽然营运车辆属于运动性设备，不能锁定，但在线路经营资格的约束下，该营运车辆受到管理机关的严格约束，可以有效地防范和控制贷款风险。

3. 借款人经验较丰富。申请贷款的客户都具有丰富的营运经验，更新车辆的档次越高，收益越大，相应风险越小，且借款人首付不低于客车价款的 30%，加上车辆附加费、上牌和保险等费用，借款人贷款购买线路客车的实际投入在客车价款的 50% 以上，而银行按揭贷款占比已经大大降低，车主一般不会违约，银行风险大大降低。

三、银企合作情况

针对客户需求，结合其产品销售特点，某国有银行兰州分行精心设计服务方案：

1. 担保方式为客车抵押＋厂家连带责任担保＋保险公司履约责任保险；

2. 购车客户最少支付合同金额的 30%，银行提供贷款额度最高为合同金额的 70%；

3. 贷款期限最长为 1 年，贷款利率为基准利率上浮 10%；

4. 采取买方信贷，封闭贷款运作方式，放款后连同客户首付款封闭划给生产厂商。

某国有银行兰州分行累计发放客车按揭贷款 112 笔，发放金额达 9000 万元。发放贷款全部收回，产生的沉淀资金保持在 7000 万元左右。

【点评】

1. 个贷业务通常包括房地产按揭贷款业务、工程机械车按揭贷款业务、客车按揭贷款业务、个人汽车消费贷款等业务品种，通常房地产按揭贷款为主流品种。房地产按揭贷款受国家房地产政策的影响较大，发展呈现出波动性，发展个贷业务一般不宜单独依托房地产一个业务品种。而个人汽车消费贷款，由于汽车不断降价，且车辆控制较为困难，加上银行发生了多笔的坏账，已经不再作为主流个贷业务品种。工程机械车按揭贷款业务、客车按揭贷款业务将呈现出蓬勃发展态势。

2. 控制操作风险是客车按揭贷款业务风险控制的关键点。严格规范操作程序，落实相关的担保，签署合同等资料。任何个贷营销方案都必须兼顾业务发展与风险控制。

3. 设计客车按揭贷款业务必须立足于对行业运行规律的全面了解和深入分析，必须清晰地了解客车线路经营权的垄断特质和市场价值，风险控制模式严密有效，风险防范措施环环相扣，在控制经营风险、贷前调查机制、厂家回购担保机制、保险公司及挂靠公司双重保险机制和多层次风险控制体系等方面均采取了切实有效的措施，最大限度做到了将贷款风险控制在贷款发放之前。把营销工作做专、做深、做精、做细，否则客车按揭贷款业务很难做好。

4. 应当注意在维护中寻找新的开拓机会。贷款发放后，应当利用办理新业务的机会或定期主动走访老客户，做好贷后跟踪服务，充分了解老客户的最新经营情况和对融资方面的需求，争取老客户再次惠顾，同时尝试进行交叉销售。

5. 客车按揭贷款业务是低风险、高收益的个贷产品。该业务不仅为银行实现了可观的利息收入，还派生出大量对公存款、银行卡、储蓄存款以及银行承兑汇票贴现业务等综合效益，起到了支持本地经济的作用，取得了显著的经济效益和社会效益。

九、出口信贷

开拓出口信贷业务的目的绝不应当是单一的融资，而应是出口信贷可以带动庞大的结汇、贸易融资、银行保函、信用证等综合国际业务产品。

中国经济目前呈现出外向型特点，大量的船舶、电机设备、电信设备等成批量出口，出口地一般为亚洲、非洲、拉丁美洲的发展中国家。这些物资价值较高、交易金额大，属于固定资产投入，投资回报期较长，购买方一次性付款的难度非常大。因此，国家支持促进出口就非常重要。在出口信贷业务中，中国进出口银行较为专业，经办了国内大部分出口信贷融资业务。由于出口信贷业务具有较好的拉动效应，可以带动结汇、贸易融资等国际业务的全面开展，因此，商业银行也在积极进入该业务领域。

【产品定义】

出口信贷是指为支持本国船舶、飞机、汽车、电站设备等大宗货物的产品出口，政府采取提供保险、补贴利息等方式，鼓励本国金融机构对本国出口商、外国进口商或进口国的银行提供的一种优惠贷款业务。出口信贷的主要方式为出口买方信贷和出口卖方信贷。

1. 出口买方信贷是指在大型机器设备或成套设备贸易中，本国银行为了支持本国商品出口而向国外进口商银行或国外进口商提供的用于购买上述设备的信贷支持。

贷款对象为出口国银行认可的从出口国进口商品的进口方（买方）银行，在特殊情况下，也可以贷款给进口商。一般是在中国出口信用保险公司提供信用保险的前提下，向国外的进口商银行或进口商提供的中长期外汇贷款，用以支付货款或技术、劳务费用。

出口买方信贷金额一般不超过出口合同或承包合同金额的85%。部分项目也可以提供合同金额100%的融资，其中含15%的商业贷款。

2. 出口卖方信贷是指在大型机器设备与成套设备交易中，为便于出口商以延期收款方式出售设备，银行向本国出口商提供的信贷支持。

如果客户拟向国外出口货物，或国外进口商无法实现用现汇付款，需要中国出口商提供延期付款或需要较长期的优惠贷款来支付货款，银行可向中国的出口商提供此项服务。

【适用对象】

1. 出口买方信贷的借款人一般为银行认可的进口方银行或其他单位（如进口国的财政部等政府机构）。

我国出口买方信贷主要支持的产品包括大型电力成套设备（主要出口方：哈尔滨电站设备集团、上海电气集团、四川东方电气集团等）、电信设备（主要出口方：深圳华为技术有限公司、中兴通讯股份有限公司、武汉电信研究院等）、电机（主要出口方：北京电机集团、玉林柴油机公司）、船舶（主要出口方：大连造船厂、武汉造船厂、福建造船厂、南京造船厂等）、机器设备和其他机电产品等。

2. 出口卖方信贷的借款人一般是具有法人资格、经国家批准有权经营机电产品出口的出口商或生产企业。凡出口成套设备、船舶及其他机电产品合同金额在100万美元以上，并采用1年以上延期付款方式的资金需求，均可申请使用出口卖方信贷。

【产品优势】

出口卖方信贷能够解决出口企业在经营机电产品和成套设备出口过程中，由于进口商不能立即付款而造成资金短缺时的资金需要。

【办理条件】

1. 买方信贷的主要条件。

（1）商务合同项下进口方应支付不少于15%的预付款。

（2）贷款金额最高不超过商务合同价的80%～85%。

（3）借款人须向保险公司投保出口信用险。

（4）由借款国的中央银行或财政部出具贷款担保。

（5）商务合同符合双方政府的有关规定，并取得了双方政府的有关批准。

（6）贷款货币为美元、日元、港元、欧元等主要流通币种。

（7）商务合同项下的出口结算应在贷款银行进行。

（8）商务合同应先于贷款协议生效。

2．卖方信贷的主要条件。

（1）借款企业经营管理正常，财务信用状况良好，有履行出口合同的能力，能落实可靠的还款保证。

（2）出口项目符合国家有关政策，经有关部门审查批准并有已生效的合同。

（3）出口项目经济效益好，换汇成本合理，各项配套条件落实。

（4）合同商务条款在签约前征得银行认可。

（5）进口商资信可靠，并能提供银行可接受的国外银行付款保证或其他付款保证。

【业务流程】

1．出口买方信贷。

（1）在对外投标及签订贸易合同前，出口商向银行提出申请。

（2）银行开始调查，进行审批，并就结算提出建议。

（3）银行与出口方签订出口信贷协议及相关协议，一般包括贷款协议、出口信贷保险协议、利息补偿协议等。

（4）出口商在货物出口后，提交货运单、保险单、产品规格说明、贸易合同等资料。

（5）国内经办行将出口单据发至国外银行，由其审验单据。

（6）进口商审验单据无误后，向国内经办行发出付款承诺。

（7）国内经办行根据国外银行的提款指令划款。

2．出口卖方信贷。

（1）在对外投标及签订贸易合同前，出口商向银行提出申请。

（2）银行进行调查评价并按权限进行审批。

（3）银行与出口商谈判、签订贷款协议及相关协议。

（4）银行按贷款协议的规定逐笔发放贷款。

【业务提示】

成套设备及其他机电产品的贷款金额一般不超过商务合同总价的85％，

船舶一般不超过商务合同总价的 80%。贷款金额中可包括适当比例的技术服务费、当地费用和第三国采购费用。

出口信贷的期限包括建设期在内最长一般不超过 10 年（包括宽限期）。

人民币贷款利率根据中国人民银行的有关规定确定；外汇贷款利率参照经济合作与发展组织（OECD）的利率水平由借贷双方根据国际资本市场情况商定，一般为浮动利率 LIBOR + MARGIN。

出口买方信贷项下的费用主要有以下几项：

1. 承担费：该费用自贷款协议签署之日至贷款全部支完为止，按贷款未支用余额的一定比例计收，每半年支付一次。

2. 管理费：该费用按贷款金额的一定比例一次性收取，一般在贷款协议签署之后 30 天之内支付。

3. 保险费：出口信用保险费率根据国别和项目而不同，一般为 3% ~ 5%，保险金额为商务合同额的 80% ~ 85%。

4. 其他费用：根据商务合同和贷款条件的不同，贷款人有时也要求借款人或出口方支付出口信贷项下的律师费和差旅费。

【业务流程图】

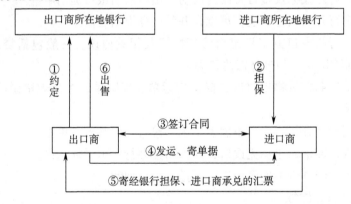

图 2-9　出口信贷业务流程

【案例】福州大实造船厂的买方信贷

一、企业基本情况

福州大实造船厂是全国最大的远洋油轮生产厂家之一，主导产品为大型油轮、海上工作船、拖轮铆焊件加工等，公司拥有日本、韩国、新加坡、挪威等稳定贸易伙伴，公司产品需求稳定，市场广阔。近期，公司与马来西亚奥马石油运输公司签订贸易合同，出口大型油轮，价值1.2亿美元。

二、银行切入点分析

福州大实造船厂属于本地优质客户，某银行跟踪多年。经过分析，某银行了解到，本地的某政策性银行对出口信贷放款一般都有计划，在计划内的项目一般都按时操作，而计划外一些客户临时申报的项目就需要看当时资金头寸情况。这家造船厂本次船舶出口时间紧，属于计划外项目，企业迫切需要信贷支持。在研究出口信贷相关规定后，该银行认为出口信贷的风险可控，只要设计合理的融资思路，完全可以操作。

三、银企合作情况

福州大实造船厂向中国出口信用保险公司申请了出口信用保险。某国有银行福州分行向马来西亚奥马石油运输公司发放了8400万美元的贷款，通过在中国境内的代理行，资金很快划入福州大实造船厂。通过买方信贷，某国有银行福州分行关联营销了这家造船厂其他业务，并成功说服该公司在最重要的物资采购——钢材采购中使用本行的银行承兑汇票，极大地拓展了业务量。

【点评】

造船行业由于生产周期长、技术含量高，因此要求厂家有很强的经济实力和过硬的先进生产技术为后盾，由于货值金额大、带动的关联行业多、雇员众多，因此国家非常重视支持。出口信贷融资有利于银行拓展众多的关联业务，如银行保函、出口结汇、信用证、银行承兑汇票等。

十、订单融资

【产品定义】

订单融资是指授信申请人收到买方有效订单或贸易合同、协议（统称订单），由银行对授信申请人提供的用于订单项下原材料采购、商品生产及储运等生产经营周转，并以销售回笼款项归还银行融资款项的一种供应链融资业务。

【产品优势】

订单融资业务具有以下特点及优势。

1. 对企业的益处。

（1）中小企业凭有效订货凭证获得融资，相比传统贸易融资产品，银行资金能够提前介入，解决企业备货期间的资金需求，以及发票开出时间较晚所造成的资金的瓶颈问题，填补企业的资金缺口。

（2）充分利用产业链上下游强势客户良好的商业信誉，强大的履约能力，帮助中小企业完成远远超出自身规模的生意，实现银行信贷资金的杠杆效应。

2. 对银行的益处。

（1）银行可以关联营销国内信用证、银行承兑汇票、供应链买方融资等产品，有效扩大银行的综合贡献。

（2）有特大型买方企业的商务履约，可以有效控制中小企业的融资风险，通过操作订单融资，可以要求中小企业在本行开立指定收款账户，吸引中小企业在本行办理结算。

【所需资料】

1. 有关的订单合同等。

2. 通常按照一般贷款的需要要求企业提供授信所需常规资料。

（1）公司章程和公司组织架构图；

（2）经过年检的营业执照正本原件（三证合一）及复印件；

（3）出示人民银行征信材料，并留下人民银行征信材料号和正确的密码；

（4）上年末及近期财务会计报告及审计报告；

（5）出具授权委托书，法人和经办人身份证原件及复印件；

（6）真实有效的贸易合同，且交易商品在企业的经营范围之内；

（7）银行要求的其他有关资料。

【基本要求】

1. 订单融资业务重点向符合以下条件的卖方进行营销：

（1）符合国家产业政策要求；

（2）信誉良好，无违约记录；

（3）订单融资基础交易合同买卖双方原则上应是非关联企业，如是关联企业，应纳入关联企业集团客户授信管理中；

（4）具有专业化，批量化生产和模块化供货能力；

（5）与国内知名大型生产企业或国内知名大型流通企业形成长期稳定的供应链关系，合作历史至少6个月，且在购销活动中履约能力和履约记录良好的；

（6）银行信用等级原则上为B级（含）以上的；

（7）订单项下交易的商品或服务已有6个月以上的供货记录，且履约记录良好，并具有质量稳定、标准化程度高、市场前景较好的特点；

（8）该订单项下的资金汇款账户已设定为银行的监管账户，分行应根据总行有关保证金存款账户管理规定开立保证金存款账户作为监管账户；

（9）银行要求的其他条件。

2. 订单融资业务重点营销的买方为：

（1）国内知名大型生产企业或国内知名大型流通企业及其分支机构；

（2）企业为当地主流经济的行业龙头；

（3）产品用途广泛、市场竞争能力强、经济成长性较好的企业。

【基本准入条件】

1. 须为有效订单，即经买卖双方共同确认的订单或贸易合同、协议等；对货物规格/品质条款、检验条款、支付方式、纠纷解决方式等条款原则上应有明确规定的，如为双方格式订单，则必须明确规定货物的规格、数量及支付方式等条款。

2. 订单项下基础交易原则上应为实物贸易，订单项下交易的商品已有6个月以上的供货记录，且履约记录良好，并具有质量稳定、标准统一、同质性强、市场前景较好的特点。

3. 对于订单销售商品为成套设备、生产线和大型设备等资本性货物，合同中包括一系列售后服务条款，如设备安装、调试、人员培训等合同付款条件满足不易确定的，在叙做订单融资时应剔除尾款、质保金部分，或者通过降低融资比例等方式进行风险控制；对于商品不易量化、容易产生争议的产品，如水产品，叙做订单融资业务应谨慎选择。

4. 订单项下的付款方式一般应为电汇方式。如约定以票据方式或其他非现金方式结算的，原则上应在协议中约定买方每次交付票据前通知银行与授信申请人一起前往取票。

5. 订单融资授信额度原则上为循环授信额度，卖方在授信有效期内单笔单结，循环使用额度。循环授信额度期限1年，如超过1年需重新提交授信申请，重新领用额度。

【风险控制】

1. 回款账户锁定。要求借款人将订单对应的收款账户修改为本银行，切实控制借款人挪用资金的道德风险。

2. 未来应收账款权益质押。为了有效控制风险，订单融资项下发货后如产生应收账款且该应收账款符合质押条件的，应按照银行应收账款质押授信管理办法及《应收账款质押登记办法（修订征求意见稿）》的相关规定及时办理应收账款质押手续，并在中国人民银行征信中心的登记系统进行登记。

3. 融资金额合理。订单融资业务的授信额度应根据授信申请人提交的、银行认可的订单项下的资金缺口设定。

4. 订单融资业务的授信资金用途，限定为用于订单项下的原材料收购、半成品加工、生产、产品储运等生产经营周转，不得挪作他用。

5. 授信期限内，凡出现下列情况，银行应立即收回授信并取消授信申请人的银行额度：

（1）授信申请人故意向银行提供虚假或隐瞒主要事实的财务报表。

（2）授信申请人违反授信额度约定的贷款用途。

（3）授信申请人擅自修订变更订单条款，以至于发生不利于银行的重大变化的。

（4）授信申请人由于经营不善致使产品销量下降、业务萎缩、负债加重，经济效益下降或失去偿债能力的。

（5）授信申请人发生重大贸易纠纷的。

（6）订单的买方发生重大负面事件或出现重大信用风险的。

6. 订单融资期间，银行应密切关注授信申请人的订单履约情况，重点关注要点如下：

（1）有无将订单融资资金挪作他用的。

（2）生产经营情况是否正常运转，是否能按期开展原材料采购、商品生产及储运等经营流程，是否能按期交货履约的。

（3）订单条款修订是否经银行同意，条款变更有无发生不利于银行的重大变化的。

（4）有无产品质量出现不稳定或产品市场价格出现较大波动的。

（5）有无重大贸易纠纷的。

（6）订单项下的回款是否按银行要求划付至银行的指定账户的。

（7）买方是否出现重大信用风险的。

7. 根据授信申请人与其上游供应商的采购合同，订单融资款项应直接划入上游供应商账户。

8. 授信申请人发货后应将发票及相关货运单据提交银行，银行在正本发票上加盖"银行×××分行已融资×××元"印章，并复印留底，业务经办行应及时登录人民银行应收账款质押登记系统，按照银行应收账款质押登记管理办法，办理相应应收账款质押登记。

9. 授信申请人订单履约、账款到期后资金回笼应划付到银行指定账户后应及时归还银行订单融资。

10. 订单融资业务，必须进行严格的业务台账管理，对回款进行监控。

【授信要素及融资比率】

1. 订单融资授信额度为循环授信额度，期限最长为 1 年。

2. 单笔订单融资业务期限根据订单约定的最迟交货期加合理的应收账款账期确定，原则上不得超过 180 天，最长不得超过 1 年（含）。

3. 订单融资比例。单笔订单融资金额不得超过订单实有金额的 80%。对授信申请人符合银行信用贷款条件或订单买方为信用度高、付款实力强的行业龙头企业且为授信申请人提供全额担保的，融资金额最高可放宽至订单实有金额的 90%。

订单实有金额是指订单金额扣除订单卖方预收货款金额后的余额。

4. 由于银行进行了审核发票，合同、货运单据等业务处理，应相应地向客户收取手续费，费率标准按照业务金额的 0.1% ~ 0.5% 收取。

【业务流程图】

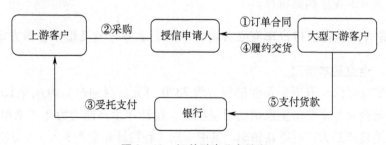

图 2 - 10 订单融资业务流程

【订单融资的融资品种】

订单融资业务项下的融资品种必须与实际用途相匹配，原则上以流动资金贷款、银行承兑汇票为主。流动资金贷款项下的放款操作适用供应链融资项下的放款规定。如融资方式为开立银行承兑汇票，则对授信申请人的融资方式为开立期限与基础交易背景相匹配的银行承兑汇票。

【业务流程】

1. 买方的资信调查。业务经办行经营部门负责关注买方的经营状况及资信状况，在授信申请人未提供其他担保措施的情况下，应加强对买方的资信调查；

在买方为银行授信客户或授信申请人已提供银行认可的担保措施等其他条件下，对买方的资信调查程度可以适当放宽。

2. 申请授信。

（1）银行负责对贸易背景及订单真实性进行调查。

（2）授信申请人向银行申请授信，并提交银行要求的有关资料。

（3）授信申请人提交相关的订单、与买方的交易记录、授信申请人与其上游供应商签订的采购合同。

3. 放款审核及融资操作。

（1）放款审核。银行批准授信后，与授信申请人签订综合授信协议，同时银行还应与买方、卖方签订《订单融资三方合作协议》，要求将该订单项下的销售回笼款项的收款账户设定为银行监管账户。银行放款审核部门审查授信前提条件是否已经落实，并决定额度是否启用。

（2）融资审核。银行审查借款人提交单据是否齐全、是否表面一致，并在订单正本上加盖"银行××分行已融资×××元"印章。全套单据应复印并随主债权的业务档案留存。

【案例】泰安征材汽车有限公司订单融资业务方案及整体合作方案

一、企业基本情况

泰安征材汽车有限公司注册资本为 3380 万元。目前产品为莲花 L3 三厢轿车，该企业是泰安市重点招商引资项目，设计年生产能力为年产乘用车 15 万辆，主要产品为征材莲花轿车。其中一期工程设计年生产 3 万~5 万辆，目前项目建设已经完成，正式投入批量生产。

泰安征材汽车有限公司依托于中国征材汽车集团强大的销售网络，销售渠道十分稳定，有效地保障了该企业的盈利能力。莲花汽车 L3 系列预计销量为 50000 台。

　　二、银行切入点分析

　　泰安征材汽车有限公司与浙江征材乘用车集团有限公司签订合同（合同依据为浙江征材乘用车集团有限公司与其 4S 店签订的购销合同），对签订合同向银行申请融资做如下要求：

　　1. 合同生效需提供的资料：

　　（1）买卖合同原件及泰安征材莲花汽车整车销售结算协议；

　　（2）此次订单融资采购明细及采购合同。

　　2. 泰安征材汽车有限公司在银行开立一般账户和监管账户，其与浙江征材乘用车集团有限公司签订的合同，无论是否向银行申请融资，所有合同上的收款账号为其在银行开立的监管账号，订单融资经过近一年的操作，所有预付款支付至该账户的客户，其余车款均按合同约定按时支付至泰安征材汽车监管账户，因此对于预付款支付后生效的合同可以不签署泰安征材莲花汽车整车销售结算协议。对于双方签字盖章后生效的合同，如终端法人客户不同意签署该协议，以及个别特殊订单涉及半成品出厂等问题的，按上报总行的《泰安征材汽车有限公司订单融资业务方案及整体合作方案》执行。

　　3. 分行风险总监或分行主管行长审查订单，决定是否给予该订单授信（额度不超过合同金额的 80%）。如银行同意订单授信，由银行以承兑汇票的方式提供订单授信下的采购资金，企业受托银行直接将承兑汇票支付给供应商。泰安征材汽车有限公司组织生产，按合同约定生产完成后，泰安征材汽车有限公司通知浙江征材乘用车集团进行提车。

　　4. 在这样的模式下，银行基本对订单实现了封闭式管理，从合同签订到采购资金陆续支付，直至最后交车，资金流转均在银行，通过确定的有效订单，明确的收款来源对应授信敞口的归还，此外由银行或银行指定的监管机构监管整车出厂及收款的过程，可大大提高银行的监控能力，将授信风险降到最低。

　　5. 对于泰安征材汽车而言，则通过订单授信，可以有效地保证接订单后能采购到位及时生产交车，避免订单集中产生的波动性资金需求风险，同时有效地控制授信资金使用，使授信资金与生产相匹配，从而也降低公司的资金成本与经营风险。

三、银企合作情况

根据前述订单融资业务及整体合作方案需要，银行拟申报综合授信金额为 2 亿元，授信品种为银行承兑汇票，免交保证金。

泰安征材汽车有限公司系征材汽车集团下属公司，该公司注重合理地控制信贷规模，控制资金风险，订单授信也是泰安征材汽车有限公司的发展目标，使用订单授信可以满足企业快速发展的需要，同时通过有效过程监管，能较好防范银行授信风险。此次授信，将能更好地满足企业生产资金的需求，也进一步提高银行的效益，下一步银行仍将积极寻求供应链融资金融产品的创新，积极与企业加强采购、生产、技术、物流、销售、资金管理等合作，实现银企双赢。

【示范文本】

订单融资三方合作协议

编号：_____

甲方（买方）：

住所：

法定代表人：

乙方（卖方）：

住所：

法定代表人：

丙方：_____银行_____分行

住所：

负责人：

鉴于丙方同意给予乙方订单融资额度人民币_____万元。该额度资金用于乙方的生产性流动资金周转，以保证双方签署的采购协议的顺利履行。该融资事项具体见乙、丙双方签订的"综合授信协议"（编号为第_____号）。

为保证乙方生产经营的顺利进行，及时供货，同时确保丙方的信贷资产安全，经三方协商一致，达成如下协议：

一、乙方在丙方设立监管账户，用于上述采购协议的资金结算，户名：
_____；账 号：_____；开 户 银 行：_____ 分行
_____支行。

二、甲方承诺从采购协议签订之日起将该协议项下所有结算资金全部划
入上述监管账户；乙方承诺该账户为该协议项下销售资金的回款账户，销售
资金回款后应用于归还丙方融资款项。乙方同意丙方可直接从资金结算账户
扣收融资款项。

三、甲方根据采购协议向乙方要求提货时，甲方须在每笔订单（订单格
式须经丙方确认）等提货相关单据文件中注明该提货为银行_____
"订单融资三方合作协议"项下的提货。乙方在收到甲方在采购协议项下提货
通知后必须于两个工作日内报备丙方并向丙方提交订单原件一份，乙方应保
证所提交订单的真实性并应无条件配合丙方核实，必要时丙方也可要求甲方
予以配合。

四、丙方有权对上述资金结算账户进行监管，甲方在账款到期后应及时
将资金划付到丙方指定账户，归还融资。未经丙方同意，乙方不得动用该账
户资金。乙方在丙方授信有效期内，可循环使用上述授信额度。

五、甲、乙双方应严格履行上述采购协议中所规定的义务，确保协议项
下每笔订单完全有效履行并积极配合丙方进行账户核对。甲、乙双方如需修
订、提前中止或解除采购协议须经过丙方同意，且乙方须按丙方要求提前归
还丙方在采购协议项下的所有订单融资款项，但下述情况，即本协议项下丙
方基于对乙方的各项融资而享有的债权已获得全部清偿或乙方上述监管账户
内资金余额已足以全部清偿的除外。

六、本协议一经签署各方须严格遵守，否则由此导致守约方的一切损失，
违约方应予以全部赔偿。

七、本协议未尽事宜，三方应协商解决。协商不能解决的任何一方可向
丙方所在地人民法院提起诉讼。

八、本协议经甲、乙、丙三方法定代表人/负责人或授权签字人签字（或
签章）并加盖公章后生效。

九、本协议一式四份，甲方一份、乙方一份、丙方两份，具有同等法律
效力。

甲方（买方）：

法定代表人（授权人签字人）：　　　　　　公章：

乙方（卖方）：

法定代表人（授权人签字人）：　　　　　　公章：

丙方：　　　　分行

负责人：　　　　　　　　　　　　　公章：

　　　　　　　　　　签订时间：　　年　　月　　日
　　　　　　　　　　签订地点：

十一、见证贷款

　　见证贷款是银行针对特大型核心客户供应商提供的融资，基于对强大核心客户商务履约的信任，银行为其供应商提供融资，商品周转、产销过程完成后，贷款自然从销售收入中产生的现金流中获得偿还。银行可以从特大型核心客户的供应商入手，寻找目标客户。

　　【产品定义】

　　见证贷款是指银行根据供应商与核心企业的销售合同及核心企业出具付款承诺（指购货企业依据购销合同承诺：当供应商销售货物后，核心企业保证按照合同确定时间、金额付款），银行对销供应商提供的、用于保证正常生产经营需要的流动资金贷款。

　　【点评】

　　　见证贷款多发生在以下两种情况：

　　　1. 军品采购交易结算中。军队是银行非常重要的渠道类客户，其配套有大量的供应商，如军用汽车、军用服装、军事训练设备等供应商。这类客户群体数量多、经营稳定，但是普遍流动资金紧张。而军队本身信誉较佳，付款有保障。我国军需物资品供应自成体系，从配套厂家到原材料供应都严格要求，整个生产过程都有驻厂军代表监控，产品质量和生产周期都有保障。军品生产一般严格按计划进行，且具有较强的垄断性，销售回款可靠且利润可观。军队客户一般都是在年底财政资金到位后，进行集中支付。

2. 特大型外商投资企业供应商结算中。特大型外商投资企业具有非常强大的品牌效应，但是经常遇到市场需求旺盛，而自身产能不足的问题，经常采取贴牌生产（Original Equipment Manufacture，OEM）方式，选择加工企业代工，因此银行可以将这些受托加工企业作为拓展对象。外商投资企业通常与供应商有着非常长期、稳定的合作关系，非常稳固。这类供应商由于有核心客户作为风险控制的依托，因而具有较好的开发价值。

【业务提示】

1. 见证贷款必须以企业间真实的购销合同为基础，适用的对象主要是生产经营中流动资金不足，需要向银行申请贷款，但又无法提供合格担保的中小生产、销售型企业。

2. 办理见证贷款，购货方须出具付款承诺，提供明确付款的意向，银行确信基础交易将产生稳定、持续的现金流。

3. 见证贷款实行"专户管理、专款专用、封闭运行"。银行信贷资金进入专户，企业必须按照其提供的资金用途计划使用资金，销售回款封闭回到银行指定保证金账户。

【营销建议】

1. 营销对象要限定在经营管理规范、军队系统长年的物资供应商。营销应当从供应商发起，银行提供融资服务吸引供应商。

2. 特大型外商投资业务的受托加工企业。如可口可乐在中国选择大量的受托加工企业。在可口可乐"美汁源"果粒橙品牌中，受托加工企业就有厦门华腾饮料有限公司、天津华维斯特事业有限公司等。

【所需资料】

1. 有关的订单合同。

2. 授信所需常规资料。

（1）公司章程和公司组织架构图；

（2）经过年检的营业执照正本原件（三证合一）及复印件；

（3）出示人民银行征信材料，并留下人民银行征信材料号和正确的密码；

（4）上年末及近期财务会计报告及审计报告；

（5）出具授权委托书，法人和经办人身份证原件及复印件；

（6）真实有效的贸易合同，且交易商品在企业的经营范围之内；

（7）银行要求的其他有关资料；

（8）买方实力的证明资料等。

【产品优势】

1. 银行提供融资便利，为供应商解决了流动资金紧张问题，便利生产、销售稳定进行。

2. 帮助供应商与核心企业建立更紧密的合作伙伴关系，促进产业链的平稳运行。

【业务流程】

1. 供应商向银行递交授信申请，包括具体业务需求和合作对象范围。要说明销售合同的一般金额、结算规律，提供财务报表及具体购销合同等资料。

2. 银行对购销合同进行审查，重点审查供应商的资信状况、技术水平和供货能力等，并要求由购买方出具产品付款意见书，在意见书中明确将按照采购合同安排付款。银行审批后，确定授信品种、金额、期限及相关的协议文本等。

3. 供应商与银行签订封闭贷款运行协议，开立唯一收款专用账户（供应商方向购货方声明，该账户为销货方唯一收款账户）。

4. 银行根据每笔单项合同的付款意见书向销货方一次性或分批次放款。银行要监控销货方的贷款用途，并对每一笔贷款的发放及使用进行台账登记。

5. 在产品生产过程中，银行要经常实地了解产品生产情况，产品的交货日期及付款日期，并对每一笔回款进行台账登记。

6. 贷款可采取一次性或分批次归还方式，但在整笔产品购销合同执行到期日必须归还全部贷款本息。

【业务流程图】

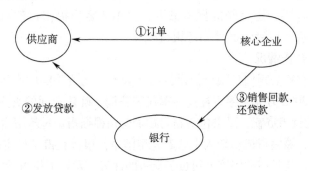

图 2 - 11　见证贷款业务流程

【风险控制】

对供应商发放的短期流动资金贷款视企业的资信状况和合同金额进行相应的额度控制，原则上不超过单笔合同金额的50%。

【案例】包头新力物资公司见证贷款

一、企业基本情况

包头新力物资公司是××军队的长年物资装备供应企业。公司属于典型的老国有企业，企业规模较大，资产总额达2亿元，销售收入超过47亿元，但负担较重，年亏损超过4000万元。

【点评】

该公司财务指标一般，属于老国有企业，虽然负担沉重，但是由于国家的政策扶持，该公司一直有一部分稳定的军品供应收入，公司整体经营状况尚可。

二、银行切入点分析

某银行发现，该公司虽然整体财务指标一般，但是经营非常稳定，公司多年向军队客户供应物资装备，合同执行效率较好。军队客户也非常希望银行能够为其供应商提供资金融通，保证该公司可以按时执行合同。考虑到该

217

公司流动资金较为紧张，但有一部分稳定收入的实际情况，因此，某银行提供如下方案：提供一定金额的授信额度，由军队客户提供付款承诺，在军队付款资金到账后，以销售回款归还银行融资。

三、银企合作情况

包头新力物资公司向某银行提供其与××军队物资采购中心签订的物资采购合同，金额3000万元，银行经过与军代表咨询，确认合同的真实性。该银行发放2400万元封闭贷款，要求包头新力物资公司根据指定付款用途划款。

通过授信，该银行成功切入了这家大型国企，银行获得了稳定的1000多万元的存款收益，同时还利用该公司员工众多的优势，发行了相当量的银行卡。

【点评】

银行开拓的见证贷款客户往往忠诚度较高，合作关系非常稳定，有利于银行深入交叉销售票据、贸易融资等产品。

第三节　长期贷款品种

一、固定资产贷款

固定资产贷款营销应当紧紧把握住国家宏观产业政策，国家政策支持的行业、产业往往会顺利得到政府部门（如项目配套所需水、电、气、热、土地等）的大力支持，只有确信项目需要的除资金以外的其他条件都会得到顺利满足的时候，银行才会放心地支持这样的项目。

【产品定义】

固定资产贷款是指银行向借款人发放的，主要用于基础设施和市政工程等固定资产项目的新建、扩建、购置、改造及其相应配套设施建设的中长期本外币贷款。

按照贷款用途，固定资产贷款可分为基本建设贷款、技术改造贷款两类。固定资产贷款通常情况下都必须是担保或抵押贷款。

基本建设贷款。基本建设贷款是指用于经有权机关批准的，资金主要用于新建、扩建、改建等生产性基本建设项目的中长期贷款。项目主要特点：资金或用于全新建设的项目，或用于扩大生产能力、新建厂房、增加设备、扩大规模，属于外延式扩大再生产。

技术改造贷款。技术改造贷款是指经有权机关批准的、资金用于企业技术改造和技术引进项目的中长期贷款。项目的主要特点在于支持现有企业用先进的技术改造已经落后的技术，用先进的工艺、设备替换已经落后的工艺和设备，核心在于提高现有企业的生产要素质量，属于内涵式扩大再生产。

【点评】

固定资产贷款与项目融资的区别：

固定资产贷款特点：通常由正在生产经营的公司作为借款人（不成立项目公司），偿还贷款依靠公司的日常现金流，并以提供固定资产、第三方担保等作为保证措施，需要改扩建、技术改造进行的投资。一般都是项目已经建成，产生了现金流，需要进一步扩大规模或升级改造。如果借款人本身实力较强，通常风险不大，企业全部现金收入都可以作为还款来源，包括全部产品销售收入、发债借款等筹集的资金。

项目融资贷款特点：通常是新成立的一家项目公司，是全新的项目，需要立项批准，项目没有产生任何经营性现金流。贷款归还仅以项目未来的现金流和收益作为还款来源，项目所拥有的资产作为贷款安全的保障，而不是依赖项目发起人的信誉或资产来承担债务偿还责任的融资方式。即使股东方实力较强，通常也会有一定的风险，银行需要承担项目变更、延期甚至失败的风险。

【适用对象】

经工商行政管理机关（或主管机关）核准登记，实行独立核算的企（事）业法人和其他经济组织。同时，拟使用贷款的固定资产投资项目必须具备以下条件：

1. 符合国家产业政策、信贷政策和银行贷款投向。

2. 具有国家规定比例的自有资本金。

3. 需要政府有关部门审批的项目，须持有批准文件。

【政策依据】

《固定资产贷款管理暂行办法》

第三条 本办法所称固定资产贷款，是指贷款人向企（事）业法人或国家规定可以作为借款人的其他组织发放的，用于借款人固定资产投资的本外币贷款。

第七条 贷款人应与借款人约定明确、合法的贷款用途，并按照约定检查、监督贷款的使用情况，防止贷款被挪用。

第二十二条 贷款人在发放贷款前应确认借款人满足合同约定的提款条件，并按照合同约定的方式对贷款资金的支付实施管理与控制，监督贷款资金按约定用途使用。

第二十四条 贷款人应通过贷款人受托支付或借款人自主支付的方式对贷款资金的支付进行管理与控制。

贷款人受托支付是指贷款人根据借款人的提款申请和支付委托，将贷款资金支付给符合合同约定用途的借款人交易对手。

借款人自主支付是指贷款人根据借款人的提款申请将贷款资金发放至借款人账户后，由借款人自主支付给符合合同约定用途的借款人交易对手。

第二十五条 单笔金额超过项目总投资的 5% 或超过 500 万元人民币的贷款资金支付，应采用贷款人受托支付方式。

第二十六条 采用贷款人受托支付的，贷款人应在贷款资金发放前审核借款人相关交易资料是否符合合同约定条件。贷款人审核同意后，将贷款资金通过借款人账户支付给借款人交易对手，并应做好有关细节的认定记录。

第三十二条 贷款人应对抵（质）押物的价值和担保人的担保能力建立贷后动态监测和重估制度。

项目融资业务指引

第三条 本指引所称项目融资，是指符合以下特征的贷款：

（一）贷款用途通常是用于建造一个或一组大型生产装置、基础设施、房地产项目或其他项目，包括对在建或已建项目的再融资；

（二）借款人通常是为建设、经营该项目或为该项目融资而专门组建的企事业法人，包括主要从事该项目建设、经营或融资的既有企事业法人；

（三）还款资金来源主要依赖该项目产生的销售收入、补贴收入或其他收入，一般不具备其他还款来源。

第七条　贷款人从事项目融资业务，应当以偿债能力分析为核心，重点从项目技术可行性、财务可行性和还款来源可靠性等方面评估项目风险，充分考虑政策变化、市场波动等不确定因素对项目的影响，审慎预测项目的未来收益和现金流。

第八条　贷款人应当按照国家关于固定资产投资项目资本金制度的有关规定，综合考虑项目风险水平和自身风险承受能力等因素，合理确定贷款金额。

第九条　贷款人应当根据项目预测现金流和投资回收期等因素，合理确定贷款期限和还款计划。

第十条　贷款人应当按照中国人民银行关于利率管理的有关规定，根据风险收益匹配原则，综合考虑项目风险、风险缓释措施等因素，合理确定贷款利率。

贷款人可以根据项目融资在不同阶段的风险特征和水平，采用不同的贷款利率。

第十一条　贷款人应当要求将符合抵（质）押条件的项目资产和/或项目预期收益等权利为贷款设定担保，并可以根据需要，将项目发起人持有的项目公司股权为贷款设定质押担保。

贷款人应当要求成为项目所投保商业保险的第一顺位保险金请求权人，或采取其他措施有效控制保险赔款权益。

第十二条　贷款人应当采取措施有效降低和分散融资项目在建设期和经营期的各类风险。

贷款人应当以要求借款人或者通过借款人要求项目相关方签订总承包合同、投保商业保险、建立完工保证金、提供完工担保和履约保函等方式，最大限度降低建设期风险。

贷款人可以要求借款人签订长期供销合同、使用金融衍生工具或者发起人提供资金缺口担保等方式，有效分散经营期风险。

第十三条　贷款人可以通过为项目提供财务顾问服务，为项目设计综合金融服务方案，组合运用各种融资工具，拓宽项目资金来源渠道，有效分散风险。

【营销建议】

客户经理在营销固定资产项目的时候，要特别注意以下几点。

1. 项目必须符合国家的有关产业政策。只有国家支持的产业，项目所需要的所有资源（主要原材料和能源）才会得到保证。如一个火电项目，保证因素有充足的水、煤、工业用地，能够顺利上网售电等，而银行信贷资金仅是其中的一个关键因素。任何一个项目，在其他条件没有满足前，银行是不会贸然进入的。

2. 产品在目前及以后一定时期内适销对路，有竞争优势和竞争能力，市场前景看好。

3. 借款人经营业绩较好、经济实力较强、经营管理者素质较高。

4. 投资和资金筹措计划落实，资本金达到规定比例，资金拼盘情况基本可以保证项目正常运行的资金需要。

【业务提示】

1. 符合国家产业政策、行业发展规划、国家和行业的有关标准及参数。

2. 持有政府有权部门，主要是国家发展和改革委员会和地方发展和改革委员会对项目立项的批准文件。

3. 借款人具备生产经营能力（尤其是国内同类项目的成功经验）。

4. 持有项目可行性研究报告及有权部门的论证意见，中央和地方政府有关的城市建设规划、环境保护、消防、安全卫生等有关部门的批准文件。

【业务流程】

1. 项目立项。项目业主提出拟建设的项目，编制项目建议书，并报政府有权部门审批。政府有关部门在审批项目建设书时，除了要求业主方提供水、电、气及原材料等供应保证措施外，通常还要求业主提出资金安排方案，其中银行贷款部分，要求提供银行贷款意向书。在此阶段，银行与业主（客户）可初步接触，向业主提出融资建议，出具贷款意向承诺函。

【点评】

国家有关部门批准项目建议书时，会考虑评估项目业主方能否能够按照工程进度得到银行融资，这是项目能否按期顺利实施的关键。

2.项目审批及具体落实银行融资安排。项目建议书经审批后,项目业主对项目进行可行性论证,编制可行性研究报告。项目可行性研究报告经政府有关部门批准后,银行将对项目进行全面的评估、审查及审批,对借款人的信用等级以及借款的合法性、安全性、营利性等情况进行调查,核实抵押物、质押物、保证人的情况,并与业主商定贷款方案,确定贷款后再出具正式贷款承诺函。

(1)通常评估的基本内容:①项目是否符合国家产业、产品布局和投资项目审批程序,可行性研究报告是否经权威部门论证;②项目是否符合国家产业政策、财政税收政策、行业发展规划以及国家和行业的可行性研究设计标准和参数;③借款人的主要财务指标、项目资本金来源及比例是否符合国家和银行规定。

(2)通常需要以下基本资料:①借款人营业执照、公司章程、贷款证、借款申请书;②借款人(出资人)最近三年审计报告原件及随审计报告附送的资产负债表、损益表和现金流量表及其报表附注;③借款人现有负债及或有负债情况;④有权部门对项目立项的批复,项目可行性研究报告以及环保部门或其他有权部门对项目的批复文件,权威部门论证结论;⑤项目投产后的市场供求、产品价格、行业状况分析资料;⑥项目建设资金来源证明文件;⑦项目建设进度安排,资金使用计划书;⑧贷款偿还方式及计划,借款人在项目建设期及贷款偿还期内现金流量预测材料;⑨贷款担保意向或承诺,担保人营业执照、财务报表、抵(质)物的情况说明。

3.发放贷款及项目开工建设。银行审查同意后,银行与借款人签署借款合同、抵押合同、担保合同,为业主开立项目贷款专户。项目开工后按照合同约定用款计划发放贷款,并定期了解项目进度及项目业主财务状况,监督贷款的支付使用。同时,银行按照合同约定的利率及计息方式定期从专户中计收贷款利息。

4.建成投产。项目建成后,银行参加验收会议,了解项目决算情况并提出意见。项目投产后,以项目产生的现金流支付贷款本息;银行要定期掌握业主生产经营情况及财务状况,监控贷款风险,并按照合同定期计收贷款利息,逐步收回贷款本金。除提供贷款外,商业银行在固定资产投资项目建设中还可提供项目融资顾问、银团贷款等服务。

【期限】

1.基本建设贷款期限:小型项目一般不超过3年,大中型项目一般不超过 8 年，实际贷款期限根据项目评估结果确定。

2. 技术改造贷款期限：一般为 3～5 年，最长不超过 6 年；实际贷款期限根据项目评估结果确定。

【利率】

固定资产贷款利率执行中国人民银行发布的中长期贷款利率。在浮动利率方式下，利率按借款合同规定实行一年一定，即从借款合同生效日算起，一次到账或按用款计划分次到账的，均按借款合同生效日确定的利率执行，遇基准利率调整不变，满 1 年后根据当时的利率进行调整，执行新的利率。

针对固定资产项目推出固定利率贷款，固定利率贷款将可以有效地锁定项目建设期内的利率变化风险，固定利率贷款对于金额大、期限长的固定资产项目投资非常适用。

【风险控制】

1. 固定资产投资活动由于金额大、影响面广、投入资源众多，对区域乃至国家经济影响较大，因此政府对固定资产投资活动一般实行审批制，如水利、公路、电厂等大型基础设施的建设，以及石油、煤炭等重大资源的开采等，都必须经政府许可。我国对社会固定资产投资活动采用分级审批的方式进行管理。固定资产投资项目要经政府有权部门立项，并同意开工后，才能施工建设。

2. 项目贷款一次审批，多次放款，贷款期限较长，以整个项目全部贷款需求为评审对象，银行一次审批、承诺，根据工程进度和年度用款计划逐年、逐笔发放。

3. 项目贷款是阶段性的。一笔项目贷款只能用于借款人的一次固定资产投资活动。从项目开始建设时投入，到项目竣工投产产生现金流入开始归还借款，直至银行收回全部贷款本息后，银行信贷资金即完整退出企业生产经营活动。

【点评】

1. 中国企业的最大问题是借入本来应该长期的固定资产贷款，而一般偏偏采取短期融资方式，短借长用，这样做虽然可以节省利息，但是存在资金链条断裂的风险。大型垄断优质客户尚可以在多家银行之间做"资金接龙游戏"，保持资金的连续，但资质一般的客户很容易导致资金链条断裂。

有的客户很聪明，喜欢通过各种方式进行"走钢丝"，玩"资金接力"游戏，而国内商业银行出于竞争压力，往往不惜冒险配合大企业的操作。国内的商业银行应当确立游戏规则，遵守既定的规矩，如固定资产贷款就是要长期借款，千万不可以纵容企业短借长用。若违反游戏规则，则将使商业银行群体陷入危险的境地。

2. 客户经理只有多查阅国家有关部委的网站，多留心一些重点行业的报纸杂志，了解国家的产业政策，熟悉国家大力支持哪些行业，才会对固定资产项目有较好的市场感觉，同时也有利于找到一些具体的项目。

3. 贷款意向性承诺函是银行签发的，表明在满足特定条件下银行会按照程序进行信贷审批，可能提供贷款授信的一般性意向承诺，贷款意向性承诺函对银行并不具备实质性的约束力。

【资料】

固定资产贷款受托支付协议

甲方：上级管理单位

乙方：银行

丙方：实际借款人

依据中国银行业监督管理委员会《固定资产贷款管理暂行办法》《项目融资业务指引》等金融法规，经甲、乙、丙三方友好协商，现就甲、乙双方签订的用于——项目的固定资产贷款实行贷款行受托支付方式达成以下协议：

一、鉴于丙方为＿＿＿＿＿＿＿＿项目的实际业主和用款人，丙方应根据此项目建设进度，向甲方提交资金使用申请书；洛阳市财政局审核同意后，向甲方发出提取银行贷款通知书。

二、甲方向乙方提交贷款受托支付通知书（具体格式见附件），应随附丙方资金使用申请书和甲方提取银行贷款通知书，以及贷款借据等必要文件。

三、乙方对甲方提交的贷款受托支付通知书及相关附件进行审核。对审核同意的，甲方授权和委托乙方在将借款划入指定的甲方账户后，将借款资金转入丙方账户。

四、丙方应配合乙方做好授信后管理工作，定期提交资金使用证明材料，确保贷款资金用于_____项目建设。

五、账户冻结或支付。如果因甲方指定放款账户或其支付对象账户被有权机关冻结或支付，导致乙方无法及时按照甲方委托完成受托支付，乙方不承担任何责任，也不影响甲方在借款合同项下已经产生的还款义务。

六、违约责任

1. 因甲方提供给贷款人的交易资料不真实、不完整或无效导致乙方损失的，甲方应予赔偿。

2. 乙方未按照本协议约定及时发放和支付借款资金的，应承担相应的违约责任，但本协议另有约定的除外。

七、不可抗力及意外事件。因战争、自然灾害等不能预见、不可避免、不能克服的不可抗力事件，或乙方系统故障、通信故障等意外事件，导致乙方未按时发放和支付相应款项的，乙方不承担任何责任，但乙方应及时通知甲方。

八、生效和终止。本协议自签订之日起生效，至甲方在借款合同项下的款项全部提取完毕（包括甲方依据借款合同取消甲方在借款合同项下全部未提取款项）且乙方受托支付事宜办理完毕之日终止。

九、其他。本协议作为借款合同的附件，与借款合同具有同等法律效力。本协议未尽事宜，按照借款合同的约定执行。

十、该协议一式三份，甲乙丙三方各执一份。

甲方：（公章）
法定代表人或负责人：

乙方：（公章）
法定代表人或负责人：

丙方：（公章）
法定代表人或负责人：

签订日期：　　　年　　月　　日

附件

贷款受托支付通知书

客户填写	根据编号为_____的购销/交易合同约定，现委托你行办理以下款项支付： 付款人名称：_____ 付款人账号：_____ 收款人名称：_____ 收款人账号：_____ 收款人开户行：_____ 开户行地点：_____省_____市/县_____ 金额（币种）（大写）：_____ 金额（小写）：_____ 　　　　　　　　　　　客户签章（账户预留印鉴） 　　　　　　　　　　　委托日期：
经营单位填写	经营单位意见： 　　　　　　　　　经办人：　　　　　　日期： 　　　　　　　　　负责人：　　　　　　日期：
放款审核中心填写	放款审核中心意见： 　　　　　　　　　经办人：　　　　　　日期： 　　　　　　　　　负责人：　　　　　　日期：

　　注：1. 本表一式三联。第一联为会计部门记账凭证，第二联为客户回执，第三联放款审核中心作为信贷档案保管。

　　2. 客户应在第一联"客户签章"处加盖付款账户的预留印鉴。

　　3. 付款人账号应与相应贷款借据/凭证上的存款账号保持一致。

【案例】河北中冀钢铁有限公司固定资产贷款

一、企业基本情况

河北中冀钢铁有限公司是特大型国有企业，注册资本 120 亿元，公司产品有钢坯、高速线材、带肋钢筋、热轧中薄板、冷轧薄板等。公司准备新上冷轧钢板项目，预计项目投资额为 20 亿元，公司自筹资金 8 亿元，其余向银行申请固定资产贷款。

1. 企业竞争能力分析。该公司竞争优势：（1）产品优势：具备年产 500 万吨钢生产能力，能够生产市场上供不应求的冷轧板、热轧板等产品。（2）成本优势：公司产品已成为河北省重点工程建设指定用材。由于运输距离短、产品成本低，因此外来产品很难与之抗衡。

2. 盈利能力和运营能力分析。（1）盈利能力分析：业务利润率为 23.57%，息税前营业利润率为 15.65%，总资产收益率为 20.89%，净资产收益率为 53.53%，远高于行业中位值。（2）运营能力分析：公司存货周转天数为 49 天、应收账款周转天数为 6 天、应付账款周转天数为 28 天、总资产周转率为 133%。

3. 资本结构分析和长期偿债能力分析。资产负债率为 69%，资产负债水平呈下降趋势。该公司"总有息债务/留存现金流"为 3.74，即该公司在不进行投资时依靠自身经营活动产生的现金流可在 3.74 年清偿完所有债务，长期偿债能力强。

【点评】

公司有较高的营运效率和资产创收能力。该公司固定资产改造时期，负债规模并没有提高，其投资和生产没有过多依赖于银行贷款。公司的大规模设备改造主要使用的是多年积累的自有资金。

二、银行切入点分析

该项目属于常规项目贷款，借款人的经营能力较强，项目在银行风险容忍度范围内。最重要的是如何通过项目融资交叉销售银行产品，扩大销售业绩。某银行设计，提供 12 亿元长期贷款，其中包括 5 亿元银行承兑汇票额度，在采购设备时，要求企业必须使用买方付息银行承兑汇票，并由银行办理代理贴现，通过捆绑销售，强制客户使用票据，有效地吸收客户结算业务。

三、银企合作情况

在拿到国家发展和改革委员会批文后，某国有商业银行石家庄支行对该项目进行了认真评估，认为公司已经履行了所有政府报批手续，项目本身没有政策风险；该公司在板材生产方面技术实力很强，国内市场对板材需求量也很大，市场前景看好。因此，经过审批后同意提供银行贷款 12 亿元，贷款期限为 3 年，要求客户在本行开立结算账户，由银行监管客户资金运作。

【点评】

对于特大型集团客户而言，单一项目贷款效果往往很差，尤其是中小银行参与这样的项目，只能贡献自己的资金，根本没有能力吸引客户结算资金。并不是客户不配合，而是方案设计存在缺陷，一开始就没有劝导客户依赖于本银行，而是简单提供一笔大额资金，吸收一定贷款沉淀了事。

与大客户合作，信贷切入后，必须以实现降低财务费用等为前提，交叉销售银行的产品，如银行承兑汇票、法人账户透支等业务，始终主动控制客户，掌握与客户的合作节奏，银行虽然单笔收益降低，但是却可以有效地吸收客户结算资金，密切与客户的关系。

银行与客户合作，吸收客户结算资金是最重要的。只有吸收客户的结算资金才能真正深入了解企业的经营状况，做到了有风险提前感知，才能真正形成与企业的紧密合作关系，才能深度切入客户，抓住挖掘"金矿"的契机。

229

二、项目临时周转贷款

【产品定义】

项目临时周转贷款是指在项目建设资金来源全部落实并已列入审批部门下达的固定资产投资计划，但因项目建设需提前采购设备或建筑材料，已落实的计划内资金暂时不能到位的情况下所发放的垫付性项目贷款。

项目临时周转贷款不得用于垫付征地、拆迁等工程建设及其他费用，更不能用于弥补项目建设资金缺口。

【适用对象】

1. 国家发改委已经正式批复，政策性银行已正式或有条件承诺的贷款项目，但是资金因各种原因未能及时到位。

2. 已签订代理协议明确由本行代理的政策性银行贷款，由银行转贷的国际金融组织贷款项目。

3. 企业已经准备发行中期票据，承诺用于某项目。

4. 上市公司已经通过发审委批准的增发项目等。

【期限】

项目临时周转贷款期限原则上为 1 年，最长不超过 3 年（含展期）。

【利率】

发放项目临时周转贷款利率执行国家规定的利率。

【业务提示】

1. 凡经银行正式承诺的贷款项目，发放项目临时周转贷款的方式须与银行拟发放的项目贷款方式相一致。对承诺以信用贷款支持的项目，可采用信用方式；对承诺以抵押（担保）贷款支持的项目，要落实相关的抵押（担保）。特别是有条件承诺的贷款项目，必须办理合法、有效、可靠的抵押（担保）手续。

2. 项目临时周转贷款的借款合同须使用银行固定资产贷款的统一合同文本格式。

【贷款管理】

1. 借款人应在银行开立基本结算账户或一般结算账户，并开立资金专户，各项建设资金必须存入专户实行封闭管理。

2. 项目临时周转贷款统计按贷款品种分别列入固定资产贷款会计科目核算。

3. 项目临时周转贷款发放的额度仅限于满足合同规定的项目建设资金需要，不得与借款人的其他项目交叉使用。

4. 对代理政策性银行项目贷款时，要在代理协议中明确偿还银行临时周转贷款条款；对于担当过桥融资的贷款，在中期票据发行成功或定向增发资金到位后，应及时归还银行贷款。

5. 银行要加强对资金使用情况的监督与管理，防止借款人挪用、占用或改变贷款用途。

【特别规定】

对煤、电、油、运等基础设施项目临时周转贷款的特殊规定。

1. 基础设施建设项目主要包括煤炭（包括煤炭的开采和洗选）、电力（包括电网和电源）、石油石化（包括原油和天然气开采、原油和液化石油气以及液化天然气的接收和存储、输油管网和输气管网、原油加工和石油制品制造）、铁路（包括新建和改扩建铁路，铁路机、客车车辆购置）及港口（包括客、货运港口码头和泊位建设）等行业的建设项目。

对上述行业基础设施建设项目发放的临时周转贷款主要用于解决因项目建设和前期施工准备而提前采购设备、建设物资的费用支出及工程价款和其他项目建设费用的支付等。

2. 建设项目除要符合国民经济和社会发展（行业）规划、国家产业政策和银行信贷政策外，还应具备以下条件：

（1）经国家投资管理部门批准立项或核准。

（2）通过省级（含）以上国土资源部门对土地征用的初步审查。

（3）通过省级（含）以上环境保护部门对环境影响的初步审查。

（4）通过由国家投资管理部门委托咨询机构组织的项目评估，且咨询评估报告结论对项目建设基本认可，无负面评价。

（5）火电项目基本落实煤炭（或燃气）、供水、运输等相关建设条件，水电项目要明确基本的移民安置方案。

【业务流程】

1. 企业向银行提出申请办理项目临时周转贷款。

2. 银行审核项目的合法性，评估企业的后续资金来源的确定性。

3. 银行给企业发放项目临时周转贷款，用于企业的一般性周转。

4. 企业使用项目周转贷款，确保项目正式启动。

5. 企业的后续资金到位，直接置换银行前期的项目临时周转贷款。

【业务流程图】

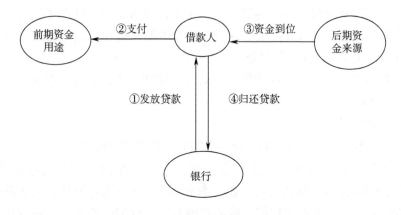

图 2 - 12　项目临时周转贷款流程

【风险控制】

后续资金到位必须有明确的保证，只有这样才可以控制过桥贷款风险。

【案例】上海第一电力有限公司项目临时周转贷款

一、企业基本情况

上海第一电力有限公司由原上海物资集团总公司和上海市燃料总公司共同投资组建，注册资金5000万元，现总资产为2亿元。公司准备上马浦东电厂二期项目，已获得国家开发银行提供的贷款5亿元的承诺，但是贷款到位时间较长，而公司准备立即开工。

二、银行切入点分析

上海第一电力有限公司属于银行的重点客户，公司股东实力非常强大，股东后续资本到位问题不大。银行考虑，在该公司股东资金未到位前，银行提供项目临时周转贷款，帮助企业促进经营。

三、银企合作情况

某股份制银行给上海第一电力有限公司贷款5亿元项目临时周转贷款，待国家开发银行贷款到位后，直接置换某股份制银行贷款。

三、项目融资

项目融资风险明显高于固定资产贷款，做项目融资必须看"出身"，项目公司的股东必须是非常有实力的大型企业，且项目本身属于基础设施、大型能源等项目，具有一定的垄断性，经营前景看好。

【产品定义】

项目融资是指项目发起人为该项目的筹资和经营专门成立的一家项目公司，由项目公司承担贷款，以项目公司产生的现金流作为还款来源，以项目资产或权益进行抵（质）押而取得的一种无追索权或有限追索权的贷款方式。

无追索权项目融资。无追索权项目融资也称为纯粹的项目融资，在这种融资方式下，贷款还本付息完全依靠项目自身的经营现金流。同时，贷款银行为保障自身利益，必须从该项目拥有的资产中取得物权担保。当该项目由于种种原因未能建成或经营失败，其资产或收益不足以清偿全部贷款时，贷款银行无权向该项目的发起方（股东方）追索。

有限追索权项目融资。除了以贷款项目经营现金流作为还款来源和取得物权担保外，贷款银行还要求有项目实体（即项目公司）以外的第三方提供担保，一般由项目出资方按出资比例提供担保，并仅仅是在项目未产生现金流的阶段提供担保。在这个阶段，一旦出现项目建设失败等情况，贷款行有权向第三方担保人追索。一旦项目建成运作正常，有了现金流入则担保撤销（即便市场发生变化，项目产生的全部现金流不足以偿还贷款，担保人也无须承担责任）。

【点评】

对于中小股份制商业银行而言，要慎重发展项目贷款。由于自身研究力量不足、市场谈判地位不对等，以及资金实力短缺等原因，因而不可能在项目融资市场上有较大作为。

项目融资必须有强大的资金实力作为后盾，有资金实力才可能有强势的市场谈判地位，才可能从一开始就掌握项目融资谈判主动权，争取银行有利的条件，并最终控制项目风险。

【产品特点】

1. 一次性融资金额较大，项目建设期和资金回收期较长，项目运行的不确定因素较多。

2. 操作复杂。项目融资贷款担保文件很复杂，协议条款需要多回合讨价还价谈判，需要双方的互相妥协，才能最终达成合作条款。项目融资贷款经常需要对融资结构进行创新。

3. 项目一般具有良好的经济效益和社会效益，都是关乎国计民生的水、电、铁路等基础行业，经济效益前景优越。

【营销建议】

项目融资主要用于需要巨额资金、投资风险大而传统融资方式又难以满足但现金流量稳定的大型资源类项目，大型工程项目（如天然气、煤炭、石油等自然资源的开发），以及发电、道路、铁路、机场、桥梁等大规模的基本建设项目。可以多查阅各地方的政府基建部门、各地发展和改革委员会的网站，找寻具体营销客户。

【适用对象】

项目融资适用于大型基础设施建设项目的投资者及项目公司。

【办理条件】

1. 项目本身已经由政府有权部门（主要是各级发改委）批准立项。

2. 项目可行性研究报告和项目设计预算已经由政府有关部门审查批准。

3. 与项目相关的国外技术、设备、专利的引进等已经由政府相关部门批准，并办妥相关手续。

4. 项目产品的技术及设备先进、适用、配套完整，有明确的技术保证。

5. 项目经预测有良好的市场前景和发展潜力，盈利能力较强。

6. 项目生产所需的原材料有稳定的来源，并已经签订供货合同或意向书，最好项目公司的投资方本身就是项目公司的主要原材料供应商。如中海油投资的大型惠州炼化项目，中海油本身就可以提供充足的原油。

7. 项目建设地点及建设用地已经落实，并得到当地政府的批准及承诺。

8. 项目建设以及生产所需的水、电、通信等配套设施已经落实。

9. 项目有较好的经济效益和社会效益，项目的产品销售已经得到落实，最好项目公司的投资方本身就是项目产品的需求方。

10. 其他与项目有关的建设条件已经落实。

【业务流程】

项目融资大致可分为四个阶段，即投资论证决策阶段、融资征询决策阶段、商务合同谈判阶段和项目融资执行阶段。

1. 投资论证决策阶段。项目投资方成立项目筹备小组，对项目行业、技术及市场情况进行分析，初步确定项目投资结构、公司运作模式。在此阶段，银行可以提供工程造价咨询类的中间业务，作为招投标顾问协助进行招投标准备工作，如招标文件中招标书设计、招标书中投标保函的格式等。

2. 融资征询决策阶段。项目投资者决定为项目开发筹集资金的融资方式，在此期间，银行可以提供财务顾问服务，具体设计包括贷款金额、融资组合、融资期限、利率、币种、提款期限、还款安排等，通过设计合理的融资组合，最大限度地降低项目的财务费用。

3. 商务合同谈判阶段。项目投资者与各相关方进行商务合同谈判。在此阶段，银行既可以为项目组建银团贷款，也可以直接提供融资支持。

4. 项目融资执行阶段。项目投资者与有关各方签署项目融资文件，执行项目投资计划，实施项目风险管理。在此阶段，银行可以提供账户结算行、贷款代理行的服务，主要包括为项目公司开立和管理各类账户，管理项目的抵押资产、权益及有关账户；提供存款、汇兑、结算、汇款等产品和服务。

【费用】

1. 作为招投标顾问，一般只收取日常成本费。

2. 作为财务顾问，一般收取日常成本费和成功费。

3. 银团贷款收取的费用参见"银团贷款"部分。

4. 作为抵押代理行按年收取抵押代理费。

【风险控制】

在办理业务前必须落实以下事项：

1. 项目发起方必须有足够的运作经验，一直在从事本行业的生产运作经营，有较强的项目运作经验。

2. 项目生产的产品有市场。项目公司必须有较强的市场开拓能力，银行确信将来生产的产品能销售出去。

3. 原材料、水电供应有保证。项目所需的原材料等其他资源得到落实，已经与原材料供应商（一般是股东方）签订供应协议，水电等资源已经得到本地政府的承诺。

4. 必要的保险。防止项目出现工程事故、意外损害等风险情况，影响银行信贷资金安全。

【案例】广东省粤能火力发电厂项目融资安排

一、企业基本情况

项目背景：广东省粤能火力发电厂属于中外合资企业，总装机容量70万千瓦，总投资为42亿港元。这是中国较早的一个有限追索权的项目融资案例，也是事实上在中国较早使用BOT融资兴建的基础设施项目。

投资结构：采用中外合作经营方式兴建。合资中方为深圳××电力开发公司（A方），合资外方是一家在香港注册并专门为该项目成立的公司，××电力（中国）有限公司（B方）。

合作期10年。合作期间，B方负责安排提供项目全部的外汇资金，组织项目建设，并且负责经营电厂10年（合作期）；作为回报，B方获得在扣除项目经营成本、煤炭成本和支付给A方的管理费后百分之百的项目收益。合作期满时，B方将A方的资产所有权和控制权无偿转让给A方，退出该项目。

二、银行切入点分析

广东省属于中国最为发达的东南沿海省份，地区经济非常活跃。广东省政府投资建立电厂，未来的电力销售前景应当看好。由于股东方不提供任何的担保，因此，该项目最大的问题是设计合理的融资结构，使得银行确信保证项目风险可以得到控制。而控制风险一般从两头入手——采购，原材料能够正常供应；销售，产品有正常销路。只要能够屏蔽这两端风险，项目成功就确定了一半。

三、银企合作情况

经过某银行精心策划，确定了以下融资模式，借款人也积极配合。

1. A方的电力购买协议。这是一个保证将来生产的电一定有市场的销售协议。即买方将来一定"提货与付款"，协议规定A方在项目生产期间按照事先约定的价格从项目方购买确定的最低金额的发电量，从而排除了项目的市场销售风险。

【点评】

A方有非常强的实力，且有雄厚的政府背景，履约能力较强。通常电力、炼油、采煤、炼钢等行业的项目融资，股东方一般都会签订类似的购买协议，因为本身这些行业就是垄断行业，扩大产能本来就是为了获得更多的利润。

2. C方（山西新源煤炭集团）的煤炭供应协议。这是一个保证正常生产的供应，以及原材料供应通畅的协议。即供应方一定会提供"供货"性质的合同，规定C方负责按照一个固定的价格提供项目发电所需要的全部煤炭，这个安排实际上排除了项目的能源价格和供应渠道风险，以及可能产生的生产成本超支风险。

3. 某公司为A方的电力购买协议和煤炭供应协议提供担保。一般是由实力雄厚的、有政府背景的投资公司提供担保。

4. 广东省政府为上述三项安排出具支持信函。虽然支持信函并不具备法律约束力，但可作为一种意向性担保，在项目融资安排中具有相当的分量，表明了本地政府的态度。

5. 项目完工协议。设备供应及工程承包财团所提供的"交钥匙"工程建设合约，以及为其提供担保的银行所安排的履约担保，构成了项目的完工担保，排除了项目融资贷款银团对项目完工风险的顾虑。

6. 某保险公司安排的项目保险。项目保险是电站项目融资中不可缺少的一个组成部分，这种保险通常包括对出现资产损害、机械设备故障以及相应发生的损失的保险，在有些情况下也包括对项目不能按期投产情况的保险。

7. 与项目有关的政府批准文件。包括有关外汇资金、外汇利润汇出、汇率风险等问题，必须在动工前得到批准和作出相应的安排，否则很难吸引到银行加入项目融资的贷款银团行列。

8. 与项目有关的基础设施安排。包括土地、与土地相连接的公路、燃料传输及贮存系统、水资源供应等一系列与项目开发密切相关的保证措施。

【点评】

　　1. 作为项目公司的股东必须实力雄厚，有深厚的政府支持背景及丰富的行业经验，使银行确信项目能够正常运行并顺利完工。

　　2. 必须落实项目所需原材料的供应、产品的销售，以保证项目可以正常投产，创造出足够的现金流量来偿还银行的贷款。

　　3. 政府明确的支持态度。政府的态度非常重要，是保证将来项目顺利实施的关键，将来项目所需的外在条件都能得到及时的满足。

四、银团贷款

　　银团贷款是商业银行典型的"抱团取暖"行为，对于特大型的项目，经营存在一定的不确定性，任何一家银行单兵突进都意味着风险。而大家抱团，除了可以起到风险共担的效果外，还可以提高谈判的筹码。一旦出现风险，以银团方式谈判，可以共同进退。

　　【产品定义】

　　银团贷款又称辛迪加贷款，是指由获准经营贷款业务的一家或数家银行牵头，多家银行与非银行金融机构（包括财务公司）参加而组成的银行集团，采用同一贷款协议，按确定的分工，统一商定期限、利率和出资比例等条件，向同一借款人提供融资的一种贷款方式。

【点评】

　　通常客户会得罪一家银行，但不会与多家银行为敌。北京××科技有限公司的高科技芯片项目，虽然仅有 8 亿元，但还是组成了 4 家银行的银团共担风险。就是因为，该公司有实力较强的台资背景，一旦项目成功，未来的出口业务收益潜力非常大，可能带来可观的国际结算业务，大家都希望分一杯羹。但是电子行业面临未来的不确定性风险太大，各家银行还是希望共担风险。

【衍生操作】

大型船舶银团预付款保函。各参加银行按认购份额共同承担银团项下所有船舶预付款保函风险。风险责任解除前提为银团项下所有船舶交付后保函责任解除，银团即自然终止。

银团预付款保函是指由两家或两家以上获准经营保函业务的银行业金融机构基于相同保函条件，依据同一交易合同，按约定时间和比例，分别向申请人提供的本外币保函的一种授信业务形式。

例如，授予浙江造船有限公司 35 亿美元的银团保函，由中国进出口银行浙江省分行为牵头行，建设银行宁波市分行、中国银行宁波市分行、交通银行宁波分行、民生银行宁波分行、浙江商业银行宁波分行等 5 家银行参加。

再如，由中国银行徐州分行牵头组建的银团保函成功为江苏中能硅业科技发展有限公司开立了 3 亿美元银团融资保函。该笔银团保函由中国银行徐州分行与江苏银行徐州分行两家办理，系江苏金融系统首笔融资性保函。此次融资性保函业务在授信风险管理上，实行内保外贷，应收账款由中银保险担保，对风险持续覆盖。

【政策依据】

银团贷款业务指引

银监发〔2011〕85 号

第八条 银团贷款牵头行是指经借款人同意，负责发起组织银团、分销银团贷款份额的银行。

牵头行主要履行以下职责：

（一）发起和筹组银团贷款，分销银团贷款份额；

（二）对借款人进行贷前尽职调查，草拟银团贷款信息备忘录，并向潜在的参加行推荐；

（三）代表银团与借款人谈判确定银团贷款条件；

（四）代表银团聘请相关中介机构起草银团贷款法律文本；

（五）组织银团成员与借款人签订书面银团贷款合同；

（六）银团贷款合同确定的其他职责。

第九条 单家银行担任牵头行时，其承贷份额原则上不得少于银团融资总金额的 20%；分销给其他银团成员的份额原则上不得低于 50%。

第十条 按照牵头行对贷款最终安排额所承担的责任，银团牵头行分销银团贷款可以分为全额包销、部分包销和尽最大努力推销三种类型。

第十二条 代理行应当依据银团贷款合同的约定履行代理行职责。其主要职责包括：

（一）审查、督促借款人落实贷款条件，提供贷款或办理其他授信业务；

（二）办理银团贷款的担保抵押手续，负责抵（质）押物的日常管理工作；

（三）制定账户管理方案，开立专门账户管理银团贷款资金，对专户资金的变动情况进行逐笔登记；

（四）根据约定用款日期或借款人的用款申请，按照银团贷款合同约定的承贷份额比例，通知银团成员将款项划到指定账户；

（五）划收银团贷款本息和代收相关费用，并按承贷比例和银团贷款合同约定及时划转到银团成员指定账户；

（六）根据银团贷款合同，负责银团贷款资金支付管理、贷后管理和贷款使用情况的监督检查，并定期向银团成员通报；

（七）密切关注借款人财务状况，对贷款期间发生的企业并购、股权分红、对外投资、资产转让、债务重组等影响借款人还款能力的重大事项，在借款人通知后按银团贷款合同约定尽早通知各银团成员；

（八）根据银团贷款合同，在借款人出现违约事项时，及时组织银团成员对违约贷款进行清收、保全、追偿或其他处置；

（九）根据银团贷款合同，负责组织召开银团会议，协调银团成员之间的关系；

（十）接受各银团成员不定期的咨询与核查，办理银团会议委托的其他事项等。

第十五条 有下列情形之一的大额贷款，鼓励采取银团贷款方式：

（一）大型集团客户、大型项目融资和大额流动资金融资；

（二）单一企业或单一项目融资总额超过贷款行资本净额10%的；

（三）单一集团客户授信总额超过贷款行资本净额15%的；

（四）借款人以竞争性谈判选择银行业金融机构进行项目融资的。

各地银行业协会可以根据以上原则，结合本地区实际情况，组织辖内会员银行共同确定银团贷款额度的具体下限。

【适用对象】

银团贷款适用于以下两类借款人：

1. 实力超群的借款人，贷款金额巨大，任何一家银行单独承贷都较困难。例如，西气东输项目和大型的炼化项目的股东是大型石油公司、电力公司等，实力非常强大。有巨额资金需求的大型企业集团和中央、地方重点建设项目成立的项目公司。

2. 通常都是实力偏弱的民营企业等，贷款金额适中，任何一家银行能够单独承贷，但是出于分散风险和钳制借款人考虑，采取银团贷款方式。例如，中国民生银行地产金融事业部作为牵头行和代理行组织的百荣投资控股集团有限公司28亿元银团贷款，由兴业银行、中国银行、南京银行、华夏银行和深圳发展银行等6家银行组成了多家银行可能的多头授信和过度授信，在防范风险的基础上银企双方取得相对确定的收益，达到多赢效果。

【产品要求】

1. 贷款金额大、期限长，银团贷款一般都在5亿元以上，高的可达百亿元之多，贷款期限至少3年，通常为5~8年，长的可达20年。

2. 贷款法律文件签署后，由代理行统一负责贷款发放和日常贷款的管理，包括贷款本息的收取及银团成员之间的分配等。

3. 各成员行按照银团协议约定的出资份额提供贷款资金，回收贷款本息也按参加贷款的比例分配，共享收益、共担风险。

【营销建议】

1. 银团贷款和项目融资服务对象基本一致，主要是资金需求量大、周期长、有一定风险而传统融资方式又难以满足的项目，这类项目通常现金流稳定、经济效益好，如天然气、煤炭、石油等自然资源开发项目，以及发电站、道路、铁路、机场、桥梁等大型基础设施项目。在营销的时候，客户经理可以查阅各地方政府基建部门、各地发展和改革委员会的网站，找寻客户。

2. 在营销组织银团时，应当主动担当牵头行或代理行，争取贷款账户开立在本行。银行贷款通常资金量较大，有较好的关联效益，如银行可以交叉销售代发工资、银行汇票、项目所需设备的进口开证、进口押汇等综合银行业务。

在实践操作过程中，有两种操作模式，一种模式是将信贷资金集中到代理行，由代理行一家办理贷款手续；另一种模式是代理行首先自己全额发放贷款，然后将贷款份额的一部分销售给其他参加行。

【所需资料】

1. 借款人及担保人的企业法人执照复印件；

2. 政府部门批准的项目建议书、可行性研究报告和工程概算等资料；

3. 借款人注册资本验资报告或证明；

4. 购买设备、技术的商务合同及其他有关合同；

5. 项目工程建设合同及承建商的有关资料；

6. 借款人及其股东、担保人近三年的报表资料；

7. 外商投资企业、股份制企业等董事会或其他决策机构关于借款的决议；

8. 董事会成员总经理、总会计师等主要负责人的名单及其签字样本和履历；

9. 原材料、辅料、燃料等供应合同或意向书；

10. 项目所需水、电供应得到落实的证明及供应合同；

11. 项目产品的销售合同或意向书；

12. 工商、税务、环保、海关等部门关于项目的有效批复文件；

13. 银行需要的其他资料。

【产品优势】

1. 满足企业筹资金额大、期限长的大型融资需求。

2. 企业筹资时间减省，成本费用相对较低。

3. 拓宽企业融资渠道，提高企业融资能力。

【业务流程】

1. 客户向牵头银行提出银团贷款申请。贷款申请书的内容包括：

（1）项目业主方基本情况，经济前景分析；

（2）贷款金额、币种和用途、贷款期限、提款期限、还款计划等；

（3）项目发起方的企业基本情况；

（4）相关的抵押、担保情况；

（5）董事会批准申请银团贷款的决议；

（6）政府相关部门的批文等。

2. 牵头行根据客户提供的资料初步进行评估，并编写备忘录以供银团成员行决策参考，同时聘请律师负责对借款人、担保人进行尽职调查，并出具法律意见书。在此基础上，银团各成员行进行独立判断和评审。

3. 如果参加行反映良好，牵头银行向客户发出贷款建议书，就贷款安排提供建议，包括贷款金额、期限、利率、担保方式、还款安排等。

4. 客户向牵头银行提交筹资委托书及银团评审所需的相关文件（根据参加行的要求，客户提交较为详细的资料）。

5. 各参加行对客户进行调查评价，并按内部程序进行审批。

6. 审批同意，各参加行通知牵头行，并由牵头行组织参加行、借款人、担保人、抵押人签订银团贷款协议及相关的抵押担保协议。

7. 各参加行将资金集中划至代理行账户。代理行按照银团贷款约定的条件，组织贷款的发放和回收事宜。

【业务流程图】

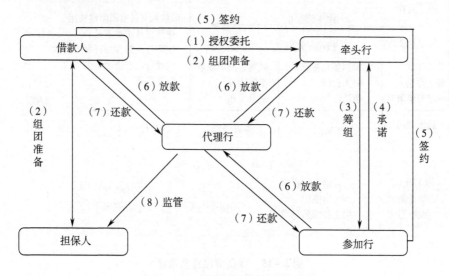

图 2 – 13 直接银团贷款业务流程

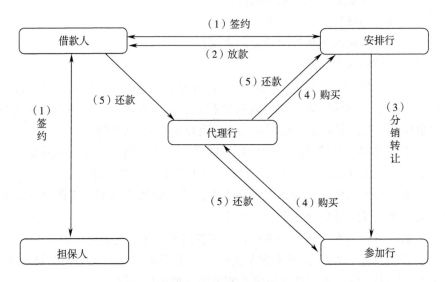

图 2-14　间接银团贷款业务流程

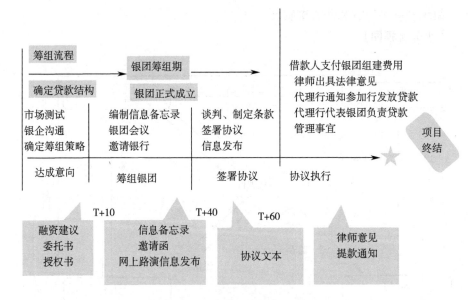

图 2-15　银团贷款业务流程

【期限】

银团贷款的期限比较灵活，短则 3～5 年，长则可达 10～20 年，通常为 7～10 年。在银团贷款的整个贷款期限内又可分为三个阶段，即提款期、宽限期和还款期，借款人应合理确定自己的贷款期限。

【利率与费率】

银团贷款的价格由利率和费率两部分组成。

1. 利率：人民币银团贷款利率，按照中国人民银行有关规定执行，外币银团贷款利率主要分为固定利率和浮动利率两种。固定利率由借贷双方商定，在整个贷款期限内不变，由于银团贷款通常期限较长，固定利率贷款对于银行而言风险较大。浮动利率贷款一般在中国人民银行规定的基准利率基础上加点确定［外币贷款一般以伦敦银行同业拆放利率（LIBOR）为基本利率］。浮动利率贷款可以将利率变动风险转嫁给借款人，对银行较为有利，大部分银团贷款选择的都是浮动利率。

2. 费率：在银团贷款中，借款人除了支付贷款利息以外，还要承担一些费用，主要是承诺费、管理费、代理费等。

承诺费又称承担费。银行在与银团签订借款合同后，借款人应当严格按照合同约定提款，借款人在用款期间，对已用的贷款要支付利息，银行收取信贷资金的对价；对未提用部分支付承诺费，因为银行要准备出一定资金头寸以备借款人随时提款，银行承担了一定的资金使用机会成本，所以借款人应按未提贷款金额向贷款人支付承诺费。承诺费通常按未提款金额的 0.1%～0.5% 计收，每季度或半年收取一次，承诺费是银团贷款收取的基本费用，由银团成员分享。

管理费是借款人向组织银团的牵头行支付的费用。由于牵头行负责组织银团、起草文件、商务谈判等工作，会有一定的日常支出，如通信费、印刷费、律师费等，所以要额外收取一笔贷款管理费作为提供附加服务的补偿，此项费用一般为贷款金额的 0.25%～0.5%，由借贷双方协商决定，该费用通常在签订贷款协议后 30 天内支付。

代理费是借款人向代理行支付的报酬，作为对代理行在整个贷款期间管理贷款、计算利息、调拨款项等工作的补偿。代理费的收费标准一般为贷款金额的 0.2%～0.5%，具体根据贷款金额、贷款期限和事务繁简而定，每半年支付一次。

【有关主体】

在实际业务办理中，银团成员行称谓有很多种，如牵头行、安排行、包销行、联合安排行、高级经理行、经理行及参与行等，但是无论称谓如何，按照在银团贷款筹组过程中承担工作的不同，实质上只有三个主要角色：

1. 牵头行，即接受客户委托，策划组织银团并安排贷款分销的银行，牵头行只保证其承诺部分贷款的分销，既可以由一家银行担任，也可以由几家银行联合担任。

2. 参加行，即接受牵头行邀请参加贷款银团并按照协商确定份额提供贷款资金的银行。

3. 代理行，即贷款法律文件签署之后，由代理行负责贷款的发放和后期管理，代理行通常由牵头行或其分支机构担任，也可以由各成员行通过协商确定。

代理行主要职责包括：（1）开立专门账户管理贷款资金；（2）根据约定提款日期或借款人提款申请，按照协议规定的贷款份额比例通知银团各成员行将款项划到指定账户；（3）监督借款人按规定用途使用贷款，进行贷后管理，发现异常情况及时通知各成员行；（4）计算、划收贷款利息和费用，并按合同约定划转到各成员行指定账户；（5）按合同规定回收贷款本金，并按合同约定划转到各成员行指定账户。

【点评】

虽然承担了一部分工作，但是由于银团贷款主要资金沉淀在代理行，因此，牵头行一般都会主动争取担当代理行角色。

【案例】深高速清连改造项目银团贷款

一、企业基本情况

广东清连公路发展有限公司负责广东清远至连州公路的经营，项目全长215千米，是连接珠江三角洲发达地区与广东省中北部地区、湖南省及内地的重要通道。该公路因交通量大、路面损坏严重，现已成为广东省南北交通的"瓶颈"。清连一级路迫切需要高速化改造。为解决建设资金需要，广东清连公司向深圳当地银行提出了银团贷款申请。

二、银行切入点分析

某商业银行广州分行了解到该项目后，马上向项目公司索取有关资料，并进行初审，认为项目前景较好，但融资金额较大，一家银行无力承担，于是马上向当地其他三家银行发出银团贷款意向征询并将相关资料发送至另三家银行。另三家银行经过评估，一致认可该项目，并同意参加银团贷款。

三、银企合作情况

经过与牵头银行洽商，广东清连公司与银团贷款项目参与银行签约，项目获得银行给予的 46 亿元项目贷款。广东清连公司将两项收费权作为银行贷款的质押担保，具体为：一是在广东清连一级公路高速化改造的建设期内，广东清连一级、二级现有收费公路的收费权；二是在广东清连一级公路高速化改造完成后，广东清连高速公路的收费权。

【点评】

银团贷款牵头行一定要负起责任，而参加行也必须认真做好信贷项目的贷后管理工作。银团贷款最容易出现的问题就是管理不到位，牵头行不作任何贷后调查，参加行也不管不问，盲目相信银团贷款不会出现风险。

中国航油（新加坡）有限公司银团贷款出现风险，给所有中资银行敲响了警钟——对于特大型集团客户的银团贷款，也不能过于盲目相信，必须了解客户具体项目、融资结构、资金用途等。

五、行内银团贷款

【产品定义】

行内银团贷款是指在与客户签订统一贷款合同的前提下，由总行营业部、各一级（直属）分行组成行内银团，对同一客户或项目发放的贷款。

【产品优势】

组织行内银团贷款是为了发挥银行统一法人优势，满足大型公司客户跨地区融资需求。调动各分行的积极性与主动性，发挥总分行联动、分行间合作的整体优势，营销大型优质公司客户，抢占金融市场制高点，监控与防范跨地区信贷风险，实现贷款效益最大化。

例如，五大发电集团在各地都有新设立的电厂，由于融资高度集权在总公司，因此，总公司所在地的北京分行往往非常关键，一旦北京分行成功开发五大发电集团总部，很容易成功开发各地优质电厂信贷项目。

【相关规定】

1. 行内银团贷款按照"公平、自愿、协商"的原则组织，各成员行依据贷款比例共享收益、共担风险。

2. 行内银团贷款的组织和运作应按照"先外后内"的原则，切实维护银行对客户的整体形象和信誉。

3. 总行公司业务部为行内银团贷款的归口管理部门，负责统筹全行资源，协调各成员行之间的利益分配，对行内银团贷款进行统一管理。

4. 行内银团贷款的运作必须遵守国家法律、法规，符合国家产业政策，执行银行信贷政策和信贷管理制度。

【基本要求】

行内银团贷款主要适用于以下情况：

1. 对采用"总公司（或系统财务公司）借款、分公司（或项目公司）使用"融资模式的集团客户，由总公司（或系统财务公司）所在地分行或总行营业部与分公司（或项目公司）所在地分行等组成行内银团。

2. 对采用"总公司（或系统财务公司）负责项目融资谈判，控股子公司（或项目公司）借款并负责偿还"融资模式的集团客户，由总公司（或系统财务公司）所在地分行或总行营业部与子公司（或项目公司）所在地分行等组成行内银团。

3. 对借款人与用款项目不在同一省份的跨地区投资、收购项目，由借款人所在地分行与项目所在地分行等组成行内银团。

4. 客户业务整合或资金管理模式转变造成贷款在系统内不同分行之间重新分布，而贷款管理及客户服务仍由原贷款行负责的，由原贷款行与新贷款行组成行内银团。

5. 对规模大、期限长的优质融资项目，当地分行缺乏足够的信贷资金或规模时，由资金充裕的分行或总行营业部，与当地分行组成行内银团。

6. 客户（或项目）所在地以外的分行或总行营业部，利用本行特殊营销优势，争取到优质融资项目后，与客户（项目）所在地分行组成行内银团。

7. 其他通过组织行内银团贷款，能够发挥银行整体优势、提高整体效益、降低整体风险的情况。

【营销建议】

由于中央企业和一些特大型的地方国有企业、甚至大型民营企业都在跨地区经营，这些集团企业的融资决策权高度集中在总部，总公司在外地设立子公司后，子公司的合作银行以及授信额度申请审批权都集中在总部。外地银行如果希望拓展这些子公司，必须得到总部所在地兄弟分行的帮助，要求总公司提供许可。通过总公司和子公司所在地两家分行的协作，共同为集团客户提供整体融资。

例如，国内的五大发电集团，即中国华电集团、中国国电集团、中国大唐集团、中国华能集团、中国电力投资集团；三大电信公司；三大国有石油公司；民营企业中的苏宁电器股份有限公司、大连万达集团有限公司、阳光100有限公司等。

【职责权限】

1. 参与同一行内银团贷款的总行营业部、一级（直属）分行均为该行内银团的成员行。成员行依据不同的职责划分为牵头行、管理行、账户行和一般成员行，根据实际情况，银团角色可以重叠。

2. 牵头行的职责包括：

（1）组织成员行研究制定贷款营销策略和报价；

（2）组织成员行成立专门营销小组开展贷款营销；

（3）组织成员行成立谈判小组与客户协商贷款条件；

（4）按照行内有关规定组织贷款评审，并向总行报送贷款最终意见；

（5）组织成员行协商确定贷款份额分配和银团角色安排，达不成一致意见的，报总行公司业务部裁定；

（6）组织成员行签署行内银团内部协议；

（7）负责对市场营销、银团组建、贷款审批过程中的资料进行全面整理并分送各成员行；

（8）行内银团内部协议约定的其他职责。

3. 管理行由全体成员行从牵头行、借款人所在地分行、资金使用地分行三者中按照有利于贷款管理的原则选择确定，管理行的贷款份额至少占贷款总额的30%。管理行的职责包括：

（1）根据贷款审批结果，与借款人签订借款合同，管理行若与借款人不在同一省份，应负责向所在地人民银行备案。

（2）落实贷款担保及其他附加条件，负责签订贷款担保合同，办理抵（质）押担保手续。

（3）接受借款人提交的提款通知书，审核提款前提条件，并依据行内银团内部协议计算各成员行的放款金额、指示其他成员行将贷款资金划到借款人在账户行开立的专门账户。

（4）若出现其他成员行不按约定发放贷款的情况，应首先垫付资金，保证借款合同的履行，再按照行内银团内部协议规定或裁定结果向违约成员行追偿。

（5）按照借款合同指示账户行划收贷款本息，并依据行内银团内部协议计算各成员行的应收金额，指示账户行将资金划转至成员行。

（6）客户经理负责贷款的全面管理，跟踪了解贷款使用、项目建设、生产经营等情况，并定期向各成员行通报。如发现问题，及时通知各成员行，协商解决办法。

（7）建立健全客户档案和项目档案，并将借款合同、抵押担保合同及其他与贷款相关的资料分送各成员行。

（8）按照有关规定定期进行贷款分类，并将分类结果及时通知各成员行。

（9）当行内银团贷款预计出现不良贷款时，负责统一协调各成员行，对信贷资产进行保全。

（10）定期召集召开行内银团会议，通报贷款执行情况，组织协商银团内部事宜。

（11）行内银团内部协议约定的其他职责。

4. 账户行按照方便借款人资金使用和有利于银行贷款管理的原则确定，可以由管理行兼任。账户行的职责包括：

（1）开立贷款专户，按照行内银团内部协议的约定和管理行的指令办理放款、收款及资金划拨手续，不得滞留资金；

（2）建立专门档案，详细记录各成员行各次放款、收款的金额，并定期向各成员行通报；

（3）协助管理行监控贷款资金流向；

（4）行内银团内部协议约定的其他职责。

5. 一般成员行的职责包括：

（1）在总行公司业务部和牵头行的组织下，统一开展营销；

（2）参与牵头行组织的贷款调查、评估、审查，向牵头行书面提交参与贷款的意见并抄送总行公司业务部；

（3）按照行内银团内部协议的约定和管理行的指示，发放贷款、回收贷款本息，支付银团费用；

（4）协助管理行进行贷款管理，如发现问题，及时通知管理行和其他成员行；

（5）若出现不良贷款，参与管理行组织的资产保全；

（6）行内银团内部协议约定的其他职责。

【利益分配】

1. 行内银团贷款营销及管理中的日常成本和费用原则上由各成员行自行解决，经各成员行协商同意后发生的大额费用支出，由各成员行按贷款比例分担。

2. 各成员行须按年向管理行支付管理费，管理费由固定管理费和浮动管理费两部分组成，其中固定管理费不高于各成员行月均贷款余额的0.05%，浮动管理费不高于各成员行月均贷款余额的0.1%。浮动管理费的支付前提是贷款全部为正常贷款，并且管理行按要求完成了有关贷后管理工作。具体费用标准由成员行协商确定并在行内银团内部协议中明确。

3. 成员行转让贷款份额，应向管理行支付一次性手续费，具体费用标准由成员行协商确定并在行内银团内部协议中明确。

【异议处理】

1. 如有下列情形之一，属于违约：

（1）成员行未按行内银团内部协议的约定发放贷款；

（2）成员行违背同比例原则，故意先收或后收本行在同一贷款中的贷款本息；

（3）成员行未按照行内银团内部协议约定向管理行支付费用；

（4）其他成员行资金不到位，管理行未履行垫付资金保证对外履约的职责；

（5）管理行未按照行内银团内部协议履行贷款管理职责，形成贷款风险；

（6）账户行恶意滞留资金；

（7）其他违反行内银团内部协议约定的行为。

2. 任一成员行出现上述行为，其他成员行均有权向全体成员行书面提出并抄送总行公司业务部。违约由其他成员行共同认定，并由总行公司业务部核定。

3. 违约的成员行应立即纠正其违约行为，并按照行内银团内部协议的约定向受影响的成员行进行补偿，情节严重、造成整体信誉受损或形成不良资产的，总行将在全行范围内通报批评，直至追究有关人员的责任。

4. 各成员行在执行行内银团内部协议中的争议，通过银团会议协商解决，协商不成的，以书面形式提请总行裁定。总行公司业务部将依据有关规定和经各成员行签署的行内银团内部协议，对争议各方进行调解，若调解不成，将会同总行有关部门组成仲裁小组投票裁决。

【风险管理】

1. 行内银团涉及的借款合同及担保合同等，由管理行代表全体银团，统一与借款人、担保人签署。

2. 行内银团贷款各成员行的贷款份额、银团角色及相应的责权利等，通过行内银团内部协议约定。牵头行应于贷款审批完成后、管理行与借款人签署借款合同前，组织成员行签署行内银团内部协议，并将协议及其他相关资料报总行公司业务部备案。

3. 行内银团成员行间应建立定期通报制度和重大事项随时通报制度，并在行内银团内部协议中明确。

4. 涉及行内银团贷款的重大事项，由全体成员行共同协商，原则上按照贷款份额比例投票决定，具体事项内容及投票比例在行内银团内部协议中约定。

5. 各成员行发放贷款、回收贷款本息应严格按照贷款比例同时进行。

6. 行内银团贷款发放和本息收回均通过在账户行设立专户办理。

7. 根据借款人的提款要求，管理行审核确认满足提款前提条件后，按照贷款承诺比例计算各成员行的放款金额，并于提款日前 3 个工作日通知各成员行和账户行；成员行于提款日当日通过资金汇划将款项划至账户行；账户行汇集各成员行划来的款项后，转入本贷款专户。

8. 管理行负责按照实际贷款比例计算各成员行应收的利息额，于结息日前 3 个工作日通知各成员行和账户行；账户行于结息日当日划收利息并将相应份额划转至各成员行。

9. 管理行负责按照实际贷款比例计算各成员行应收的本金额，于还款日前 3 个工作日通知各成员行和账户行；账户行于还款日当日划收贷款本金，并将相应份额划至各成员行。

10. 行内银团贷款如发生逾期，逾期部分按中国人民银行有关规定向借款人计收罚息，并按实际贷款比例分配给各成员行。

11. 借款人调整利率、提前还款、再融资、展期或期限调整的申请，由管理行统一受理，并提请全体成员行投票决定，按行内有关规定报批。各成员行贷款的利率和期限应同时调整，借款人提前归还的贷款应按实际贷款比例同时划回各成员行。

12. 根据实际情况，有条件的行内银团贷款应实行封闭运行管理，管理行应在借款合同中明确：客户在各地实现的销售收入均应回笼到银行当地分行，客户资金主要流动方向所涉及的各分行都应对客户资金存储、支付、划拨、使用实施全过程监督管理。

13. 各成员行均应按照行内有关规定登记信贷管理系统，其中，借款人信息由借款人所在地的成员行负责登记，项目信息由管理行负责登记，贷款信息由各成员行根据自己的实际贷款金额登记。各成员行均可按照行内有关规定申请授权，以查询借款人情况、项目情况及其他成员行对借款人的贷款情况。

14. 各成员行可以按照行内有关规定将全部或部分贷款份额转让给其他分行，但管理行转出贷款后的贷款份额不得低于全部贷款份额的 30%，银团的其他成员行在同等条件下具有优先受让权。转让后，行内银团内部协议应相应修订并经全体成员行签署。

【案例】安徽省合肥联合发电有限公司营销案例

一、企业基本情况

安徽省合肥联合发电有限公司是由中国华电集团有限公司在安徽省投资兴建的大型电力企业，注册资本 11.6 亿元。公司经营期为 24 年，主要从事建设和经营合肥第二发电厂及电厂灰渣、余热的综合利用。合肥第二发电厂是安徽省"九五"计划的重点工程，也是合肥市有史以来最大的基础工业项目和利用外资的项目。电厂位于肥东县桥头集镇，西距合肥市政府广场约 35 千米，厂区占地面积为 38.5 公顷。电厂总装机容量 130 万千瓦，一期工程建设两台 35 万千瓦燃煤汽轮发电机机组，总投资额 46.39 亿元。公司总资产 33.2487 亿元，净资产 22.2429 亿元，实现主营业务收入 12.6 亿元，净利润 1.4 亿元。公司资产规模大，主营业务收入稳定，各项财务指标良好，由于政策支持力度大，在上网小时数和上网电价方面具有竞争优势，取得了良好的经营业绩，是安徽省效益最好的电厂之一。

二、银行切入点分析

某银行安徽省分行希望营销安徽省合肥联合发电有限公司，该公司为各家银行争相营销的优质客户，而且该公司的对外融资权高度集中在集团母公司。某银行积极联系兄弟行——北京分行，希望做母公司的工作，切入贷款。

三、银企合作情况

北京分行由于与中国华电集团有限公司一直有着较好的合作，因此很快营销成功，华电集团指定该银行贷款，授信介入。由于一期项目贷款是由安徽省分行牵头，提供 5 亿元；北京分行参与，提供 3 亿元，组成行内银团贷款。两家兄弟行合作，取得了双赢的局面。

六、房地产开发贷款

国内各家银行纷纷重视开展房地产金融业务，一般选择支持和培育大型优质房地产开发企业，拓展个人住房信贷业务，实施以大中城市为主导的住房金融发展战略。

在住房开发贷款方面应重点支持具有良好开发业绩、实力雄厚、管理规范的大型和特大型优质房地产开发企业，拓展个人住房贷款业务。同时，应积极创新业务品种，注意交叉销售与住房金融业务相关的其他业务。银行开展住房金融业务，一方面在于住房金融业务风险较低、收益稳定，是银行优质的长期信贷资产；另一方面，银行可以通过积极参与住房制度改革的金融配套工作，赢得政府支持、社会认同，取得较好的社会效益。

【产品定义】

房地产开发贷款是指银行提供给房地产开发企业用于住宅、写字楼等项目开发建设的特定用途贷款。一般由企业提供已经取得土地使用权的土地、已经取得房屋所有权的房产作为抵押或由企业的股东提供担保。

【点评】

房地产开发实在太有诱惑力了，没有任何一家银行会忽视它。房地产贷款可以有效带动按揭贷款、对私存款、银行卡、代发工资等业务，是发展个贷业务的基础，关联收益较大，有利于银行公私关联营销及银行多产品交叉销售，价值非常高。

房地产产业链条，上游是施工企业/材料供应商；下游是个人消费者、对公客户。

房地产贷款必须注意整个产业链条的完整资金流动，尤其是导入终端消费者（购房户）的资金，实现产品的销售，从而保证整个房地产产业链条各交易主体的安全，保证产业链条的完整运转，获得资本回报。

【适用对象】

房地产开发贷款的对象为经国家房地产主管部门批准成立，在工商行政管理部门注册登记，并取得企业营业执照及由行业主管部门核发的房地产开发企业资质证书的各类房地产开发企业。

【房地产项目资金工作流程图】

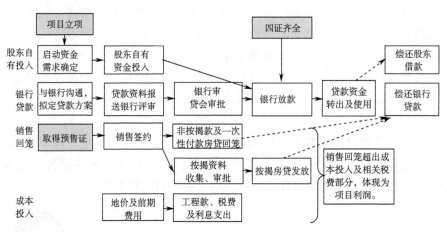

图2-16　房地产项目资金工作流程图

【营销建议】

1. 在拓展房地产客户时应把握以下几点：

（1）银行最看重借款人，抵押仅是一种额外保证，因此应重点审查借款人的经营能力、偿债能力，而不是一味看重抵押担保，否则就是舍本逐末。

（2）应当选择销售业绩良好、管理规范的大型房地产开发商，应将以下类型房地产公司作为选择目标：①国有大型房地产公司。优势在于通常具有强大的股东背景、管理规范、规模较大，基本不会出现虚假按揭的风险。②规模较大的民营房地产企业，优势在于开发效率较高、速度较快、销售方式灵活，大型民营房地产开发企业一般经验丰富，有较好的市场口碑。③实力雄厚的外资房地产公司，优势在于资金非常充裕，有着成熟的项目运作经验，但通常合作的条件较为苛刻。

（3）选择保障性房项目。由于保障性房的土地是由政府无偿划拨，开发商成本很低，同时市场需求量很大，因此产品的市场前景看好，不愁销路。

2. 选择大型房地产开发商的理由。

（1）政府支持。各地方政府对大型房地产开发商青睐有加，如天津市政府将中远、万科、万通、复地、富力、合生、中粮等大型开发商引入滨海新区建设；呼和浩特政府引入了北京金隅；烟台市政府引入了北京天鸿、阳光100；成都政府引入了首创地产等，这些公司实力较强、信誉卓著、有强大的市场号召力，受到了各地政府的欢迎。

（2）资金优势。大型房地产公司资金融通渠道较多，很容易获得银行贷款，银行动辄向大型房地产公司提供授信超过数十亿元，而且有实力、经营规范的企业通过上市融资、发行信托计划、引入国外基金等方式融资优势也十分明显，如北京首创、广州富力就成功在香港上市，从资本市场募集了大量资金。而一些实力不强的小型房地产公司则融资渠道匮乏，存在一定的资金风险，曾经发生北京××房地产公司通过招标获得北京东城区某地块后，由于后续资金没有到位，无力开发建设，最终土地被政府收回重新招标的情况。

（3）市场欢迎。大型房地产公司信誉佳、资金实力强，在市场上建立了自己的品牌，开发的项目普遍规模大、配套全、服务优，很容易获得消费者的认可，公司具备强大的抵御行业风险的能力。虽然最近国家陆续推出了提高首付、限制投资性购房等措施促使房地产"降温"的措施，但是这些大型企业受到冲击很小，开发的项目仍然受到了市场的追捧。在激烈的市场竞争状况下，宏观调控措施不断出台，中小房地产公司就如同汪洋中的一条小船，生存将变得越发困难。

3. 与大开发商合作技巧。

与大开发商合作应当由总行高位切入，与开发商洽谈"一揽子"合作，提出合作的整体方案，如提供总额度为 50 亿元的整体授信，由开发商切分给下属地区公司使用，总部提供担保；开发商承诺下属公司指定该行下属分行为按揭银行。否则，由分行直接营销大开发商难度极大。

【点评】

房地产行业存在明显的"马太效应"，越是大型的、管理规范的房地产公司越能得到市场的支持。切记，在房地产行业，国家的相关政策随着经济发展变化，经常适时进行调整，贷款风险较大，银行要选择大型房地产企业择优支持。

寻找客户网站推荐：各地建委网站，通常各地建委有详细的房地产开发商信息。搜房网：http：//www．soufun．com/。

【贷款条件】

借款人申请住房开发贷款时，应具备以下基本条件：

1. 具有企业营业执照及有权部门核定的房地产开发资质等级证书；

2. 综合类房地产开发企业，原则上应具备房地产开发二级（含）以上资质，且从事房地产开发经营 3 年以上，近 3 年房屋建筑面积累计竣工 15 万平方米以上，贷款项目没有拖欠工程款。

房地产开发项目公司，其主要投资商（控股股东）原则上应具备房地产开发二级（含）以上资质，且从事房地产开发经营 3 年以上，近 3 年房屋建筑面积累计竣工 15 万平方米以上，经营状况良好，无不良记录。

提供定向开发的房地产公司，可根据具体情况适当放宽条件。定向开发是指开发楼盘定向销售给特定的机构或购买人，例如单位的集资建房，当地公安、检察院、电力公司、公交公司、学校等在当地政府批准下，以自有产权的土地委托开发商代建楼盘，销售给本单位职工。这类项目开发商不承担项目的销售风险，委托方提供了项目需要的主要资金，通常风险较小。

3. 公司产权清晰，法人治理结构健全，经营管理规范，财务状况良好，开发经验丰富，资金实力雄厚，品牌知名度较高。

4. 具有贷款证（卡），并在银行开立基本账户或一般结算账户，无不良信用记录。

5. 贷款项目总投资中，各项建设资金来源落实，其中项目资本金不得少于国家规定比例（项目资本金是指所有者权益部分），并先于贷款发放全部投入房地产项目开发。股东借款、预售收入及其他银行借款可以作为分析项目资金缺口的依据，但不得计入项目资本金。

对分期开发的大中型项目，申请某一期开发贷款的，按当期投资开发要求项目资本金比例；对分期开发的大中型项目，申请整个项目开发贷款的，按整个项目总投资要求项目资本金比例。

6. 项目地段较好，周边项目销售情况良好；楼盘具有一定规模，一般小区规模在 5 万平方米以上；楼盘规划合理。

7. 开发商承诺该楼盘的个人按揭贷款与开发贷款的额度比例一般要求达到 1:1 以上（含）。原则上应要求个人住房按揭贷款业务在未还清银行贷款本息之前，全部由银行办理，开发商同意与银行签订银企合作协议。

8. 抵押物合法有效，由银行指定的资产评估机构进行评估。以出让土地使用权作为抵押物的，抵押率不得高于70%；以土地使用权加在建工程作为抵押物的，综合抵押率不得高于60%；以开发商尚未售出的普通住宅作为抵押物的，抵押率不得高于60%。

9. 银行发放的房地产开发贷款只能用于本地区（本地区指银行分支机构所在城区）的房地产开发项目，不得跨地区使用。

10. 既有住宅又有商用房的项目，住宅类建筑面积占项目总建筑面积比例不低于85%。

【业务提示】

1. 抵押人出质抵押的房产必须取得土地使用权证，以房产作为抵押的必须提供房屋所有权证。抵押贷款金额一般不超过抵押物评估值的60%。对用于抵押的财产要审查其合法性，并经过银行指定资产评估机构评估，抵押物可以包括土地使用权、在建工程、商品房。

2. 房地产抵押必须办理登记手续，办理抵押登记时，以土地使用权作为抵押物的，必须在抵押合同中注明抵押物包括土地和抵押合同签字生效后土地上的建筑物；以在建工程作为抵押物的，必须在抵押合同中明确抵押物的范围或部位，并将其占用范围内土地使用权一并抵押。以土地使用权或在建工程抵押的，在开发项目竣工验收符合商品房现房抵押条件后，应当将土地使用权抵押或在建工程抵押转为商品房现房抵押。

3. 抵押物必须办理保险并指定贷款银行为保险第一受益人，投保总额不低于银行贷款本息额。

4. 住房开发封闭贷款期限根据项目开发期决定，一般为2年左右，最长不超过3年。

5. 抵押的土地使用权或房产为合法取得的，并拥有完整的所有权。

6. 拟抵押的房产在建筑上和使用上完全符合法律及国家有关部门的规定。

7. 拟抵押的房产如已部分或全部出租，抵押人应将抵押事宜告知承租人。

8. 拟抵押的房产应当地理位置优越，属于优质项目，易变现。

【点评】

必须谨防抵押项目被过度高估，借款人恶意套取银行信贷资金，以非市场方式变现房产。现在，房地产企业普遍连续购地，资金链非常紧张，在开发按揭封闭贷款模式下，要防止企业挪用销售资金转移到其他项目上。

【产品优势】

优质大型的房地产公司对银行收益贡献度较大，可以促进个人住房按揭贷款、对私存款、银行卡、代发工资等对私业务，综合价值非常高。

【业务流程】

1. 开发商向银行提出流动资金借款申请。常约定，在银行办理按揭贷款，授权银行可以扣划按揭贷款归还开发贷款。

2. 银行对借款人进行审查，同时要求对拟抵押的土地（房屋）进行评估；担保方式下，审查担保人履约能力。

3. 银行同意贷款，开发商对拟抵押的土地（房屋）办理保险，受益人为贷款银行。

4. 开发商在房屋土地管理局办理抵押登记手续，在房屋有承租人的情况下，开发商须将此情况告知承租人。

5. 银行发放贷款并监督资金的使用。

6. 符合贷款条件，开发商指定银行为按揭银行。

7. 银行发放住房按揭贷款，资金直接进入开发商账户。

8. 银行扣收一部分已经发放的按揭贷款，归还本行开发贷款。

【业务形式】

银行住房开发贷款根据运行模式的不同分为住房开发封闭贷款和住房开发非封闭贷款。

住房开发封闭贷款是指以所开发项目土地使用权及在建工程作为抵押物，贷款发放、项目建设、销（预）售的整个环节中资金能够封闭运行。住房开发封闭贷款以外的住房开发贷款为住房开发非封闭贷款，包括以信用方式发放的开发贷款、以保证担保发放的开发贷款、以其他项目土地使用权或其他财产进行抵（质）押发放的贷款等。

银行住房开发贷款应以住房开发封闭贷款为主导，辅以住房开发非封闭贷款。发放住房开发非封闭贷款必须满足以下条件之一，并能有效保障银行贷款安全，并带动银行按揭业务发展：

1. 与其他银行合作均未采用封闭贷款模式的大型优质上市房地产开发企业。

2. 银行优先支持前期能够以所开发项目土地使用权抵押，后期变更为以其他银行认可抵押物抵押，或全程以银行认可的其他抵押物抵押的项目。

【风险控制】

严格控制纯写字楼、纯商铺等商业地产以及无任何按揭业务的纯住房开发贷款，银行应当将房地产开发商和具体项目同时评估，在选择的时候可注意：

1. 重点定位在地段成熟、交通便利、价格适中的楼盘，临近地铁、交通枢纽等，属于政府规划的大型居住区为佳。

2. 重点营销大型楼盘项目。大型楼盘通常整体规划较好、配套齐全、分期开发，有一定的升值潜力。

3. 回避被过度炒作的楼盘。很多楼盘被投资客大肆炒作，价格在较短时间内急速攀升，这样的楼盘风险较大，银行应当避免介入。

4. 回避存在政策性风险的楼盘。部分开发商以住宅立项而实际从事的却是商业地产的开发，虽然可以少交土地出让金，但是预留了很多风险隐患。

此外，还应特别注意以下几点：

1. 资金的全程封闭运行。银行应当在贷款发放、项目建设、销（预）售资金回笼整个环节中，确保资金能够封闭运行，全过程封闭风险。

2. 按揭贷款属于优质贷款，风险相对较小。银行贷款的最大问题在于一味提供开发贷款，但是实践操作中却不注意要求开发商严格履行开发贷款必须配套按揭贷款的承诺。

3. 以自有资金支付土地价款是基本前提，房地产公司自有资金投入的底限一般为40%，这是抵御整个项目风险的关键，银行资金应当不超过整个项目所需资金的40%（其余所需资金一般采取预收款和施工单位垫资方式，一般预收款可能占到项目资金的20%左右甚至更高）。

4. 开发贷款的担保方式应采用抵押形式。借款人如果是项目公司，原则上还应要求项目公司的控股股东提供连带责任保证。

5. 客户经理应定期到施工现场了解项目进展情况，参与有关会议，适时掌握项目最新动态，了解项目可能面临的风险，及时拟定控制风险的具体措施。

【案例】北京新大都房地产开发公司的房地产开发贷款

一、企业基本情况

北京新大都房地产开发公司为大型综合类房地产开发企业。成立以来，开发建设了商品房、保障性房、写字楼及别墅等多种类型的项目，积累了丰富的开发经验，并在北京的房产市场中占有一定的市场份额，公司年销售额突破 100 亿元。开发建设的商品房有：新大都花园、新大都总部公寓、天坛新大都公馆等；开发建设公寓写字楼包括新大都国际、新大都科技中心、新大都国际公寓、新大都大厦、新大都之星、新大都世纪。

1. 授信申请人土地储备情况：公司目前现有土地储备超过了 100 万平方米。

【点评】

　　企业土地储备较多，发展后劲十足，具备非常丰富的开发经验，且有成功的案例，对这样的公司通常可以放心合作。

2. 项目概况。

（1）规模：北京新大都花园项目位于北京南三环刘家窑环岛，项目总规划建筑面积约为 40 万平方米，其中一期两栋楼总建筑面积为 529 万平方米，已全部售罄。本次向银行申请开发贷款为二期工程，共两栋楼，总建筑面积为 59 万平方米。

（2）位置及周边设施：北京新大都花园项目位于丰台区宋家庄，项目地理位置优越，周边商业设施有中国建设银行、中国工商银行、大中电器、苏宁电器等；距方庄核心餐饮街仅 500 米，有顺峰酒楼、金山城酒楼、元太祖烤肉城、金鼎轩酒楼等许多著名老字号饭庄及肯德基、必胜客、麦当劳、好伦哥等现代快餐店，商务范围较佳。

项目经济效益分析：该项目总投资 25 亿元，其中企业自筹资金 16 亿元，尚有 9 亿元资金缺口，拟通过银行贷款解决。该项目已取得四证（国有土地使用证、建设用地规划许可证、建设工程规划许可证、施工许可证），公司累计投入 93 亿元，施工进度已完成全部地下部分和地上一层主体结构。

【点评】
　　拟用于贷款的项目地理位置优越，属于大盘项目，配套齐全、生活方便，市场销售前景乐观。

二、银行切入点分析

银行通过提供一定的开发贷款，可以有效地切入企业，撬动可观的按揭贷款。需要整个项目封闭运作，开发商将项目土地及地上建筑物全部抵押给银行。在达到按揭贷款条件后，银行发放按揭贷款，归还银行开发贷款，同时银行对抵押部分进行解押，由开发商作为抵押主体变更为购房客户抵押，顺利将开发贷款转换成按揭贷款，银行贷款实现低风险运行。

该公司为规范的大型房地产开发公司，公司创建伊始即从事住宅及相关房地产项目的开发建设，在业内具有较好市场声誉，经过多年市场磨砺，公司年开、复工面积超过百万平方米，销售超过 50 亿元。公司具备完善的财务机制，管理规范，可以按银行要求进行财务监管。

银行经办人员对项目周边同等品质楼盘进行了了解，贷款项目在售价上具有一定优势，且该地段交通便利、周边设施完善，因此对该项目销售持乐观态度。

三、银企合作情况

公司由于开发资金需求量较大，公司向某国有商业银行北京分行申请开发贷款，提供北京新大都花园一期一幢房地产作为抵押，评估价值为 1.5 亿元，抵押率为七成，银行贷款 1 亿元，资金用于该项目的二期建设。客户承诺提供 2 亿元的个人住房按揭贷款。

综上所述，凭该公司自身实力及良好的信用，结合项目预期销售状况以及贷款封闭运作模式的安全性，可以保证公司如期归还银行贷款。同时，银行通过为公司提供 2 年期 1 亿元贷款，可获得一定的按揭业务，收益显著。

【点评】

1. 整个方案设计科学合理，资金全过程封闭，步步关联，非常值得借鉴。房地产贷款最重要的就是管理，银行必须投入足够的人力资源进行管理，做好相应的抵押、担保手续，严格签订相关的合同。开发贷款绝对不像提供给优质大型客户的一般流动资金贷款，只简单地办理贷后管理，开发贷款的规范操作是保证资金安全的基本前提。

2. 从还款计划安排看，鉴于房地产项目周期较长，因此将贷款期限定为两年，采用分期还款的方式，同时根据还款金额相应解除抵押物。按照上述计划，逐期归还银行贷款是比较合理的。由银行对此笔贷款进行封闭管理，同时承办该项目的按揭业务，根据对按揭量测算，在各个还款期销售回款都足以完全覆盖当期还款金额，且可以对项目销售回款及各项支出均在银行监管账户内封闭监控。以上措施可以保证银行信贷资金的安全。

七、商用房开发贷款

【产品定义】

商用房开发贷款是指向借款人发放的用于宾馆（酒店）、写字楼、大型购物中心及其配套设施等商用项目建设的贷款。

对非住宅部分投资占总投资比例超过 50%（含）的综合性房地产项目，其贷款视同商用房开发贷款管理。

【风险分析】

商用房开发贷款风险远远高于普通住宅商品房，由于中国商用房刚需不大，而且面临商水、商电，不能办理落户，无法解决小孩上学等问题，因此，商用房销售极为困难。银行应当注意回避中小商业地产商开发的这类项目。

【基本条件】

1. 经工商行政管理部门批准，核准登记、具备房地产开发与经营资格的企业法人。

2. 借款人为综合性房地产开发企业的，除符合上款规定外，其房地产开发资质应为二级（含）以上，实收资本不少于 10000 万元（含）或所有者权益不少于 20000 万元（含）。

3. 借款人为项目公司的，其实收资本或所有者权益应不少于 5000 万元（含），其控股公司实收资本或所有者权益应符合上述第 2 款规定，且同意提供项目按期完工、项目成本超预算时及时筹集项目建设资金的保证。

4. 借款人信用等级在 AA−（含）以上。

【贷款条件】

1. 系宾馆（酒店）、写字楼、大型购物中心及其配套设施等商用项目。

2. 地处商业繁华地段或中心商务区，地理位置优越，交通便利，规划设计合理，配套设施齐全。

3. 立项合法，已具备项目《国有土地使用权证》《建设用地规划许可证》《建设工程规划许可证》《建设工程施工许可证》。

4. 借款人投入项目的自有资金不低于项目总投资的 50%（含）且先于贷款资金到位。

5. 项目风险等级为 AA（含）以上。

6. 经评估，项目预期市场前景良好，宾馆（酒店）项目已落实知名品牌的酒店管理公司管理。

7. 经评估测算，项目预期净现金流量充裕，贷款还款来源稳定、可靠。

【贷款方式】

贷款采取担保贷款方式，原则上应采取抵押担保或借款人有处分权的国债、存单及备付信用证质押担保方式，担保能力不足部分可采取保证担保方式，确保贷款担保合法、充足、有效；严禁发放信用贷款。

1. 采取抵押担保方式的，贷款金额与抵押物实际成本或评估价值（两者取较低值）的比例不得超过50%（含）。

2. 采取国债、存单、备付信用证质押担保方式的，贷款金额与有价证券面值的比例不得超过90%（含）。

3. 采取保证担保方式的，保证人信用等级应为AA（含）以上，且企业经济实力雄厚，财务状况稳定，担保能力充足。

【贷款规定】

1. 贷款金额不得超过项目总投资额的50%（含）。

2. 贷款期限。出租、自营项目贷款期限最长不得超过15年（含），出售、转让项目贷款期限最长不得超过8年（含）。

3. 贷款利率按照中国人民银行和总行有关规定执行。

4. 还款方式。出租、自营项目贷款采取从项目竣工年度起，按季或半年等额（或按约定比例）归还本金的还款方式；出售、转让项目贷款采取按项目销售进度分期归还本金的还款方式，项目完成销售60%时应收回全部贷款本息。

【所需资料】

通常按照一般贷款的需要要求企业提供授信所需常规资料。

1. 公司章程和公司组织架构图；

2. 经过年检的营业执照正、副本原件及复印件；

3. 组织机构代码证、税务登记证原件及复印件；

4. 出示人民银行征信材料，并留下人民银行征信材料号和正确的密码；

5. 上年末及近期财务会计报告及审计报告；

6. 出具授权委托书，法人和经办人身份证原件及复印件；

7. 商业地产规划批复文件；

8. 土地使用权、规划投资许可证、建设许可证、开工许可证；

9. 银行要求的其他有关资料。

【业务流程图】

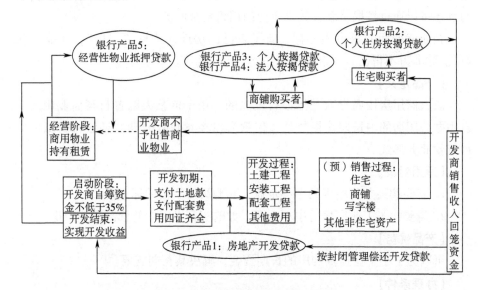

图 2-17　商用房开发贷款业务流程

【案例】蚌埠宝龙置业有限公司

一、企业基本情况

宝龙地产是一家中国领先的商业物业开发商，专注于开发及经营高质量、大规模多业态综合性商业地产项目。其物业项目一般位于福建省、江苏省、山东省、河南省以及安徽省多个增长迅速的新兴城市毗邻市中心的主流地段。宝龙地产拟主要在中国国内有高增长潜力的其他二三线城市扩展商业物业开发业务。被中国房地产 Top 10 研究组评为中国商旅房地产领先品牌。

二、银企合作情况

某银行提供商用房贷款 5 亿元，用于商业用房的开发经营，在商业地产开发完毕后，银行提供了经营性物业抵押贷款。

八、法人商用房按揭贷款

中国企业普遍有自己置业的想法，租用房子总是觉得寄人篱下，同时，白白将租金交付他人，总是觉得心有不甘。因此，中国企业购房非常普遍，银行应当非常重视该项业务，相对于流动资金贷款，此项业务不但风险可控，而且还可以通过按揭贷款，锁定企业的销售资金回流。

企业就如我们每个人一样，有了自己的房产，才算"安居"，才能"乐业"。除非万不得已，不会让银行拍卖自己的房产。

【产品定义】

法人商用房按揭贷款是指银行发放的、用于借款人购置自营商业用房或自用办公用房的中长期按揭贷款，借款人以经营收入分期偿还银行贷款的一种贷款业务形式。

【适用对象】

1. 需要购买办公用房的中小企业，如购买写字楼的标准间。

2. 需要购买工业厂房的中小企业，如购买开发区内的标准工业厂房。

【产品优势】

可以为中小企业提供购房的长期资金，解决其长期需要。

【办理条件】

1. 借款人为经工商行政管理机关核准登记并按规定办理年检手续的企（事）业法人，经营管理规范、财务状况良好。

2. 有贷款证（卡），在本行开立基本账户或一般账户。

3. 能提供贷款人认可的有效担保。

4. 有购买商业用房或办公用房合同或协议。

5. 所购商业用房或办公用房价格合理、品质较佳。

6. 符合贷款人要求的其他条件。

【业务流程】

1. 借款人选定房产，并与银行洽商贷款事宜。

2. 银行委托中介机构对房产评估，对售房企业核定担保额度。

3. 售房企业缴存房价款 5% 左右的保证金，并与银行签订担保协议，银行同时与借款人签订贷款协议。

4. 银行发放贷款，并划入售房企业账户。

5. 借款人分期偿还银行贷款本息。

【贷款期限和利率】

1. 贷款期限最长不超过 10 年。

2. 贷款利率按中国人民银行有关规定执行。

【业务流程图】

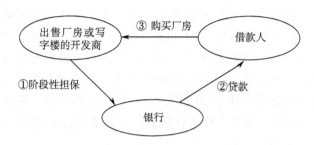

图 2-18　法人商用房按揭贷款业务流程

【风险控制】

1. 借款人本身必须有较好的经营运作能力，这是风险控制的基础。

2. 购买的写字楼或工业厂房本身产权清晰，不存在法律瑕疵。

【案例】北京诚必信书报刊发行有限公司法人商用房按揭贷款业务

一、企业基本情况

北京诚必信书报刊发行有限公司注册资金为 2000 万元，属于中型规模企业。该企业在行业内部具有较强的竞争力，与众多知名出版社签订了图书包销协议，为其唯一包销发行商。

该公司发行的多家期刊有几十年的历史，其发行的工具书和教育类丛书长期以来被教育界认可，受到广大师生的欢迎，销售有保障，良好的销售渠道给企业每年带来了稳定收入来源。借款人经营的图书、期刊产品为高利润行业，毛利占 25% 以上，净利润达 8% 以上，其产品主要为图书及期刊，销售收入为 1.26 亿元，主营业务利润为 3264 万元，净利润为 1322 万元。公司自身现金流非常好，足以应付现有的日常经营，同时与现有银行合作良好，很难切入。

【点评】

　　企业竞争力非常突出，经销的图书、期刊有较好的市场知名度，主业较为扎实，符合银行的客户选择。

二、银行切入点分析

经过××支行客户经理认真分析后认为，企业现在租写字楼办公，每年要付 80 万元，租金成本较高。鉴于北京房地产价格不断上升及公司决定长远发展的打算，可以劝对方购置房产，银行提供融资。说明通过自置办公用房省去以往租赁支付的租金，同时实现主业书报发行与分享中国房地产升值的双重利润。该公司负责人生于 20 世纪 70 年代，头脑灵活，听说银行的建议后非常赞同。××银行趁机介绍本行的重点按揭项目北京朝阳区新天地大厦，企业考察后决定购买。

新天地大厦地处朝阳区，项目地理位置优越，周边商业氛围良好。该项目在银行已经获得了 1 亿元按揭额度，由开发商北京信源基业房地产开发有限公司提供阶段性担保。所购房产 12337 元/平方米的均价属于合理价格，抵押物贬值的可能性较小，50% 的抵押率应当可以保障银行的利益不受损失。

【点评】

北京房地产价格多年来一直处于上升趋势，因此，借款人购置的房产未来贬值的可能性很小，且项目地理位置优、品质较佳，变现性较好。中国未来房地产行情看好，通过分期还款自置物业对于中小企业来说是一个较好的选择。

三、银企合作情况

银行提供贷款 1200 万元，期限 3 年，执行基准利率。

银行的风险控制措施：

（1）要求借款人以公司法人名义投房屋财产综合险，保险第一受益人为银行。

（2）要求开发商做阶段性担保，并交纳 5% 的保证金。

（3）分户产权落实后，做抵押登记。

（4）做强制执行公证。

【点评】

　　风险控制措施得力，通常法人按揭贷款风险度较低，企业因为购买自营用房，用自身经营产生的现金流分期偿还贷款，对企业而言，长期分摊贷款偿还，每期偿还贷款金额不大，企业偿还压力适中。通过按揭贷款，可以有效地将客户的结算资金吸引到本行。

【文本示范】

法人客户按揭贷款合作协议书

　　甲方：＿＿＿＿＿银行

　　地址：

　　邮政编码：

　　法定代表人（或授权代理人）：

　　电话：

　　乙方：

　　地址：

　　邮政编码：

　　法定代表人（或授权代理人）：

　　电话：

　　为促进＿＿＿＿＿＿楼盘（坐落：＿＿＿＿＿＿）的房产销售，甲、乙双方根据有关法律、法规、规章，本着"平等互利、相互支持、合作发展"的原则，经友好协商，约定如下条款：

　　第一条　在乙方取得商品房（商用房）预售许可证或办理新建商品房（商用房）产权初始登记后，甲方同意向符合甲方贷款条件的该楼盘购房人提供法人房屋按揭贷款。购房人所购商业用房为营业用房的，甲方发放的按揭贷款单笔金额最高不超过所购用房全部价款的＿＿＿＿％，贷款期限最长不超过_____年。购房人所购商业用房为办公用房的，甲方发放的按揭贷款单笔金额最高不超过所购用房全部价款的_____%，贷款期限最长不超过_____年。购房人所购商业用房为通用厂房的，甲方发放的按揭贷款单笔金额最高不超过所购用房全部价款的_____%，贷款期限最长不超过_____年。

第二条 甲方接受以下申请人的贷款申请：

1. 是经有权部门批准成立并依法持有有效的企（事）业法人营业执照、实行独立核算、具有法人资格的经济组织；

2. 具有贷款证（卡），并在中国光大银行任一分支机构开立基本账户或一般账户，信用状况良好；

3. 具有按期偿还贷款本息的能力；

4. 已与乙方签订真实合法的购买房屋的合同或协议，申请贷款时向甲方提供相关复印件；

5. 有不低于所购房屋全部价款的_____%（适用于营业用房）、_____%（适用于办公用房）、_____%（适用于通用厂房）的首期付款；

6. 甲方规定的其他条件。

甲方对购房人的贷款申请有最终决定权。

第三条 乙方保证按照国家有关部门批准的条件和要求建造并完成楼盘，并按照其与购房人签订的"商品房（商用房）预售/出售合同"规定的期限和条件将房产交付购房人。甲方只负责对购房人（借款人）提供信贷支持，借款人与乙方之间的任何纠纷（包括但不限于因房屋工程质量瑕疵或交付使用脱期等引发的纠纷），应当按照借款人与乙方签订的"商品房（商用房）预售/出售合同"解决，概与甲方无关。若借款人因前述纠纷而延期归还贷款或因与乙方解除"商品房（商用房）预售/出售合同"而提前终止与甲方的贷款合同，乙方须向甲方承担偿付所有贷款本息及相关费用的连带责任。

第四条 乙方为楼盘房产的所有购房人（借款人）向甲方申请的法人房屋按揭贷款提供担保，其担保方式为全额不可撤销的连带责任的保证，保证范围为各借款人的借款本金及由此产生的借款利息（包括罚息）、违约金、赔偿金及甲方实现债权的费用。此担保为连续的无条件的保证。保证期限为：

（1）从本协议项下甲方每笔法人房屋按揭贷款发放之日起至乙方协助相应的借款人办妥相应房产的权属、抵押登记手续，并将《房屋产权证》复印件和《房地产他项权证》原件交甲方收执之日止。

（2）从本协议项下甲方每笔法人房屋按揭贷款发放之日起至借款人归还全部贷款本息之日止。

在保证期限内，若借款人连续三期或累计六期不按贷款合同的规定按时偿付借款本息及其他相关费用，甲方有权向乙方发出履行担保责任通知书要求乙方承担全部连带责任，乙方应在接到甲方的通知书后的一个月内按照通知书中所载明的偿还金额、方式向甲方履行清偿义务。清偿方式包括但不限于：

（1）甲方有权从乙方在甲方处开立的担保保证金专户内直接扣收相应的金额，如有不足，甲方可继续向乙方追偿；

（2）由乙方对借款人已购房产进行回购，借款人因此获得的回购款项优先用于支付借款人尚未清偿给甲方的借款本息、违约金、赔偿金及相关费用等。

第五条　乙方保证在甲方开立销售商品房（商用房）存款户，所有向甲方申请法人房屋按揭贷款的购房人交付的首期购房款（含定金）及其他所有涉及该楼盘的款项（包括预售及销售款项和工程款）均将通过销售商品房（商用房）存款户运转。对提供给借款人的贷款，甲方可以借款人购房款名义直接划入乙方的销售商品房（商用房）存款户。同时，乙方可委托甲方代收今后该楼盘发生的物业管理费等各项费用。

第六条　乙方保证在甲方处开立担保保证金专户。乙方同意在甲方发放法人房屋按揭贷款时，按照借款人的房屋贷款金额的_____％提供担保保证金，逐笔划入担保保证金专户内的资金专项用于履行乙方在本协议第四条项下的保证责任。当借款人未按期偿付贷款本金、利息和其他应付款项时，乙方授权甲方从担保保证金专户直接扣收乙方应承担的债务金额，实现甲方在本协议项下的担保权益。

第七条　乙方必须将借款人所持有的商品房（商用房）预售/出售合同正本、首付房款的收款收据、100％楼款发票复印件交甲方保管。乙方与借款人修改商品房（商用房）预售/出售合同必须征得甲方的事先书面同意并将修改后的由借款人持有的商品房（商用房）预售出售合同正本提交甲方保管，否则乙方应承担因此给甲方造成的所有损失。

第八条　乙方在收到甲方代购房人（借款人）支付的购房款、并将房产交付购房人验收后，应会同购房人尽速向房地产主管部门申领上述房产的

《房屋产权证》《房地产他项权证》。因办理《房屋产权证》而需向甲方借出相关的贷款档案资料的，乙方应指定专人借取并开具授权委托证明，在甲方处造册登记资料清单，并经双方经办人签字、盖章后方可借出。乙方保证，在办妥为取得《房屋产权证》《房地产他项权证》所需手续后即将相关的贷款档案资料会同《房屋产权证》《房地产他项权证》全部交还甲方。在乙方与甲方完成交还手续之前，因任何原因造成《房屋产权证》《房地产他项权证》及借出的贷款档案资料的遗失、损毁，并因此而带来的纠纷和损失，均由乙方负责。

第九条　乙方应按甲方的要求，向甲方提交与本协议项下法人房屋按揭贷款有关的文件，并在借款人的贷款发生逾期时协助甲方进行催收。

第十条　乙方保证，其在本协议项下向甲方申请房屋按揭贷款合作、与甲方签署本房屋按揭贷款合作协议和为借款人提供连带责任保证的行为，均已得到乙方董事会或其相应公司最高权力机构的授权，且不违反乙方的公司章程及其他内部规定。

第十一条　甲、乙双方应严格遵守上述条款，任何一方对上述任何条款的违反均构成本协议项下的违约，违约方应无条件承担违约责任，包括但不限于赔偿因该等违约而对对方当事人造成的损失，支付违约金、赔偿金等。赔偿金自违约事情发生之日起计算，按每日收取。

第十二条　因本协议发生的争议，应通过协商解决，协商不成时，应向甲方所在地人民法院提起诉讼。在协商或诉讼期间，本协议不涉及争议部分的条款，双方仍须履行。上述规定并不影响甲方就因履行本协议所发生的或与本协议有关的一切争议、纠纷选择在其他任何有管辖权的法院提起诉讼的权利。

第十三条　本协议自甲乙双方法定代表人或授权代理人签字并加盖公章后生效，至乙方依据本协议第四条的规定向甲方提供的保证中最晚到期的保证结束时终止。

第十四条　本协议未尽事宜，按照有关法律规定执行或由当事人各方签订书面补充协议解决。补充协议（如有）应被视为本协议不可分割的组成部分，与本协议具有同等的法律效力。

第十五条　本协议正本一式_____份，甲、乙双方各执一份。

第十六条　本协议于_____年_____月_____日在甲方所在地签订。

甲方：中国光大银行杭州分行　　　　乙方：
（公章）　　　　　　　　　　　　　（公章）

法定代表人：（签字）　　　　　　　法定代表人：（签字）
（或授权代理人）　　　　　　　　　（或授权代理人）

九、中外合资、合作经营企业中方投资人新增资本贷款

【产品定义】

中外合资、合作经营企业中方投资人新增资本贷款（以下简称中方增资贷款）是指境内中资商业银行对中外合资、合作经营企业（包括港澳台资）的中方投资人增加注册资本金时不足部分发放的人民币或外币中长期贷款。

中方增资贷款必须用于从事《外商投资企业产业指导目录》中鼓励类、允许类项目的企业。

【政策依据】

依据中国人民银行关于印发《中外合资、合作经营企业中方投资人新增资本贷款管理办法》（银发〔2000〕68号）。

【产品定价】

贷款利率按中国人民银行规定的同档次中长期人民币贷款利率和中国人民银行授权中国银行公布的外汇贷款利率执行。

【产品期限】

银行应根据实际情况，合理确定贷款期限，贷款期限最长不得超过10年（含展期）。

【适用对象】

1. 凡经国家有权部门核准登记，已取得企业法人资格，实行独立核算，并已与外商（含港澳台商，下同）设立合资或合作经营企业的中方企业法人，均可向银行申请中方增资贷款。

2. 借款人申请中方增资贷款应具备下列条件：

（1）信用状况良好，没有逃废银行债务、恶意欠息、逃汇或骗汇行为，产品有市场、有效益，近两年连续盈利。

（2）与外商投资设立的中外合资、合作企业经国家有权部门批准，依法

取得外商投资企业批准证书、营业执照，生产经营在 1 年以上，发展前景良好。

（3）借款人在中外合资、合作企业中增加注册资本后，可保持或取得控股地位。

（4）借款人在中外合资、合作企业增资前应投入的注册资本和增加注册资本的自筹部分，已经依法验资并按期足额到位（比例不低于 50%）。

（5）银行要求的其他条件。

【基本规定】

1. 贷款金额最高不超过中方投资人所增注册资本金的 50%。

2. 贷款币种为人民币或外币。

【所需资料】

申请中方增资贷款的借款人必须向银行提供以下材料：

1. 贷款书面申请报告；

2. 国家有权部门批准合资、合作企业项目建议书、可行性研究报告的文件、外商投资企业批准证书和企业法人营业执照；

3. 国家有权部门同意中外合资、合作企业增加注册资本金的批复证明；

4. 借款人同意用其自身综合效益还贷的承诺及银行认可的还款计划；

5. 借款人的资产负债表、损益表、现金流量表及银行需要的其他报表；

6. 借款人在中外合资、合作企业中的控股权证明或银行认可的增资后将获控股权的证明；

7. 银行认可的借款人及其投资的中外合资、合作企业 1 年以上的财务状况及现金流量测算报告。

8. 银行要求的其他资料。

【产品优势】

1. 可以为合资企业中的中方投资人提供长期信贷资金，用于补充合资公司的资本金。

2. 银行可以发放长期的贷款，带来稳定的利息收入。

【业务流程】

1. 申请中方增资贷款的借款人必须向银行提供所需材料。

2. 银行接到贷款书面申请报告及有关资料后，要按照《贷款通则》和本文的有关规定进行贷款审查。

3. 银行可根据需要要求借款人提供有效的贷款担保。

4. 银行审查同意后,须与借款人签订借款合同。在中外合资、合作企业外方投资人所增加注册资本金和中方投资人增加注册资本金的自筹部分(比例不低于50%)已经足额到位以及银行要求的其他提款条件落实的前提下,借款人方可提款。

【风险控制】

1. 借款人必须根据银行的要求及时报告本企业及中外合资、合作企业生产经营情况,报送财务报表和相关资料。

2. 借款人应当按照借款合同规定的期限足额归还贷款本息。借款人偿还贷款本息的资金来源为:

(1)股权收益;

(2)借款人的综合经济效益;

(3)由借款人支配的其他资金。

借款人不能按借款合同约定期限归还贷款时,银行有权按有关规定加收罚息,并有权根据借款合同约定从借款人账户中划收贷款本息,无法收回贷款本息的,银行可依法向保证人、抵押人、质押人追偿。

3. 银行依据借款合同定期了解借款人生产经营管理情况,对各项财务报表进行审核分析。在借款人出现危及贷款安全及违反借款合同的情况时,银行有权依据借款合同采取贷款保全措施,保障贷款安全。

4. 银行对保证人、抵押物、质押物实施有效监督,有权采取有关措施保障贷款担保的实现。

【案例】 重庆嘉惠—基田发动机有限公司中方投资人新增资本贷款

一、企业基本情况

嘉惠—本田发动机有限公司是中国嘉惠工业股份有限公司与日本基田技研工业株式会社共同投资、完全按照基田公司生产和经营模式建立的生产摩托车及发动机的合资企业。公司首期注册资金为3570万美元,中方持股40%。公司地处重庆市内的国家级经济技术开发区,占地面积10万平方米,现有员工1000多人。公司经济效益较好,是各家银行的重点目标客户。

二、银行切入点分析

嘉惠—本田发动机有限公司准备进行二期资本追增5000万美元,中国嘉惠工业股份有限公司自有资金不足。某银行经过分析认为，嘉惠—本田发动机有限公司是本行业的领袖企业，占据绝对的竞争优势，经营效益非常好，是中国嘉惠工业股份有限公司的核心优质资产。中国嘉惠工业股份有限公司自身经营困难，难以有富余资金参与对该客户的增资。可以以中国嘉惠工业股份有限公司持有的嘉惠—本田发动机有限公司一期股权作为质押，银行提供二期新增资本贷款。

三、银企合作情况

某银行为中国嘉惠工业股份有限公司提供 2000 万美元等值人民币贷款，贷款期限 5 年，约定资金封闭用于对嘉惠—本田发动机有限公司的二期增资。中国嘉惠工业股份有限公司承诺用本公司持有的嘉惠—本田发动机有限公司现有股权作为质押，嘉惠—本田发动机有限公司对中国嘉惠工业股份有限公司的分红款作为主要还款来源。

十、商圈担保融资

【产品定义】

商圈担保融资是指通过商圈管委会或管理公司对入驻的商贸企业进行组织筛选，再通过担保公司或商圈管理公司担保为其获得银行融资的一种批发式授信业务。

【适用对象】

该产品适用于通常都有在各地的商业协会组织的商圈，商圈内的成员单位多为老乡或经营上的生意伙伴组成，成员之间彼此非常熟悉和信任。

这些客户多为中型规模的客户群体，需求的授信量在 1000 万 ~ 3000 万元。

【贷款用途】

主要用于中小企业生产周转需要，不得用于国家明令禁止的投资领域和用途，不得用于偿还银行存量不良贷款或违规贷款。

【贷款金额】

应根据中小企业的经营性现金流情况、抵押物所处位置和评估价值综合确定贷款金额，原则上单户贷款金额不超过 500 万元，且放款后企业融资性债务敞口不超过企业上年度销售收入的 50%。

【抵押物评估】

1. 抵押物自建成交付使用之日起，至借款人提出贷款申请之日止，未满1年的，买卖合同价即视为抵押物价值，可以不再另行评估。

2. 交付使用超过1年的，则必须由银行指定的专业评估机构进行评估、确认。

【抵押率】

1. 以土地使用权抵押的，抵押率原则上不超过70%，抵押评估值核定可参考下列其中条件之一确定：

（1）不得超过其6个月内的买入价格（以契税证载明的价格为准）。

（2）不得超过最近1年内同一地段公开拍卖挂牌底价。

（3）不得超过当地政府在同一地段土地指导价。

（4）不得超过当地政府在同一地段最近公开拍卖成交价的。

2. 以普通住宅、商业房产抵押的，抵押率原则上不超过60%。

3. 以别墅、高档公寓、办公楼抵押的，抵押率原则上不超过50%。

4. 以工业厂房抵押的，以厂房土建评估后评估值加所依附的土地使用权的评估值两者之和来确定最终的评估值，抵押率原则上不超过70%。

【抵押物管理】

1. 在放款前，应办妥抵押财产的保险、抵押登记等有效手续，费用由借款人承担。

2. 授信申请人应到银行认可保险公司购买财产保险，保险金额可按照贷款金额或抵押物评估价值购买，其中以建筑物、机器设备或其他价值易损的财产设定抵（质）押的，保险金额一般应与抵（质）押物价值相同，如抵押物价值高于授信敞口金额，最低不低于授信敞口金额＋3个约定的计息周期的利息；保险的有效期应至少长于授信到期日后的3个月，保险单正本保险期内缴费发票（复印件）由贷款人保管，原则上银行要为保险第一受益人。

3. 在债务债权关系存续期间，借款人不得以任何理由中断或撤销保险。

【所需资料】

1. 有关的商品购销合同等。

2. 供应商实力证明资料。

3. 通常按照一般贷款的需要要求企业提供授信所需常规资料。

（1）公司章程和公司组织架构图；

（2）经过年检的营业执照正、副本原件及复印件；

（3）组织机构代码证、税务登记证原件及复印件；

（4）出示人民银行征信材料，并留下人民银行征信材料号和正确的密码；

（5）上年末及近期财务会计报告及审计报告；

（6）出具授权委托书，法人和经办人身份证原件及复印件；

（7）真实有效的贸易合同，且交易商品在企业的经营范围之内；

（8）银行要求的其他有关资料。

【案例】上饶佳利商贸城商户贷款

一、企业基本概况

上饶佳利商贸城属于江西地区的重点商城，商城内有超过 300 多家商户，多从事服装、小家电、五金、皮革、玩具等销售，年交易额超过 200 亿元。

二、银行切入点分析

银行经过认真分析，认为上饶佳利商贸城属于非常有价值的渠道类客户，可以借助商贸城管理方营销众多的商户。

三、银企合作情况

洪城商圈中的上饶佳利商贸城通过银行、商会和担保公司三方合作，由银行对 247 家商户整体授信 1.1 亿元，大幅降低了企业融资成本。

十一、商铺经营权质押融资

【产品定义】

商铺经营权质押融资是指个体工商户将商铺经营权、优先续租权向银行质押获取融资。

【操作要求】

1. 为个体工商户提供贷款，用于向商铺所有人支付商铺经营权买断费用，通常需要个体工商户自己支付 50% 的费用，银行贷款承担另一部分。

2. 个体工商户使用自有资金支付商铺经营权买断费用，银行为个体工商户提供流动资金贷款，用于购进商品等。

【适用对象】

这种模式多存于融资规模较小、期限较短、需求更为灵活的大型生活资料交易市场内从事生意的中小商户（多是个体工商户），如北京的锦绣大地市场；成都的荷花池大成市场；徐州的朝阳市场等。这类商铺人流旺盛，生意较好，商铺的价值很高，非常值得银行深度拓展。

【风险控制】

1. 商铺的经营权一般应在 10 年以上，且商铺所在市场商业氛围浓郁，人气较旺。

2. 经营权作抵押获得贷款，最高可贷 100 万元。

3. 银行必须对商铺的价值能够作出非常准确的评估，同时，对本地的商业业态较为熟悉，有较好的商业地产的运作能力。

4. 商户内的经营企业必须形成规律或完整的经营记录，银行通过查看企业的经营记录了解全面的经营状况。

5. 市场管理方根据工商部门提供的商铺经营好坏和诚信度等信息，对商铺进行综合评估，把价值评估反馈给银行。

【业务流程】

1. 银行客户经理营销本地的专业市场的管理方，介绍银行的商铺经营权质押贷款。

2. 专业市场的管理方向经营企业推荐银行的商铺经营权质押贷款。

3. 经营企业向银行办理经营权质押，经营企业与银行及市场管理方签订质押协议。

4. 银行向经营企业办理贷款。

【营销建议】

银行客户经理必须对本地的专业市场非常熟悉，尤其是对一些商户密集、商业氛围浓厚、经营状况较好的市场高度关注。在中国各城市，都设立了较多的专业市场，如服装、塑料、牛仔布、鞋帽、钢材、水龙头、建材、卫浴等。专业市场内商户众多，每个商户贷款金额 20 万元；有 1000 家商户，整体贷款就会超过 2 亿元。而且这些商户本身议价能力较弱，银行只要提供贷款，一般都可以提出基本账户的要求。

很多银行客户经理营销市场的思路是一家一家拜访市场内的经销商，其实，这是错误的做法。

【案例】 朝阳集团小商品批发市场商户经营权质押贷款

一、企业基本概况

朝阳集团是经营小商品市场的企业集团，公司商城建筑面积40万平方米，集服装、针织品批发、零售、外贸于一体，批发贸易辐射全国并外销俄罗斯、蒙古等亚欧国际市场，是华北地区规模最大的服装、针织品交易基地和品牌加盟中心。商城开业6年以来，以高瞻远瞩的眼光、磅礴恢宏的气度和引领行业创新变革的使命感成为业界翘楚。已先后获得"全国十大服装批发市场"（第一届至第三届）"中国服装品牌推动大奖""中国纺织服装行业特别贡献奖""100个'最火'的北京好去处""2008时装之都市场建设奖"等殊荣。

二、银行切入点分析

银行与朝阳集团合作多年，经过双方前期沟通，银行针对徐州同类市场的具体情况进行了商铺经营权质押融资的可行性研究，制定了《商铺经营权质押贷款管理办法》和一系列合同文本，明确了市场准入标准、借款人条件、调查审批程序和风险防范措施等。

银行在产品创新的同时，注重加强风险控制，该经营权质押贷款坚持"整体授信、逐笔用信、个人自愿、按月还款、违约兜底"原则，具体操作是经营权质押经过公证处公证后，朝阳集团与银行签订商铺经营权回购协议，约定商铺经营业户逾期3个月不能正常归还所贷款项的本息，可向朝阳集团公司发出商铺经营权回购通知书，由朝阳集团代业主偿还所欠银行本息金额，并回购该商铺经营权。

三、银企合作情况

经过调查和准入审批，银行对朝阳市场业户授信总额度1亿元，目前已受理申请300余户，发放92户，发放此类贷款1亿元。商户使用贷款买断了朝阳市场10～15年不等的商铺经营权，这项融资业务的创新极大地支持了徐州朝阳市场的发展。

银行此次与朝阳市场的深入合作，一方面帮助商户解决了因缴纳经营权转让费、自有经营资金不足而影响经营的问题，同时朝阳集团又能及时获得转让资金，尽快投入市场的改造升级；另一方面，银行与市场业主的广泛合作后，可以吸引客户经营资金在该社存放，带来存款效应，贷款收益也较为可观。

【点评】

由于《物权法》《担保法》均未将商铺经营权和优先续租权列入法定权利质押标的物范围，因此商铺经营权质押融资方式存在合法性的问题，可能随时被叫停。另外，各地权利质押登记系统还存在不完善、操作不规范的问题，这使得商品交易中的商户难于充分享受到商铺经营权质押融资的便利。

【文本示范】

商铺经营权质押合同

出质人：

身份证号码：

质权人：

身份证号码：

为确保债务人全面、及时履行其在主合同（详细参见本合同第二条）项下各项义务，确保债权人债权的实现，出质人自愿以本合同项下的质物提供质押担保。

质权人经审查，同意接受出质人提供的质押担保。为明确合同双方的权利、义务，特制订本合同。

第一条 质物

本合同项下的质物为出质人对商铺的经营权。

第二条 主债权和质押担保

1. 被担保的主债权。

本合同所担保的主债权为债务人与债权人签订的合同编号为《借款/担保合同》（以下简称主合同）项下借款人全部债务。

2. 担保范围。

本合同项下的担保范围除了本合同所述主债权，还及于由此产生的利息（本合同所指利息包括罚息）、违约金、损害赔偿金、手续费及其他为签订或履行本合同而发生的费用以及债权人实现担保权利和债权所产生的费用（包括但不限于处置费用、税费、诉讼费用、拍卖费、律师费、差旅费），以及主合同生效后，经债权人要求追加而未追加的保证金金额。

3. 优先受偿权。质权人对质物有第一顺位的优先受偿权。

4. 主合同变更。

质权人在本合同项下的权利和利益，不因债权人给予债务人任何宽限、任何延期还款、债权人与债务人对主合同的任何条款进行修改、变更或替换等情形而受任何影响。如发生上述情形，视为已征得出质人的事先同意，出质人的担保责任不因此而减免。

第三条　质物保管

出质人将质物权利凭证，如土地房屋租赁合同、营业执照副本、组织机构代码证副本及特种行业经营许可证副本等证件原件交由质权人保存。

第四条　质物的处分及质权的实现

1. 在发生以下情形时，质权人有权处分质物以实现质权：

（1）出质人构成主合同项下违约的。

（2）发生主合同项下债权提前实现的情形的。

（3）出质人构成本合同项下违约的。

2. 如发生上述处分质物情形时，质权人有权与出质人协商直接行使经营权或对经营权进行出租、转让、拍卖等以实现债权。质权人行使质权，出质人应当无条件配合，不得对质权人行使质权设置任何障碍。

3. 质权人处分质物后，若有剩余的，应退还出质人。

第五条　陈述与保证

1. 出质人向质权人作出如下陈述与保证：

（1）出质人系独立的法律主体，具备所有必要的权利能力，能以自身名义履行本合同的义务并独立承担民事责任。

（2）出质人有权签署本合同，并已完成签署本合同及履行其在本合同项下的义务所需的一切授权及批准。本合同各条款均是出质人的真实意思表示，对出质人具有法律约束力。

（3）出质人保证遵纪守法。本合同的签署和履行不违反出质人所应遵守的法律（本合同所指法律包括法律、法规、规章、地方性法规、司法解释）、章程、有权机关的相关文件、判决、裁决，也不与出质人已签署的任何合同、协议或承担的任何其他义务相抵触。

（4）出质人保证其出具的全部资料、文件、信息等均是真实、有效、准确、完整而无任何隐瞒。

（5）出质人保证完成为本合同的有效并能合法履行所需的备案、登记、信息披露或其他手续，并支付相关税项和费用。

（6）出质人确认，在本合同签署日及本合同履行期间内未发生且不会发生拖欠包括但不限于职工工资和医疗、伤残补助、抚恤费用和补偿金等现象。

（7）出质人保证不存在对出质人的履约能力造成或可能造成重大不利影响的情况或事件。

2. 出质人进一步保证如下：

本合同项下质物系出质人合法持有，可依法转让；出质人保证对该质物享有完全的、合法的所有权，并保证除因法律规定或本合同设定外，该质物上未保留任何形式的担保或其他优越权，也不存在任何行使的权属争议、权利限制或其他权利瑕疵。

第六条　出质人承诺

1. 出质人承诺，在未经质权人书面同意之前，其自身不采取下列行为：

（1）出售、赠与、出租、出借、转移、抵押、质押或以其他方式处分其重大资产的全部或大部分。

（2）经营体制或产权组织形式发生重大变化，包括但不限于发生设立、收购或者撤销分支机构，合并、分立、变更公司形式、停业、解散、破产、承包、租赁、联营、股份制改造、股权转让、合并（或兼并）、合资（或合作）、产权转让等。

（3）修改公司章程，改变公司经营范围或主营业务。

（4）为第三方提供担保，并因此而对其财产状况或履行本合同项下义务的能力产生了重大不利影响。

（5）申请重组、破产或解散公司。

（6）签署对出质人履行本合同项下义务的能力有重大不利影响的合同/协议或承担具有这一影响的有关义务。

2. 出质人承诺，当出现下述事件，出质人将于该事件发生之日立即通知质权人，并在该事件发生之日起 5 个工作日内将相关通知原件（非自然人需要加盖公章，自然人需经签署）送达质权人：

（1）发生了有关事件导致出质人在本合同中所做的陈述与保证成为不真实、不准确的。

（2）出质人或其控股股东、实际控制人或其关联人涉及诉讼、仲裁或其资产被扣押、查封、冻结、强制执行或被采取了具有同样效力的其他措施，或其法定代表人、董事、监事、高级管理人员涉及诉讼、仲裁或其他强制措施的。

（3）出质人或其法定代表人或其授权代理人、负责人、主要财务负责人、通信地址、企业名称、办公场所等事项发生变更的。出质人变更住所地、经常居住地、变更工作单位、长期离开所居住城市、变更姓名或在收入水平方面发生不利变化的。

（4）出质人被其他债权人申请重组、破产或被上级主管单位撤销。

（5）质物权属发生争议，或质权受到或可能受到来自任何第三方的不利影响。

3. 出质人承诺，在本合同的签署和履行过程中，将随时根据质权人的要求配合提供相应的财务资料。出质人承诺，在本合同的签署和履行过程中，将随时根据质权人的要求配合提供相应的收入证明。

4. 出质人应负责办理质押登记手续，经质权人要求，出质人还应向质权人指定的公证机关办理一般公证手续或具有强制执行效力的公证，出质人自愿接受该强制执行。

5. 出质人应积极行使经营权利以维持经营权价值，未经质权人书面同意，不得有任何不利于所质押权利的行为。

6. 未经质权人同意，不得就质物签署或同意签署任何转让、转移或让与文件，或以任何方式处分质物或其任何部分。

7. 除本合同外，出质人不得在质物或其任何部分上设定或存在任何质押或其他类型的优先权安排。

8. 出质人应承担与质物及与实现质权有关的全部费用，包括但不限于评估、拍卖、变卖、保管、公证、登记、审批、备案及其他费用。

9. 如质物价值减少或有减少可能，出质人应根据质权人的要求提供与减少的价值相当担保或其他补救措施。

第七条 生效、变更和解除

1. 本合同由出质人及质权人双方加盖公章并由双方法定代表人/负责人或授权代理人签字或盖章（如出质人为自然人的，则其仅需签字）之日起生效，至本合同项下被担保的主债权全部清偿完毕后终止。

2. 本合同的效力独立于主合同的效力，不因主合同的无效或被撤销而无效，或可被撤销；本合同部分条款被宣告无效或被撤销，不影响其余条款的效力。

3. 本合同生效后，合同双方任何一方不得擅自变更或提前解除本合同。如本合同需要变更或解除，应经本合同双方协商一致，并达成书面协议。

第八条 违约事件及处理

1. 违约事件。有下列情况之一的，即构成出质人对质权人的违约：

（1）出质人在本合同作出的任何陈述、说明、保证或在任何依本合同规定而作出的或于本合同有关的通知、授权、批准、同意、证书及其他文件在作出时不正确或具误导性，或已被证实为不正确或具误导性，或被证实为已失效或被撤销，或没有法律效力。

（2）出质人违反本合同第六条任一约定事项的。

（3）出质人停业、停产、歇业、停业整顿、清算、被接管或托管、解散。营业执照被吊销或被注销或破产的，或者修改公司章程，变更业务范围或者注册资本的。

（4）出质人财产状况恶化，经营出现严重困难，或发生对其正常经营、财产状况或偿债能力产生不利影响的事件或情况。

（5）出质人或其控股股东/实际控制人或其关联人涉及重大诉讼、仲裁或其重大资产被扣押、查封、冻结、强制执行或被采取了具有同样效力的其他措施，或其法定代表人、董事、监事、高级管理人员涉及诉讼、仲裁或其他强制措施导致对出质人的偿债能力产生不利影响的。

（6）未经质权人书面同意，出质人擅自通过赠与、交换、出售、发出指令或其他任何方式处分质物的，或发生质物价值减少、质物灭失或重大损坏等严重影响出质人偿还债务能力的情形的。

（7）质物被国家司法机关或其他有权机构施以强制措施的；或者出质人未按质权人要求提供有关质物完备手续和真实资料的；或者隐瞒质物存在共有、争议、被查封、被扣押、被监管或已经设立质押等情况而给质权人造成损失的。

（8）出质人有其他违反本合同的足以妨碍本合同正常履行的行为，或者损及质权人正当利益的行为。

2. 违约处理。

如发生上款所诉任一违约事件，质权人有权宣布主债权提前到期，并有权按本合同第四条约定处分质物外，还可要求出质人支付违约金_____万元。违约金不足以弥补质权人所受损失的，出质人应赔偿质权人由此遭受的全部损失。

第九条　其他条款

1. 有关本合同的一切争议可通过友好协商解决；协商不成的，双方约定由任一方可以向质权人住所地的人民法院提起诉讼。争议期间，各方应继续履行未涉及争议的条款。

2. 本合同未尽事宜需要补充的，可以另行达成书面协议，作为本合同的附件。本合同附件是本合同不可分割的组成部分，与本合同正文具有同等的法律效力。

3. 本合同一式_____份，其中出质人执_____份、质权人执_____份。

4. 双方对合同的全部条款均无异议，并对当事人有关权利义务和责任限制或免除条约的法律含义有准确无误的理解。

（以下无正文）

出质人（公章）：

法定代表人或授权代理人（签字）：

　　年　　月　　日

质权人（公章）：

法定代表人或授权代理人（签字）：

　　年　　月　　日

十二、高校学生公寓贷款

【产品定义】

高校学生公寓贷款是指银行向借款人发放的用于建设有偿租给本校在读学生使用的学生公寓及配套后勤服务设施的贷款。

【基本条件】

1. 有法人执照或教育管理部门批准设立的证明文件。

2. 管理制度健全，财务状况良好。

3. 信用良好，具有按期偿还贷款本息的能力，已制订银行认可的还款计划，在与银行以往交往中无违约现象。

4. 在银行开立基本账户或一般账户，预算外资金支出账户须开设在银行的分支机构。

5. 贷款项目已经有权部门批准，并纳入学校总体规划，建设手续完整、合法。

6. 贷款项目工程预算报告合理真实。

7. 借款人已落实不低于项目总投资或分期建设项目投资 35% 的自有资金，并在使用银行贷款之前投入项目建设。

【贷款对象】

贷款对象。高校学生公寓贷款的借款人必须是教育部或其他省部级单位所属的高等学校、高校后勤服务实体或由其合法委托开发学生公寓的企业法人。营销重点是列入"211 工程"的重点院校以及教育部、其他省部级单位所属的高等院校。

【贷款用途】

贷款必须用于已列入省级人民政府及教育行政部门统一规划的高校学生公寓等后勤服务设施建设项目。

【发放原则】

发放高校学生公寓贷款，必须符合国家的法律法规以及人民银行和银行的有关信贷政策，坚持效益性、安全性、流动性相统一的经营原则。

【贷款期限】

贷款期限一般不超过 10 年，由贷款行和学校具体商定。

【贷款利率】

贷款利率按照中国人民银行有关规定执行，根据不同借款人的资质，相应浮动。

【贷款方式】

1. 高校学生公寓贷款应主要采取担保贷款方式，由有资格的校办企业或符合银行规定的第三方提供保证担保，或者以产权关系明晰，不属于教育设施的资产进行抵押担保，或者以法律规定的其他担保方式进行担保。尤其应当重点选择由学校投资设立的企业集团提供担保，各所大学通常都成立有校办企业集团，而且实力较强，具备担保资格。

2. 对列入"211 工程"计划的国家级重点学校，在严格审查学生公寓建设项目条件，切实落实还款资金来源的前提下，可发放信用贷款。

【还款来源】

1. 对采用学生公寓收费权质押贷款的，银行与借款人的质押合同须经省级教育行政主管部门审批和统一登记。

2. 对于借款人承诺以国家拨付的基建款作为还款来源的，应有教育主管部门或财政部门出具年度基建款拨款计划及同意可用于归还贷款的书面承诺。

3. 对于以国家拨付的基建款、其他预算外资金收入、学生公寓租金收入等作为偿还贷款来源的借款人，应要求其在银行开立基本账户和还款资金专户并接受银行的监督，并在每期归还贷款日前足额存入还款资金。

【产品优势】

1. 学校益处。为学校解决中长期资金来源，支持学校的校舍改扩建。

2. 银行益处。

（1）银行优质的中长期贷款项目，可以为银行获得可观的利息收入。

（2）银行支持大学发展，为银行拓展大学庞大代收学费、银行卡等业务资源提供了机会。

【业务流程】

1. 银行营销高校财务部门，了解学校的资金需求信息。

2. 银行为高校设计整体授信方案，通常为固定资产贷款与商业承兑汇票组合。

3. 银行为高校发放固定资产贷款，高校提供施工合同、材料采购合同等，银行为高校办理商业承兑汇票。

4. 高校在银行开立学费收取专户，并在银行开立财政拨款专户。银行在高校营销自动存取款机器等。

【风险控制】

要加强对高校学生公寓贷款的贷后管理。贷款行要对高校学生公寓贷款实施监管，确保贷款资金的正确使用。要切实落实还款资金来源，落实合法、有效、足值的担保，并对担保情况进行定期核查，及时发现和防范风险。

【案例】北京新华交通大学

一、企业基本情况

北京新华交通大学是全国重点大学。该校总面积近 1100 亩，建筑面积 76.7 万平方米，分为东西两个校区。该校现有 38 个研究所和研究中心，41 个实验室，其中包括 10 个部级开放实验室，2 个国家工科基础课程教学基地，1 个国家级认证中心。学校年收支差额达到 8500 万元。该学校准备陆续投入资金 5.3 亿元建设学生公寓，主要用于大学的扩招需求，改善博士研究生及硕士研究生的住宿条件，目的是尽早成为全国一流重点高等教育学府。该建设由 8 栋学生宿舍和 1 栋配套服务楼组成，建筑面积共计 109400 平方米。该学生公寓建成后，可以满足目前 2 万名在校学生的住宿、生活和学习的需要，同时还能以良好的住宿环境来扩招更多的优质新生。

二、银行切入点分析

某银行决定进入高校市场，北京新华交通大学是重点大学，实力较强，有充足的还款能力。大学师生众多，是银行拓展零售业务的重要市场。某银行准备提供 2 亿元校舍建设贷款。

三、银企合作情况

某银行提供 2 亿元校舍建设贷款，期限 3 年，担保方式为信用。通过校舍贷款的成功切入，北京新华交通大学将其主要的结算流水全部存放在该银行，同时承诺某银行在该校可以开设校园自动提款机，并向教师学生发行信用卡。

【点评】

支持本地重点高校通常风险可控，重点高校已经成为各省市的一张文化名片，而且高校资产属于国家资产，政府支持义不容辞。最近几年，高校普遍大兴土木，大搞校园建设，以提升本身教学服务能力，希望能够获得招生规模、国家重点学科等指标，因此，各地重点高校普遍贷款规模较大。对于有确定生源，有较强专业性的高校应高度重视，积极提供信贷资金支持，通常这类贷款风险可控。

××省属高校贷款业务合作协议

甲方：××省教育厅

乙方：银行

丙方：××省学生资助管理中心

地址：

邮编：

电话：

第一章　总　　则

第一条　为支持省高等教育发展，××省教育厅（以下简称甲方）指定××省学生资助管理中心（以下简称丙方）作为××省属高校贷款项目的管理平台，协助银行（以下简称乙方）对高校贷款项目进行管理。本协议中省属高校（以下简称高校）是指甲方所属预算单位的高等院校。

第二条　甲方作为××省教育行业主管部门，负责高校贷款业务的指导监督并协调解决贷款业务具体操作中出现的各种问题，行使预算管理、行政协调、审批办理质押登记、调度平衡还款资金等相关职能。具体工作由丙方负责。

第三条　乙方作为××省属高校的贷款银行，负责在符合国家相关政策和本行信贷政策的前提下，保证按借款合同约定发放贷款。

第二章　运作机制

第四条　丙方作为甲方指定的管理平台，负责高校贷款的管理工作。负责对贷款工作进行组织、协调、指导和管理，制定管理制度、汇总项目资料、提交借款申请、项目监督管理、风险准备金管理以及贷款本息偿还的监督与协调等相关工作。

各高校作为借款人，是贷款的实际使用单位，负责提出用款需求，缴纳风险准备金、筹措还款资金、办理质押登记等相关工作。

第五条　高校将借款申请报送丙方，由其汇总并经甲方审核后，由丙方统一向乙方提交借款申请，丙方和甲方应确保报送高校财务报表等相关资料的真实性、合规性、有效性。

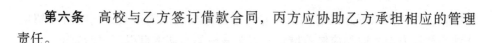

第六条 高校与乙方签订借款合同，丙方应协助乙方承担相应的管理责任。

第七条 丙方在乙方开立存款账户（以下简称风险准备金专户），用于管理各高校上缴的风险准备金；高校在乙方开立贷款账户（以下简称高校贷款户），用于办理贷款资金的发放以及还本付息资金的归集。

第八条 各高校应在每次贷款还本付息日 15 日前将还本付息资金足额汇入高校贷款户，保证该账户中余额不低于本期应归还的还本付息额度。

第九条 高校还款来源应包括以下资金：财政部门安排的用于贷款项目建设的资金以及贴息资金、财政部门返还的高校教育事业收入、老校区土地置换收益以及高校掌握的可用于归还贷款本息的其他资金。

第十条 贷款到期本息偿还时，高校应按借款合同约定的还款计划及时向教育厅、财政厅提出申请，甲方应监督落实已列入高校年度预算的还本付息资金在债务到期日 15 日前足额存入高校贷款户，乙方在债务到期日有权直接从高校贷款户中扣收还款资金；若通过高校贷款户扣划方式难以清偿全部到期债务的，乙方有权从丙方的风险准备金专户中继续进行扣划，直至借款人的到期债务全部清偿。

第三章 风险控制

第十一条 高校须按借款合同约定的还款计划将还本付息资金全部列入各校当年的年度预算，甲方核准后报省财政厅审批。

第十二条 甲方监督落实高校按照借款合同的要求将列入年度预算的还本付息资金在每次贷款本息到期日 15 日前足额划入高校贷款户。

第十三条 高校以本校的学杂费、住宿费收费权为××省属高校贷款提供质押担保，在甲方办理质押审批及登记手续。甲方承诺负责协调财政厅将不低于高校当期还款金额的学杂费、住宿费收入资金，从财政专户划至高校在贷款行开立的"高校贷款户"。

第十四条 为保证高校贷款工作的顺利开展，建立风险准备金制度，用于解决部分高校可能出现的临时流动性风险，保证贷款到期本息的及时偿还。

第十五条 甲方承诺建立高校新增贷款登记核准制度，与乙方合作期间未经甲方批准高校不得新增贷款规模；高校还款资金不能及时到位时，甲方应协调高校及时归还贷款；若高校不能按期偿还贷款，甲方应当通过年度结算扣款、扣减拨款等方式清偿债务并向违约高校收取滞纳金，同时可在招生计划安排等方面采取相应制裁措施，直至该校的逾期本息得到清偿为止。

第十六条 甲方将乙方贷款纳入省财政对高校贷款的贴息范围，在贷款期限内每年优先安排一定额度的贴息资金。

第十七条 高校的各项收入（扣除必要支出后）不足以偿还乙方贷款时，甲方应统筹安排用款高校的教育经费，调度平衡资金，采取有效措施，确保乙方贷款本息的如期足额偿还。

第十八条 丙方作为贷款监管人应当监督借款人，负有对贷款进行监督管理职责：

（一）及时依约还款，督促借款人及时按照借款合同约定的还款计划将还本付息资金全部列入借款人当年的年度预算，监督借款人对财政贴息资金的专款专用。

（二）发现借款人有可能不依约还款或将还款资金挪用，应当立即通知贷款人，同时报××省教育厅并提出处置预案。

（三）应当协助贷款人检查还款资金的准备情况。

（四）应当督促借款人按时足额缴纳风险准备金。

（五）针对借款人的违约行为，丙方有义务协助贷款人依法或依本合同约定采取补救措施。

第四章　风险准备金管理

第十九条 高校应按照贷款使用额度的10%向丙方缴纳风险准备金，风险准备金可根据高校用款计划逐步到位，但必须在每次贷款发放前足额缴纳。

第二十条 丙方在乙方开立专户，对风险准备金进行专户管理，高校不能及时足额支付乙方到期贷款本息时，乙方有权直接使用风险准备金予以补偿。被扣划的风险准备金应在下笔贷款到期前30日内补齐，直至全部贷款偿清为止。

第二十一条 建立风险准备金专户自动划扣机制。乙方在贷款本息到期当天，有权直接从该专户中扣收从高校贷款户中未能清偿的到期本息。

第二十二条 风险准备金的日常管理、使用条件等具体办法，由丙方另文制定。

第五章　附　　则

第二十三条　根据国家法律、法规和规章关于结算问题的有关规定，乙方根据本协议约定实施扣款行为需由甲方、丙方或高校授权的，视为甲方、丙方或高校在签订本协议之时已事先对乙方作必要授权。

第二十四条　如遇国家政策变化，影响到本协议中相关约定事项执行的，应及时书面通知对方，并对协议相关内容进行相应修改。

第二十五条　甲方向乙方推荐的所属中等专业学校、幼儿园等单位的贷款业务参照本协议执行。

第二十六条　合作协议自签订时生效，至合作协议生效期间乙方签订的全部贷款合同执行结束时终止。本合作协议一式陆份，各方各执贰份。

××省教育厅　　　　　　　　　银行
（公章）　　　　　　　　　　　（公章）

法定代表人（签字）：　　　　　　法定代表授权人（签字）：

年　　月　　日　　　　　　　年　　月　　日

十三、信贷证明

【产品定义】

信贷证明是指银行应客户要求，在其参与工程等项目建设资格预审、投标、履约时，在资格预审阶段开出的用以证明客户在中标后可在银行获得针对该项目的一定额度信贷支持的授信文件；或在客户对外签订商务合同情况下，银行提供证明，该客户在本行有一定额度的信贷支持，可以保证客户的商务合同履约的需要的一种授信文件。

信贷证明在表外科目下进行核算，相应的手续费收入计入"中间业务收入"科目。

信贷证明是银行提供给客户的具体授信的陈述文件，这些授信必须是已经获得批准，可以随时启用或正在使用的授信。

信贷证明是企业在其参与工程等项目建设及商务合同竞买方资格预审时，向银行提出申请，经银行评审同意后，由银行出具的一种融资证明，旨在证明申请人在承包工程及商务合同履约过程中有能力从银行获得必要的信贷支持。

信贷证明往往被要求与投标或履约保函一并出具，信贷证明和保函都是银行帮助企业去获得工程、商务合同。

【基本条件】

申请信贷证明业务的客户应符合以下条件：

1. 有真实、合法的项目建设或商务贸易背景。

2. 资信状况良好，具备履行合同、偿还债务的能力。

3. 有健全的组织机构、经营管理制度和财务管理制度。

4. 在银行开立结算账户。

5. 银行评定信用等级在 AA－级（含）以上或经营正常、现金流量充足的未评级企业（低风险业务除外）。

6. 无不良信用记录。

7. 申请人当年施工资质须在国家二级（含）以上。

8. 投标项目须为省级（含）以上的重点项目。

9. 其他条件。

【适用客户】

信贷证明适用于工程施工承包企业，比如铁路工程施工企业（中国中铁工程集团、中国铁建集团下属企业）；道路施工企业（各地的城建集团、建工集团、路桥集团等）。例如，中铁一局集团有限公司、西安萌兴高等级公路工程股份有限公司、中交二公局第六工程有限公司、中交第二公路工程局有限公司、中交二公局第三工程有限公司、陕西公路交通科技开发咨询公司、陕西路桥集团有限公司、中铁二十一局集团有限公司、中铁二十局集团有限公司、东盟营造工程有限公司、中铁二十局集团电气化工程有限公司、陕西建工集团总公司。

在并购交易中，该产品也经常被使用到，出售方要求竞买方出具银行信贷证明，证明竞买人确有足够的备用资金能够完成价款支付。

【营销建议】

信贷证明往往和投标保函捆绑销售，在银行为客户签发投标保函后，应当积极向客户咨询，是否有签发信贷证明的需要。银行通过签发信贷证明可以提高客户的综合回报，降低营销的边际成本，同时，为未来营销针对项目的贷款和银行承兑汇票提供了机会。

营销信贷证明通常都是针对特大型的施工企业、设备供应商等。

【证明额度】

根据申请人的要求，银行出具信贷证明的最高额度须与客户承建项目能在银行取得短期贷款金额相匹配。每笔信贷证明金额一般为项目总标的金额的 10%，最高不超过项目总标的金额的 30%。凡有足额现金（包括本行存单）质押的信贷证明不受以上规定限制。

【证明期限】

信贷证明的有效期限应根据项目主合同（或主债务）合同的履行期限确定，一般不得超过 3 年。

对因项目投资额大、施工期限长，应招标人或项目业主的统一要求和投标人的申请而确需延长信贷证明期限的，经一级（直属）分行审批可视信贷证明申请人资信情况给予适度延长，但最长不得超过项目主合同有效期限。

如投标人流标，信贷证明自流标之日或申请人获得信贷证明文件项下的贷款时自动失效。

【证明费率】

办理业务时，银行应一次性向申请人收取信贷证明业务手续费，费率最低按出具信贷证明金额的 0.05‰ ~ 0.1‰确定，对不足 500 元的按 500 元收取，银行可在此基础上适当提高。

【业务流程】

1. 在受理申请信贷证明业务时，申请人应提供以下资料。

（1）"三证合一"营业执照副本、法定代表人证明文件；

（2）项目或贸易背景的相关证明文件，包括资格预审邀请书、项目资格预审文件、招标邀请书、招标文件、投标文件、资质证书及有关管理部门文件等；

（3）银行信贷证明申请书；

（4）申请人上年度和近期的财务报表，包括资产负债表、损益表和现金流量表；

（5）具有申请人有效签章的开具信贷证明协议书；

（6）按规定需要被授权客户提交的有关授权文书；

（7）申请人近 3 年的项目中标及施工情况记录；

（8）证明人要求的其他资料。

2. 信贷部门在收到申请人的申请资料后，应对申请人提供的有关资料进行如下内容的调查核实：

（1）申请人的合法资格；

（2）申请人的资质和投标项目是否符合条件；

（3）信贷证明申请书填写是否完整、真实；

（4）信贷证明有关交易、项目的真实性、可行性；

（5）申请人的信誉状况、是否有不良记录；

（6）申请人的资产负债、效益、现金流量情况以及履行合同的能力，结合项目、交易情况，测算可能提供给申请人的最高流动资金贷款额度。

（7）信贷部门签署审查意见后送法律事务部门。

3. 法律事务部门负责审查以下内容：

（1）申请人主体资格；

（2）是否在授权权限之内；

（3）开具信贷证明协议、信贷证明文本的合法性、有效性，证明范围、证明期限、证明责任是否明确、合理；法律事务部门签署意见后送主管信贷副行长签批。

4. 主管行长按照授权权限进行审批，报行长签批。按规定需经信贷审查委员会审议的，提交信贷审查委员会审议。

5. 因申请人/投标人流标或信贷证明到期，信贷部门应即时向申请人发出信贷证明撤销通知书并要求回执。

【业务流程图】

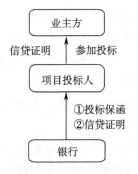

图 2 - 19　信贷证明业务流程

【异议处理】

1. 申请人发生下列情况之一的，即被视作违约：

（1）未经证明人同意，发生或实施重大经营体制变化，包括实施承包、租赁经营、联营、合并（兼并）、合资（合作）、分立、产权转让、减资、股权变动以及其他可能影响证明人利益安全的行为。

（2）发生对其正常经营活动构成危险或对其履行项目主合同项下的义务产生重大不利影响的任何其他事件，包括但不限于涉及重大经济纠纷、发生或涉及重大诉讼或仲裁案件、破产、财务状况恶化等，未能履行书面通知证明人的义务。

（3）所承接的项目发生重大方案调整或项目业主发生重大经营变故以及国家有关政策变化导致项目无法进行。

（4）歇业、解散、停业整顿、被吊销营业执照或被撤销。

2. 发生上述违约事件后，证明人有权终止履行（已开出信贷证明）项下的义务，拒绝新的业务申请，以防范风险。

【风险控制】

证明人开具信贷证明后，应加强跟踪检查，注意风险防范，重点检查以下内容，防止出现可能影响银行利益的事项。

1. 申请人是否中标，未中标项目项下的信贷证明自行作废。

2. 申请人经营活动、信用情况及财务状况在信贷证明有效期内是否发生重大变化，是否发生贷款逾期、欠息和其他不良记录。

3. 申请人与投标人或项目业主中标合同金额须与招标文件金额相符，注意信贷证明有效期间发生的涉及金额、期限等主要要求是否变更。

4. 其他可能影响信贷证明申请人履约能力的事项。

【其他规定】

信贷证明业务申请书、开具信贷证明协议书须使用银行统一文本格式，信贷证明文本原则上使用银行统一的文本格式。如申请人确须使用招标人或项目业主提供文本格式的，经银行法律部门审查可以出具相应文本，但银行提供证明的内容仅限于针对投标项目开具确定最高额度的贷款意向。

【案例】中国新元铁路工程公司信贷证明业务

一、企业基本情况

中国新元铁路工程公司注册资本高达 128 亿元，公司从事铁路系统的施工。公司是集基建建设、勘察设计与咨询服务、工程设备和零部件制造、房地产开发和其他业务于一体的多功能、特大型企业集团。

二、银行切入点分析

某银行非常重视开拓铁路系统工程施工企业，中国新元铁路工程公司国内特大型铁路系统施工企业，实力非常雄厚。对该客户可以拓展银行保函、信贷证明等业务。有利于银行大幅提高中间业务收入。

三、银企合作情况

某银行为中国新元铁路工程公司核定授信额度 15 亿元，其中信贷证明 5 亿元、银行保函 5 亿元、流动资金贷款 1 亿元、银行承兑汇票 4 亿元。

附：

中铁二局股份有限公司关于为控股子公司提供担保的公告

公司向交通银行股份有限公司成都分行申请综合授信 10 亿元，用于银行保函和信贷证明，授信方式为信用，并同意该授信下的银行保函和信贷证明额度调剂给控股子公司中铁二局第二工程有限公司、中铁二局第四工程有限公司、中铁二局第五工程有限公司、中铁二局机械筑路工程有限公司使用，公司提供连带责任保证担保。

（摘自中铁二局网站）

【文本示范】

资信证明书

签发日期：年 月 日

编号：

致：

根据_____的申请，现就该单位资信状况证实如下：

该单位于 _____ 年 _____ 月 _____ 日在本行开立账户，账号为_____，账户性质基本账户。截至本证明签发前一工作日，根据该账户对账单显示的情况看，该单位在与本行合作过程中资金结算方面无不良记录，执行本行结算情况良好。

_____银行

年 月 日

十四、项目贷款承诺函

【产品定义】

项目贷款承诺函是指银行向申请人（业主）出具的，供其在报批项目可行性研究报告时，向国家有关部门表明银行对项目建设进行贷款支持的承诺性文件，该文件具有一定的法律效力。

项目贷款承诺函是银行表示与客户有共同合作意愿的书面文件，若客户没有达到银行要求，银行可以撤销该项承诺或意向。有条件贷款承诺函有效期为从出具之日起最长不超过 2 年。

原来各家银行曾经开展的贷款意向书，由于内容非常泛泛，不具有明显的效果，目前基本已经被弃用。

【业务规定】

1. 对国家有权部门正式批准立项，业主完成项目可行性研究报告的固定资产项目，由银行调查评估后，经审查同意提供固定资产贷款时，可以对外提供固定资产项目贷款承诺函。在审查时批准已承诺的固定资产贷款，在贷款发放时一般还需要原审批机构对贷款条件进行重新核准，但程序较原贷款程序简化，客户经理只需要声明该项目已经国家有权部门批准，项目的内外在条件没有变化，可以发放贷款。

贷款承诺函是银行的态度声明文件，向国家有关部门表明银行同意贷款支持项目建设的文件，表明该项目需要的外在资金会得到满足。

承诺函项下投资项目如未获国家有权审批部门批准或核准，承诺自然失效。

2. 有条件贷款承诺函或贷款意向书应包括以下基本内容：

（1）接受承诺或意向方——客户或国家有权审批部门。

（2）客户或拟建设项目名称。

（3）有条件贷款承诺函或贷款意向书必备条款，如遇国家有关政策变化、项目建设方案和投资计划重大调整以及项目业主发生重大经营变化，其还款能力不能达到银行要求，以上承诺需经银行重新确认。

（4）有条件贷款承诺函、贷款意向书的有效期限。

（5）应明确的其他内容。

【基本条件】

1. 对外出具有条件贷款承诺函基本条件：

（1）符合国家产业、行业政策。

（2）产品符合市场需要，是国家重点鼓励发展产业的产品和技术。

（3）符合国家、部门（行业）、地区制定的有关项目建设的法律、法规和经济政策。

（4）符合部门（行业）、地区制定颁布的有关行业企业的技术指标、规模指标等。

（5）政府部门投资项目需提供有权部门的审批文件。

2. 贷款承诺用于项目贷款的满足以下条件：

（1）申请人已完成项目可行性研究报告。

（2）项目准备正式上报国家有权部门正式批准或核准。

【营销建议】

通常大型垄断型客户对项目贷款承诺函非常挑剔，支行甚至分行出具的项目贷款承诺函根本不接受，一定要求是总行盖章出具。各银行应当高度重视这部分市场需求，总行指定专门部门、指定人员负责各地分行的该类业务，高效应对市场。

贷款承诺函有利于项目的业主方申报的项目获得国家有权机构的批准。

国家发展和改革委员会规定，项目开工必须符合六项必要条件：符合国家相关产业政策、发展规划和市场准入标准；按规定完成投资项目的审批、核准或备案；按规定开展建设项目用地审批，依法完成农用地转用和土地征收审批，并领取土地使用证；按规定完成环境影响评估审批；按规定完成节能评估；符合信贷、安全管理、城乡规划等规定和要求。

【产品价格】

出具项目贷款承诺函，在与申请人签订协议后一次性收取手续费，手续费费率为意向贷款金额的 0.5% ~ 1%，具体费率在协议中约定。

【基本原则】

1. 对外提供项目贷款承诺函应按照信贷管理的有关要求，对项目和业主认真全面的调查或评估，在审查后基本确定项目可行、业主有能力实施该项目建设、贷款本息可按期收回的前提下方能提供。

2. 项目贷款承诺函通常只能由总行和一级分行对外提供。根据固定资产项目贷款意向书、承诺函的不同效力、贷款责任和适用对象，贷款意向书原则上由总行或一级分行审查。

3. 项目贷款承诺函在确定银行拟提供贷款的前提条件下才能出具。项目贷款承诺函在明确承诺贷款时，应有必要的附加条件。

4. 项目贷款承诺函的有效期为：从开出之日起到正式决定是否贷款时止。贷款承诺函的有效期为：从开出之日起到正式签订借款合同时止。

5. 业主未能满足提供项目贷款承诺函时约定的条件，建设项目发生重大方案调整或业主发生重大经营变故以及国家有关政策变化时，对已开出的贷款意向书和承诺函应重新确认。

【产品优势】

可以对企业的后续信贷资金提供承诺，帮助业主单位满足项目的批准条件，有利于获得国家主管部门的审批。通常国家发展改革委批准新项目的时候，除了要求环保评价文件、项目需要土地、水电落实文件等，还需要项目需要的资金已经落实的文件，需要业主方提供银行的贷款承诺函。

【业务流程】

1. 客户提出申请，通常需要提交项目的相关资料以及客户授信需要的常规资料。经营行客户部门在收到客户出具有条件贷款承诺函或贷款意向书的申请后，可暂时不对项目进行评估，但必须对以下内容进行核实调查：

（1）借款人的基本情况，包括企业性质、组织形式、开户情况、资产负债情况以及经营状况、法人代表情况。

（2）是否有真实项目背景，项目涉及产业、行业的发展状况及国家当前产业政策和主导产品的市场前景。

（3）拟上项目前期准备工作情况。要求国家有权部门审批立项的原则上需提供项目可行性研究报告或项目建议书。

（4）项目内容、投资估算（不得随意扩大项目投资估算总额）、投资资金构成和资金来源。

（5）项目财务状况及经济效益预测。

（6）银行对客户流动资金需求出具有条件贷款承诺函或贷款意向书的，可按照流动资金贷款相关规定执行。

2. 经营行客户部门受理并进行调查，形成调查报告，逐级报有权审批行客户部门审查认定。审批部门要对业主的项目建设方案、投资方案、资产负债和资信情况以及财务状况进行全面调查，并按相应的管理程序审批。

3. 客户部门会签信贷管理部门、法律事务部门，通常法律部门需要对个性化的项目贷款承诺函进行法律条款审查。

4. 法律部门审查通过后，报有权审批人审批。贷款承诺函审批后，审批行有关部门根据有权审批人审批内容起草有条件贷款承诺函或贷款意向书，将有条件贷款承诺函或贷款意向书文本送同级法律事务部门审查无误后对外出具。

5. 正式启用贷款。贷款承诺函项下的贷款需求发生时，应再次进行授信调查，并报该贷款承诺函的原审批机构审批。在同时满足以下条件的情况下，可批准有关贷款，与申请人签订有关借款、担保合同后放款。

（1）与审批贷款承诺函时相比，申请人的经营财务状况未发生重大不利变化；

（2）贷款承诺函相关项目未发生重大不利变化；

（3）能够按照银行一般风险授信业务的条件提供担保；

（4）贷款承诺函有效，且发放贷款数额累计不超过贷款承诺函项下的承诺金额；

（5）申请人履行了出具贷款承诺函协议书等协议中的约定义务。

【业务流程图】

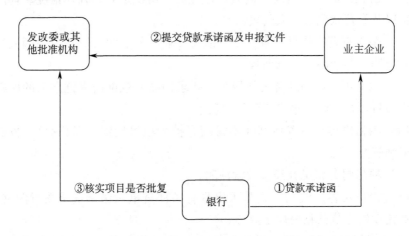

图 2－20　贷款承诺函业务流程

【风险控制】

申请人发生下列事项之一，或投资项目投资发生重大变化，并已危及银行债权利益时，经办行有权终止履行贷款承诺函项下的贷款义务，并以书面形式通知申请人：

1. 重大人事调整。

2. 重大法律纠纷。

3. 企业承包、租赁、联营、合并（兼并）、合作、分立、股份制改造、资产重组等重大体制改革。

4. 重大对外投资、对外担保。

5. 重大自然灾害、事故。

6. 其他重大事项。

【格式文本】

贷款承诺函

编号：

_____公司：

对于贵公司提送的贷款项目，银行承诺，在贵公司符合银行规定的贷款条件的前提下，向贵公司提供_____元人民币贷款。

本承诺函自签发之日起_____月内有效。俟本承诺函项下投资项目获国家有权审批部门批准或核准，并符合银行相关的贷款条件后，银行将批准发放贷款；如果银行认为项目发生了重大变化，贷款归还能力不能达到银行要求时，银行有权终止贷款承诺。

本承诺函项下投资项目如未获国家有权审批部门批准或核准，本承诺自然失效。

本承诺函只有正本有效，并不得用于向其他金融机构融资或作为信用证件用于他途。

银行

年　月　日

【点评】

现在国家项目审批有权部门对于贷款承诺函的格式要求非常严格，有时明确要求在承诺函中写明：银行信贷审批委员会的会议编号，并明确声明本项目已经××次信贷审批委员会审批通过。对于这样格式的要求的承诺函，没有增加银行的实质责任，应当按照客户的要求原文出具。

【案例】 ××省交通厅贷款承诺函

一、企业基本情况

武当至监利高速公路（洪监段）是连接武当至荆州的重要通道，已列入××省交通发展规划。该项目投资约 66 亿元，其中银行贷款约 46.51 亿元，具有良好的经济效益和社会效益，是各家银行竞争的焦点。

二、银行切入点分析

面对这一发展机遇和挑战，某银行得知信息后就成立了由行长挂帅的营销专班，细化了"四定"措施，即设定专职客户经理，制定营销方案和措施，锁定营销目标，规定相关人员职责，形成了行长负总责，客户经理积极跟进落实的工作机制。在行领导的重视下，做到既分工明确又紧密协作，将营销进度细化到每个月、具体到每个负责人，实施了分层次营销的工作策略，由行长负责省交通厅、市交通局联络公关工作，客户经理负责与项目公司联络工作，市场部负责落实跟进，力求每个环节有人抓，每个事项抓落实，使该项目的竞争优势得到了充分体现。

三、银企合作情况

在为该公司开展各类金融服务的同时，该行在全面调查了解该公司投资背景后，积极向上级行申请项目贷款，在市分行的重视和省分行的支持下，此项目终于得到了总行的认可，总行项目贷款承诺函的出具，为下阶段营销实施奠定了坚实的基础。

该银行收到总行对高速公路洪（湖）监（利）段项目出具的46.51亿元的贷款承诺函。通过贷款承诺函，该银行陆续发放了部分项目贷款。同时，借助项目业主单位，银行成功营销了该项目的众多施工企业、材料供应商。

十五、资信证明

【产品定义】

资信证明是指银行接受公司客户申请，在本行记录资料范围内，对客户结算、融资等往来情况进行如实的描述，以资信证明书的形式，证明客户业务实际状况的一种咨询见证类中间业务。

【产品分类】

资信证明业务分为综合资信证明信及单项/多项资信证明两种。

1. 综合资信证明是指本行对客户在银行的业务事实状况作较全面描述的证明文件。

2. 单项/多项资信证明是指本行对客户在银行有关账户开立、存款、授信、抵（质）押等单项/多项业务往来情况予以描述的证明文件。

单项/多项资信证明主要包括以下证明文件之一项或几项：

（1）开户证明；

（2）存款余额证明；

（3）授信额度证明；

（4）抵（质）押证明。

【基本规定】

资信证明必须以客观、如实、审慎的态度对待，应按照本办法规定的统一的标准和原则掌握。资信证明必须为客观实际业务的陈述，不得带有主观评价字眼。

若客户仅申请开立开户证明、存款余额证明、无不良结算记录内容的，各网点柜台可直接受理并对外出具。授信额度证明、抵（质）押证明以及应客户要求反映其在本行分行辖内多个经营机构往来情况的单项/多项资信证明业务，应报分行。

【适用客户】

资信证明的对象为在本行开立账户、业务往来正常的企业法人、事业法人和其他经济组织，用于客户在商业交往中的自我介绍，向合资、合作单位出具证明等商业或非商业用途。

【业务流程】

1. 业务的申请。客户向本行申办资信证明务，需填写银行开立资信证明申请书，加盖公章及法人代表签字，并向本行提交以下资料：

（1）经年检的营业执照复印件、法人代码证复印件；

（2）经有权部门批准或审议通过的企业章程的复印件；

（3）会计师事务所验资报告；

（4）本行要求的其他文件。

2. 业务受理。

（1）业务经办机构对客户申请进行初审，受理客户申请。

（2）业务经办机构应根据客户申请资信证明业务种类和范围，对客户在本机构内的存款余额、开户和授信、抵（质）押物等情况开展调查，并对真实性和有效性负责。

3. 业务审查。业务部门应对资信证明书的内容进行审核，如客户征信范围涉及分行辖内其他经营机构的业务往来情况，其中存款余额、开户情况，由分行清算结算中心审核业务经办机构申请后提供书面证明给业务部门，再由业务部门统一向客户出具。

4. 对外签发。经有权审核人［开户证明、存款余额证明有权审核人为分行清算结算中心；授信额度、抵（质）押证明有权审核人为放款中心］审核，报行领导同意后，业务经办机构盖行章后正式对外出具资信证明书。对审核意见中对办理业务有前提条件要求的，业务经办机构应根据意见完善和修改资信证明书后，盖行章正式对外出具资信证明书，并按规定收取费用。

5. 综合资信证明、授信额度证明、抵（质）押证明以及应客户要求反映其在本行分行辖内多个经营机构往来情况的单项/多项资信证明业务按上述规定办理；应客户要求仅反映在经办机构往来情况的开户证明和存款余额证明业务，比照上述规定办理，由经营机构负责人审批同意后，盖行章正式对外出具资信证明书。

6. 各类资信证明书原则上以一份正本另附两份副本形式开具。正本由业务经办部门以挂号信函的形式直接寄受文人，一份副本交申请人，另一副本则按本行对外出具函件的管理规定，连同申请表、工作表等妥善建档保管。

【产品价格】

1. 业务经办机构应在出具资信证明书前向客户收取手续费。收费标准暂定为综合资信证明/多项证明每封不少于 100 元，单项证明每封不少于 50 元，并可参照中国银行业协会的相关标准和市场竞争情况进行调整。

2. 手续费的减免。视客户为银行创造的综合收益情况，可减免手续费，但需从严掌握。

3. 资信证明书正本由业务经办部门以挂号信函的形式直接寄受文人，应按规定向申请人收取邮寄费。

银行资信证明样本

_____:

根据银行资料记录，本行证明_____在银行办理有如下业务：

1. 存款情况

开立有存款账户，账户名称：_____，存款账号为：_____，币种_____，金额：_____。

2. 授信额度

授信品种：_____，币种_____，金额：_____。

3. 债务余额信息_____。

4. 抵（质）押情况_____。

5. 其他：_____。

上述描述仅为业务实际状况的客观描述，非代表本行观点，供参考。本证明函既不是保证函，也不是承诺函，不构成本行对本证明申请人的任何形式的担保或承诺。任何受文人对自身的投资或其他商业行为应持谨慎态度，任何受文人依以上描述所做的投资或其他商业行为与本行无关，并不得凭此证明向本行提出索偿。

本资信证明不得用于验资用途。

公章：

日期：

十六、工业标准厂房按揭贷款

【**产品定义**】

工业标准厂房按揭贷款是指银行向借款人发放的，专项用于借款人购买自用标准厂房（包括现房和期房）的一项中长期定向融资业务。

标准厂房是指按照政府统一规划要求在省级（含）以上工业园区开发建设的，满足国家规定的抗震烈度、建筑安全、耐火及耐久等要求的标准化厂房。标准厂房是指在经济开发区内或工业集中区内按照国家标准及行业要求进行统一设计和建设，配套齐全，企业可直接入驻，并由投资者对外经营的工业用房。

【**工业厂房应具备以下条件**】

1. 地理位置优越，具有较强的变现能力。

2. 所购厂房须为标准厂房，原则上不接受特殊用途的厂房。

3. 厂房开发手续齐全，厂区五通一平完整（通水、通电、通路、通气、通信、平整土地），拟购厂房已经封顶，开发商已按规定交纳了相关费用，可以办理产权抵押登记手续。

【**目标客户**】

经工商行政管理部门核准登记、实行独立核算的企业法人。

1. 入驻银行认可的工业园区，具有独立法人资格的企业。

2. 借款人各项管理制度健全，生产经营符合国家产业政策和环境保护政策，产品适销对路，发展前景看好，有可靠的还款来源、无不良信用记录。

3. 在银行开立基本账户或一般结算账户。

4. 已签订购房合同，并支付不低于40%的购房首付款至开发商在银行账户。

【**产品期限**】

该类产品的贷款期限最长可达10年。

【**产品金额**】

额度最高可达到厂房购价或评估价值的60%，通常需要结合借款人的偿债能力和厂房的价格综合确定。

【业务条件】

1. 具有法人资格的企业单位。

2. 符合银行授信客户的基本条件。

3. 能提供购买工业厂房的合同或协议。

4. 购买工业厂房的首付款至少为购买工业厂房金额的40%（含）。

5. 能提供有效的担保。

6. 其他条件。

办理厂房按揭贷款需提供以下资料：法人营业执照、税务登记证、法定代表人身份证复印件、公司章程、《验资报告》、人民银行征信材料、组织机构代码证、近期财务报表、首期款发票复印件、厂房出售合同（原件一份、复印件一份）、厂房出售发票（原件一份、复印件一份）、评估报告。

厂房出售过户预计产生的费用：契税、印花税、登记费、手续费以及规定的其他费用，所有费用按规定的费率交纳。

【产品优势】

1. 实现企业投资置业的计划，为企业扩大经营生产创造条件。

2. 可借助银行资金缓解企业流动资金压力，提高企业资金周转效率。

3. 灵活的多种还款方式，减轻企业的财务成本。

4. 购买工业园区的标准厂房，享受价格折扣和税收、费用等方面的优惠。

厂房按揭贷款不仅解决了中小企业的厂房问题，而且还可有效缓解企业流动资金的压力。另外，厂房按揭贷款灵活的还款方式，也有助于降低企业的财务成本。

【业务流程】

1. 开发商向银行申请工业厂房按揭贷款担保额度及提交相关资料。银行对开发商进行调查、审查，为开发商核定担保额度。

2. 借款人直接或经开发商介绍，向银行申请工业厂房贷款，向银行提交申请及资料，银行对借款人进行调查、审查。

3. 经银行核准，签订工业厂房抵押贷款合同并落实担保后，银行发放工业厂房贷款，用于购买自用标准厂房（现房和期房），期限不超过5年。

【业务流程图】

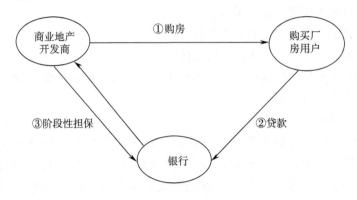

图2-21　厂房按揭贷款业务流程

【案例】厦门银利电子有限公司工业标准厂房按揭贷款

一、企业基本情况

厦门银利电子有限公司注册资本200万元，经营电子业务。公司计划购买同安工业园区一栋五层楼工业厂房，面积合计为6576平方米，购买总价710万元。公司现有盈余资金300万元，原计划通过亲友融资等方式筹集其余410万元购房款，但考虑到融资还款压力大，公司老总对购买厂房一度犹豫不决。

二、银行切入点分析

银行经过分析认为，厦门银利电子有限公司经营状况较好，购买的工业厂房为标准化厂房，厂房位于本市经济开发区，房产有一定升值前景，某银行计划提供工业标准厂房按揭贷款。该公司自有资金300万元，银行提供410万元贷款，以价值700万元的房产作为抵押，风险可控。同时，通过办理按揭贷款，银行可以获得该客户稳定的结算流水。

三、银企合作情况

公司到银行办理厂房按揭，支付了300万元的首期款，其余410万元办理10年期的按揭，每月只须归还3.74万元的贷款本金和相应利息，由于银行对厂房按揭实行利率优惠，每月利息最高仅2.36万元且逐月递减，企业还贷压力小。

十七、经营性物业抵押贷款

【产品定义】

经营性物业抵押贷款是指银行向经营性物业的法人发放的，以其所拥有的物业作为贷款抵押物，还款来源包括但不限于经营性物业经营收入的贷款。

经营性物业是指完成竣工验收并投入商业运营，经营性现金流量较为充裕、综合收益较好、还款来源稳定的商业营业用房和办公用房，包括商业楼宇、星级宾馆酒店、综合商业设施（如商场、商铺）等商业用房。

在银行计算客户还款来源的时候，甚至可以将出租物业的所签订的物业管理费收入、广告费收入计算在内，对于一些商业位置极好的大型物业，这两部分收入也相当可观。

【贷款额度】

以商业营业用房类（含酒店）经营性物业抵押贷款额度最高不得超过物业评估价值的60%，以办公楼类经营性物业抵押的贷款额度最高不得超过物业评估价值的50%，以其他类经营性物业抵押的贷款额度最高不得超过物业评估价值的40%。

【担保方式】

1. 经营性物业抵押贷款必须以竣工验收合格、取得房产证并投入正常运营的经营性物业作抵押担保，必要时还应提供银行认可的其他财产抵（质）押及第三方保证，并可视情况要求借款人法人代表或其实际控制人提供连带责任保证担保。

2. 经营性物业抵押贷款借款抵押合同，必须在房地产管理部门抵押登记，并确保银行为抵押物的第一抵押权人。如贷款用途为置换银行贷款的，且因置换原因无法及时办妥抵押登记，借款人须提供其他足额担保，待经营性物业抵押登记障碍解除后，经办行立即与借款人办妥抵押登记手续，抵押登记办妥后其他担保可相应解除。经办行应对资金账户封闭管理，确保贷款专项用于归还银行贷款。

3. 借款人应与银行签订租金账户监管合同或协议，明确物业经营收入直接进入银行指定账户，一旦借款人无法偿还贷款本息，银行有权直接从该账户中扣划。

4. 为防止业主通过修改租赁合同、另行签订长期、低租金合同或以其他方式恶意对抗银行抵押权，应尽量要求出租人和承租人持租赁合同到房管部门办理租赁登记备案手续。

【贷款偿还】

1. 还款方式。在贷款发放前，要根据项目经营或出租前景制定切实可行的分期还款计划，一般应采取按季（月）结息、按季（月）还本的还款方式，即将每期营业收入的一定比例归还贷款本息。考虑到物业的租金回收具有一定的周期性，可给予最长不超过1年的宽限期。

要在借款合同中明确，如房地产市场出现重大变化或发生其他影响贷款安全的情形时，银行应与借款人协商变更借款合同关于贷款额度、期限、利率、每期还款金额等内容。协商不成的，应当按照合同约定采取停止发放贷款、要求借款人提前偿还已发放贷款等措施。同时还要在借款合同中明确，借款人连续2次或累计3次未按约定归还本息的，银行可依法处置抵押物。

2. 借款人提前还款须提前一个月提出申请，并按银行确定的提前还款日归还剩余的贷款本息。

【授信后管理】

1. 银行与借款人签订资金监管协议。借款人须在银行开立资金监管专户，对专户实行收支两条线管理，建立收支明细台账，物业的经营性收入直接进入专户，除留足每期还本付息金额外的资金须经主办客户经理及业务主办行（部）负责人审核批准后方可使用。如借款人出现逃避资金监管的行为，银行有权提前要求借款人偿还贷款或处置抵押物。

2. 对于已抵押给银行的经营性物业用于租赁的，应审查租赁合同条款约定，预测是否存在风险，并尽量要求：

（1）出租人事先告知承租人，并取得银行的书面同意；

（2）承租人向银行出具书面承诺，在银行实现抵押权时，租赁合同提前终止，不得以其租赁权阻碍或干扰银行行使抵押权。

3. 及时掌握出租状况，准确估算项目经营性现金流量，动态调整还款计划，现金流量充足时可提前偿还贷款。借款人将抵押物业出售时，须经银行同意并相应归还银行贷款。

4. 在贷款期内要对抵押物价值进行动态监测，定期（原则上一年一次）

对抵押进行再评估，若出现抵押物贬值、租金收入下降等危及银行贷款安全的情况，应及时采取要求借款人补充抵押物或变更贷款额度、期限、利率等措施。

5. 借款人的全部物业项下的经营性收入纳入银行监管。例如，酒店的经营性收入包括餐厅收入、物业租金收入。

【操作要点】

1. 贷款对象。借款人必须是经有权部门批准成立并依法持有企业法人营业执照、实行独立核算、具有法人资格，其拥有的经营性物业已经投入商业运营，并对其拥有的经营性物业有独立的处置权。多是一些商业地产的开发商、小商品市场的所有方、大型集贸市场的所有方、钢铁交易市场等。

建议营销对象：万达、金融街、保利、北辰实业等持有商业地产较多的企业。

2. 贷款用途。针对企业以下四个方面的资金需求：

（1）购置、大修理经营性物业；

（2）对于企业法人自行建造的经营性物业，可用于置换负债性资金和超过项目资本金规定比例以上的资金；

（3）对于购置的物业，可用于置换购置款；

（4）物业经营期间的配套周转性资金需求。

可以将本行商业地产开发贷款转为经营性物业抵押贷款，实现两个贷款无缝对接，提高客户的满意度。

【产品期限】

经营性物业抵押贷款最长原则上不超过 8 年。

【融资金额】

抵押率最高可达抵押物价值的60%。

【产品要点】

1. 用于抵押的经营性物业必须是借款人自己拥有的、位于商业繁华地段的、用于对外出租并以所收取的租金作为还款来源的贷款。须在银行开立结算专户和还款专户，明确其全部收入进入结算专户结算，并将自有可支配收入转入还款专户，接受银行对支出款项的封闭式监管。承诺同意银行按还款计划扣还还款账户中款项用于封闭归还贷款本息。

2. 对承租人发函通知其房产抵押给银行，并由承租人对其回执进行盖章确认。

3. 如果是置换其他银行贷款，必须承诺将其他银行贷款置换后，解除抵押的物业及土地必须在合理期限内（设定约3个月的期限）抵押给银行。

4. 该物业必须为已经与实力强大的承租人签订长期租赁合同，租金收入稳定。物业地处黄金商业区域，地理位置优越，交通便利。

5. 在银行的信用评级在BB以上（含），资产负债率原则上不高于70%，经营和财务状况良好，具有还本付息能力。

6. 拥有经营性物业全部产权，持有合法、有效的土地使用权证和房产所有权证；获得土地使用权证的方式为国有出让土地。

7. 董事会或有权决策机构同意将其拥有的经营性物业作为贷款抵押物。

【营销建议】

经营性物业最好为商场、写字楼、商品交易市场、宾馆酒店、酒店式公寓或商铺，出租非常稳定，现金流状况较好。出租人经营管理规范、利润较为稳定。

经营性物业抵押贷款实际同REITS相同，借款人将未来的长期现金流折现，以未来的现金流获得现在的资金融通。

承租人最好为特大型商业企业，比如家乐福、沃尔玛、华联超市及百盛等特大型商业企业。

承租人为商业银行等金融机构，比如各家银行、证券公司、保险公司的经营机构租赁的经营性场地，比如支行、证券营业部、保险支公司等租赁的场地。

【基本条件】

1. 合格应收账款范围及条件。

（1）物业承租人属于实力较强、信誉良好、具有充分付款能力的大型企业、公用事业单位及政府机关等。

（2）租赁时间较长，租赁金额较大，支付租金期限明确，方便银行计算。

（3）出租方与承租方交易真实，双方原则上不得为同一集团内部企业及其他关联性企业。

（4）经营性物业原则上是位于城市中央商务区和中心商业区等城市中心繁华地段，并已投入运营一段时间，出租率较高，经营状况良好的低风险项目。

2. 经营性物业须具备的基本条件。

（1）经营性物业应合法合规，原则上经过竣工综合验收合格办妥房产证，并已投入商业运营 1 年以上。

（2）经营性物业地理位置优越。位列世界 500 强企业的商业企业入驻经营的大型超市，区位要求可适当放宽。

（3）酒店为四星级（含）以上，由国际知名品牌管理公司管理，经营状况优良，现金流稳定，上一年度平均入住率高于 60%。

（4）写字楼为甲级（含）写字楼，且年均出租率高于 80%。

（5）商业物业面积（可供银行抵押面积）原则上不低于 10000 平方米，且主力店应为知名品牌；混合业态的物业应至少满足以上一个条件。

（6）银行暂不接受以非标准工业厂房、住宅底商、住宅小区配套商业为抵押物的经营性物业抵押贷款项目。

（7）经营性物业定位准确，经营情况稳定，出租市场前景较好；经营性物业市场价值和租金价格稳定或有上涨趋势；经营性物业具有较强的变现能力，有利于整体处置。

（8）在贷款期内经营性物业所产生稳定的、经营性净现金流能够按期归还贷款本息（净现金流是指已扣除经营物业必须支付的各项支出后的现金流）；经营性物业抵押贷款本息和与贷款期间预期可产生的净现金流之比不超过 80%。

（9）经营性物业抵押贷款原则上应采取物业整体抵押方式。

【产品益处】

经营性物业抵押贷款具有以下优势：

1. 贷款用途灵活。贷款用途广，经营性物业抵押贷款解决房地产企业贷款用途监管难的问题，对于自行建造的物业，可用于置换负债性资金和超过项目资本金规定比例以上的自有资金，即置换出来的是属于房地产企业的自有资金，银行对企业的自有资金的使用监管力度可适当降低，借款人同时可以将信贷资金用于物业的日常经营或者正常经营周转等。

2. 贷款期限长。普通的抵押贷款，贷款期限一般为 1 年，企业面临还款压力较大。经营性物业抵押贷款，贷款期限最长可达 10 年，企业可获得长期稳定的资金。

3. 还款方式灵活、减轻企业财务管理费用。企业可根据资金安排和经营性物业现金流状况合理安排还款计划，经营性物业抵押贷款的还款来源是经营性物业稳定的现金流，银行监管物业的所有租金，即保证了贷款的按时归还，又节省了借款人的财务人员工作量和财务管理成本，使企业还款压力降到最低。

4. 操作简单，解决企业融资难问题．经营性物业抵押贷款操作简单，经营性物业抵押贷款主要关注抵押物的价值和贷款期内的现金流，只要满足这两点条件（即贷款第一还款来源和第二还款来源）的经营性物业均可操作经营性物业抵押贷款业务，企业容易获得银行贷款。

【利率】

融资利率一般由银行根据借款企业的资信确定。

【业务流程】

1. 企业向银行提出贷款申请。
2. 评估机构对抵押物作预评估。
3. 银行审批后，企业与渤海银行签订相关合同。
4. 办理抵押物保险和抵押物登记，开立监管账户。
5. 银行发放贷款。
6. 企业按期偿还贷款。

【点评】

一家企业如果非常看好自己开发的地产商业项目，完全可以自己持有产权，采取长期租赁的方式出租物业以期获取长期收益，而借助银行的经营性物业抵押贷款可以有效地解决为投资的商场、写字楼、酒店式公寓等固定资产占压大量资金的烦恼。经营性物业抵押贷款提供以经营性物业抵押的中长期融资服务，可以盘活客户在商业地产投资时所占压的资金，又可以帮助客户尽享物业长期升值所带来的收益。所以说银行客户经理真的可以说是企业的财神，是给企业送钱来的。

【业务流程图】

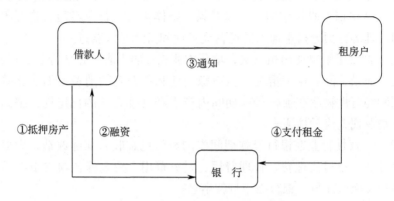

图 2 – 22　经营性物业抵押贷款融资流程

【风险控制】

1. 项目的承租人属于较为优质的客户，缴纳租金较为及时。

2. 经营性物业产权清晰，已经获得产权证。

3. 租金的收取应当封闭，封闭进入银行指定的账户，防止借款人挪用资金。

【业务管理】

1. 授信前调查应重点关注以下内容：

（1）物业的权属。是否竣工验收合格、是否取得房产证，物业设定抵押情况。

（2）物业的出租率、租赁合同租期、租金支付方式。调查租金收入与贷款额度和贷款期限是否匹配；调查租金支付方式，防止物业在抵押给银行时，承租人已经一次性向借款人支付了长期租金，或者是将租金与出租人对于承租人其他债务进行抵销，导致银行届时无法从租金中获得还款来源以及无法处置抵押物。

（3）租约情况。调查租约的真实性以及租赁合同中是否存在损害银行利益的条款。特别注意承租人依法享有的承租权、优先购买权以及其他权力对银行抵押权的限制和影响，对抵押权实现的难易程度作必要地预估。

（4）承租人资信、经营状况、支付租金能力等资质情况。对于承租人经营状况或资信不佳、按期足额支付租金有困难或多次拖欠租金的，不宜介入。

（5）借款人整体经营活动现金流情况及综合还款能力。

2. 审查经营性物业抵押贷款项目时，应着重分析以下内容：

（1）从申请人股权结构、股东背景、整体实力、行业经验、管理团队以及公司治理等方面分析申请人的经营规范性和持续经营能力。

（2）详细了解物业出租情况，填写物业租赁明细表，并从行业运行趋势、区域发展前景、同业竞争情况、租户稳定性和消费者的消费习惯变化等方面分析预测经营性物业在银行贷款期间内产生经营现金流的稳定性，编制贷款期间内物业现金流量预测表。

（3）经营性物业在银行贷款期间内的经营现金收入扣除改造、大修、日常修理维护、招租代理费、管理费用、财务费用、税金等各项支出以后的经营性净现金流须能覆盖银行当年贷款本息。

（4）应从经营性物业的经营收入减少和支出增加两个方面进行敏感型分析。

3. 《物权法》第一百九十条规定：订立抵押合同前抵押财产已出租的，原租赁关系不受该抵押权的影响。抵押权设立后抵押财产出租的，该租赁关系不得对抗已登记的抵押权。所以经营性物业如果出租的，应当通知承租人，控制贷款风险。

4. 在贷款期内，借款人应根据有关法律及贷款人要求办理抵押物的财产保险，保险费用由借款人承担，并在所投保险的有关保险单中明确银行为优先受偿人（第一受益人），借款人应向保险公司申请出具未经经办行书面同意，不变更受益人的书面承诺；借款人可每年连续投保或一次性购买整个贷款期限内的保险。在贷款期间内，借款人应使保险持续有效，不得中断或撤销保险，投保总额不低于银行贷款本息额。

5. 借款合同中要补充明确，银行有权在贷款期内要求指定的房地产评估机构对抵押物重新进行价值评估，若抵押物价值发生贬值，则银行有权要求借款人补充银行认可的抵押物或收回相应贷款，银行有权视市场形式、抵押物价值变动、出租回报率、市场利率变化等情况，对贷款期限、额度、利率等进行调整。

6. 对于借款人为房地产开发企业的经营性物业抵押贷款，统一纳入银行房地产开发贷款管理。

【案例】北京信诚物业有限公司经营性物业抵押贷款

一、企业基本情况

北京信诚物业有限公司注册资金 2 亿元，年经营额 8 亿元，规模属于中型物业企业。信诚大厦位于北京中央商务区，为五星级写字楼，承租公司大都是具有相当实力的外资企业及国内的大型垄断企业，出租率达到 90% 以上，且全为长期租约，出租率较佳。

北京信诚物业有限公司准备扩建二期，自筹 2 亿元资金，需要银行融资 5000 万元，公司准备需求外部资金支持。北京信诚物业有限公司资产负债率适中，长期经营现金流非常稳定，现金流状况较佳，是银行拓展中期贷款的较好目标客户。

二、银行切入点分析

××支行经过认真分析：信诚大厦出租率较好，承租企业实力非常强，每年的租金回报率理想，测算企业 5 年的租金收入在扣除正常的支用后，应当可以完全覆盖银行的贷款本息。分析考虑因素：

1. 物业符合本市商业网点规划要求，经竣工综合验收合格并办妥房产证和土地证，已投入商业运营 1 年以上。

2. 物业地理位置优越，位于城市中央商务区、主要中心商业区或城市中心繁华地段等，交通便捷，人流、物流、车流充裕，商业、商务氛围浓厚。位列世界 500 强企业的商业企业入驻经营。写字楼为甲级写字楼以上，年均出租率高于 80%。

3. 物业定位准确，经营情况稳定，出租市场前景较好；经营性物业市场价值和租金价格稳定或有上涨趋势；物业具有较强的变现能力，有利于银行整体处置。

4. 在贷款期内物业所产生稳定的、经营性净现金流能够按期归还贷款本息（净现金流指已扣除经营物业必须支付的日常支出后的现金流）；贷款本息和与贷款期间预期可产生的净现金流现值之比不超过 75%。

5. 银行的风险控制措施：

（1）要求借款人以公司法人名义投房屋财产综合险，保险第一收益人为银行。

（2）要求借款人将信诚大厦完整抵押给××支行，并将抵押信息通知承租人。

（3）做强制执行公证。

三、银企合作情况

1. 北京信诚物业有限公司向银行提出融资申请，期限 5 年，金额 5000 万元。银行评估北京信诚物业有限公司年租金收入 2600 万元，年日常经营支出水电费等支出约 800 万元。年可支配收入 1700 万元，5 年约 8500 万元。

2. 银行经过批准，××支行提供贷款 5000 万元，期限 5 年，执行基准利率。北京信诚物业有限公司每季以收到的租金偿还银行贷款本息。北京信诚物业有限公司与银行签订《财务监管协议》。

3. 北京信诚物业有限公司将出租的房产抵押给银行，并及时通知承租客户。银行设立租金监管账户，北京信诚物业有限公司提供授权划款书，授权银行可以从该账户扣划资金归还在银行的贷款本息。

4. 承租人按季支付租金进入北京信诚物业有限公司收取租金监管账户，银行按季进行扣收。

【点评】

通常经营性物业抵押贷款风险度较低，因为本身项目已经产生稳定的现金流，用项目产生的租金现金流分期偿还银行贷款，对企业而言，长期分摊贷款偿还，每期偿还贷款金额不大，企业偿还压力适中。通过经营性物业抵押贷款，可以有效地将客户的结算资金流控制到本行。

【要点】

经营性物业抵押贷款业务实务操作有以下问题：

问题一：如何确定经营性物业抵押贷款的贷款用途、贷款期限、宽限期、还款方式、还款金额？

答：1. 总行已对原管理办法经行修订，贷款可用于借款人合法合规的资金需求，包括但不限于物业在经营期间维护、改造、装修、招商等资金需求以及置换该物业建设期的银行贷款、股东借款等负债性资金和超过项目资本金规定比例以上的资金，不得用于国家明令禁止的投资领域和用途，不得用于偿还银行存量不良贷款或违规贷款。与原办法比较贷款用途有所放宽，但需合法合规。

2. 关于贷款期限的问题，经营性物业抵押贷款期限最长不超过 10 年是原则性要求，但不是要求每一笔业务的期限都要做到 10 年期，分行应该根据企业实际的经营性现金流扣除费用是否能够覆盖贷款本息，来测算确切的贷款期限，个别业务根据实际情况适当调整。

3. 关于宽限期的问题，如果物业已投入运营银行的经营性物业抵押贷款应没有宽限期，宽限期主要是给予部分银行先支持开发贷款，后转为经营性物业抵押贷款的房地产开发企业，在物业开发完毕到投入运营期间有一定空档期（进行装修、试营业等），此类情况才能给予宽限期。

4. 关于还款方式的问题，对于酒店类物业，由于客户每日都能产生经营性收入，分行原则上应采用按月或按季方式归还银行贷款本息。对于写字楼及商业物业，分行应根据物业承租人与物业所有权人签订的租赁合同中确定的租金支付方式来确定银行贷款的还款方式。如主力承租人按月支付房租收入，则借款人也应按月归还银行贷款本息。

5. 关于贷款金额的问题，应合理测算物业在贷款期可产生的经营性活动净现金流，根据测算结果来确定贷款金额，同时贷款金额最高不能超过银行规定的物业评估价值抵押率上限。

问题二：房地产开发企业以自建酒店参股，成立新的酒店管理公司，物业所有权人为酒店管理公司，能否以该酒店为抵押物为房地产开发企业申请经营性物业抵押贷款？

答：银行经营性物业抵押贷款，应遵循"谁拥有，谁贷款，谁经营，监管谁"的原则，原则上不接受第三方提供抵押物的经营性物业抵押贷款。对于借款人与物业所有权人为同一控制人的经营性物业抵押贷款可个案处理。

问题三：专业市场可否办理经营性物业抵押贷款？

答：应综合分析专业市场所处的地理位置、承租人结构、管理团队及经营性现金流，择优支持，但由于部分专业市场客户准入门槛不高，物业品质较低，升值空间不大，分行应审慎介入。

问题四：工业用地是否可以办理经营性物业抵押贷款？

答：鉴于工业用地的市场价值较低，且工业用地转变性质，首先要到规划部门变更规划，其次凭变更的规划到国土部门变更土地使用性质，并需补交土地出让金，这一过程中存在较大的不确定性。因此，银行暂不办理土地性质为工业用地的经营性物业抵押贷款。

问题五：银行规定经营性物业抵押贷款的物业要求是已竣工验收并运营 1

年以上，能否提前介入，先通过对开发商发放开发贷款，然后转经营性物业抵押贷款？

答：这种模式原则上不行，如果有只能做个案处理。个案要求开发商必须是全国知名品牌，物业品质有保证，而且有多年商业物业开发经验，且开发的物业地理位置优越，位于城市主要中心商业区或城市中心繁华地段。

问题六：住宅底层商铺能否放宽条件办理经营性物业抵押贷款？

答：应根据商铺所处的地理位置、物业的经营面积、承租人的品质、经营活动现金流来综合判断，对于底商位于城市主要中心商业区或城市中心繁华地段，且商业物业面积（可供银行抵押面积）应大于1万平方米，且主力店应为知名品牌，经营性现金流充裕，银行可择优支持。

问题七：抵押物所有权人为个人的能否办理经营性物业抵押贷款？

答：不能。银行经营性物业抵押贷款业务为对公授信产品，对于抵押物所有权人为个人的，原则上应选取银行合适的个人金融产品。

问题八：如果是银行贷款用途是置换他行贷款的，对于先放款后物业办理抵押前应采取何种风险防范措施？

答：对于银行经营性物业抵押贷款的用途为置换银行贷款的，且因置换原因无法及时办妥抵押登记，分行可采用以下方式防范阶段性授信风险：

1. 要求借款人提供其他足额担保，待经营性物业抵押登记障碍解除后，经办行立即与借款人办妥抵押登记手续，抵押登记办妥后其他担保可相应解除。

2. 经办行先办理抵押手续，成为第二顺位抵押人，再放款，待原贷款行办理解押手续后银行成为第一顺位抵押人。

3. 经办行与借款人、原贷款行签订三方协议，约定银行贷款资金归还原借款行贷款后，原借款行限时办理解押手续。协议签订后，银行可先放款，并将资金划入原借款行指定账户，归还原贷款后，督促原借款行及时办理解押工作，银行跟进办理抵押手续。

问题九：对于授信金额较小、期限较短的经营性物业抵押贷款业务，能否在风险总监权限以内审批？

答：不能。鉴于经营性物业抵押贷款的业态较多，各种业态的收入结构、风险防范措施均不相同，因此该产品暂不对风险总监进行转授权。

问题十：对于公司注册地为A市，所拥有的经营性物业位于B市，可否在 B 市申请经营性物业抵押贷款？

答：如果 B 市有银行经营机构，原则上要求 B 市经营机构主办，这样将能有效的监管经营性物业的现金流，以保障银行信贷资产安全，A 市经营机构可以和 B 市经营机构按照银行内部联合贷款模式进行操作。

问题十一：对于有的经营性物业建筑面积较大，整体抵押存在难度，可否部分物业分割抵押？

答：经办行应分析物业所处的地理位置，是否是由国际、国内知名企业开发经营，物业的经营管理是否规范，现金流量是否充裕，物业出租情况是否做到具体问题、具体分析。对物业进行分割抵押物，不易监控现金流，风险较大，因此银行经营性物业抵押贷款原则上应要求物业应提供整体抵押。

问题十二：关于排他性条款能否不作为合同内的必要条款？

答：可以，该条款属于建议性条款，不是必要条款，主要是为防止企业在银行多头授信，用他行贷款恶意置换银行贷款，有此条款可以提高部分企业恶意置换银行贷款的成本，也可防止银行间的无序竞争。企业由于经营活动产生的现金流较充裕而申请提前还款时，银行可接受。

问题十三：关于酒店类物业上一年度入住率达不到管理办法要求的60%能否突破？

答：管理办法规定酒店类物业应在四星级（含）以上，由国际知名品牌管理公司管理，经营状况优良，现金流稳定，上一年度平均入住率高于60%。这些规定是总行的原则性要求，但原则性要求应与个案结合，经营机构应分析入住率达不到60%的原因，不能教条。如遇特殊情况，根据实际情况入住率可适度放宽。原则是总行把握业务的导向，但同时不能把个案普遍化。

问题十四：何种条件的客户可以前期只还利息不还本金？

答：此类情况仅限于全国知名品牌开发商，而且银行先给予开发贷款，然后转经营性物业抵押贷款，期间有一定空档期（进行装修、试营业等）才给予一定的宽限期内只还息、不还本，宽限期到期开始按期还本付息。只要物业已投入使用，有经营性收入，授信方案不应给予宽限期。

问题十五：异地品牌超市，规模较大，业务审批能否突破？

答：首先应判断所在地是否有银行经营机构，其次应分析物业的品质如何，如果有则由该经营机构作为主办行；若没有经营机构，由于物业位于异地，较难对物业的现金流进行有效监控，还款来源不能落实，不建议开展此类业务。

问题十六：关联企业租金收入可否纳入借款人现金流监管？

答：关联公司的租金收入可以纳入借款人现金流管理，要参照市场价格和同类物业合同价格，确定公允价值，可作为补充现金流方案，也可让关联企业提供担保或出具承诺。

问题十七：关于经营性物业抵押贷款抵押物的价值是采用评估报告中的评估价值还是评估净值？

答：根据银行授信风险管理操作手册的相关规定，以评估报告中的评估价值确定抵押物的价值。

十八、保障性住房（棚改房）开发贷款

【产品定义】

保障性住房（棚改房）开发贷款是指银行向房地产开发商发放的专项用于保障性住房（棚改房）项目开发建设的一种专项开发贷款。

保障性住房是指由地方政府进行回购，采取出租方式提供给居民。

棚改房是指由地方政府进行土地安排，由开发商进行建设投资，低价出售给原居民。

【适用客户】

该产品适用于承接各地地方政府保障性住房建设的开发商。

【政策依据】

中国人民银行　住房城乡建设部　中国银行业监督管理委员会关于个人住房贷款政策有关问题的通知

银发〔2015〕98号

一、继续做好住房金融服务工作，满足居民家庭改善性住房需求。鼓励银行业金融机构继续发放商业性个人住房贷款与住房公积金委托贷款的组合贷款，支持居民家庭购买普通自住房。对拥有1套住房且相应购房贷款未结清的居民家庭，为改善居住条件再次申请商业性个人住房贷款购买普通自住房，最低首付款比例调整为不低于40%，具体首付款比例和利率水平由银行业金融机构根据借款人的信用状况和还款能力等合理确定。

二、进一步发挥住房公积金对合理住房消费的支持作用。缴存职工家庭使用住房公积金委托贷款购买首套普通自住房，最低首付款比例为20%；对拥有1套住房并已结清相应购房贷款的缴存职工家庭，为改善居住条件再次申请住房公积金委托贷款购买普通自住房，最低首付款比例为30%。

【期限规定】

保障性住房（棚改房）开发贷款期限一般为3年，最长不超过5年。

【基本条件】

保障性住房（棚改房）开发贷款条件：

1. 借款人已取得贷款证（卡）并在贷款银行开立基本存款账户或一般存款账户。

2. 借款人产权清晰，法人治理结构健全，经营管理规范，财务状况良好，核心管理人员素质较高。

3. 借款人实收资本不低于1000万元，信用良好，具有按期偿还贷款本息的能力。

4. 建设项目已列入当地保障性住房年度建设投资计划和土地供应计划，能够进行实质性开发建设。

5. 借款人已取得建设项目所需的《国有土地使用证》《建设用地规划许可证》《建设工程规划许可证》《建设工程开工许可证》。

6. 建设项目资本金（所有者权益）不低于项目总投资的30%，并在贷款使用前已投入项目建设。

7. 建设项目规划设计符合国家相关规定。

8. 贷款人规定的其他条件。

【产品优势】

1. 可以满足保障性住房开发商对项目开发资金的需求。

2. 通过提供保障性住房（棚改房）开发贷款，银行可以密切与当地政府的关系，为银行营销土地出让金存款等提供机会。

3. 相对于一般住宅开发市场，保障性住房市场较为平稳，不存在销售风险，不存在政策限制等，非常有利于银行平滑在房地产行业的贷款份额。银行通常应当对房地产开发贷款和保障性住房开发贷款按照一定合理比例配比。

【风险控制】

1. 保障性住房（棚改房）开发贷款必须专项用于保障性住房（棚改房）

项目建设，不得挪作他用。严禁以流动资金贷款形式发放保障性住房开发贷款。

2. 保障性住房（棚改房）开发贷款应以项目销售收入及借款人其他经营收入作为还款来源。

3. 保障性住房（棚改房）开发贷款实行封闭管理。借贷双方应签订资金监管协议，设定资金监管账户。贷款人应通过资金监管账户对资金的流出和流入等情况进行有效监控管理。

4. 贷款人应对保障性住房（棚改房）开发贷款使用情况进行有效监督和检查，借款人应定期向贷款人提供项目建设进度、贷款使用、项目销售等方面的信息以及财务会计报表等有关资料。

5. 保障性住房（棚改房）贷款具备非常开阔的前景，各地政府都在大力发展保障性住房（棚改房）建设，需要大额的银行信贷。银行通过支持开发商建设保障性住房（棚改房），可以密切和当地政府的关系，同时为银行投放按揭贷款提供机会。

【案例】运城市金鑫房地产有限公司保障性住房（棚改房）开发贷款

一、企业基本情况

运城市金鑫房地产有限公司为山西运城本地规模较大的房地产开发企业，从事城市建设和地产开发领域中。先后承揽了圣惠立交桥、西花园游泳池、姚暹渠改造、人民路及禹都大道硬化等市政重点工程，累计完成市政建设投资 6000 余万元，为运城市城市建设作出了巨大贡献。

二、银行切入点分析

当地经济较为活跃，而保障性住房销售不存在困难。因此，银行决定支持运城市金鑫房地产有限公司提供一定的保障性住房开发贷款。

三、银企合作情况

工商银行为运城市金鑫房地产有限公司发放 1.5 亿元保障性住房贷款，加快推动百姓生活住房条件的改善。

十九、安慰函项下贷款

【产品定义】

安慰函项下贷款是指在借款人的母公司或政府提供安慰函的情况下，银行向借款人提供的一种贷款业务。

安慰函又称赞助信、安慰信、意愿书，通常是指政府或企业控股母公司为借款方融资而向贷款方出具的表示愿意帮助借款方还款的书面陈述文件。

安慰函并不是担保，而是政府或母公司向银行提供的一种安慰函件，并不具备法律的约束力，一旦借款人不能借款，签发安慰函的主体并不承担法律责任。

【产品种类】

1. 政府承诺项下安慰函融资。国内的地方政府、财政部门出具承诺函，通常由当地人大常委会通过决议，对银行提供贷款的具体项目，当地财政列入还款计划，利用财政资金归还贷款，并已经报经当地人大常委会批准。

由于《担保法》规定，政府部门不得对各类贷款提供担保，因此，政府机构多采取安慰函等变通方式。由于这些借款主体本身就是政府的下属机构，或者干脆就是政府的融资窗口，因此，银行提供贷款实际上就是给政府提供贷款，因此评价贷款风险度多依据当地政府的财政实力。

2. 境外集团母公司承诺项下安慰函融资。这类安慰函贷款占的数量较大，大型的跨国公司实力非常强大，但是由于不了解外国的法律，普遍不愿意对子公司在当地的贷款提供担保。

3. 境内集团母公司承诺项下安慰函融资。

【适用对象】

1. 各地省交通厅的项目资本金贷款、各省投资集团、政府融资平台、国有资产经营公司。比如重庆的八大投资公司、北京市国有资产投资集团、河北省建设投资集团、河北省交通厅等、北京北控实业。

2. 外资背景的特大型企业集团，例如可口可乐、爱立信、爱默生电气、沃尔玛在中国设立的子公司。

由于这些有实力较强集团母公司背景的子公司在国内投资规模较大，经营状况普遍较好，但是厂房等多为租赁，缺乏固定资产。为这些子公司提供安慰函贷款，风险可以控制。

【所需资料】

通常按照一般贷款的需要要求企业提供授信所需常规资料。

1. 公司章程和公司组织架构图；

2. 经过年检的营业执照正、副本原件及复印件；

3. 出示人民银行征信材料，并留下人民银行征信材料号和正确的密码；

4. 上年末及近期财务会计报告及审计报告；

5. 出具授权委托书，法人和经办人身份证原件及复印件；

6. 真实有效的贸易合同，且交易商品在企业的经营范围之内；

7. 安慰函函件；

8. 银行要求的其他有关资料。

【业务流程图】

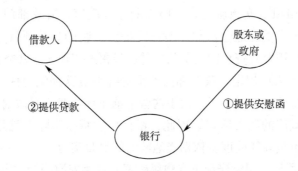

图 2 - 23　安慰函项下贷款业务流程

【风险控制】

安慰函虽然在广义上为国际融资信用支持文件之一，但其最显著的特征是其条款一般不具有法律拘束力，而只有道义上的约束力，即使明确规定了它的法律效力，也由于其条款弹性过大而不会产生实质性的权利义务。

政府提供安慰函的项目必须提供了明确的对应还款资金来源，比如省财政建立还款基金专户、使用教育费附加、使用本地专项建设基金等，或者当地人大常委会明确将贷款本地归还纳入财政预算；决不能是泛泛的财政支持，这样的项目十之八九不会批准。

安慰函一般是由母公司或政府写给贷款人，对其发放给子公司或一个公共实体的贷款表示支持的信。通常情况下，安慰函的主要目的在于使提供安慰函的人或机构只对债权人承担支持债务人履行义务的道义责任而非法律上的保证责任。然而，尽管出具安慰函的初衷在于避免承担法律责任，但在实践中，安慰函的法律性质及效力却比较模糊。各国法院对安慰信是否具备法律效力的态度，一般是着眼于从安慰信的具体内容分析，看其是否表达了明确的保证与承诺，从而判断信函的法律性质。我国国家外汇管理局负责人在一次答记者问中曾阐述我国对安慰函的法律态度：安慰函出信人不承担法律责任。

各级地方政府（或财政厅）向贷款银行出具具有信用担保性质的"安慰函"。

政府发的安慰函，就是用政府信用担保项目能够如期还款付息的书面通知。如在安慰函中出现"同意到期还款"字样，便意味着相关部门会督促项目还款。

银行接到不少市政府、财政局等机关出具的安慰函，使得很多重点工程贷款一路绿灯。

【示范文本】

集团安慰函

_____银行

贵行已经批准向_____公司安排_____金额的贷款，我机构已经知晓该安排，并作出如下承诺，我机构将积极督促_____公司及时归还贵行的融资，在未归还贵行融资前，我机构将不会要求_____公司分红、支付股息等。

集团公司

年　　月　　日

市财政局安慰函

_____银行

贵行已经批准向_____公司安排_____金额的贷款，我局已经知晓该融资安排，并作出如下承诺，我局将安排预算资金归还融资款项，并提请市人大常委会审议该安排，我局将力促人大常委会同意该预算安排。

市财政局

年　　月　　日

二十、林权抵押贷款

【产品定义】

林权抵押贷款是指借款人提供林权产权作为抵押，银行向借款人提供的用于对森林、林木的经营维护用途的流动资金贷款业务。

权属明晰的集体性质的森林、林木和林地使用权均可用于抵押。以森林、林木所有权和使用权作抵押时，其林地使用权须同时抵押，但不得改变林地的属性和用途。

林权是指森林、林木的所有权和使用权，林地的使用权。

林权抵押是指林权权利人不转移对林权的占有，将其依法取得的林权抵押给抵押权人作为债务担保的行为。

取得当地县人民政府颁发的《中华人民共和国林权证》，无权属争议，属集体性质的商品林地的森林、林木所有权和林地使用权均可用于抵押。包括自留山、责任山、集体共管山、"四荒"拍卖山、退耕还林地和通过各种形式合法流转的"流转山"六种形式存在的商品林。

【政策依据】

中国银监会　国家林业局关于林权抵押贷款的实施意见

银监发〔2013〕32 号

一、银行业金融机构要积极开展林权抵押贷款业务，可以接受借款人以其本人或第三人合法拥有的林权作抵押担保发放贷款。可抵押林权具体包括用材林、经济林、薪炭林的林木所有权和使用权及相应林地使用权；用材林、经济林、薪炭林的采伐迹地、火烧迹地的林地使用权；国家规定可以抵押的其他森林、林木所有权、使用权和林地使用权。

二、银行业金融机构应遵循依法合规、公平诚信、风险可控、惠农利民的原则，积极探索创新业务品种，加大对林业发展的有效信贷投入。林权抵押贷款要重点满足农民等主体的林业生产经营、森林资源培育和开发、林下经济发展、林产品加工的资金需求，以及借款人其他生产、生活相关的资金需求。

三、银行业金融机构要根据自身实际，结合林权抵押贷款特点，优化审贷程序，对符合条件的客户提供优质服务。

四、银行业金融机构应完善内部控制机制，实行贷款全流程管理，全面了解客户和项目信息，建立有效的风险管理制度和岗位制衡、考核、问责机制。

五、银行业金融机构应根据林权抵押贷款的特点，规定贷款审批各个环节的操作规则和标准要求，做到贷前实地查看、准确测定，贷时审贷分离、独立审批，贷后现场检查、跟踪记录，切实有效防范林权抵押贷款风险。

六、各级林业主管部门应完善配套服务体系，规范和健全林权抵押登记、评估、流转和林权收储等机制，协调配合银行业金融机构做好林权抵押贷款业务和其他林业金融服务。

七、银行业金融机构受理借款人贷款申请后，要认真履行尽职调查职责，对贷款申请内容和相关情况的真实性、准确性、完整性进行调查核实，形成调查评价意见。尤其要注重调查借款人及其生产经营状况、用于抵押的林权是否合法、权属是否清晰、抵押人是否有权处分等方面。

八、申请办理林权抵押贷款时，银行业金融机构应要求借款人提交林权证原件。银行业金融机构不应接受未依法办理林权登记、权属不清或存在争议的森林、林木和林地作为抵押财产，也不应接受国家规定不得抵押的其他财产作为抵押财产。

九、银行业金融机构不应接受无法处置变现的林权作为抵押财产，包括水源涵养林、水土保持林、防风固沙林、农田和牧场防护林、护岸林、护路林等防护林所有权、使用权及相应的林地使用权，以及国防林、实验林、母树林、环境保护林、风景林，名胜古迹和革命纪念地的林木，自然保护区的森林等特种用途林所有权、使用权及相应的林地使用权。

十、以农村集体经济组织统一经营管理的林权进行抵押的，银行业金融机构应要求抵押人提供依法经本集体经济组织三分之二以上成员同意或者三分之二以上村民代表同意的决议，以及该林权所在地乡（镇）人民政府同意抵押的书面证明；林业专业合作社办理林权抵押的，银行业金融机构应要求抵押人提供理事会通过的决议书；有限责任公司、股份有限公司办理林权抵押的，银行业金融机构应要求抵押人提供经股东会、股东大会或董事会通过的决议或决议书。

十一、以共有林权抵押的，银行业金融机构应要求抵押人提供其他共有人的书面同意意见书；以承包经营方式取得的林权进行抵押的，银行业金融机构应要求抵押人提供承包合同；以其他方式承包经营或流转取得的林权进行抵押的，银行业金融机构应要求抵押人提供承包合同或流转合同和发包方同意抵押意见书。

十二、银行业金融机构要根据抵押目的与借款人、抵押人商定抵押财产的具体范围，并在书面抵押合同中予以明确。以森林或林木资产抵押的，可以要求其林地使用权同时抵押，但不得改变林地的性质和用途。

十三、银行业金融机构要根据借款人的生产经营周期、信用状况和贷款用途等因素合理协商确定林权抵押贷款的期限，贷款期限不应超过林地使用权的剩余期限。贷款资金用于林业生产的，贷款期限要与林业生产周期相适应。

十四、银行业金融机构开展林权抵押贷款业务，要建立抵押财产价值评估制度，对抵押林权进行价值评估。对于贷款金额在 30 万元以上（含 30 万元）的林权抵押贷款项目，抵押林权价值评估应坚持保本微利原则、按照有关规定执行；具备专业评估能力的银行业金融机构，也可以自行评估。对于贷款金额在 30 万元以下的林权抵押贷款项目，银行业金融机构要参照当地市场价格自行评估，不得向借款人收取评估费。

十五、对以已取得林木采伐许可证且尚未实施采伐的林权抵押的，银行业金融机构要明确要求抵押人将已发放的林木采伐许可证原件提交银行业金融机构保管，双方向核发林木采伐许可证的林业主管部门进行备案登记。林权抵押期间，未经抵押权人书面同意，抵押人不得进行林木采伐。

十六、银行业金融机构要在抵押借款合同中明确要求借款人在林权抵押贷款合同签订后，及时向属地县级以上林权登记机关申请办理抵押登记。

十七、银行业金融机构要在抵押借款合同中明确，抵押财产价值减少时，抵押权人有权要求恢复抵押财产的价值，或者要求借款人提供与减少的价值相应的担保。借款人不恢复财产也不提供其他担保的，抵押权人有权要求借款人提前清偿债务。

十八、县级以上地方人民政府林业主管部门负责办理林权抵押登记。具体程序按照国务院林业主管部门有关规定执行。

十九、林权登记机关在受理林权抵押登记申请时，应要求申请人提供林权抵押登记申请书、借款人（抵押人）和抵押权人的身份证明、抵押借款合同、林权证及林权权利人同意抵押意见书、抵押林权价值评估报告（拟抵押林权需要评估的）以及其他材料。林权登记机关应对林权证的真实性、合法性进行确认。

二十、林权登记机关受理抵押登记申请后，对经审核符合登记条件的，登记机关应在 10 个工作日内办理完毕。对不符合抵押登记条件的，书面通知申请人不予登记并退回申请材料。办理抵押登记不得收取任何费用。

二十一、林权登记机关在办理抵押登记时，应在抵押林权的林权证的"注记"栏内载明抵押登记的主要内容，发给抵押权人《林权抵押登记证明书》等证明文件，并在抵押合同上签注编号、日期，经办人签字、加盖公章。

二十二、变更抵押林权种类、数额或者抵押担保范围的，银行业金融机构要及时要求借款人和抵押人共同持变更合同、《林权抵押登记证明书》和其他证明文件，向原林权登记机关申请办理变更抵押登记。林权登记机关审查核实后应及时给予办理。

二十三、抵押合同期满、借款人还清全部贷款本息或者抵押人与抵押权人同意提前解除抵押合同的，双方向原登记机关办理注销抵押登记。

二十四、各级林业登记机关要做好已抵押林权的登记管理工作，将林权抵押登记事项如实记载于林权登记簿，以备查阅。对于已全部抵押的林权，不得重复办理抵押登记。除取得抵押权人书面同意外，不予办理林权变更登记。

二十五、银行业金融机构要依照信贷管理规定完善林权抵押贷款风险评价机制，采用定量和定性分析方法，全面、动态地进行贷款风险评估，有效地对贷款资金使用、借款人信用及担保变化情况等进行跟踪检查和监控分析，确保贷款安全。

二十六、银行业金融机构要严格履行对抵押财产的贷后管理责任，对抵押财产定期进行监测，做好林权抵押贷款及抵押财产信息的跟踪记录，同时督促抵押人在林权抵押期间继续管理和培育好森林、林木，维护抵押财产安全。

二十七、银行业金融机构要建立风险预警和补救机制，发现借款人可能发生违约风险时，要根据合同约定停止或收回贷款。抵押财产发生自然灾害、市场价值明显下降等情况时，要及时采取补救和控制风险措施。

二十八、各级林业主管部门要会同有关部门积极推进森林保险工作。鼓励抵押人对抵押财产办理森林保险。抵押期间，抵押财产发生毁损、灭失或者被征收等情形时，银行业金融机构可以根据合同约定就获得的保险金、赔偿金或者补偿金等优先受偿或提存。

二十九、贷款需要展期的，贷款人应在对贷款用途、额度、期限与借款人经营状况、还款能力的匹配程度，以及抵押财产状况进行评估的基础上，决定是否展期。

三十、贷款到期后，借款人未清偿债务或出现抵押合同规定的行使抵押权的其他情形时，可通过竞价交易、协议转让、林木采伐或诉讼等途径处置已抵押的林权。通过竞价交易方式处置的，银行业金融机构要与抵押人协商将已抵押林权转让给最高应价者，所得价款由银行业金融机构优先受偿；通过协议转让方式处置的，银行业金融机构要与抵押人协商将所得价款由银行业金融机构优先受偿；通过林木采伐方式处置的，银行业金融机构要与抵押人协商依法向县级以上地方人民政府林业主管部门提出林木采伐申请。

三十一、银行业金融机构因处置抵押财产需要采伐林木的，采伐审批机关要按国家相关规定优先予以办理林木采伐许可证，满足借款人还贷需要。林权抵押期间，未经抵押权人书面同意，采伐审批机关不得批准或发放林木采伐许可证。

三十二、各级林业主管部门要为银行业金融机构对抵押林权的核实查证工作提供便利。林权登记机关依法向银行业金融机构提供林权登记信息时，不得收取任何费用。

【产品价格】

银行根据评估报告，按评估价值的60%（含）以内自主确定贷款额度。

【基本规定】

下列森林、林木和林地使用权不得抵押：

1. 各级人民政府区划界定的公益林。

2. 存在争议的森林、林木和林地。

3. 名胜古迹、革命纪念地和自然保护区的森林、林木和林地。

4. 公共水源林。

5. 特种用途林中的母树林、实验林、环境保护林、风景林。

6. 未经依法办理林权登记而取得林权证的森林、林木和林地。

7. 国家规定不得抵押的其他森林、林木和林地。

【登记机构】

林业行政主管部门和受县人民政府林业行政主管部门授权委托的乡镇林业工作站负责林权抵押登记管理和监督工作。

【抵押物管理】

登记部门应加强对已办理抵押登记的抵押物的监督管理,并及时将抵押登记函告有关单位和部门。抵押期内,未经抵押权人书面同意,林业部门不能批准林木采伐许可。

抵押人在抵押期内有权利和义务确保抵押权物的安全。如发生火灾、盗伐、病虫害及其他自然灾害等情况,应及时告知抵押权人,并配合有关部门做好善后工作。

抵押权人有权对抵押物进行定期检查。抵押人应当积极配合,如实反映抵押物的真实情况。

【风险控制】

登记部门在受理登记申请材料后,应当依照国家法律、法规的规定对抵押物进行审核。主要审核以下内容:

1. 申请人所提供的文件资料是否齐全、真实、有效。

2. 借款合同、抵押贷款合同是否真实、合法。

3. 抵押物权属是否清楚、有效。

4. 抵押物是否重复登记。

5. 抵押物中是否有属于禁止抵押的内容。

6. 抵押期限是否超出有关法规规定的年限。

登记部门应当于受理登记之日起 15 个工作日内办理完毕登记手续。

经审核符合登记条件的,登记部门应当准予登记;不符合抵押登记条件的,书面通知申请人不予登记的理由并退回申请材料。

对符合抵押登记条件的,登记部门应在该抵押物《林权证》的"注记"栏内载明抵押登记的主要内容,并统一收归保管,向抵押人出具林权他项权利证明书。

【所需资料】

1. 自然人向银行申请林权抵押贷款所需材料:

(1) 借款人有效身份证件原件及复印件;

(2) 借款申请书;

（3）森林资源产权证明；

（4）林权证所有者有效身份证件原件及复印件；

（5）森林资源资产评估报告；

（6）同意抵押意见书；

（7）银行认为需要提供的其他资料。

2. 法人客户向银行申请林权抵押贷款所需材料：

（1）借款申请书；

（2）森林资源产权证明；

（3）森林资源资产评估报告；

（4）营业执照原件及复印件；

（5）法定代表人有效身份证件原件及复印件；

（6）借款单位法定代表人、股东个人出具的为贷款承担连带责任保证的函；

（7）合资、合作的合同和验资证明或公司、企业章程；

（8）公司、企业出具的股东大会或董事会的同意抵押意见书；集体企业出具的上级部门证明及集体代表讨论通过的同意抵押意见书；国有林权资产管理部门出具对国有森林资源资产抵押的同意抵押意见书；

（9）财政部门或会计事务所核准的借款前一年度的财务报告、借款人前一个季度的财务报表、纳税证明等；

（10）银行认为需要提供的其他资料。

【业务流程】

1. 企业提出申请，提供相关资料。

2. 银行对企业进行审批。

3. 审批同意，森林资源资产抵押办理程序：

（1）抵押申请与受理。

（2）抵押物的审核、权属认定。

（3）抵押物价值评估及评估项目的核准、备案。

（4）签订抵押合同。

（5）申请抵押登记。

（6）办理抵押登记手续。

（7）核发抵押登记证明书。

4. 抵押人和抵押权人签订抵押合同后，持下列文件资料向抵押登记部门申请办理抵押登记，抵押合同自登记之日起生效。

（1）森林资源资产抵押登记申请书；

（2）抵押人和抵押权人法人证书或个人身份证；

（3）抵押合同；

（4）林权证；

（5）拟抵押森林资源资产的相关资料，包括林地类型、坐落位置、四至界址、面积、材种、树种、林龄、蓄积量等；

（6）拟抵押的森林资源资产评估报告；

（7）抵押登记部门要求应提供的其他文件。

5. 银行取得森林资源资产抵押登记证明书后，填写借款合同，发放贷款。

6. 借款人全部还清抵押合同项下的贷款后，抵押合同自行终止，抵押人应当持还款证明、抵押登记证明书等到登记部门办理登记注销。抵押期内如需变更被担保主债权种类、数额、期限、抵押担保范围的，抵押人与抵押权人应当于做出变更决定之日起 15 个工作日内，持变更协议、原森林资源资产抵押登记证明书和其他证明文件，向登记机关申请办理变更登记。

【风险控制】

1. 如变更被担保债权种类、数额或者抵押担保范围，抵押人与抵押权人应当于作出变更决定之日起 15 个工作日内，持变更协议、《林权他项权利证明书》和其他文件，向原登记机关申请办理变更登记，登记部门审查核实后给予办理变更登记。

2. 抵押人与抵押权人协商同意延长抵押期限的，双方应当在抵押合同期满前 1 个月内，向原登记机关申请办理延期抵押登记。

3. 已办理抵押的林权在抵押期限内不得重复申请办理抵押登记。抵押申请人故意隐瞒该林权已抵押登记的事实，提供虚假材料骗取登记部门重复登记的，该登记无效。

4. 经抵押人与抵押权人协商同意提前解除抵押合同的，双方应当在 15 个工作日内，持提前解除合同协议、《林权他项权利证明书》向原登记部门办理注销登记。

5. 抵押合同期满，抵押人可以持抵押权人提供的抵押人已履行合同义务证明，单方面向登记部门申请办理注销登记。登记部门对在抵押物《林权他项权利证明书》的"注记"栏内载明抵押登记的内容进行注销，并加盖公章。

6. 国有森林资源资产抵押贷款应当进行资产评估，非国有森林资源资产的评估，凡贷款金额在 100 万元（含）以上的项目，应委托财政部门颁发资产评估资格的机构进行评估；贷款金额在 100 万元以下的项目，可委托财政部门颁发资产评估资格的机构评估或由林业部门管理的具有丙级以上（含丙级）资质的单位提供评估报告。

【案例】郑州润美农业科技有限公司林权抵押贷款

一、企业基本概况

郑州润美农业科技有限公司位于郑州市中原区须水镇铁炉车站站前大街西 1 号，注册资本及实收资本 80 万元，属有限责任公司，经营范围为林权经营，农业新技术开发、推广，销售化肥农膜。2008 年 5 月取得经营农膜、化肥资格的农业生产资料经营许可证。该公司现有员工 16 人。

二、银行授信方案

公司为满足市场需求，扩大销售产品品种和销售领域，造成流动资金不足，为确保公司经营强有力的不断拓展，特向银行申请承兑汇票 1200 万元，敞口 50%，根据银行流动资金测算，该公司的资金缺口为 1099 万元，该公司申请 1200 万元，敞口 50%符合规定，授信方案见表 2－7。

表 2－7　　　　　　　　　　授信方案

额度类型	公开授信额度		授信方式	综合授信额度		
授信额度（万元）	1200.00		授信期限（月）	12		
授信品种	币种	金额（万元）	保证金比例（%）	期限（月）	利/费率	是否循环
银行承兑汇票	人民币	1200.00	50.00	12	按银行规定执行	是
申请性质	首次授信	本次授信敞口（万元）		600.00	授信总敞口（万元）	600.00
风险缓释措施及内容　抵押物名称：林权						

【点评】

　　该公司的上游客户多是企业公司，能接受票据。在该公司的采购环节，银行可以提供银行承兑汇票满足客户支付需要。

　　银行收益：银行可以要求较高比例的保证金，吸收可观的保证金存款。

二十一、门票收费权质押贷款

【产品定义】

　　门票收费权质押贷款是指景区企业将门票等经营性收入作为质押，以门票收入为还款来源，从银行获得一定金额的贷款，并根据合同约定按期偿还贷款本息的贷款业务。

【政策依据】

　　《中国人民银行　发展改革委　旅游局　银监会　证监会　保监会　外汇局关于金融支持旅游业加快发展的若干意见》（银发〔2012〕32号）规定：

　　二、区别对待、有扶有控，加强和改进对旅游业的信贷管理和服务

　　（二）改进信贷管理，加强对旅游业的信贷支持。金融机构应根据旅游行业的财务特征，制定和细化符合旅游业经营规律的授信标准，改进和完善风险评价体系。根据旅游项目的风险和经营情况，合理确定贷款利率、期限和还款方式。对旺季旅游企业的短期小额贷款，要在有效控制风险的前提下适当简化审批手续，确保符合条件的旅游企业获得方便、快捷的信贷服务。对于已经落实财政资金的中西部地区重点景区等，要加强信贷资金配套支持。对有资源优势和市场潜力但暂时经营困难的旅游企业，要按规定积极给予信贷支持。对高尔夫球场、大型主题公园、城市水源地的观光农业等国家明令禁止或限制发展的旅游项目，应严格禁止或限制发放贷款。对于可能借旅游项目名义变相进行房地产开发的，应从严审查。

（三）创新发展符合旅游业特点的信贷产品和模式。鼓励金融机构在依法合规、风险可控和符合国家产业政策的基础上，探索开展旅游景区经营权质押和门票收入权质押业务，积极开展旅游企业建设用地使用权抵押、林权抵押等抵质押贷款业务。加快完善各项资产和权益的抵质押登记和评估工作。针对旅游企业财务特点，积极为旅游企业提供固定资产贷款、项目融资贷款、流动资金贷款、融资租赁、票据贴现、资金结算、现金管理等综合金融服务。

（四）加大对小型微型旅游企业和乡村旅游的信贷支持。对符合条件的小型微型旅游企业实行差异化的信贷管理和考核办法，合理扩大基层机构审批权限。涉农金融机构要努力满足农村旅游业的资金需求，对于合理利用古村古镇、民族村寨、农村和农业景观资源发展观光、特色和休闲旅游的项目和企业，要积极采取多种有效信贷模式和服务方式予以支持。加快推进农户电子信用档案建设，鼓励通过农户小额信用贷款等形式支持乡村旅游发展。鼓励涉农担保资金为农家乐等乡村旅游提供担保。

（五）加强旅游景区金融基础设施建设，提高旅游行业和旅游景点金融服务便利性。鼓励金融机构在确保营业安全的前提下，在旅游景点增设网点和自动提款机等设备，合理安排银行网点的服务时间。在旅游旺季，应适当加大原封新券投放力度，优化流通中人民币券别结构，延长服务时间。

三、支持旅游企业发展多元化融资渠道和方式

（六）支持旅游资源丰富、管理体制清晰、符合国家旅游发展战略和发行上市条件的旅游企业上市融资。积极支持已上市旅游企业通过合适的方式进行再融资或者利用资本市场进行并购重组做大做强。加强证券交易所、保荐机构等相关机构对旅游企业进行发行上市的辅导培育等工作。

（七）通过企业债、公司债、短期融资券、中期票据、中小企业集合票据等债务融资工具，进一步加强债券市场对旅游企业的支持力度。加强产品创新和制度创新，拓宽旅游企业的债务融资渠道。通过区域集优等方式扩大中小旅游企业集合票据的发行规模，建立和完善中小旅游企业直接债务融资担保机制，协调落实中小旅游企业债务融资的风险缓释措施。

（八）鼓励社会资本支持和参与旅游业发展。放宽旅游市场准入，打破行业、地区壁垒，简化审批手续，为社会资本参与旅游业发展营造公平竞争市场环境。鼓励地方财政通过财政补贴、贷款贴息等方式，引导社会资本加大对旅游业的投资力度。积极引导民间资本、产业基金等多元化资金支持旅游业发展。

【适用客户】

该产品适用于门票收入稳定的公园、旅游胜地等。

景区门票收入已经形成稳定充裕的现金流，可以以未来现金流换取现时资金融通。

在旅游旺季，银行每周要求借款人向该行划付门票收入，淡季在账户余额超过 50 万元时即向该行划付，并对贷款人的景区门票回笼款账户进行监管。

【营销建议】

银行可以积极与本地的公园管理机关联系，公园管理机关为渠道类客户，对本地的公园经营情况非常熟悉，同时，担当对本地公园的管理职责。银行可以选择其中正处于深度开发阶段的公园提供支持。

【所需资料】

1. 营业执照（三证合一）；

2. 人民银行征信材料；

3. 财务报表；

4. 公园管理机关提供的收费许可文件；

5. 门票收入流水单。

【产品优势】

1. 可以给一些正在开发中的旅游景点提供资金支持，方便旅游网点的深度开发。

2. 通过门票收入做质押，避免了企业寻找担保和抵押的困难。

【风险控制】

银行应当提前到公园管理机关办理质押登记，登记是为了防止重复收费质押。

银行应当选择人流量大、现金流稳定、管理规范的公园拓展此类贷款。

【业务流程】

1. 借款企业提出融资申请。

2. 银行评估公园门票收入现金流总额。

3. 银行办理公园门票收费权质押手续。

4. 银行对公园办理贷款。

【案例】山东仙人洞生态农业旅游开发有限公司门票收费权质押贷款

一、企业基本情况

山东仙人洞生态农业旅游开发有限公司为一家新设立的旅游企业，该公司为了新开发旅游资源项目，迫切需要流动资金。

二、银行切入点分析

山东仙人洞生态农业旅游开发有限公司取得该景区的收费许可证，收费项目为园中园门票，核定园中园门票为每张 20 元。该公司贷款金额不大，但怎么担保成为难题。旅游景点的土地都是租赁的，也没有其他可抵押物，经过多方研究并咨询专业律师，认为以门票收费权质押贷款具有法律依据，在具体办理中具有可行性和可操作性。

三、银企合作情况

峄城区旅游局出具了同意以园中园门票收费许可证质押贷款的证明，同意以园中园门票收费权为山东仙人洞生态农业旅游开发有限公司质押担保贷款 300 万元，期限 3 年。峄城区农村信用联社（质押人）与枣庄市峄城区旅游局（出质人）签订了以门票收费权出质的"最高额权利质押合同"，由区旅游局和区物价局在质押凭证清单上签字并盖章确认。因门票收费权质押登记涉及收费权，由枣庄市峄城区物价局出具了园中园收费权质押贷款的登记备案证明。在办理过程中，经过信用等级评定与物价部门价值评估后，峄城区农村信用联社按照最高不超过收费权评估值的 30%，确定贷款额度，并且将此信息录入人民银行应收账款质押登记公示系统，然后发放了 300 万元贷款。

峄城区农村信用联社向山东仙人洞生态农业旅游开发有限公司发放贷款 300 万元，用于峄城区冠世榴园"园中园"（现称万福园）风景区的改建。

二十二、商标权质押融资

【产品定义】

商标权质押贷款是指企业用商标专用权作质押物，在工商部门办理商标质权登记后，从金融机构获得借款的融资方式。

【政策依据】

相关法律规定

1.《担保法》(1995年10月1日起施行)。

第七十四条 质权与其担保的债权同时存在，债权消灭的，质权也消灭。

第七十五条 下列权利可以质押：（一）汇票、支票、本票、债券、存款单、仓单、提单；（二）依法可以转让的股份、股票；（三）依法可以转让的商标专用权，专利权、著作权中的财产权；（四）依法可以质押的其他权利。

第七十九条 以依法可以转让的商标专用权，专利权、著作权中的财产权出质的，出质人与质权人应当订立书面合同，并向其管理部门办理出质登记。质押合同自登记之日起生效。

2.《物权法》(2007年10月1日起施行)。

第十七章"质权"之第二节"权利质权"，同时适用第一节"动产质权"的规定。

第一百七十二条第一款 担保合同是主债权债务合同的从合同。主债权债务合同无效，担保合同无效，但法律另有规定的除外。

第二百一十条 设立质权，当事人应当采取书面形式订立质权合同。质权合同一般包括下列条款：

（一）被担保债权的种类和数额；

（二）债务人履行债务的期限；

（三）质押财产的名称、数量、质量、状况；

（四）担保的范围；

（五）质押财产交付的时间。

第二百一十一条 质权人在债务履行期届满前，不得与出质人约定债务人不履行到期债务时质押财产归债权人所有。

第二百二十二条 出质人与质权人可以协议设立最高额质权。最高额质权除适用本节有关规定外，参照本法第十六章第二节最高额抵押权的规定。

第二百二十七条 以注册商标专用权、专利权、著作权等知识产权中的财产权出质的，当事人应当订立书面合同。质权自有关主管部门办理出质登记时设立。

知识产权中的财产权出质后，出质人不得转让或者许可他人使用，但经出质人与质权人协商同意的除外。出质人转让或者许可他人使用出质的知识产权中的财产权所得的价款，应当向质权人提前清偿债务或者提存。

3.《商标法实施条例》（2014 年 5 月 1 日起施行）。

第七十条 以注册商标专用权出质的，出质人与质权人应当签订书面质权合同，并共同向商标局提出质权登记申请，由商标局公告。

4.《注册商标专用权质权登记程序规定》（工商标字〔2009〕第 182 号，2009 年 11 月 1 日起施行）。

【点评】

商标专用权是一种无形资产。使用商标权质押贷款能让无形资产转化为资本，对企业来说，是有利的，极大地提升了企业融资空间、缓解了企业尤其是许多中小企业融资难的问题。且相较于信用贷款，质押贷款的利率低，能为企业节省较高的利息成本。

【适用对象】

持有本地名优商标的企事业单位，例如食品公司、报纸、制造企业等。名优商标包括国家级名优商标、省级名优商标、市级名优商标。

【风险控制】

1. 商标专用权质押贷款支持对象：拥有驰名及著名商标的中小企业，驰名商标质押比例不得超过 30%；普通商标质押比例不得超过 20%。

考虑到商标本身变现性较差，同时，受企业自身市场经营情况而影响波动很大。因此，质押率较低。

2. 必须严格控制企业的信贷资金用途，必须用于企业的生产经营，一定要防止企业挪用。

3. 商标权质押仅是一种担保手段。还必须对企业本身的经营情况进行深入了解，真正能够控制风险的不是担保抵押，而是对客户深入骨髓的了解。

【所需资料】

授信所需常规资料：

1. 公司章程和公司组织架构图；

2. 经过年检的营业执照正、副本原件及复印件；

3. 出示人民银行征信材料，并留下人民银行征信材料号和正确的密码；

4. 上年末及近期财务会计报告及审计报告；

5. 出具授权委托书，法人和经办人身份证原件及复印件；

6. 对企业商标的评估报告；

7. 银行要求的其他有关资料。

【产品优势】

1. 利用企业自身的信用，银行就可以给企业贷款，避免了传统方式下，企业需要寻找担保、抵押的弊端。

2. 中小企业议价能力较差，银行可以较高价格定价，给银行贡献较高的利息收入。

3. 商标权质押贷款是一个全新的品种，市场需求非常广阔，银行可以通过开办商标权质押贷款，批量营销众多的中小企业。

【案例】北京牡丹联友电子工程有限公司商标权质押贷款

一、企业基本情况

北京牡丹联友电子工程有限公司是在中关村科技园区注册的高新技术企业和北京市重点扶持的环保企业，主营业务为开发、生产各种污染气体和危险气体在线监测设备，公司自主研制的 HP5000 型在线式烟气连续排放监测系统被列入北京市首批自主创新产品目录，其产品在北京、上海、天津等 20 多个省市投入运行，国内市场占有率达到 50%。牡丹联友公司资产规模达 7900 万元，年销售收入达到 5400 万元。

二、银行切入点分析

北京牡丹联友电子工程有限公司本身经营较好，发展潜力非常大，但是该公司属于中小企业，缺少合格的担保和抵押。对该公司进行分析后，银行认为该公司最有价值的资产就是该公司持有的名优商标。

三、银企合作情况

北京银行为北京牡丹联友电子工程有限公司发放了 500 万元商标权质押贷款，期限 1 年。这是北京银行发放的第一笔商标权质押贷款，该贷款以企业自有的 pafer（佩福尔）注册商标权进行质押，贷款资金用于补充企业流动资金，进行元器件采购。

【点评】

　　银行应积极争取区县商标局和相关行业主管部门的支持协助，争取各区县商标局提供质优的商标权融资项目。

【示范文本】

商标专用权质押合同

　　合同编号：_____

　　出质人（甲方）_____

　　地址：_____

　　联系人：_____

　　联系电话：_____

　　质权人（乙方）_____

　　地址：_____

　　联系人：_____

　　联系电话：_____

　　根据《担保法》《商标专用权质押登记程序》，甲乙双方遵循自愿和诚实信用的原则，经协商一致，达成协议如下：

　　一、为了_____，甲方将其已注册的使用在《商标注册用商品和服务国际分类》第_____类_____商品上的第_____号_____商标质押给乙方，作为_____的担保。

　　商标图样：

　　二、根据国家工商局指定的_____商标评估机构的评估，该商标的实际价值为人民币_____元。

　　三、主债权的种类、数额、履行期限_____.

　　四、甲方质押担保的范围为_____.

　　五、质押期限为_____年_____个月，自_____年_____月_____日起至＿＿＿＿年＿＿＿＿月＿＿＿＿日止。

六、甲方未经乙方同意，不得将该质押商标转让或许可他人使用。经甲乙双方协商一致后，甲方可以将质押商标转让或许可他人使用，但转让费不得低于该商标的评估价值。

无论转让或许可，甲方所得的转让费或许可费都应当用于清偿所担保的债权。

七、如甲方到期不能履行本合同第三条规定的债务，乙方有权将质押商标拍卖或者变卖，用所得的价款清偿债务。价款超过部分归甲方所有，不足部分由甲方承担。

八、其他事项＿＿＿＿＿＿＿＿＿＿。

甲方（盖章）＿＿＿＿＿＿＿＿　　乙方（盖章）＿＿＿＿＿＿＿＿

法定代表人（签字）＿＿＿＿＿　　法定代表人（签字）＿＿＿＿＿

＿＿＿年＿＿＿月＿＿＿日　＿＿＿年＿＿＿月＿＿＿日

签订地点：＿＿＿＿＿＿＿　　签订地点：＿＿＿＿＿＿＿

二十三、BT 贷款

【产品定义】

BT 贷款是指银行向承揽政府项目工程的企业提供的一种项目贷款，以政府最终回购该项目作为还款来源的一种授信业务。

BT 是英文 Build（建设）和 Transfer（移交）缩写形式，意即"建设—移交"，是政府利用非政府资金来进行基础非经营性设施建设项目的一种融资模式。

BT 模式是 BOT 模式的一种变换形式，是指一个项目的运作通过项目公司总承包、融资、建设验收合格后移交给业主，业主向投资方支付项目总投资加上合理回报的过程。目前采用 BT 模式筹集建设资金成了项目融资的一种新模式。

采用 BT 模式建设的项目，所有权是政府或政府下属的公司；政府将项目的融资和建设特许权转让投资方；投资方是依法注册的国有建筑企业或私人企业；银行或其他金融机构根据项目的未来收益情况为项目提供融资贷款。政府（或项目筹备办）根据当地社会和经济发展的需要对项目进行立项，进行项目建议书、可行性研究、筹划报批等前期准备工作，委托下属公司或咨询中介公司对项目进行 BT 招标；与中标人（投资方）签订 BT 投资合同（或投资协议）；中标人（投资方）组建 BT 项目公司，项目公司在项目建设期行使业主职能，负责项目的投融资、建设管理，并承担建设期间的风险。项目建成竣工后，按照 BT 合同（或协议），投资方将完工的项目移交给政府（政府下属的公司）。政府（或政府下属的公司）按约定总价（或完工后评估总价）分期偿还投资方的融资和建设费用。政府及管理部门在 BT 投资全过程中行使监管、指导职能，保证 BT 投资项目的顺利融资、建成、移交。

【基本规定】

1. 政府根据当地社会和经济发展需要对项目进行立项，完成项目建议书、可行性研究、筹划报批等前期工作，将项目融资和建设的特许权转让给投资方（依法注册成立的国有或私有建筑企业），银行或其他金融机构根据项目未来的收益情况对投资方的经济等实力情况为项目提供融资贷款，政府与投资方签订 BT 投资合同，投资方组建 BT 项目公司，投资方在建设期间行使业主职能，对项目进行融资、建设并承担建设期间的风险。

2. 项目竣工后，按 BT 合同，投资方将完工验收合格的项目移交给政府，政府按约定总价（或计量总价加上合理回报）按比例分期偿还投资方的融资和建设费用。

3. 政府在 BT 投资全过程中行使监管，保证 BT 投资项目的顺利融资、建设、移交。投资方是否具有与项目规模相适应的实力，是 BT 项目能否顺利建设和移交的关键。

【实施 BT 模式依据】

1. 根据《中华人民共和国政府采购法》第二条，政府采购是指各级国家机关、事业单位和团体组织，使用财政性资金采购依法制定的集中采购目录以内的或者采购限额标准以上的货物、工程和服务的行为。

2. 根据《关于关于培育发展工程总承包和工程项目管理企业的指导意见》（建设部〔2003〕30 号）第四章第七条，鼓励有投融资能力的工程总承包企业，对具备条件的工程项目，根据业主的要求按照建设—转让（BT）、建设—经营—转让（BOT）、建设—拥有—经营（BOO）、建设—拥有—经营—转让（BOOT）等方式组织实施。

【BT 模式的运作过程】

1. 项目的确定阶段：政府对项目立项，完成项目建议书、可行性研究、筹划报批等工作。

2. 项目的前期准备阶段：政府确定融资模式、贷款金额的时间及数量上的要求、偿还资金的计划安排等工作。

3. 项目的合同确定阶段：政府确定投资方，谈判商定双方的权利与义务等工作。

4. 项目的建设阶段：参与各方按 BT 合同要求，行使权利，履行义务。

5. 项目的移交阶段：竣工验收合格、合同期满，投资方有偿移交给政府，政府按约定总价，按比例分期偿还投资方的融资和建设费用。

【BT 模式的特点】

1. BT 模式仅适用于政府基础设施非经营性项目建设。

2. 政府利用的资金是非政府资金，是通过投资方融资的资金，融资的资金可以是银行的，也可以是其他金融机构或私有的，可以是外资的也可以是国内的。

3. BT 模式仅是一种新的投资融资模式，BT 模式的重点是 B 阶段。

4. 投资方在移交时不存在投资方在建成后进行经营，获取经营收入。

5. 政府按比例分期向投资方支付合同的约定总价。

【BT 模式的风险】

1. 风险较大，例如政治风险、自然风险、社会风险、技术风险；需增强风险管理的能力，最大的风险还是政府的债务偿还是否按合同约定。

2. 安全合理利润及约定总价的确定比较困难。

3. 做好项目法人责任制，对项目资金筹措、建设实施、资产保值增值实行全过程负责的制度。加强项目的建设管理，合理降低工程造价，降低工程成本，降低融资成本，获取较大的利息差收入。

4. 适当的利润率（大于资金的综合水平）水平和资金的有限监管投入与增值退出，便是合理令人满意的水平，最大的安全保障就是最大的收益。

【产品优势】

1. 更好地减轻了政府财政压力、提高项目的经营效率。

2. 项目融资的所有责任都转移给民营企业，减少了政府主权借债和还本付息的责任；政府可以避免大量的项目风险；组织结构简单，政府部门和民营企业协调容易；项目回报率明确，严格按中标价实施，政府和民营企业之间利益纠纷少。

【风险控制】

1. 随着我国工程建设领域投融资体制的改革，越来越多的工程项目，尤其是基础设施项目，开始采用建设—转让，即 BT 模式进行建设。实践中，由于目前整个行业对 BT 模式的认识不够，有关立法工作还处于探索阶段，致使诸多问题无据可依，BT 模式频频被滥用。有的政府以 BT 之名行垫资之实，有的仅有招标单位自身出具的还款承诺而无任何实质性担保，有的在用地、立项、规划等方面明显违反基本建设程序等，诸如此类的不规范之处给介入 BT 项目的建筑企业带来了巨大的风险。

2. BT 是由 BOT（建设—经营—转让）演变而来，作为一种投资方式，BT 项目同样具有 BOT 项目的根本特征。作为 BT 项目的投资方，建筑企业的权利不仅应通过作为项目建设单位这一法律身份加以固定，还应设定有效的担保以确保其投资款的回收及相应投资回报的如期获取。

3. 对于那些拟通过 BT 模式提高竞争力的建筑企业来说，在介入 BT 项目前后，应注意以下几点：（1）应深入分析相关招标文件以确定 BT 项目真伪，防范假 BT 模式可能带来的风险；（2）积极开展对 BT 项目的调查，包括项目合法性以及项目运作前景预测等；（3）重视对 BT 项目中招标单位回购担保的审查，以确保担保方案的有效性和可行性。

4. 对政府的实力必须仔细考量。

BT 建设承包人的债务人基本上都是政府，而政府又通常有着极高的稳定性和较强的支付能力（财政收入）和影响力，当 BT 建设承包人拿着与政府签署的一系列 BT 项目合同向金融机构申请贷款时，金融机构基于对最终资金来源方政府的信任，在缺少有效抵押、担保的情况下，放出巨额借款，也就是说，BT 建设承包人提供给金融机构的是"政府付款"这样的一个"信用担保"。

项目模式主要适用于建设公共基础设施，投资巨大，建设周期长，同时有着很大的质量风险、政策风险、自然风险等。因此，在这样的情况下，项目能否按预期顺利完工、移交给政府，是否会因建设中的违法、违规而使项目搁置，甚至终止等，不可预知的因素太多。因此，金融机构如果只注重放贷前的严格审查，盲目认为有政府"买单"就可以高枕无忧，而对整个项目过程失去必要的了解和监管，对项目的进展和变化情况一无所知，对于可能出现的变故毫无思想和机制上的准备，也无应对和降低贷款风险的措施。

【案例】盐庆市人民政府 BT 贷款

一、企业基本情况

（一）项目概况

盐庆市人民政府报经省发展改革委、省交通厅批复同意，新建 210 国道盐庆城区过境公路。项目前期工作基本完成，具备开工建设条件，经盐庆市人民政府批准同意采用 BT 模式（建设—移交）建设。由盐庆市 210 国道盐庆城区过境公路建设管理处公开召标。树天公司与长盛公司自愿组成联合体，参加该项目投标及建设，并最终成功中标，联合组建项目法人盐庆市城区过境公路建设管理有限公司专门负责本项目筹资、建设。

项目建设总里程 38.233 公里，其中 26.243 公里均采用双向 6 车道一级公路标准建设，设计速度采用 80 公里/小时，路基宽度 32 米；11.99 公里采用二级公路标准建设，设计速度采用 80 公里/小时，路基宽度 12 米。本项目采用 BT 模式（建设—移交）建设，该项目为市政基础设施建设，项目不收费，项目法人不参与经营，建成后由盐庆市政府回购。项目建设期拟定为 2 年，回购期拟定为 5 年。

（二）借款人基本情况

借款人盐庆市城区过境公路建设管理有限公司（以下简称项目公司）是由树天公司和长盛公司的控股人共同出资组建，公司实质为项目法人，主要负责 210 国道盐庆城区过境公路 BT 项目的建设管理。

210 国道盐庆城区过境一级公路，现项目前期工作基本完成，具备开工建设条件，经盐庆市人民政府批准同意采用 BT 方式（建设—移交）建设。由盐庆市 210 国道盐庆城区过境公路建设管理处公开招标。树天公司与长盛公司自愿组成联合体，参加该项目投标及建设，并最终成功中标。

树天公司经过十多年的积累和发展，已经建立完善的公司法人治理机制，取得陕西省建设厅市政公用工程施工总承包二级、公路工程施工总承包二级、房屋建筑工程施工总承包二级、公路路基工程专业承包三级、公路路面工程专业承包三级、混凝土预制构件专业三级等资质认证，工程中标数量及金额逐年上升，企业不断壮大，发展前景广阔。

二、银行切入点分析

（一）风险提示和担保评价

1. 银行评估认为本次项目贷款主要存在以下风险：

（1）政策风险。国家和陕西省对盐庆市财政的相关政策、盐庆市政府城市建设的总体思路、政策及未来城市发展规划等变化，均对盐庆市财政的城建支出造成较大影响，从而直接影响到本项目的资本金到位和贷款偿还。

（2）项目风险。该项目属于城市基础设施建设类项目，作为工程项目由于地质地形原因，可能存在投资超预算等风险。

（3）还贷来源风险。盐庆经济的发展主要得益于丰富的能源储量，已经探明的煤炭、天然气、石油、盐矿储量开采价值巨大，形成以能源为中心的"国家重化工能源基地"。国内、国际经济环境的变化对能源价格的影响较大，可能对盐庆经济造成一定冲击，从而影响财政收入。

2. 担保评价。本项目拟由树天公司和长盛公司提供连带责任保证担保；由实际控制人提供个人无限连带责任保证担保。

（二）筹资评价

1. 筹资计划。本次评估项目总投资为 172566 万元，其中企业自筹 44566 万元，占固定资产投资的 25.83%；申请银行贷款 128000 万元，占固定资产投资的 74.17%。

2. 筹资来源评价。

（1）项目资本金。

①项目法人已向盐庆市 210 国道盐庆城区过境公路建设管理处缴纳建设资本金 2 亿元，作为项目启动前期资金。

②该公司是盐庆市路桥建筑行业的龙头企业，市场占有率为 30% 以上。总资产 28604 万元，总负债 6097 万元，净资产 22507 万元，扣除固定资产 7124 万元，可变现资产 15383 万元。

公司当年实现主营业务收入 42967 万元，实现利润总额 9693 万元，净利润 7270 万元。公司承建施工的路桥工程项目总合同价款约 4.28 亿元，其中包括盐庆职业技术学院一期校区道路工程、盐庆市长城北路道路改造工程 N1 标段、盐庆经济开发区第十期能源路路基及给排水工程、盐庆机场路二期 N1 标段、佳县沿黄公路 N1 标段，中标总额为 11091 万元；此外还有小纪汗煤矿进场道路、榆神高速、延吴高速等分包工程，中标总额为 3.17 亿元。预计将实现收入 6 亿元，实现净利润 1.89 亿元。即该公司未来两年累计实现净利润 1.89 亿元，可以作为本项目资本金。

（2）银行贷款。由于该项目列入盐庆市政府重大建设工程项目，同时与市政府签订回购协议，明确了银行融资由财政偿还，因此筹资能力强。

（三）偿债能力评价

1. 评估原则与评估依据

本项目采用 BT 方式（建设—移交）建设，项目法人不参与经营，建成后由盐庆市政府在财政预算内安排资金回购。根据盐庆市政府《210 国道盐庆城区过境公路采用 BT 方式融资建设信息公告》、盐庆市 210 国道盐庆城区过境公路建设管理处的《便函》，同时盐庆市政府向银行出具《承诺函》，明确该项目建成后，市政府予以回购，回购资金列入市财政预算。因此，偿债能力评估重点在于评价盐庆市经济发展潜力、财政支付能力。

盐庆经济总体评价。由于政府财政信息不透明，难以全面获取相关信息。据银行调查了解，盐庆市城投集团是盐庆市政府的唯一投融资平台。盐庆市政府通过了"关于组建盐庆市城市投资经营（集团）公司的通知"，该公司的主要职能之一"根据市政府对市区建设的投入和实际建设需要，多渠道、多形式筹集城市建设资金，代表市政府对外进行投资、举债及担保。"因此，该公司的负债基本能反映盐庆市财政举债规模，该公司银行负债余额为19.652 亿元，年还款压力较小。

我们根据盐庆市本级财政总收入、本级财政总支出历史数据及各年增值率测算未来年份财政收支情况。财政收支略有赤字外，其他各年财政结余均为正值，表明盐庆市本级财政收支能够保持平衡。银行贷款市政府承诺纳入年度财政预算，贷款偿还来源充足。

2. 贷款偿还测算

（1）财政负债年归还额：盐庆城投 10 年期长期贷款，以每年归还 1.8552亿元计算。

（2）利率：5 年以上基准利率 5.94%。

（3）还款方式：基本按照 BT 回购资金到位比例还款

3. 贷款效应评价

该客户是银行新开发重点客户，该笔业务的合作不仅有贷款利息收益，同时为银行渗入盐庆市基础设施建设创造良好的基础。盐庆作为陕西省经济的亮点，生产总值、财政收入已经位于省内第二位置，未来城市建设投入资金量巨大。由于该公司在盐庆市城市基础设施建设中的特殊地位，银行的信贷支持将加快盐庆市城市基础设施建设的步伐，社会效益明显。贷款支持本批项目，将进一步密切银行与盐庆市政府的合作关系，增强银行对盐庆市政项目的竞争力。该项目的介入可使银行抢占本地优良的资产业务市场，在贷款期内带来约2亿元的利息收入，日均5000万元存款，另外本项目所有下属建设公司均在银行开立结算账户，办理结算业务，派生承兑业务和保函业务，带来1000万元中间业务收入，效益十分可观。

（四）避险措施

虽然项目资金来源、还款方式已经明确，但是考虑到项目未来在政策、借款人管理体制、建设、筹资、还款来源、贷款方式等方面可能出现的变化，评估提出以下避险措施：

1. 在贷款期间密切关注盐庆市的财政收支状况、政府及借款人管理体制、财政税收体制、城市规划与建设投资等变化，以确保银行贷款安全。

2. 项目法人将与市政府签订210国道盐庆城区过境公路（BT）合作协议，该协议明确规定的回购时间、回购金额以及双方责任。签署三方协议，明确该项目建成后，市政府予以回购，回购资金列入市财政预算，回购资金按授信占比归入银行，优先用于偿还贷款本息。

3. 项目资本金与银行贷款同比例先期到位。

4. 借款人股东承诺：（1）在银行开立建设资金及还贷专户，项目建设资金通过银行结算比例不低于授信占比，并授权银行对账户进行监管；（2）项目超投资部分由出资人自筹解决；（3）在按约定偿还完当期银行贷款本息前不分红。

三、银企合作情况

借款人是210国道盐庆城区过境公路BT项目的联合中标人组建的项目法人，银行与其合作综合收益较大，不仅有贷款利息收益，同时还将带来一定的日均存款和中间业务收入。由于本项目的两个联合中标人在盐庆市路桥建筑行业的龙头地位，市场占比达到40%，银行通过对该公司的信贷支持将加快盐庆市城市基础设施建设的步伐，社会效益明显。

银行本次拟对该公司申报14.8亿元贷款授信总量，其中12.8亿元混用于项目贷款和银行承兑汇票，贷款期限7年，含2年宽限期（银行承兑汇票期限3个月，保证金比例30%，敞口不超过1亿元），利率执行5年以上贷款基准利率，即5.94%，采取企业提供连带责任保证担保、个人提供无限责任担保方式；工程履约保函2亿元，免保证金方式。由于该公司与市政府签订

BT协议，同时将回购资金列入市财政预算，贷款按时收回有保证，而且在贷款期内可为银行带来2.5亿元利息收入，经济效益较为可观的，同时对增强银行在盐庆市基础设施建设项目的竞争力、进一步密切银行与盐庆市政府的合作关系、抢占本地优良的资产业务市场具有决定性的意义。

二十四、在建工程抵押贷款

【产品定义】

在建工程抵押贷款是指抵押人为取得工程继续建造资金的贷款，以其合法方式取得的土地使用权连同在建工程的投入资产，以不转移占有的方式抵押给银行作为偿还贷款履行担保的行为。

在建工程是指经审批正在建设中的房屋及其他建筑物。

【法律依据】

最高人民法院关于适用《担保法》若干问题的解释第四十七条规定，以依法获准尚未建造的或者正在建设中的房屋或者其他建筑物抵押的，当事人办理了抵押登记，人民法院可以认定抵押有效，该司法解释确立了在建工程抵押的合法性。

《担保法》司法解释对在建工程抵押的合法性进行了明确，但对在建工程抵押的条件未作具体规定。建设部《城市房地产抵押管理办法》第三条将在建工程抵押限定为：抵押人为取得在建工程继续建造资金的贷款，以其合法方式取得的土地使用权连同在建工程的投入资产，以不转移占有的方式抵押给贷款银行作为偿还贷款履行担保的行为。根据《担保法》司法解释、《城市房地产抵押管理办法》及其他法律法规的规定，在建工程抵押必须具备以下几方面条件：

1. 在建工程抵押贷款的用途为在建工程继续建造所需资金。《物权法》出台前信贷客户不得用在建工程为他人的债务提供担保，也不能为自己其他用途的债务进行担保，而只能为取得在建工程继续建造资金的贷款担保。《物权法》实施后在建工程抵押可以为其他债权种类设定抵押，对在建工程抵押担保的种类没有限定。

2. 在建工程占用范围内的土地，已经缴纳全部土地出让金，并取得国有土地使用权证。

3. 《城市房地产抵押管理办法》明确规定，在建工程抵押合同应载明土地使用权证、建设用地规划许可证和建设工程规划许可证三证的编号，故在建工程抵押必须已经取得土地使用权证、建设用地规划许可证和建设工程规划许可证。同时，正在建造的在建工程抵押，还必须取得建设工程施工许可证。

4. 投入工程的自有资金必须达到工程建设总投资的 25% 以上，并已经确定工程施工进度和工程竣工交付日期。

【产品优势】

在建工程抵押作为抵押的一种特殊形式，因具有良好的资金流动和资金融通等优点，在满足银行拓展客户的同时，又可解决企业的融资需求，现广泛被银行所采用。

【风险控制】

在建工程抵押毕竟不同于已取得房屋所有权证的房地产抵押，在建工程抵押的法律关系较为复杂，不确定因素较多，隐含较多的风险，如操作不当，很可能出现法律风险，造成信贷资产损失。

银行在审查时应重点要把握以下三个方面：

1. 要求客户提供与在建工程施工单位签订的建设工程合同，注意审查合同约定工程的总造价、工程款支付条件、支付方式以及是否存在施工单位垫资建设等情况。

2. 确定在建工程可抵押担保额度时，应将尚欠施工单位的工程款从抵押物价值中剔除。对尚欠工程款的情况，应要求工程施工单位出具书面证明材料。

3. 要求工程施工单位对银行贷款提供担保或书面承诺放弃工程款优先受偿权。银行在办理贷款时除在建工程抵押外，还可以要求增加工程施工单位作连带责任保证担保，如出现施工单位主张工程款优先权时，银行可要求施工单位承担抵押物不足清偿部分的保证责任，使贷款资金不受损失。另外，在客户以在建工程申请抵押贷款时，银行可要求施工单位出具放弃工程款优先受偿权的书面承诺，从源头上避免出现抵押权与工程款优先受偿权之间的冲突。

4. 在建工程的建筑物与土地使用权必须同时抵押。《城市房地产抵押管理办法》明确规定，以在建工程已完工部分抵押的，其土地使用权随之抵押。

这也是与我国房地产法律中的"房随地走"或"地随房走"保持一致的要求。银行在办理在建工程抵押贷款时,应把整宗土地使用权与在建工程的建筑物一并抵押,而不能仅仅抵押在建工程建筑物占用部分的土地使用权,土地使用权和在建工程建筑物的数量、面积、有关权证号码等情况应在抵押物清单上载明。在建工程抵押应按规定到相关部门办理抵押登记手续,取得抵押物登记证。银行要密切关注在建工程的建设施工情况,根据实际及时办理新增部分在建工程的抵押手续。当在建工程竣工,客户已取得房屋所有权证后,银行应根据《城市房地产抵押管理办法》第三十四条,与客户重新签订抵押合同,按规定办理房地产抵押登记。

5. 在建工程抵押权与商品房预售冲突的风险及防范。房地产开发企业为筹集资金,经常在开发过程中就进行预售,一般来说,在建工程抵押与商品房预售不能同时并存,也就是说,商品房预售时,开发企业应当与银行解除已设定的抵押关系,否则购房人将无法获得房屋的产权证。根据《城市房地产管理法》第四十五条,开发企业只要按揭供预售的商品房计算,投入开发建设的资金达到工程建设总投资的百分之二十五以上,并已经确定施工进度和竣工交付日期,就可以向县级以上人民政府房产管理部门办理预售登记,取得商品房预售许可证明,进而进行商品房预售。预售是一种转让行为,根据《担保法》第四十九条,抵押期间,抵押人转让已办理登记的抵押物的,应当通知抵押权人并告知受让人转让物已经抵押的情况;抵押人未通知抵押权人或者未告知受让人的,转让行为无效。此时,由于在建工程已经抵押给银行,如果银行同意开发企业进行预售,作为抵押物的土地连同房地产将被逐步地分割出去,银行的抵押权就逐步落空,而银行的债权尚未获得清偿,因此,银行如何同意、何时同意房地产开发企业进行商品房预售,成为银行防范风险的关键所在。另外,如果购房人在购买房屋时需向银行申请贷款的,根据中国人民银行《个人住房担保贷款管理试行办法》第十四条,借款人以所购自用住房作为贷款抵押物的,必须将住房价值全额用于贷款抵押。这样,怎样部分地解释原有的在建工程抵押并办理按揭贷款的新的抵押,也成为银行必须面对的问题。已设定在建工程抵押权项目的商品房的预售,可按如下步骤操作:首先,要理清法律关系,预售部分要先解除抵押关系,后签订预售合同,否则,签订的预售合同将是无效合同。即先由开发企业向银行支付与解除预售房屋所需偿还贷款额度相当的款项,或提供与该款项等值的其他财产作担保后，银行同意解除预售部分的抵押关系，开发企业再将已解除抵押关系的部分商品房预售给购房人。如此反复，流动销售，实现良性循环。其次，银行要深度介入预售过程，包括具体到每一宗合同的签订，甚至直接掌管销售专用章、定期盘点库存商品房、向房地产管理部门查询验证销售进度等，防止不法开发企业隐瞒真情、贱价抛售。最后，也是最重要的，银行应该尽可能地成为唯一的监管银行，全权收存售房款。开发企业在申请办理预售许可证明时，即选定抵押权银行作为监管银行，在该行设立一个专门用于在收存预售款的监管账户，并与监管银行签订监管协议，明确双方的权利、义务。预售许可证载明该监管账户，预售款包括其他银行为购房人提供的购房抵押贷款均必须存入该指定的监管账户。监管银行必须根据工程监理单位出具的工程进度核定意见书拨付预售款。开发企业应严格按照施工计划组织施工，在实际工程进度与计划进度一致的前提下，允许根据相应的预算方案使用预售款，实际工程进度落后于计划进度时禁止使用预售款。

6. 在建工程抵押权与税收优先权冲突的风险及防范。2015 年新修订的《税收征收管理办法》规定了税收优先权，该优先权在顺序上优先于抵押权。该法第四十五条第一款规定，税务机关征税款，税收优先于无担保债权，法律另有规定的除外；纳税人欠缴的税款发生在纳税人以其财产设定抵押、质押或者纳税人财产被留置之前的，税收应当先于抵押权、质权、留置权执行。该规定表明，只要纳税人欠缴税款的行为发生在纳税人以其财产设定担保之前，即纳税人欠缴税款在先，以其财产设定担保在后，税收作为国家公权力就优先于担保物权这种私权力。如果房地产开发企业在以开发项目占用范围内的土地使用权或在建工程提供抵押之前已经拖欠税款的，商业银行在处置抵押物时就要受到限制，税务机关有权先于商业银行处置并就处置价款优先受偿，收税后的剩余部分，商业银行才可以受偿。如果商业银行私自处置抵押物进行受偿，税务机关知道后有权在抵押物价值范围内向商业银行追偿欠税企业应缴的税款。为避免企业因欠税而给银行贷款带来风险，银行在接受房地产开发企业提供在建工程抵押之前，首先，信贷调查过程中应通过各种途径获得企业是否欠税和欠税的时间、金额：一是通过税务机关在媒体上对纳税人欠税情况的定期公告了解抵押人是否欠税；二是直接要求房地产开发企业说明其纳税情况，提供完税凭证；三是请示税务机关提供有关抵押人的欠税情况。其次，银行在获悉企业欠税时，应督促企业及时纳税，并把企业是否完税作为贷款的条件之一。再次，在对抵押物、质物的评估时，即便不把企业的欠税金额给予扣除，也应该把企业欠税情况作为重要内容在材料中体现。最后，可以把开发企业已经缴清税款作为银行接受在建工程抵押贷款的前提条件。

7. 土地抵押转为在建工程抵押过程中的操作风险及防范。开发企业向银行申请贷款时，虽然取得了有关部门关于同意其进行建造的建设用地规划许可证及其他证件，但是尚未进行实质性的开发，此时银行仅能够接受其土地使用权作为抵押物。一旦开发企业已经开始开发，形成部分完工建筑，根据银行的信贷实践，都要求将土地使用权抵押转为在建工程抵押。由于我国土地和房产的登记部门不同，土地使用权抵押在土地管理部门登记，在建工程抵押则在房地产管理部门登记，在将土地使用权抵押转为在建工程抵押的过程中，必须签订新的抵押合同，并重新办理登记，原有的抵押合同和登记必须注销，否则就成了重复抵押。此时，如果操作不当，将会使银行的抵押权落空：首先，作为抵押物的土地使用权如果已被法院或其他司法部门查封的，此时银行若到登记机关注销了原登记，却因为抵押物已经被查封而无法办理新的登记，一旦注销后甚至连恢复原状也无法做到。其次，土地使用权虽然没有被查封，但在银行办理注销土地使用权抵押登记后、在建工程抵押权登记前的短暂时间内，抵押物突然被查封，此时，在建工程抵押权登记也无法办理。因为，根据《担保法》第三十七条第五项的规定，依法被查封的财产是不能抵押的。另外，根据《城市房地产抵押管理办法》（2001 年修正）第三十四条第二款：抵押的房地产在抵押期间竣工的，当事人应当在抵押人领取房地产权属证书后，重新办理房地产抵押登记。在注销在建工程抵押、重新办理房地产抵押登记的过程中也可能存在上述风险。银行在因办理土地使用权抵押转为在建工程抵押、在建工程抵押转为房地产抵押而必须重新办理抵押登记时，首先要到登记部门查明抵押物是否被法院或其他司法部门查封，如果被查封的，不得办理新的登记手续，而只能要求借款人归还贷款或依法起诉要求行使抵押权。抵押物没有被查封的，在办理新的抵押手续过程中，要带好完备的登记资料，力求使登记手续在尽量短的时间里完成。同时做好保密措施，防止借款人的其他债权人获悉后通知司法机关查封抵押物。

8. 在建工程抵押办理保险过程中的风险及防范。《城市房地产抵押管理办法》（2001 年修正）第二十三条规定：抵押当事人约定对抵押房地产保险的，由抵押人为抵押的房地产投保，保险费由抵押人负担。抵押房地产投保的，抵押人应当将保险单移送抵押权人保管。在抵押期间，抵押权人为保险赔偿的第一受益人。

银行同意接受抵押物的，应要求抵押人办理抵押物在抵押期间的财产保险，并应当在保险合同中明确建设银行为该项保险的第一受益人。财产保险费用由抵押人承担。但根据我国《保险法》，不管在保险责任开始前或者保险责任开始后，投保人都可以向保险人要求解除保险合同（即退保）。虽然抵押权存续期间，保险单正本在银行保管，但并不能排除投保人中途声明保险单丢失进而办理退保的情况。

根据《保险法》（2015 年修正）第四十九条：保险标的转让的，被保险人或者受让人应当及时通知保险人，但货物运输保险合同和另有约定的合同除外。因保险标的转让导致危险程度显著增加的，保险人自收到前款规定的通知之日起三十日内，可以按照合同约定增加保险费或者解除合同。被保险人、受让人未履行本条第二款规定的通知义务的，因转让导致保险标的危险程度显著增加而发生的保险事故，保险人不承担赔偿保险金的责任。此时，如果投保人不履行向保险公司的通知义务，作为第一受益人的银行也不知情，保险合同因而被保险人解除或保险人依法不承担赔偿责任，银行所持有的保险单等于一张废纸。在办理在建工程抵押保险的过程中，应要求抵押人按照银行指定的险种、投保金额到与银行有合作关系的保险公司办理财产保险，并要求在保险公司办理财产保险，并要求在保险单中约定："除非经过保险受益人（银行）的书面同意，投保人不得以任何理由中断或撤销保险要求的，保险人不得接受。"同时，应在与保险公司的合作协议中约定："涉及银行利益的保单，投保人声明保单丢失或要求中断、撤销保险的，保险公司应该及时通知银行。"万一抵押人不交纳保险费或中途中断、撤销保险的，银行应以自己的名义对该抵押物进行保险，要求抵押人负担保险费用，否则要求借款人归还贷款。同时，信贷人员要经常走访借款企业，督促投保人遵守国家有关消防、安全、生产操作、劳动保护等方面的规定，维护抵押物的安全。一旦发现抵押物的危险程度增加，应要求投保人及时通知保险公司。

房地产价值是房地产权利价值的货币表现形态，对房地产的估价实际上是对其权利价值的评估。由于在建工程与已建成或旧有的房地产不同，其权利状态中的某些情况由于种种原因，具有一定的隐蔽性。因此，科学的在建工程抵押价值评估应建立在对在建工程评估范围的准确界定上。

（1）土地权属。在建工程的土地权属有两种性质，四种情况，即以出让方式取得的国有土地使用权，以租赁方式取得的土地使用权，以无偿划拨方式取得的国有土地使用权，集体所有制土地使用权。不同的权属性质和情况，其抵押评估价值内涵和被评估在建工程即将发生的经济行为是不完全相同的。

（2）项目权属。对在建房地产项目的抵押贷款评估，要查明房地产项目是否属联建项目或是否有参建单位，委托单位对委估的在建项目整体或部分是否确实拥有所有权。若委托单位是委估对象的主建单位，另有一个或两个参建单位，则参建单位的价值不属于委托单位所有，其价值不属于委估房地产的抵押范围；若委估房地产项目是联建项目则委托单位对委估对象拥有的权利部分是多少？因此评估人员必须对上述情况进行充分的调查并把握，其中特别是要搞清楚项目公司的组成各方的权利状况以及各方之间的经济合同在法律上是否有效等。评估人员只能对委托单位对委估房地产项目所实际拥有的权利部分进行抵押价值评估。

（3）工程进度。在估价实务中，各个委估在建项目完成的在建工程量各不相同，有的是刚刚完成了设计地坪以下的基础工程（包括地下室结构部分）；有的是刚刚完成了裙房的结构部分；有的已完成全部的结构封顶等。大部分的项目，其装修及设备安装工程还没有进行。对于上述不同的情况，评估时必须准确地把握在建工程项目的实际完成进度，即把握其已完成的实物工程量，对于那些未安装并固定在建筑物主体上的材料和设备，就不能纳入在建房地产项目的评估范围。因此在对在建工程进行抵押价值评估时，不能简单地根据工程的实际投资进度来评估其价值。

（4）销售状况。有些委估的房地产在建项目，已领有商品房预售许可证，并已预售了部分楼盘。评估抵押价值时，必须清楚地把握以下两个问题：一是预售许可证所允许预售的楼层及其建筑面积，即可售部分；二是开发商已实际出售了多少建筑面积。评估时必须将已售部分的在建实物工程量价值和相应的土地使用权价值从整个在建房地产项目的评估值中扣除。因为已售部分楼盘的权利已不属于委托单位所有，委托人无权将其抵押。

【适用客户】

该业务适用于房地产开发商、正在进行厂房投资建设的中型制造企业。

【示范文本】

在建工程抵押贷款合同

抵押人_____愿将其在建工程作抵押物，以担保债务按期清偿，担保的范围为抵押贷款的本息及罚息，经与抵押权人_____协商，于_____年_____月_____日在_____签订本抵押贷款合同。

一、抵押在建工程状况：_____。

1. 坐落位置：_____区_____街路_____胡同_____号。开工许可证_____号。工程设计总面积：_____m²。

2. 建筑结构：_____。设计层数：_____。用途：_____。

3. 资金来源：_____。计划批准文号：_____。工程总造价：_____元整。

4. 已完成部分：层数_____。建筑面积_____平方米。评估现值：_____元整。

5. 土地使用权取得方式：_____。使用年限：_____。

6. 土地面积：_____。地区类别：_____。

7. 土地使用性质：_____。土地证号：_____。

8. 土地评估现值：_____元整。

9. 在建工程及土地总值：_____元整。

二、抵押人将上述在建工程全部/部分，抵押给抵押权人，并将在建工程有关要件：计划批件、规划许可证、用地许可证，开工许可证、_____交_____保管。

三、抵押权人同意在建工程评估现值_____%以内提供贷款。贷款总额为：（币种：_____）_____元整。

抵押贷款期限_____个月，从_____年_____月_____日起至_____年_____月_____日止。

付款方式：_____

四、抵押人保证将该款项用于_____。抵押人同意按本合同所定之贷款利率（年/月利率）_____%支付利息。如遇国家调整利率或计息办法，自调整之日起按调整后的规定计息。

五、还款方式：_____。

六、双方商定，抵押在建工程的保险事宜按以下第_____款办理。

1. 由抵押人向保险公司投保。保险费用由抵押人负担，保险凭证交抵押权人保管。在本合同有效期内，当抵押工程因保险事由毁损灭失时，抵押权人为该保险赔偿金及支配人。保险赔偿金如不足清付贷款本息和罚息，抵押权人有权另行追索，已投保的，填写下列（1）（2）款。

（1）投保价值：_____元整。

（2）保险期限：_____个月，从_____年_____月_____日起至_____年_____月_____日止。

2. 双方再另行约定。

（1）依照法律追回欠款，在欠款尚未追回的情况下，抵押权人有权依法对抵押工程及土地使用权提出诉讼保全。

（2）向房地产市场管理部门提出申请，对抵押工程及土地使用权进行拍卖，拍卖所得价款，按有关规定依次偿还。若不足清偿贷款本息及罚息，抵押权人有权另行追索；若超出所欠贷款本息及罚息，所余部分返还给抵押人。

七、抵押期内，抵押人必须保证该工程的安全、完整以及正常施工。其贷款的使用应接受抵押权人的监督、检查。

八、抵押期内，未取得抵押权人书面同意，抵押人不得将该工程转让或以其他交易方式处置。

九、抵押期内，抵押人必须交纳有关部门对该工程所征收的任何税费，并保障该工程免受扣押或涉及其他法律诉讼。

十、抵押权人未按本合同约定的期限、金额给付贷款的，抵押人有权要求支付违约金或赔偿实际损失。

十一、抵押人不依约履行本合同任何条款，或逾期不能偿还贷款本息的，抵押权人有权采取以下处置方式。

十二、企业法人分立、合并或更名，本合同的权利义务随之转移、变更。

十三、抵押人还清贷款本息及罚息，并同时已全部履行本合同各项条款，抵押关系即告终止。抵押权人应会同抵押人在 10 日内到房地产市场管理部门办理合同注销手续。

十四、本合同的附件：_____等，构成本合同的整体。完整的合同整体方具有法律效力。本合同一式_____份，抵押双方各执_____份，房地产市场管理部门存档一份。

十五、本合同经房地产市场管理部门登记鉴证方可有效。

十六、特约：_____。

抵押人（盖章）：_____　　抵押权人（盖章）：_____

地址：_____　　　　　　　地址：_____

法定代表人（签名）：_____　法定代表人（签名）：_____

经办人（签名）：_____　　　经办人（签名）：_____

_____年_____月_____日　　_____年_____月_____日

二十五、PPP 项目贷款

【产品定义】

PPP 项目贷款是指银行对 PPP 项目的借款人提供的中长期项目贷款，以项目自身产生的现金流作为主要还款来源。

【操作要点】

银行理财对接 PPP 项目。银行理财产品参与 PPP 项目主要通过与信托公司等金融机构合作，由银行募集资金，信托公司负责投资 PPP 项目。银行理财资金进入 PPP 项目主要通过项目公司增资扩股或者收购投资人股权，并作为机构投资人股东，获得固定回报，并不承担项目风险，只是名义上的股东。退出时有股权转让和直接减资两种方式，股权转让是指项目公司支付股权受让金，直接减资是由银行支付给信托公司资金，然后返还给银行理财账户。

【产品类型】

1. BOT（建设—运营—移交）。
2. BOO（建设—拥有—运营）。
3. O&M（委托运营）。
4. MC（管理合同）贷款。
5. TOT（转让—运营—移交）。
6. ROT（改建—运营—移交）。

以上产品分别用于满足 PPP 模式项目建设、运营以及存量基础设施和公共服务再融资需求；同时，还总结提炼了"社会资本主导型""政府主导型"

"政府和社会资本合作型"三种 PPP 项目发起模式，并对应 PPP 项目识别、准备、采购、执行、移交五个阶段，配置了公司、投行、结算、托管、国际、个人业务等领域共 45 个产品。

【风险控制】

政府购买服务贷款是银行以政府购买合同为主线，以纳入年度财政预算的政府购买资金作为主要还款来源，制定的围绕政府创新基础设施建设及公共服务供给模式的一种贷款产品管理办法，重点支持基本公共服务、基础设施、安居工程以及教育、卫生、养老、体育、文化等相关民生领域。政府购买服务贷款创新了融资担保模式。针对政府购买服务的特殊性，将政府购买合同项下应收账款作为合格质押品，可采用政府购买合同项下交易类应收账款和未来应收账款设定质押。

PPP 模式是公共部门和私人部门在公共产品和服务供给领域的合作，因此只要能够保障公共产品和服务供给的数量和质量，同时降低其整个生命周期内的成本，就可以有效控制风险。

【产品特点】

银行细化产品配置，为优质项目和客户制定契合客户需求的综合金融服务方案，提供包括 PPP 项目贷款、工程造价咨询、财务顾问、理财产品、银行承兑汇票、工程类保函等在内的"一揽子"融资方案，并且为客户引入保险、信托、产业基金等资金，服务于项目建设、运营、维护全过程，满足客户各类融资和服务需求。

【营销思路】

推进重点领域业务发展。针对财政部发布的 PPP 全国示范项目、发改委公布的 PPP 重大项目库入库项目，积极与各地政府接洽，了解辖区内 PPP 项目推进情况，加强示范项目营销推进，对于收费定价机制透明、有稳定现金流的项目及早介入项目磋商。例如，辽宁抚顺市三宝屯污水处理厂项目，建设银行已成功发放了 5 亿元三年期委托并购理财产品，解决了项目公司并购融资问题。又如河北徐水县地表水厂及配套给水管网工程、山东东营市河口区垃圾处理项目、河南万方电厂配套供热管网一期建设工程、新疆阿拉尔艾特克 5 万立方米污水处理厂项目等。

【点评】

PPP 项目的工作机制和管理规范有待进一步完善和普及。公共品与服务项目通常前期投资额高，回报周期长，影响项目的因素多，收益不确定性大，私人部门在参与这些项目时会考虑进入后的风险。

【产品优势】

在地方政府融资受限和偿还能力受质疑的情况下，商业银行将失去一大贷款投向。PPP 的发展在满足新型城镇化所需基础设施的同时，也为商业银行提供了新的贷款投向，PPP 也可以成为城投债的替代和延伸。

【案例】北京地铁 4 号线 PPP 项目贷款

一、企业基本情况

北京地铁 4 号线分为 A 和 B 两个部分：A 部分为土建工程部分，投资额为 107 亿元；B 部分为机电项目，包括地铁车辆、售票系统等，投资额为 46 亿元。B 项目由特许经营公司——北京市京港地铁有限公司负责建设运营，京港地铁有限公司由港铁股份、首创股份和京投公司共同出资设立，其中港铁股份和首创股份占比分别为 49%、49%，京投占比为 2%。

二、银企合作情况

项目的融资模式为：京港地铁注册资本 15 亿元，剩余资金来自银行无追索权贷款，期限为 25 年，利率为 5.76%，十年期国债收益率为 5%，一般商业贷款为 6.12%。京港地铁 4 号线是成功 PPP 项目的典型。社会资本和政府合作提供公共服务，既保证了项目的公益性，也照顾了社会资本的利润。商业银行在 SPV 组建过程中提供了无追索权或者有限追索权贷款，期限长、利率低。由于整个项目有良好的人流量保证，利润稳定，银行贷款的安全性也比较高。在具体信贷模式上可以采取项目融资、银团贷款、并购贷款等。

二十六、政府购买服务贷款

【产品定义】

银行对承接政府重点工程及项目的施工企业提供的一种项目前期贷款，以政府购买款项作为还款来源。

【适用客户】

政府购买服务贷款适用于承揽政府项目的施工企业、项目投标人等。银行可以从各地政府公共资源交易中心的投标人名单中进行营销。

【风险控制】

1. 法律保障体系不健全带来的风险。由于法律法规的修订、颁布等，导致原有项目合法性、合同有效性发生变化，给 PPP 项目的建设和运营带来不利影响，甚至直接导致项目失败和终止。

2. 审批、决策周期长。PPP 项目审批程序过于复杂，决策周期长，成本高。项目批准后，难以根据市场的变化对项目的性质和规模进行调整。尤其是关乎环保等问题。

3. 政治影响因素大。PPP 项目通常与群众生活相关，关系到公众利益。在项目运营过程中，可能会因各种因素导致价格变动，遭受公众的反对。尤其是水务、地铁、电力、燃气等关乎百姓生活的项目。

4. 政府信用风险高。地方政府为加快当地基础设施建设，有时会与合作方签订一些脱离实际的合同以吸引民间资本投资。项目建成后，政府难以履行合同义务，直接危害合作方的利益。

5. 应当采取三方协议方式，封闭政府关键部门的付款现金流，确保信贷资金可以封闭清偿。

6. 应当相对精确地测算政府购买服务可以产生的现金流总额，现金流总额必须可以覆盖贷款本息。

【业务流程】

1. 投标人中标政府购买服务招标。

2. 银行与投标人、政府机构签订政府购买服务贷款三方协议。

3. 银行对投标人发放贷款，用于确定项目建设。

4. 政府机构支付购买服务款项，清偿贷款。

【案例】某政府购买服务招标公告

一、项目基本情况

1. 招标条件。

广西贺州市平桂城区路网工程已由有关部门以贺发改投资【2013】121号、贺平发改投【2013】7号、贺平发改投【2013】8号文批准建设，项目业主为贺州市平桂城市建设投资有限公司，资金来源为资源枯竭转移支付专项资金，已落实。招标人为贺州市平桂城市建设投资有限公司。项目已具备招标条件，现对该项目的施工（项目编号：HPC2013工字74号，项目地点：贺州市平桂治理区城区）进行公开招标。

2. 招标要求：有单项工程造价8000万元以上（不含8000万元）道路或桥梁工程施工业绩，并在职员、设备、资金等方面具有相应的施工能力。

3. 施工企业：中交第四公路工程局有限公司

中交第四公路工程局有限公司（以下简称四公局）是隶属于中国交通建设股份有限公司的全资子公司。四公局的前身是创建于1980年的交通部直属房屋建筑公司，2006年10月变更为四公局，经过三十余年的发展，现已成长为一家以公路、桥梁、铁路、房地产、市政工程施工为主业的多元化经营的大型工程建设企业，注册资金3亿元，总部位于北京。

四公局下辖5个全资子公司、6个分公司，3个直属项目部，具有公路工程施工总承包一级、房屋建筑工程施工总承包一级、市政公用工程施工总承包一级、建筑装修装饰工程专业承包一级以及桥梁工程、隧道工程、公路路面工程、公路路基工程专业承包一级资质，主要承接国内外高等级公路、特大型桥梁、市政工程和长大隧道、房屋建筑，并从事房屋装修、桥梁道路监测及其他民用工程。

二、银企合作情况

广西贺州平桂城区路网项目、陕西西安国际港务区棚改项目等，得到各地政府和企业的一致好评。政府购买服务贷款推出仅2个月，全行已有11家分行的186个项目实现投放，贷款余额369.68亿元。

【示范文本】

政府购买服务贷款三方协议

甲方：＿＿＿＿＿＿＿＿（政府机构）

法定代表人/负责人：

住所：

邮编：

联系人：

乙方：＿＿＿＿＿＿＿＿＿（中标人）

法定代表人：

住所：

邮编：

丙方：＿＿＿＿＿＿＿＿＿（银行）

法定代表人：

住所：

邮编：

鉴于：

1. 为了解决＿＿＿＿＿＿＿＿＿项目，政府拟实施＿＿＿＿＿＿＿＿＿县自来水有限责任公司第二水厂改扩建工程项目。

2. 根据《中华人民共和国预算法》《中华人民共和国政府采购法》《中共中央关于全面深化改革若干重大问题的决定》《国务院办公厅关于政府向社会力量购买服务的指导意见》《政府购买服务管理办法（暂行）》等有关规定和要求，以及政府购买服务的指导性目录，将政府委托的其他基本公共服务纳入目录范畴。

3. 政府决定采取"政府购买服务"的方式实施该项目，为公众提供政府委托的其他基本公共服务，该"政府购买服务"事项已经＿＿＿＿＿＿＿＿＿人民政府文件审批。

4. ＿＿＿＿＿＿＿＿＿人民政府以＿＿＿＿＿＿＿＿＿文件授权＿＿＿＿＿＿＿＿＿（甲方）作为本协议项下政府委托的基本公共服务的其他基本公共服务购买主体。

5. ＿＿＿＿＿＿＿＿＿（甲方）通过单一来源的采购方式，确定＿＿＿＿＿＿＿＿＿（乙方）作为本协议项下政府委托的其他基本公共服务的承接主体，符合有关法律法规规定的采购程序和资质要求。乙方愿意向甲方提供本协议约定的各项服务。

依据《中华人民共和国协议法》《中华人民共和国政府采购法》等有关法律、法规的规定，遵循平等、自愿、公平和诚实信用的原则，经甲乙双方协商一致，就本项目达成本协议。

第一条　定义和解释

1. 甲方：即购买主体，指_____，该机构代表_____人民政府依据本协议购买乙方的服务，甲方的合法承继人和允许的受让人视同甲方。

2. 乙方：即承接主体，指提供服务项目的一方，本协议指_____公司，该公司依据中国国家法律设立。乙方的合法承继人和允许的受让人视同乙方。

3. 丙方：指与乙方签订贷款协议、为本项目提供融资的金融机构，具体指_____支行。

4. 融资协议：指乙方与丙方签署的为履行本协议规定义务而获得丙方融资的相关协议。

5. 第三方：指甲乙双方以外的任何自然人、法人、机构、组织、单位、实体等。

6. 本项目：_____工程项目。

7. 项目交付日：指本协议规定的，由于项目完成、终止或其他原因造成的乙方向甲方移交各种服务事项的管理权及相关财务的所有权的特定日期。

8. 服务：指甲方依据本协议规定从乙方购买的各项服务。

9. 书面形式：指有形表现所载内容的形式，包括协议文件、信件、电报、传真、电子邮件等。

第二条　协议构成及适用顺序

（一）本协议由下述文件构成：

1. 本协议及其各项修订文件、变更协议；

2. 本协议附件；

3. 成交通知书、协议、招标、投标或报价文件（含澄清文件）。

（二）任何关于本协议内容的争议应按照下述顺序适用本协议文件予以澄清：

1. 本协议；

2. 协议附件；

3. 招投标文件及招投标澄清文件。

上述文件中上一序位文件与下一序位文件内容相矛盾时，应优先适用上一序位文件标准澄清本协议的规定。

（三）本协议构成签约方就本协议所涉及的事项而订立的完整协议，并取代双方任何先前就本项目签订的协议或安排。

（四）本协议条款标题仅为方便之用，不影响条款内容的解释。

第三条 服务项目及服务范围、期限

甲方购买乙方负责提供的（"基本公共服务事项""其他基本公共服务项下"）服务。

（一）服务项目概况：包括但不限于项目名称、总投资、建设规模、建设内容、建设地点、工期、验收、交付等。总投资：＿＿＿＿亿元；建设规模：＿＿＿＿。

（二）服务范围和内容：甲乙双方按照自愿平等原则，经协商一致，甲方向乙方购买＿＿＿＿涉及的下述服务"基本公共服务事项""其他基本服务公共项下"服务。

（三）服务期限：甲乙双方确认，在任何情况下，除非甲方另行书面同意，乙方完成本项目规定的所有服务的期限为＿＿＿＿年，即乙方应在本协议生效之日后的 10 个年度内完成本协议约定的全部服务内容。

（四）服务范围及服务期限的修改：

1. 甲方可以在本协议期限内，以书面形式要求乙方就本协议所规定的内容作出变更、修订或其他修改。除非甲乙双方已经就本协议修改所产生的协议价款变化达成书面协议，本协议所规定的费用支付标准依然适用于变更事项。

2. 非因乙方原因导致服务中一项或多项服务不能按照本协议中双方同意的期限完成或提供服务的，乙方应在发现该等服务不能按期完成后立即书面通知甲方和丙方。甲乙双方应就有关服务期限修改及对乙方还款能力的影响达成书面意见并取得丙方同意。

第四条 项目投资计划与融资方案

（一）甲乙双方确认，按照＿＿＿＿县发展和改革局审批文件，本项目总投资为 10400 万元。乙方为按期履行义务，资金筹措计划如下：

1. 乙方自筹项目资本金_____万元，占总投资的_____％。

2. 拟向丙方申请融资_____万元，占总投资的_____％。

（二）为保障本协议履行，甲方同意乙方向银行申请贷款，并保证乙方确实履行融资协议中约定的相关事项。

第五条　协议价款及资金支付

（一）甲乙双方确认，按照（_____项目）预算方案（或政府审批文件），本项目中甲方购买乙方服务的协议总价款为_____万元。

（二）甲方承诺将积极筹集本协议约定的各项资金，资金来源于人民政府财政性资金，已在财政预算中统筹安排，并将在本协议期内逐年纳入未来年度本级财政预算支出管理。

（三）本协议项下资金支付计划初步安排如下：

1. 购买服务费用年度支付计划。

2. 建设期届满前，乙方的服务费用根据其服务完成进度进行核定。建设期届满或者乙方完成项目建设内容后，乙方工作经甲方验收合格后，甲方按照支付计划逐年向乙方支付服务费用。

3. 按照本协议的约定，涉及增加或减少服务费的情形时，以财政局财政评审中心及金融机构共同确定的相关数据作为核定依据。

4. 甲方支付服务费用的具体时间安排应当考虑乙方为完成本项目进行的融资活动，具体支付计划将与相关融资协议约定的还款计划相衔接匹配，具体金额根据利率等因素进行动态调整。

（四）甲乙双方确认本协议总价款及支付方式是基于对项目各方面要求综合考察的结果，其中项目还本付息要求是确定本协议价款支付标准、时间和额度的基础之一。如果本协议中任何一方或双方认为协议价款及支付标准、进度需要作出调整时，应事先取得丙方同意。

（五）如因项目投资额度、规模或进度调整等因素，导致本协议规定的资金支付额度及时间与融资协议规定的还本付息计划不匹配时，甲方同意相应调整本协议中资金支付计划，以满足项目正常建设运营及融资本息的足额偿还。

第六条　服务质量及保障措施

（一）乙方提供各项服务的质量标准应依据下述顺序确定：

1. 国家质量控制标准；

2. 没有国家标准的，应适用行业质量标准；

3. 没有国家或行业质量标准的应适用省级质量标准；

4. 没有国家、省级、行业质量标准的，甲乙双方应协商确定可以适用的服务质量标准。

（二）乙方应在向甲方提供各项服务前向甲方提供适用于相关服务的质量服务标准的相关文件，甲方在接到乙方提供的服务质量标准后应就该项标准的适用性及完备程度予以审核并提供书面意见。该质量标准经甲乙双方协商签字确认后应作为未来本协议项下相关服务结果验收的依据。

（三）乙方应在项目进程中采取一切必要措施保障其所提供的服务符合服务质量标准。如果由于不可抗力等特殊原因不能保障服务事项的质量，乙方应书面通知甲方。

（四）甲方有权在乙方提供服务的过程中，在不影响乙方正常运营的前提下，对乙方的服务工作及服务质量及相关质量保障措施予以检查。具体检查督促措施包括但不限于：对服务对象的回访、现场检查、样品抽查、要求乙方汇报质量跟踪和检查结构、聘请第三方专业机构对服务结果予以评估等。甲乙双方应在依据项目情况确定服务结构检查节点，在服务检查节点及服务结果最终交付日前，乙方应书面通知甲方对服务节点或最终结果验收的时间、地点、方式。甲方应及时组织相关部门，按照本协议规定的质量标准，对乙方的交付进行验收。如因甲方原因导致验收时间推迟的，乙方履行本协议义务期限应予顺延。

（五）甲方对各个服务节点检查的结果应以书面形式通知乙方。乙方如果对甲方的检查结果有异议，应向甲方提出书面说明。甲方有权依据服务节点检查结果通知乙方停止履行本协议规定的其他服务。如果甲方没有通知乙方停止履行协议义务，乙方应继续向甲方提供所规定的其他服务，甲方也应按照本协议规定履行相应义务。双方有关独立节点检查结果的争议由双方协商解决，协商不成的可以按照本协议规定的争议解决方式解决。

（六）如果甲方因一个或多个检查结果书面通知乙方停止提供本协议规定的相关服务，甲乙双方应按照本协议规定的争议解决方式及协议解除程序处理协议解除事宜。

（七）乙方对其提供的服务质量应按照国家规定承担相应的产品维修、消费者保护及缺陷修复、质量赔偿责任。

第七条　项目交付

乙方应在项目交付日向甲方移交下述资产及与项目有关的信息资料。其中包括：

（一）确定的其他公共设施。

（二）项目资料，包括但不限于工程档案、投融资资料、资产清单、设备仪表清单、维修操作手册、质量保证书等。

第八条　甲方的陈述和保证

（一）甲方已经获得_____人民政府的有效授权，负责购买本协议所规定的各项服务，并代表_____县人民政府与乙方签署本协议。

（二）甲方签署并履行本协议不会违反任何法律法规，也不会侵犯任何第三方的权益。

（三）甲方保证本协议涉及的财政支出责任已经按照相关法律规定获得必备的批准及授权，逐年纳入_____人民政府财政预算管理。在本协议期内，甲方将严格按照本协议约定时间支付对应款项。

第九条　乙方的陈述和保证

（一）乙方为依法设立、有独立承担民事责任的能力的法人，符合国家有关政事分开、政社分开、政企分开的要求。

（二）乙方确认其已获得签署本协议的足够信息。乙方如因误解与服务内容及标准要求有关的任何事实或本协议的任何规定，而导致其自身承担任何法律责任，乙方将不会获得任何额外补偿或就承担有关法律责任获得任何豁免。乙方进一步确认其签署并履行本协议不会违反其已有的任何其他协议或与其冲突。

（三）乙方的各项财务记录真实可靠。除已经向甲方说明的违约记录外，乙方不存在任何违约事项，未被列入经营异常名录或者严重违法企业名单，且其签署并履行本协议不会违反其已有的任何其他协议或与其冲突。

（四）在本协议期间，乙方改变其股权结构和股比关系，或实施董事会、监事会主要成员以及总经理等高管人员等重大事项变更，应经甲方事先书面同意，乙方在取得甲方同意时，应向甲方提交丙方对该等事项的同意书。

（五）乙方获取及保持为履行本协议所需的一切政府授权、批准、许可证或特许，并须承担因获取和保持许可证及特许而可能产生的所有费用、收费及开支。

（六）乙方将为本项目提供服务足额投保所需的一切险种并确保该等保险在本项目运营期内持续有效，相关保险费用由乙方承担。发生投保范围内的保险事故时，乙方应将保险赔偿金首先用于本项目的修复；在无法修复的情况下，丙方作为第一顺位受益人，优先偿还本项目银行贷款本息，剩余的保险赔偿金用于补偿乙方的服务回报。

（七）乙方自行缴付所有税项、费用、收费及款项。

（八）乙方向甲方或_____县人民政府提供的所有文件资料真实、准确、完整，向甲方作出的所有陈述和保证在本协议有效期内真实有效。

第十条　甲方的权利和义务

（一）甲方的权利

1. 甲方有权随时向乙方了解项目进度并要求乙方提供项目相关资料。

2. 甲方有权按照本协议的约定及有关法律法规和政府管理的相关职能规定，对本项目的建设进行监督和检查；但甲方并不因行使该等监督和检查权而承担任何责任，也并不因此减轻或免除乙方根据本协议或相关法律法规的要求而应承担的任何义务或责任。

3. 甲方有权对乙方就本项目注资和融资情况实施监督管理。

（二）甲方的义务

1. 甲方应负责协调_____人民政府的相关部门依法将购买服务资金纳入政府财政预算和采购服务资金预算管理，并按照本协议约定向乙方支付价款。

2. 甲方应及时向乙方提供与履行本协议相关的所有必需的文件、资料。

3. 甲方应按本协议约定完成由其落实的审批事项，提供协议实施条件。

4. 甲方应为乙方在协议履行过程中与相关政府部门及其他第三方的沟通、协调提供必要的协助。

5. 甲方应当按照本协议的约定为乙方就本项目的融资提供必要的协助，包括由甲方或_____县人民政府及其职能部门出具相关的同意或证明文件等。

第十一条　乙方的权利和义务

（一）乙方的权利

1. 协议乙方有权按照本协议约定向甲方收取费用。

2. 协议乙方有权自甲方处获得与提供本协议项下服务相关的所有必需的文件、资料。

3. 为本项目融资之需要，协议乙方有权以其依法享有的本协议项下全部权益及收益（包括但不限于请求甲方支付各种资金的权利及其收益等）形成的应收账款向丙方提供质押担保，并在人民银行征信中心应收账款质押登记公示系统中办理质押登记。

（二）乙方的义务

1. 协议乙方应按照本协议约定时间落实政府审批事项并按照各项审批文件要求完成项目。

2. 乙方应全面履行本项目建设管理中的相关安全生产管理职责，避免发生安全生产事故。因乙方未尽管理职责发生安全生产事故的，由乙方承担相应的法律责任。

3. 乙方应配备具有相应资质、特定经验并受到适当培训的工作人员；乙方应采用招标方式选择本项目的环评、勘察、设计、施工及监理等单位，相关招标方案及协议文件应当报甲方予以确认。

4. 乙方为本项目之目的而依据本协议签订的相关文件（包括但不限于工程文件、融资文件等）协议协议应当符合本协议的要求且不得与本协议相抵触。

5. 乙方应接受并配合甲方或甲方组织的对本协议履行情况的监督与检查，对于甲方指出的问题，应及时作出合理解释或予以纠正。

6. 乙方应采取有效的措施保证本项目的融资按计划进度执行，不会影响到项目实施，且所有融资均用于本项目，并合理安排资金使用计划，确保项目得到顺利实施。

7. 乙方应对项目资金进行规范的财务管理和会计核算，加强自身监督，确保资金规范管理和使用。

8. 乙方应建立服务台账，记录相关文件、工作计划方案、项目和资金批复、项目进展和资金支付、工作汇报总结、重大活动和其他有关资料信息，以配合甲方及甲方组织的监督检查或绩效评价。

9. 乙方应建立健全财务报告制度，按要求向甲方提供资金的使用情况、项目执行情况、成果总结等材料。

10. 乙方应根据甲方要求，无条件接受和配合甲方或甲方委托的会计师事务所进行的与本协议相关的审计。乙方应保存与本协议相关的记录和账目。经提前通知，甲方或甲方委托的会计师事务所有权检查并复制该等记录和账目。

11. 项目交付后，乙方应无条件返还甲方向其提供的文件、资料并向甲方移交项目资料，同时乙方应当自留一份完整的项目档案并予以妥善保管。

第十六条　不可抗力

（一）如果乙方因不可抗力而导致协议履行延误或不能履行协议义务，不应承担赔偿或终止协议的责任。

（二）本条所述的"不可抗力"是指不能预见、不能避免并不能克服的客观情况，包括但不限于：战争、严重火灾、洪水、台风、地震等，不包括乙方的违约或疏忽。

（三）在不可抗力事件发生后，受到不可抗力影响的一方应尽快以书面形式将不可抗力的情况和原因通知对方，并尽最大努力减轻不可抗力对协议履行之影响。

（四）如果任何不可抗力事件阻止一方履行其义务的时间持续超过 10 个工作日，双方应协商决定继续履行本协议。

（五）如果自任何不可抗力事件发生后 5 个工作日内双方不能根据上述第 5 项之规定就继续履行本协议的条件或终止本协议达成一致意见的，任何一方有权根据本协议的约定单方书面通知对方提前终止本协议。

第十七条　违约责任

（一）甲乙任何一方违反本协议规定的义务均属违约。除非本协议或法律另有规定，任何一方违约不应成为另一方违约的理由，也不能免除另一方继续履行协议的责任。守约一方应尽量减少违约损失。

（二）任何一方发生本协议项下违约事件时，主张违约的一方应书面通知违约方予以改正，该通知应抄送丙方。收到违约通知的一方应就对方违约通知予以回复，确认是否违约并说明理由。双方应就违约事实认定及补救措施充分协商，尽可能减少违约损失。

（三）违约方应就其违约行为给对方造成的损失予以赔偿，违约赔偿的具体标准及方式在法律规定范围内双方协商确定。

（四）违约补偿应优先适用损害赔偿及其他违约补救措施。因违约行使解除协议的权利仅适用于一方严重违约并且导致本协议目的不能实现或导致守约一方履行本协议产生根本性障碍的情况。

（五）甲方发生下述违约行为时，乙方有权要求甲方相应顺延乙方履行协议义务的时间并赔偿乙方的损失：

1. 甲方未按本协议约定提供乙方履行协议的相关条件，如开工所需的政府审批文件、工地施工条件或公用设施使用权等；

2. 甲方未按本协议约定履行支付预付款、服务价款或政府补偿款等金钱支付义务；

3. 如政府补偿标准无法覆盖本息，且甲方拒绝调整政府补偿标准；

4. 甲方未能按照本协议约定履行验收义务；

5. 其他双方商定的情形。

（六）乙方发生下述违约，甲方有权以下述一种或多种方式获得违约补偿：

1. 停止违约并赔偿损失；

2. 要求乙方重新提供相关服务或采取其他补救措施；

3. 从乙方支付的履约保函（履约保证金）中优先获得补偿；

4. 聘请第三方机构纠正乙方违约所造成的损失；

5. 要求乙方支付相应的违约赔偿；

6. 要求乙方中止相关服务，重新配备履行协议的人员或其他条件；

7. 其他解除协议以外的并符合法律规定的违约补救措施：

（1）乙方未能履行本协议约定的金钱支付义务，其中包括但不限于交付履约保函，交付投资或垫资款等；

（2）乙方提供的服务质量与协议规定不符；

（3）乙方违反本协议约定的有关信息提供及配合甲方质量检查的义务；

（4）乙方违反本协议第十六条约定擅自转让或分包本协议；

（5）乙方未能按照协议约定时间提供相应服务或服务结果；

（6）甲方认为乙方服务没有达到本协议规定的服务标准时应立即书面通知乙方，乙方应在 5 个工作日内对甲方的不达标通知予以答复；

（7）确系乙方原因造成相应服务未达到约定的服务标准的，乙方应在 10 个工作日内负责完善直至达到协议约定的服务标准，相应费用由乙方自行承担。

第十八条　适用法律和争议解决

（一）本协议适用中华人民共和国法律。

（二）因履行本协议发生的或与本协议有关的一切争议，双方首先应首先通过友好协商解决，如经协商仍不能解决，可依法选择如下第 1 种方式解决：

1. 提交仲裁委员会进行仲裁。仲裁裁决是终局的，对双方均有约束力。

2. 提起诉讼。

（三）争议解决期间，除争议事项外，双方应继续履行本协议。

第十九条　协议的变更、解除和终止

（一）变更、解除和终止的事由：

1. 如本协议的继续履行将损害国家利益和社会公共利益，则双方均有权书面通知对方要求立即解除本协议或针对本协议项下服务另行签署其他书面协议。

2. 非乙方原因导致本协议在双方约定的期限内无法完全履行或在履行过程中出现双方无法预见的困难，导致协议目的无法实现的，双方可经协商决定解除本协议。

3. 法律规定或本协议约定的其他事由。

（二）变更、解除和终止的后果：

1. 一方收到对方解除协议的通知或向对方发出解除协议的通知后，应立即停止履行与本协议相关的工作。

2. 双方应进行清算。经乙方提供书面证明文件，甲方应按下列方式支付价款，本协议另有约定的除外：

已完成且尚存的工程，具备验收条件的，按照相关规定办理竣工验收，并按照审计结论进行决算；不具备验收条件的，经委托有资质的造价鉴定机构及质监部门进行造价鉴定及质量评定，依据造价鉴定的结果进行支付。

3. 本协议因一方违约而解除或终止的，需事先征得丙方书面同意，违约方应赔偿给守约方造成的损失，并确保融资本息按期足额偿付。

第二十条　协议效力

本协议在满足下述条件时生效：

（1）本协议经各方盖章，并经法定代表人（负责人）或授权代表签署；

（2）甲方支付本协议项下的全部资金，且乙方偿还丙方全部贷款本息后，本协议终止。

本协议一式三份，具有同等法律效力。其中，甲方执一份、乙方执一份，丙方执一份，其余报政府财政等相关部门备案。

第二十一条　协议附件

甲方：（盖章）

法定代表人（负责人）（或授权代理人）（签字）：

签约日期：

乙方：（盖章）
法定代表人（或授权代理人）（签字）：
签约日期：

丙方：（盖章）
法定代表人（或授权代理人）（签字）：
签约日期：

二十七、影视制作贷款

【产品定义】

影视制作贷款是指银行向电影制作公司发放的专项用于电影制作的项目贷款，通常以电影发行权作为质押。

【适用客户】

该产品适用于广播、电视服务，包括广播电台、电视台等行业电影电视制作企业。

支持对象：广播、电视服务，包括广播电台、电视台及其他广播、电视服务等；广播、电视传输；电影服务，包括电影制作与发行（电影制片厂、电影制作、电影院线发行和其他电影发行等）、电影放映（电影院、影剧院及其他电影放映等）。

【点评】

影视制作贷款的选择标准通常都是大导演、名演员、好剧本。文化创意产业和制造业的行业特征是一样的，都有制造、品牌、营销、渠道等环节。创作剧本、拍摄就是制造，名导演、名演员就是品牌，宣传炒作就是营销，各大影院就是渠道。

【业务流程】

1. 文化创意融资企业首先向银行等金融机构提出融资申请。

2. 银行、文化创意融资企业以及核心文化企业之间分别签订合作协议。

3. 银行内部或委托第三方评估机构对融资企业未来票房收入进行价值评估。

4. 银行对融资企业进行综合评估后发放贷款。

5. 融资企业用实现的票房收入进行还款。

6. 在还款期间银行要密切关注融资企业的票房收入情况,进一步评估后续票房收入以实时调整授信额度。

【风险控制】

该业务包括拍摄许可风险、拍摄完工风险、影片销售风险。

银行风险管理和审批部门人员阅读了剧本,经过对风险仔细研判后认为,获得拍摄许可证的问题不大。某公司提供完工风险担保,影片销售环节,则需要采取电影版权作为质押。

开立资金监管账户,采取循环报账制,即要求对方每月出预算;并以发票的形式报销。结清了上月的账目后,再发放下月的贷款。

公司的自筹资金必须先用完。因此,该笔前期资金有无投入,实际如何使用,也在监管之列。

对于资金的监管目的是确保所有支出真实、合法。一是确保不要超出预算;二是一些诸如演员纳税问题,对银行资金来说都是风险。必要时,要求剧组提供工资薪酬的完税证明,以免有人偷漏税导致被查封冻结资金。

【产业链分析】

电影收入模式:按照中国电影的票房分账惯例,100元的票房,5元钱是要上缴的电影基金,上税3.3元,剩下的91.7元,影院拿走47元,院线拿13元,制片方和发行商拿剩下的31.7元。

【案例】贷款《画皮》:北京银行助推文创产业发展

一、企业基本情况

北京世纪佳映文化发展有限公司是一家中小文化企业,公司从事电影的创作。公司准备拍摄《画皮》。

二、银行切入点分析

银行经过严格的贷前调查、分析和审核。为北京世纪佳映文化发展有限公司提供了贷款支持，主要出于这样一些考虑：一是创新的电影题材，世纪佳映制作的电影《画皮》，在原有恐怖故事基础上添加了新的元素，弘扬"真爱永恒"，以及运用现代的电脑特技手段和时尚流行元素而拍摄完成，被誉为"中国首部东方新魔幻动作艺术片"。二是精良的制作班底，导演陈嘉尚是香港电影金像奖主席、导演协会会长，具有很高知名度。三是制作方以往成熟的项目操作经验。这其中市文促中心的领导给予的高度重视和政策支持也给了贷款银行较大的信心。经过对此笔贷款的全面、深刻的分析，银行决定给予该企业 1000 万元流动资金贷款，以帮助企业完成后期制作和影片宣传。

严密监管，达成银企双赢、共享胜利果实。给电影、电视剧贷款，对于银行来讲，无疑要面对以前不曾遇到过的全新问题。一个剧本，在拍摄完毕后才是进入市场的开始。每个环节都众所周知，众多的环节都充满变数。另外，假如拍完了，通不过相关部门审查，不能公映或在电视台播放，投资者则血本无归，银行资金的风险不言自明。

三、银企合作情况

1000 万元贷款投放后，为有效地防范风险，银行不断细化贷前、贷中、贷后等环节，制定并采取了一系列严密的风险防范措施，尽可能规避风险、确保信贷资金安全。银行不仅在贷前对借款人提出较严格的用款计划、还款措施、采取了个人无限连带责任等有效的担保措施，贷中、贷后还采取了十分严格的监管措施，合同上的每一个细节，款项的来往，银行都得核实很多次，认真追踪电影的播映期和发行计划的落实情况，分期发放的每笔贷款都查明用途据实发放。

《画皮》刷新多项国内大片的票房纪录，上映短短两周时间，票房即突破 1.7 亿元，引领国庆档电影。

【点评】

电影制作行业属于暴利行业，但是风险同样较大。银行可以选择一些市场渠道成熟，经营较为稳健的电影公司提供融资，例如华谊兄弟、华纳影业、光线传媒等公司。银行应当充分考虑电影行业的特点，提供收益分成融资，即银行提供融资参与电影的收益分成，银行要求至少基准上浮30%作为基准利率，在电影大卖的时候，参与收益分成，这样银行可以获得惊人的中间业务收入。

二十八、中小企业联保贷款

【产品定义】

中小企业联保贷款是指超过3个以上中小企业组成联保小组，贷款人对联保小组成员发放的、由联保小组成员相互承担连带责任的贷款。

联保小组通常都有一个牵头单位，负责联系小组的成员，成员之间对彼此的责任承担连带担保责任。

【产品类型】

一般联保贷款：在联保协议范围内，借款人不能按时还款时，联保小组成员以其自身财产为其承担连带责任的贷款。

特殊联保贷款：由联保小组成员出资设立风险基金，建立风险基金补偿长效机制。借款人不能按时还款时，首先由风险基金补偿，再由借款人、担保人各自资产清偿的贷款。

【期限】

贷款期限原则上为1年以内，也可根据生产经营活动周期确定。中小企业联保贷款期限（含展期）不超过3年。

【政策依据】

中国银监会办公厅关于加强企业担保圈贷款风险防范和化解工作的通知

银监办发〔2014〕214号

一、提高认识。担保圈常见的担保模式有互保、联保、循环保等，当前在小微企业和县域企业中较为普遍。这些担保模式在一定程度上能够增强企业偿债能力，但也容易造成多头授信和过度授信，加大风险发生和传递的可能性。特别是在经济下行周期，当担保圈中个别企业发生经营问题和财务危机时，往往产生多米诺骨牌效应，风险很快传染整个担保圈，导致圈内企业整体陷入困境。各银行业金融机构要充分认识当前担保圈风险问题的严重性和复杂性，未雨绸缪、防患于未然，研究采取有效措施防范化解风险，确保不发生区域性、系统性金融风险。

二、转变观念。各银行业金融机构要改变银行贷款风险管理中过度依赖抵押、担保等第二还款来源的做法，把企业第一还款来源作为授信额度控制和贷款风险管理的首要条件。单个企业客户的贷款需求必须有真实交易背景作为支撑，根据企业销售规模与经营周转速度合理核定贷款额度，核定的贷款额度必须有可预见的稳定现金流作为覆盖。要严格控制企业间互保、联保、循环保贷款规模，适当降低互保、联保、循环保贷款比重，注重从源头上防范多头授信、连环互保风险。

三、严格准入。各银行业金融机构要加强对企业互保、联保、循环保业务的准入管理，审慎评估保证人的实际担保能力，加强对保证人的准入管理。要深入调查相关借款人和担保人关联关系、资金流向并甄别联保背景真实性，防范操作风险和欺诈风险。严格限制盲目担保和过度担保行为，防止担保链条过长。对联保贷款方式，企业对外担保的限额原则上不得超过其净资产；除农户担保贷款外，每家企业担保客户不超过 5 户，并严格控制联保体内单户贷款额度。

四、专项排查。各银行业金融机构要对本行互保、联保、循环保企业客户进行专项排查，彻底清查和审慎评估担保圈内贷款风险。对排查过程中发现的属于担保圈贷款的客户，要及时纳入担保圈治理范围，重点做好对借款人、保证人偿债能力的分析和监控。在专项排查的基础上，要按照企业爆发风险的可能性及损失大小，对客户进行筛查排序，实施名单式管理，并将客户分为高风险、中风险、低风险三类，对高风险客户要坚持"一户一策"原则，逐户制订变更承债主体、调整贷款期限、优化担保结构、置换业务品种等风险处置预案。各银行业金融机构应在 2014 年 10 月底前完成风险排查，并及时向属地银监部门报告排查结果和高风险客户的风险处置预案。

五、抱团帮扶。对于已出现风险的担保圈贷款，要由主债权银行（即贷款余额最大行）牵头成立担保贷款债权人委员会，建立债权银行之间的协调会商机制，共同应对风险暴露后的化解处置。在发生因企业对外担保而形成的风险事件时，债权人委员会要协调各债权人按照"实事求是、区别对待、抱团帮扶、合力解困"的原则，积极整合资源化解债务风险。要共享信息、协调政策，共同促进风险化解工作，不得单独采取极端方式突然处置，防止担保圈内企业由于资金链断裂造成大面积倒闭，引发区域性金融风险。

六、分类管理。对暂时出现资金链紧张，但属于战略新兴、节能环保等国家政策支持产业，或有市场、有客户、有核心竞争力、有科技含量的企业，债权银行不应强行要求立即偿还所有债务，不盲目抽贷、压贷、缓贷，可通过重新评估贷款期限、增加有效抵（质）押物等方式，帮助企业渡过难关，最大限度地保全银行债权。对于市场发展前景和盈利能力一般，或偿债能力不佳、保证人担保能力不足、关联关系过于复杂，或圈内企业存在违约记录的客户，可通过增加抵（质）押物、多收少贷、只收不贷等措施积极压缩收回贷款。对于市场发展前景不佳甚至属于国家政策限制发展的产业，或资金无盘活希望、有贷款诈骗嫌疑，甚至躲避还款、逃废银行债务的，要及时采取诉讼手段，保全资产、减少损失。

七、核销处置。对于因担保圈问题导致的不良贷款，各银行业金融机构要用足用好国家有关部门关于呆账核销、不良处置的各项政策，通过及时核销、贷款转让、变更偿债主体等多种方式依法高效处置不良资产。

八、监测预警。各银行业金融机构要建立全面的风险预警管控机制，加强对企业担保圈贷款的日常监测。要健全风险预警指标体系，强化贷前风险预警功能，监控重点行业、区域、特定客户群等风险变化趋势，及时发出预警信号。重点监控银行贷款依存度高、民间融资依存度高、生产经营不正常的担保圈企业，长三角、珠三角等风险较高地区的担保圈企业，以及钢贸、煤炭、纺织化纤等风险较高行业领域的担保圈企业。

【基本说明】

联保贷款是一款不需要任何抵押的贷款产品，由3家或3家以上企业组成一个互相担保的联合体，共同向银行申请贷款，同时企业之间实现风险共担。当联合体中有任意一家企业无法归还贷款，联合体其他企业需要共同替他偿还所有贷款本息。比如，联合体中A、B、C各获得贷款50万元，则每个人承担的贷款责任都是150万元。如果A到期无法归还贷款50万元，则需要B、C企业的企业法人代表共同替A归还其50万元贷款及利息。

没有关联关系的中小企业在自愿基础上组成联保小组、彼此相互担保的贷款。多户联保，总额控制，按期还款。

联保作为一种需要互相担保的贷款产品存在一定的风险，但是通过小组牵头单位和银行的双重审核，联保的风险已经大大降低。首先在联合体组建之前，企业之间一定做过相互了解，只有相互信任的企业才会放心相互组建联合体；其次在联合体组建之后，银行的客户经理将会对各家企业分别进行走访调查，客户经理将用自己丰富的经验、专业的眼观来考察各家企业在企业资产、企业财务、行业发展、产品优势等方面的利弊，如果企业的风险较大，客户经理会要求更换联合体成员。这就保证了联保贷款可以最大限度地避免风险的发生。

【适用对象】

该产品主要适用于行业经验丰富、经营稳定并自主成立联保小组，自愿为联保小组内成员贷款承担连带责任保证的中小企业。

多存在于：钢贸企业；五金企业；中小煤矿；中小制酒企业；石材经营企业。例如，福州长乐地区批纺织企业、福州南安市石材制造业联保、南京市工商联钢贸易商会会员联保、合肥无为电缆行业中小企业联保、深圳珠宝企业联保、烟台市水产品加工中小企业联保、无锡广益钢材城联保、泉州市南安地区石材行业中小企业联保、乐从钢材市场单循环联保、东莞虎门服装产业集群联保等。

【产品特点】

中小企业客户自发组成联保群体，为群体内一家或多家中小企业提供担保，银行基于对中小企业联保群体整体实力及担保代偿能力的判断而发放贷款。

【营销建议】

借款人申请联保贷款应具备以下条件：

1. 依法成立并进行注册登记；

2. 产权关系明确，一般情况下正常经营 1 年以上；

3. 有比较健全的财务制度和管理制度；

4. 借款人和联保小组各成员的资产负债率在整个还款期内均应持续低于60%；

5. 单一借款人只能加入一个联保小组；

6. 已纳入企业信用信息数据库（或持合法有效的人民银行征信材料，并经年度检审合格），且无不良信用记录；

7. 所有联保小组成员都应符合或超过贷款人设定的能够申请小企业联保贷款的最低信用等级标准；

8. 主要股东、关键管理人员无不良信用记录；

9. 联保小组成员之间不是关联方。

【基本说明】

借款人申请联保贷款应具备以下条件：

1. 经工商行政管理机关登记核准的法人企业；

2. 经营的产业项目符合国家的法律法规、产业政策和环保要求；

3. 联保小组成员所经营的项目相同或相近行业；

4. 有承担联保户申请贷款额度的代偿能力。

【产品优势】

1. 控制成员的道德风险。联保贷款将竞争对手结合成一个"一损俱损"的利益共同体，成员之间彼此监督对方的经营行为，可以有效控制对方的诚信行为。

2. 可以有效扩大营销的客户群体。通过联保贷款，银行客户经理可以通过营销商圈中有一定领袖地位的客户，如会长单位，顺藤摸瓜突破整个商圈。

3. 企业只需缴纳一定数量的联保保证金，就可以获取几倍乃至十几倍的贷款额度，收到了"四两拨千斤"的效果。

【业务流程】

1. 银行客户经理营销商圈中的会长单位，提出银行准备操作中小企业联保贷款的要求；

2. 商圈会长单位组织会员单位，向会员单位介绍联保贷款；

3. 银行设计联保贷款方案，并向借款会员介绍贷款的基本条件；

4. 银行客户经理报审批机构审批；

5. 银行审批批准后，借款成员与银行签订联保贷款担保协议、贷款协议

【业务流程图】

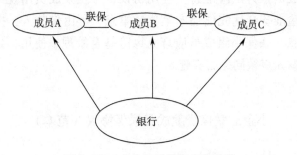

图 2-24 中小企业联保业务流程

【风险控制】

联保小组成员生产型企业一般不低于 3 户，商贸型企业一般不低于 5 户。单一借款人只能加入一个联保小组。联保小组应推选一名成员为联保小组组长，负责联保小组内有关事项的协调，并作为与贷款人联系的主责任人。

联保小组所有成员应当遵循"自愿组合、诚实守信、风险共担、公平互助、内部保密"的原则，履行下列职责：

1. 按照借款合同约定偿付贷款本息；

2. 督促联保小组其他成员履行借款合同，当其他借款人发生贷款挪用或其他影响贷款偿还的情况时，及时报告贷款人；

3. 在贷款本息未还清前，联保小组成员不得随意转让、毁损用贷款购买的物资和财产；

4. 对联保小组其他借款人的借款债务承担连带保证责任，在借款人不能按期归还贷款本息时，小组其他成员代为偿还贷款本息；

5. 民主选举联保小组组长；

6. 共同决定联保小组的变更和解散事宜。

【基本规定】

1. 建立联保成员连带赔偿责任制度。对于一般联保贷款，联保体内任一成员的贷款，由其他成员按比例承担保证担保责任。一旦联保贷款出现风险，所有成员集体负责偿还，联保体内成员之间相互监督制约，承担连带赔偿责任。

2. 建立小企业联保贷款风险准备金制度。对于特殊联保贷款，联保体成员按贷款额度 10% 以上比例提供相应贷款风险准备金，在贷款人处开立专户存放，并由各成员签订风险准备金使用协议，一旦某成员出现风险，联保成员所有贷款风险准备金优先偿还本笔贷款本息，再由借款人、担保人各自资产清偿贷款本息。联保小组成员应订立风险基金管理、使用、处置、损失补偿协议，经贷款人审核同意后实施。

【案例】

小企业联保贷款成员联保协议（范本）

_____行：

我们_____人自愿遵循"自愿组合、诚实守信、风险共担、公平互助、内部保密"的原则，向贵行申请成立联保小组，保证遵守《济宁市小企业联保贷款管理办法（试行）》的各项规定，并约定如下联保协议：本联保小组每一成员向贵行借款时，由联保小组的所有其他成员提供最高额连带责任保证，即本联保小组成员自愿为贵行在 ＿＿＿＿ 年 ＿＿＿＿ 月 ＿＿＿＿ 日至 ＿＿＿＿ 年 ＿＿＿＿＿＿ 月 ＿＿＿＿ 日期间向联保小组的其他成员发放的，金额为人民币（大写）＿＿＿＿ 万元的贷款提供担保，并承诺：

一、保证方式为连带责任保证，每一联保小组成员借款均由联保小组的所有其他成员提供连带责任保证，即互相联保；

二、保证期间为自借款之日起至借款到期后 2 年；

三、保证范围包括借款的本金、利息、罚息、逾期利息、复息、违约金、损害赔偿金和因借款人违约致使贷款人采取诉讼方式所支付的律师费、差旅费及贷款人实现债权的其他费用；

四、不管借款用于任何用途，都不影响保证人承担连带责任；

五、因借款人违反合同或借据约定，贷款人有权提前收回尚未到期的贷款，保证人应承担连带保证责任；

六、督促借款人履行合同，当借款人发生贷款挪用或其他影响贷款偿还的情况时，及时报告贷款人；

七、保证人同意，保证人所应支付的一切款项，可由贷款人（或商请其他行、社）在保证人的任何账户内扣收。

申请人（联保小组成员）签章：
年　　月　　日

贷款银行意见：
年　　月　　日

二十九、经营性船舶抵押贷款

【产品定义】

经营性船舶抵押贷款是指借款人以其拥有的经营性船舶抵押，银行对其提供的一种流动资金贷款业务。

【适用对象】

1. 拥有经营性船舶的船运公司。例如，中国的浙江、江苏、安徽、青岛、秦皇岛、广州、上海等地集聚了大量类似的船运公司，非常适合该产品。

2. 从事水路运输经营，且从业经验不少于 5 年。

3. 具有银行所在地的户籍，或有效居留身份或有固定住所。借款人跟船经营的，应提供银行所在地固有职业和住所的联系人。

4. 借款人为水路运输企业的投资人、合伙人、法定代表人、有直接或间接投资关系的自然人，或属于挂靠水路运输企业的承包经营户。

5. 拥有稳定的运输业务资源和收入来源，具备按期偿还贷款本息的能力。

6. 能提供银行认可的担保。

7. 银行要求的其他条件。

【营销建议】

船运公司自营主要线路较佳，运费收入有保障。公司所投保险种类有船舶一切险、船东对船员责任险、承运人责任险、油污险。

最好营销从事煤炭、石油、粮食等大宗商品的船运公司，委托单位属于大型集团客户，付款能力较强，有较好的商业信誉。

【所需资料】

1. 船舶价值评估资料；

2. 营业执照（三证合一）；

3. 财务报表。

【产品优势】

1. 避免了中小船运公司采取专业担保公司担保等高额融资成本担保方式。

2. 银行可以完整的控制船舶，同时不影响船运公司正常经营。

【风险控制】

1. 新购置船舶抵押，抵押率适中。船运公司自筹船舶价值的 30%，银行融资 70%，价款全部付清，《船舶所有权登记证书》《船舶国籍证书》《海上船舶检验证书簿》齐全，产权明晰，未设定抵押，未对外出租，无法律纠纷，抵押给银行，银行拥有优先受偿权。船舶属经营性动产，其价值受船型、船龄、用途、原材料、水运价格等多种因素影响，存在着一定的波动性。

2. 水运市场运价波动风险。密切关注市场行情变化，如出现水运市场行情大幅暴跌，市场上船务公司普遍不能正常运行的情况下，银行及时对授信重检。

3. 燃油供应价格波动风险。

4. 船舶安全风险。

5. 实务操作中，船舶抵押贷款不良率严重偏高，抵押权实现障碍重重，一方面与造船、航运业大环境不景气、船价大幅缩水有关。

6. 船舶评估价值虚高，放贷比例不合理，导致船舶抵押贷款受偿率严重不理想，而且船舶变现性较差，极难处置。

7. 设立抵押时未认真核实船舶现状及其下落，而经营性船舶本身处于运动中，极容易致使抵押权落空；普遍性互保、联保，成倍放大不良贷款，影响船舶抵押债权实现。

8. 船舶被双重登记或者船东故意隐瞒船舶出卖、被扣押事实，而银行放贷后监管缺失，对抵押船舶状况和动态不闻不问，给船舶抵押权效力认定和抵押权实现带来了严重挑战。

9. 对受偿顺位在先的相关费用以及船舶优先权、留置权对船舶抵押权实现可能带来的影响严重估计不足。五是对在建船舶抵押贷款以及与此相关的预付款保函潜在的巨大风险，缺乏合理认识和有效应对。

【案例】

宁波海事法院司法建议书

甬海法建（2014）第 1 号

浙江省银监局：

船舶抵押纠纷是我院受理的一类传统海商案件，近几年来呈上升势头。2013 年，我院新收船舶抵押纠纷 81 件，办结 76 件，结案标的额近 14 亿元，超过 1000 万元的有 32 件，其中绝大部分涉及金融债权。审判过程中发现，银行船舶抵押贷款债权实现存在以下问题：一是船舶所有权存在双重登记或被主张留置权，给抵押权实现带来障碍；二是在建船抵押，船舶建造完毕后，船舶所有权和抵押权国内、国外重复登记，给船舶扣押和拍卖、案件审理和抵押权实现造成很大被动；三是最高额抵押下，船舶被海事法院扣押后继续放贷，导致所放贷款债权优先性出现争议；四是对船舶优先权、船舶留置权的法律属性及其对船舶抵押权的影响认识不足；五是船舶抵押贷款，普遍存在连环担保现象，影响涉船企业顺利退出市场。

为有效指导各商业银行开展船舶抵押贷款业务，防范不良贷款风险，特建议：

一、加强对抵押船舶贷前、贷中和贷后的全程监管。既要注重形式审查，也要核实船舶是否真实存在、是否存在国内外双重登记以及是否涉诉或被保全。

二、防止过度连环担保。连环担保极易导致一家船企涉诉拖累一大批企业，不仅不利于造船、航运业本身发展，也会导致诉讼关系愈加复杂从而影响银行债权的实现。

三、加强对航运业和造船业的调研。造船和航运是高资金、高风险行业，离不开银行支持，但同时具有市场周期长、风险滞后性特点。银行拓展船舶抵押贷款业务，不仅需要考虑其带来的丰厚收益，同时应了解和掌握行业发展规律及其所涉法律，避免盲目放贷或集中抽贷。

以上建议供参考，请酌处。如有反馈意见，请及时与我院联系。

二〇一四年五月十三日

三十、在建船舶抵押贷款

【产品定义】

在建船舶抵押贷款是指借款人以正在建造中的船舶抵押，银行向其提供的一种授信业务。

【法律依据】

船厂建造中船舶融资办理抵押权登记，依据《中华人民共和国物权法》《中华人民共和国担保法》《中华人民共和国海商法》《中华人民共和国船舶登记条例》《建造中船舶抵押权登记暂行办法》等。

关于印发《建造中船舶抵押权登记暂行办法》的通知

海事局 2009 年 06 月 23 日

建造中船舶抵押权登记暂行办法

第二条 本办法适用于船舶登记机关办理建造中船舶抵押权登记的行为。

第三条 对建造中船舶设置抵押时，抵押人和抵押权人应当到船舶建造企业住所地经授权的船舶登记机关办理抵押权登记。

第四条 申请办理建造中船舶抵押权登记应当满足以下条件：

（一）抵押人为满足国家或有关主管部门资质要求的船舶建造企业；

（二）抵押权人为具备发放贷款资格的金融机构；

（三）抵押人独立拥有被抵押船舶的所有权；

（四）作为抵押物的建造中船舶，如为分段建造的，应该已经完成至少一个以上的船舶分段并处于建造阶段；如为整体建造的，应该已经安放龙骨并处于建造阶段；

（五）作为抵押物的建造中船舶价值由具备资产评估资格的资产评估机构评估，并经抵押人、抵押权人书面确认；

（六）建造中船舶抵押担保的债权不得超过其申请抵押权登记时的评估价值；

（七）不存在法律、法规禁止设置抵押权的其他情况。

第五条 办理建造中船舶抵押权登记，船舶登记机关应当审查以下材料：

（一）船舶抵押权登记申请书；

（二）抵押人和抵押权人合法身份证明；

（三）授权委托书和受委托人身份证明（适用于委托办理）；

（四）抵押人独立拥有船舶所有权的证明，该证明可以是船舶所有权登记证书或船舶建造合同（船舶建造合同中对建造中船舶所有权归属约定不明的，还应提交船舶建造合同各方共同签署的建造中船舶所有权归属证明）；

（五）抵押合同及其主合同；

（六）船舶检验机构出具的船舶建造阶段证明；

（七）经船舶检验机构认可的5张以上从不同角度拍摄且能反映船舶已建成部分总体状况的照片；

（八）经抵押人和抵押权人书面确认的具备相应资质的资产评估机构出具的船舶价值评估报告；

（九）抵押人、抵押权人共同出具的船舶未在其他登记机关办理过所有权、抵押权登记并且不存在中国法律、法规和抵押合同适用国法律禁止设置抵押权情况的声明；

（十）船舶登记机关要求提交的其他材料。

第六条 船舶建造企业申请办理建造中船舶所有权登记的，船舶登记机关应当审查以下材料：

（一）船舶所有权登记申请书；

（二）船舶所有人合法身份证明；

（三）授权委托书和受委托人身份证明（适用于委托办理）；

（四）船舶建造合同，如建造合同中对建造中船舶所有权归属约定不明的，还应提交船舶建造合同各方共同签署的建造中船舶所有权属于申请人的证明；

（五）船舶检验机构出具的船舶技术资料，以及完成至少一个分段的证明（按分段方式建造的）或安放龙骨证明（按整体方式建造的）；

（六）经船舶检验机构认可的 5 张以上从不同角度拍摄且能反映船舶已建成部分整体状况的照片；

（七）船舶未在任何登记机关办理过所有权登记的声明；

（八）船舶登记机关要求提交的其他材料。

第七条 申请人应当如实提交材料，并对所提供材料的真实性负责。

第八条 船舶登记机关在办理建造中船舶所有权和抵押权登记过程中，应核对申请书填写的内容与申请人提交的材料是否相一致，审查提交材料是否有明显伪造、变造和明显违反法律规定的情况，审核所申请的登记事项及提交材料是否满足《船舶登记条例》及本办法规定的条件，并按照相关程序办理建造中船舶所有权和抵押权登记。

第九条 建造中船舶抵押担保的债权超过其申请抵押权登记时的评估价值的，对于超出部分，船舶登记机关不予办理登记。

第十条 建造中船舶价值大于所担保的债权或随着工程进展船舶价值显著增加而再次设置抵押并申请办理建造中船舶抵押权登记的，船舶登记机关可依照本办法办理。

第十一条 已设置抵押权的船舶在交船前，抵押人和抵押权人应当持相关证明文件向船舶登记机关申请办理抵押权注销登记。

第十二条 船舶建造完毕，船舶所有人申请办理新造船舶所有权登记时，应当主动向船舶登记机关说明船舶在建造过程中的各种登记及注销情况，并提供相关证明文件。

第十三条 本办法所称"经授权的船舶登记机关"，系指经中华人民共和国海事局授权可以依照本办法办理建造中船舶抵押权登记的船舶登记机关（名单见附件1）。

本办法所称"船舶检验机构"，系指经中华人民共和国海事局核准具有船舶建造检验业务资质，并已受理了该船舶建造检验的船舶检验机构。

附件1

经授权的船舶登记机关名单：

各直属海事局、上海市地方海事局、天津市地方海事局、重庆市地方海事局、河北省保定市地方海事局、辽宁省沈阳市地方海事局、江苏省南京市地方海事局、山东省济宁市地方海事局、浙江省杭州市地方海事局、江西省南昌市地方海事局、福建省地方海事局、湖南省长沙市地方海事局、湖北省襄樊市地方海事局、河南省信阳市地方海事局、贵州省遵义市地方海事局、四川省泸州市地方海事局、四川省南充市地方海事局、陕西省安康市地方海事局、甘肃省地方海事局、宁夏回族自治区银川市地方海事局、青海省地方海事局、云南省西双版纳市地方海事局。

【适用对象】

制造船舶的公司。

抵押人和抵押权人申请办理建造中船舶抵押权登记应当满足以下条件：

（一）抵押人为已经批准领取工商营业执照；

（二）抵押权人为具备发放贷款资格的金融机构；

（三）抵押人独立拥有被抵押船舶的所有权；

（四）作为抵押物的建造中船舶，如为分段建造的，应该已经完成至少一个以上的船舶分段并处于建造阶段；如为整体建造的，应该已经安放龙骨并处于建造阶段；

（五）作为抵押物的建造中船舶价值由具备资产评估资格的资产评估机构评估，并经抵押人、抵押权人书面确认；

（六）建造中船舶抵押担保的债权不得超过其申请抵押权登记时的评估价值；

（七）不存在法律、法规禁止设置抵押权的其他情况。

【所需资料】

1. 船舶建造企业申请办理建造中船舶所有权登记的，应向船舶登记机关提交以下材料：

（1）船舶所有权登记申请书；

（2）工商营业执照；

（3）授权委托书和受委托人身份证明（适用于委托办理）；

（4）船舶建造合同，合同中必须明确建造中船舶所有权属于船厂的条款；

（5）船舶检验机构出具的船舶技术资料，以及完成至少一个分段的证明（按分段方式建造的）或安放龙骨证明（按整体方式建造的）；

（6）经船舶检验机构认可的 5 张以上从不同角度拍摄且能反映船舶已建成部分整体状况的照片；

（7）船舶未在任何登记机关办理过所有权登记的声明；

（8）船舶登记机关要求提交的其他材料。

2. 办理建造中船舶抵押权登记的，抵押人、抵押权人应向船舶登记机关提交以下材料：

（1）船舶抵押权登记申请书；

（2）抵押人和抵押权人合法身份证明；

（3）授权委托书和受委托人身份证明（适用于委托办理）；

（4）抵押人独立拥有船舶所有权的证明；

（5）抵押合同及其主合同；

（6）船舶检验机构出具的船舶建造阶段证明；

（7）经船舶检验机构认可的 5 张以上从不同角度拍摄且能反映船舶已建成部分总体状况的照片；

（8）经抵押人和抵押权人书面确认的具备相应资质的资产评估机构出具的船舶价值评估报告；

（9）抵押人、抵押权人共同出具的船舶未在其他登记机关办理过所有权、抵押权登记并且不存在中国法律、法规和抵押合同适用国法律禁止设置抵押权情况的声明；

（10）船舶登记机关要求提交的其他材料。

【产品优势】

为造船企业提供流动资金贷款，缓解资金困难。

【业务流程】

1. 对建造中船舶设置抵押时，抵押人和抵押权人应当到海事局船舶登记机关办理《建造中船舶所有权登记证书》《船舶抵押权登记证书》。船舶登记机关在登记系统备注栏附注，并在抵押权登记证书备注中注明"该船舶已经抵押给某银行"

2. 对建造中已设置抵押权的船舶完工交船前，抵押人和抵押权人应当持相关证明文件到海事局船舶登记机关办理注销《建造中船舶所有权登记证书》和注销《船舶抵押权登记证书》。

3. 建造中船舶抵押担保的债权超过其申请抵押权登记时的评估价值的，对于超出部分，船舶登记机关不予办理登记。

4. 船舶登记机关是指经中华人民共和国海事局海船舶〔2009〕273 号授权直属局的中华人民共和国各省海事局船舶登记机关。

船舶检验机构是指经中华人民共和国海事局核准具有船舶建造检验业务资质，并已受理了该船舶建造检验的船舶检验机构。

【案例】上海高舟船舶有限公司授信方案

一、企业基本情况

上海高舟船舶有限公司注重于船舶的设计、研发、生产、销售、维护、修理和技术服务。公司本着"高效低耗、公平合理、保证质量、服务客户"的宗旨。应用先进的自动化技术、传感技术、变频技术、计算机技术等为众多企业生产了大量的产品，其中船舶电器产品有主配电板、应急配电板、组合启动箱、驾控台、机舱集中控制台、岸电箱、电工校验板、充放电板、航行灯信号灯控制器及分电箱等。船舶机械及配套产品有缸套水预加热器以及各种单元及水负载筒等。

自公司成立短短几年时间里，为浙江正和造船有限公司 10 艘 33000DWT 散货船设计制造了主配电板、应急配电板、组合启动箱、主机辅助鼓风机及转车机控制设备；为上海船厂、金陵船厂、浙江五洲船厂、扬子江船厂、黄海船厂、澄西船厂、马尾船厂、青岛 70 吨拖轮等生产制造了驾控台及机舱控制台；为中海油渤南 2 期、渤中 3 期制作了大量 MCC 抽屉式控制器；为上海船厂 35000DWT 散货轮制造组合起动箱、岸电箱、电工校验板、各类分电箱等配套设备；为上海百巢有限公司设计制造了船用发电机组电站试验站。

二、银行授信方案

公司以在建船舶作为抵押，某银行提供了超过 3000 万元流动资金贷款，满足了企业的流动资金周转需要。

三十一、出租车运营权质押贷款

【产品定义】

出租汽车经营权质押贷款是银行向借款人发放的以借款人拥有的出租汽车经营权质押，用于其出租汽车更新等的流动资金人民币贷款。

出租车经营企业通常采取责任承包和公车公营的形式经营。所谓责任承包形式，是指由出租车经营企业收取承包人承包款，由承包人以出租车经营企业名义自主提供客运服务，收取客运服务费。承包人一次性支付首期承包款，该笔款通常不会超过承包总金额的30%。然后，由承包人按月或按年向经营企业支付承包款。对于责任承包方式，出租车经营企业的应收账款即承包款相对稳定和明确。

所谓公车公营方式，是指由出租车经营企业聘请司机，司机代出租车经营企业履行职务，将收取的客运服务费全额缴纳至出租车经营企业。对于公车公营方式，质权人需要采取更多的监管措施。

在《物权法》实施之前，出租车经营质押的变现方式为拍卖、变卖出租车经营权，拍卖、变卖所得用于清偿债务。出租车经营权的价值从根本上来讲，取决于出租车经营企业的客运服务收入。《物权法》实施后，可以考虑质押出租车经营企业的应收账款。

《应收账款质押登记办法》第四条规定，应收账款是指权利人因提供一定的货物、服务或设施而获得的要求义务人付款的权利，包括现有的和未来的金钱债权及其产生的收益，包括销售产生的债权；出租产生的债权；提供服务产生的债权；公路、桥梁、隧道、渡口等不动产收费权；提供贷款或其他信用产生的债权。因此，出租车经营企业的应收账款属于提供客运服务而产生的债权。

【适用对象】

该产品适用于拥有《出租汽车经营权有偿使用证书》《出租汽车经营权有偿使用合同书》《许可证》《城市出租汽车车辆营运证》等证件的出租车运营公司。

【开办条件】

1. 拥有《出租汽车经营权有偿使用证书》《出租汽车经营权有偿使用合

同书》《许可证》《城市出租汽车车辆营运证》等证件，依法从事出租汽车运营；

2. 收入稳定，具有按期偿还贷款本息的能力；

3. 遵纪守法、诚实守信，没有违法行为和不良贷款记录；

4. 在工行开立结算账户；

5. 贷款人规定的其他条件。

【业务流程】

1. 客户申请：客户向银行提出申请，书面填定申请表，同时提交相关资料。

2. 调查、审查与审批：银行调查、审查、审批人员对客户情况进行调查和审查审批。

3. 签订合同：银行对借款人提交的申请资料审核通过后，双方签订借款合同、担保合同，办理相关质押登记手续等。

4. 发放贷款：经银行审批同意发放的贷款，办妥所有手续后，银行以转账方式向借款人指定结算账户发放贷款。

5. 按期还款：借款人按借款合同约定的还款计划、还款方式偿还贷款本息。

6. 贷款结清：贷款结清包括正常结清和提前结清两种。

（1）正常结清：在贷款到期日（一次性还本付息类）或贷款最后一期（分期偿还类）结清贷款。

（2）提前结清：在贷款到期日前，借款人如提前部分或全部结清贷款，须按借款合同约定，提前向银行提出申请，由银行审批后到指定会计柜台进行还款。

7. 贷款结清后，借款人应持银行出具的贷款结清凭证领回由银行收押的有关凭证和证明文件，并持贷款结清凭证到原质押登记部门办理质押登记注销手续。

出租车经营权质押贷款合作协议

编号：＿＿＿＿＿＿＿＿

甲方：银行＿＿＿＿分行＿＿＿支行

地址：

邮政编码：

主要负责人（或授权代理人）：

电话：

乙方：

地址：

邮政编码：

法定代表人（或授权代理人）：

电话：

为了顺利开展出租车经营权质押贷款业务合作，规范双方的操作行为，根据有关法律、法规、规章，本着"平等互利、相互支持、合作发展"的原则，甲、乙双方当事人达成如下协议，并自愿遵守本协议的规定。

第一章　总　　则

1. 甲方同意向符合甲方出租车经营权质押贷款条件的借款人提供出租车经营权质押贷款，乙方自愿为上述借款人在甲方的贷款提供全程连带责任担保并在甲方存入一定比例保证金。

符合贷款条件的借款人应为拥有××市个体出租车经营许可证的个人和拥有出租车经营资格的有限公司的绝对控股人或企业法定代表人。借款人应按照甲方的要求，将本人或第三人拥有的出租车经营权质押给甲方。

2. 乙方须通过在甲方开立的账户开展资金结算、履行担保等各项业务。

（1）乙方同意将甲方作为相关业务的主办银行。在本协议项下业务开展前，乙方应当在甲方开立保证金账户、基本账户或基本账户/一般账户，用于按本协议约定代为偿还借款人的逾期贷款本息和应承担的费用和日常资金往来结算。

乙方在甲方开立的基本账户/一般账户，账号为：_____，开户行名称：银行_____支行。乙方在甲方开立的担保保证金账户账号为：_____，开户行名称：银行_____支行。乙方按不少于甲方为借款人提供贷款金额的_____%存入保证金，同时乙方于本协议签订次日在甲方开立保证金账户，一次性存入保证金_____万元。如在本协议项下甲方为借款人提供贷款额超过 3000 万元（含 3000 万元）时，乙方按所超出部分金额的 10% 补存保证金。开立账户内资金均可用于支付乙方履行连带担保责任时，代偿借款人逾期本息及应承担的相关费用。如因乙方代偿借款人逾期本息及相关费用而导致保证金账户余额不足，乙方应在 3 个工作日内补足。该保证金账户在乙方所担保的所有借款人贷款结清 10 日后，方可办理销户手续。

（2）乙方日常的资金结算均通过在甲方开立的账户汇划。

第二章　乙方的担保责任

1. 乙方为符合甲方贷款条件的借款人提供担保。担保方式为不可撤销的连带责任的保证担保。保证范围为借款人的借款本金及由此产生的借款利息（包括罚息）、违约金、赔偿金及甲方实现债权的费用。此担保为连续的无条件的保证。保证期限为：从本协议项下甲方向符合贷款条件的借款人发放贷款之日起至所有借款人归还全部贷款本息之日止。

2. 乙方对所担保的出租车经营权质押贷款，在借款人逾期后甲方有权在不处置质押的出租车经营权或贷款抵押物等担保物权的前提下，直接要求乙方承担保证责任。

3. 在保证期限内，若借款人未按《贷款合同》的约定，按时足额偿还应还本息，乙方应当代借款人偿还应还本息。若借款人连续三期或累计六期不按时足额偿还借款本息及其他相关费用，甲方有权向乙方发出《履行担保责任通知书》要求乙方代为将该借款人所欠甲方的债务全部偿清，包括借款人所欠甲方未到期的本息和相关费用。乙方应在接到甲方的通知书后的三日内按照通知书中所载明的金额向甲方履行清偿义务。清偿方式包括但不限于：甲方有权从乙方在甲方处开立的"保证金专户"或其他账户内直接扣划相应的金额。如乙方保证金被扣划后仍不足以代偿借款人欠款的，甲方可继续要求乙方承担责任。

第三章　贷款业务及流程

1. 贷款的受理、审核。

（1）乙方将符合甲方贷款条件的借款人，推荐至甲方办理出租车经营权质押贷款业务。

（2）甲方受理借款人提交完整的贷款申请资料后，按照自身的相关管理制度审核借款人的资信情况，提出明确审核意见并及时告之乙方和借款人。

2. 贷款的发放。

（1）对于甲方审核同意发放贷款的，借款人与甲方签订《贷款合同》及其他相关文件。借款人与甲方在《贷款合同》补充条款中约定"如借款人连续三期或累计六期拖欠银行贷款本息，第三方代借款人偿还其拖欠乙方的剩余贷款本息后，第三方即取得代位求偿权，第三方可以向借款人进行任何方式的追偿，且诉讼地点设定为第三方法人所在地。"的字样。

（2）甲方向借款人发放贷款前：

①借款人应向甲方出具承诺书（附件5），承诺因连续三期或累计六期不按贷款合同的约定按时足额偿付借款本息及其他相关费用，由乙方代为偿付后，同意银行将《贷款合同》项下债权及相关质押权和抵押权转让给乙方。

②出租车经营权的所有人在出租汽车产权交易中心办妥经营权的质押登记手续，将甲方登记为质权人。同时借款人在公证处办妥强制执行公证手续，乙方对于上述手续的办理应予以协助。

③出租车经营权的所有人将经营权对应的出租汽车在车辆管理所办妥出租车抵押登记手续，将甲方登记为车辆的抵押权人。乙方对于上述手续的办理应予以协助。

④抵押给甲方的出租汽车必须按照附件6的要求在放款前办妥保险手续。乙方不得因出租汽车的保险事故赔付问题，拒绝承担对借款人的担保责任。

（3）待办理好相应的手续之后，甲方按《贷款合同》约定发放贷款至借款人在甲方开立的储蓄存折或银行卡账户。

3. 贷款的贷后管理。

（1）关于逾期贷款的催收。

①一旦借款人出现逾期，甲方应会同乙方作好相关催收工作（包括催款通知书的发送、电话催款、走访客户等）。乙方应协助甲方进行催收工作，同时须严格监控出租车的实际状况，并及时告之甲方。

②乙方须配合甲方采取有效措施督促借款人及时还款。

（2）关于担保责任的履行。

①在任何情况下，只要借款人未按时足额偿还欠款本息及应偿付之费用。甲方则在借款人欠款事实成立之日起（以甲方系统统计数据为准）5个工作

日内即向乙方发出《履行担保责任通知书》和逾期清单，乙方应根据《履行担保责任通知书》中规定的日期履行连带担保责任。如乙方未能在规定的日期内履行的，甲方按本条规定的顺序扣划乙方账户内资金，该顺序如下：在甲方向乙方签发《履行担保责任通知书》后3个工作日内乙方未履行担保义务时，甲方首先从乙方保证金账户扣款，不足时再从乙方基本账户/一般账户扣款。如因乙方代偿借款人逾期本息及相关合理费用而导致保证金账户余额不足，乙方应在3个工作日内补足。

②甲方应于收到乙方的代偿款后的3个工作日内，向乙方出具《贷款本息代偿证明书》（附件4）。乙方依法取得甲方转让的债权后，可依法对借款人债务进行追索，甲方对此予以配合。

第四章 权利和义务

1. 甲方权利和义务。

（1）甲方有义务对因乙方提供担保而给予甲方的有关财务、生产经营资料及情况保密。

（2）甲方有义务及时为乙方推荐的、符合甲方出租车经营权质押贷款条件的借款人提供出租车经营权质押贷款支持。但甲方有权根据银行相关贷款规定决定是否为借款人提供贷款并有权提出相应的审批条件。

（3）借款人发生逾期欠款，甲方有义务履行催收职责，并会同乙方作好相关催收工作（包括催款通知书的发送、电话催款、走访客户等）。有义务协助乙方在履行担保责任后对借款人的追索。

（4）甲方有权根据本协议约定要求乙方履行担保责任。当乙方未及时、足额履行其担保义务时，有权从乙方在甲方开设的保证金账户和基本账户/一般账户中直接扣款。

（5）有权要求乙方日常资金结算通过甲方汇划。

2. 乙方权利和义务。

（1）乙方有权要求甲方提供高效快捷的金融服务。

（2）乙方履行担保后，有权要求甲方协助对借款人进行债务追索。

（3）乙方有义务向甲方提供本公司真实的经营及财务情况，日常资金通过甲方汇划结算。如乙方发生名称、法定代表人变更，法定地址变更等重大事项应及时通知甲方。

（4）乙方负责向甲方推荐符合贷款条件的借款人。配合甲方对借款人资信情况进行调查，协助甲方及借款人办理抵（质）押登记及具有强制执行效力的公证等手续等。

（5）乙方应按本协议约定在甲方开立基本账户/一般账户和保证金账户，并足额交纳/补交保证金，用于代借款人垫付逾期贷款本息。乙方有义务向借款人提供连带责任担保，履行担保责任时间及金额以甲方出具的《履行担保责任通知书》为准。

（6）乙方应当确定专人负责监控出租汽车的实际状况，发现异常情况，及时书面通知甲方。

（7）乙方有责任和义务为甲方开办出租车经营权质押贷款业务创造有利的外部条件，包括协调车管所、运管局、公安、法院等部门。

第五章　附　　则

1. 本协议的未尽事宜和协议在执行过程中发生的争议，协议双方应本着互利、互谅、互让的原则，按有关法律、法规规定，友好协商解决。协商不成的，任何一方可向甲方所在地有管辖权的人民法院起诉。

2. 本协议经双方代表签字并加盖双方公章后生效，协议生效后各方应认真执行。未经双方一致同意，任何一方不得擅自变更、撤销或终止协议。

3. 本协议一式_____份，经双方签字盖章生效后具有同等效力，甲方、乙方各执一份，以资证明。

附件：

1.《履行担保责任通知书》

2.《授权委托书》

3.《委托划款扣款授权书》（借款人）

4.《贷款本息代偿证明书》

5. 承诺书（借款人）

6. 出租汽车投保的保险险种确认函

甲方　　　　　　　　　　　　　乙方
（签字、盖章）　　　　　　　　（签字、盖章）
　　　　　　　　　　　　　　　日期：　　年　　月　　日

附件1

<h2 style="text-align:center">履行担保责任通知书</h2>

（_____年）第_____号

_____：

　　根据编号为：_____号《贷款合同》，银行已于_____年_____月_____日为借款人提供了金额为_____元出租车经营权质押贷款，贷款到期日为_____年_____月_____日。按合同约定，借款人应按月偿还贷款本息。

　　借款人未能按时足额归还贷款，根据编号为"（_____）_____"号的《银行与×××有限公司关于开展出租车经营权质押贷款的合作协议》，请贵公司履行担保责任，在_____年_____月_____日前将_____元人民币（包括剩余贷款本金、所欠利息、罚息余额及相关费用合计）划汇至银行指定账户，账户号为：_____，代为清偿借款人所欠贷款本息。如贵公司未在上述日期前将上述款项划至指定账户，银行将直接从贵公司在银行开立的保证金账户及基本账户/一般账户内直接划转。

银行_____支行

联系人：　　　　　　电话：

年　月　日

<h3 style="text-align:center">履行担保责任通知书回执</h3>

银行_____支行：

　　我公司已收到贵行_____年_____月_____日签发的（_____年）第_____号《履行担保责任通知书》，我单位同意履行担保责任，保证上述款项在3个工作日内划入贵行指定账户。现将回执退回，请查收。

法人代表（签章）：

经办人：　　　电话：

　　注：此函一式两份，一份送交_____公司，另一份作为回执，经_____公司盖章后，由银行客户经理留存归档。

附件 2

<h1 style="text-align:center">授权委托书</h1>

受托人：银行_____分行_____支行

地址：

法定代表人：

联系电话：

委托人：

地址：

法定代表人：

联系电话：

在我公司与银行出租车质押贷款业务合作中，因委托人为向受托人申请贷款的借款人提供连带责任担保，兹授权受托人按照编号为_____号的《银行、×××有限公司出租车经营权质押贷款业务的合作协议》的有关规定，从委托人在受托人处开立的保证金账户（账户号：_____，开户行：_____）、基本账户/一般账户（账户号：_____，开户行：_____）中扣划回借款人逾期贷款本息及实现受托人债权的相关合理费用。我司同意以上款项的划转不需使用我司的银行支票，贵行汇划以上款项可以使用贵行特种转账凭证作为款项划转的凭据。

该授权委托书有效期限为：_____年_____月_____日起至银行_____支行出租车经营权质押贷款的所有借款人归还全部贷款本息之日止。

特此授权。

委托人签章：_____公司

法定代表人：

（或授权代理人）

日　　期：

附件3

委托划款扣款授权书（借款人）

委托人（借款人）＿＿＿＿＿＿＿＿

受托人（贷款行）＿＿＿＿＿＿＿

为保证按揭贷款资金的及时划转以及借款人按合同约定按时归还贷款，根据委托人与受托人签定的＿＿号《贷款合同》的约定，现借款人就委托贷款行直接从借款人在贷款行开立的银行卡或活期储蓄存折账户中划款、扣款一事授权如下：

1. 授权贷款行从贷款发放的次日起，每月＿＿＿＿日从本借款人在贷款行开立的银行卡（或储蓄存折）中直接扣收本借款人该月应归还的贷款本息，直至所有贷款本息清偿为止。（银行卡号：＿＿＿＿或储蓄存折号：＿＿＿＿）。本借款人保证每月本息偿还日前在前述账户中存入足够的还款金额。若本借款人未按期偿还贷款本息，贷款行可按照《贷款合同》的约定和本授权书的授权直接从本人账户内扣款用于偿还罚息、违约金和其他应承担的费用，直至所有贷款本息、罚息、违约金全部清偿为止。

2. 如有担保人或其他第三人为本人代垫偿还每月应还本息的，本人授权贵行将本人存款账户或银行卡内的资金直接扣划至担保人或第三人的账户，用于本人归还担保人或其他第三人的代垫款，直至还清。

3. 换折（卡）或挂失补办新折（卡）时，自动授权贵行从新的折（卡）上扣收本人所欠贵行的借款本息，直至还清。

4. 贷款行从本借款人前述账户中划转、扣款，贷款行不需提供划转及扣款凭证。本借款人对扣划款项持有疑义时可向贷款行查询。

5. 本人还清贷款合同项下的所有款项时，本授权书效力自行终止。

6. 本人声明并承诺，除非贵行另行书面同意，本授权在本人还清贷款合同项下的所有款项前为无条件、不可撤销的完全授权；贵行无须任何其他同意、授权、文件、证明等即可行使本授权书下的权利。

本授权书一式两份，本人和贵行各执一份。

授权人签字和指模：＿＿＿＿＿＿＿＿

授权人身份证号码：＿＿＿＿＿＿＿

＿＿＿＿＿年＿＿月＿＿日

附件4

贷款本息代偿证明书

（_____年）第_____号

_____公司：

　　根据编号为：_____号《贷款合同》，银行已于_____年_____月_____日为借款人_____提供了金额为_____元的出租车经营权质押贷款。

　　由于借款人未按约定还款，根据编号为"（_____）_____"号的《银行、×××有限公司关于开展出租车经营权质押贷款业务的合作协议》约定，贵公司已于_____年_____月_____日代偿借款人所欠贷款本息共计人民币_____元，其中本金_____元，利息_____元。

　　特此证明。

银行_____支行

_____年___月___日

附件5

承诺书（借款人）

　　本人因_____（用途）向银行_____支行申请出租车经营权质押贷款_____万元（大写），银行于_____年_____月_____日向本人提供了贷款_____万元（贷款合同号：_____）。本人特承诺如下：

　　如果本人连续三期或累计六期不按贷款合同的规定按时偿付借款本息及其他相关费用，由保证人_____公司代为偿付后，同意银行_____支行将《贷款合同》项下债权及相关质押权和抵押权转让给_____公司。银行的上述转让行为可以不书面通知本人即可生效。

　　特此承诺

承诺人：

_____年___月___日

附件6

出租汽车投保的保险险种确认函

根据风险控制需要，_____ 有限公司与银行共同对编号为"（_____）_____"号的《银行与×××有限公司关于开展出租车经营权质押贷款的合作协议》项下的出租汽车保险事宜约定如下：

一、投保保险公司由银行认可。

二、具体车辆必须投保险种：

1. 车损险：投保金额不低于_____万元；

2. 第三者责任险：投保金额不低于_____万元；

3. 座位险：每座投保金额不低于_____万元；

4. 交强险按国家规定执行。

三、其他保险险种由借款人和_____有限公司要求自愿选择投保。

注：本确认函一式两份，双方各留一份。

公司（公章）

银行_____支行（公章）

_____年___月___日

三十二、中小企业购船抵押贷款

【产品定义】

中小企业购船抵押贷款是指中小企业需要购买船舶，以中小企业或第三方已经拥有的或中小企业拟购买的正常运营的船舶作为抵押物，向银行申请中小企业购船抵押贷款。

中小企业要购置的是一艘产权清晰、正常运营的船舶，也可以以拟购买的船舶作为抵押担保或附加其他担保条件，向银行申请购船抵押。

【产品优势】

银行为中小企业购船抵押贷款的特点在于：可以帮助中小企业的企业扩大经营规模，增强竞争力；贷款可以采取按月（季）还款方式，减轻中小企业一次性还款的压力；为中小企业提供更为广泛的筹资途径。

【业务流程】

1. 申请。中小企业可以向银行提出购船抵押贷款申请，提出时需填写借款申请书，并提供有关文件，包括营业执照、组织结构代码证、法人代码证书、法定代表人身份证明、贷款证卡；近3年及最近一期财务报表（成立不足3年的企业，提交自成立以来的年度和近期报表）；税务部门年检合格的税务登记证明；固定或连续的运输合同、船舶租赁合同等证明中小企业的企业具有稳定收入的书面文件；抵押船的相关证件（所有权证书、国籍证书、适航证书、船舶检验证书、船舶营运证、船舶最低安全配员证书、固定航线证明等）。

2. 审批和签订合同。银行进行调查和审批后认为可行，将与中小企业签订《购船抵押借款及担保合同》等法律性文件。如银行认为不可行，申请材料将退还。

3. 落实抵押等担保。合同签订完毕后，银行将与中小企业共同到当地海事部门办理抵押船的抵押登记手续，同时到有关保险公司办理抵押物保险，如有其他第三方保证的，落实有关担保登记、公证等手续。

4. 提款。中小企业办妥发放贷款前的有关手续，合同即生效，中小企业可随时支用贷款款项，但贷款款项必须直接划转至船舶卖方提供的账户并由银行监督使用。

【产品定价】

购船抵押贷款的利率和可能会有的有关费用费率按照中国人民银行管理的有关规定，由中小企业与银行协商确定。

【案例】 南京恒新顺达船务有限公司授信方案

一、企业基本情况

南京恒新顺达船务有限公司注册资本1亿元，是交通部批准的一家从事国内沿海及长江中下游水路运输为主、远洋运输为辅，集国内船舶管理、船货代理、船舶修造为一体的综合性航运企业。

公司拥有和控制散货船、油船、工程船、拖轮等各类船舶近40艘，总运力约24万吨，在南京市船运企业中排名前三位。公司主要从事国内沿海及长江中下游干货、散货、杂货以及油品运输，主要承接煤炭、钢材、建材、粮食、矿砂、成品油等运输服务。公司在营口、锦州、秦皇岛、天津、青岛、日照、马鞍山、芜湖、广州等国内各大港口均设有分支机构或业务合作伙伴，业务网络覆盖国内沿海及长江中下游各大港口。

二、银行切入点分析

（一）优势

1. 申请人从业时间较长，经验丰富，发展稳定，拥有船舶数量较多，总运力24万吨，在南京市船运企业中排名前三位。

2. 申请人盈利能力较强，资产负债率低。

3. 公司的主要客户为马钢、中海油等大型国有企业，应收账款回收风险小，且大客户的持续拓展能力较强。

4. 有船舶抵押，船龄在5年以内，抵押率适中。

（二）劣势

1. 申请人要发展，需要大量资金购置新船，增加运力。

2. 燃油价格的变化，会使得公司的运营成本存在较大不确定性，进而影响盈利能力。

供应渠道分析		
前三名供应商（按金额大小排名）	金额（万元）	占全部采购比率（%）
1		
2		
3		

公司的原材料主要集中在船用燃油上，燃油供应商主要是我国石化系统企业，如中燃公司等。为保证公司燃油供应的相对稳定，公司将保持与主要燃油供应商如中石化广州公司、中长燃马鞍山分公司等的密切联系，签署长期合同，同时也积极与其他供应商进行意向商洽，从而确保长期稳定的供应渠道，同时加大成本管理力度，促进船舶节能降耗工作，增强抵御市场价格波动风险的能力。

销售渠道分析		
前三名销售商（按金额大小排名）	金额（万元）	占全部销售比率（%）
1		
2		
3		

公司市场主要集中在国内沿海及长江中下游地区。公司的主要客户为：（1）以马钢、珠钢、沙钢为代表的成品钢材运输。（2）以中石油大连公司为代表的成品油运输。（3）以国信靖江发电厂为代表的电煤运输。（4）以中海油海洋工程技术公司为代表的海洋平台配套的特种船舶服务。公司的客户均为国有大型企业，在业务的稳定性、可持续发展性及运输回款的安全性和及时性方面均有着较为明显的竞争优势。

三、银行授信方案

本次申请的流动资金贷款额度为 831 万元，3 年期，不可循环，按月还款，用于支付营运船舶所需燃油费、码头费、船员工资及日常船舶维护修理等所需资金。还款来源为运费收入。

授信方案

额度类型	内部授信额度		授信方式	单笔单批额度（万元）		
授信额度（万元）	831.00		授信期限（月）	36		
授信品种	币种	金额（万元）	保证金比例（％）	期限（月）	用途	收益（万元）
流动资金贷款	人民币	831.00		36		
授信性质	新增	本次授信敞口（万元）		831.00		
担保方式及内容	抵押物名称："新晨源"散货船；					
风险分类调整说明	根据核心定义调整					
追加法人代表高达个人连带责任保证担保。办妥船舶抵押手续，要求办理船舶保险，确保第一受益人为银行。						

三十三、中小企业抵押贷款

【产品定义】

中小企业抵押贷款是指以自己持有的楼宇、商业地产、工业厂房以及企业实际控制持有的住宅等作为抵押，银行给中小企业提供的流动资金贷款或银行承兑汇票等的授信。

【政策依据】

商业银行押品管理指引

第三条 本指引所称押品是指由债务人或第三方为担保商业银行相关债权实现，所抵押或质押给商业银行，用于缓释信用风险的财产或权利。对于商业银行实质承担押品管理责任的有关财产和权利，可参照本指引执行。

第四条 商业银行应将押品管理纳入全面风险管理体系，完善与押品管理相关的治理架构、管理制度、业务流程、信息系统等。

第五条 商业银行押品管理应遵循以下原则：

（一）合法性原则。押品管理应符合法律、法规规定。

（二）有效性原则。抵（质）押担保手续完备，能够合理确定押品价值并处置变现，具有债权保障作用。

（三）审慎性原则。充分考虑押品本身可能存在的风险因素，审慎制定押品管理政策，动态评估押品价值及风险缓释作用。

（四）从属性原则。商业银行应全面评估债务人的偿债能力，在此基础上考虑押品的风险缓释作用。

第六条 中国银监会对商业银行押品管理进行监督检查，对不能满足本指引要求的商业银行，视情况采取相应的监管措施。

第十条 商业银行应明确前台、中台、后台各业务部门在押品管理中的职责，内审部门应将押品管理纳入内部审计范畴定期进行审计。

商业银行应确定押品管理牵头部门，统筹协调押品管理，包括制定押品管理制度、推动信息化建设、开展风险监测、组织业务培训等。

第十一条 商业银行应根据需要，设置押品价值评估、抵（质）押登记、保管等相关业务岗位，明确岗位职责，配备充足人员，确保相关人员具备必要的专业知识和业务能力。同时，应通过建立回避制度、人员轮换以及流程化管理，防范操作风险。

第十二条 商业银行应健全押品管理制度和流程，明确可接受的押品种类、目录、抵（质）押率、估值方法及频率、担保设立及变更、存续期管理、返还和处置等相关要求。

第十三条 商业银行应建立押品管理信息系统，持续收集押品种类、押品估值、抵（质）押率等相关信息，支持对押品及其担保业务开展统计分析，动态监控押品债权保障作用和风险缓释能力，将业务管控规则嵌入信息系统，加强系统制约，防范抵（质）押业务风险。

第十四条 商业银行应真实、完整保存押品管理过程中产生的各类文档，包括押品调查文档、估值文档、存续期管理记录等相关资料，并易于检索和查询。

第三章 风险管理

第十五条 商业银行接受的抵（质）押品应符合以下基本要求：

（一）抵（质）押的财产或权利真实存在；

（二）抵（质）押品权属关系清晰，抵押（出质）人对押品具有处分权；

（三）抵（质）押品符合法律、法规规定或国家政策要求；

（四）抵（质）押品具有良好的变现能力；

（五）抵（质）押品估值方法恰当，评估价值合理。

第十六条　商业银行应至少将押品分为金融质押品、房地产、应收账款和其他押品等类别，并在此基础上进一步细分。同时，应结合本行业务实践和风控水平，确定可接受的押品目录，每年至少更新一次。

第十七条　商业银行应遵循客观、审慎原则，依据资产评估准则及相关规程、规范，明确对各类押品进行内部或外部估值时采用的方法，并保持方法的稳定性。原则上，对于有活跃交易市场、有明确即期交易价格的押品，应参考市场价格确定押品价值；采用其他方法评估时，评估价值不能超过当前合理市场价格。

第十八条　商业银行应根据不同押品价值波动特性，合理确定各类押品价值重估频率，每年应至少重估一次。价格波动较大的押品应适当提高重估频率，对于有活跃交易市场的金融质押品应进行盯市估值。

第十九条　商业银行应明确押品估值（包括重估）的责任主体以及估值流程，包括发起、评估、确认等相关环节。对于外部估值情形，其结果应由内部审核确认。

第二十条　商业银行应审慎确定各类押品的抵（质）押率上限，并根据经济周期、风险状况和市场环境及时调整。

抵（质）押率指担保本金余额与押品估值的比率：抵（质）押率 = 押品担保本金余额÷押品估值×100%。

第二十一条　商业银行应建立动态监测机制，跟踪押品相关政策、行业、地区环境变化，分析其对押品价值的影响，及时发布预警信息，必要时采取相应措施。

第二十二条　商业银行应加强押品集中度管理，采取必要措施，防范由于采用单一押品或单一种类押品占比过高产生的风险。

第二十三条　商业银行应根据押品重要程度和风险状况，定期对押品开展压力测试，原则上每年至少进行一次，并根据测试结果采取相应的应对措施。

第四章 押品调查与评估

第二十四条 商业银行各类表内外业务采用抵（质）押担保的，应对押品情况进行调查评估，主要包括受理、调查、估值、审批等环节。

第二十五条 商业银行应明确抵押（出质）人需提供的材料范围，在业务发起时全面收集押品相关信息和材料。

第二十六条 商业银行应对抵押（出质）人以及押品情况进行调查并形成书面意见，内容包括但不限于押品权属及抵质押行为的合法性、押品及其权属证书的真实性、押品变现能力、押品与债务人风险的相关性，以及抵押（出质）人的担保意愿、与债务人的关联关系等。

第二十七条 押品调查方式包括现场调查和非现场调查，原则上以现场调查为主，非现场调查为辅。

第二十八条 商业银行应按照既定的方法、频率、流程，对押品价值进行评估，并将押品价值作为业务审批的参考因素。

第二十九条 商业银行在以下情形下，押品应由第三方进行估值：

（一）法律法规及政策规定、人民法院、仲裁机关等要求外部评估的押品；

（二）监管部门要求外部评估的押品；

（三）因专业化程度较高，本行不具备评估专业能力的押品；

（四）其他确需外部评估的情形。

第三十条 商业银行应明确外部评估机构的准入条件，实行名单制管理，定期开展后评价，动态调整合作名单，不得接受名单外机构的评估意见。

第三十一条 商业银行应参考押品调查报告和评估结果，对抵（质）押业务进行审批。

第五章 抵（质）押设立与存续期管理

第三十二条 商业银行办理抵（质）押担保业务时，应签订合法、有效的书面主合同及抵（质）押从合同，并确保押品存续期限不低于主债权期限。主从合同合一的，应在合同中明确抵（质）押担保有关事项。

第三十三条 对于法律法规规定抵（质）押权经登记生效或未经登记不得对抗第三人的押品，应到有权登记部门办理抵（质）押登记，取得他项权利证书或其他抵（质）押登记证明，确保抵（质）押登记真实有效。

第三十四条　对于法律规定以移交占有为质权生效要件的押品和应移交商业银行保管的权属证书，商业银行应办理转移占有的交付或止付手续，并采取必要措施，确保押品真实有效。

第三十五条　押品由第三方监管的，商业银行应明确押品第三方监管的准入条件，对合作的监管方实行名单制管理，加强日常监控，全面评价其管理能力和资信状况。对于需要移交第三方保管的押品，商业银行应与抵押（出质）人、监管方签订相关监管合同或协议，原则上应要求监管方将押品与其他资产相分离，明确监管方的监管责任和违约赔偿责任。

第三十六条　商业银行应明确押品及其权属证书的保管方式和操作要求，妥善保管、占有抵押（出质）人依法移交的押品或权属证书。对未移交银行保管的押品，按合同约定执行。

第三十七条　商业银行应按规定频率对押品进行价值重估。出现下列情形之一的，即使未到重估时点，也应重新估值：

（一）押品市场价格发生较大波动；

（二）发生合同约定的违约事件；

（三）押品担保的债权形成不良；

（四）其他需要重估的情形。

第三十八条　如发生可能影响抵（质）押权实现，或出现其他需要补充变更押品的情形时，商业银行应及时采取补充担保等相关措施防范风险。

第三十九条　抵（质）押合同明确约定警戒线或平仓线的押品，商业银行应加强价格监控，触及警戒线时要及时采取防控措施，触及强制平仓条件时应按合同约定平仓。

第四十条　商业银行在对押品相关主合同办理展期、重组、担保方案变更等业务时，应确保抵（质）押担保的连续性和有效性，防止债权悬空。

第四十一条　商业银行应对押品管理情况进行定期或不定期检查，跟踪押品保管情况以及权属变更情况，特别是重复抵押或再次抵押情况，排查风险隐患，评估相关影响，并形成书面报告，原则上不低于每年一次。

第六章　押品返还与处置

第四十二条　出现下列情形之一的，商业银行应办理抵（质）押注销登记手续，返还押品或权属证书：

（一）押品所担保的债务，包括实施减免后的债务已经全部清偿；

（二）人民法院解除抵（质）押担保裁判生效；

（三）其他约定情形。

第四十三条 商业银行向受让方转让债权的，应协助受让方办理担保变更手续。

第四十四条 如债务人未能按期清偿押品担保的债务或发生其他风险状况，商业银行应根据合同约定，按照损失最小化原则，合理选择行使抵（质）押权的时机和方式，通过折价、拍卖、变卖等合法方式及时行使抵（质）押权，或通过其他方式保障合同约定的权利。

第四十五条 处置押品回收的价款超过合同约定主债权金额及相关费用的，商业银行应将超过部分退还抵押（出质）人；价款低于合同约定主债权金额及相关费用的，不足部分向债务人追索。

建设部、中国人民银行、中国银行业监督管理委员会 关于规范与银行信贷业务相关的房地产抵押估价管理有关问题的通知

建住房〔2006〕第 8 号

二、商业银行在发放房地产抵押贷款前，应当确定房地产抵押价值。房地产抵押价值由抵押当事人协商议定，或者由房地产估价机构进行评估。房地产抵押价值由抵押当事人协商议定的，应当向房地产管理部门提供确定房地产抵押价值的书面协议；由房地产估价机构评估的，应当向房地产管理部门提供房地产抵押估价报告。房地产管理部门不得要求抵押当事人委托评估房地产抵押价值，不得指定房地产估价机构评估房地产抵押价值。

三、房地产抵押估价原则上由商业银行委托，但商业银行与借款人另有约定的，从其约定。估价费用由委托人承担。

四、房地产估价机构的选用，由商业银行内信贷决策以外的部门，按照公正、公开、透明的原则，择优决定。商业银行内部对房地产抵押价值进行审核的人员，应当具备房地产估价专业知识和技能，不得参与信贷决策。房地产估价机构的选用办法由商业银行制定。

五、商业银行及其工作人员不得以任何形式向房地产估价机构收取中间业务费、业务协作费、回扣以及具有类似性质的不合理或非法费用。

六、任何单位和个人不得非法干预房地产抵押估价活动和估价结果。

八、商业银行应当加强对已抵押房地产市场价格变化的监测，及时掌握抵押价值变化情况。可以委托房地产估价机构定期或者在市场价格变化较快时，评估房地产抵押价值。处置抵押房地产前，应当委托房地产估价机构进行评估，了解房地产的市场价值。

建设部中国人民银行中国银行业监督管理委员会

二〇〇六年一月十三日

附件：房地产抵押估价指导意见

第二条　本意见适用于各类房地产抵押估价活动。

第三条　本意见所称房地产抵押估价，是指为确定房地产抵押贷款额度提供价值参考依据，对房地产抵押价值进行分析、估算和判定的活动。

第四条　房地产抵押价值为抵押房地产在估价时点的市场价值，等于假定未设立法定优先受偿权利下的市场价值减去房地产估价师知悉的法定优先受偿款。本意见所称抵押房地产，包括拟抵押房地产和已抵押房地产。法定优先受偿款是指假定在估价时点实现抵押权时，法律规定优先于本次抵押贷款受偿的款额，包括发包人拖欠承包人的建筑工程价款，已抵押担保的债权数额，以及其他法定优先受偿款。

第七条　从事房地产抵押估价的房地产估价师，应当具备相关金融专业知识和相应的房地产市场分析能力。

第八条　委托人应当向房地产估价机构如实提供房地产抵押估价所必需的情况和资料，并对所提供情况和资料的真实性、合法性和完整性负责。房地产估价师应当勤勉尽责，了解抵押房地产的法定优先受偿权利等情况；必要时，应当对委托人提供的有关情况和资料进行核查。

第九条　房地产抵押估价目的，应当表述为"为确定房地产抵押贷款额度提供参考依据而评估房地产抵押价值"。

第十条　房地产抵押估价时点，原则上为完成估价对象实地查勘之日，但估价委托合同另有约定的除外。估价时点不是完成实地查勘之日的，应当在"估价的假设和限制条件"中假定估价对象在估价时点的状况与在完成实地查勘之日的状况一致，并在估价报告中提醒估价报告使用者注意。

第十一条　法律、法规规定不得抵押的房地产，不应作为抵押估价对象。

第十二条　房地产抵押估价报告应当全面、详细地界定估价对象的范围和在估价时点的法定用途、实际用途以及区位、实物、权益状况。

第十三条　房地产估价师了解估价对象在估价时点是否存在法定优先受偿权利等情况的，房地产抵押相关当事人应当协助。法定优先受偿权利等情况的书面查询资料和调查记录，应当作为估价报告的附件。

第十四条　房地产估价师应当对估价对象进行实地查勘，将估价对象现状与相关权属证明材料上记载的内容逐一进行对照，全面、细致地了解估价对象，做好实地查勘记录，拍摄能够反映估价对象外观、内部状况和周围环境、景观的照片。内外部状况照片应当作为估价报告的附件。由于各种原因不能拍摄内外部状况照片的，应当在估价报告中予以披露。实地查勘记录应当作为估价档案资料妥善保管。

第十五条　在存在不确定因素的情况下，房地产估价师作出估价相关判断时，应当保持必要的谨慎，充分估计抵押房地产在处置时可能受到的限制、未来可能发生的风险和损失，不高估市场价值，不低估知悉的法定优先受偿款，并在估价报告中作出必要的风险提示。在运用市场比较法估价时，不应选取成交价格明显高于市场价格的交易实例作为可比实例，并应当对可比实例进行必要的实地查勘。在运用成本法估价时，不应高估土地取得成本、开发成本、有关费税和利润，不应低估折旧。在运用收益法估价时，不应高估收入或者低估运营费用，选取的报酬率或者资本化率不应偏低。在运用假设开发法估价时，不应高估未来开发完成后的价值，不应低估开发成本、有关费税和利润。房地产估价行业组织已公布报酬率、资本化率、利润率等估价参数值的，应当优先选用；不选用的，应当在估价报告中说明理由。

第十六条　估价对象的土地使用权是以划拨方式取得的，应当选择下列方式之一评估其抵押价值：（一）直接评估在划拨土地使用权下的市场价值；（二）评估假设在出让土地使用权下的市场价值，然后扣除划拨土地使用权应缴纳的土地使用权出让金或者相当于土地使用权出让金的价款。选择上述方式评估抵押价值，均应当在估价报告中注明划拨土地使用权应缴纳的土地使用权出让金或者相当于土地使用权出让金价款的数额。该数额按照当地政府规定的标准测算；当地政府没有规定的，参照类似房地产已缴纳的标准估算。

第十七条　评估在建工程的抵押价值时，在建工程发包人与承包人应当出具在估价时点是否存在拖欠建筑工程价款的书面说明；存在拖欠建筑工程价款的，应当以书面形式提供拖欠的数额。

第十八条　房地产估价师知悉估价对象已设定抵押权的，应当在估价报告中披露已抵押及其担保的债权情况。

第十九条　房地产估价师不得滥用假设和限制条件，应当针对房地产抵押估价业务的具体情况，在估价报告中合理且有依据地明确相关假设和限制条件。已作为假设和限制条件，对估价结果有重大影响的因素，应当在估价报告中予以披露，并说明其对估价结果可能产生的影响。

第二十条　房地产抵押估价报告应当包含估价的依据、原则、方法、相关数据来源与确定、相关参数选取与运用、主要计算过程等必要信息，使委托人和估价报告使用者了解估价对象的范围，合理理解估价结果。

第二十一条　房地产抵押估价报告应当确定估价对象的抵押价值，并分别说明假定未设立法定优先受偿权利下的市场价值，以及房地产估价师知悉的各项法定优先受偿款。

第二十二条　房地产抵押估价报告应当向估价报告使用者作如下提示：（一）估价对象状况和房地产市场状况因时间变化对房地产抵押价值可能产生的影响；（二）在抵押期间可能产生的房地产信贷风险关注点；（三）合理使用评估价值；（四）定期或者在房地产市场价格变化较快时对房地产抵押价值进行再评估。

第二十三条　房地产抵押估价应当关注房地产抵押价值未来下跌的风险，对预期可能导致房地产抵押价值下跌的因素予以分析和说明。在评估续贷房地产的抵押价值时，应当对房地产市场已经发生的变化予以充分考虑和说明。

第二十四条　房地产抵押估价报告应当包括估价对象的变现能力分析。变现能力是指假定在估价时点实现抵押权时，在没有过多损失的条件下，将抵押房地产转换为现金的可能性。变现能力分析应当包括抵押房地产的通用性、独立使用性或者可分割转让性，假定在估价时点拍卖或者变卖时最可能实现的价格与评估的市场价值的差异程度，变现的时间长短以及费用、税金的种类、数额和清偿顺序。

第二十五条　在处置房地产时，应当评估房地产的公开市场价值，同时给出快速变现价值意见及其理由。

第二十六条　估价报告应用有效期从估价报告出具之日起计，不得超过一年；房地产估价师预计估价对象的市场价格将有较大变化的，应当缩短估价报告应用有效期。超过估价报告应用有效期使用估价报告的，相关责任由使用者承担。在估价报告应用有效期内使用估价报告的，相关责任由出具估价报告的估价机构承担，但使用者不当使用的除外。

第二十七条 房地产抵押估价报告的名称，应当为"房地产抵押估价报告"，由房地产估价机构出具，加盖房地产估价机构公章，并有至少二名专职注册房地产估价师签字。

【适用对象】

该产品适用于信誉良好、经营状况好、现金流充足、环保达标、担保有效、符合产业政策的中小企业。重点为以下六类客户群体：产品有市场的制造业、交易量大的商贸流通业和贴近终端消费市场的服务业中的中小企业；产业集群中的优势企业；为重点项目、优质大型客户提供配套服务的上下游企业；能够提供具有高变现能力不动产作抵押的企业；专业市场、大型商品集散地范围内的优质客户；能够提供大宗原材料或产成品作质押的企业客户。

中小企业应具备以下基本条件：

1. 成立年限在 1 年以上，客户信用评级在 CCC 级（含）以上，首次贷款发生时上年销售收入在 3000 万元以下；

2. 生产经营符合国家法律法规、产业政策和环境保护要求（特殊行业需提供特殊行业经营许可证，有排污限制的需提供企业排污许可证等），符合银行信贷政策；不得进入小煤矿、小水泥、小玻璃、小炼油、小火电等"五小企业"和环保违规、违法企业；

3. 经工商管理登记机关登记注册、依法进行税务登记且照章纳税的企业法人，企业应拥有法人人行征信材料且年检合格等；

4. 有固定住所和经营场所，企业管理层有合格的经营管理能力，产品有市场、有效益；

5. 企业法人代表或实际控制人从业经历在 3 年以上，且信用良好、无不良记录；

6. 能提供银行认可的不动产作为抵押物，抵押物产权清晰，能办理有效的抵押登记手续；抵（质）押物权属证书及有权处分人（包括财产共有人）同意抵（质）押的证明原件；

7. 原则上优先选择生产型企业和工贸一体化企业；

8. 银行规定的其他条件。

【贷款用途】

主要用于中小企业生产周转需要，不得用于国家明令禁止的投资领域和用途，不得用于偿还银行存量不良贷款或违规贷款。

【贷款金额】

应根据中小企业的经营性现金流情况、抵押物所处位置和评估价值综合确定贷款金额，原则上单户贷款金额不超过 500 万元，且放款后企业融资性债务敞口不超过企业上年度销售收入的 50%。

【抵押物评估】

1. 抵押物评估。

（1）抵押物自建成交付使用之日起，至借款人提出贷款申请之日止，未满 1 年的，买卖合同价即视为抵押物价值，可以不再另行评估；

（2）交付使用超过 1 年的，则必须由银行指定的专业评估机构进行评估、确认。

2. 抵押率。

（1）以土地使用权抵押的，抵押率原则上不超过 70%，抵押评估值核定可参考下列其中条件之一确定：

①不得超过其 6 个月内的买入价格（以契税证载明的价格为准）；

②不得超过最近一年内同一地段公开拍卖挂牌底价；

③不得超过当地政府在同一地段土地指导价；

④不得超过当地政府在同一地段最近公开拍卖成交价的。

（2）以普通住宅、商业房产抵押的，抵押率原则上不超过 60%；

（3）以别墅、高档公寓、办公楼抵押的，抵押率原则上不超过 50%；

（4）以工业厂房抵押的，以厂房土建评估后评估值加所依附的土地使用权的评估值两者之和来确定最终的评估值，抵押率原则上不超过 70%。

3. 抵押物管理。

（1）在放款前，经营单位应办妥抵押财产的保险、抵押登记等有效手续，费用由借款人承担；

（2）授信申请人应到银行认可的保险公司购买财产保险，保险金额可按照贷款金额或抵押物评估价值购买，其中以建筑物、机器设备或其他价值易损的财产设定抵（质）押的，保险金额一般应与抵（质）押物价值相同，如抵押物价值高于授信敞口金额，最低不低于授信敞口金额＋3个约定的计息周期的利息；保险的有效期应至少长于授信到期日后的3个月，保险单正本保险期内缴费发票（复印件）由贷款人保管，原则上银行要为保险第一受益人；

（3）在债务债权关系存续期间，借款人不得以任何理由中断或撤销保险。

【所需资料】

1. 借款人需要提供营业执照（三证合一）等资料；

2. 抵押物的评估报告；

3. 其他资料等。

【业务流程】

1. 客户申请。

（1）借款人填写借款申请书。

（2）借款人向银行提交授信业务所需相关资料。

2. 贷前调查。

客户经理在受理借款人业务申请后，应通过实地走访形式对借款人经营情况和抵押物的情况进行调查核实，形成调查报告。调查中应注重非财务信息的收集，并充分发挥其他信息渠道的作用。

（1）实地调查了解企业情况，主要内容包括：

①通过实地走访，通过与原件核实客户提供的营业执照、人民银行征信材料、验资报告、企业章程、有关合伙或合作协议、产权证等相关基础资料。

②现场核实企业主要固定资产状况，企业存货存在形式及总量是否属实；通过实地走访了解企业开工情况。

③通过核查企业水电费发票，了解企业用水、用电量，比较上年同期值，对波动情况作出分析说明；了解企业用工人数和工资性支出情况，比较上年同期值，对波动情况作出分析说明。

④根据企业的生产经营情况并结合所签订的购销合同等分析企业合理融资需求和贷款主要用途。

⑤现场调查抵押物的坐落位置，抵押物是否在城市拆迁规划范围内，如在拆迁规划范围内，不得抵押。

（2）通过各种渠道进行调查，包括工商、税务、商检、公安、司法、环保、土管、资信评估、金融同业等部门以及客户同行调查。

①通过向工商、税务、商检等有关部门了解等形式，调查客户主体资格、

历史沿革、地理位置、产权构成、环保情况等企业基本情况。

②通过向土地、房产等抵押物登记主管部门核查抵押物权证的真实性和有无抵押在先或被查封等情况。

③通过各种报刊、经济专业杂志等媒介获取行业、企业信息。

（3）通过人民银行等查询系统查阅客户信用状况。

①通过人民银行征信信息查询系统查询核实企业基础信息；查询企业表内外融资及对外担保情况，同时通过各种途径尽可能掌握企业社会融资真实情况。

②通过人民银行个人征信系统查询企业法定代表人、主要经营者有无不良记录。

③通过公检法等部门以及企业同行了解企业及其法定代表人、主要经营者有无赌博、吸毒等不良记录，有无案件、纠纷等情况。

（4）落实抵押物情况。

①主要调查抵押物的土地使用权取得方式、合规合法性、价值、变现能力、有无抵押在先及被查封等情况。

②实地走访过程中，应对企业的法人代表或实际控制人及财务负责人进行面谈。

3. 贷款审查。

业务的审查，应强调对第一还款来源有效性的分析，重点通过核查企业"三品、三表"等内容，了解企业真实的经营情况，特别是要加强核实、调查抵押物价值的真实性和可靠性。"三品"主要是指企业主要管理人员的人品、企业主营产品、企业提供的抵押品；"三表"主要是指企业的水表、电表和海关的报表。主要审查要点包括：

（1）业务合规性。

①授信资料是否齐备，授信申请人是否具备借款主体资格，是否符合业务准入条件；授信用途是否合法合规。

②企业所处行业是否符合银行授信准入政策，是否为"五小企业"。

（2）企业经营和资信情况。

①企业经营情况，主要经营管理团队的经营能力分析等。重点包括：企业所处的行业和区域情况，企业主要管理人员行业经验情况，企业纳税情况是否正常，企业用电、用水、用工情况是否正常，企业是否存在其他社会融

资情况，企业主要财务指标是否存在异常变动情况等。

②企业及其法人代表（或实际控制人），在人民银行信贷征信等系统中的融资、信用和对外担保情况是否正常，是否有不良记录等。

③企业是否具有稳定的还款来源。主营业务和产品情况是否正常，是否有长期合作协议，企业订单组织、完成情况等。

（3）抵押物情况。

①抵押物权属情况。抵押物是否合法，抵押物权属是否清晰、无争议，抵押物是否有其他抵押权或质权设立在先等。

②审查抵押物估值情况。抵押物评估价是否合理，市场价格是否稳定可靠，抵押物的价格波动幅度等。

③审查抵押物的变现能力。

④对于授信申请与调查情况相差较大的，审查人员应要求调查人员说明原因、依据。

4. 贷款审批。

贷款审查、审批通过后，应由双人到场与借款人签订借款、抵押等主从合同，并确保合同印章和法定代表人签章的真实性。有关抵（质）押合同的签订涉及自然人的，必须由自然人及抵（质）押财产共有人现场签名（必要时可加按手印）。

【风险控制】

特定抵押物是指产权明晰、变现能力强、市场价格相对稳定、能办理有效抵押登记手续的抵押物，主要包括：

1. 借款企业及其关联企业、企业主个人拥有完全产权的商品房（含非个人自住性质的普通住宅、高档住宅、别墅）、商用物业。商品房住宅和商用物业，交付使用年限在 20 年以内。

2. 借款企业及其关联企业、企业主个人拥有完全产权的工业厂房，交付使用年限应在 15 年以内；

3. 位于县级（含）以上城区中心或省级（含）以上工业园区内以出让方式取得的国有土地使用权。以土地使用权抵押的，应提供县级以上土地管理部门核发的《国有土地使用证》，审查《国有土地使用证》是否在土地使用期限内；未设定抵押的，审查《国有土地使用证》注明用途是否与实际用途一致。

银行不接受下列土地使用权抵押：

（1）划拨土地使用权、集体所有的土地使用权。

（2）所有权、使用权不明或有争议的土地使用权。

（3）依法被扣押、监管的土地使用权。

（4）《闲置土地处置办法》（国土资发〔1999〕5 号）规定的闲置土地使用权。

（5）法律、行政法规规定不得抵押的其他类型土地使用权。

（6）已经抵押给其他债权人的土地使用权。

4. 其他符合银行要求的抵押物。

【案例】包头中泰燃料有限公司（实际控制人房产抵押）

一、企业基本概况

包头中泰燃料有限公司总资产 1752 万元，主营业务收入 1.3 亿元，该企业属于特定中小企业；注册地镇海大运路 1 号 A309 室，注册资本 500 万元，公司主要从事燃料油贸易。

公司与南京泰立隆贸易有限公司、杭州鑫海星石化有限公司、山东鲁润宏泰石化有限公司等公司建立合作关系，燃料油主要向上述 3 家单位采购。付款方式以现款为主，一般从付款到货物运到需求单位为 30 天左右。上述货物或直接发到中泰公司的下家，主要为安徽凤阳玻璃有限公司、舟山京普贸易发展有限公司等，或者暂时先发至公司设在杭州的油库，货款回笼平均为30 天。

主要问题在于：借款人处于二级批发商，与上下游企业的谈判地位不高，对油价波动引起的价格风险，企业转嫁能力不强，也没有很好的规避手段；

二、银行切入点分析

1. 优劣势分析。

（1）本次授信的优势。

①经营者经营稳健，购销渠道落实。

②经营商品目前国内基本还处于卖方市场，供应商有一定的市场地位，且供应链中的上下游都具有较强的实力，能够及时供货并完成销售回款，确保资金安全。

③此次抵押率符合银行的要求，杭州的个人住宅价值稳定，第二还款来

源落实。

（2）本次授信的劣势主要是公司为二级、三级经销商，且目前的经营规模和资产规模较小，受制于上游供应商的程度较大。

2. 授信效益。根据中泰公司的申请，申请流动资金贷款，按规则串用，可串用为银行承兑汇票和国内信用证。此次授信给予公司580万元授信额度，敞口580万元。串用为银行承兑汇票或者国内信用证，保证金比例不少于50%，同时可收取相关中间业务收入。

中泰燃料有限公司上下游渠道分析见表2-8。

表2-8 　　　　　　　中泰燃料有限公司上下游渠道分析

供应渠道分析		
前三名供应商（按金额大小排名）	金额（万元）	占全部采购比率（%）
1　山东鲁润宏泰石化有限公司	8000	34.8
2　杭州鑫海星石化有限公司	7030	30.6
3　南京泰立隆贸易有限公司（扬子石化关联企业）	6000	26.1
上述供应商为目前沿海地区主要的燃料油供应企业，质量稳定，供货量足，对于下游采购需要预付款，由供应商在1个月内安排供货。货款可接受银行承兑汇票与国内信用证		
销售渠道分析		
前三名销售商（按金额大小排名）	金额（万元）	占全部销售比率（%）
1　安徽凤阳玻璃有限公司	8800	35.2
2　舟山京普工贸发展有限公司	7540	30.2
3　浙江玻璃股份有限公司	1330	5.8
上述销售商与公司都有3~5年的合作，付款方式为货到付款30%，余款45天内结清，以电汇或银行承兑汇票付款		

三、银行授信方案

1. 银行授信方案：根据中泰公司的申请，申请流动资金贷款，按规则串用，可串用为银行承兑汇票和国内信用证。此次授信给予公司580万元授信额度，敞口580万元。

2. 效益。串用为银行承兑汇票或者国内信用证，保证金比例不少于50%，同时可收取相关中间业务收入。

3. 担保条件。位于杭州的5套个人住房，预评估价值为831.2万元。

授信方案见表2-9。

表 2 - 9 授信方案

额度类型	公开授信额度		授信方式	综合授信额度		
授信额度（万元）	580.00		授信期限（月）	12		
授信品种	币种	金额（万元）	保证金比例（%）	期限（月）	用途	收益
流动资金贷款	人民币	580.00	0.00	12		
授信性质	新增	本次授信敞口（万元）		580.00		
担保方式及内容	抵押物名称：安龙个人住房；抵押物名称：安国个人房产；抵押物名称：姚国个人住宅；抵押物名称：安英个人住房；抵押物名称：陈鸣个人住房					
追加法人代表个人连带责任保证						

【点评一】

　　本案例是对民营企业提供的房产抵押贷款的案例，房产抵押操作简单，风险控制手段清晰，属于各家银行大力鼓励发展的业务。其实，抵押仅是核定了授信额度，银行仍应精心对客户选择信用工具，考虑这个客户是经营采购油品，所以银行可以考虑提供银行承兑汇票或国内信用证，银行会吸收可观的存款。

【点评二】

　　抵押物控制仅是风险控制的手段，最重要的是银行必须非常了解企业的经营情况，对借款人经营的业态非常熟悉，是因为了解企业才得以控制风险，而不是因为企业提供了楼宇、商业地产等抵押。银行不是当铺，而是经营货币商人，在经营货币的过程中实现货币本身的增值才是银行的经营目标。

某银行在操作货押融资业务的时候碰到一个有意思的情况，一个支行负责人说，现在大宗商品的价格要上涨，因此要做大宗商品的质押融资。其实，这是不对的，银行不会因为客户抵押的商品是否会升值而决定给这个客户贷款。银行虽然认同这个客户的经营情况，但是，这个企业太单薄了，提供信用贷款有些不放心，所以要求客户将货物质押给银行。

　　给企业融资，关键是寻找风险抓手。特大型企业本身信誉非常优良，实力非常强大，有着较强的风险抵御能力，非常重视自身在银行的信誉，这些企业本身的信誉就是风险抓手。给中小企业融资，必须找到合理的风险抓手，中小企业持有的商业地产、楼宇、存货、应收账款、商标使用权、摊位经营权、待退的商业返点等都可以作为风险抓手。银行认为，只要能够控制企业的经营行为，让客户有所顾忌的措施都可以视之为风险抓手，而不是一味的担保和抵押。

　　银行客户经理在检查企业的"三表""三品"的时候必须非常认真。银行不是为了检查企业而检查，千万不要走过场。企业的"三表""三品"背后是企业的真实经营状况，银行愿意给企业贷款，就是因为企业背后经营的情况让银行放心。

三十四、小企业法人账户透支业务

【产品定义】

　　小企业法人账户透支业务是指银行同意小企业客户在约定的账户、额度和期限内进行透支以满足临时性融资便利的授信业务。

【产品优势】

　　1. 本产品最大优势是，小企业不必再为可能出现的临时性支出而预留大笔存款，也减少每次向银行申请贷款带来的时间成本，最大限度地满足正常生产经营过程中的周转性资金需求。

　　2. 可以强制小企业在银行办理结算，吸引小企业的结算流水。

　　3. 给小企业提供流动资金贷款，小企业往往出于自身的使用方便来存放资金，因此，不一定会存放在融资银行。而给小企业提供法人账户透支业务，小企业出于降低自身财务费用的角度，会尽可能向透支银行转移资金，甚至会将对外的收款账户都指定为透支账户，这样银行可以有效吸引客户的结算流水。通过监控企业的结算流水，来识别企业的经营情况，预警企业的经营风险。

【产品对比】

小企业法人账户透支业务的使用与银行承兑汇票额度循环使用较为相似，都是企业可以循环使用在银行的授信额度。

小企业法人账户透支业务的使用与银行承兑汇票额度循环使用区别见表2－10。

表2－10　小企业法人账户透支业务的使用与银行承兑汇票额度循环使用区别

1. 小企业法人账户透支业务的使用	2. 银行承兑汇票额度循环使用
客户可以循环使用透支额度。银行可以获得可观的融资利息收入，吸引客户在银行大量办理结算流水	客户可以在银行循环使用银行承兑汇票额度，银行可以获得可观的保证金存款
银行可以获得可观的中间业务收入	银行可以获得可观的中间业务收入

【借款人条件】

1. 经国家工商行政管理机关核准登记，符合银行小型企业标准；

2. 生产经营正常、财务管理规范、信誉良好；

3. 符合银行信贷业务管理规定。

【所需资料】

1. 借款申请书，列明企业概况，申请开办法人账户透支业务的透支额度、币别、期限、用途，透支还款来源、担保，还款计划等；

2. 经年检的企业法人营业执照、法人代码证书、贷款卡/证；

3. 公司章程和/或合资（合作）经营合同；

4. 法人代表证明书和/或法人授权委托书；

5. 同意开办法人账户透支业务的董事会决议和授权书、董事会签字样本；

6. 经审计的近三年和最近月份的财务报表或新建企业的注册资本验资证明；

7. 存款账户设立情况，包括开户行、账号、余额、结算业务及结算量等；

8. 主要负债和或有负债状况和说明；

9. 以往的银行信用评级材料及有关证明材料；

10. 担保资料，包括保证人的保证承诺函、背景资料和近三年的财务报表，抵（质）押物清单、价值评估文件和权属证明，保险文件或同意保险过户的承诺函；

11. 银行要求的其他资料。

【业务流程】

1. 申请。小企业需要填写《小企业法人账户透支业务申请书》，向银行提出申请。

2. 评级授信。小企业需要配合银行客户经理完成尽职调查，信用等级评定及授信申报等工作。

3. 额度审批。银行按照小企业业务授权及审批流程报批一般额度授信。

4. 签订合同。经办行从小企业在银行开立的基本存款账户或一般存款账户中指定一个账户为透支账户，双方协商确定透支利率和承诺费费率等，签署小企业法人账户透支业务合同及担保合同。

5. 资金使用。小企业无须提前通知银行或提出专门的申请便可使用透支资金，当小企业要求动用透支账户的款项金额超过该账户的存款余额时，视同提出透支借款申请。在透支额度范围内、透支额度有效期以内和未超过透支持续期限的情况下，小企业可以连续多笔透支。

6. 还款。在透支账户存有透支余额期间，小企业的划入款项自然冲抵透支借款本息。

【定价】

银行按给予企业透支额度的一定比例（不超过0.3%）按年计收透支额度承诺费。具体透支利率和透支承诺费均由银行与客户双方通过合同确定。

【案例】大地商城股份有限公司法人账户透支业务

一、企业基本概况

大地商城股份有限公司，公司注册资本金15200万元，公司主要从事零售百货、超市连锁、家电连锁、餐饮娱乐、仓储运输、批发配送等经营。大地商城股份有限公司下属企业有石家庄大地广告有限公司、河北商业电脑公司、保定大地商城、北人国际名品珠宝公司、人民商场股份有限公司等7家子公司，以及益友百货分公司、车站商场、捷达商贸储运分公司、大福珠宝分公司等17家分公司。

二、银行切入点分析

1. 主要优势。

（1）地理位置优越。大地商城坐落于河北省省会石家庄市繁华的商业中心，建筑面积7.25万平方米，营业面积12万平方米，仓储面积1万平方米，地处购物、娱乐、消费的"金三角"。

（2）设施先进。近期该企业对商城的购物环境进行了整体装修，使其更加优美舒适；其外观宏伟，造型独特；内部设施先进，配套齐全，服务质量上乘；汇集了服装类、百货类等商品的国际、国内的知名品牌，每日接待来自不同地区的大量消费者，客流量一般在10万人以上，日均销售额近850万元。

（3）具有较高的知名度。作为河北省商业的代表，大地商城敏感地把握市场带来的机遇，确定了以百货连锁为主业、家电连锁和超市连锁为两翼的发展战略。经过商城对这个战略的贯彻实施，现在，大地商城被列为全国商业百强，吸引了众多国际一线品牌入驻，家电连锁业绩卓著，占据了当地60%以上的市场份额，成为行业绝对的领导者，大地超市连锁飞速发展，已经成为省会商业的一面旗帜。2007年在全国商业销售排名第五位。2008年，大地商城将进一步实施低成本扩张战略，迅速提升规模，在全国零售行业排名再上新台阶。

2. 主要风险。

（1）行业风险。大地商城是大型商业零售企业，经营中不仅要面对比比皆是的中小型商业零售企业的竞争，还要面对大型商贸集团如国美电器、大中电器、东购等商家争地盘、拉市场，价格大战更趋于白热化，市场竞争日益激烈。

（2）经营风险。近三年，经过低成本扩张，经营面积和营业网点成倍扩大，随着企业经营规模的不断扩展，经营管理的难度也在增加，潜在的经营风险也在增大。

（3）关联风险。该公司的母公司石家庄大地人百集团有限责任公司自身无经营，集团成员之间存在较密切的资金往来，资金互相占用较大，各成员间形成一个的债务链，一个出问题就有可能导致资金链的断裂，影响到整体资产的运营正常周转。

三、银行授信方案

流动资金贷款可串用银行承兑汇票。授信方案见表2－11。

表 2－11   授信方案

额度类型	公开授信额度		授信方式	综合授信额度		
授信额度（万元）	4 500.00		授信期限（月）	12		
授信品种	币种	金额（万元）	保证金比例（％）	期限（月）	用途	收益
法人账户透支业务	人民币			4 500.00	采购商品的对外支付	
担保方式及内容	抵押物名称：房产					

【点评】

　　银行为大型商场核定授信额度，授信品种非常精巧，使用的是法人账户透支业务，由于大型商场对外付款非常频繁，而且金额琐碎，同时，企业的回款周期很短，非常适合提供法人账户透支业务，透支额度的合理使用，会给银行带来非常可观的存款回报。

【示范文本】

透支业务合同

合同编号：

借款人（甲方）：

住所：　　　　　　　　邮政编码：

法定代表人（负责人）：

传真：　　　　　　电　　话：

贷款人（乙方）：

住所：　　　　　　　　邮政编码：

负责人：

传真：　　　　　　电　　话：

借款人（以下简称甲方）：

贷款人（以下简称乙方）：

甲方向乙方申请办理透支借款业务，乙方同意为甲方提供透支借款服务。根据有关法律法规和规章，甲乙双方经协商一致，订立本合同，甲乙双方共同遵守执行。

第一条　透支账户

一、甲方只能在账号为的账户办理透支借款业务，该账户（以下简称透支账户）由甲方在乙方开立，账户类型为以下两种。

1. 基本存款账户

2. 一般存款账户

二、在透支资金本息及各项费用归还完毕、透支业务合同解除之前，甲方不得申请撤销该透支账户。

三、透支账户为基本存款账户的，甲方可以在符合国家现金管理有关规定的前提下提取现金，但不得以透支形式提取现金，或直接将款项划入个人存款账户。

第二条　透支额度

乙方向甲方提供的透支额度为人民币（大写）_____元。

本合同所称透支额度，系指在本合同约定的透支额度有效期间内，乙方允许甲方在透支账户进行透支的本金余额的限额。在透支额度有效期间内，甲方对透支额度可以循环使用，但甲方每次拟透支借款的金额与甲方未偿还的本合同项下的透支借款本金余额之和不得超过透支额度。

第三条　透支额度的有效期间

透支额度有效期间（以下简称额度有效期间）自_____年_____月_____日至_____年_____月_____日在透支额度有效期终止时，未使用的透支额度自动失效。

第四条　透支额度的使用

一、在透支额度有效期间和透支额度内，甲方可以根据需要进行透支借款，双方按照结算划款的要求办理手续。

二、甲方透支账户持续透支有效期限为_____天（自然日，下同）的

（持续透支有效期限是指客户透支账户可以持续存在透支余额的天数）。持续透支有效期限届满，乙方停止为甲方提供透支服务，并要求甲方立即筹集款项偿还透支借款。

三、甲方出现本合同规定的其他违约责任的，乙方可根据具体情况决定对透支额度作相应地扣减或停止为甲方提供透支服务。

第五条　透支账户的存款利率、计息和结息

一、乙方对于本合同第一条约定账户内的存款按照结息日中国人民银行公布的活期利率计算并向甲方支付利息。

二、前款所述存款按日计息，按季结息。结息日固定为季末的第 20 日。

第六条　透支借款的利率、计息、结息和费用

一、透支利率

1. 本合同项下的透支借款利率为年利率＿＿＿＿＿％。

2. 如在透支额度有效期内遇人民银行调整人民币利率，对调整日后发生的透支贷款及逾期贷款按照调整后的相应利率水平执行。

二、计息和结息

本合同项下的各笔透支借款按日计息，按月结息。结息日固定为每月的第 20 日。日利率＝年利率/360。如甲方在结息日不能按期付息，则自次日起计收复利。

三、费用

甲方应当向乙方支付本合同项下的透支额度承诺费，按照透支额度的＿＿＿＿＿％/年一次性计收。

第七条　透支资金的支用

一、甲方使用透支资金，无须提前通知乙方或向乙方提出专门的申请。乙方按照正常结算业务的要求为甲方办理款项的汇划。当甲方要求动用透支账户的款项金额超过该账户的存款余额时，视同甲方提出透支借款的申请。

二、除乙方全部或部分放弃外，只有满足下列前提条件，乙方才有义务允许甲方透支：

1. 符合乙方要求的担保合同已生效并持续保持有效；

2. 没有发生本合同所列的任一违约事项；

3. 本合同约定甲方应向乙方支付额度承诺费的，甲方已于透支有效期起始日前 2 个银行工作日内向乙方支付额度承诺费；

4. 甲方未偿还的透支借款本金的余额没有超过透支额度；

5. 双方约定的其他前提条件。

第八条　还款

一、在甲方的透支借款本金未全部偿还以前：

1. 甲方依本合同第六条的约定按期足额结息的，甲方划入透支账户的任何款项，均首先用于归还未偿还的透支本金。冲减透支本金后的余款为甲方在乙方的活期存款。

2. 若甲方没有依本合同第六条的约定按期足额结息的，甲方划入透支账户的任何款项，均首先用于归还未偿还的利息，若有余款用于归还未偿还的透支本金，冲减本息后的余款为甲方在乙方的活期存款。

二、甲方透支账户持续透支有效期限届满，自届满之日起，所余透支借款转为逾期借款处理，透支借款逾期后，对甲方未按时还清的借款本金和利息（包括被乙方宣布全部或部分提前到期的借款本金和利息），按借款逾期时中国人民银行规定的逾期利率和本合同约定的结息方式计收利息和复利。甲方在乙方开立有其他银行账户的，乙方有权直接从甲方在乙方开立的其他银行账户扣划款项归还透支借款本息。

第九条　透支借款的担保

本合同项下透支借款的担保方式按照以下方式执行：

一、全部为信用借款，不用担保；

二、选择以下担保方式：

1. 保证。

2. 抵押。

3. 质押。

4. 备用信用证。

5. 信用保险。

6. 其他。

第十条　甲方的权利和义务

一、甲方有权要求乙方对甲方提供的有关财务资料以及生产经营方面的商业秘密予以保密，但法律法规和规章另有规定的除外。

二、甲方必须按照乙方的要求提供财务会计资料以及生产经营状况资料，并保证所提供资料的真实性、完整性和有效性。

三、甲方应通过透支账户办理与本合同项下透支借款有关的往来结算和存款业务。

四、甲方应按照双方约定的期限及金额缴纳透支额度承诺费。

五、甲方应积极配合并自觉接受乙方对其生产经营、财务活动及本合同项下透支借款资金使用情况的检查、监督。

六、甲方的生产经营和财务活动符合国家有关法律法规和规章的要求，不得把透支资金用于违法犯罪活动，不得将透支资金以任何形式流向证券市场、期货市场和用于股本权益性投资。

七、甲方及其投资者不得抽逃资金、转移资产，以逃避对乙方的债务。

八、本合同有效期间，甲方如要为他人债务提供担保，可能影响其债务清偿能力的，应当提前书面通知乙方并征得乙方同意。

九、本合同项下保证人出现停产、歇业、被注销登记、被吊销营业执照、被撤销、破产以及经营亏损等情况，部分或全部丧失与本合同项下透支借款相应的担保能力，作为本合同项下担保的抵押物、质押财产价值减少、意外毁损或灭失，甲方应当及时提供乙方认可的其他担保。

十、本合同有效期间，甲方发生名称、法定代表人（负责人）、住所、经营范围、注册资本金变更等情形时，应当在变更后5个银行工作日内及时通知乙方。

十一、本合同有效期间，甲方如发生承包、租赁、股份制改造、联营、合并、兼并、分立、合资、申请停业整顿、申请解散、申请破产等足以影响乙方债权实现的情形，应当提前30个银行工作日书面通知乙方，征得乙方同意，并按乙方要求落实债务的清偿及担保。

十二、本合同有效期间，甲方如发生停产、歇业、被注销登记、被吊销营业执照、法定代表人或主要负责人从事违法犯罪活动、涉及重大诉讼活动、生产经营出现严重困难、财务状况恶化等情形，对其债务清偿能力产生重大不利影响的，均应立即书面通知乙方，并按乙方要求落实债务的清偿及担保。

十三、甲方应当承担与本合同及本合同项下担保有关的律师服务、保险、评估、登记、保管、鉴定、公证等费用。

第十一条　乙方的权利和义务

一、有权了解甲方的生产经营、财务活动，有权要求甲方提供财务会计资料及生产经营状况资料。

二、对甲方提供的有关财务资料以及生产经营方面的商业秘密予以保密，但法律法规和规章另有规定的除外。

三、甲方信用状况下降或恶化，影响清偿能力的，乙方有权调整直至取消甲方尚未使用的透支额度。

四、对于任何依据本合同发生的甲方应付款项，乙方有权直接从甲方在中国银行系统开立的任何账户上划收。

五、按照本合同的约定为甲方提供透支借款服务。

第十二条　违约责任

一、违约情形。因本合同而发生的债务清偿前，下列行为构成违约：

1. 甲方的违约。

（1）未按乙方的要求提供真实、完整、有效的财务会计、生产经营状况及其他有关资料。

（2）未按双方约定用途使用透支额度。

（3）未按规定归还透支借款本息。

（4）拒绝或阻碍乙方对透支借款使用情况实施监督检查。

（5）转移资产，抽逃资金，以逃避债务。

（6）经营和财务状况恶化，无法清偿到期债务，或卷入或即将卷入重大的诉讼或仲裁程序及其他法律纠纷，乙方认为可能或已经影响或损害乙方在本合同项下的权益。

（7）所负的任何其他债务已经影响或可能影响本合同项下对乙方义务的履行。

（8）未履行对中国银行的其他到期债务。

（9）在合同有效期内，实施承包、租赁、合并、合资、分立、联营、股份制改造等改变经营方式或转换经营机制的行为，乙方认为可能或已经影响或损害乙方在本合同项下的权益。

（10）乙方认为足以影响债权实现的其他情形。

（11）违反本合同其他约定义务。

2. 保证人出现以下情形，甲方未提供符合乙方要求的新的担保，视为甲方违约：

（1）保证人发生承包、租赁、合并、兼并、合资、分立、联营、股份制改造、破产、撤销等情形，足以影响保证人承担连带保证责任的。

（2）保证人向第三方提供超出其自身负担能力的担保的。

（3）保证人丧失或可能丧失担保能力的；

（4）保证合同约定的保证人其他违约情形。

3. 抵押人出现以下情形，甲方未提供符合乙方要求的新的担保，视为甲方违约。

（1）抵押人未按乙方要求办理抵押物财产保险的，或发生保险事故后，未按抵押合同约定处理保险赔偿金的。

（2）因第三人的行为导致抵押物毁损、灭失、价值减少，抵押人未按抵押合同约定处理损害赔偿金的。

（3）未经乙方书面同意，抵押人转让、出租、重复抵押或以其他方式处分抵押物的。

（4）抵押人经乙方同意处分抵押物，但处分抵押物所得价款未按抵押合同约定进行处理的。

（5）抵押物毁损、灭失、价值减少，足以影响本合同项下的债务的清偿，抵押人未及时恢复抵押物价值，或未提供乙方认可的其他担保的。

（6）抵押合同约定的抵押人其他违约情形。

4. 质押人出现以下情形，甲方未提供符合乙方要求的新的担保，视为甲方违约：

（1）出质人未按乙方要求办理质押财产保险的，或发生保险事故后，未按质押合同约定处理保险赔偿金的。

（2）因第三人的行为导致质押财产毁损、灭失、价值减少，出质人未按质押合同约定处理损害赔偿金的。

（3）出质人经乙方同意处分质押财产，但处分质押财产所得价款未按质押合同约定进行处理的。

（4）质物毁损、灭失、价值减少，足以影响本合同项下的债务的清偿，出质人未及时恢复质物价值，或未提供乙方认可的其他担保的。

（5）质押合同约定的出质人其他违约情形。

5. 担保合同或其他担保方式未生效、无效、被撤销，或担保人出现部分或全部丧失担保能力的其他情形或者拒绝履行担保义务，甲方未按照乙方要求落实新的担保的，视为甲方违约。

二、违约救济措施

出现上述第1至第5违约事件，乙方有权行使下述一项或几项权利：

1. 相应调整、取消或终止透支额度，或调整透支额度有效期间。

2. 停止甲方在本合同项下的透支借款，宣布未清偿的透支借款立即到期，要求甲方立即归还有关透支借款的本息和相关费用。

3. 甲方未按照本合同约定用途使用透支借款的，乙方对甲方挪用的部分按中国人民银行的有关规定计收罚息。

4. 对于任何依据本合同发生的甲方应付乙方款项，乙方有权从甲方在中国银行系统开立的账户上划收任何币种款项。

5. 有权行使担保权利。

6. 有权要求甲方重新提供乙方认可的担保。

7. 有权解除合同。

第十三条 合同的修改

本合同生效后，任何一方需要修改本合同条款时，应及时通知另一方，并经双方协商一致，达成书面协议。本合同另有约定或双方在本合同之外另有约定的除外。

第十四条 其他约定条款

第十五条 合同争议解决方式

本合同在履行过程中发生争议，可以通过协商解决，协商不成，按以下方式解决：

1. 向乙方所在地人民法院起诉。

2. 提交仲裁委员会（仲裁地点），按照申请仲裁时该会现行有效的仲裁规则进行仲裁。仲裁裁决是终局的，对双方均有约束力。

在诉讼或仲裁期间，本合同不涉及争议部分的条款仍须履行。

第十六条 合同的生效

本合同经甲方法定代表人（负责人）或授权代理人签字或加盖公章及乙方负责人或授权代理人签字并加盖公章后生效。

第十七条 合同文本

本合同一式（＿＿＿＿）份。

在透支额度有效期间及透支额度金额内，甲乙双方形成债权债务关系的所有法律性文件（包括但不限于各类凭证等）均是本合同的组成部分。

第十八条 声明条款

一、甲方清楚地知悉乙方的经营范围、授权权限。

二、甲方已经阅读本合同所有条款。应甲方要求，乙方已经就本合同做了相应的条款说明。甲方对本合同条款的含义及相应的法律后果已全部通晓并充分理解。

三、甲方有权签署本合同。

甲方（公章）：　　　　　　　乙方（公章）：
法定代表人（负责人）　　　　法定代表人（负责人）
或授权代理人（签字）：　　　或授权代理人（签字）：
年　　月　　日　　　　　　　年　　月　　日

三十五、贷款承诺

【产品定义】

贷款承诺是指银行与借款客户达成的一种具有法律约束力的正式协议，银行在有效承诺期内，按照双方约定的条件、金额和利率等，随时准备应客户需要提供贷款，并有权向借款客户收取承诺费的一种授信业务。

【产品定价】

根据人民银行办理中间业务的有关规定，贷款承诺原则上收取一定的费用。费率参考标准为：1‰~2.5‰，一次性收取。

【基本规定】

1. 贷款承诺纳入银行综合授信管理范畴，实行综合授信额度管理。贷款承诺额度为一次性额度。

2. 贷款承诺分为项目贷款承诺和流动资金贷款承诺，主要用于项目贷款。对外提供项目贷款承诺函的条件为：

（1）国家有权部门正式批准立项。

（2）业主已完成项目可行性研究报告。

（3）由银行调查评估后，经授信审批程序逐级审查同意提供项目贷款承诺函。

【适用客户】

贷款承诺必须严格选择对象。在银行信用评级必须在A、B级及以上，执行世界银行项目的银行客户评级应在6级及以上。未评级企业原则上仅适用于行业优势企业及国家有权部门批准和列入国家重点发展计划的项目。

【银行收费】

贷款承诺函收费的费率一般为承诺额度的0.25%，或由双方协商确定。

【申请条件】

申请贷款承诺函需填写完整的贷款承诺函申请书，并根据授信用途，按照一般项目贷款、固定资产贷款或流动资金贷款的授信要求提供有关材料。

贷款承诺用于项目贷款的要满足以下条件：

1. 提出书面申请。

2. 除提供基本生产经营、财务资料外，还应提供以下项目资料：

（1）使用政府投资的项目，提供有权部门同意立项的批准文件、有相应资质的机构提供的可行性研究报告及批复文件；

（2）根据有关部门要求提供环保评价报告及批准文件、特殊行业批准文件、其他批准文件；

（3）资本金和其他建设、生产资金筹措方案及落实资金来源的证明材料；

（4）其他前期准备情况。

【所需资料】

【业务办理与管理】

1. 满足以下条件的情况下，经办行应在2个工作日内对外出具《贷款承诺函》：

（1）贷款承诺函申请经银行有权审批机构审批同意；

（2）经办行与申请人签署出具贷款承诺函协议书，并已生效；

（3）申请人已按银行规定支付业务手续费。

2. 经办行出具的贷款承诺函一式两份，一份交给申请人，一份归档留存。

3. 贷款承诺函出具后，经办行应按照银行有关授信后管理规定对客户情况及项目进展情况进行跟踪检查，并完成检查报告，归档备查。检查的主要内容包括：

（1）申请人的资格条件是否仍然符合银行授信的规定；

（2）申请人经营状况是否正常；

（3）申请人财务状况是否发生重大变化及原因；

（4）项目进展情况；

（5）其他应检查的内容。

4. 贷款承诺函项下的贷款需求发生时，应再次进行授信调查，并根据审批权限报相应审批机构进行审批。在同时满足以下条件的情况下，可批准有关贷款，与申请人签订有关借款、担保合同等后放款。

（1）与审批贷款承诺函时相比，申请人的经营财务状况未发生重大不利变化；

（2）贷款承诺函相关项目未发生重大不利变化；

（3）能够按照银行一般风险授信业务的条件提供担保；

（4）贷款承诺函有效，且发放贷款数额累计不超过贷款承诺函项下的承诺金额；

（5）申请人履行了出具贷款承诺函协议书等协议中的约定义务。

【产品优势】

贷款承诺函有利于项目的业主方申报的项目获得国家有权机构的批准。

国家发展和改革委员会规定，项目开工必须符合六项必要条件：符合国家相关产业政策、发展规划和市场准入标准；按规定完成投资项目的审批、核准或备案；按规定开展建设项目用地审批，依法完成农用地转用和土地征收审批，并领取土地使用证；按规定完成环境影响评估审批；按规定完成节能评估；符合信贷、安全管理、城乡规划等规定和要求。

其中，符合信贷规定，就是银行提供贷款承诺函。

【业务流程图】

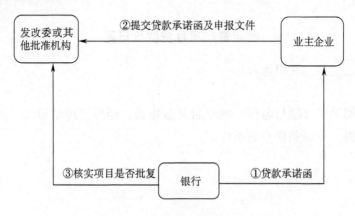

图 2-25 贷款承诺函业务流程

【风险控制】

1. 对外提供贷款承诺应按银行对固定资产贷款和流动资金贷款管理的有关要求，对项目和授信主体进行认真全面的调查或评估，项目贷款承诺在审查后基本确定项目可行，业主有能力实施该项目建设，贷款本息可按期收回的前提下方能提供。

2. 出具贷款承诺在明确承诺相应的贷款额度时应有必要的授信条件，授信对象未能满足提供贷款承诺函时约定的条件，建设项目发生重大方案调整或业主发生重大经营变故以及国家有关政策发生变化将影响项目的收益及银行贷款的回收时，对已开出的贷款承诺函应重新确认。约定的条件包括但不限于：

（1）项目的可行性研究报告及融资方案获有权部门批复；

（2）企业对项目的自筹资金到位；

（3）其他国家及银行有关贷款发放的具体条件。

3. 经审查批准已承诺的项目贷款，如已落实承诺函要求的有关条件，在贷款发放时一般不再另行审批。

【产品期限】

贷款承诺的有效期为：从开出之日起到正式签订借款合同止，一般为6个月，最长不超过1年。

【文本】

固定资产项目贷款承诺函

_____（申请人）：

贵公司关于（项目名称）的项目贷款申请，经银行评估审查，同意在符合以下前提（承诺条件）的条件下：

1.……

2.……

3.……

对该项目提供固定资产贷款（金额）万元。如贵公司违反以上承诺，银行将变更或撤销本承诺。

本承诺仅限于项目审批时向国家有关部门说明项目贷款的落实情况。如遇国家有关政策变化、项目建设方案和投资计划重大调整以及项目业主发生重大经营变故，以上承诺需经银行重新确认。

本承诺函只有正本有效，有效日为开出之日起到正式签订借款合同时止，不超过 6 个月。

_____银行_____分行

年　　月　　日

三十六、投贷联动

【产品定义】

投贷联动是指银行业金融机构以信贷投放与集团设立的具有投资功能的子公司"股权投资"相结合的方式，通过相关制度安排，由投资收益抵补信贷风险，实现科创企业信贷风险和收益的匹配，为科创企业提供持续资金支持的融资模式。

【适用客户】

投贷联动适用于为试点地区内的科技型中小微企业，应满足高新技术企业认定条件、获得国家高新技术企业证书，并经试点地区政府认定且纳入地方政府风险补偿范畴的企业。

【营销思路】

主要用于中小企业的信贷市场。比如，产业基金设立之后，对某企业进行股权投资，银行再跟进一部分贷款；或者 PE 基金对某企业进行财务投资，可以优化企业的财务结构，规范企业发展，银行会及时跟进一部分贷款。

【产品优势】

投贷联动的作用。其一，PE 建立在对一个企业完全熟悉基础上作出的投资抉择，能够增进企业在银行面前的信用；其二，PE 可以通过银行的客户信息确定其投资的项目，解决了 PE 寻找优质项目难的问题。同时，银行的信贷支持降低了中小企业的融资成本，同时也真切地改善了中小企业的融资环境。

而采用这种业务模式，商业银行不仅解决了传统业务支持企业带来的风险收益不对等的问题，同时还能获得丰厚的利润。因此，随着直接融资市场的快速发展和利率市场化的加速推进，投贷联动模式日益受到众多银行的追捧。

【案例】北京广厦网络技术股份公司投资联动融资

一、企业基本情况

北京广厦网络技术股份公司是一家从事物联网数据中心建设的科创企业，该企业已获北京银行支持多年，现有信用贷款 2500 万元。但随着企业进一步发展壮大，急需补充资本，银行信贷已经无法与之需求相匹配。

二、银企合作情况

基于对客户整体情况的熟知，北京某银行为其进行了精准地推荐与对接，由第三方风险投资机构设计 1000 万元股权融资方案直接进行股权投资。该模式中，银行对于客户的发展前景分析和风险判断成为风险投资机构进行投资的重要依据。

三十七、担保公司担保贷款

【产品定义】

担保公司担保贷款是指由专业的担保公司提供担保，银行给中小企业提供的贷款等融资的一种授信业务形式。

【政策依据】

中国银监会办公厅关于银行业金融机构与担保公司
开展合作有关问题的通知

银监办发〔2009〕57 号

近年担保行业在中小企业融资需求和国家各项政策的有力推动下，进入快速发展阶段，已成长为一个有活力的独立行业，得到中小企业、银行及地方政府等各方面的普遍认同。为了加强银行业金融机构与担保公司的合作，促进担保行业的健康发展，银监会于 2006 年 10 月 16 日印发了《关于与银行业金融机构合作担保机构注册资本金有关问题的批复》（银监办发〔2006〕259 号，附件1），明确规定，各银行业金融机构在开展小企业融资业务中，可以根据不同的授信业务自主选择具备保证能力的担保机构作为保证人，规避在小企业融资业务中出现的风险。

2008 年 4 月 3 日，为促进农业和粮食生产发展，银监会印发了《关于银行业金融机构进一步加大支持力度促进农业和粮食生产发展的意见》（银监发〔2008〕15号，附件2），明确要求各银行业金融机构积极与担保公司开展合作，取消与担保公司合作的资本金起点限制。

特此通知。

附件一：中国银行业监督管理委员会办公厅关于与银行业金融机构合作担保机构注册资本金有关问题的批复（银监办发〔2006〕259号）

附件二：中国银监会关于银行业金融机构进一步加大支持力度促进农业和粮食生产发展的意见（银监发〔2008〕15号）

附件三：中国银行业监督管理委员会办公厅关于银行业金融机构与担保机构开展合作风险提示的通知（银监办发〔2006〕145号）

中国银行业监督管理委员会

二〇〇九年二月二十六日

附件一

中国银行业监督管理委员会办公厅关于与银行业金融机构合作
担保机构注册资本金有关问题的批复

银监办发〔2006〕259号

一、银行业金融机构在开展授信业务过程中，必须严格审查相关担保机构的保证能力。到目前为止，我国法律法规中并没有关于担保公司的统一规定。只是发展改革委、财政部、税务总局等部门就担保机构管理中的个别问题发布过一些规范性文件。经过一段时间的实践，各地担保机构对促进中小企业融资确实起到了积极的推动作用。但也有一些担保机构在开展业务的过程中出现了一些问题，增加了金融风险。因此，银行业金融机构必须严格审查担保机构的保证能力，防止因担保机构出现违约问题而给银行资产造成风险。

二、注册资本金是衡量担保机构保证能力的一个重要标志。担保机构的担保放大倍数是决定其履约能力的一个重要因素。财政部发布的《中小企业融资担保机构风险管理暂行办法》第八条规定："担保机构对单个企业提供的担保责任金额最高不得超过担保机构自身实收资本的 10%；担保机构担保责任余额一般不超过担保机构自身实收资本的 5 倍，最高不得超过 10 倍。"因此，排除风险管理等其他因素，担保机构的注册资本金是决定其履行保证责任的基础。由于我国现行法律法规中，没有关于担保机构注册资本的最低要求，因此与注册资本较为充足的担保机构开展合作，自然应当成为各银行业金融机构降低风险的首要选择。

三、银行业金融机构可以根据授信业务的不同风险水平精心选择公司治理良好、风险控制能力强、资本实力与其担保额度相适应的担保公司进行合作。严格控制与"以小搏大"的担保公司开展业务合作。各银行业金融机构在开展小企业融资业务中，可以根据不同的授信业务自主选择具备保证能力的担保机构作为保证人，规避在小企业融资业务中出现的风险。

中国银行业监督管理委员会
二〇〇六年十月十二日

附件二

中国银监会关于银行业金融机构进一步加大支持力度
促进农业和粮食生产发展的意见

银监发〔2008〕15 号

六、大力开展担保保险等机制创新，努力解决农村"贷款难"问题。各银行业金融机构要结合农村经济特点，扩展抵押担保物的范围，凡法律法规不禁止、产权归属清晰、价值评估合理的各类资产都可以允许其作为贷款的抵（质）押物。对应收账款、仓单、林权、渔权等权利抵（质）押方式，要加大推广力度。

积极与担保公司开展合作，取消与担保公司合作的资本金起点限制，鼓励担保公司在其代偿能力内对农业贷款提供担保。推行农业龙头企业、农户、农村专业合作社、财政、担保公司等多方参与的信贷联保模式，积极推广"集中担保，分散使用"和"限额担保，周转使用"等灵活有效的担保方式。

大胆探索信贷与保险有机结合的业务模式。利用银行业金融机构的网点优势，宣传引导贷款农户参加农业保险和信用保证保险。对参加农业保险的农户，实行信贷优惠；对参保信用保证保险的农户和农村企业，在其保险额度内可按照信用贷款进行管理。

各银监局和银行业金融机构要积极协调地方政府建立农业贷款风险补偿制度，安排好中央政府增加对粮、油、肉生产大县的奖励资金用于贷款贴息；协调地方政府在财力允许的范围内，增加配套贴息资金，扩大贷款贴息范围，提高贴息比例。有条件的地区要争取由地方政府出资组建专业的农业担保机构，建立农业贷款风险基金，为农业贷款提供担保和适度的风险补偿。

附件三

中国银行业监督管理委员会办公厅关于银行业金融机构与担保机构开展合作风险提示的通知

银监办发〔2006〕145 号

一、银行业金融机构应依法经营。开展授信业务，应严格执行《商业银行法》《商业银行授信工作尽职指引》等有关法律、法规和监管部门的规范性文件要求。认真落实各项风险控制措施。严格审查担保机构的资质，明确规定担保机构注册资本金应在 1 亿元以上，且必须是实缴资本。银行业金融机构应严格考核担保机构的经营状况和管理层的综合能力，特别是担保机构的资产负债等财务状况，应比照借款人进行整体资信调查，防止因担保机构资本金不实、结构不合理或将资本金违规投入资本市场等对银行信贷资金造成风险。对个别经营不规范的担保机构可考虑要求其按月报送财务报表及对外担保情况。

二、银行业金融机构应大力加强管理信息系统建设，科学有效地监测担保机构担保放大倍数（杠杆率）及其变化情况，应考察担保机构是否建立科学的风险控制机制、内部控制制度和风险分散机制等相关制度，及时揭示风险和纠正偏差。对具体授信的担保放大倍教，应结合担保机构的资信实力和业务合作信用记录，区域金融环境和行业特点科学确定。在对担保机构的业务进行全面调查的基础上，建立违规担保机构的"黑名单"制度。

【适用对象】

借款人一般都应是经营模式清晰，有一定的经营规模，能够提供较好的反担保的企业。

银行必须对借款人进行认真信贷审查，不因为有担保公司提供担保，而放弃审查。

【营销建议】

选择国内经营规模较大的担保公司合作，包括省级担保公司、市级担保公司、民营担保公司。

选择担保公司的顺序应当是优先选择省级国有担保公司，其次是市级国有担保公司，然后才是民营担保公司。银行应当注意审查担保公司与银行的合作记录，是否有恶意的违约记录等。

【所需资料】

1. 担保公司的担保资料。

（1）担保公司的营业执照、法人代码证书、税务登记证；

（2）担保公司的财务报表等资料；

（3）担保公司的人行征信材料等。

2. 借款人的资料。

（1）借款公司的营业执照、法人代码证书、税务登记证；

（2）借款公司的财务报表等资料；

（3）借款公司的人民银行征信材料等。

【产品优势】

该产品优劣势都较为明显，优势在于：有担保公司屏蔽了一层，省去了银行处置抵押物、特殊的商品的麻烦。如一些住宅类的房产、股票、商标使用权、专利权等。这些抵押物本身价值较高，处置手续烦琐，有担保公司的介入，可以使银行为很有潜力的一些客户提供融资。

劣势在于：这种融资成本最高，由于担保公司通常收费都在 1%～3%，而银行对这类中小企业本身的贷款定价都在基准上浮 50% 以上。再加上担保公司的收费，企业的综合融资成本在基准上浮 1 倍左右，甚至有些银行定价更高，企业的融资成本极高。

【业务流程图】

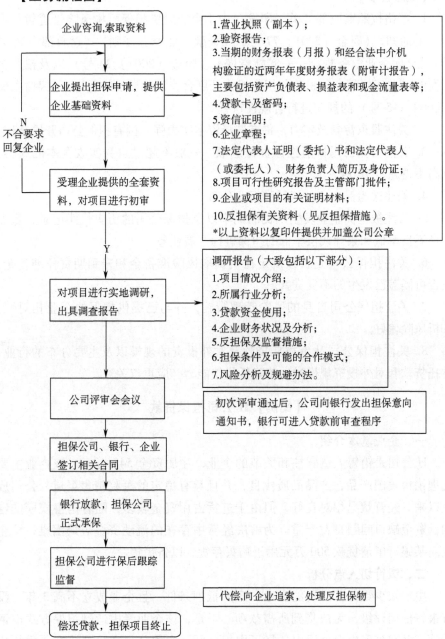

图 2-26　担保业务流程

企业咨询,索取资料

企业提出担保申请,提供企业基础资料

N
不合要求回复企业

受理企业提供的全套资料,对项目进行初审

Y

对项目进行实地调研,出具调查报告

公司评审会会议

担保公司、银行、企业签订相关合同

银行放款,担保公司正式承保

担保公司进行保后跟踪监督

偿还贷款,担保项目终止

1.营业执照（副本）；
2.验资报告；
3.当期的财务报表（月报）和经合法中介机构验证的近两年年度财务报表（附审计报告），主要包括资产负债表、损益表和现金流量表等；
4.贷款卡及密码；
5.资信证明；
6.企业章程；
7.法定代表人证明（委托）书和法定代表人（或委托人）、财务负责人简历及身份证；
8.项目可行性研究报告及主管部门批件；
9.企业或项目的有关证明材料；
10.反担保有关资料（见反担保措施）。
*以上资料以复印件提供并加盖公司公章

调研报告（大致包括以下部分）：
1.项目情况介绍；
2.所属行业分析；
3.贷款资金使用；
4.企业财务状况及分析；
5.反担保及监督措施；
6.担保条件及可能的合作模式；
7.风险分析及规避办法。

初次评审通过后，公司向银行发出担保意向通知书，银行可进入贷款前审查程序

代偿，向企业追索，处理反担保物

【风险控制】

1. 严格按照财政部《关于印发〈中小企业融资担保机构风险管理暂行办法〉的通知》（财金〔2001〕77 号）《金融企业财务规则》（财政部令第 42 号）《金融企业财务规则——实施指南》（财金〔2007〕23 号）以及银监会下发的《关于银行金融机构与担保机构开展合作风险提示的通知》（银监办发〔2006〕145 号）的规定进行合规性审查。

2. 关注股东背景及实力，重点选择资本实力强，国有担保公司开展合作。

3. 关注担保公司目前担保责任总额，一般不超过自身实收资本的 5 倍，最高不得超过 10 倍。

4. 关注被担保企业的区域和行业分布。

5. 关注被担保企业发生不良的比率以及担保公司的历史代偿记录，重点选择不良率低和累计代偿率低的担保机构开展业务。

6. 关注担保公司是否按规定比例提取风险准备金和未到期责任准备金，是否可涵盖已发生的不良贷款。

7. 关注担保公司自身的风险管理措施，并与已提供担保的企业相对照，分析风险偏好。

8. 关注担保公司从事委托贷款及对外投资的规模以及主要分布的行业，委托贷款和对外投资规模过大将降低代偿能力，应重点关注。

【案例】H 公司担保贷款

一、企业基本介绍

H 公司是销售人造脊柱和关节的企业，注册资金 540 万元。该企业主要代理销售美国产品，产品品质优良，并且具有稳定的医院销售渠道。公司成立以来．经营状况相对良好，但由于进货占用资金较多，随着销售规模的增加，资金缺口问题日益严重。为解决经营中存在的流动资金短缺困难，该企业向某银行申请贷款 500 万元用于购买存货，以备销售。

二、银行切入点分析

由于缺少银行所需要的土地和房产抵押条件，且企业成立不满 3 年，没有银行信用评级，无法贷到所需款项。于是，该企业考虑通过担保方式申请贷款，并在多家担保公司中选择了中担公司。中担公司在接到该企业委托担保贷款的申请后，从财务、人力等方面对企业进行了认真的调查和前景分析，并根据企业特点出具详细的融资策划方案。

三、银企合作情况

中担公司为其在该行的 500 万元流动资金贷款进行担保，该企业在银行顺利取得资金。在该企业获得中担公司担保支持后，有力的弥补了流动资金缺口，解决了企业发展过程中的资金瓶颈问题。

企业获得资金后，获得了长足的发展。全年就实现销售收入 3290 万元，同比增长 33.7%，数字证明了这笔及时的贷款资金在企业发展过程中起到的重大作用。

中担公司通过对 H 公司做的融资策划并提供了贷款担保的支持，不仅解决了该企业融资难题，保证了企业正常的生产经营活动，而且为企业在关键时期的可持续发展起到了推力作用。

【点评】

担保公司提供担保的中小企业多是在整个行业中规模偏小（相对于货押融资、联保融资而言，规模较小），同时，能够为担保公司提供有力的反担保措施。

第三章　保　函

银行必须认真地核实企业是否具有实际执行保函对应基础合同的能力，能否按时履约。受益人需要的是保函申请人按时履约，而绝不是银行的赔偿，因为即使银行赔偿，受益人仍需要重新选择保函申请人，需要新的投标方重新执行合同，受益人损失远非银行的现金赔偿可以弥补。保函是银行保证，银行证明企业确实有能力完成自己的承诺，如果申请企业不能履约而由银行代为赔偿，那么银行的保证承诺是失败的，银行负有对保函申请人失察之责。

营销银行保函业务切记必须紧盯企业的生产经营活动，进行有目的地跟踪营销。如一个工程企业在投标的时候，银行一定要介入，千方百计地争取由本行开立投标保函；一旦中标，肯定要求提交履约保函，银行就可以将履约保函销售出去；签订交易合同后，又会使用预付款保函以获得预付款；项目结束还会使用到质量保函，保证工程项目的质量。银行营销保函可以从"鱼头吃到鱼尾"。

第一节　保函基础知识

一、保函的基本概念

银行保函是指银行应委托人申请而开立的，具有担保性质的书面承诺文件，一旦委托人未按其与受益人签订的合同约定偿还债务或履行义务，由银行履行担保责任。

二、保函的种类

本书主要介绍最常发生的工程项下保函业务，即投标保函、履约保函、预付款保函，及贸易中常用关税保付保函、付款保函、保释金保函、租赁保函、质量保函八个主流品种。

三、保函的主要特点

保函依据商务合同开立，但又不依附于商务合同，具有独立法律效力。当发生受益人在保函项下合理索赔时，担保行就必须承担付款责任，而不论保函申请人是否同意付款，也不论合同是否实际履行，即保函是独立承诺并且基本是单证化的银行业务。以银行信用作为保证，易于被合同双方接受。

四、保函涉及的主要当事人

银行保函业务中涉及三个主要当事人，即委托人（保函申请人）、受益人和担保银行。此外，在实际操作中还可能涉及反担保人、通知行及保兑行等，它们之间的法律关系如下。

1. 委托人与受益人之间基于交易合同而产生的债权债务关系或其他权利义务关系。交易合同是它们之间权利和义务的依据，也是保函产生和存在的前提。如果交易合同内容存在瑕疵，则会给银行的担保义务带来风险，因而银行在接受担保申请时，应严格审查委托人与受益人之间签订的交易合同。

2. 银行在接到保函申请人担保申请后，要对申请人资信、债务及担保内容进行认真的评估审查，以最大限度地降低自身风险，尤其是重点关注申请人履行同类合同的能力。同时，要关注受益人所在地（国）信用环境如何，是否有恶意索赔的情形。

委托人与银行之间的法律关系是基于双方签订的保函委托申请书而产生的委托担保关系。保函委托申请书中应对担保债务的内容、数额、担保种类、保证金交存、手续费收取、银行开立保函条件、时间、担保期间、双方违约责任、合同变更、解除等内容予以详细约定，以明确委托人与银行的权利和义务。保函委托申请书是银行向委托人收取手续费及履行保证责任后向其追偿的依据。

五、见索即付保函的定义及特征

见索即付保函是指由银行出具的表示在受益人交来符合保函条款规定的

索赔书时，承担无条件付款责任的书面承诺。

1. 见索即付保函的历史及特征。

见索即付保函目前已经成为国际担保业务的主流，原因在于：

（1）从属性保函发生索赔时，担保银行须调查基础合同履行的真实情况，这是银行工作人员专业技术能力所不能及的，而且还会因此被卷入到合同纠纷甚至诉讼中。银行出于自身利益和信誉考虑，绝不愿意卷入到复杂的合同纠纷中，使银行利益和信誉受到损伤，因而银行趋向于使用见索即付保函。

（2）见索即付保函可使受益人权益更有保障和更易于实现，可以避免保函委托人提出各种原因，如不可抗力、合同履行不能等来对抗索赔请求。

见索即付保函与我国国内经常使用的保证合同有重要区别，它有备用信用证的某些特征：

（1）见索即付保函具有独立性。虽然担保人是依照基础合同的一方当事人申请，向基础合同的另一方当事人作出见索即付的承诺，但一旦见索即付保函生效，担保人与受益人之间的权利义务关系就完全以保函中所记载的内容为准，而不再受基础合同的约束。只要受益人按照保函的要求提交了索赔文件，担保人就必须付款。担保人不得主张抗辩权，也不能以基础合同的债务人的抗辩理由来对抗受益人。即使基础合同的债务人已经履行合同义务或者基础合同已经因其他原因中止，担保人责任也不能随之解除。只有在保函本身有效期过后，担保人才能解除担保责任。相反，通常使用的保证合同具有从属性，主合同无效，作为从合同的保证合同也无效。

（2）见索即付保函具有无条件性。受益人只要提交保函规定的索赔文件，担保人即应付款。担保人并不审查基础合同履行情况，担保人付款义务成立也不以委托人在基础合同履行中违约为前提。而通常使用保证合同，保证人其承担保证责任是以基础合同中主债务人违约为前提，保证人可以行使主债务人抗辩权，即使主债务人本人放弃抗辩权，保证人也可以行使抗辩权而不受影响。

2. 见索即付保函中银行的责任。

（1）银行仅负有对保函规定的单证表面进行谨慎审查的义务。根据国际商会 1992 年公布的《见索即付保函统一规则》和联合国 1995 年签订的《联合国独立性保函与备用信用证公约》规定，保证人可以不对受益人所提交单证的正确性承担责任，但保证人首先应尽合理谨慎义务对单证在表面上是否适当进行审查，如单证是否齐全、填写是否存在明显瑕疵等，只要所提交单证符合保函规定的表面要求，保证人就应付款，除非保证人能十分确定地证明受益人的索偿具有欺诈性，即受益人明知委托人没有违约而恶意提出索偿。

（2）银行对受益人赔偿请求负有通知义务。在受益人正式提出索赔时，保证人应立即通知委托人，并将受益人所提交的单证悉数传递给委托人，以便委托人根据基础合同的具体履行情况，决定是否对受益人的索赔提出抗辩。如果保证人怠于通知并因此给委托人造成损失，保证人应自行承担这部分损失，并无权向委托人要求补偿。

3. 见索即付保函中银行追偿权。

（1）根据委托书和反担保形成追偿权。首先，委托人向担保行出具的委托书中应明确记载两项重要内容：一是委托担保行出具见索即付银行保函；二是承诺一旦担保人依据保函承担付款责任，委托人应无条件立即予以补偿。其次，担保行还可以要求委托人以其财产或由第三人提供反担保。根据委托书和反担保函，担保人在承担担保责任后即可对委托人行使追偿权。若以财产为反担保物，则可以从该担保物的变卖价款中优先受偿。若由第三人提供保证，则可向反担保人追偿。

（2）根据代位求偿权而形成追偿权。代位求偿权是保证人根据保函的规定履行保证义务后而取得的受益人依基础合同对委托人所拥有的一切权利，代位求偿权除基础合同权利外，还包括受益人所拥有的各种担保物权或对同意为被担保人债务承担责任的对其他人追偿权，如在委托人财产上设立的担保物权和由第三人以保证或其他担保方式提供的各种担保权益。

见索即付保函主要适用于国际融资、国际商务担保等业务，与其他国内商务或融资担保有不同法律特征。根据我国《担保法》《担保法司法解释》的规定：物的担保是由债务人本身提供的，物的担保优于人的担保；当物的担保由第三人提供时，债权人可以随意选择某一担保人承担责任。保证人在承担保证责任后，享有对担保物的代位求偿权。而在见索即付保函下，付款责任顺序通常在保函中事先规定，一般由开立见索即付保函银行承担第一付款人责任，并享有对抵押物代位求偿权，这一点不同于一般的保证合同。

【政策依据】

最高人民法院关于审理独立保函纠纷案件若干问题的规定

为正确审理独立保函纠纷案件，切实维护当事人的合法权益，服务和保障"一带一路"建设，促进对外开放，根据《中华人民共和国民法通则》《中华人民共和国合同法》《中华人民共和国担保法》《中华人民共和国涉外民事关系法律适用法》《中华人民共和国民事诉讼法》等法律，结合审判实际，制定本规定：

第一条 本规定所称的独立保函，是指银行或非银行金融机构作为开立人，以书面形式向受益人出具的，同意在受益人请求付款并提交符合保函要求的单据时，向其支付特定款项或在保函最高金额内付款的承诺。

前款所称的单据，是指独立保函载明的受益人应提交的付款请求书、违约声明、第三方签发的文件、法院判决、仲裁裁决、汇票、发票等表明发生付款到期事件的书面文件。

独立保函可以依保函申请人的申请而开立，也可以依另一金融机构的指示而开立。开立人依指示开立独立保函的，可以要求指示人向其开立用以保障追偿权的独立保函。

第二条 本规定所称的独立保函纠纷，是指在独立保函的开立、撤销、修改、转让、付款、追偿等环节产生的纠纷。

第三条 保函具有下列情形之一，当事人主张保函性质为独立保函的，人民法院应予支持，但保函未载明据以付款的单据和最高金额的除外：

（一）保函载明见索即付；

（二）保函载明适用国际商会《见索即付保函统一规则》等独立保函交易示范规则；

（三）根据保函文本内容，开立人的付款义务独立于基础交易关系及保函申请法律关系，其仅承担相符交单的付款责任。

当事人以独立保函记载了对应的基础交易为由，主张该保函性质为一般保证或连带保证的，人民法院不予支持。

当事人主张独立保函适用担保法关于一般保证或连带保证规定的，人民法院不予支持。

第四条 独立保函的开立时间为开立人发出独立保函的时间。

独立保函一经开立即生效，但独立保函载明生效日期或事件的除外。

独立保函未载明可撤销，当事人主张独立保函开立后不可撤销的，人民法院应予支持。

第五条 独立保函载明适用《见索即付保函统一规则》等独立保函交易

示范规则，或开立人和受益人在一审法庭辩论终结前一致援引的，人民法院应当认定交易示范规则的内容构成独立保函条款的组成部分。

不具有前款情形，当事人主张独立保函适用相关交易示范规则的，人民法院不予支持。

第六条　受益人提交的单据与独立保函条款之间、单据与单据之间表面相符，受益人请求开立人依据独立保函承担付款责任的，人民法院应予支持。

开立人以基础交易关系或独立保函申请关系对付款义务提出抗辩的，人民法院不予支持，但有本规定第十二条情形的除外。

第七条　人民法院在认定是否构成表面相符时，应当根据独立保函载明的审单标准进行审查；独立保函未载明的，可以参照适用国际商会确定的相关审单标准。

单据与独立保函条款之间、单据与单据之间表面上不完全一致，但并不导致相互之间产生歧义的，人民法院应当认定构成表面相符。

第八条　开立人有独立审查单据的权利与义务，有权自行决定单据与独立保函条款之间、单据与单据之间是否表面相符，并自行决定接受或拒绝接受不符点。

开立人已向受益人明确表示接受不符点，受益人请求开立人承担付款责任的，人民法院应予支持。

开立人拒绝接受不符点，受益人以保函申请人已接受不符点为由请求开立人承担付款责任的，人民法院不予支持。

第九条　开立人依据独立保函付款后向保函申请人追偿的，人民法院应予支持，但受益人提交的单据存在不符点的除外。

第十条　独立保函未同时载明可转让和据以确定新受益人的单据，开立人主张受益人付款请求权的转让对其不发生效力的，人民法院应予支持。独立保函对受益人付款请求权的转让有特别约定的，从其约定。

第十一条　独立保函具有下列情形之一，当事人主张独立保函权利义务终止的，人民法院应予支持：

（一）独立保函载明的到期日或到期事件届至，受益人未提交符合独立保函要求的单据；

（二）独立保函项下的应付款项已经全部支付；

（三）独立保函的金额已减额至零；

（四）开立人收到受益人出具的免除独立保函项下付款义务的文件；

（五）法律规定或者当事人约定终止的其他情形。

独立保函具有前款权利义务终止的情形，受益人以其持有独立保函文本为由主张享有付款请求权的，人民法院不予支持。

第十二条　具有下列情形之一的，人民法院应当认定构成独立保函欺诈：

（一）受益人与保函申请人或其他人串通，虚构基础交易的；

（二）受益人提交的第三方单据系伪造或内容虚假的；

（三）法院判决或仲裁裁决认定基础交易债务人没有付款或赔偿责任的；

（四）受益人确认基础交易债务已得到完全履行或者确认独立保函载明的付款到期事件并未发生的；

（五）受益人明知其没有付款请求权仍滥用该权利的其他情形。

第十三条　独立保函的申请人、开立人或指示人发现有本规定第十二条情形的，可以在提起诉讼或申请仲裁前，向开立人住所地或其他对独立保函欺诈纠纷案件具有管辖权的人民法院申请中止支付独立保函项下的款项，也可以在诉讼或仲裁过程中提出申请。

第十四条　人民法院裁定中止支付独立保函项下的款项，必须同时具备下列条件：

（一）止付申请人提交的证据材料证明本规定第十二条情形的存在具有高度可能性；

（二）情况紧急，不立即采取止付措施，将给止付申请人的合法权益造成难以弥补的损害；

（三）止付申请人提供了足以弥补被申请人因止付可能遭受损失的担保。

止付申请人以受益人在基础交易中违约为由请求止付的，人民法院不予支持。

开立人在依指示开立的独立保函项下已经善意付款的，对保障该开立人追偿权的独立保函，人民法院不得裁定止付。

第十五条　因止付申请错误造成损失，当事人请求止付申请人赔偿的，人民法院应予支持。

第十六条　人民法院受理止付申请后，应当在四十八小时内作出书面裁定。裁定应当列明申请人、被申请人和第三人，并包括初步查明的事实和是否准许止付申请的理由。

裁定中止支付的，应当立即执行。

止付申请人在止付裁定作出后三十日内未依法提起独立保函欺诈纠纷诉讼或申请仲裁的，人民法院应当解除止付裁定。

第十七条　当事人对人民法院就止付申请作出的裁定有异议的，可以在裁定书送达之日起十日内向作出裁定的人民法院申请复议。复议期间不停止裁定的执行。

人民法院应当在收到复议申请后十日内审查，并询问当事人。

第十八条　人民法院审理独立保函欺诈纠纷案件或处理止付申请，可以就当事人主张的本规定第十二条的具体情形，审查认定基础交易的相关事实。

第十九条　保函申请人在独立保函欺诈诉讼中仅起诉受益人的，独立保函的开立人、指示人可以作为第三人申请参加，或由人民法院通知其参加。

第二十条　人民法院经审理独立保函欺诈纠纷案件，能够排除合理怀疑地认定构成独立保函欺诈，并且不存在本规定第十四条第三款情形的，应当判决开立人终止支付独立保函项下被请求的款项。

第二十一条　受益人和开立人之间因独立保函而产生的纠纷案件，由开立人住所地或被告住所地人民法院管辖，独立保函载明由其他法院管辖或提交仲裁的除外。当事人主张根据基础交易合同争议解决条款确定管辖法院或提交仲裁的，人民法院不予支持。

独立保函欺诈纠纷案件由被请求止付的独立保函的开立人住所地或被告住所地人民法院管辖，当事人书面协议由其他法院管辖或提交仲裁的除外。当事人主张根据基础交易合同或独立保函的争议解决条款确定管辖法院或提交仲裁的，人民法院不予支持。

第二十二条　涉外独立保函未载明适用法律，开立人和受益人在一审法庭辩论终结前亦未就适用法律达成一致的，开立人和受益人之间因涉外独立保函而产生的纠纷适用开立人经常居所地法律；独立保函由金融机构依法登记设立的分支机构开立的，适用分支机构登记地法律。

涉外独立保函欺诈纠纷，当事人就适用法律不能达成一致的，适用被请求止付的独立保函的开立人经常居所地法律；独立保函由金融机构依法登记设立的分支机构开立的，适用分支机构登记地法律；当事人有共同经常居所地的，适用共同经常居所地法律。

涉外独立保函止付保全程序，适用中华人民共和国法律。

第二十三条 当事人约定在国内交易中适用独立保函，一方当事人以独立保函不具有涉外因素为由，主张保函独立性的约定无效的，人民法院不予支持。

第二十四条 对于按照特户管理并移交开立人占有的独立保函开立保证金，人民法院可以采取冻结措施，但不得扣划。保证金账户内的款项丧失开立保证金的功能时，人民法院可以依法采取扣划措施。

开立人已履行对外支付义务的，根据该开立人的申请，人民法院应当解除对开立保证金相应部分的冻结措施。

六、银行在开立保函时应注意的问题

在国际担保业务中，银行使用的绝大多数为见索即付保函，见索即付保函一经开立，银行将成为第一付款人，承担很大的风险。因此，为降低风险，银行在开立见索即付保函时应注意以下问题：

1. 保函赔付条件具体化，应有具体的担保金额、受益人、委托人、保函的有效期限等具体内容。

2. 银行应要求委托人提供相应反担保或提供一定保证金，银行在反担保金额或保证金额度内出具保函。

3. 银行向境外受益人出具保函属于对外担保，必须注意诸如报经外汇管理局批准等对外担保的法律、法规规定。

4. 银行开立保函，应对保函对应的基础合同的真实性进行认真审核，以防诈骗。

七、保函营销要点

在实践操作过程中，保函的内容往往是不确定的，需要根据具体的商务合同来明确条款。因此，银行工作人员需要在掌握保函基本规则的基础上，根据客户的具体情况来协助客户设计保函内容，提供"量体裁衣"的服务，满足企业的个性化需要。

【点评】

　　银行必须认真地核实企业是否具有实际执行保函对应的基础合同的能力，能否按时履约。受益人需要的是保函申请人按时履约基础交易合同，而绝不是银行的代位赔偿，因为即使银行赔偿，受益人仍需要重新选择交易对手，需要重新执行合同，受益人损失远非银行的现金赔偿可以弥补。保函是银行保证，如果申请企业不能履约，即使银行代为赔偿，银行的保证承诺仍然是失败的，银行证明保函申请企业确实有能力完成商务合同承诺，银行负有对保函申请人失察之责。

第二节　保函主流品种

一、投标保函

　　招标人为避免投标人在评标过程中改标、撤标，或中标后拒签合同而给自身造成损失，通常都要求投标人缴纳投标保证金以制约对方行为，投标保函是现金保证金的一种良好的替代形式。在实际操作业务过程中，投标方很少出现违约现象，银行保函出现风险的机会很小，是各家银行拓展中间业务的主要品种。

【产品定义】

　　投标保函是指银行应投标人的请求，向招标方作出的保证承诺，保证在投标人报价的有效期限内，如投标方中标后撤销投标书、擅自修改报价，或者在规定时间内不签订招投标项下的合同，银行将根据招标方索赔，按照约定承担责任的书面保证。

　　保函金额一般由招标方确定，金额为招标总合同价的 5%~10%（具体比例根据不同的招标文件而定）。有时投标方出于防止过早暴露自己标底的考虑，会要求银行为其开出略高于招标文件规定金额的保函，这也是合理的。

【投标保证金贷款】

在实务操作中，很多招标人提出要求投标人交存投标保证金，而非投标保函。银行可以对投标人发放投标保证金贷款，替代签发投标保函。

投标保证金贷款与投标保函的区别见表 3 – 1。

表 3 – 1   投标保证金贷款与投标保函的区别

序号	项目 投标保证金贷款	序号	项目 投标保函
1	银行发放贷款形式	1	银行办理投标保函形式
2	风险相对较大，投标人挪用资金风险	2	风险极小，投标人无法挪用资金
3	银行获得利息收入	3	银行获得中间业务收入

【适用对象】

适用于所有公开招标、议标时发标方要求投标人交纳投标保证金或投标保函的情况。

【点评】

招标人为避免投标人在评标过程中改标、撤标，或中标后拒签合同而给自身造成损失，通常都要求投标人交纳投标保证金以制约对方行为，投标保函是现金保证金的一种良好的替代形式。在实际操作业务过程中，投标方很少出现违约现象，银行保函出现风险的机会很小，因此各家银行一直鼓励大力开展银行保函业务。

【期限】

投标保函通常自开出之日起生效，其有效期一般为投标日期后的 3 ~ 6 个月。有时，招标人规定，若投标人中标，则保函有效期自动延长至投标人与招标人签订合同并提交履约保函为止。

【营销建议】

在电力工程、房地产施工、道路建设、桥梁工程等大型基础设施等项目中，业主通常对施工方、主要设备供应商进行招标，客户经理营销的目标客户可以锁定在：

1. 各类工程承包商，如建筑企业、道路施工企业、水电工程的承包商等。

2. 大型设备供应商，如电站设备供应商、施工设备供应商等。

推荐网站：各地建委网站、各地发展和改革委员会网站。

【办理条件】

1. 招标文件资料。

2. 基础交易合同资料及公司对同类工程的履约记录等资料。

3. 保函格式（通常招标文件中备有要求的格式文本）。

4. 授信所需的常规资料，包括营业执照（三证合一）、财务报表、公司的决议等。

【费用标准】

保证费用＝保函金额×费率

境内保证：费率一般为保证金额的 1.5‰～2‰，并通常限定一个最低收费标准。

境外保证：费率一般为保证金额的 3‰～4‰，并通常限定一个最低收费标准。

修改或换开保函的，已收取的费用不再退还；保函履行期间被保证人和受益人要求终止保函的，已收取的费用不再退还。

【产品优势】

1. 对投标人益处。

（1）减少因交纳现金保证金引起的资金无偿占用，获得一定的资金收益。

（2）与交纳现金保证金相比，可使有限的资金得到优化配置。

2. 对招标人益处。

（1）更好地维护自身利益，避免了投标人不负责任的随意投标。

（2）避免办理收取、退回保证金的烦琐程序，提高了工作效率。

【业务流程】

1. 客户提供有关材料，向银行申请开立保函。

2. 银行对客户提供的保函格式进行审查，并对客户进行授信审批，重点审查投标人以往履行同类交易合同的记录。

3. 授信审批同意，银行就保函格式与申请人洽商，应当争取客户使用银行的标准保函格式文本。

4. 同意开立保函的，银行以书面形式出具保函，并交客户签收保函。

5. 当受益人因申请人原因遭受经济损失而向银行提出索赔要求时，银行根据书面索赔通知进行赔付；当投标方落标或投标方中标后签署商务合同并提供履约保函时，该保函自动失效，保函业务结清。

【风险控制】

1. 保证项下主合同真实、合法、有效，以及无瑕疵或隐藏的风险。

2. 审查招标文件和投标书，担保项目情况、保函的条款等。

3. 对申请人将主要调查其资信情况，重点审查标的是否真实，投标书有无压价、欺骗招标方的行为，重点分析投标方中标后是否有履行合同的能力。

4. 对受益人将主要调查其诚信情况，如受益人在境外，还应考察所在国是否有经常性的恶意索赔情况。

投标保函在实务操作中风险相对较小，投标保函本身是企业承揽工程需要，如果招标机构为政府公共资源交易中心、国家电网、地铁公司等知名企业，被索赔的概率较低，银行可以大力开展该业务。

【案例】北京东关电气股份有限公司投标保函

一、企业基本情况

北京东关电气股份有限公司主要生产大型的机电开关设备，公司产品提供给包括北京地铁复八线、长江三峡工程等重点项目，公司年承包合同金额超过 20 亿元。由于公司常年对外承揽工程，需要银行出具大量保函。

二、银行切入点分析

某银行认为，该公司投标业务非常频繁，公司规模偏小，且属于工程承包类企业，银行信用授信很难批准。公司 1 年内多次参加各类工程投标，其他银行都是一笔保证金对应一笔保函，企业存入很多零星存单，管理混乱。公司多办理 3 个月定期存单，同时利息损失较大。某银行设计：该公司可以一次性存入 500 万元定期存单，存期为 1 年，存单质押，在最高存款限额内可以循环开立多笔投标保函，旧保函到期作废后，腾出额度可以签发新的保函，多笔保函接续开立。这种操作可以为客户增加一笔可观的利息收益，同时避免了多笔存单管理困难的问题。银行提供代理账务工作，为企业单独建立保函台账，定期与企业核对，及时注销作废的保函。

三、银企合作情况

公司认可银行提供的方案，公司存入 300 万元资金，定期 1 年，质押手续办理完毕，银行提供 300 万元的保函额度，承诺企业在 1 年内可以在最高 300 万元额度内随时开立保函。公司参加内蒙古达拉特电厂开关设备招标，银行开立投标保函 1 份，金额 22 万元，保函有效期 3 个月。此后，公司陆续将其主要保函业务全部移交给该行。

【点评】

保函属于银行的常规业务，目前各家银行的保函被市场接受程度基本相同，不会存在很大差异。大客户一般在各家银行都使用信用保函，对银行来说，价值反而不大。建议针对中小客户的保函进行营销创新，且尝试进行个性化服务，以创新模式实现批发营销，中小客户通常对银行的保函创新服务非常感兴趣。

小客户切入有两个关键点：一是担保品种的灵活性，如可以考虑一笔存单对应多笔保函、使用票据作为质押等；二是提供一定的增值服务，如保函信息管理等，对过期保函进行及时整理，中小客户人手紧张，管理工作滞后，往往希望银行能够提供一些专业化服务。

【样本】

投标保函

致受益人（招标方）＿＿＿＿＿＿：

本保函作为＿＿＿＿＿（以下简称投标人）对＿＿＿＿＿＿＿（项目名称）所招标的＿＿＿＿＿＿＿（设备名称）设备供应而提供的投标文件保证。

本行在此无条件的、不可撤销的承诺，一旦在收到你方的书面通知说明下列事实中的任何一项时，保证支付给你方最高金额为_____万元人民币保证金：

一、投标人在投标截止日期后投标有效期内撤回其投标。

二、投标人在投标截止日期后对投标文件作实质性修改。

三、投标人被通知中标后，拒绝签订合同（即不按预中标时规定的技术方案、供货范围和价格等签订交易合同）。

本担保的期间自_____年_____月_____日起至_____年_____月_____日止。如果投标人中标，本保证金将在上述期满后继续有效，直至投标人与你们签订合同为止。

请在保函失效后，及时将保函正本退还注销。

（签发银行的名称_____公章）（签发人_____）

_____年_____月_____日

二、履约保函

通常情况下，交易合同中都附有要求的保函格式，在风险可以控制的情况下，银行应当尽可能按照受益人规定的保函格式出具保函。目前，工程承包竞争激烈，保函内容稍有一点不符合投标人的要求，就可能被评标委员会认为不合格而加以淘汰。因此，如果没有增加银行的风险，仅是文字内容与本行标准保函表述不同，银行应当尽可能考虑投标人的利益，按照客户要求原文出具保函。

【产品定义】

履约保函是指为了保证交易双方商务合同的切实履行，银行应申请人请求，向其交易对手出具的，承诺如申请人不履行商务合同约定的义务，银行将根据其交易对手的书面索赔要求，赔偿保函规定金额款项的书面保证。

履约保函的适用范围非常广泛，可用于任何项目中对当事人履行合同义务提供担保的情况，常见用于工程承包、物资采购等经济活动中。

在工程承包、物资采购等项目中，业主或买方为避免承包方或供货方不履行合同义务而给自身造成损失，通常都要求承包方提供银行履约保函，担保银行的主要责任是保证承包方按期、按时、按质、按量完成承包工程，一旦承包方违约，银行就必须赔偿受益人的经济损失。

【适用对象】

履约保函适用于商务经济活动中的债务人。

【营销建议】

1. 一旦中标后，客户都会选择原来签发投标保函的银行开立履约保函。因此，营销履约保函应当在企业投标时就积极参与。

2. 从节省费用角度看，应建议客户尽量避免签发履约期限为工程完工后再加一定期限的履约保函，而应将履约保函与质量维修保函分别出具，因为后者担保金额通常要比前者少些，可以减少申请人的费用支出。

3. 通常情况下，履约保函内容不是固定的，可以根据工程合同的具体要求而变化，银行的法律部门有时坚持要求客户开立本行标准格式的履约保函，这是不对的。

【点评】

　　履约保函的目的在于保证整个工程全过程，其工程周期长、风险大，因此一般为合同金额的5%～10%；质量保函的目的在于保证整个工程的后续质量，担保责任相对较小，因此一般为合同金额的2%左右。

【业务提示】

1. 基础合同或签约备忘录等。

2. 公司对同类工程的履约记录等资料。

3. 保函格式（通常招标文件中备有要求的格式文本）。

4. 授信所需的常规资料，包括营业执照（三证合一）、财务报表、公司的决议等。

【收费标准】

保证费用 = 保函金额 × 费率

境内保证：费率一般为保证金额的1.5‰～3‰，并通常限定一个最低收费标准。

境外保证：费率一般为保证金额的3‰～4‰，并通常限定一个最低收费标准。

修改或换开保函的，已收取的费用不再退还；保函履行期间被保证人和受益人要求终止保函的，已收取的费用不再退还。

【**产品优势**】

1. 对承包方或卖方的益处。

（1）减少由于交纳现金保证金引起的长时间资金占压，从容安排资金使用。

（2）银行提供保证，提高了债务人的资信。

2. 对业主方或买方的益处。

（1）合理制约承包人、买方行为，确保其按照合同约定，按时履约。

（2）避免收取、退回保证金程序的烦琐，减少财务人员工作量。

【**保函效期**】

工程承包项下的履约保函最为常见，工程承包项下履约保函的失效一般是工程完工，监理工程师签发验工通知书后，保函失效。在这种情况下，业主一般都要求承包人另外提供一份工程质量维修保函，保证已验收工程在规定期限内不会出现质量问题。

【**业务流程**】

1. 客户提供有关材料，向银行申请开立保函。

2. 银行对客户提供的保函格式进行审查，对申请人进行授信额度审批。

3. 银行授信额度审批同意，就保函格式与申请人进行洽商。

4. 同意开立保函的，银行以书面形式出具保函，并交客户签收。

5. 如果受益人因申请人原因遭受经济损失而向银行提出书面索赔要求，银行照函赔付；如果合同正常履行完毕，则保函在到期后自动失效，该笔保函业务结清。银行通常会要求受益人将保函正本退还银行注销。

【**业务流程图**】

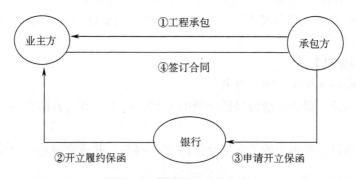

图 3-1　履约保函业务流程

【风险控制】

1. 保证项下主合同真实、合法、有效以及无瑕疵或隐藏的风险。

2. 分析委托方履行同类交易的经验，委托方按期、按质、按量完成承包工程的可能性。

3. 如果受益人提供保函样本，需要审查保函的条款等，辨识其中是否含有扩大银行担保义务的内容。

4. 应当调查受益人诚信经营情况，如受益人在境外，还应考察所在国是否有经常性的恶意索赔情况出现。

【点评】

通常情况下，交易合同中都附有要求的保函格式，在风险可以控制的情况下，银行应当尽可能按照受益人规定的保函格式出具保函。工程承包竞争激烈，保函内容稍有一点不符合投标人的要求，就可能被评标委员会认作不合格而加以淘汰。因此，如果没有增加银行的风险，仅是文字内容与本行标准保函表述不同，银行应当尽可能考虑投标人的利益，按照客户要求原文出具保函。

【案例】北京北方建筑有限公司履约保函

一、企业基本情况

北京北方建筑有限公司主要承揽大型工程项目施工，公司每年需要陆续不断地开立各类履约保函达到 60 余份。公司收款主要是银行承兑汇票，全年收到银行承兑汇票总计金额超过 6000 万元。

二、银行切入点分析

公司以往都是足额保证金存单质押开立履约保函，流动资金被大量占用。有时企业通过贴现部分银行承兑汇票，办理足额保证金履约保函。某银行经过分析后认为：该公司可以使用银行承兑汇票办理质押，提供一定的授信额度，专项用于开立履约保函。在质押期内，到期的银行承兑汇票可以正常办理托收，托收回来的现金转成定期存单质押，企业实现理财。

三、银企合作情况

北京北方建筑有限公司向某国有银行北京分行提供 1000 万元银行承兑汇票，某银行经过查询后，提供 1000 万元保函专项授信额度。银行承兑汇票到期，转成 1000 万元的 1 年期定期存单质押。北京北方建筑有限公司共计申请开立履约保函 11 份，总金额为 998 万元。

【点评】

使用银行承兑汇票作为质押开立保函，担保方式较为新颖，银行得到稳定的存款，企业得到可观的利息收益，真正实现了"双赢"。这类操作方式对于建筑工程承包企业、大型的钢材经销企业、大型的电力设备供应企业非常适用，要有针对性地进行创新营销。

【样本】

履约保函（格式）

编号：_____

致（受益人名称）_____：

鉴于_____（被保证人名称）与_____（受益人名称）签订的合同（合同号_____），本行承诺为受益人提供履约担保。本行在此无条件的、不可撤销的承诺在被保证人发生未能履行合同文件规定及此后双方同意的对合同的有效修改、补充和变动的情况时（上述修改、补充和变动须提前书面通知本行），保证支付给你方最高金额为_____保证金。

一、本行在收到你方的书面通知后_____个工作日内，向你方支付本保证担保范围内你方索赔的金额。

二、你方的索赔通知必须以书面形式提出，且由你方法定代表人或授权代理人签字并加盖单位公章。

三、你方的索赔通知必须在本保证的有效期间内送达本行。

四、在向本行提出索赔前，本行将不坚持要求你方应首先向被保证人索还上述款项，也无须你方提供被保证人没有履行合同的证明。

五、本担保自＿＿＿＿年＿＿＿＿月＿＿＿＿日起生效至＿＿＿年＿＿＿月＿＿＿日起失效或你方向本行发出书面通知，声明自合同履行完毕之日起失效。

请在本保函失效后及时将保函正本退还注销。

（签发银行的名称公章＿＿＿＿＿＿＿＿）

（签发人签名和签字＿＿＿＿＿＿＿＿）

＿＿＿＿＿＿＿年＿＿＿＿＿＿月＿＿＿＿＿日

三、预收（付）款退款保函

预收（付）款保函的担保方式创新空间更大，这是由预收（付）款保函的特性决定的，银行提供保函后申请人获得与保函同等金额的工程预付款，如果业主的工程预付款不到位，保函是失效的。因此，银行有时可以考虑将保函需要的部分保证金后置，即业主方提供的部分工程预收（付）款资金转成保证金。但是，操作必须考虑周全，步步衔接，切不可前期设计缜密，后期操作出现漏洞，这样就会隐藏巨大资金风险，这种操作方式对于银行的管理能力要求非常高。

【产品定义】

预收（付）款退款保函是指银行应预收款人（施工方）请求，向预付款人（业主方）出具的，承诺若预收款人（施工方）没有履行合同或未能全部按照合同约定使用预付款，银行将根据预付款人（业主方）的退款要求，负责返还保函规定金额预付款的书面保证。

在工程承包项下，工程业主为了保证工程顺利开工，一般都要预付定金作为工程启动资金，但承包商必须向业主提供一份银行预收（付）款退款保函，保证如果承包商不履约或未能按合同规定使用定金，则必须将定金退还工程业主。

【适用对象】

预收（付）款退款保函适用于支付中包含预付款的商务交易，常见于工程承包及进出口贸易等项目，工程承包商或出口商作为申请人，业主或进口方为避免承包方或出口方拿到预付款后不履行合同义务而遭受损失，要求承包方或出口方提供偿还预付款的银行担保。

【营销建议】

预收（付）款退款保函经常出现在造船、电力设备、铁路机车等大宗设备的生产销售过程中，制造方为控制风险，防止业主方违约或造船企业中途弃船，需要买家或业主方提供较大金额的预付款，才开始开工建设。

【所需资料】

1. 客户公司的基础资料。

（1）营业执照；

（2）资质证书（对应项目资质）；

（3）公司简介，法人代表简历，公司章程；

（4）实际施工人曾建工程合同或竣工验收报告（近年1~2份类似规模项目）；

（5）工商查询单（近一个月有效）；

（6）验资报告、前两年审计报告及近3个月财报；

（7）银行对账单（主要账户）；

（8）上年度纳税证明及近3个月纳税凭证（国税、地税）；

（9）贷款卡，查询函（需有密码）。

2. 工程项目资料。

（1）中标通知书；

（2）招标文件；

（3）施工合同；

（4）项目经理个人简历（身份证，资质证书，曾负责项目清单）；

（5）客户确认无误后签字盖章资料。

【产品优势】

1. 业主方或买方。

（1）保证业主可以在承包方或供货方拿到预付款后不履行合同义务时，将预付款顺利收回，资金不受损失。

（2）加强对承包方或供货方按规定履行合同的制约。

2. 承包人或供货方。

（1）保证预付款资金及时到位，可以顺利开工或进行供货的准备工作。

（2）有利于加快工程建设或备货等环节的资金周转。

【保函效期】

预收（付）款退款保函在预收款人收到有关的预付款后生效，有效期一般在预收款人将该笔预付款全部用于工程款支付后终止。

【收费标准】

保证费用 = 保函金额 × 费率

境内保证：费率一般为保证金额的 1.5‰ ~ 3‰，并通常限定一个最低收费标准。

境外保证：费率一般为保证金额的 3‰ ~ 4‰，并通常限定一个最低收费标准。

保证费用一般是按季收取。

修改或换开保函的，已收取的费用不再退还；保函履行期间被保证人和受益人要求终止保函的，已收取的费用不再退还。

【业务流程】

1. 客户提供有关材料，向银行申请开立保函。

2. 银行对客户提供的保函格式进行审查，对申请人进行授信额度审批。

3. 授信审批同意，银行出具保函并交客户签收。

4. 客户提交保函，收到工程预付款，进入银行账户，按照约定使用资金。

5. 如果受益人因申请人原因遭受经济损失而向银行提出索赔要求，银行赔付；如果合同正常履行完毕，则保函在到期后自动失效，该笔保函业务结清。

【业务流程图】

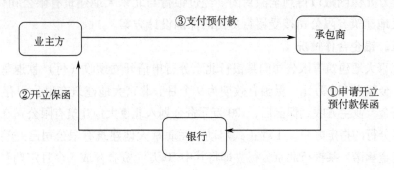

图 3 - 2 预收（付）款遇款保证流程

【风险控制】

1. 保证项下主合同真实、合法、有效以及无瑕疵或隐藏的风险。

2. 分析承包方或供货方完成同类交易合同的经验，承包方按期、按质、按量完成承包工程的可能性。

3. 审查保函的条款等，保函内容应当与基础合同保持一致。

4. 调查受益人诚信经营情况，如受益人在境外，还应考察所在国是否有经常性的恶意索赔情况。

【案例】北京大地建筑有限公司预收（付）款退款保函

一、企业基本情况

北京大地建筑有限公司主要参与大型建设项目的施工，公司参加北京外环交通联络线的施工招标项目。中标后，公司与业主方签订了承包合同，根据合同规定，业主方提供 120 万元工程预付款（合同总金额的 10%）作为工程启动资金。为保证资金安全，业主方要求北京大地建筑有限公司提供等额预付款保函一份，保证如果北京大地建筑有限公司不履约或未能按合同规定使用预付款，工程业主便可凭此预付款保函索赔。

二、银行切入点分析

某银行接触北京大地建筑有限公司后了解到，其资金非常紧张，公司仅能筹措 70 万元自有资金作为质押。银行提出业主方提供 120 万元资金到账后，银行直接扣划其中 50 万元存成 3 个月定期存单作为质押，这样，北京大地建筑有限公司 70 万元自有资金加收取的 50 万元预付款，总计 120 万元，银行 120 万元保函敞口得到全额封闭。经过银行与北京大地建筑有限公司协商，北京大地建筑有限公司接受银行提出的保函设计方案。

三、银企合作情况

北京大地建筑有限公司向某银行北京分行申请开立预收（付）款退款保函一份，金额为 120 万元，保函有效期为 9 个月。北京大地建筑有限公司存入 70 万元资金，业主方收到保函后，120 万元资金划入北京大地建筑有限公司在某银行北京分行的指定账户，工程正式启动。凭北京大地建筑有限公司已经签好的扣划资金承诺，某银行北京分行立即将其中 50 万元资金存成 3 个月定期存单作为质押，其余 70 万元资金由北京大地建筑有限公司支用，启动工程。

【样本】

预收（付）款保函

编号：_____

致受益人_____：

根据_____（以下简称被保证人）与你方签订的合同（合同号
_____）约定，被保证人按规定的金额提交一份预付款保函（以下简
称保函）作为担保，被保证人即有权得到你方支付的一笔相等金额的预付款。
本行已接受被保证人的请求，愿就被保证人按上述合同约定使用该预付款或
按期退还预付款向你方提供如下保证，担保最高金额为人民币（大写
_____）。

一、本行在接到你方提出的因被保证人未能履行合同规定的义务而要求
收回开工预付款的书面通知的_____天内，在担保的限额内向业主支付该款
项，无须你方出具证明或陈述理由。

二、你方的索赔通知必须以书面形式提出，且由你方法定代表人或授权
代理人签字并加盖单位公章。

三、你方的索赔通知必须在本保证的有效期内送达本行。

四、在向本行提出索赔前，本行将不坚持要求你方应首先向被保证人索
还上述款项。

五、本担保自_____年_____月_____日起生效至_____年_____月
_____日起失效。

本保函失效后，请及时将本保函正本退还注销。

××银行

法定代表人（或授权代理人）：

××××年××月××日

四、关税保付保函

关税保付保函由于直接针对关税的交付，关乎企业的声誉，因而受到国
家的强制约束，关税保付保函出现风险最终由银行履约的情况很少。因此，
银行非常有必要投入较大资源开拓这个市场，对于规模较大的客户，可以核
定相对金额较大的保函额度。

【产品定义】

关税保付保函是银行应进口商申请而向海关开立的，担保进口商按海关
规定履行纳税义务的付款承诺。

进口企业如果达到海关较高的分类管理标准，便可通过提供银行签发关

税保付保函，向海关申请办理"进口货物先放后税凭证"。获得先放后税凭证的企业在进口货物时，若所需缴纳的税款金额在保函金额以内，一般都可以先提货通关，在规定期限内向海关完税即可。

【适用对象】

关税保付保函适用于从事进口业务的客户，并在海关获得了进口货物先放后税的资格。

1. 国家相关进口商品减免税政策未明确税率的相关商品货物进口。

2. 境外工程承包建设及境外展览、展销等过程中有关设备、器械等物品临时进入本国关境。

3. 两头在外的加工贸易企业进口料件。

4. 海关对某些货物实行先放后征的情况。

【营销建议】

银行可以与本地海关联系，签订一个合作协议，以支持海关关税征管工作，支持本地企业的进口为出发点。海关向银行提供进口货物企业名单，银行择优支持。银行与海关合作在报关进口企业中推广保函的效果将远远强于银行采用陌生拜访方式的客户营销。

【所需资料】

1. 有关的商品进口合同。

2. 授信所需常规资料。

（1）公司章程和公司组织架构图；

（2）经过年检的营业执照正本原件（三证合一）及复印件；

（3）出示人民银行征信材料，并留下人民银行征信材料号和正确的密码；

（4）上年末及近期财务会计报告及审计报告；

（5）出具授权委托书，法人和经办人身份证原件及复印件；

（6）银行要求的其他有关资料。

全额保证金关税保函，通常只要第1项资料，其他可以省去。

【产品优势】

1. 减少了企业因缴纳关税保证金引起的资金占压，提高了资金周转效率，获得了资金收益。

2. "先放后征"的方式加快了货物通关速度，避免货物滞留港口加大成本。

3. 对临时进入本国关境的物品，减少了办理退税手续的烦琐程序。

4. 避免重复办理通关手续。

5. 间接使进口企业获得关税税款短期资金融通（通常为 15 天左右）。

6. 业务操作简单，灵活方便。

【法律依据】

《中华人民共和国海关进出口货物征税管理办法》规定，税款担保期限一般不超过 6 个月（特殊情况经直属海关关长或者其授权人批准可以酌情延长）。

《中华人民共和国海关进出口货物征税管理办法》关于征税担保事项的部分规定。

1. 海关应当根据进出口货物的税则号列、完税价格、原产地、适用的税率和汇率计征税款。

2. 进出口货物的价格及有关费用以外币计价的，海关按照该货物适用税率之日所适用的计征汇率折合为人民币计算完税价格。完税价格采用四舍五入法计算。海关每月使用的计征汇率为上一个月第三个星期三（第三个星期三为法定节假日的，顺延采用第四个星期三）中国人民银行公布的外币对人民币的基准汇率；以基准汇率币种以外的外币计价的，采用同一时间中国银行公布的现汇买入价和现汇卖出价的中间值（人民币元后采用四舍五入法保留 4 位小数）。如果上述汇率发生重大波动，海关总署认为必要时，可另行规定计征汇率，并对外公布。

3. 海关应当按照《关税条例》的规定，以从价、从量或者国家规定的其他方式对进出口货物征收关税。

从价计征关税的计算公式为：应纳税额 = 完税价格 × 关税税率

从量计征关税的计算公式为：应纳税额 = 货物数量 × 单位关税税额

计征进口环节增值税的计算公式为：应纳税额 =（完税价格 + 实征关税税额 + 实征消费税税额）× 增值税税率

从价计征进口环节消费税的计算公式为：应纳税额 = ［（完税价格 + 实征关税税额）/（1 − 消费税税率）］× 消费税税率

从量计征进口环节消费税的计算公式为：应纳税额 = 货物数量 × 单位消费税税额

4. 货物实际进出口时，纳税义务人要求海关先放行货物的，应当向海关提供税款担保。

纳税义务人申报进口租赁货物，应当向海关提交租赁合同及其他有关文件。海关认为必要时，纳税义务人应当提供税款担保。

5. 进境修理货物未在海关允许期限（包括延长期，下同）内复运出境的，海关对其按照一般进出口货物的征税管理规定实施管理，将该货物进境时纳税义务人提供的税款担保转为税款。

6. 纳税义务人在办理出境加工货物的出口申报手续时，应当向海关提交该货物的委托加工合同；出境加工货物属于征收出口关税的商品的，纳税义务人应当向海关提供出口税款担保。

海关按照审定进口货物完税价格的有关规定和海关接受该货物申报复运进境之日适用的计征汇率、税率，审核确定其完税价格、计征进口税款，同时办理解除该货物出境时纳税义务人提供税款担保的相关手续。

7. 有下列情形之一，纳税义务人要求海关先放行货物的，应当按照海关初步确定的应缴税款向海关提供足额税款担保：

（1）海关尚未确定商品归类、完税价格、原产地等征税要件的；

（2）正在海关办理减免税审批手续的；

（3）申请延期缴纳税款的；

（4）暂时进出境的；

（5）进境修理和出境加工的，按保税货物实施管理的除外；

（6）因残损、品质不良或者规格不符，纳税义务人申报进口或者出口无代价抵偿货物时，原进口货物尚未退运出境或者尚未放弃交由海关处理的，或者原出口货物尚未退运进境的；

（7）其他按照有关规定需要提供税款担保的；

（8）除另有规定外，税款担保期限一般不超过 6 个月，特殊情况经直属海关关长或者其授权人批准可以酌情延长。

税款担保一般应为保证金、银行或者非银行金融机构的保函，但另有规定的除外。

银行或者非银行金融机构的税款保函，其保证方式应当是连带责任保证。税款保函明确规定保证期限的，保证期限应当不短于海关批准的担保期限。

（9）在海关批准的担保期限内，纳税义务人履行纳税义务的，海关应当自纳税义务人履行纳税义务之日起 5 个工作日内办结解除税款担保的相关手续。

在海关批准的担保期限内，纳税义务人未履行纳税义务，对收取税款保证金的，海关应当自担保期限届满之日起 5 个工作日内完成保证金转为税款的相关手续；对银行或者非银行金融机构提供税款保函的，海关应当自担保期限届满之日起 6 个月内或者在税款保函规定的保证期间内要求担保人履行相应的纳税义务。

【业务流程】

1. 申请人向海关提出先放后税申请。

2. 获得海关批准后，申请人向银行提交办理保函申请书、保函格式等资料。

3. 银行审核保函条款，并对申请人进行授信审批。

4. 授信审批通过，并签订授信协议、保函业务协议后，银行出具保函。

5. 申请人凭保函向海关申请办理"进口货物先放后税凭证"。

6. 申请人凭"进口货物先放后税凭证"办理货物通关。

7. 申请人在规定时间内交税，海关在"进口货物先放后税凭证"到期后将保函正本退还申请人。

8. 申请人退回保函正本给银行注销保函。

9. 银行审核相关资料后注销保函，并恢复申请人的授信额度或退还保证金。

除了先放后税外，通常符合海关要求提供保函的情况还有其他种类，操作流程基本一样。

【业务流程图】

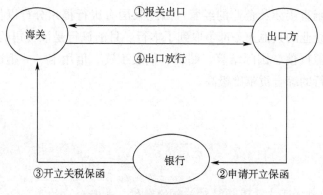

图 3-3　出口关税保函业务流程

【风险控制】

【案例】日达（福建）数字媒体有限公司关税保付保函

一、企业基本情况

日达（福建）数字媒体有限公司是某国有银行福州分行的重点客户。该公司是世界 500 强企业日本新田株式会社在我国投资的唯一的生产黑色家电的生产企业。公司销售收入超过 13 亿元，利润达 3 500 万元。

由于公司进口部件涉及机电产品目录的 30 个类别，不同类别适用关税税率不同，经常出现公司申报的适用税率和海关最后确定的适用税率不同的状况，这就需要公司与海关之间进行沟通，确认过程，公司不能及时提货，从而延误生产。尤其在市场旺季时，矛盾更为突出。为了保证企业先提货进行生产经营，经与海关协商后日达（福建）数字媒体有限公司获准：先按照普通类进口货物纳税规定提供关税保付保函，提货通关，然后在海关确定具体税率后 10 天内及时完税。

二、银行切入点分析

某银行经过分析认为：日达（福建）数字媒体有限公司实力较强、管理规范，本身非常重视自己的声誉，会做到及时纳税，可以为其核定一个金额较大的保函额度。因此，某银行通过积极联络本地海关，表明银行愿意提供保函保证企业及时纳税，海关最终同意，接受该银行关税保付保函。

三、银企合作情况

日达（福建）数字媒体有限公司在某国有银行福州分行办理保函 300 万元。由于保函直接涉及企业的经营，因此某国有银行福州分行以保函业务为突破口，将企业的其他业务都争取到了本行。目前该行是该公司的主办银行，业务品种涵盖授信、国际结算、贴现、代发工资、信用卡、一柜通、网上银行等，对银行的综合贡献度极高。

【点评】

关税保付保函由于直接针对关税的交付，关乎企业的声誉，因而受到国家强制约束，关税保付保函出现风险最终由银行履约的情况很少。因此，银行非常有必要投入较大资源开拓这个市场，对于规模较大的客户，可以核定相对金额较大的保函额度。

【样本】

关税保付保函

编号：_____

致受益人_____：

因被保证人（公司名称）_____在贵海关办理货物进口，本行已接受被保证人的请求，愿就（企业缴纳关税的描述）_____向你方提供如下保证：

一、本保证担保的最高金额为（币种金额_____）。

二、在本保证期间内，如被保证人（违约情形）_____，本行将在收到你方的索赔通知后_____个工作日内，凭本保函向你方支付本保证担保范围内你方索赔的金额。

三、你方的索赔通知必须以书面形式提出，索赔通知应由你方法定代表人或授权代理人签字并加盖单位公章。

四、本保证担保的期间自_____年_____月_____日至_____年_____月_____日，你方的索赔通知必须在本保证有效期间内送达银行。

五、请在本保函失效后及时将本保函正本退还本行注销。

保证人（盖章）

法定代表人或授权代理人签字

签发日期_____年_____月_____日

五、保释金保函

保释金保函广泛地应用于船运行业，在船运行业发达的长江三角洲、珠江三角洲等地区有着广泛的客户市场。

【产品定义】

保释金保函是指因船方或运输公司责任造成货主或他人的损失，在确定具体赔偿金额前，船舶被法院下令扣留，须交纳保证金方予以放行，银行应船方或运输公司的请求，向扣船国法院出具的承诺，如船方或运输公司不履行法院判决，银行将根据法院的索赔，按照保函规定承担担保责任的书面保证。

适用于船舶运输项下因发生船舶之间碰撞或海事纠纷而造成的船舶和财产被海事法院或海事仲裁机构扣押的情况。

【适用对象】

保释金保函适用于从事跨国海上运输的轮渡企业。

【营销要点】

1. 银行应当积极营销本地船运公司，通常远洋运输的海运公司非常需要这类保函。

2. 银行可以积极联系海事法院，共同在海运公司范围内推广这类保函。

【所需资料】

1. 保函格式（通常法院有格式文本）。

2. 授信所需的常规资料，包括营业执照（三证合一）、财务报表、公司的决议等。

【产品优势】

1. 对船公司、船东。

（1）避免支付因船舶或财产被扣押滞港而产生的各种损失和费用。

（2）由银行提供保证，船方或运输公司可以继续使用船舶或财产用于生产经营。

2. 对海事法院或海事仲裁机构。

避免了判决无法执行的风险，保障了当事方的权益。

【样本】

保释金保函

编号：_____

致（受益人）：_____：

因被保证人（公司名称）_____（事情描述）_____，本行已接受被保证人的请求，向你方提供如下保证：

一、本保证担保的最高金额为（币种金额）_____。

二、在本保证期间内，如被保证人（违约情形）_____，本行将在收到你方的索赔通知后_____个工作日内，凭本保函向你方支付本保证担保范围内你方索赔的金额。

三、你方的索赔通知必须以书面形式提出，索赔通知应由你方法定代表人或授权代理人签字并加盖单位公章。

四、本保证担保的期间自_____年_____月_____日至_____年_____月_____日，你方的索赔通知必须在本保证有效期间内送达本行。

五、请在本保函失效后及时将保函正本退还本行注销。

保证人（盖章）

法定代表人或授权代理人签字

签发日期_____年_____月_____日

【业务流程】

1. 申请人向法院提交保函放船申请。

2. 获得法院批准后，申请人向银行提交开理保函申请书、保函格式等资料。

3. 银行审核保函条款，并对申请人进行授信审批。

4. 授信审批通过，并签订授信协议、保函业务协议后，银行出具保函。

5. 申请人凭保函向法院申请办理放船。

6. 法院判决后，申请人履约。

7. 申请人退回保函正本给银行注销保函。

8. 银行审核相关资料后注销保函，并恢复申请人的授信额度或退还保证金。

【业务流程图】

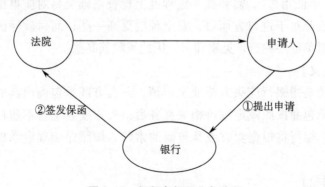

图 3-4　保释金保函业务流程

【风险控制】

【案例】青岛达信船运有限公司保释金保函

一、企业基本情况

青岛达信船运有限公司是当地特大型船运公司，公司销售收入超过 23 亿元，利润达 5 500 万元。公司在海上从事远程运输，有时遇到海上事故，海事法院在调解时，一般采取扣押船只。为保证船运的及时，公司希望银行提供保函。

二、银行切入点分析

某银行经过分析认为：青岛达信船运有限公司实力较强、管理规范，本身非常重视自己的声誉，可以为其核定保函额度。因此，某银行通过积极联络本地海事法院，表明银行愿意提供保函保证企业及时缴纳法院的判罚款项，法院最终同意，接受该银行保函。

三、银企合作情况

青岛达信船运有限公司在某国有银行青岛分行办理保函 300 万元。由于保函直接涉及企业的经营，因此某国有银行青岛分行以保函业务为突破口，将企业的其他业务都争取到了本行。

六、付款保函

付款保函与信用证的作用类似，但是信用证由于在付款时需要严格检查"单单一致、单证相符"，需要在一定程度上检查基础交易对应单据的完整性和真实性，因此对于进口方而言，安全程度更高一些；而付款保函由于一般不涉及银行对单证的检查，见索即付，因此风险偏高些。

【产品定义】

付款保函是指银行应买方或业主申请，向卖方或承包商出具的，承诺如果在卖方或承包商按照规定履行相关义务后，买方或业主若不履行合同规定的付款义务，银行将根据卖方或承包商的索赔，按照保函规定承担付款责任的书面保证。

【适用对象】

付款保函适用于贸易合同的买方或工程项下的承包方。

【营销要点】

1. 在大宗商品贸易活动中，银行可以对买方积极营销付款保函。

2. 在大型设备租赁项目中，银行可以对承租方积极营销付款保函。

3. 应当要求客户交存较高比例的保证金，通常应达到 30% 以上，银行可以吸收可观的保证金存款。

【所需资料】

1. 有关的商品购销合同、劳务承包合同等。

2. 授信所需常规资料。

（1）公司章程和公司组织架构图；

（2）经过年检的营业执照正本原件（三证合一）及复印件；

（4）出示人民银行征信材料，并留下人民银行征信材料号和正确的密码；

（5）上年末及近期财务会计报告及审计报告。

（6）出具授权委托书，法人和经办人身份证原件及复印件；

（7）抵（质）押物的清单及保证金账户的存款证明；

（8）抵（质）押合同；

（9）保函申请书；

（10）保函协议书；

（11）银行要求的其他有关资料。

【产品优势】

1. 有助于保证交易的安全。

2. 业务操作简单，灵活方便。

【业务流程】

1. 申请人与客户商议使用付款保函。

2. 申请人向银行提交开理保函申请书、保函格式等资料。

3. 银行审核保函条款，并对申请人进行授信审批。

4. 授信审批通过，并签订授信协议、保函业务协议后，银行出具保函。

5. 申请人向客户提交保函。

6. 交易合同履行完毕后。

7. 申请人退回保函正本给银行注销保函。

8. 银行审核相关资料后注销保函，并恢复申请人的授信额度或退还保证金。

【业务流程图】

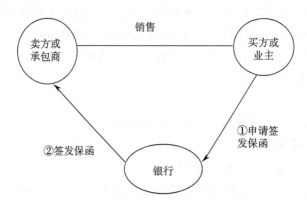

图 3 – 5　付款保函业务流程

【样本】

付款保函

编号：_____

致（受益人）_____：

因被保证人_____（以下简称被保证人）与（受益人）_____ 签订合同（合同号_____），本行已接受被保证人的请求，愿意就被保证人及时付款向你方提供如下保证：

一、本保证担保的最高金额为（币种金额）_____。

二、在本保证期间内，如被保证人（违约情形）_____，本行将在收到你方的索赔通知后_____个工作日内，凭本保函向你方支付本保证担保范围内你方索赔的金额。

三、你方的索赔通知必须以书面形式提出，索赔通知应由你方法定代表人或授权代理人签字并加盖单位公章。

四、本保证担保的期间自_____年_____月_____日至_____年_____月_____日，你方的索赔通知必须在本保证有效期间内送达本行。

五、请在本保函失效后及时将保函正本退还本行注销。

保证人（盖章）

法定代表人或授权代理人签字

签发日期_____年_____月_____日

【案例】大连信达有限公司付款保函

一、企业基本情况

大连信达有限公司是当地特大型机电设备公司，公司销售收入超过 22 亿元，利润达 5 200 万元。公司从事机电设备制造等，从东方钢材公司购进钢材。为保证付款及时，东方钢材公司希望银行提供保函。

二、银行切入点分析

某银行经过分析认为，大连信达有限公司实力较强，管理规范，非常重视自己的声誉，有足够资金实力保证合同的履约，可以为其核定保函额度。某银行通过与该客户协商，确定了相关协议条款。

三、银企合作情况

大连信达有限公司在某国有银行大连分行办理保函 300 万元，收到保函后，东方钢材公司按时发货。由于保函直接涉及企业的经营，因此某国有银行大连分行以保函业务为突破口，将企业的其他业务都争取到了本行。

七、租赁保函

租赁保函在现实的经济活动中使用非常广泛，在大型的机械设备施工中常用，出租方负责安装、调试设备后，在交付前，要求承租方提供租赁保函。

【产品定义】

租赁保函是指银行应承租方请求，向出租方出具的，承诺如承租方不能按期向出租方支付租金，银行将根据出租方的索赔，按照保函规定承担支付租金责任的书面保证。

【适用对象】

租赁保函适用于租赁业务的承租方。

【营销要点】

1. 租赁保函通常与融资租赁组合使用，银行为租赁公司发放贷款，便于租赁公司买入机器设备租赁给承租人；银行给承租人提供租赁保函，向租赁公司保证承租人将按时支付租金。

2. 租赁保函有时与质量保函捆绑营销，银行为承租人提供租赁保函，保证及时足额支付租金；出租人提供质量保函，保证提供的设备质量合格，并承担租赁设备使用期间的设备维修责任。

【所需资料】

1. 有关的设备、设施租赁合同等。

2. 授信所需常规资料。

（1）公司章程和公司组织架构图；

（2）经过年检的营业执照正本原件（三证合一）及复印件；

（3）出示人民银行征信材料，并留下人民银行征信材料号和正确的密码；

（4）上年末及近期财务会计报告及审计报告；

（5）出具授权委托书，法人和经办人身份证原件及复印件；

（6）真实有效的贸易合同，且交易商品在企业的经营范围之内；

（7）抵（质）押物的清单及保证金账户的存款证明；

（8）抵（质）押合同；

（9）银行要求的其他有关资料。

【产品优势】

1. 有助于提升申请人的商务地位，保证交易的履行。

2. 业务操作简单，灵活方便。

【业务流程】

1. 申请人与客户（保函受益人）商议租赁保函条款。

2. 申请人向银行提交开理保函申请书、保函格式等资料。

3. 银行审核保函条款，并对申请人进行授信审批。

4. 授信审批通过，并签订授信协议、保函业务协议后，银行出具保函。

5. 申请人凭保函向客户（保函受益人）提出设备发运等事项。

6. 申请人按时支付租金。

7. 申请人退回保函正本给银行注销保函。

8. 银行审核相关资料后注销保函，并恢复申请人的授信额度或退还保证金。

【业务流程图】

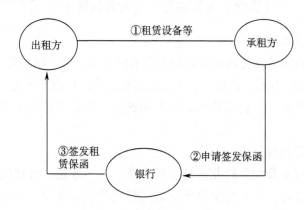

图3－6　租赁保函业务流程

【样本】

租赁保函

编号：＿＿＿＿＿＿

致（受益人）：＿＿＿＿＿＿

因被保证人＿＿＿＿＿＿（以下简称承租人）与你方签订的合同（协议）（编号＿＿＿＿＿＿），本行已接受承租人的请求，愿就承租人按上述合同（协议）的约定支付租金向你方提供如下保证：

一、本保证的最高金额为＿＿＿＿万元。

二、在本保证期间内，如被保证人（违约情形）＿＿＿＿＿＿，本行将在收到你方的索赔通知后＿＿＿＿个工作日内，凭保函向你方支付本保证担保范围内你方索赔的金额。

三、你方的索赔通知必须以书面形式提出，索赔通知应由你方法定代表人或授权代理人签字并加盖单位公章。

四、本保证担保的期间自＿＿＿＿年＿＿＿＿月＿＿＿＿日至＿＿＿＿年＿＿＿＿月＿＿＿＿日，你方的索赔通知必须在本保证有效期间内送达本行。

五、请在本保函失效后及时将保函正本退还银行注销。

保证人（盖章）

法定代表人或授权代理人签字

签发日期＿＿＿＿年＿＿＿＿月＿＿＿＿日

【案例】北京连信有限公司租赁保函

一、企业基本情况

北京连信有限公司是当地特大型工程承包公司，公司销售收入超过 42 亿元，利润达 4 200 万元。公司从事电站工程施工等，承揽了黑龙江神马电站工程。为保证工程施工，公司从法国阿尔斯通公司租赁大型施工设备，需要提供租赁保函。

二、银行切入点分析

北京连信有限公司为行业的排头兵企业，实力较强、管理规范，在电力工程行业信誉较好，完全有实力保证合同租金的正常支付，可以为其核定保函额度。某银行通过与该客户协商，确定了相关协议条款。

三、银企合作情况

北京连信有限公司在某国有银行北京银行办理租赁保函 2000 万元，保函保证租金按月支付，共计 20 个月。法国阿尔斯通公司收到保函后，提供了专用设备。

八、质量保函

为保护申请人的利益，不要以履约保函替代质量保函。通常质量保函的金额要比履约保函小一些，可以为申请人节省财务费用。

【产品定义】

质量保函是指银行应卖方的请求，向买方出具的，承诺如货物质量不符合合同约定而卖方又不能更换和维修时，银行将根据买方的索赔，按照约定承担赔偿责任的书面保证。

【适用对象】

质量保函适用于工程承包、供货安装等合同执行进入保修期或维修期，业主或买方要求承包方、供货方良好履行保修义务的情况。

在工程承包、供货安装等项目进入保修期或维修期后，业主、买方为避免工程、货物的质量与合同规定不符，而承包方、供货方不愿或不予进行修理、更换和维修，给自己造成损失，往往要求承包方或供货方在履约保函期限届满前提供质量保函，对其在保修期内的行为进行约束。

【营销要点】

1. 适用于工程承包、供货安装等合同执行进入保修期或维修期、业主或买方要求承包方、供货方良好履行保修义务的情况。

为保护申请人的利益，不可以以履约保函替代质量保函。通常质量保函的金额要比履约保函小一些，可以为申请人节省财务费用。

在工程承包、供货安装等项目进入保修期或维修期后，业主、买方为避免工程、货物的质量与合同规定不符，而承包方、供货方不愿或不予进行修理、更换和维修，给自己造成损失，往往要求承包方或供货方在履约保函期限届满前提供质量保函，对其在保修期内的行为进行约束。

2. 质量保函是一项非常有价值的保函，意义非常重要，在营销的时候要说准该产品对业主方及承包商（或供应商）的益处，积极劝说对方使用该产品。

3. 在不同的行业，质量保函的益处明显不同，银行客户经理应当认真学习该行业的工程结算基本特点，有针对性的营销。

【所需资料】

1. 有关的商品购销合同、劳务承包合同等，要求合同尾款计算中约定使用质量保函。

2. 授信所需常规资料，通常按照一般贷款的需要要求企业提供资料。

（1）公司章程和公司组织架构图；

（2）经过年检的营业执照正本原件（三证合一）及复印件；

（3）出示人民银行征信材料，并留下人民银行征信材料号和正确的密码；

（4）上年末及近期财务会计报告及审计报告；

（5）出具授权委托书，法人和经办人身份证原件及复印件；

（6）真实有效的贸易合同，且交易商品在企业的经营范围之内；

（7）银行要求的其他有关资料。

【产品优势】

1. 引入银行信用，保证业主方的利益。

2. 业务操作简单，灵活方便。

【业务流程】

1. 申请人与客户（保函受益人）商议租赁保函条款。

2. 申请人向银行提交开理保函申请书、保函格式等资料。

3. 银行审核保函条款，并对申请人进行授信审批。

4. 授信审批通过，并签订授信协议、保函业务协议后，银行出具保函。

5. 申请人向客户（保函受益人）提交保函。

6. 工程质量符合客户（保函受益人）要求。

7. 申请人退回保函正本给银行注销保函。

8. 银行审核相关资料后注销保函，并恢复申请人的授信额度或退还保证金。

【业务流程图】

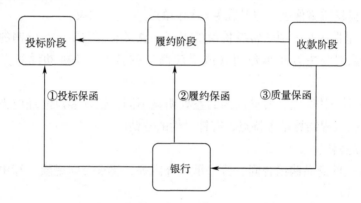

图3-7 不同阶段所对应的不同保函

【样本】

质量保函

编号：＿＿＿＿＿＿＿＿＿＿

致（受益人）＿＿＿＿＿＿＿＿＿＿：

根据＿＿＿＿＿＿＿＿（以下简称被保证人）与你方签订的合同（合同号＿＿＿＿＿＿＿＿）约定，本行已接受被保证人的请求，愿就上述合同项下货物/工程质量向你方提供保证，担保最高金额为人民币（大写）＿＿＿＿＿＿＿＿。

一、在本保证期间，如果被保证人（违约情形）＿＿＿＿＿＿＿＿，本行在接到你方符合下列条件索赔通知后的＿＿＿＿＿个工作日内，在担保的限额内向你方支付本保证担保范围内你方索赔的金额。

二、你方的索赔通知必须以书面形式提出，且由你方法定代表人或授权代理人签字并加盖单位公章。

三、你方的索赔通知必须在本保证的有效期内送达本行。

四、在向本行提出索赔前，本行将不坚持要求你方应首先向被保证人索还上述款项。

五、本担保自_____年_____月_____日起生效至_____年_____月_____日起失效。

请在本保函失效后，及时将本保函正本退还注销。

××银行

法定代表人（或授权代理人）

××××年××月××日

【案例】中国新铁工程有限公司质量保函

一、企业基本情况

中国新铁工程有限公司属于当地特大型工程承包公司，公司销售收入超过 32 亿元，利润达 2 100 万元。公司从事铁路轨道施工等，承揽了上海至天津等路段的铁路工程。施工合同已经执行完毕，业主方要求提供质量保函。

二、银行切入点分析

中国新铁工程有限公司是行业的排头兵企业，实力较强，管理规范，在铁路工程行业信誉较好，企业的施工质量有保证。银行已经为其开立了履约保函一份，施工合同已经执行完毕，业主方要求提供质量保函。可以为其核定保函额度，某银行通过与该客户协商，确定了相关协议条款。

三、银企合作情况

中国新铁工程有限公司在某国有银行北京分行办理质量保函 5 亿元，保函保证质量周期 5 年。通过质量保函替代已经到期的履约保函，为企业节省了一定的费用。同时，借助保函吸收了客户的存款。

九、安慰函贷款

【产品定义】

安慰函贷款是指银行根据借款人母公司或控股公司出具的安慰函，向借款人发放的贷款。安慰函（Comfort Letter）也称意愿书，通常是由政府或母公司向贷款人出具的，对其下属机构或子公司的借款表示支持并愿意为还款提供适当帮助的意愿的信函。

安慰函并不是严格意义上的担保文书，但在当今国际融资担保中，却以其独特的作用方式受到普遍重视和广泛采用。安慰函因其能起到其他保证方式所无法替代的作用而在更大的范围内被广为利用。如一旦出书人履行诺言，商界同行的道义谴责所形成的压力，将是一般违约引起的法律责任所无可比拟的。

安慰函又称赞助信、安慰信、意愿书，通常是指政府或企业控股母公司为借款方融资而向贷款方出具的表示愿意帮助借款方还款的书面陈述文件。

【基本认识】

安慰函虽然在广义上为国际融资信用担保文件之一，但其最显著的特征是其条款一般不具有法律拘束力，而只有道义上的约束力，即使明确规定了它的法律效力，也由于其条款弹性过大而不会产生实质性的权利义务。

安慰函不是保证合同，但与保证合同有相似的地方，特殊的安慰函也是保证合同的一种形式。

【我国法院对安慰函性质及其效力的处理】

在举世瞩目的广东国投公司破产案中，广东省高级法院认为，安慰函从形式上看，不是广东国投公司与特定债权人签订的，而是向不特定的第三人出具的介绍性函件；从内容上看，安慰函并无担保的意思表示，没有约定当债务人不履行债务时，代为履行或承担还债责任。因此，安慰函不能构成中国法律意义上的保证，不具有保证担保的法律效力，安慰函申报担保债权全部被裁定驳回。

但是，因安慰函自身内容措辞的极其模糊。例如，某市政府出具给某香港商业银行的安慰函内容有："本政府愿意督促该驻港公司切实履行还款责任，按时归还贵行贷款本息。如公司出现逾期或拖欠贵行贷款本息情况，本政府将负责解决，不使贵行在经济上蒙受损失。"

该安慰函不符合我国担保法第六条关于保证的规定，根据"保证不能推定"原则，不能认定其具有保证性质。

【基本规定】

安慰函不仅广泛地为涉外债务出具，在一些国内外汇融资中，有关政府与企业主管部门应贷款人之要求出具安慰函也为数不少。因出具安慰函并不需要反映在公司或政府的负债记录上，目前我国有多少地方政府或金融机构究竟为多少债务出具安慰函尚是个未知数，但可以肯定其数目是相当庞大的。如果大量的安慰函被认定为构成法律上的债务保证，贷款人当然可以从此获得经济利益，但出函人须承担担保责任的话，则对我国各级政府或金融机构的冲击、影响之大，也应是可以预见的。

【适用客户】

1. 结合安慰函产生的社会背景与用途进行判断。从安慰函产生的社会背景看，由于有关政府或母公司不愿明确提供担保，但为相关融资需要，而向贷款人出具安慰函的形式，为债务人清偿债务提供道义上的支持，使贷款人获得心理上的安全感。从安慰函的产生看，它并不是为了保证，恰恰是为了避免承担因保证带来的法律责任，才有了安慰函，因此安慰函不是保证合同书。实践中，有的安慰函其措辞极近似于保证，出具人与保证人并无分别，此也不排除构成保证。

2. 从函件内容判断。这是判定安慰函性质的最根本的方法。"安慰函的效力和效果由内容决定"，而"判断安慰函的内容是道义上的还是法律上的，关键看措辞和交易习惯，即当事人对安慰函的预期。"如果安慰函的内容有代偿债务人清偿或承担担保义务、保证债务人还款等内容的，则该安慰函应当认定属于保证性质，出具人应承担担保责任；如果安慰函的内容措辞明确发函人仅承担纯粹道义上的督促、支持责任，则不能认定为法律意义上的保证，法院不能强制执行；如果安慰函的内容措辞含糊不清，难以判断为法律上的保证抑或为道义上的责任，则尚需结合其他方法进行综合判定。

3. 从函件名称判断。安慰函因其措辞的模糊不能直接判断其性质的，应当结合安慰函的名称来判断。如果函件名称为"安慰函"、"赞助信"、"慰问信"的，除非其内容有较明确的保证还款意思表示，一般应解释为不具有保证义务而只需承担道义责任的安慰函，至少不能解释为保证。

4. 从债权人催收债权情况判断。一般说来，如果债权人接受安慰函时如有发函人承担保证还款责任的预期者，在债务人未依约履行还款时，应向发函人发出催收通知，要求其履行保证责任。因此，从安慰函出具后的债权催收情况上，至少可以帮助推断贷款人对安慰函并没有像对待保证合同那样，持有相同的担保预期。

5. 从债权人对安慰函的内部批示材料判断。受函人对安慰函的预期目的有时会体现在受函人对待安慰函的内部批示材料上。如有债权人在安慰函顶部的空白处批示："……考虑到上述贷款有十足押品担保，且安慰函本身也无实际的担保效力。故仍建议接受……"这内部批示清楚地反映了受函人对待安慰函并不抱有担保债权之预期，难以认定为法律意义上的保证行为。

6. 从安慰函出具人的主体身份判断。安慰函的出具人多为地方政府，而政府不愿意明确提供保证，才出具安慰函。因为国家机关不能作为保证人不仅是我国法律法规的禁止性规定，而且也是世界各国的立法通例。在安慰函内容模糊的情况下，推定为保证理由值得商榷。如非保证，即使后来由于客观经济环境、情势变更，债权未能得到足额受偿，也难期待从安慰函获得额外的经济利益。

【政府的安慰函】

安慰函又称为赞助信、安慰信或者承诺函，是发函人给债权人的一种书面陈述，表明发函人对债务人清偿债务承担道义上的义务，或者督促债务人清偿债务等。政府发的安慰函，就是用政府信用担保项目能够如期还款付息的书面通知。如在安慰函中出现"同意到期还款"字样，便意味着相关部门会督促项目还款。

由当地政府担保出具"安慰函"的做法在过去非常罕见，而近年来，银行接到不少市政府、财政局等机关出具的"安慰函"，使得很多重点工程贷款一路绿灯。地方政府债务隐患面对突然间大量增加的贷款，银行的担忧也随之增加。最关键的是政府财政部门在制定财政预算时要考虑还款的可能性，大型项目的贷款风险不能完全由银行来承担，这样压力太大。

【安慰函格式】

安慰函

××公司（即城投公司）：

关于你公司建立的×××项目，我市已列入××××建设计划，项目的建设资金来源，由我市财政负责统筹安排。在拨付资金尚未到位之前，由你公司向银行贷款×亿元。待专项资金到位后，再向银行归还贷款本息。

财政局（公章）

××××年××月××日

第四章　信用证

第一节　跨境人民币业务

一、跨境人民币业务定义

跨境人民币业务是指居民和非居民之间以人民币开展的或用人民币结算的各类跨境业务。跨境是指我国与境外各经济体之间，也即居民与非居民之间。

二、跨境人民币业务对企业的益处

1. 降低企业汇兑成本，规避汇率风险。用人民币进行国际结算，特别是关联企业之间，可以节省企业购汇和结汇成本，降低资金错配风险，实现收入和支出项目的对冲，直接规避了汇率风险。

2. 简化企业结算手续，加快结算速度，提高资金使用效率。跨境人民币结算不纳入外汇核销管理，不需要提供外汇核销单，跨境结算资金不用进入待核查账户，贸易信贷项目只做外债登记、不纳入外债管理。所以将简化企业资金结算手续，缩短了结算过程，提高了资金使用效率

三、企业办理跨境人民币业务的具体流程

1. 对先进/出口后结算的情形，企业办理业务的流程：

（1）企业与外方签订人民币计价结算的贸易合同，并按合同约定进行生产和交货。

（2）按合同规定及货物装船到（发）货的情况，以人民币向海关报关。

（3）企业凭发票、增值税发票和出口报关单退税联（需要退税的需在海关打印）向当地税务机关办理出口免抵退税的申报。

（4）企业向银行提供合同、发票、进（出）口收（付）款说明，在银行办理收款入账或付款。银行按规定将相关信息报送 RCPMIS。

2. 对先结算后进/出口的情形，企业办理业务的流程：

（1）企业与外方签订人民币计价结算的贸易合同，并按合同约定进行生产和交货。

（2）企业向银行提供合同、发票、进（出）口收（付）款说明，在银行办理收款入账或付款（进口预付或出口预收）。银行按规定将相关信息报送 RCPMIS。

（3）按合同规定及货物装船到（发）货的情况，企业以人民币向海关报关。

（4）企业实际报关时间与预计报关时间不一致的，应通知银行，由银行向 RCPMIS 报送相关更新信息。

（5）企业凭发票、增值税发票和出口报关单退税联（需要退税的需在海关打印）向当地税务机关办理出口免抵退税的申报。

四、跨境双向人民币资金池业务

该业务是跨国企业集团在境内外非金融成员企业之间开展的跨境人民币资金余缺调剂和归集。

人民银行发布了《关于进一步便利跨国企业集团开展跨境双向人民币资金池业务的通知》（银发〔2015〕279号），对跨境双向人民币资金池业务进行了大幅度调整，规定参加资金池的企业集团境内和境外的营业收入标准从50亿元和10亿元分别降低为10亿元和2亿元，成员公司经营年限从3年降为1年，企业的主办银行从只能选1家调整为可以选择1~3家，跨境人民币资金净流入额上限的宏观审慎政策系数从0.1提高到0.5。

第二节　信用证基础知识

一、信用证基本概念

银行应进口商申请，开立给出口商，当银行收到出口商委托银行寄来的全套单据后，经审核单证相符，即对出口商或其指定人进行承兑或付款的一种书面承诺。

银行服务内容主要有：开立信用证及修改、信用证项下进口审单、进口付汇、对外承兑、拒付及查询联系等。

二、信用证与托收的区别

在国际贸易中，经常使用到信用证与托收这两种产品，其区别在于以下几点。

1. 信用证交易方式是出口方要求进口方必须开立银行担保付款的书面承诺文件。信用证交易通常发生在交易双方彼此不熟悉，或进口国信用风险较大的情况，或属于紧俏物资，卖方处于优势地位。如中国的原油进口一般都须开立较大金额的信用证。

2. 托收交易方式是出口方不要求进口方在银行开立任何书面付款的书面承诺文件，先将货物发送给进口方，然后将单据通过银行系统转交给进口方银行。

如果要求进口方现金付款，进口方银行才可以释放货物即为付款赎单（D/P）；如果要求进口方对出口方提供的商业汇票进行承兑（即在商业汇票上注明肯定付款意思表示），进口方银行就可以释放货物即为承兑赎单（D/A）。

信用证业务流程和托收业务流程分别见图4-1和图4-2。

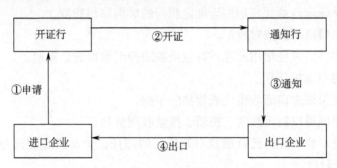

图4-1　信用证业务流程

以上可以看出，信用证交易方式较托收交易方式安全，而付款赎单较承兑赎单安全。托收交易方式通常发生在交易双方彼此熟悉，或买方处于强势地位，如中国的汽车刹车片向美国三大汽车制造公司出口一般采取的都是托收交易方式。

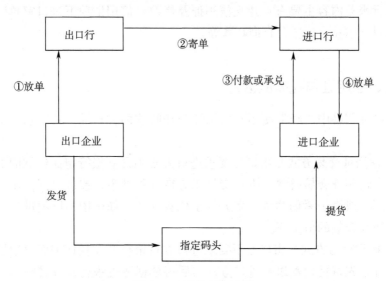

图 4 – 2　托收业务流程

三、信用证作用

1. 对出口商的作用。

（1）保证出口商凭与信用证规定相符的单据取得货款。

（2）出口商可以按时收汇。

（3）出口商可凭信用证通过打包贷款或押汇取得资金融通。

2. 对进口商的作用。

（1）可保证进口商取得代表货物的单据。

（2）保证进口商可按时、按质、按量收到货物。

（3）进口商可凭自己资信及对开证行的信任，少交或免交部分押金，从而取得资金融通。

3. 对银行的作用。

（1）可利用进口商在申请开证时交的押金或担保品为银行利用资金提供便利。

（2）在信用证业务中，银行每提供一项服务均可取得各种收益，如开证费、通知费、议付费、保兑费、修改费等各种费用。

四、所需资料

申请开立进口信用证，须向银行提供以下资料：

1. 营业执照副本和人民银行征信材料；

2. 开立不可撤销跟单信用证协议；

3. 进口贸易合同［代理开证协议（如需）］；

4. 进口付汇核销单；

5. 进口付汇备案表（如需）；

6. 银行要求的其他资料。

五、注意事项

1. 申请人应在外汇管理局核发的进口付汇名录表内。

2. 申请人须在银行评定信用等级并核有授信额度。

3. 申请人须提供一定比例的保证金，对开证金额与保证金差额部分提供相应的担保。

4. 开立进口信用证，申请人将以承担较多银行费用为代价向出口商收款提供额外保证，因此，在合同签订时可以要求出口商给予价格方面的优惠或提供其他便利。

第三节　信用证主流品种

一、进口信用证

进口信用证顾名思义，即进口方信用的保证，银行保证进口方按时付款，因为银行的信用被广泛接受。

【产品定义】

开立信用证业务是银行根据进口企业（开证申请人）的申请，向国外出口商开出的有条件付款的书面承诺，保证在收到符合信用证规定单据条件下，由银行当即或在未来确定日期向出口商支付约定款项。即在受益人提交的单据符合信用证规定，且单据之间内容一致的情况下，无论是否得到进口商的偿付，银行作为开证行必须向出口商履行付款义务。

按银行付款时间，信用证分为即期信用证和远期信用证。即期信用证是指根据信用证条款的规定，开证行收到出口商提供的全套符合要求的单据和即期汇票后，就立即付款的信用证。远期信用证是指根据信用证条款的规定，开证行收到出口商提供的全套符合要求的单据和汇票后，银行承诺在未来确定日期付款。

【点评】

银行承兑汇票、信用证等都是银行信用的销售，银行切记慎用信用。

【适用对象】

进口信用证适用于国内进口企业。

【收费标准】

1. 进口商须交的费用。

开立信用证手续费。按照开证金额的一定比例折算成人民币收取，一般都规定有最低收费标准。信用证有效期在 6 个月以上的，按每 6 个月增加一定幅度计收。

2. 出口商须交的费用。

（1）发送信用证来证通知、转递信用证按笔收取手续费，每笔固定金额。

（2）发送修改信用证通知按笔收取手续费，每笔固定金额。

（3）保兑按照保兑金额的一定比例收费，最低为固定金额，保兑每 3 个月收取一次费用。

（4）议付信用证按照议付金额的一定比例收取手续费，最低为固定金额。

【营销建议】

由于信用证涉及的交易复杂，环节较多，因此，建议在银行提供敞口授信开证情况下，应选择实力雄厚的进出口贸易商。同时要认真核实贸易的真实背景，必要的情况下，要查询行业有关的资料，尽可能地避免欺诈风险。可以参考各行业协会统计的或国家相关部门评出的进口企业百强名录等找寻客户。

推荐网站：国家外汇管理局 http：//www. safe. gov. cn。

【所需资料】

1. 有关的商品购销合同等。

2. 供应商实力证明资料。

3. 授信所需常规资料，通常按照一般贷款的需要要求企业提供资料。

（1）公司章程和公司组织架构图；

（2）经过年检的营业执照正本原件（三证合一）及复印件；

（3）出示人民银行征信材料，并留下人民银行征信材料号和正确的密码；

（4）上年末及近期财务会计报告及审计报告；

（5）出具授权委托书，公司法人和经办人身份证原件及复印件；

（6）真实有效的贸易合同，且交易商品在企业的经营范围之内；

（7）银行要求的其他有关资料。

【产品优势】

信用证能够有效地解决进口商和出口商互不了解、互不信任的问题，能够安全迅速地清偿债权债务，有效地保障双方的利益，并可以为买卖双方独立地提供融资服务，是国际结算的一种主要方式。

【业务提示】

在信用证结算中，开证行承担第一付款责任。银行付款要把握"单单相符、单证一致"的原则，即单据之间必须是一致的，单据必须与信用证的规定相符；银行将只凭符合规定的单据付款，而不管是否真实发货。

如果信用证没有被议付或被采取其他方式融资，在卖方没有履约的情况下，买方如果可以拿到确凿证据证明卖方没有履约，在得到法院止付令后，买方可以通知开证行拒付，开证行应当拒付信用证，但需要及时将相关信息通知国外通知行。

【业务流程】

1. 进口商向银行提出授信申请，银行核定开证授信额度，通常有效期为1年，进口商可以在最高额度内循环开证。

2. 进口商因单笔进口需要，提出开立信用证申请，银行审核贸易融资授信额度的使用情况，并审查业务合规性及评估进口商品市场风险状况。

3. 审批同意的，银行收取保证金，开立信用证并发送国外通知行（申请人根据实际情况的需要可以修改信用证条款。信用证开立以后，如未征得受益人同意，不得单方面撤销或修改，但可撤销信用证除外）。

4. 鉴定信用证相关要素后，国外通知行通知出口商信用证相关信息。

5. 出口商审核信用证与合同相符后，按信用证规定装运货物，备齐各种货运单据并开立汇票，在信用证规定的交单期和有效期内送交当地银行议付。

6. 议付行按信用证规定审核，如果"单证相符、单单一致"，按汇票金额扣除贴现息及手续费，将余额垫付给出口商。

7. 议付行将汇票和货运单据寄往开证行索偿。

8. 开证行收到信用证项下全套单据后，根据信用证条款进行审核，并通知进口商确认。

单证一致的，银行对外付款（即期信用证）或承诺付款（远期信用证），同时通知申请人（国内进口商）付款或承诺付款，申请人付款或承诺付款以后，银行将货运单据交其签收；单证有不符点的，开证行向申请人提示，询问申请人是否接受，申请人接受不符点并付款或承诺付款的，开证行再对外付款或承诺付款，申请人拒付的，开证行将不符点和客户拒付通知发送给国外议付行。

9. 申请人持货运单据办理提货。

【点评】

一般出口商的银行因为其担当的角色不同，而分别作为通知行、议付行，在实际办理业务中，这两家银行一般都由同一家银行担当。

【业务流程图】

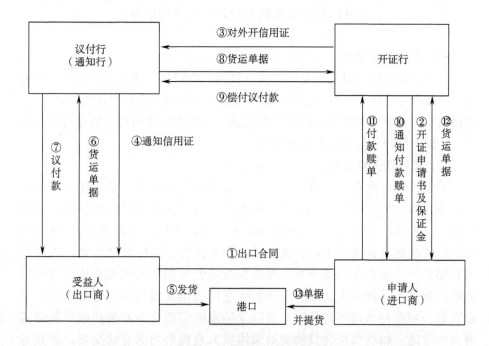

图 4 -3　进口信用证业务流程

【风险防范】

在信用证项下的风险大部分出现在远期信用证的情况下，需要防范的风险有以下几点。

1. 要防范利用虚假合同开立信用证套取银行信贷资金的风险。由于国外银行的融资利率低，一些公司在国内利用银行提供的授信额度开立远期信用证，而受益人却是其在国外的子公司，在国内银行对信用证下的汇票进行承兑后，在国外进行贴现融资，套取资金。

2. 申请人到期无力支付信用证的风险。在远期信用证项下，进口的货物如果在国内销售不畅或价格出现较大幅度的下滑，可能出现销售货物的资金不足以支付信用证的情况，这时申请人可能拒付或无力支付信用证。因此，既要严格地落实担保、抵押手续，又要对贸易项下的进口货物有一定的了解，切实防范风险。

【案例】北京远望贸易公司进口信用证业务

一、企业基本情况

北京远望贸易公司是专业燃料油进口商，公司每年从国外大量进口燃料油。一般都是采取开立进口信用证结算方式。该公司注册资本仅为 500 万元，规模偏小。由于公司有着较好的国内渠道，每年进口燃料油一般超过 1 亿美元，为国内部分石化企业供给燃料油。

二、银行切入点分析

某银行经过调查了解到：该公司确实常年给国内的主要石化企业供应燃料油，履约状况较好。该客户与国内主要石化企业签订的供货合同货值超过 1 亿美元，该公司可以自筹 2000 万美元，客户预付款约在 3000 万美元。以此次到货价值为 1 亿美元的货物作为抵押，银行与该客户及天津新大仓储公司三方合作，要求在天津新大仓储公司指定的保税仓库，货物到港后全部打入天津新大仓库。天津新大仓储公司向银行提供仓单。北京远望贸易公司在与外商签订的进口合同及签发的信用证中明确约定货物必须进入天津港，船运公司将货物交给天津新大仓储公司为合格交货，北京远望贸易公司交款提货。经过沟通，北京远望贸易公司接受了银行的合作方案。

三、银企合作情况

银行为其重点贸易融资客户北京远望贸易公司核定 2000 万美元信用证额度。北京远望贸易公司向银行申请开立金额为 1200 万美元，期限为提单后120 天的远期信用证，用于从美国进口燃料油。银行对该公司提供的开证申请书、贸易合同、进口付汇备案表等资料进行了审查，核实授信额度仍在有效期内，在额度内开立信用证。

进口商单据全部交给天津新大仓储公司后，银行对单据进行审查，在单据符合信用证规定的情况下，银行向对方银行发出承兑电，并按期在提单后100 天对外付款。

【点评】

　　进口信用证业务属于各家银行争夺的主要业务，在营销客户的时候，建议可以定位在一些中小进出口公司。对于特大型的进出口公司，如中化、中粮、五矿、中石油等，属于各家银行竞争的焦点，往往银行可能提供最优惠条件。新加入竞争的银行，尤其是中小银行，争夺很困难，而且给这些大客户提供贸易融资业务，利润会非常薄。建议中小银行开拓进口信用证业务定位中小客户，考虑贸易链的资金结算特点，在控制风险的前提下提供信用证产品。在中小客户群体中开拓信用证业务，往往收益不菲。

二、进口押汇

　　进口押汇给客户提供延期支付信用证款项的便利，方便了客户的资金周转。一般应当在大宗畅销物资交易中使用。

【产品定义】

　　进口押汇是指当进口商收到国外寄来的信用证项下进口单据，因为资金周转困难，银行对其发放贷款先将信用证项下货款对外付清，然后由进口商在约定的期限内归还贷款本息及费用等。一般要求信用证为即期信用证。

【营销建议】

　　营销对象应定位在进口量较大、资金管理要求非常高的贸易公司。这种类型的公司一般不会让资金大量闲置而单纯等待货物到港后的信用证付款。

　　通常做法，这些客户在银行有相当的备用额度，随时启用这些额度应付临时性付款，然后再筹集资金归还银行授信，尽可能地提高资金的使用效率。

【产品优势】

　　1. 方便了大宗畅销物资交易客户的资金周转。

2. 银行前期提供进口信用证，后期提供封闭贷款用于解付信用证，与企业进口环节无缝对接。

【金额】

最高不超过信用证敞口金额的 90%。

【利率】

押汇利率参照银行同期流动资金贷款利率，采取利随本清的计息方式。

【期限】

进口押汇的期限自信用证对应的每笔对外付款日起至押汇归还日止，原则上不超过 3 个月。

【业务流程】

1. 银行收到进口信用证项下单据时通知进口企业相关信息。

2. 进口企业因资金周转困难，向银行申请办理押汇。

3. 银行审查同意后以垫款方式（银行发放定向贷款）代进口企业向国外出口商银行付清全部信用证项下货款。

4. 银行与进口企业签订信托收据，办理抵押手续，银行享有货物所有权，进口企业在银行授权下提货销售。

5. 银行向进口企业发放定向贷款，贷款入账后，马上用于信用证支付。

6. 进口企业提货销售后，以回笼货款偿还银行的押汇款本息（银行通常需要监控企业的提货销售行为）。

【风险防范】

1. 在办理押汇前，必须向进口商提示进口单据，要求进口商确认进口单据可以接受，表示不会对外拒付，符合信用证要求。仅办理本行开出的信用证项下的进口押汇，以保证银行对该笔信用证有较好的控制。

2. 要严格办理好抵押，与客户签订信托收据，并对抵押物进行跟踪监督。

3. 对货物的市场行情应当有一定的了解。因为是依靠货物的销售来偿还进口押汇款项的，如果货物价格出现较大下跌，进口商即使提货销售后可能也没有能力偿还银行的贷款。

4. 要坚持用人民币押汇，防止将来可能出现的汇率风险。最近人民币升值较为明显，用美元押汇很难控制汇率风险。

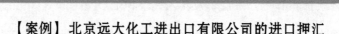

【点评】
　　防止进口商可能的以单据不符合信用证规定而拒绝付款。

【案例】北京远大化工进出口有限公司的进口押汇

一、企业基本情况

北京远大化工进出口有限公司是国内较早专业从事对外贸易的国有企业，公司从中东大量进口化工材料。公司年销售收入达 20.81 亿美元，实现净利润 1.30 亿美元，其中净利润比上年增长 86.10%。目前公司力求资金闲置最少、融资渠道多元化、降低融资成本。

二、银行切入点分析

该公司经营状况较好，但由于传统外贸公司的特点，该公司流动资金紧张。在信用证项下货物到港后，公司仍需要银行提供融资，解付信用证。考虑到公司加工生产国内非常紧俏的化肥，销售有保障，同时，该公司管理非常规范，属于大型国有企业，不会出现挪用货物销售后的资金情况。因此，某银行愿意为该公司提供进口押汇服务。

二、银企合作情况

该银行应北京远大化工进出口有限公司的申请开立金额为 500 万美元的即期信用证。信用证项下单据到达，并且北京远大化工进出口有限公司对单据核实后，向银行确认单据符合信用证的规定，表示完全接受，并向银行提出进口押汇申请。在此情况下，北京远大化工进出口有限公司向银行提供了信托收据，并与银行签订了进口押汇协议。办妥上述手续后，银行采用人民币押汇方式发放贷款，并按当日牌价购汇解付信用证，放单给北京远大化工进出口有限公司。北京远大化工进出口有限公司提货进行加工后及时销售，取得销售回款后及时归还银行的押汇融资。

【点评】

采用人民币押汇，企业和银行都可以规避远期的汇率风险，因此在实际操作中，一般都应按人民币押汇。

三、提货担保

提货担保实际就是进口保函的一种。只为运作规范、实力突出、履约能力较强的客户出具提货担保函，对把握不大的客户应要求提供足额的保证金。必要时，要跟踪客户提货、销货及货款回笼情况，如发现有问题苗头，尽快采取措施解决。

【产品定义】

提货担保是指在以信用证为结算方式，进口货物先于单据到达的情况下，开证银行应进口商申请，向船运公司或其代理商出具的提货保函，保证有关货运单据收到后及时补交正本提单换回担保书，请船运公司或代理商先行放货的一种银行担保业务。

通常进口商会在合理时间内向船运公司提交正本提单，因释放货物的变动可能给船运公司带来的任何损失由担保银行承担。

【适用对象】

提货担保适用于在银行开立进口信用证的国内进口企业。

【办理条件】

1. 进口信用证项下正本提单的复印件。

2. 进口信用证项下商业发票副本或复印件。

3. 授信所需的常规资料。

【费用】

提货担保按笔收取手续费，银行自行规定收费标准。

【业务提示】

1. 银行出具提货担保，有权要求进口商出具信托收据，具体说明赎单之前货物所有权归属银行，并负责赔偿银行可能遭受的相关损失。

2. 对于出具提货担保的货物，货运单据到达后，客户必须赎单，不得拒付。

【营销建议】

1. 提货担保多发生在近途的跨国贸易中，如中国与韩国、中国与日本、中国与东南亚国家居多，由于地理位置毗邻、路途较近，而单据跨国之间通过银行专业的系统进行传递，有时会发生货物先到而单据迟到的现象。因此，客户经理在拓展该业务的时候，一定要了解进口客户交易对方的国别情况。

2. 对应的货物多为不易存放的货物，如瓜果蔬菜、鲜活鱼类等，货主希望尽快提货，减少对码头仓库的占地。

【产品优势】

1. 对进口商的益处。

(1) 可使进口商避免因无法提货而存放码头必须承担的费用。

(2) 可以及早提货、销售，加速资金周转，保证了生产经营连续。

(3) 费用低廉，手续简便。

2. 对船运公司的益处。

船运公司往往乐于接受银行出具的提货担保，以便向进口商交货后早日清仓。

【业务流程】

1. 进口商向银行申请开立信用证，并提交贸易合同等资料。

2. 进口商银行向出口商签发信用证，出口商按信用证要求发运货物，取得货运单据。

3. 货物先于货运单据（物权单据）到达目的地，进口商向开证银行提交船运公司签发的货物到港通知、提单发票副本等文件，提出办理提货担保申请。

4. 银行审核进口商的资格和条件，核实有关单据后，签发担保函给船运公司。

5. 船运公司凭担保函放货，进口商提货报关。

6. 在信用证项下单据到达后，进口商银行付款，并由进口商持单据向船运公司换回原担保函，退还银行销账。

【业务流程图】

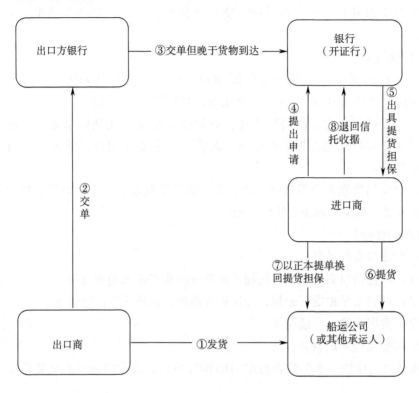

图4-4　提货担保业务流程

【风险防范】

1. 银行只为运作规范、实力突出、履约能力较强的客户出具提货担保函，对把握不大的客户应要求其提供足额的保证金。必要时，要跟踪客户提货、销货及货款回笼情况，如发现有问题苗头，尽快采取措施解决。

2. 应严格核对客户提交单据记载的货物数量、金额等规定是否与信用证一致，以免发生超额担保。

3. 只对在本行开立信用证的买方客户办理提货担保业务。

（1）办理提货担保的基本前提：①以信用证为结算方式；②运输方式为海运；③信用证要求提交全套海运提单。

（2）应向开证行申请办理提货担保。

（3）需在出具提货担保的核定有授信额度或单笔授信。

（4）申请办理提货担保时需要提交：①提货担保申请书；②提货担保书；③副本发票；④副本提单。

（5）需向出具提货担保的银行承诺，当单据到达后，无论有无不符点，均不提出拒付货款或拒绝承兑。

（6）正本提单到达后，应及时从船运公司用正本提单换回提货担保，并交还出具该提货担保的银行予以注销。

银行在叙做了提货担保业务后，往往身不由己，在信用证业务上形成倒逼的压力。根本原因在于提货担保的金额和效期的敞口，即提货担保没有金额和效期的限定。也就是说，银行承担的责任是"无限责任"。由于担保银行的赔偿责任包括但又不限于货物本身，如果担保银行（开证行）拒付，议付行要求退单，开证行把单据退回后，出口商找船运公司要货，而货物已经被进口商凭提货担保提走了，这时，船运公司必定向开证行索赔。由于认赔责任包括但不仅限于货物本身，开证行赔付的金额比单据金额还多。因为存在这样的一种"机会成本"，明智的开证行往往不得不放弃拒付的权利。在国际信用证业务中，议付行常常能够利用开证行办理提货担保后的这种压力，要求开证行付款。而对于开证银行来说，则处于相当被动的局面，虽收取了进口商的足额开证保证金（但仍然存在敞口），若真的卷入由此引起的法律纠纷，仍然很被动，甚至可能造成损失，并影响其正常业务的开展，只能向受益人银行斡旋，要求寄单，以便从船运公司手中赎回正本提货保函，避免可能的损失及影响。

【法律风险分析】

1. 银行对承运人在无单放货后引起对进口商的追偿债权，与进口商一起承担连带保证责任。承运人因无单放货后，如果因进口商未凭提单提货致使承运人遭受任何损失，进口商在担保函中承诺负完全赔偿责任，而银行则保证上述承诺的履行。一旦承运人遭受损失，可凭担保函向银行索赔，银行承担连带赔偿责任。银行在赔偿后，可以向进口商行使追偿权，可以要求反担保人承担担保责任。

2. 提货担保中进口商向银行承诺，承担无条件付款责任。一旦办理了担保提货手续，无论后到的单据是否有不符点，进口商均不能提出拒付/拒绝承兑。由于开证行叙做了提货担保，银行不得不对外付款，实际上很难行使因单证不符对外拒付的权利，因此，进口商必须向银行承诺无条件付款。这也是银行要求进口商申请提货担保时，应交付全额保证金的重要原因。

3. 银行的保证责任在以正本提单换回提货担保时解除。银行对出具的提货担保函应进行专项登记并跟踪监督，待正本单据到达后，督促进口商及时向承运人用正本提单换回提货担保函，以解除银行的保证责任。进口商退回的提货担保函，银行逐笔核销。如果进口商迟迟未来退还担保函，银行应及时发函催促和跟踪，以便及时追回提货担保函。如进口商已退或申请人遗失担保函，须由进口商出具证明，证明上述情况并由承运人盖章确认，同时进口商书面保证承担并免除银行担保函项下一切责任。

【案例】青岛大运公司提货担保业务

一、企业基本情况

青岛大运公司为某银行重点客户，公司从韩国进口新鲜水果，开出金额为 800 万美元的即期信用证。货物先到达青岛港，而此时单据未到。为减少仓储费用，加速货物周转，公司向该银行申请办理提货担保。

二、银行切入点分析

由于地理位置较近，且正值圣诞节，因此，银行传递单据的时间较慢。中远公司负责运输此次货物，很快货物就到达青岛港。某银行经过分析认为，青岛大运公司为本地的主要水果进口商，公司履约记录良好，即期信用证即为本行开立，该笔交易背景真实，银行提供提货担保函风险可控。

三、银企合作情况

银行对其提供的发票复印件等单据进行全面审核，发现上述单据与信用证内容完全一致，且单单相符。青岛大运公司向银行出具书面担保承诺，表示无论对方银行寄来的单据是否存在不符点，都将付款或承兑。由于银行为该公司核有提货担保客户授信额度，银行占用额度为其开立提货担保函，青岛大运公司凭担保函向船运公司办理提货进行销售。提单正本寄到，青岛大运公司向船运公司提交提单正本，并对进口信用证付款。

四、信用证打包贷款

对于中小外贸公司的融资要把握两点：一是资金使用方向的掌控，最好银行信贷资金直接划给供应商；二是货物的掌控，在这方面银行应当委托专业的物流公司来承担。若这两点掌控得较好，风险就大大降低了。而服务于中小企业对银行最大的好处就在于客户的开发成本较低、稳定性好，可以实现交叉销售，单个客户对银行的综合贡献度并不低。

【产品定义】

信用证打包贷款是指银行根据出口商的资信情况，将开证行开立的以出口商为受益人的信用证及关于信用证的修改（如有）正本留存，向出口商提供的用于该信用证项下备货的贷款，在组织货物出口，取得信用证规定相关单据后，凭单据托收获得资金后偿还贷款的一种融资业务。

最常见的对出口企业提供的融资业务，是对出口商还未组织货物出口前的融资。打包贷款一般不超过信用证金额的80%。

【期限】

信用证打包贷款期限通常为3个月，要测算从生产、装运货物到货款回收等全过程所需的必要时间，并额外预留一些机动时间。

【营销建议】

1. 可以通过本地外汇管理局查询当地的大型出口企业，营销打包贷款业务。

2. 该产品的营销对象可以定位在专业的外贸公司，其规模一般较大，在国内有着稳定的采购渠道。

【办理条件】

1. 证实有真实出口交易的出口商品买卖合同、证实有国内真实供货关系的供货合同。

2. 境外进口商开来的信用证单据。

3. 授信所需的企业营业执照（三证合一）、财务报表等常规资料。

【产品优势】

信用证打包贷款安全性相对较高。因为打包贷款建立在信用证基础上，而信用证是进口商银行开立的，是高于企业信用之上的银行信用，只要单证一致随即付款。因此，只要企业能保证按时组织货物出口，一般就会收到资金，风险相对较小。

【业务流程】

1. 出口企业（贷款企业）收到以其为受益人的信用证，出口企业向银行申请打包贷款［须提交营业执照（三证合一）、人民银行征信材料、财务报表、董事会决议及商品买卖合同、信用证复印件等资料］。

2. 银行经审查，开证行在本行有同业授信额度，信用证条款符合规定，向出口企业发放贷款。

3. 出口企业将货款支付给供货厂商，进行采购备货。

4. 供货厂商向出口商发运货物。

5. 出口企业将货物报关、装船、办理保险、发运出口后，将信用证规定的全套单证提交银行，银行向国外开证银行寄交单据，在收回开证行的付款后扣收打包贷款金额及利息，如仍有余款则划入出口企业账户。

【业务流程图】

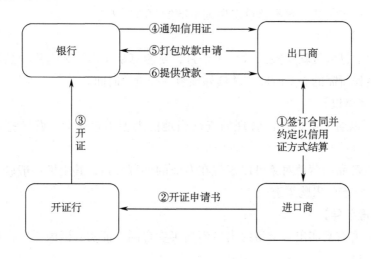

图 4-5　信用证打包贷款业务流程

【风险防范】

1. 核实贸易的真实性。打包贷款还款来源于货物出口后从国外开证银行回收的货款，因此必须落实出口合同的真实性。

2. 核实信用证真伪，贷款银行应向开证行核实信用证真伪。

3. 必须落实出口企业组织货物出口的执行能力。必须核实：开证银行的资信；信用证条款应简洁清晰、易于执行；信用证应通过贷款银行通知出口企业，并要求出口企业必须将出口有关单据在贷款银行交单、议付。

【案例】 上海青远贸易公司的打包贷款

一、企业基本情况

出口商上海青远贸易公司是一家专业从事毛纺服装外贸进出口的企业，公司注册资本为 200 万元，年营业额超过 3 亿元。公司在国外获得订单，从浙江省采购货物组织出口。公司收到美国某银行出具的不可撤销即期信用证 200 万美元。

二、银行切入点分析

银行进入小型外贸公司通常不难，最难的是如何能给其提供授信额度。上海青远贸易公司规模较小，但是运作能力较强，管理规范，且公司没有大规模的固定资产投资支出，资金被挪用的可能性不大。因此，只要掌握其资金真实支付、货物单据的及时交付，应当可以控制风险。该银行提出，提供封闭打包贷款，指定付给毛纺供应商，要求供应商承诺将货物发运后的货权单据全部提供给融资银行，上海青远贸易公司痛快地答应了银行的要求。

三、银企合作情况

某银行对信用证真实性、条款等项内容及上海青远贸易公司提交的进出口合同等资料进行了审核。审查结果表明，信用证真实有效，条款清晰明确，符合银行有关规定。上海青远贸易公司财务状况良好、信誉较佳，该公司执行类似出口合同的记录良好。

在此情况下，该银行为上海青远贸易公司办理了打包贷款手续，为其发放了 1500 万元的打包贷款，资金封闭在保证金账户。根据上海青远贸易公司的付款申请，银行核实后，分 3 次将资金划给毛纺供应商。收妥货物后，在银行委托的物流公司监控下，上海青远贸易公司立即采购服装、组织发运。上海青远贸易公司向银行提供了全部单据，贷款银行随即向美国某银行办理托收，收到货款后归还银行贷款。

五、信用证出口押汇

出口押汇属于非常传统的国际业务，竞争的手段无外乎融资成本的降低，以前很多银行都在利率上打得"头破血流"。在传统的业务品种中加入一些现代流行的创新品种，往往会取得非常好的营销效果。如在融资组合中不再是单一的流动资金贷款融资，而可以改成银行承兑汇票、保贴的商业承兑汇票、透支账户等，可以降低企业的资金使用成本。

【产品定义】

信用证出口押汇是指银行在出口商（信用证受益人）提交符合信用证条款的全套单据，审核单据与信用证相符后，代出口商垫付信用证，然后凭单据向开证行索回信用证项下款项，抵扣原来垫付资金的一种短期融资方式。

信用证出口押汇也就是银行在控制代表货物已经出口的单据后，先行以自有资金垫付给出口企业，然后向境外银行收款。它一般都是针对远期信用证，通常远期信用证承兑后才能到银行办理出口押汇。若单据存在不符点，出口商应向银行提供书面担保并应尽快与进口商取得联系，达成共识，以确保资金安全，及时收汇。

出口押汇与信用证打包贷款的区别是：（1）信用证打包贷款：银行仅取得信用证作为保证，但并没有取得信用证项下单据即发放融资。在出口商出运货物之前提供的融资。（2）信用证出口押汇：银行在取得信用证及信用证项下的单据后发放融资。在出口商出运货物之后提供的融资。出口押汇风险低于信用证打包贷款，在一定程度上应当视为低风险的业务。

【期限】

计算期限要考虑邮程日期加境外银行处理单据的工作日，出口押汇一般不超过 90 天。信用证出口押汇期限分为即期信用证押汇和远期信用证押汇。

1. 即期信用证押汇期限根据国家或地区而不同，一般日本、韩国、中国香港和澳门、新加坡、马来西亚等距离较近的国家或地区押汇期限短些；欧洲、美国、加拿大、澳大利亚、新西兰等国押汇期限长些。

2. 远期信用证承兑后押汇的期限为自押汇起息日起至承兑付款日止。

【押汇金额】

押汇金额最高上限原则是企业提交单据金额的 90%，对于规模较小的企业，押汇比例应再低些。

1. 押汇金额最高为汇票金额的 90%，一般采取预扣利息方式，即押汇金额 = 汇票金额 - 押汇利息

2. 即期信用证押汇利息＝（押汇金额×押汇利率×押汇天数）/360 天

3. 远期信用证押汇利息＝（押汇金额×押汇利率×押汇天数）×（承兑付款日－押汇起息日）/360 天

【币种】

押汇币种应是美元、欧元、日元、港元等货币，也可以以人民币进行押汇，但押汇银行应做好外币远期交易，防范汇率变动风险。

【业务提示】

1. 进口国政治稳定，没有外汇管制，否则可能出现收汇风险。

2. 开证行为规模较大的国际知名银行。

3. 进口商履约记录良好。

4. 出口商在银行开立有存款账户，结算正常。

5. 出口商经营状况正常，以往履约能力记录良好。

6. 如果议付款收回在归还押汇款项后还有余额，融资银行将余款转入出口企业的结算账户中。如果银行实际收到议付款的时间长于押汇时间，银行将会向企业追收这段时间的利息。

【办理条件】

1. 信用证所对应的贸易合同或代理协议。

2. 信用证正本及信用证修改的正本。

3. 信用证（包括信用证修改）要求的全套单据（包括汇票、商业发票、运输单据、保险单据、装箱单、原产地证、检验证及船运公司证明等）。

4. 企业授信所需要的常规资料。

【业务流程】

1. 出口商履行合同办理货物的出口，并备妥单据向银行申请贷款。

2. 银行向开证银行核实信用证情况，并要求出口商提供相关资料（出口押汇通常无须担保）。

3. 银行对出口商进行信贷审批；审批通过后，出口商将所有单据正本移交银行，并填写出口托收申请书委托银行收款，银行对出口商发放贷款。

4. 银行将单据寄给开证银行，即期信用证下，开证银行付款；远期信用证下，进口方银行承兑；信用证到期，开证银行付款。

【业务流程图】

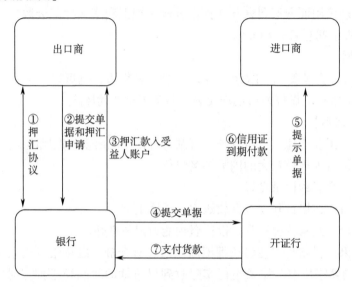

图 4-6　信用证出口押汇业务流程

【案例】江苏胥城纺织品进出口公司出口押汇业务

一、企业基本情况

江苏胥城纺织品进出口公司为苏州当地的中小贸易公司，注册资本 300 万元，年营业额超过 5 亿元。公司常年向美国出口毛纺产品，经营能力较强，信誉状况良好。公司属于典型的外贸公司，自有资本很少，通常在组织货物出口后一段时间才能收到回款，而公司订单较多，在连续组织出口后，流动资金经常出现紧张情况，因此一般选择银行办理押汇。

二、银行切入点分析

出口押汇风险相对较小，属于各家银行都大力鼓励发展的业务。银行在营销该业务时要突出金融服务方案的设计能力。某银行经过分析认为，该纺织品进出口公司此类出口一向较为频繁，该公司履约记录良好。为了竞争此项业务，该银行设计如下方案：在押汇总额度内，提供 50% 出口押汇，提供 50% 银行承兑汇票，通过融资组合降低客户融资成本。江苏胥城纺织品进出口公司感到非常新奇，以前各家银行都是拼命竞争优惠的押汇利率、费率，而该银行提出了非常新颖的融资组合，由于票据的利率较贷款低将近 50%，因此，融资组合的综合成本极低，该公司表示非常欢迎这种设计。

三、银企合作情况

江苏胥城纺织品进出口公司是该银行的重点客户，在按美国××银行开来的金额为 200 万美元，期限为提单后 90 天付款的远期信用证出运货物后，公司将全套单据提交给该银行，申请办理出口押汇业务。某商业银行南京分行将单据寄往美国××银行后，美国××银行向银行开来承兑电函，承诺到期付汇。该银行与客户协商以人民币押汇（免除客户的汇率风险，但是银行需要做好掉期交易），在扣除自贴现日至预计收汇日间的利息及有关的银行费用后，总计押汇额度为 1400 万元，提供 700 万元贷款，700 万元银行承兑汇票额度支付给出口商。进口信用证到期，该银行将汇票提交开证行托收，收到信用证项下款项，并归还银行押汇融资后尚有一些余款，该银行划入江苏胥城纺织品进出口公司账户。

通过信用证出口议付，银行支持了江苏胥城纺织品进出口公司的业务。

六、国内信用证

国内信用证营销的定位在买卖双方彼此不熟悉、新建立合作关系、有一定交易履约风险的国内贸易。如对卖方资信不了解，但是又迫切需要买入这批货物，而这批货物有国家专门计量标准可以制成标准化的单据。典型的交易如燃料油、金属铝、粮食等。

【产品定义】

国内信用证是指在国内贸易中，开证银行应买方要求签发的，以卖方为受益人，凭符合信用证规定条款的单据支付约定款项的书面付款承诺。

【政策依据】

中国人民银行　中国银行业监督管理委员会公告

〔2016〕第 10 号

国内信用证结算办法

第二条　本办法所称国内信用证（以下简称信用证），是指银行（包括政策性银行、商业银行、农村合作银行、村镇银行和农村信用社）依照申请人的申请开立的、对相符交单予以付款的承诺。

前款规定的信用证是以人民币计价、不可撤销的跟单信用证。

第三条 本办法适用于银行为国内企事业单位之间货物和服务贸易提供的信用证服务。服务贸易包括但不限于运输、旅游、咨询、通讯、建筑、保险、金融、计算机和信息、专有权利使用和特许、广告宣传、电影音像等服务项目。

第四条 信用证业务的各方当事人应当遵守中华人民共和国的法律、法规以及本办法的规定，遵守诚实信用原则，认真履行义务，不得利用信用证进行欺诈等违法犯罪活动，不得损害社会公共利益。

第五条 信用证的开立和转让，应当具有真实的贸易背景。

第六条 信用证只限于转账结算，不得支取现金。

第七条 信用证与作为其依据的贸易合同相互独立，即使信用证含有对此类合同的任何援引，银行也与该合同无关，且不受其约束。

银行对信用证作出的付款、确认到期付款、议付或履行信用证项下其他义务的承诺，不受申请人与开证行、申请人与受益人之间关系而产生的任何请求或抗辩的制约。

受益人在任何情况下，不得利用银行之间或申请人与开证行之间的契约关系。

第八条 在信用证业务中，银行处理的是单据，而不是单据所涉及的货物或服务。

第二章 定 义

第九条 信用证业务当事人

（一）申请人指申请开立信用证的当事人，一般为货物购买方或服务接受方。

（二）受益人指接受信用证并享有信用证权益的当事人，一般为货物销售方或服务提供方。

（三）开证行指应申请人申请开立信用证的银行。

（四）通知行指应开证行的要求向受益人通知信用证的银行。

（五）交单行指向信用证有效地点提交信用证项下单据的银行。

（六）转让行指开证行指定的办理信用证转让的银行。

（七）保兑行指根据开证行的授权或要求对信用证加具保兑的银行。

（八）议付行指开证行指定的为受益人办理议付的银行，开证行应指定一家或任意银行作为议付信用证的议付行。

第十条　信用证的有关日期和期限

（一）开证日期指开证行开立信用证的日期。信用证未记载生效日的，开证日期即为信用证生效日期。

（二）有效期指受益人向有效地点交单的截止日期。

（三）最迟货物装运日或服务提供日指信用证规定的货物装运或服务提供的截止日期。最迟货物装运日或服务提供日不得晚于信用证有效期。信用证未作规定的，有效期视为最迟货物装运日或服务提供日。

（四）付款期限指开证行收到相符单据后，按信用证条款规定进行付款的期限。信用证按付款期限分为即期信用证和远期信用证。

即期信用证，开证行应在收到相符单据次日起五个营业日内付款。

远期信用证，开证行应在收到相符单据次日起五个营业日内确认到期付款，并在到期日付款。远期的表示方式包括：单据日后定期付款、见单后定期付款、固定日付款等可确定到期日的方式。信用证付款期限最长不超过一年。

（五）交单期指信用证项下所要求的单据提交到有效地的有效期限，以当次货物装运日或服务提供日开始计算。未规定该期限的，默认为货物装运日或服务提供日后十五天。任何情况下，交单不得迟于信用证有效期。

第十一条　信用证有效地点信用证有效地点指信用证规定的单据提交地点，即开证行、保兑行（转让行、议付行）所在地。如信用证规定有效地点为保兑行（转让行、议付行）所在地，则开证行所在地也视为信用证有效地点。

第十二条　转运、分批装运或分次提供服务、分期装运或分期提供服务

（一）转运指信用证项下货物在规定的装运地（港到卸货地、港）的运输途中，将货物从一运输工具卸下再装上另一运输工具。

（二）分批装运或分次提供服务指信用证规定的货物或服务在信用证规定的数量、内容或金额内部分或分次交货或部分或分次提供。

（三）分期装运或分期提供服务指信用证规定的货物或服务在信用证规定的分期时间表内装运或提供。任何一期未按信用证规定期限装运或提供的，

信用证对该期及以后各期均告失效。

第三章　信用证业务办理

第一节　开　　证

第十三条　开证

银行与申请人在开证前应签订明确双方权利义务的协议。开证行可要求申请人交存一定数额的保证金，并可根据申请人资信情况要求其提供抵押、质押、保证等合法有效的担保。

开证申请人申请开立信用证，须提交其与受益人签订的贸易合同。

开证行应根据贸易合同及开证申请书等文件，合理、审慎设置信用证付款期限、有效期、交单期、有效地点。

第十四条　信用证的基本条款

信用证应使用中文开立，记载条款包括：

（一）表明"国内信用证"的字样。

（二）开证申请人名称及地址。

（三）开证行名称及地址。

（四）受益人名称及地址。

（五）通知行名称。

（六）开证日期。开证日期格式应按年、月、日依次书写。

（七）信用证编号。

（八）不可撤销信用证。

（九）信用证有效期及有效地点。

（十）是否可转让。可转让信用证须记载"可转让"字样并指定一家转让行。

（十一）是否可保兑。保兑信用证须记载"可保兑"字样并指定一家保兑行。

（十二）是否可议付。议付信用证须记载"议付"字样并指定一家或任意银行作为议付行。

（十三）信用证金额。金额须以大、小写同时记载。

（十四）付款期限。

（十五）货物或服务描述。

（十六）溢短装条款（如有）。

（十七）货物贸易项下的运输交货或服务贸易项下的服务提供条款。

货物贸易项下运输交货条款：

1. 运输或交货方式。

2. 货物装运地（港），目的地、交货地（港）。

3. 货物是否分批装运、分期装运和转运，未作规定的，视为允许货物分批装运和转运。

4. 最迟货物装运日。

服务贸易项下服务提供条款：

1. 服务提供方式。

2. 服务提供地点。

3. 服务是否分次提供、分期提供，未作规定的，视为允许服务分次提供。

4. 最迟服务提供日。

5. 服务贸易项下双方认为应记载的其他事项。

（十八）单据条款，须注明据以付款或议付的单据，至少包括发票，表明货物运输或交付、服务提供的单据，如运输单据或货物收据、服务接受方的证明或服务提供方或第三方的服务履约证明。

（十九）交单期。

（二十）信用证项下相关费用承担方。未约定费用承担方时，由业务委托人或申请人承担相应费用。

（二十一）表明"本信用证依据《国内信用证结算办法》开立"的开证行保证文句。

（二十二）其他条款。

第十五条　信用证开立方式

开立信用证可以采用信开和电开方式。信开信用证，由开证行加盖业务用章（信用证专用章或业务专用章，下同），寄送通知行，同时应视情况需要以双方认可的方式证实信用证的真实有效性；电开信用证，由开证行以数据电文发送通知行。

第十六条　开证行的义务

开证行自开立信用证之时起，即受信用证内容的约束。

第二节　保　兑

第十七条　保兑是指保兑行根据开证行的授权或要求，在开证行承诺之外做出的对相符交单付款、确认到期付款或议付的确定承诺。

第十八条　保兑行自对信用证加具保兑之时起即不可撤销地承担对相符交单付款、确认到期付款或议付的责任。

第十九条　指定银行拒绝按照开证行授权或要求对信用证加具保兑时，应及时通知开证行，并可仅通知信用证而不加具保兑。

第二十条　开证行对保兑行的偿付义务不受开证行与受益人关系的约束。

第三节　修　　改

第二十一条　信用证的修改

（一）开证申请人需对已开立的信用证内容修改的，应向开证行提出修改申请，明确修改的内容。

（二）增额修改的，开证行可要求申请人追加增额担保；付款期限修改的，不得超过本办法规定的信用证付款期限的最长期限。

（三）开证行发出的信用证修改书中应注明本次修改的次数。

（四）信用证受益人同意或拒绝接受修改的，应提供接受或拒绝修改的通知。如果受益人未能给予通知，当交单与信用证以及尚未接受的修改的要求一致时，即视为受益人已做出接受修改的通知，并且该信用证修改自此对受益人形成约束。

对同一修改的内容不允许部分接受，部分接受将被视作拒绝接受修改。

（五）开证行自开出信用证修改书之时起，即不可撤销地受修改内容的约束。

第二十二条　保兑行有权选择是否将其保兑扩展至修改。保兑行将其保兑扩展至修改的，自作出此类扩展通知时，即不可撤销地受其约束；保兑行不对修改加具保兑的，应及时告知开证行并在给受益人的通知中告知受益人。

第四节　通　　知

第二十三条　信用证及其修改的通知

（一）通知行的确定。

通知行可由开证申请人指定，如开证申请人没有指定，开证行有权指定通知行。通知行可自行决定是否通知。通知行同意通知的，应于收到信用证次日起三个营业日内通知受益人；拒绝通知的，应于收到信用证次日起三个营业日内告知开证行。

开证行发出的信用证修改书，应通过原信用证通知行办理通知。

（二）通知行的责任。

1. 通知行收到信用证或信用证修改书，应认真审查内容表面是否完整、清楚，核验开证行签字、印章、所用密押是否正确等表面真实性，或另以电讯方式证实。核验无误的，应填制信用证通知书或信用证修改通知书，连同信用证或信用证修改书正本交付受益人。

通知行通知信用证或信用证修改的行为，表明其已确信信用证或修改的表面真实性，而且其通知准确反映了其收到的信用证或修改的内容。

2. 通知行确定信用证或信用证修改书签字、印章、密押不符的，应即时告知开证行；表面内容不清楚、不完整的，应即时向开证行查询补正。

3. 通知行在收到开证行回复前，可先将收到的信用证或信用证修改书通知受益人，并在信用证通知书或信用证修改通知书上注明该通知仅供参考，通知行不负任何责任。

第二十四条 开证行应于收到通知行查询次日起两个营业日内，对通知行做出答复或提供其所要求的必要内容。

第二十五条 通知行应于收到受益人同意或拒绝修改通知书次日起三个营业日内告知开证行，在受益人告知通知行其接受修改或以交单方式表明接受修改之前，原信用证（或含有先前被接受的修改的信用证）条款对受益人仍然有效。

开证行收到通知行发来的受益人拒绝修改的通知，信用证视为未做修改，开证行应于收到通知次日起两个营业日内告知开证申请人。

第五节 转 让

第二十六条 转让是指由转让行应第一受益人的要求，将可转让信用证的部分或者全部转为可由第二受益人兑用。

可转让信用证指特别标注"可转让"字样的信用证。

第二十七条 对于可转让信用证，开证行必须指定转让行，转让行可为开证行。转让行无办理信用证转让的义务，除非其明确同意。转让行仅办理转让，并不承担信用证项下的付款责任，但转让行是保兑行或开证行的除外。

第二十八条 可转让信用证只能转让一次，即只能由第一受益人转让给第二受益人，已转让信用证不得应第二受益人的要求转让给任何其后的受益人，但第一受益人不视为其后的受益人。

已转让信用证指已由转让行转为可由第二受益人兑用的信用证。

第二十九条 第二受益人拥有收取转让后信用证款项的权利并承担相应的义务。

第三十条 已转让信用证必须转载原证条款，包括保兑（如有），但下列项目除外：

可用第一受益人名称替代开证申请人名称；如果原信用证特别要求开证申请人名称应在除发票以外的任何单据中出现时，转让行转让信用证时须反映该项要求。

信用证金额、单价可以减少，有效期、交单期可以缩短，最迟货物装运日或服务提供日可以提前。

投保比例可以增加。

有效地点可以修改为转让行所在地。

第三十一条 转让交单

（一）第一受益人有权以自己的发票替换第二受益人的发票后向开证行或保兑行索偿，以支取发票间的差额，但第一受益人以自己的发票索偿的金额不得超过原信用证金额。

（二）转让行应于收到第二受益人单据次日起两个营业日内通知第一受益人换单，第一受益人须在收到转让行换单通知次日起五个营业日内且在原信用证交单期和有效期内换单。

（三）若第一受益人提交的发票导致了第二受益人的交单中本不存在的不符点，转让行应在发现不符点的下一个营业日内通知第一受益人在五个营业日内且在原信用证交单期和有效期内修正。

（四）如第一受益人未能在规定的期限内换单，或未对其提交的发票导致的第二受益人交单中本不存在的不符点予以及时修正的，转让行有权将第二受益人的单据随附已转让信用证副本、信用证修改书副本及修改确认书（如有）直接寄往开证行或保兑行，并不再对第一受益人承担责任。

开证行或保兑行将依据已转让信用证副本、信用证修改书副本及修改确认书（如有）来审核第二受益人的交单是否与已转让信用证相符。

（五）第二受益人或者代表第二受益人的交单行的交单必须交给转让行，信用证另有规定的除外。

第三十二条 部分转让

若原信用证允许分批装运或分次提供服务，则第一受益人可将信用证部分或全部转让给一个或数个第二受益人，并由第二受益人分批装运或分次提供服务。

第三十三条　第一受益人的任何转让要求须说明是否允许以及在何条件下允许将修改通知第二受益人。已转让信用证须明确说明该项条款。

如信用证转让的第二受益人为多名，其中一名或多名第二受益人对信用证修改的拒绝不影响其他第二受益人接受修改。对接受者而言，该已转让信用证即被相应修改，而对拒绝修改的第二受益人而言，该信用证未被修改。

第三十四条　开证行或保兑行对第二受益人提交的单据不得以索款金额与单价的减少，投保比例的增加，以及受益人名称与原信用证规定的受益人名称不同而作为不符交单予以拒付。

转让行应在收到开证行付款、确认到期付款函（电）次日起两个营业日内对第二受益人付款、发出开证行已确认到期付款的通知。

转让行可按约定向第一受益人收取转让费用，并在转让信用证时注明须由第二受益人承担的费用。

第六节　议　　付

第三十五条　议付指可议付信用证项下单证相符或在开证行或保兑行已确认到期付款的情况下，议付行在收到开证行或保兑行付款前购买单据、取得信用证项下索款权利，向受益人预付或同意预付资金的行为。

议付行审核并转递单据而没有预付或没有同意预付资金不构成议付。

第三十六条　信用证未明示可议付，任何银行不得办理议付；信用证明示可议付，如开证行仅指定一家议付行，未被指定为议付行的银行不得办理议付，被指定的议付行可自行决定是否办理议付。

保兑行对以其为议付行的议付信用证加具保兑，在受益人请求议付时，须承担对受益人相符交单的议付责任。

指定议付行非保兑行且未议付时，保兑行仅承担对受益人相符交单的付款责任。

第三十七条　受益人可对议付信用证在信用证交单期和有效期内向议付行提示单据、信用证正本、信用证通知书、信用证修改书正本及信用证修改通知书（如有），并填制交单委托书和议付申请书，请求议付。

议付行在受理议付申请的次日起五个营业日内审核信用证规定的单据并决定议付的，应在信用证正本背面记明议付日期、业务编号、议付金额、到期日并加盖业务用章。

议付行拒绝议付的，应及时告知受益人。

第三十八条　索偿

议付行将注明付款提示的交单面函（寄单通知书）及单据寄开证行或保兑行索偿资金。除信用证另有约定外，索偿金额不得超过单据金额。

开证行、保兑行负有对议付行符合本办法的议付行为的偿付责任，该偿付责任独立于开证行、保兑行对受益人的付款责任并不受其约束。

第三十九条　追索权的行使

议付行议付时，必须与受益人书面约定是否有追索权。若约定有追索权，到期不获付款议付行可向受益人追索。若约定无追索权，到期不获付款议付行不得向受益人追索，议付行与受益人约定的例外情况或受益人存在信用证欺诈的情形除外。

保兑行议付时，对受益人不具有追索权，受益人存在信用证欺诈的情形除外。

第七节　寄单索款

第四十条　受益人委托交单行交单，应在信用证交单期和有效期内填制信用证交单委托书，并提交单据和信用证正本及信用证通知书、信用证修改书正本及信用证修改通知书（如有）。交单行应在收单次日起五个营业日内对其审核相符的单据寄单。

第四十一条　交单行应合理谨慎地审查单据是否相符，但非保兑行的交单行对单据相符性不承担责任，交单行与受益人另有约定的除外。

第四十二条　交单行在交单时，应附寄一份交单面函（寄单通知书），注明单据金额、索偿金额、单据份数、寄单编号、索款路径、收款账号、受益人名称、申请人名称、信用证编号等信息，并注明此次交单是在正本信用证项下进行并已在信用证正本背面批注交单情况。

受益人直接交单时，应提交信用证正本及信用证通知书、信用证修改书正本及信用证修改通知书（如有）、开证行（保兑行、转让行、议付行）认可的身份证明文件。

第四十三条　交单行在确认受益人交单无误后，应在发票的"发票联"联次批注"已办理交单"字样或加盖"已办理交单"戳记，注明交单日期及交单行名称。

交单行寄单后，须在信用证正本背面批注交单日期、交单金额和信用证余额等交单情况。

第八节　付　款

第四十四条　开证行或保兑行在收到交单行寄交的单据及交单面函（寄单通知书）或受益人直接递交的单据的次日起五个营业日内，及时核对是否为相符交单。单证相符或单证不符但开证行或保兑行接受不符点的，对即期信用证，应于收到单据次日起五个营业日内支付相应款项给交单行或受益人（受益人直接交单时，本节下同）；对远期信用证，应于收到单据次日起五个营业日内发出到期付款确认书，并于到期日支付款项给交单行或受益人。

第四十五条　开证行或保兑行付款后，应在信用证相关业务系统或信用证正本或副本背面记明付款日期、业务编号、来单金额、付款金额、信用证余额，并将信用证有关单据交开证申请人或寄开证行。

若受益人提交了相符单据或开证行已发出付款承诺，即使申请人交存的保证金及其存款账户余额不足支付，开证行仍应在规定的时间内付款。对申请人提供抵押、质押、保函等担保的，按《中华人民共和国担保法》《中华人民共和国物权法》的有关规定索偿。

第四十六条　开证行或保兑行审核单据发现不符并决定拒付的，应在收到单据的次日起五个营业日内一次性将全部不符点以电子方式或其他快捷方式通知交单行或受益人。如开证行或保兑行未能按规定通知不符点，则无权宣称交单不符。

开证行或保兑行审核单据发现不符并拒付后，在收到交单行或受益人退单的要求之前，开证申请人接受不符点的，开证行或保兑行独立决定是否付款、出具到期付款确认书或退单；开证申请人不接受不符点的，开证行或保兑行可将单据退交单行或受益人。

第四十七条　开证行或保兑行拒付时，应提供书面拒付通知。

拒付通知应包括如下内容：

（一）开证行或保兑行拒付。

（二）开证行或保兑行拒付所依据的每一个不符点。

（三）开证行或保兑行拒付后可选择以下意见处理单据：

1. 开证行或保兑行留存单据听候交单行或受益人的进一步指示。

2. 开证行留存单据直到其从开证申请人处收到放弃不符点的通知并同意

接受该放弃，或者其同意接受对不符点的放弃之前从交单行或受益人处收到进一步指示。

3. 开证行或保兑行将退回单据。

4. 开证行或保兑行将按之前从交单行或受益人处获得的指示处理。

第四十八条 开证行或保兑行付款后，对受益人不具有追索权，受益人存在信用证欺诈的情形除外。

第九节 注 销

第四十九条 信用证注销是指开证行对信用证未支用的金额解除付款责任的行为。

（一）开证行、保兑行、议付行未在信用证有效期内收到单据的，开证行可在信用证逾有效期一个月后予以注销。具体处理办法由各银行自定。

（二）其他情况下，须经开证行、已办理过保兑的保兑行、已办理过议付的议付行、已办理过转让的转让行与受益人协商同意，或受益人、上述保兑行（议付行、转让行）声明同意注销信用证，并与开证行就全套正本信用证收回达成一致后，信用证方可注销。

第四章 单据审核标准

第五十条 银行收到单据时，应仅以单据本身为依据，认真审核信用证规定的所有单据，以确定是否为相符交单。

相符交单指与信用证条款、本办法的相关适用条款、信用证审单规则及单据之内、单据之间相互一致的交单。

第五十一条 银行只对单据进行表面审核。

银行不审核信用证没有规定的单据。银行收到此类单据，应予退还或将其照转。

如信用证含有一项条件，却未规定用以表明该条件得到满足的单据，银行将视为未作规定不予理会，但提交的单据中显示的相关信息不得与上述条件冲突。

第五十二条 信用证要求提交运输单据、保险单据和发票以外的单据时，应对单据的出单人及其内容作出明确规定。未作规定的，只要所提交的单据内容表面形式满足单据功能且与信用证及其他规定单据不矛盾，银行可予接受。

除发票外，其他单据中的货物或服务或行为描述可使用统称，但不得与信用证规定的描述相矛盾。

发票须是税务部门统一监制的原始正本发票。

第五十三条　信用证要求某种单据提交多份的，所提交的该种单据中至少应有一份正本。

除信用证另有规定外，银行应将任何表面上带有出单人的原始签名或印章的单据视为正本单据（除非单据本身表明其非正本），但此款不适用于增值税发票或其他类型的税务发票。

第五十四条　所有单据的出单日期均不得迟于信用证的有效期、交单期截止日以及实际交单日期。

受益人和开证申请人的开户银行、账号和地址出现在任何规定的单据中时，无须与信用证或其他规定单据中所载相同。

第五十五条　信用证审单规则由行业协会组织会员单位拟定并推广执行。行业协会应根据信用证业务开展实际，适时修订审单规则。

【适用对象】

国内企业之间的商品交易可以使用国内信用证，尤其是彼此不熟悉的企业进行商品交易。

【产品特点】

在国内信用证结算中，各有关当事人处理的只是单据，而不是与单据有关的货物及劳务。国内信用证与作为其开立依据的基础交易合同相互独立，银行在处理信用证业务时，不受基础交易合同的约束。

银行作出的付款、议付或履行信用证项下其他义务的承诺不受申请人与开证行、申请人与受益人之间关系的制约。

【业务流程图】

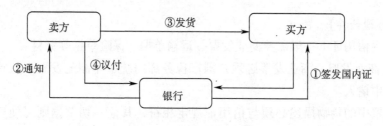

图 4－7　国内信用证流程

【产品优势】

1. 对银行的优势。

（1）买方通过使用国内信用证付款，可以有效降低资产负债率。买方签发国内信用证并不在资产负债表中反映，属于企业的表外融资项目，可以有效降低企业的负债。

相对于企业签发银行承兑汇票和贷款，国内信用证优势明显。银行承兑汇票和贷款都在表内反映。

（2）国内信用证如同其他贸易融资产品一样，具有自偿性特点，便于银行在资金流、物流封闭运作基础上进行有效风险控制。此外，信用证项下有增值税发票、货物收据等单据审核要求，利于保证贸易背景和资金使用用途，可更有效地把控风险。

2. 对买方的优势。

（1）买方可以通过信用证条款控制卖方的发货日期，使货物的销售适合时令。

（2）为满足买方的货物品质要求，买方可以通过要求提交检验单据而对卖方进行约束。

3. 对卖方的优势。

国内信用证传统意义上对卖方的有利方面：银行信用代替买方商业信用，只要提交符合信用证要求的单据就能到期收到款项；卖方融资产品议付能够申请较低的利率水平等。对于行业地位较高，对银行综合收益贡献度大的优质客户，在银行可以得到费率优惠的回报。

随着银行代理议付和买方付息议付业务的推出，在买方愿意接受这种方式的前提下，卖方将得到信用证项下单据的全额款项，改善财务报表，减少成本开支。

【办理条件】

国内信用证下一般需要商业发票、运输单据、保险单据等资料。

1. 商业发票。商业发票必须是国家税务部门统一印制的发票，其抬头应为开证申请人。

发票中的货物描述必须与信用证规定相符，其他一切单据则可使用货物统称，但不得与信用证规定的货物描述有抵触。

除信用证另有规定外，发票金额不得超过信用证所允许的金额。

2. 运输单据。公路、铁路、内河、空运或海洋运输单据。

（1）信用证要求可以提供公路、铁路、内河、空运或远洋运输单据，只要单据类型与信用证规定相符，银行可予接受（通常运输企业属于规模较大、运作规范、有一定的市场知名度的公司，通常银行都会规定合格的运输企业名单）。

（2）单据表面要素填写齐全、字迹清晰、文字规范，同时签章使用符合信用证的规定。

（3）单据盖有收妥印章的，盖章日期即视为装运日期；未盖此章的，则单据出具日期即视为装运日期。

（4）运输单据注明的装运地和目的地必须与信用证规定一致。

（5）信用证禁止转运的，只要运输全过程包括在同一运输单据中，银行可予接受注明将转运或可能发生转运的运输单据。

（6）在公路、铁路、内河或远洋运输方式中，不论运输单据是否注明为正本，银行将视所提交的运输单据为全套正本予以接受；在空运方式中，不论信用证如何规定，银行将接受开给发货人的正本空运单据。

【点评】

　　国际信用证项下，货运单据通常为海运单据；国内信用证项下，货运单据可以包括海运、空运、铁路等多种运输单据。

3. 保险单据。

（1）保险单据必须由保险公司或其代理人出具，并有完整签章（通常开办此项业务的银行会规定合格的保险公司名单）。

（2）除信用证另有规定外，保险单必须提交正本。除非保险单据表明保险责任最迟于装运日起生效，该单据的签发日期不得迟于运输单据注明的装运日期。

（3）除信用证另有规定外，保险单据的投保金额不得低于发票上的货物金额。

（4）信用证应规定所需投保的险别种类及必要的附加险，无此规定的，保险单据应表明已投保基本险。

【业务流程】

1. 买方与卖方签订商品购销合同。

2. 根据商品购销合同，买方向买方开户银行申请开立以卖方为受益人的国内信用证。

3. 买方开户行对买方进行信贷审批并审查购销合同内容，对符合条件的，开立信用证并发送卖方开户行。

4. 卖方开户行审核无误后将信用证交付卖方（受益人）。

5. 卖方（受益人）根据商品购销合同要求发货，并取得信用证规定的单据。

6. 卖方（受益人）在信用证有效期内向卖方开户行提示单据、信用证正本（信用证发生过修改的，还应提示信用证修改书正本和信用证修改通知书），请求议付。受益人也可以要求议付行不作议付，仅办理委托收款。

7. 卖方开户行审核受益人提交的单据和资料，扣除议付日至信用证付款到期日前一日的利息后，将实付议付金额交付给卖方（受益人）。

8. 卖方开户行将信用证正本、单据、委托收款凭证寄交买方开户行。

9. 买方开户行在收到卖方开户行寄交的资料后进行审核，核对单据表面与信用证条款是否相符。经审核单证相符的，按信用证金额支付给卖方开户行。

10. 买方开户行将单据交给买方，买方凭单据办理提货。

【业务流程图】

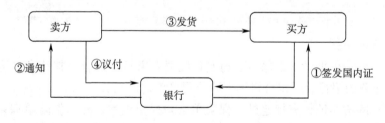

图 4-8　国内信用证流程

【费用】

银行办理信用证业务，会向客户按一定的标准收取手续费，以下为手续费的通常标准。

1. 开证手续费按照开证金额的一定比例收取，通常规定最低收费金额。

2. 修改手续费按笔收取，通常规定最低收费金额。

3. 通知手续费按笔收取，按照固定金额收取。

4. 议付利率比照流动资金贷款利率执行。

5. 银行同时会按照邮电部门规定的标准向当事人传递有关单据等发生的邮电费。

【风险控制】

1. 开证行开立的信用证必须是不可撤销、不可转让的跟单信用证。

2. 所有单据的出单日期均不得迟于信用证的有效期或交单期。

3. 银行对于信用证项下的单据仅负有合理谨慎审查，以及鉴别其表面真伪、是否存在明显瑕疵及符合信用证的规定的义务。

4. 银行对客户提交单据的真实性及是否真正存在交易履行不承担责任。

【案例】北京长钢电器有限公司国内信用证

一、企业基本情况

北京长钢电器有限公司为全国性家电连锁企业，为了给其全国的连锁店建立 ERP 系统，公司向北京信日电脑设备供应公司购进 500 台计算机。由于是第一次商业交易，双方对彼此的履约能力不了解，存有一定顾虑。

二、银行切入点分析

北京长钢电器有限公司本身经营状况较好，有较好的履约能力。由于电脑经销商普遍实力偏差，北京长钢电器有限公司对交易对手的履约能力心存疑虑。某商业银行北京分行建议：合同使用国内信用证作为支付工具，北京长钢电器有限公司将本次购货的资金全部存入银行，以存单方式质押。银行开出国内信用证，由中国物资储运公司负责货物全程运输，在中国物资储运公司将合格的指定品牌电脑交付银行后，银行就按合同约定付款。在付款的时候，将存单再次转换为质押银行承兑汇票，对外支付，企业可以获得不菲的存款利息收益。

三、银企合作情况

为了保证交易的安全，北京长钢电器有限公司向某银行申请开立以北京信日电脑设备供应公司为收款人的即期国内信用证，金额为 500 万元。收到信用证后，北京信日电脑设备供应公司即办理发货，备齐单据后，向自己开户银行——某股份制银行北京分行提示付款，核实单据符合信用证规定后，某股份制银行北京分行将所有单据连同委托收款凭证寄交某银行，该银行核实单据与信用证相符后，通知北京长钢电器有限公司提交500万元现款赎单。

【点评】

1. 交易标的物必须为指定品牌电脑，而不是如知名电脑等模糊说法，便于银行的操作。

2. 银行不但要为企业提供融资，而且应当根据企业的经营需要，合理为客户组合银行产品，实现企业的商业目标。国内信用证在未来的国内贸易中将越发被接受，其与银行承兑汇票将会更多地被组合运用，国内信用证保证买卖双方的交易安全，银行承兑汇票则为降低双方交易成本发挥着重要作用。客户经理使用银行产品应当注意融会贯通，结合客户的具体特点进行多产品的复杂组合，促进产品的交叉销售。

七、国内信用证买方押汇

【产品定义】

国内信用证买方付息押汇议付（贴现）是指在议付/延期付款信用证项下，议付（贴现）行在单证相符或者开证行已经承付的情况下，向买方收取议付（贴现）利息后向卖方提供信用证项下全额资金的有追索权的融资业务。

【产品定价】

国内信用证项下买方押汇和卖方押汇利率参照流动资金贷款利率标准执行。

【业务处理要点】

1. 对延期付款及议付信用证项下的买方押汇应从严控制。

2. 买方押汇期限应与货物销售款项的回笼周期相匹配，买方押汇的期限为从银行提供融资时起至还款日止，原则上不超过90天。可提前还款，到期不能按时归还，则视同逾期贷款进行管理。

对于延期付款及议付信用证项下买方押汇，则按照上述原则对融资期限与信用证期限之和进行掌握。

3. 买方押汇利率比照同档次人民币流动资金贷款利率规定执行。买方押汇款项只能直接用于信用证项下来单的对外支付。

【买方押汇协议文本的使用及签署】

开证申请人已与银行签订了国内信用证项下融资授信协议，并提交国内信用证项下买方押汇申请书。

八、国内信用证卖方押汇

【定义】

国内信用证卖方押汇是指卖方发运货物后，银行凭卖方交来的国内信用证项下单据保留追索权地向其提供的短期资金融通。

【办理要点】

卖方押汇分为合格卖方押汇和不合格卖方押汇两种，其中合格卖方押汇无须占用卖方授信额度，但需要占用开证行的同业授信额度（银行系统内开证除外）。

1. 合格卖方押汇须满足下列条件，否则为不合格卖方押汇。

（1）信用证为即期付款信用证；

（2）押汇行为信用证项下指定的通知行；

（3）单证严格相符且信用证无软条款或单证不符但开证行确认接受不符点；

（4）信用证中要求提交提单或其他货运单据；

（5）开证行为银行同业授信额度充足的授信代理行，或系统内分行；

（6）卖方押汇期限最长不超过 30 天，押汇比例不超过发票金额的 90%。

2. 卖方押汇以信用证项下收汇为还款来源，应对收汇安全性进行考核，包括考核开证行资信、客户交易历史和融资期限等情况。

3. 办理卖方押汇，须对开证行是否具有开证资格及信用证的真实性进行核实后方可办理。

4. 卖方押汇利率比照同档次人民币流动资金贷款利率。

5. 银行如在同一证下为客户办理了打包贷款，卖方押汇款必须优先偿还已办理的打包贷款。

6. 押汇到期时，如遇开证行拒付或短付，或非卖方押汇行原因造成损失，卖方押汇行有权向受益人追回押汇款项及由此产生的利息、费用等。对于追索不还的客户，其新发授信业务应征得风险管理部门的书面同意后方可办理。

7. 受益人交单并申请办理卖方押汇的，银行有权拒绝办理卖方押汇，但应立即通知受益人重新办理委托收款。

【卖方押汇协议文本的使用及签署】

受益人已与银行签订了国内信用证项下融资授信协议，并应提交国内信用证项下卖方押汇申请书。

合格卖方押汇项下，客户可以与银行签署国内信用证项下议付（贴现）及卖方押汇协议，并提交国内信用证项下卖方押汇申请书，无须签署国内信用证项下融资授信协议。

九、国内信用证卖方议付（贴现）

【产品定义】

国内信用证卖方议付（贴现）是指在议付/延期付款信用证项下，议付（贴现）行在单证相符或者开证行已经承付的情况下扣除议付（贴现）利息后向受益人提供的有追索权的融资业务。

在议付信用证项下，只审核单据而未付出对价的，不构成议付。

【产品优势】

办理同业国内信用证议付业务，属于占用同业授信额度的低风险贸易融资业务（对企业融资而言），有益于降低银行风险资产占用、提高综合收益。

【产品定价】

国内信用证议付利率适用贴现利率的有利条件，努力提高中间业务收入及银行综合利润，力争仅限于为优质客户办理信用证项下议付业务时执行贴现利率，对其他客户办理议付业务时，要根据风险程度适当提高利率或中间业务收费标准。

【议付（贴现）的办理要点】

1. 申请议付（贴现）的信用证必须是延期付款及议付跟单信用证，且银行为信用证指定的通知行及议付行。

2. 议付（贴现）以信用证项下收汇为还款来源，应对收汇安全性进行考核，包括考核开证行资信、客户交易历史和融资期限等情况。

3. 议付（贴现）行应在受理业务的次日起 5 个工作日内对受益人提交的信用证项下单据进行审核，单证相符或开证行已经承付，并同意议付（贴现）的，按银行规定的手续办理；对于单证不符或开证行未承付或虽然单证相符但银行决定不予议付（贴现）的，应及时通知受益人，说明拒绝议付（贴现）理由，并要求受益人重新办理委托收款。

4. 对于单证不符的单据，银行可在收到开证行的到期付款确认书后予以办理议付（贴现）。

5. 办理议付（贴现），须对开证行是否具有开证资格及信用证的真实性进行核实后方可办理。

6. 国内信用证议付（贴现）分为合格议付（贴现）和不合格议付（贴现）。

合格议付（贴现）不占用客户授信额度，但必须满足以下条件方可办理：

（1）议付信用证项下银行须为信用证项下指定议付行；

（2）开证行为系统内分行或同业授信额度充足的代理行；

（3）单证相符且信用证无软条款（议付信用证项下），或者开证行已经承付。

对于无法满足上述所有条件的国内信用证议付（贴现）为不合格议付（贴现），不合格议付（贴现）须占用受益人的授信额度。

7. 议付（贴现）期限应为议付（贴现）日至信用证付款到期日前一日加合理宽限期（1～3 天），且最长不超过 180 天（6 个月左右）。

8. 合格议付（贴现）利率比照同档次人民币流动资金贷款利率与贴现利率两者较低者执行；不合格议付（贴现）利率按照同档次人民币流动资金贷款利率执行。

9. 银行如在同一信用证下为客户办理打包贷款，议付（贴现）款必须优先偿还已办的打包贷款。

10. 议付（贴现）行议付（贴现）信用证后，对受益人具有追索权，到期未获开证行付款或付款不足的，可向受益人追索议付（贴现）款项或不足部分以及由此产生的利息、费用等。对于追索不还的客户，其新发生的授信业务应征得授信部门的书面同意后方可办理。

【议付（贴现）利息、实际议付（贴现）金额的计算】

议付（贴现）行应在扣除议付（贴现）利息后将实际议付（贴现）金额

支付给受益人。

议付（贴现）利息＝议付（贴现）金额×议付（贴现）利率×议付（贴现）天数

实付议付（贴现）金额＝议付（贴现）金额－议付（贴现）利息

议付（贴现）行为受益人办理议付（贴现）款项入账后，须将相关法律文件和议付（贴现）凭证专卷保管，同时按信用证规定向申请人或受益人收取议付（贴现）手续费。

【议付（贴现）凭证的使用及签署】

1. 受益人已与银行签订了国内信用证项下融资授信协议的，应提交国内信用证议付（贴现）申请书。

合格议付（贴现）项下，受益人可以与银行签订国内信用证项下议付（贴现）及卖方押汇协议，无须签署国内信用证项下融资授信协议。

2. 除上述所列文本外，受益人还须向议付行提交一式五联空白议付（贴现）凭证：第一联为借方凭证，第二联为贷方凭证，第三联作为利息收入科目凭证，第四联为收账通知，第五联为到期卡）。受益人应在国内信用证议付（贴现）申请书/议付（贴现）协议及第一联议付（贴现）凭证上签章。

十、国内信用证买方付息代理议付（贴现）

【产品定义】

国内信用证买方付息押汇议付（贴现）是指在议付/延期付款信用证项下，议付（贴现）行在单证相符或者开证行已经承付的情况下，向买方收取议付（贴现）利息后向卖方提供信用证项下全额资金的有追索权的融资业务。

【适用客户】

买方付息议付业务是基于卖方比较强势，希望收到国内信用证项下全额单据款项，而买方愿意承担议付利息和相关手续费的业务。

【议付（贴现）的办理要点】

1. 申请议付（贴现）的信用证必须是延期付款及议付跟单信用证，且银行为信用证指定的通知行及议付行。

2. 议付（贴现）以信用证项下收汇为还款来源，应对收汇安全性进行考核，包括考核开证行资信、客户交易历史和融资期限等情况。

3. 议付（贴现）行应在受理业务的次日起 5 个工作日内对受益人提交的信用证项下单据进行审核，单证相符或开证行已经承付，并同意议付（贴现）的，按银行规定的手续办理；对于单证不符或开证行未承付或虽然单证相符但银行决定不予议付（贴现）的，应及时通知受益人，说明拒绝议付（贴现）理由，并要求受益人重新办理委托收款。

4. 对于单证不符的单据，银行可在收到开证行的到期付款确认书后予以办理议付（贴现）。

5. 办理议付（贴现），须对开证行是否具有开证资格及信用证的真实性进行核实后方可办理。

6. 国内信用证议付（贴现）分为合格议付（贴现）和不合格议付（贴现）。

合格议付（贴现）不占用客户授信额度，但必须满足以下条件方可办理：

（1）议付信用证项下银行须为信用证项下指定议付行；

（2）开证行为系统内分行或同业授信额度充足的代理行；

（3）单证相符且信用证无软条款（议付信用证项下），或者开证行已经承付。

对于无法满足上述所有条件的国内信用证议付（贴现）为不合格议付（贴现），不合格议付（贴现）须占用受益人的授信额度。

7. 议付（贴现）期限应为议付（贴现）日至信用证付款到期日前一日加合理宽限期（1 ~ 3 天），且最长不超过 180 天/6 个月。

8. 合格议付（贴现）利率比照同档次人民币流动资金贷款利率与贴现利率两者较低者执行；不合格议付（贴现）利率按照同档次人民币流动资金贷款利率执行。

9. 银行如在同一证下为客户办理打包贷款，议付（贴现）款必须优先偿还已办的打包贷款。

10. 议付（贴现）行议付（贴现）信用证后，对受益人具有追索权，到期未获开证行付款或付款不足的，可向受益人追索议付（贴现）款项或不足部分以及由此产生的利息、费用等。对于追索不还的客户，其新发生的授信业务应征得授信部门的书面同意后方可办理。

【议付（贴现）利息、实际议付（贴现）金额的计算】

议付（贴现）行应在扣除议付（贴现）利息后将实际议付（贴现）金额支付给受益人。

议付（贴现）利息＝议付（贴现）金额×议付（贴现）利率×议付（贴现）天数

实付议付（贴现）金额＝议付（贴现）金额－议付（贴现）利息

议付（贴现）行为受益人办理议付（贴现）款项入账后，须将相关法律文件和议付（贴现）凭证专卷保管，同时按信用证规定向申请人或受益人收取议付（贴现）手续费。

【议付（贴现）凭证的使用及签署】

1. 受益人已与银行签订了国内信用证项下融资授信协议的，应提交国内信用证议付（贴现）申请书。

合格议付（贴现）项下，受益人可以与银行签订国内信用证项下议付（贴现）及卖方押汇协议，无须签署国内信用证项下融资授信协议。

2. 除上述所列文本外，受益人还须向议付行提交一式五联空白议付（贴现）凭证：第一联为借方凭证，第二联为贷方凭证，第三联作为利息收入科目凭证，第四联为收账通知，第五联为到期卡。受益人应在国内信用证议付（贴现）申请书／议付（贴现）协议及第一联议付（贴现）凭证上签章。

十一、国内信用证项下打包贷款

【产品定义】

国内信用证项下打包贷款是指银行为支持国内信用证项下卖方按期履行合同，出运交货，根据卖方的资信状况和信用证情况，向收到国内信用证的卖方提供的用于采购、生产、装运信用证项下货物的短期融资。

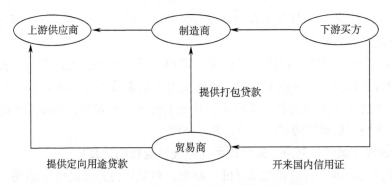

图 4 - 9　国内信用证项下打包贷款业务流程

【基本规定】

国内信用证打包贷款必须纳入银行对客户统一授信的管理范围之中，按照一般流动资金贷款的标准和流程进行审查审批，占用银行对客户已核准的打包贷款授信额度。

【办理要点】

1. 对国内信用证项下打包贷款的授信管理应比照流动资金贷款管理的有关规定执行。

2. 对客户叙做打包贷款时，应对开证行资信和信用证条款进行审核，对影响安全及时收款的技术性风险应向授信部门加以说明。

3. 应根据卖方的业务流程、实际资金需求等情况确定打包贷款比例。一般情况下，打包贷款金额不能超过信用证金额的80%。

4. 打包贷款期限应与信用证付款期限、业务流程合理匹配。如拟以卖方押汇或议付款归还打包贷款，贷款期限不应超过信用证有效期；如拟以信用证项下付款归还贷款，贷款期限不应超过信用证付款期加预计资金在途时间（1~3天）。

【适用客户】

打包贷款适用于申请人为中小制造企业，上游客户为特大型强势企业，上游客户必须要现金。例如，中小药品经销商（上游为特大型制药企业，下游为小型医院）；中小煤炭经销商（上游为特大型中神华、中煤能源，下游为小型电厂）、钢铁经销商（上游为特大型钢铁企业宝钢等，下游为施工企业、二级钢铁经销商）、化肥经销商等客户。

十二、国内信用证项下打包银行承兑汇票

【产品定义】

打包银行承兑汇票是指银行为支持国内信用证项下卖方按期履行合同，出运交货，根据卖方的资信状况和信用证情况，向收到国内信用证的卖方提供的用于采购、生产、装运信用证项下货物的银行承兑汇票融资。

【基本规定】

国内信用证打包银行承兑汇票必须纳入银行对客户统一授信的管理范围

之中，按照银行承兑汇票的标准和流程进行审查审批，占用银行对客户已核准的打包银行承兑汇票授信额度。

【业务掌握要点】

1. 对国内信用证项下打包银行承兑汇票的授信管理应比照银行承兑汇票管理的有关规定执行。

2. 对客户叙做打包银行承兑汇票时，应对开证行资信和信用证条款进行审核，对影响安全及时收款的技术性风险应向授信部门加以说明。

3. 应根据卖方的业务流程、实际资金需求等情况确定打包银行承兑汇票比例。一般情况下，打包银行承兑汇票金额不能超过信用证金额的80％。

4. 打包银行承兑汇票期限应与信用证付款期限、业务流程合理匹配。如拟以卖方押汇或议付款归还打包银行承兑汇票，银行承兑汇票期限不应超过信用证有效期；如拟以信用证项下付款归还贷款，银行承兑汇票期限不应超过信用证付款期加预计资金在途时间（1～3天）。

【适用客户】

打包银行承兑汇票适用于申请人为经销商，上游客户为生产企业或大型贸易商，上游客户接受银行承兑汇票。例如煤炭经销商（上游煤矿企业为山西、内蒙古等地的小型煤矿）、钢铁经销商（上游钢铁企业为实力一般的钢厂）、药品经销商、化肥经销商等客户。

【产品优势】

1. 国内信用证质押项下签发银行承兑汇票相较国内信用证项下打包贷款可以给客户节省更多财务费用，银行如果提供打包贷款，通常按照贷款定价，利率较高。

2. 应充分利用期限的错配，来制造存款。国内信用证在银行承兑汇票到期的一段时间内议付，可以给银行带来非常可观的存款。例如，申请人收到1000万元国内信用证，期限3个月，审批规定提供授信不超过信用证金额的70％；可以要求申请人提供300万元保证金，银行为客户签发1000万元的银行承兑汇票，期限6个月。在2个月后，信用证符合约定发货规定后，银行立即办理议付，信贷资金直接将银行承兑汇票填满敞口，银行承兑汇票变成全额保证金银行承兑汇票。

【业务流程图】

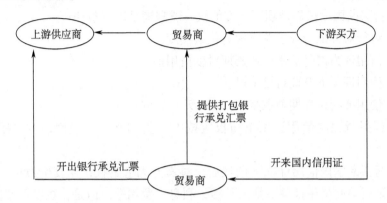

图 4 – 10　国内信用证项下打包银行承兑汇票业务流程

十三、国内信用证项下福费廷业务

【产品定义】

国内信用证项下福费廷业务是指在议付信用证或延期付款信用证结算方式项下，银行收到开证行真实、有效的到期付款确认书后，从卖方无追索权地买入未到期债权。叙做业务范围包括各分行间国内信用证项下福费廷业务和同业间国内信用证项下福费廷业务。

国内信用证项下福费廷业务的种类包括自买债权和转卖债权，其中自买债权是指银行无追索权买断经他行承兑（如是银行自己开证则为银行承兑）的卖方在国内信用证项下的债权。

转卖债权是指银行自国内信用证的卖方买入远期信用证项下经承兑的债权，又将其无追索权地转卖给另一包买商，待包买商将贴现款项汇入银行指定账户，银行扣除利息、手续费和其他费用后再将贴现款项划入国内信用证中卖方的账户。

【业务特点】

1. 银行转卖国内信用证项下债权，无须占用卖方和代理行授信额度。

2. 银行转卖国内信用证项下债权，包买行对银行无追索权。但是，如果由于发生基础交易欺诈等情形导致开证行/承兑行无法履行付款义务，包买行可依据协议向银行追索，银行也可依照协议规定向卖方追索。

【基本规定】

银行买断国内信用证项下卖方债权一般需满足以下条件：

1. 银行对开证行或承兑行核有包买额度；

2. 信用证为议付信用证或延期付款信用证；

3. 信用证项下开证行已承付；

4. 信用证的付款期限在半年（180 天）以内；

银行买断国内信用证项下债权应按 1∶1 占用开证行额度，不占用卖方额度。

银行买断国内信用证项下债权后，对卖方无追索权，如发生逾期，银行应向开证行追收信用证项下款项及相关利息、费用等。但是，在以下情况下，银行仍保留对客户的追索权：

1. 因法院止付令、禁付令、冻结令或其他具有相同或类似功能的司法命令导致银行未能从开证行处获得偿付。

2. 卖方欺诈，出售给银行的不是源于正当交易的合法有效债权。

3. 卖方违约，未履行与银行签署的福费廷业务合同及其他相关协议中约定的义务或违反其声明与承诺。

【产品定价】

国内信用证项下福费廷业务报价包括利息和手续费。

【风险控制】

办理国内信用证项下福费廷业务时，应严格审核卖方的资信情况和交易背景，确保真实、合法的贸易背景，卖方出售给银行的是真实有效的债权。审慎开展关联交易项下的国内信用证福费廷业务。

【业务操作】

1. 首次向银行申请办理国内信用证项下福费廷业务的客户，须与银行签订国内信用证项下卖方债权无追索权转让（福费廷业务）合同书。

2. 客户申请办理单笔业务时，须提交国内信用证项下债权无追索权转让申请书。

1. 银行自买信用证项下卖方债权。

（1）对于自买业务项下的超权限业务，各银行须向总行贸金部上报以下材料：

①国内信用证项下卖方债权无追索权转让（福费廷业务）合同书；

②贸易融资超权限业务审批表；

③信用证；

④开证行的承兑电文；

⑤其他需要的文件。

（2）银行权限内业务，由各银行贸金部对相关单据审核无误后，直接向开证行发送银行买入其信用证项下已承兑债权的通知。

（3）银行原则上应在得到开证行的确认后，向客户交付国内信用证项下卖方债权无追索权买入通知书。客户在国内信用证项下卖方债权无追索权买入通知书上签字确认后，银行为客户办理买入债权的划款入账手续。

（4）银行在到期日收到信用证项下款项后，进行相应的账务处理。

2. 转卖国内信用证项下卖方债权

（1）银行自行向已与银行签有业务协议或业务合作方案的包买行询价，确认交易细节及相关文件。

（2）银行向包买行发送信用证项下"款项让渡"，同时向开证行发出转让通知，请其向包买行确认。

（3）银行在收到包买行的款项后，向客户交付国内信用证项下卖方债权无追索权买入通知书，在获其回执确认后，扣除利息和手续费及其他费用，为客户办理入账手续。

（4）债权到期时，开证行向包买行付款。如到期时开证行付款给银行，银行应立即将收到的款项付给包买行。

【产品优势】

1. 国内信用证质押项下签发银行承兑汇票相较国内信用证项下打包贷款可以给客户更加节省财务费用，银行如果提供打包贷款，通常按照贷款定价，利率较高。

2. 应充分利用期限的错配，来制造存款。国内信用证在银行承兑汇票到期的一段时间内议付，可以给银行带来非常可观的存款。例如，申请人收到1000万元国内信用证，期限 3 个月，审批规定提供授信不超过信用证金额的70%；可以要求申请人提供 300 万元保证金，银行为客户签发 1000 万元的银行承兑汇票，期限 6 个月。在 2 个月后，信用证符合约定发货规定后，银行立即办理议付，信贷资金直接将银行承兑汇票填满敞口，银行承兑汇票变成全额保证金银行承兑汇票。

十四、内保外贷

【产品定义】

内保外贷是指境内银行与境外银行合作，在境内企业向境内银行出具无条件、不可撤销反担保的前提下，由境内银行为境内企业在境外注册的全资附属企业或参股企业开立保函或备用信用证，由境外银行向这些全资附属企业或参股企业提供融资的业务。

内保外贷业务和外保内贷业务属于正好相反的两项业务，操作流程相反。

内保外贷是我国境内银行给外资银行提供担保，外资银行给我国在境外的企业提供贷款；外保内贷是外资银行给中资银行提供担保，中资银行给外商在中国设立的子公司提供贷款。

【产品特点】

1、内保外贷主要是为支持境内企业参与国际经济技术合作和竞争，促进投资便利化，有效解决中国境外投资企业融资难等问题。目前国家外汇管理局已为银行核准一定额度，在额度内，银行为内保外贷业务提供的对外担保无须再逐笔向国家外管部门报批，程序相对简单、快捷。

该业务涉及主体。反担保人：境内的集团企业；借款人：境内的集团企业在海外全资附属企业或参股企业；担保银行：境内的中资银行（为境内的集团企业核定担保授信额度）；贷款银行：境外的融资银行（境内中资银行开立担保函的受益人）。

2、内保外贷大部分是全额人民币存单质押开立保函业务，银行可以吸收非常可观的保证金存款。由于境外的子公司处于非常重要的地位，境内的母公司一般都愿意给这类子公司提供非常强有力的支持。

【营销启示】

该业务定位为国内大型集团客户，当国内跨国公司的海外子公司有融资需求时，银行可以通过境内母公司提供反担保方式，为这些集团公司的境外子公司指定的融资银行签发银行保函或备用信用证，便利这些子公司获得资金融通。银行可以将服务集团客户的范围延伸到境外，有效扩大银行的服务边界。

【产品价格】

银行境内分行对外开出保函或备用信用证的环节，由担保银行向反担保人收取对外担保手续费；贷款银行向借款人提供贷款，由贷款银行按融资协议规定向借款人收取息费。

【办理条件】

1. 反担保人（境内企业）应符合以下基本条件。

（1）资信状况良好，具有充足的反担保能力；

（2）符合融资类保函申请人的基本条件；

（3）愿意为借款人融资向银行提供无条件且不可撤销的反担保。

2. 借款人应符合以下条件。

（1）符合国家关于境内机构对外担保的有关规定；

（2）如为境外贸易型企业，净资产与总资产比例不得低于10%；如为境外非贸易型企业，净资产与总资产比例不得低于15%；

（3）已在境外依法注册；

（4）已向外汇管理局办理境外投资外汇登记手续；

（5）有健全的组织机构和财务管理制度；

（6）银行要求的其他条件。

【业务流程】

1. 反担保人向担保银行申请开立保函；

2. 担保银行审查反担保人资信情况、被担保人（借款人）的基本状况及反担保落实情况，受益人进行信贷审查；

3. 担保银行向贷款银行开具保函或备用信用证；

4. 贷款银行向借款人提供融资。

【业务流程图】

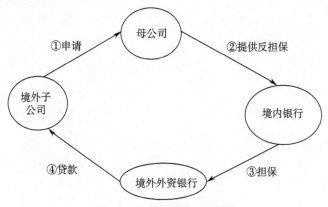

图4-11 内保外贷业务流程

【案例】 中国平安内保外贷融资

一、企业基本概况

中国平安保险集团为国内特大型的保险公司，公司注册资本金额较大，年度销售收入极大，为国内顶尖的特大型保险集团。

二、银行切入点分析

中国平安保险集团在交通银行深圳分行和建设银行深圳分行授予的额度内，以"内保外贷"的方式为全资子公司平安海外（控股）公司提供担保，担保额度分别为 4.2 亿美元和 32 亿元人民币。

具体担保情况为：交通银行香港分行向平安海外（控股）公司提供贷款，交通银行深圳分行在其外汇担保额度内为平安海外（控股）公司向交通银行香港分行提供担保，中国平安为交通银行深圳分行的对外担保提供反担保。交通银行深圳分行授予中国平安内保外贷额度由原来的 1.91 亿美元提高至 4.2 亿美元，约合人民币 32 亿元。

同时，建设银行香港分行向平安海外（控股）公司提供贷款，建设银行深圳分行在其外汇担保额度内为平安海外（控股）公司向建设银行香港分行提供担保，中国平安为建设银行深圳分行对外担保提供反担保。建设银行深圳分行授予中国平安内保外贷额度折合 32 亿元人民币。

第五章　保　　理

一、保理定义

保理（Factoring）是指卖方将其现在或将来的基于其与买方订立的货物销售/服务合同所产生的应收账款转让给保理商（提供保理服务的金融机构），由保理商向其提供资金融通、买方资信评估、销售账户管理、信用风险担保、账款催收等一系列服务的综合金融服务方式。它是商业贸易中以托收、赊账方式结算货款时，卖方为了强化应收账款管理、增强流动性而采用的一种委托第三者（保理商）管理应收账款的做法。

二、保理提供的四种服务

保理又称保付代理、托收保付，是贸易中以托收、赊销方式结算贷款时，出口方为了规避收款风险而采用的一种请求第三者（保理商）承担风险的做法。保理业务是一项集贸易融资、商业资信调查、应收账款管理及信用风险承担于一体的综合性金融服务。与传统结算方式相比，保理的优势主要在于融资功能。保理商至少为其提供以下两项服务。

1. 贸易融资。保理商可以根据卖方的资金需求，收到转让的应收账款后，立刻对卖方提供融资，协助卖方解决流动资金短缺问题。

2. 销售分账户管理。保理商可以根据卖方的要求，定期向卖方提供应收账款的回收情况、逾期账款情况、账龄分析等，发送各类对账单，协助卖方进行销售管理。

3. 应收账款的催收。保理商有专业人士从事追收，他们会根据应收账款逾期的时间采取有理、有力、有节的手段，协助卖方安全回收账款。

4. 信用风险控制与坏账担保。保理商可以根据卖方的需求为买方核定信用额度，对于卖方在信用额度内发货所产生的应收账款，保理商提供100%的坏账担保。

三、单保理方式

单保理方式适用于卖方所在地未有保理商参与。当买卖双方经过协商谈判决定采用保付代理结算方式后，卖方即向买方所在保理商提出申请，签订保付代理协议，并将需确定信用额度的买方名单提交给保理商；买方保理商对买方进行资信调查评估；将确定的买方信用额度通知卖方，并承担买方信用额度内100%的收取货款风险担保。

卖方保理商依据由买方保理商确定的买方信用额度决定签约；在信用额度内签约发货后，将发票和货运单据直接寄交买方；将发票副本送买方保理商，买方保理商负责催收账款；如果卖方在发货后、收款前有融资要求，买方保理商将在收到发票副本后以预付款方式提供不超过发票金额80%的无追索权短期货款融资；买方在付款到期时将全部货款付给买方保理商，买方保理商再将全部货款扣除相关费用及预付货款后转入卖方银行账户。

四、双保理方式

双保理方式适用于买方和卖方双方所在地都有保理商的情况下。

卖方与本国的卖方保理商签订保付代理合同；然后与买方协商谈判买卖合同并约定采用保付代理结算方式；在签约前，卖方向卖方保理商提出确定买方信用额度申请；卖方保理商再从买方所在地的保理商中挑出买方保理商，同时将需要核定信用额度的买方名单提交给买方保理商；买方保理商对买方进行信用调查评估，将确定的买方信用额度通知卖方保理商，卖方保理商将买方信用额度通知卖方，并承担买方信用额度内100%的收取货款风险担保；卖方依据由保理商确定的买方信用额度决定是否签约；在信用额度内签约发货后，将发票和货运单据直接寄交买方；将发票副本送卖方保理商，卖方保理商负责催收账款管理；如果卖方在发货后、收到货款前有融资要求，卖方保理商将在收到发票副本后以预付款方式提供不超过发票金额80%的无追索权短期货款融资；卖方保理商同时将应收账款清单提交给买方保理商，委托其协助催收货款；买方在付款到期时将全部货款付给买方保理商，如果买方在发票到期日 90 天后仍未付款，买方保理商做担保付款；买方保理商收款后，立即将全部款项转给卖方保理商；卖方保理商在扣除相关费用及预付货款后转入卖方的银行账户。

只要买方按原定合同及时付清货款，这单保理业务就告完成。买方的信用额度在保理合同规定的期限内可循环使用。

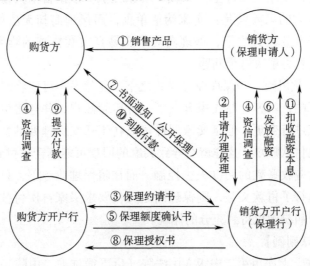

图 5 – 1　国内双保理业务流程（以下银行为保理主体）

五、明保理与暗保理

通常根据应收账款转让是否通知买家（债务人）将保理分类为明保理和暗保理（或者公开型保理和隐蔽型保理）。

明保理是指保理商受让卖家（债权人）的应收账款之后，将该应收账款债权转让事实以书面形式通知买家。而如果保理商在受让应收账款之后，不通知买家，则属于暗保理。通常，保理商为了规避买家拒不付款的风险，会考虑让卖家制作好应收账款转让通知书并且加盖卖家公章，将该通知书保存在保理商处，一旦发现买家回款异常或者逾期支付，即将应收账款转让通知书立即送达给买家，从而达到"弃暗投明"的效果。

六、暗保理的风险

暗保理的最大风险是什么？一是交易真实性的核查；二是间接回款。

1. 交易真实性风险。保理商是无法（或者很难）与买家进行接触的，对于交易真实性的核查，主要是通过调查交易记录、基础合同、发货凭证、验收凭证等，而这些相关文件主要依赖于卖家提供。根据目前大量的诉讼纠纷来看，其中最大的风险就是：卖家伪造单据，而保理商却无法核实真实性。因此，暗保理业务模式之下，保理商对于交易真实性核查的难度明显增大，需要花更多的精力解决这个问题。

2. 间接回款风险。暗保理业务模式之下，显然是不可能将回款账户变更至保理商名下的，就算是与卖家开立了三方监管账户，并且将该监管账户由卖家通知买家进行变更，但是卖家同样可以在不通知保理商的情况下，再次通知买家变更付款账户，这样就会导致买家的回款可能不会支付到监管账户，导致保理商对应收账款的回款失去控制。而在暗保理业务下，只要买家举证证明其已经履行了付款义务，则保理商是无权要求买家再次付款的，这点在诸多保理诉讼纠纷中也得到充分的体现。

【经典司法判例】

2012 年底，上海市第二中级人民法院（以下简称沪二中院）就一个保理合同纠纷作出了终审判决（〔2012〕沪二中民六（商）终字第 147 号）。该案之争点即涉及保理业务中应收账款转让的有效性问题。笔者现对该判例进行解读，并提出相应的律师建议和提醒。

一、案情简介

2011 年 11 月 23 日，工商银行青浦支行与康虹公司签订国内保理业务合同一份，明确：康虹公司以其与购货方之间形成的应收账款向工商银行青浦支行申请办理有追索权国内保理业务；康虹公司在工商银行青浦支行开立保理融资账户用于收取相应应收账款以及扣划保理融资本息；工商银行青浦支行给予康虹公司保理融资。

同日，工商银行青浦支行与康虹公司签订了应收账款转让清单及明细，约定康虹公司将其在上海大润发有限公司（以下简称大润发公司）处的应收账款债权及相关权利转让给工商银行青浦支行。对与康虹公司因系争保理合同而发生的债权转让，工商银行青浦支行在中国人民银行征信中心应收账款质押登记系统（以下简称央行登记系统）办理了应收账款转让登记。康虹公司曾在2011年11月4日向大润发公司发出过更改付款账户申请，并在保理合同签订后与工商银行青浦支行共同出具过应收账款债权转让通知书。

2011年11月25日，工商银行青浦支行向康虹公司发放了保理融资款。2012年1月6日，保理融资到期，工商银行青浦支行未收到大润发公司的应收账款，康虹公司及其他担保人也未履行各自义务。工商银行青浦支行遂于2012年初诉至上海市青浦区人民法院，请求：（1）判令大润发公司支付应收账款债权本金及相应的利息损失；（2）判令康虹公司在融资本金及利息的范围内对大润发公司的债务承担回购责任……

二、判决及说理

就工商银行青浦支行的诉请，青浦区法院一审判决以应收账款债权转让通知依据不足为由，认定应收账款转让不成立，从而驳回了工商银行青浦支行针对大润发公司的诉请。工商银行青浦支行遂提起上诉。沪二中院于2012年11月底作出维持原判的终审判决，驳回了工商银行青浦支行的上诉。

就通知的效力，一审法院认为，保理合同签订后，工商银行青浦支行虽与康虹公司订立了应收账款转让清单及明细，也共同出具了应收账款债权转让通知书，但康虹公司未将应收账款债权转让事实通知大润发公司。由于康虹公司未履行债权转让通知义务，应收账款债权转让对大润发公司不发生效力。

对于康虹公司和工商银行青浦支行的通知是否有效，沪二中院在终审判决中认为，在更改付款账户申请中康虹公司称"因我公司在工商银行青浦支行办理应收账款保理贷款业务"，要求变更结算账户及付款方式。虽然该申请提及工商银行青浦支行，也提及应收账款保理贷款业务，但该申请未就以下事项予以明确：（1）未通知大润发公司就哪一部分应收账款进行保理贷款，债权转让标的不明；（2）未告知保理贷款合同（对大润发公司而言即债权转让合同）是否成立并生效；（3）未明确表明债权转让的意思，变更后的结算账户户名仍为康虹公司。因此，虽然大润发公司确认收到该申请，也不能从该申请推定出康虹公司履行了系争保理合同项下债权转让的通知义务。

关于债权转让登记于央行登记系统是否可以免除债权转让通知义务的问题，沪二中院认为：第一，央行登记系统是根据《中华人民共和国物权法》

等规范性法律文件，为应收账款质押登记的目的而设。第二，保理业务中债权转让登记无法律法规赋予其法律效力。从相关规定表述看，央行登记系统对债权转让登记的定位为"公示服务"，且央行登记系统对债权转让登记并不作实质性审查，故与应收账款质押登记不同，债权转让登记于央行登记系统不发生强制性排他对抗效力。第三，合同法明确规定债权转让对债务人发生法律效力的前提是通知，法律、司法解释或相关规范性法律文件未赋权任何形式的登记以债权转让通知的法律效力。因此，即便债权转让在系争登记系统中进行了登记，也不能免除合同法确定的债权转让通知义务。

三、案例启示和律师建议

在上述案件中，虽然针对康虹公司以及其他担保人的诉请获得法院支持，但工商银行青浦支行却无法要求履约能力最强的大润发公司向其直接履行付款的义务。考虑到其他被告的履约能力和执行难度及时间成本，工商银行青浦支行的诉讼风险大大增加了。

应收账款转让的本质是债权转让。由于现行法律法规对于保理下的应收账款转让并无其他特别要求，针对应收账款转让仍应适用《合同法》第八十条的规定，即债权转让只有在债权人通知债务人后才对债务人发生效力。但是，对于债权转让通知的形式和内容，《合同法》及其他法律法规并无进一步的规定和要求。

实践中，除了债权人发出书面通知以外，银行和商业保理公司一般会要求债权人提供债务人对于应收账款转让的书面确认，甚至会要求债权人对书面通知的发出办理邮寄公证。作为额外的防范措施，银行和商业保理公司也经常会就应收账款转让在央行登记系统办理应收账款转让登记。

上述案例中，就应收账款转让的通知，康虹公司和工商银行青浦支行也是按照实践中的惯例操作的，具体包括：康虹公司向大润发公司发出更改付款账户申请；康虹公司和工商银行青浦支行共同出具应收账款转让通知书；工商银行青浦支行在央行登记系统办理应收账款转让登记。应该说，康虹公司和工商银行青浦支行已经通过多种常用方式，向大润发公司进行了通知。那么，这些通知最终为何均被认定无效呢？

从沪二中院的判决可以看出，对于债权转让通知，法院除了审查转让通知的形式以外，更看重通知的内容。康虹公司和工商银行青浦支行虽然通过多种形式发出过通知，但由于通知内容不够明确，导致应收账款转让最终被认定为无效。

沪二中院的这一判例为银行和商业保理公司敲响了警钟。根据以上判例，在就应收账款转让通知债务人时，银行和商业保理公司除了注意通知的形式外，更应注意转让通知的内容。具体而言，银行和商业保理公司应要求债权人：（1）在其通知中对转让的应收账款予以明确列明，如说明涉及的合同号、所转让债权的具体金额等；（2）明确告知债务人保理合同已成立并生效的事实；（3）明确告知债务人的特定账户是保理融资收款账户的事实。

对于就应收账款转让在央行登记系统办理应收账款转让登记，虽然沪二中院的判决认定该登记仅为"公示目的"，不发生强制性排他对抗效力，但由于这一登记目前仍是避免应收账款被"一鸭多吃"的一种有效途径，所以仍建议银行和商业保理公司对于保理业务下的应收账款转让办理登记。

第二节　保理产品

一、保理

国内保理业务近年来发展很快，但大部分都是有追索权保理，无追索权保理因买方通常不配合，在国内发展缓慢。如在电信设备交易中，由于电信运营商处于绝对优势地位，一般不配合提供应收账款转让确认回执，因此公开无追索权的保理很难实施。甚至有些企业因为正常的贷款不能获得批准，采取与关联企业勾结的方式，制造虚假的应收账款，利用银行大力发展保理的心理诈骗银行信贷资金。

因此，银行发展保理业务一定要正确选择对象，规范操作，切莫心急。

【产品定义】

保理是指在赊销贸易项下，卖方银行从卖方买下代表应收账款的销售发票，先按票面金额的一定比例向企业支付款项，随后向买方索要货款，待收到全部货款后，扣除有关垫款和贴现利息、费用等后，将剩余的款项支付给卖方的一项融资业务。

保理实际上是卖方银行向卖方企业提供的短期融资业务（一般不超过180天）。

保理分类如下：

1. 按是否保留对卖方的追索权，分为无追索权保理和有追索权保理两种。

无追索权保理是指银行受让供应商应收账款债权后，即放弃对供应商追索的权利，银行独立承担买方拒绝付款或无力付款的风险。

有追索权保理是指银行受让供应商应收账款债权后，如果买方拒绝付款或无力支付，银行有权向供应商追索已经提供的融资，要求其回购应收账款。

2. 按是否将应收账款已经转让给融资银行的信息通知给买方，分为公开型保理和隐蔽型保理。

公开型保理是指卖方企业必须以书面形式将应收账款已经转让给卖方银行的信息通知买方，并指示它们将交易合同项下货款直接付给卖方银行。通常，卖方将向买方发出货款项下的债权转让通知，要求买方正式签收，并提供书面回执。

隐蔽型保理是指卖方企业不将应收账款已经转让给卖方银行的信息通知买方，买方将货款仍旧直接支付给卖方，在收到货款后，卖方再与卖方银行清算融资及相关的费用。隐蔽型保理是不得已而为之的融资方式，买方非常强势，不会配合应收账款转让手续。通常隐蔽型的保理风险相对于公开型保理风险更大些。

【适用对象】

卖方以信用方式向买方销售货物或提供服务所产生的应收账款。赊销（Open/Account）、承兑交单（D/A）等方式适合叙做保理业务。以信用证（不包括备用信用证）、货到付款为基础的销售模式不适合保理。

【业务提示】

1. 贸易融资：在卖方发货后，保理商向卖方提供融资，融资金额一般为应收账款金额的一定比例，具体比例依据商品交易的金额、期限、买方及卖方资信而定。

2. 销售分户账管理：在卖方叙做保理业务后，保理商会根据卖方的要求，定期/不定期向其提供关于应收账款回收情况、逾期账款情况、信用额度变化情况、对账单等各种财务和统计报表，协助卖方进行销售管理。

3. 应收账款催收：保理商一般有专业人员和专职律师进行账款追收。保理商会根据应收账款逾期的时间采取信函通知、打电话、上门催款直至采取法律手段确保到期的账款及时收回。

4. 信用风险控制与坏账担保：在无追索权保理情况下，卖方与保理商签订保理协议后，保理商会为债务人核定一个信用额度，并且在协议执行过程中，根据债务人资信情况的变化对信用额度进行调整。对于卖方在核准信用额度内发货所产生的应收账款，保理商提供100％的坏账担保。

【营销建议】

保理的目标客户可以根据供应链营销思路，以核心客户的上游供应商为营销目标。如以汽车制造商的供应商——汽车配件公司为保理的主要营销对象，将汽车制造商欠配件公司的应收账款进行保理融资。

【产品优势】

1. 对卖方的优势。

（1）国际保理业务能为卖方和买方提供风险保障，确保交易安全，达到节约成本、简化手续、扩大利润、增加营业额的商业目的。

（2）增加营业额。对于新的或现有客户提供更有竞争力的承兑交单、付款交单的付款条件，有利于卖方拓展市场、增加营业额。

（3）提供了风险保障。买方信用风险转由银行承担，卖方可以得到100％的收款保障。

（4）节约成本。账务管理和账款追收都由银行负责，减轻了卖方负担，节约了管理成本。

2. 对买方的优势。

（1）增加营业额。利用承兑交单、付款交单优惠付款条件，以有限的资本购进更多货物，加快资金流动、扩大营业额。

（2）风险保障。借助公司的信誉和良好的财务表现而获得银行融资，通常无须抵押。

（3）节约成本。省去了开立银行承兑汇票的费用。

（4）简化手续。在批准信用额度后，融资手续简化，进货快捷。

（5）提升效率。由于加快了资金和货物的流动，因而保证了商业运行效率的提升。

【收费】

1. 保理商佣金：发票金额的一定比例。

2. 融资利息：执行中国人民银行规定的同档期流动资金贷款利率。

【业务流程】

无追索权项下保理业务流程。

1. 卖方与买方签订贸易合同，卖方向银行提出叙做保理的意向。

2. 银行对卖方的经营情况进行审查，着重分析其执行贸易合同的能力及信誉状况；同时对买方核定授信额度。

3. 银行主动收集买方资料，着重分析其执行贸易合同的付款能力及信誉状况，为其核准信用额度。

4. 银行在综合考虑资金成本、合理利润、相关费用的基础上决定报价。

5. 卖方接受银行报价并签订保理协议后，开始供货并将附有转让条款的发票寄送买方，同时卖方将发票副本交银行。

6. 银行按照不超过发票金额的一定比例进行融资。

7. 买方在发票到期日前付款至银行指定账户。

【业务流程图】

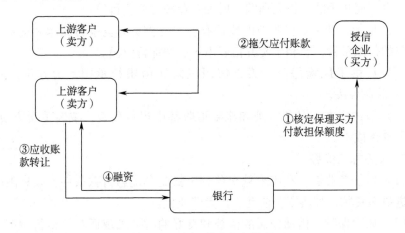

图 5−2　保理融资业务流程

【风险控制】

1. 买方企业的防范。应收账款能否及时回收，关键在于买方的资信。成功的保理应当是通过买方及时支付货款而最终收回保理的融资，而不是通过保理银行追索卖方。因此，必须严格落实买方的资信良好。

2. 卖方企业的选择。必须选择有较强的供货能力、信誉较好的企业。一方面，好的企业在贸易中纠纷很少，保证了保理的安全；另一方面，在有追索权的保理业务中，如果买方付款出现问题，卖方银行可以向卖方追索，防止出现信贷资金损失。

3. 规范操作中一般要求买方将款项直接付至卖方在融资银行开设的保理

专户或监管账户中。但是，在实际业务过程中，经常出现买方仍将款项直接付至卖方结算存款账户的情况，要加以注意。

4. 操作中经常出现卖方回款账户回款金额仅限于银行融资的金额，这是不规范的操作。要求应收账款是整体转让，因此卖方应当将应收账款项下全部款项都支付给融资银行，进入保理专户或监管账户管理，融资银行扣除保理融资后，将余款划给申请人。

5. 严格落实真实的贸易背景。保理业务的最大保障不是买方的资信，而应当是真正的交易背景，交易的自偿性可保证保理融资的安全。因此，必须切实落实交易背景的真实性，包括要求卖方提供交易合同、货物运输发票、相关的产品质量检验合格证书、买方的货物收妥回执等资料。

6. 期限对应。有时在实际操作过程中，出现交易合同的期限超过了保理融资的期限，这应当绝对避免。

【案例】上海国际商用机器有限公司保理融资

一、企业基本情况

上海国际商用机器有限公司是外商独资企业，公司年销售额超过 50 亿元，母公司为美国国际商用电器有限公司，母公司对销售的收款安全非常重视，要求将销售产生的应收账款买断，转移收款风险。公司是电站设备高端开关设备供应商，在行业内处于技术垄断地位，公司的主要客户都是国内的电厂。销售模式一般为设备移交，由国内的专业工程承包企业进行安装调试，销售合同付款一般为设备移交后 120 天。

二、银行切入点分析

上海国际商用机器有限公司并不缺资金，不需要简单的资金融通，需要的是转移收款风险。因此，将其销售项下的应收账款买断是其根本需要。由于上海国际商用机器有限公司所处行业为优势的电力行业，行业风险不大，而商品买家都为电厂，一般履约风险不大。操作业务的关键点在于买方是否配合提供应收账款的转让通知回执。即买方知道应收账款转让的情况，并接受融资银行作为将来的债权人。由于上海国际商用机器有限公司为行业内垄断产品供应商，在与电厂谈判时具备一定的优势，同时为了让电厂配合，上海国际商用机器有限公司愿意提供一定的价格折让。上海国际商用机器有限公司与威海武化电力有限公司签订购销合同，上海国际商用机器有限公司向威海武化电力有限公司提供价值2000万元的电力设备，某银行大力营销该公司办理无追索权的保理融资业务。经过宣传保理业务的好处，该公司决定向国内某商业银行上海分行申请办理保理业务，并说服买方威海武化电力有限公司配合操作保理业务。

三、银企合作情况

国内某商业银行上海分行了解了威海武化电力有限公司资信情况并为其核定了授信额度。经过信贷评审，为威海武化电力有限公司提供了2000万元的综合授信额度。随后，银行为上海国际商用机器有限公司办理了公开无追索权保理，上海国际商用机器有限公司将代表货权的应收账款（商业发票）卖给银行，银行扣收融资手续费及利息后，将余款1950万元划入上海国际商用机器有限公司账户。应收账款到期，银行从威海武化电力有限公司处收回货款，保理业务正常完结。

【点评】

操作保理应当尽可能办理公开无追索权保理业务，这是标准的保理融资。有追索权隐蔽型保理更多的是一种单纯融资，如同一般贷款。无追索权保理业务最困难的就是买方的配合，卖方应当积极协助做买方工作，必要的时候，卖方应当提供一定的优惠给买方，"利诱"其配合。保理业务必须基于真实的交易背景，切记，不可让保理业务成为变相融资的工具。保理出现风险往往是银行当初不规范操作的结果，分行更不能为了配合企业的融资，协助"制造"证明交易背景的资料，银行为了提供给卖方融资而默认客户造假。

二、有追索权保理

【产品定义】

有追索权保理是指销售商将其与购货商订立的货物销售（服务）合同或因其他原因所产生的应收账款转让给银行，从而获得银行为其提供的销售分户账管理、应收账款催收、保理预付款融资等方面的综合性金融服务。当约定应收账款债权不能如期足额回收时，由销售商负责等额回购，银行拥有追索权。

【适用对象】

有追索权保理适用于向资信良好的大企业、政府机构、军队等下游客户销售商品或提供服务并形成应收账款的企业。

【业务流程】

1. 企业提出申请，提交相关资料；

2. 银行受理，进行调查、审批；

3. 审批通过后，企业与银行签订相关合同；

4. 在人民银行应收账款质押登记公示系统办理应收账款转让登记后，发放融资；

5. 授信到期应收账款回款直接用以归还银行授信，否则银行可以要求销售商回购应收账款。

【产品优势】

企业可获得综合性金融服务，提高资金流动性，有助于改善经营状况。

【案例】山西太钢不锈钢股份有限公司关于开展
有追索权国内保理业务的公告

一、关联交易概述

山西太钢不锈钢股份有限公司（以下简称太钢不锈或本公司）2014 年 12 月 22 日召开了公司第六届董事会第十二次会议，审议通过了《关于与太钢（天津）商业保理有限公司开展有追索权国内保理业务的议案》。

公司决定与太钢（天津）商业保理有限公司（以下简称太钢保理）签署有追索权国内保理合同，由太钢保理受让太钢不锈应收账款并向太钢不锈提供保理融资、应收账款管理及催收等国内保理服务，保理融资额度金额 2 亿元。

太原钢铁（集团）有限公司（以下简称太钢集团）为本公司的控股股东，持有本公司 64.24% 的股权，对本公司拥有实际控制权。

二、太钢（天津）商业保理有限公司基本情况

名称：太钢（天津）商业保理有限公司

住所及注册地：天津东疆保税港区洛阳道 601 号海丰物流园 10 - 2 - 2
- 104

企业性质：外资

法定代表人：韩珍堂

注册资本：8000 万美元

经营范围：以受让应收账款的方式提供贸易融资；应收账款的收付结算、管理与催收；销售分户（分类）账管理；客户资信调查与评估；相关咨询服务（依法须经批准的项目，经有关部门批准后方可开展经营活动）。

成立时间：公司成立于 2014 年 10 月

三、关联交易标的基本情况

1. 标的资产概况。

公司以转让的应收账款作为保理融资本金金额，太钢保理受让应收账款时按保理融资本金金额向公司预付应收账款转让价款，并按双方约定的方式收回本金及收取利息。本次保理融资的额度为循环额度，即保理融资占用额不超过保理融资额度。上述应收账款不存在抵押、质押情况，不涉及有关资产的重大争议、诉讼或仲裁事项、查封、冻结等司法措施。

2. 上述保理融资业务使与保理业务相关应收账款转移至保理公司。上述保理融资业务不会导致公司合并报表范围变更。

四、交易的定价政策及定价依据

本次关联交易的定价遵循公平、公正、公开的原则。太钢不锈与太钢保理签订的有追索权国内保理合同参照市场平均价格水平协商确定保理融资利率及手续费率。

五、交易协议的主要内容

1. 保理融资额度金额：2 亿元。

2. 保理融资利率：按照每笔保理融资本金发放当日中国人民银行公布的同期贷款基准利率基础上下浮动 10%，如遇人民银行贷款基准利率调整，则在利率调整日次月 1 日对利率进行调整。

3. 结息方式：按计息期结息，计息期为 3 个月，自保理融资本金发放之日起计，利息应于每个计息期最后一天付息或保理融资到期日全部支付（以较早者为准）。

4. 应收账款所有权：相关应收账款所有权归太钢保理所有。

5. 合同生效：经双方法定代表人或者授权代表签字（或人名章）盖章并经双方有权机构审批后生效。

6. 有追索权国内保理是指太钢保理根据合同约定向太钢不锈提供保理融资后，发生合同约定的回购情形时，太钢保理有权向太钢不锈追索，要求太钢不锈回购相应的应收账款。回购情形包括：

（1）应收账款到期日，清偿应收账款的责任人未足额支付应收账款。

（2）应收账款到期日前，清偿应收账款的责任人以任何书面形式就交易合同项下的商业纠纷通知太钢保理或者太钢保理通过太钢不锈及其他任何途径得知交易合同发生商业纠纷的。

三、无追索权保理

【产品定义】

无追索权保理是指卖方客户将其基于真实贸易背景产生的应收账款转让给民生银行，由民生银行承担应收账款在无商业纠纷的情况下无法得到清偿的坏账风险，又称买断型保理。客户通过办理无追索权保理可以提前确认应收账款收回，加速应收账款周转率。

【适用客户】

无追索权保理适用于财务管理目标较高，有改善报表需求的上市公司、大型国有企业等，或希望在银行承担特定买方坏账风险的基础上扩大销售规模的企业。

【案例】 南京熊猫电子股份有限公司保理

一、关联交易概述

南京熊猫电子股份有限公司（以下简称公司或本公司）控股子公司南京熊猫电子制造有限公司（以下简称电子制造公司）与中电通商融资租赁有限公司（以下简称中电通商公司）签署无追索权保理业务合同（以下简称本合同或该合同），约定由中电通商公司向电子制造公司提供可循环使用保理融资额度为 15000 万元的应收账款保理服务，有效期为 1 年，自公司履行必要的审批程序后生效。本次交易不构成《上市公司重大资产重组管理办法》规定的重大资产重组。

中电通商公司是本公司实际控制人中国电子信息产业集团有限公司（以下简称中国电子）控制的公司。根据《上海证券交易所股票上市规则》和《香港联合交易所有限公司证券上市规则》规定，中电通商公司是本公司关联法人，电子制造公司与中电通商公司签订无追索权保理业务合同构成了公司的关联交易。

公司以接纳书面议案的形式召开第八届董事会临时会议，审议批准了电子制造公司与中电通商公司关于开展应收账款保理的业务及保理融资额度，同意签订无追索权保理业务合同。至本次关联交易为止，过去 12 个月内公司与中电通商公司未发生交易事项。

二、关联方介绍

关联人基本情况

公司名称：中电通商融资租赁有限公司

公司类型：有限责任公司（中外合资）

注册资本：8000 万美元

主要股东或实际控制人：中国电子是中电通商公司控股股东及实际控制人。

经营范围：融资租赁业务；租赁业务；向国内外购买租赁财产；租赁财产的残值处理及维修；租赁交易咨询和担保；兼营与主营业务相关的商业保理业务。

中电通商公司于 2014 年 4 月成立，按照中国电子对自主核心产业链提供金融服务的整体布局，中电通商公司致力于打造新型平板显示产业供应链金融服务的全新布局，以融资租赁、商业保理及国内外贸易结构升级等多元化的金融服务方案为切入点，为核心产业创造高附加值金融服务，优化核心产业上下游金融服务链条，以多方共赢为前提，实现中国电子整体产业能力和金融服务水平的升级。

三、关联交易标的基本情况

1. 交易标的。

电子制造公司与中电通商公司签订无追索权保理业务合同，对其与南京中电熊猫液晶显示科技有限公司（以下简称中电液晶公司）之间的应收账款进行无追索权保理，保理融资限额 1.5 亿元（可循环使用），有效期为 1 年，自公司履行必要的审批程序后生效。

2. 关联交易价格确定的一般原则和方法。

电子制造公司与中电通商公司签订的无追索权保理业务合同涉及的利息及费用（包括保理融资利息、保理业务手续费、发票处理费、其他费用及逾期违约金等）的收费标准不高于同期境内商业银行所收取的同类费用标准。

在使用中电通商公司提供的保理业务服务前，乙方有权通过了解市场情况来确认中电通商公司提供的合作条款是否优于或不差于独立的第三方提供的同类型服务。如在本合同有效期内，乙方与境内商业银行签署生效的协议或合同，就办理与本合同项下同类业务，约定了优于甲方的利息及费用收取标准，则根据乙方要求，甲方应当将本合同项下前述利息及费用收取标准调整至与境内商业银行同等或更优的水平。

四、无追索权保理业务合同的主要内容

甲方（保理商）：中电通商融资租赁有限公司

乙方（应收账款转让方）：南京熊猫电子制造有限公司

1. 本合同签署时，乙方已获得甲方为其核定的保理融资（额度），具体内容如下：

（1）甲方可受让应收账款付款方（基础商务合同买方）名单及限额。

（2）本合同项下乙方申请保理融资的用途为流动资金。

（3）保理敞口融资额度为 15000 万元（可循环使用），额度有效期为 1 年（单笔额度以基础商务合同期限为准），自乙方履行必要的审批程序后生效。单笔融资期限不超过 5 个月，每笔应收账款对应的融资期限自保理融资发放日起至甲乙双方约定的清偿日止，具体的保理融资实际发放日与清偿日以保理预付款支用转账凭证或其他债权债务凭证所载明的起止期限为准；融资比例不超过甲方受让合格应收账款的 100%。

（4）融资模式为单批（笔）应收账款对应单笔保理融资。

2. 本合同项下乙方申请叙做保理业务的服务包括贸易融资。

3. 在本合同有效期内，乙方应按照本合同规定的条款和条件申请将以赊销方式向买方销售货物/提供服务所产生的应收账款全部转让给甲方，但乙方对特定买方未转让部分的应收账款不得设定质押、信托或转让给任何第三方。

4. 乙方可以根据自己的实际需要，将未到期的合格应收账款，在甲方核定保理融资额度内向甲方申请保理融资，申请的保理融资方式为应收账款。

5. 本合同涉及的利息及费用包括保理融资利息、保理业务手续费、发票处理费、其他费用及逾期违约金等，具体约定如下：

（1）保理融资利息。甲方对乙方发放的保理融资免除保理融资利息。在本合同有效期内该融资利率为固定利率，遇中国人民银行调整贷款基准利率时不做调整。

（2）保理业务手续费。本合同项下保理业务手续费费率为乙方向甲方转让的应收账款金额的 0.05%，收取方式按乙方每次向甲方转让的应收账款金额逐笔收取。收取时间为转让时收取。

任何条件下，甲方保留在乙方转让应收账款后的任何时候采取合适的方式向乙方收取保理手续费的权利。

（3）不收取发票处理费。

（4）逾期违约金。

逾期违约金按日计算，以逾期未支付的保理融资、保理融资利息、保理业务手续费、发票处理费、其他费用为基数，自款项逾期之日起按照上述 5（1）（保理融资利息）约定的日利率水平上浮 30% 的违约金率计算（即保理融资利率上浮 30%），直至逾期款项清偿为止。

逾期违约金计算方法为：逾期违约金＝逾期未支付的款项×逾期违约金率×逾期天数。

五、关联交易的目的

电子制造公司与公司关联人中电液晶公司签订生产材料采购供应基本合同，由电子制造公司向中电液晶公司提供符合技术规范的控制电路板，具体数量、交货日期、结算单价等以订单为准，约定收到电子制造公司发票并在月结后 60 天内付款。该业务在实际操作中，中电液晶公司在收到发票月结后 60 天支付 3 个月银行承兑汇票和部分现金。

为确保应收账款安全，丰富资金调配管理措施，优化财务结构，电子制造公司与中电通商公司签订无追索权保理业务合同，对其与中电液晶公司之间的应收账款进行无追索权保理，保理融资限额 1.5 亿元（可循环使用），有效期为 1 年，自公司履行必要的审批程序后生效。

六、对上市公司的影响

中电通商公司根据《中国（上海）自由贸易试验区商业保理业务管理暂行办法》（中（沪）自贸管〔2014〕26 号）及其他有关规定设立，具备开展商业保理等贸易融资类业务的基础条件和综合优势。本次提供的公开型无追索权商业保理业务，提供票据付款方式，票据是由中国电子财务有限责任公司承兑的电子银行承兑汇票，保贴行包括中国农业银行、招商银行等大型商业银行。在合作方的选择和业务操作模式方面风险可控。

第六章 金融新产品

一、信贷资产转让（回购）

客户经理的营销目标可以定位在财务公司、地方城市商业银行等金融机构。这些机构一般都有较强的实力，但是由于其资金来源主要是短期存款，普遍需要长期的资金来源，通过信贷资产转让业务可以很好地解决其长期资金需要的问题，同时，可以要求这些金融同业在受让金融机构存入一定额度的存款作为信贷资产受让方融出资金的补偿。

【产品定义】

回购型信贷资产转让是指出让金融机构向受让金融机构转让信贷资产，并承诺按照协议约定向受让金融机构无条件购回该项信贷资产的一种融资业务。

【适用对象】

1. 在中国境内具有法人资格的商业银行及其授权的分行。

2. 在中国境内具有法人资格且具有经营自营贷款业务资格的非银行金融机构（包括财务公司、信托公司、地方城市商业银行等）。

3. 中国人民银行批准在中国境内经营本币、外币贷款业务的外资金融机构。

【利率】

利率一般与资金市场同期限的交易品种挂钩，并以其为参照上浮一定比例，如盯住同业拆借利率、央行票据利率、国债回购利率等。

【营销建议】

客户经理的营销目标可以定位在财务公司、地方城市商业银行等金融机构。这些机构一般都有较强的实力，但是由于其资金来源主要是短期存款，普遍需要长期的资金来源，通过信贷资产转让业务可以很好地解决其长期资金需要的问题，同时可以要求这些金融同业在受让金融机构存入一定额度的存款作为信贷资产受让方融出资金的补偿。

建议从财务公司入手寻找客户，推荐以下网站：中国财务公司协会 ht-tp：//www. cnafc. org/cnafc/index. asp.

【所需资料】

转让贷款对应的基础资料：

（1）借款公司章程和公司组织架构图；

（2）经过年检的营业执照正本、副本原件及复印件；

（3）借款公司人民银行征信材料，并留下人民银行征信材料号和正确的密码；

（4）借款公司上年末及近期财务会计报告及审计报告；

（5）借款公司法人和经办人身份证原件及复印件；

（6）原贷款合同；

（7）银行要求的其他有关资料。

【产品优势】

1. 操作手续简便。

2. 解决金融机构长期资金需求。

【业务流程】

1. 受让金融机构对出让金融机构核定授信额度（无须对信贷资产中对应的借款人核定授信）。

2. 出让金融机构与受让金融机构签订信贷资产转让合同，并将信贷资产相关的贷款借据副本、借款合同、担保合同副本移交受让金融机构。

3. 受让金融机构将信贷资产相应的资金划给出让金融机构。

4. 贷款到期，出让金融机构将融资利息、贷款金额支付给受让金融机构（通常是利随本清）。

【风险防范】

回购型信贷资产转让业务要防止与一些实力较差的金融同业办理。

【政策依据】

1. 《中国银监会关于进一步规范银行业金融机构信贷资产转让业务的通知》（银监发〔2010〕102 号）规定：

二、本通知所称信贷资产是指确定的、可转让的正常类信贷资产，不良资产的转让与处置不适用本通知规定。

【业务流程图】

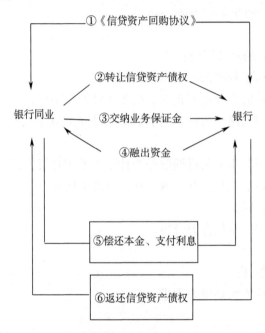

图6-1 信贷资产转让（回购）融资业务流程

信贷资产的转出方应征得借款人同意方可进行信贷资产的转让，但原先签订的借款合同中另有约定的除外。

三、信贷资产转入方应当做好对拟转入信贷资产的尽职调查，包括但不限于借款方资信状况、经营情况、信贷资产用途的合规性和合法性、担保情况等。

信贷资产转入方应当将拟转入的信贷资产提交授信审批部门进行严格审查、核实，复评贷款风险度，提出审核意见，按规定履行审批手续。

四、银行业金融机构转让信贷资产应当遵守真实性原则，禁止资产的非真实转移。

转出方不得安排任何显性或隐性的回购条款；转让双方不得采取签订回购协议、即期买断加远期回购等方式规避监管。

五、银行业金融机构转让信贷资产应当遵守整体性原则，即转让的信贷资产应当包括全部未偿还本金及应收利息，不得有下列情形：

（一）将未偿还本金与应收利息分开；

（二）按一定比例分割未偿还本金或应收利息；

（三）将未偿还本金及应收利息整体按比例进行分割；

（四）将未偿还本金或应收利息进行期限分割。

银行业金融机构转让银团贷款的，转出方在进行转让时，应优先整体转让给其他银团贷款成员；如其他银团贷款成员均无意愿接受转让，且对转出方将其转给银团贷款成员之外的银行业金融机构无异议，转出方可将其整体转让给银团贷款成员之外的银行业金融机构。

六、银行业金融机构转让信贷资产应当遵守洁净转让原则，即实现资产的真实、完全转让，风险的真实、完全转移。

信贷资产转入方应当与信贷资产的借款方重新签订协议，确认变更后的债权债务关系。

拟转让的信贷资产有保证人的，转出方在信贷资产转让前，应当征求保证人意见，保证人同意后，可进行转让；如保证人不同意，转出方应和借款人协商，更换保证人或提供新的抵（质）押物，以实现信贷资产的安全转让。

拟转让的信贷资产有抵（质）押物的，应当完成抵（质）押物变更登记手续或将质物移交占有、交付，确保担保物权有效转移。

银行业金融机构在签订信贷资产转让协议时，应当明确双方权利和义务，转出方应当向转入方提供资产转让业务涉及的法律文件和其他相关资料；转入方应当行使信贷资产的日常贷后管理职责。

七、信贷资产转出方将信用风险、市场风险和流动性风险等完全转移给转入方后，应当在资产负债表内终止确认该项信贷资产，转入方应当在表内确认该项信贷资产，作为自有资产进行管理；转出方和转入方应当做到衔接一致，相关风险承担在任何时点上均不得落空。

信贷资产转让后，转出方和转入方的资本充足率、拨备覆盖率、大额集中度、存贷比、风险资产等监管指标的计算应当作出相应调整。

八、银行业金融机构应当严格按照企业会计准则关于"金融资产转移"的规定及其他相关规定进行信贷资产转移确认，并做相应的会计核算和账务处理。

九、银行业金融机构应当严格遵守信贷资产转让和银信理财合作业务的各项规定，不得使用理财资金直接购买信贷资产。

十、银行业金融机构开展信贷资产转让业务，不论是转入还是转出，应按照监管部门的要求及时完成相应信息的报送，并应当在每个季度结束后30个工作日内，向监管机构报送信贷资产转让业务报告。报告应当至少包括以下内容：

（一）信贷资产转让业务开展的整体情况；

（二）具体的转让笔数，每一笔交易的标的、金额、交易对手方、借款方、担保方或担保物权的情况等；

（三）信贷资产的风险变化情况；

（四）其他需要报告的情况。

2.《关于规范银行业金融机构信贷资产收益权转让业务的通知》（银监办发〔2016〕82号）规定。

3.《中国银监会办公厅关于银行业信贷资产流转集中登记的通知》（银监办发〔2015〕108号）规定。

4. 依据《商业银行资本管理办法（试行）》：

一、信贷资产收益权转让应当遵守"报备办法、报告产品和登记交易"相关要求

（一）报备办法。银行业金融机构应当制定信贷资产收益权转让业务管理制度；银行业信贷资产登记流转中心（以下简称银登中心）应当根据银监会相关要求，制定并发布信贷资产收益权转让业务规则和操作流程，并及时报送银监会备案。

（二）报告产品。银登中心应当根据银监会相关要求，制定并发布产品报告流程和备案审核要求；银行业金融机构应当向银登中心逐笔报送产品相关信息。

（三）登记交易。出让方银行应当依照《中国银监会办公厅关于银行业信贷资产流转集中登记的通知》（银监办发〔2015〕108号）相关规定，及时在银登中心办理信贷资产收益权转让集中登记。

二、信贷资产收益权转让应当依法合规开展，有效防范风险

（一）出让方银行应当根据《商业银行资本管理办法（试行）》，在信贷资产收益权转让后按照原信贷资产全额计提资本。

（二）出让方银行应当按照企业会计准则对信贷资产收益权转让业务进行会计核算和账务处理。开展不良资产收益权转让的，在继续涉入情形下，计算不良贷款余额、不良贷款比例和拨备覆盖率等指标时，出让方银行应当将

继续涉入部分计入不良贷款统计口径。

（三）出让方银行应当根据《商业银行贷款损失准备管理办法》《银行贷款损失准备计提指引》《金融企业准备金计提管理办法》等相关规定，按照会计处理和风险实际承担情况计提拨备。

（四）出让方银行不得通过本行理财资金直接或间接投资本行信贷资产收益权，不得以任何方式承担显性或者隐性回购义务。

（五）信贷资产收益权的投资者应当持续满足监管部门关于合格投资者的相关要求。不良资产收益权的投资者限于合格机构投资者，个人投资者参与认购的银行理财产品、信托计划和资产管理计划不得投资；对机构投资者资金来源应当实行穿透原则，不得通过嵌套等方式直接或变相引入个人投资者资金。

（六）出让方银行和其他相关交易主体应当审慎评估信贷资产质量和风险，按照市场化原则合理定价，必要时委托会计师事务所、律师事务所、评级机构、估值机构等独立第三方机构，对相关业务环节出具专业意见。

（七）出让方银行和其他相关交易主体应当按照有关要求，向投资者及时、准确、完整披露拟转让收益权的信贷资产相关情况，并及时披露对投资者权益或投资收益等产生重大影响的突发事件。

（八）符合上述规定的合格投资者认购的银行理财产品投资信贷资产收益权，按本通知要求在银登中心完成转让和集中登记的，相关资产不计入非标准化债权资产统计，在全国银行业理财信息登记系统中单独列示。

三、银登中心应当加强市场监督，并及时报告重要情况

（一）开展业务产品备案审核。审核内容包括但不限于资产构成、交易结构、投资者适当性、信息披露和风险管控措施等。

（二）加强市场基础设施建设。完善信贷资产收益权转让相关平台功能，加强软硬件设施建设，保障系统运行的稳定性和连续性。

（三）及时报告重要情况。定期向银监会报告信贷资产收益权转让产品备案、登记转让信息和相关统计分析报告。发生重大突发事件时，应当及时向银监会报告。

【案例】 中国新力集团公司资产回购融资

一、企业基本情况

中国新力集团公司为特大型国有集团，公司年销售收入超过 600 亿元。

公司下属金融企业——中国新力财务公司，集团规定，系统内资金需求同等条件下，优先向财务公司借款。中国新力财务公司给集团下属企业——中国新桥有限公司发放了 1 亿元贷款。

二、银行切入点分析

中国新力集团整体依托电力行业，行业背景较好，公司现金流非常充裕。该公司效益较好，银行单纯信贷切入非常困难。财务公司与集团资金部是"一套人马、两块牌子"，财务公司拓展系统内信贷市场有着天然的优势。因而，银行可以与财务公司合作，间接进入该集团信贷市场，由财务公司赚取一定的息差。经过与财务公司接触，财务公司表示愿意与商业银行开展回购型信贷资产转让业务。

三、银企合作情况

中国新力财务公司与某国有商业银行北京分行洽商，将 1 亿元流动资金贷款转让给某国有商业银行北京分行。双方完成交易，确定融资利率为3.5%、期限为 6 个月，中国新力财务公司获得了低成本的资金支持，中国新力公司到期回购信贷资产。通过与财务公司的良好合作，随后财务公司内部的银团贷款也主动邀请某国有商业银行北京分行参加。借助财务公司，该银行成功地进入了中国新力集团的信贷业务领域。

【点评】

对于特大型的集团公司，"以迂为直"，"单刀直入"很困难，必须注意选择借力的突破点。而国内的财务公司客户群体数量众多，除了其本身就是银行拓展同业存款、转贴现票据的优质客户外，借助财务公司突破集团不失为一个便捷的选择，受到了各家银行的普遍重视。

二、交易资金见证监管

银行的最大优势在于良好的信誉受到公众认可，交易双方都认为资金交由银行监管可以保证双方的安全。在很多行业，交易程序复杂，透明度不高，一般都需要银行居间监管资金。通常银行以见到某权威机构出具的证明文件为履约完成的标志，安排划拨交易资金，这样的操作对银行而言较为简单，省去了买卖双方可能的纠缠。

【产品定义】

交易资金见证监管是指应商务合同交易双方的申请，买方将交易项下的付款资金交由商业银行监管，商业银行向交易双方提供如下保证：在卖方按时履约，并出示约定的交易完成证明文件后，银行保证将监管的交易资金划付给卖方；如果卖方没有按时履约，银行保证将监管的交易资金划还给买方。

通常以见到某权威机构出具的证明文件为履约完成的标志，银行见此划拨资金。

【营销建议】

1. 在特定的大额商务交易中使用。该产品多在股权收购、大宗土地交易中使用，如在股权交易中过程较为复杂，需要股东大会的讨论通过，以及完成过户变更等，时间较长、不确定性因素较多，因而买卖双方都希望可以有效制约对方，保证彼此的交易安全，该产品便应运而生。该产品再次说明银行是经营信用的，没有信用，银行将寸步难行。

2. 可以与贷款业务捆绑销售。在实践操作中，商业银行一般将交易资金见证监管业务与封闭贷款业务捆绑，在买方提交商务合同资料及其本身的财务状况资料后，商业银行首先对买方进行授信评估，确认可以获得授信额度后，商业银行首先发放一笔流动资金贷款，然后按照交易资金见证监管业务的规定进行监管，通过这种操作，银行可以获得贷款利息收入、存款资金收入双重收益等超额回报。中国企业在境外进行并购的时候，对方国家政府经常要求中国企业提供在商业银行的资金存款证明及银行的履约保函。

【点评】

　　商业银行应当非常重视该交易资金见证监管业务，随着市场经济的不断成熟，企业之间的并购越来越多，需要银行居间监管交易资金以促进交易顺利进行的情况将越来越多，发展该业务前途广阔。

　　【所需资料】

　　1. 交易双方营业执照等资料；

　　2. 交易双方经办人授权资料；

　　3. 交易合同等资料。

　　【产品优势】

　　1. 对交易双方的益处。保证了买方的资金安全，保证了卖方的收款安全，促进了商务合同的如实履约，便利了商品交易的完成。

　　2. 对商业银行的益处。银行可以有效吸收长期、稳定、大额的资金沉淀，是开拓银行存款的有效手段。

　　【业务流程】

　　1. 买方和卖方就交易进行商洽，有时，银行在此阶段就介入，协助买卖双方准备相关的协议文本等。

　　2. 明确交易完成的付款条件后，银行向买卖双方提供交易资金监管见证书，承诺付款的条件，三方签字确认。

　　3. 卖方按照商务合同履约，取得约定的交易证明完成文件，原件提交给银行，并提供复印件一份给买方。

　　4. 商业银行到交易证明完成文件发出机构核实，并向买方发出划转资金通知。

　　5. 银行将监管项下资金全额划拨给卖方，并取得卖方提供的资金收到确认回执。

　　6. 如卖方在约定时间内没有如实履约，银行在资金监管到期日及时通知买方，并将交易监管资金划拨给买方。

【业务流程图】

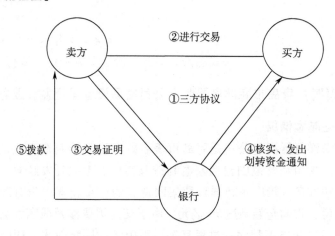

图 6 - 2 交易资金见证监管业务流程

【样本】

交易资金见证监管书

一、基础交易描述

买方：＿＿＿＿＿＿＿＿＿＿＿＿＿

卖方：＿＿＿＿＿＿＿＿＿＿＿＿＿

1. 根据（买方）＿＿＿＿＿＿（卖方）＿＿＿＿＿＿签订的商务合同（编号＿＿＿＿＿＿）约定，卖方将在＿＿＿＿＿＿日前完成合同履约。以卖方获得为完成合同履约依据。

2. 买方同意：将商务合同（编号＿＿＿＿＿＿）项下的支付资金全部交存在＿＿＿＿＿＿（银行），在卖方按照第 1 条约定履约完毕后，同意＿＿＿＿＿＿（银行）将该笔资金支付给＿＿＿＿＿＿（卖方）。

3. 卖方同意：如本方没有能够按照第 1 条约定履约，本方不会向买方提出任何的资金索偿要求，已经执行交易所支出的费用由本方自行承担。

买方：（签章）卖方：（签章）

二、银行保证

本行清楚知晓买卖双方的约定，本行在此承诺：在＿＿＿＿＿＿前，本行见到卖方提供的作为合同履约完成的标志，本行将买方在本行监管的资金

_____全部划拨给卖方；否则，本行将全额资金划还给买方。

××银行

××××年××月××日

（一式三份，买方一份、卖方一份、银行一份）

【案例】青岛市海洋电器制造公司交易资金见证监管业务

一、企业基本情况

青岛市海洋电器制造公司是青岛市著名的大型电器制造企业，公司注册资本6亿元。公司经营范围包括家电制造及销售、土地开发经营、商品信息服务等。公司准备收购广东新祥科贸集团持有的广东新祥股份有限公司的全部国有股股份，收购金额高达56亿元。由于交易需要涉及股东大会讨论、完成交易所的过户变更等程序，过程复杂，不确定性因素较多，同时交易金额巨大，因而双方针对付款条件一直在谈判中。

二、银行切入点分析

某银行长期跟踪青岛市海洋电器制造公司，发现青岛市海洋电器制造公司准备的此次交易机会，银行认为可以提供交易资金见证监管业务，并积极向青岛市海洋电器制造公司进行游说，由银行居间保证交易的安全，经过营销青岛市海洋电器制造公司和广东新祥科贸集团协商，双方同意由银行居间担保。

三、银企合作情况

该银行在青岛市海洋电器制造公司授信额度获得批准后，发放2亿元的1年期贷款（青岛市海洋电器制造公司承诺，如在股权过户日前银行贷款到期，青岛市海洋电器制造公司将全部2亿元贷款还清，并继续提供2亿元现金作为担保），另外，青岛市海洋电器制造公司提供36亿元资金，办理56亿元的定期存款，进行冻结质押后，该银行向交易双方出具了交易资金监管见证书。在完成股权过户变更，广东新祥科贸集团提交××交易所的股权过户变更通知书后，该银行将56亿元监管资金全部划入广东新祥科贸集团账户。

【点评】

　　类似青岛市海洋电器制造公司这样的股权收购客户很多，这类客户的一个共同特点就是虽然非常渴望交易完成，但是因为交易过程存在太多不确定性而顾虑重重，银行居间交易资金见证监管就可以有效地确保交易的安全。银行在营销客户的时候，切勿一味地推销自己的流动资金贷款等常规产品，而应当根据企业在现实的经营过程中遇到的问题，合理组合银行的产品，这样切入企业的机会无时不在，对企业而言，银行存在的价值更大。

三、应收账款质押融资

　　未来应收账款质押融资业务前景非常看好，有较好的市场适应性，各家银行应当给予足够的重视。

【产品定义】

　　应收账款质押融资是指客户将符合中国人民银行规定的应收账款权利质押给银行，银行提供资金融通的一种授信业务形式。

　　应收账款是指权利人因提供一定的货物、服务或设施而获得的要求义务人付款的权利，包括现有的和未来的金钱债权及其产生的收益，但不包括因票据或其他有价证券而产生的付款请求权。

　　融资利率一般由银行根据借款企业的资信确定。

【适用对象】

　　1. 资信良好，无不良信用记录，在他行无不良信用余额。

　　2. 主业突出、鲜明，产品或服务具备竞争优势，有较稳定或上升的市场份额，行业前景较好。

　　3. 已与交易对手建立稳固的业务合作关系，合作关系稳定。

　　4. 承诺以银行为主要结算行，提供质押的应收账款回款指定银行为唯一收款行。

5. 所涉及的商业交易适合采用应收账款质押授信方式操作。

6. 买卖双方交易已达半年以上，已完成并收回货款的交易金额不低于申请额度。

7. 借款人必须自身经营活动现金流连续、稳定，有不断补充的现金流可以用来偿还贷款，应收账款作为偿还融资的备选资金。

【营销建议】

客户经理的营销目标可以定位在优质的特大型制造类企业的供应商。例如，药品经销商与医院产业链，药品经销商将医院拖欠的应收账款质押给银行；焦炭供应商大型钢厂拖欠的应收账款质押给银行；汽车零部件供应商将汽车厂商拖欠的应收账款质押给银行等。

可以将短期应收账款质押给银行，签发较长期限的银行承兑汇票或保贴商业承兑汇票，银行可以吸收可观的存款。

【产品优势】

可以与保理产品形成互补型融资产品，满足客户的需要。保理业务要求较高，要求买方必须配合应收账款的转让操作；应收账款质押操作要求较低，只需要卖方将应收账款质押登记在人民银行征信登记系统即可。

【业务提示】

1. 应收账款对应的买方属于信誉良好、具有充分付款能力的大型企业、公用事业单位及政府机关等。

2. 应收账款贸易背景真实，买卖双方有一定时期或数量的交易记录且合作良好，卖方履约能力已得到买方认可，买方基本能按时付款，不存在长期拖欠现象，以往合同不存在履约纠纷。

3. 卖方已依约全面履行销售方义务，销售合同约定的付款条件、日期明确，已经在销售合同中约定融资为指定收款银行，或卖方已经书面通知买方，变更融资银行为收款银行。

4. 买卖双方对应收账款不存在贸易纠纷、反索、抵销等争议。

5. 除非能证明双方交易的真实性，买卖双方原则上不得为同一集团内部企业及其他关联性企业。

6. 涉及社会公众利益的应收账款不能用于质押，如学校持有对学生的未偿还债权、医院持有对患者的未偿还债权等。

7. 银行不接受客户在同一应收账款上设立多个质权。

【业务流程】

1. 申请人提交资料。除授信需要的一般资料外，申请人还需要提供：

（1）证明企业实际销售额的增值税发票、普通发票；

（2）企业银行往来对账单情况；

（3）企业纳税的资料，包括完税证明等；

（4）企业法人代表及主要股东个人的个人授信记录；

（5）企业法人代表及主要股东的个人品行调查资料；

（6）以往交易有关的合同等资料；

（7）以往交易的销售回款凭证等资料；

（8）质押应收账款清单。

经办客户经理在收集完毕以上资料后，撰写信贷调查报告。

2. 业务审核。接到申请后，重点审查以下内容：

（1）有无一定的资产及经营实力，财务状况是否良好，现金流量是否与报表销售收入相符。

（2）应收账款贸易背景是否真实，买卖双方以往的交易合作记录，买方的付款情况与规律，是否存在以往合同纠纷。提交质押的应收账款是否为正常的应收账款，合同付款期限是否合理，有无争议事项。

（3）买卖双方是否存在关联关系，买方对卖方有无其他需要或可以行使抵销权的债权。

（4）卖方在生产实施、技术上是否具备履约能力，其履约能力被买方认可的程度。

（5）卖方经营持续性分析，其保持销售份额的优势所在。

3. 核对应收账款。销售交易方式下，审核申请人提交质押应收账款清单、销售合同正本及副本、提单（或发货单）副本或留存联，对应收账款进行确认，同时，确认此笔应收账款的回款账号为申请企业在银行开立的回款账号。

银行调查申请人资信状况和以往交易记录后，应派人前往买方所在地现场核实买方资信状况、以往合同履行情况、买方对卖方的评价、今后的合作意向及应收账款的真实性。

4. 应收账款质押登记。客户经理应当及时向人民银行信贷征信机构办理出质登记，并作相应的应收账款的描述。具体操作参考《应收账款质押登记办法》《中国人民银行征信中心应收账款质押登记操作规则》。

5. 放款审核。经办业务人员按照放款审核规定进行审核，审核通过之后在借款合同和应收账款质押清单上盖章，经办人员办理具体授信业务。

6. 质押资料保管。办理具体授信业务后，买卖双方交易合同正本（注明债权质押给银行××支行字样）、应收账款质押清单作为授信质押物入库保管，由业务人员和会计人员（两人或两人以上）对其共同封存入库保管，填写入库单并在入库单上签字确认。同时，业务经办人员记录申请人已质押应收账款台账，明确记载已质押账款合同、付款方、期限、授信金额等要素。

【风险控制】

1. 授信未到期而企业应收账款已收回处理。如果提前于授信到期日收回应收账款，双方可协商将回款存放在保证金账户待授信到期再一并偿还授信或当时直接偿还授信，已收回款项不得由企业挪作他用。

2. 授信到期前通知企业付款。应在授信到期前 10 个工作日通知借款人准备还款，借款人还款困难的，将应收账款到期付款通知书送达付款人，催促付款人按期支付货款。

3. 授信到期的处理。授信到期，应收账款虽未到期，应收账款项下付款单位已将应收账款支付给申请人，将该资金直接偿还授信；授信到期，应收账款未到期，申请人结算账户余额足已支付授信本息，扣收申请人账户资金偿还授信。

4. 授信到期未收回处理手续。授信到期，应要求申请人归还融资，授信到期日至应收账款到期日为宽限期（不长于 1 个月）在应收账款到期后，借款人未能归还融资，同时付款单位没有将应收账款支付给申请人，银行通知申请人与付款人，要求申请人立即偿还授信，必要时应采取法律手段追收。

【政策依据】

依据《中华人民共和国担保法》《应收账款质押登记办法》《中国人民银行征信中心应收账款质押登记操作规则》。

应收账款质押登记办法
中国人民银行令

〔2007〕第 4 号

第二条 中国人民银行征信中心（以下简称征信中心）是应收账款质押

的登记机构。

征信中心建立应收账款质押登记公示系统（以下简称登记公示系统），办理应收账款质押登记，并为社会公众提供查询服务。

第三条　中国人民银行对征信中心办理应收账款质押登记有关活动进行管理。

第四条　本办法所称的应收账款是指权利人因提供一定的货物、服务或设施而获得的要求义务人付款的权利，包括现有的和未来的金钱债权及其产生的收益，但不包括因票据或其他有价证券而产生的付款请求权。

本办法所称的应收账款包括下列权利：

（一）销售产生的债权，包括销售货物，供应水、电、气、暖，知识产权的许可使用等；

（二）出租产生的债权，包括出租动产或不动产；

（三）提供服务产生的债权；

（四）公路、桥梁、隧道、渡口等不动产收费权；

（五）提供贷款或其他信用产生的债权。

第五条　在同一应收账款上设立多个质权的，质权人按照登记的先后顺序行使质权。

第二章　登记与查询

第六条　应收账款质押登记通过登记公示系统办理。

第七条　应收账款质押登记由质权人办理。

质权人也可以委托他人办理登记。委托他人办理登记的，适用本办法关于质权人办理登记的规定。

第八条　质权人办理质押登记前应与出质人签订协议。协议应载明如下内容：

（一）质权人与出质人已签订质押合同；

（二）由质权人办理质押登记。

第九条　质权人办理应收账款质押登记时，应注册为登记公示系统的用户。

第十条　登记内容包括质权人和出质人的基本信息、应收账款的描述、登记期限。质权人应将本办法第八条规定的协议作为登记附件提交登记公示系统。

出质人或质权人为单位的，应填写单位的法定注册名称、注册地址、法定代表人或负责人姓名、组织机构代码或金融机构代码、工商注册码等。

出质人或质权人为个人的，应填写有效身份证件号码、有效身份证件载明的地址等信息。

质权人可以与出质人约定将主债权金额等项目作为登记内容。

第十一条　质权人应将填写完毕的登记内容提交登记公示系统。登记公示系统记录提交时间并分配登记编号，生成应收账款质押登记初始登记证明和修改码提供给质权人。

第十二条　质权人自行确定登记期限，登记期限以年计算，最长不得超过 5 年。登记期限届满，质押登记失效。

第十三条　在登记期限届满前 90 日内，质权人可以申请展期。

质权人可以多次展期，每次展期期限不得超过 5 年。

第十四条　登记内容存在遗漏、错误等情形或登记内容发生变化的，质权人应当办理变更登记。

质权人在原质押登记中增加新的应收账款出质的，新增加的部分视为新的质押登记，登记时间为质权人填写新的应收账款并提交登记公示系统的时间。

第十五条　质权人办理登记时所填写的出质人法定注册名称或有效身份证件号码变更的，质权人应当在变更之日起 4 个月内办理变更登记。未办理变更登记的，质押登记失效。

第十六条　质权人办理展期、变更登记的，应当提交与出质人就展期、变更事项达成的协议。

第十七条　有下列情形之一的，质权人应自该情形产生之日起 10 个工作日内办理注销登记：

（一）主债权消灭；

（二）质权实现；

（三）质权人放弃登记载明的应收账款之上的全部质权；

（四）其他导致所登记质权消灭的情形。

第十八条　质权人凭修改码办理展期、变更登记、注销登记。

第十九条　出质人或其他利害关系人认为登记内容错误的，可以要求质权人变更登记或注销登记。质权人不同意变更或注销的，出质人或其他利害关系人可以办理异议登记。

办理异议登记的出质人或其他利害关系人可以自行注销异议登记。

第二十条 出质人或其他利害关系人应在异议登记办理完毕的同时通知质权人。

第二十一条 出质人或其他利害关系人自异议登记之日起 15 日内不起诉的，征信中心撤销异议登记。

第二十二条 征信中心应按照出质人或其他利害关系人、质权人的要求，根据生效的法院判决或裁定撤销应收账款质押登记或异议登记。

第二十三条 质权人办理变更登记和注销登记、出质人或其他利害关系人办理异议登记后，登记公示系统记录登记时间、分配登记编号，并生成变更登记、注销登记或异议登记证明。

第二十四条 质权人、出质人和其他利害关系人应当按照登记公示系统提示项目如实登记。

质权人、出质人提供虚假材料办理登记，给他人造成损害的，应当承担相应的法律责任。

【案例】苏州新达电器制造有限公司应收账款质押融资

一、企业基本情况

苏州新达电器制造有限公司为国内通信领先企业，公司为铁道部等单位提供通信器材，公司总销售额超过 100 亿元，利润超过 6 亿元。铁道部等单位一般为先收货后付款。

二、银行切入点分析

某银行接触该公司后，认为该公司经营现金流状况正常，本身主业突出，产品竞争力较强。苏州新达电器制造有限公司的买家——铁道部等单位实力雄厚，支付能力较强。为了降低财务成本，可以考虑提供应收账款质押银行承兑汇票业务。

三、银企合作情况

经过该银行认真准备资料，重点对苏州新达电器制造有限公司进行了拓展，苏州新达电器制造有限公司同意将针对铁道部的应收账款全部质押给银行，银行提供银行承兑汇票，总计授信 2 亿元。

【点评】

　　保理融资与应收账款质押融资并不是两个相互冲突的产品，在营销推荐的时候，应当形成错位竞争的格局，保理融资对应的客户一般都是买卖双方市场地位均等，买方愿意配合卖方的应收账款转让行为；应收账款质押融资一般都是买方的市场地位远远强于卖方，买方根本不会配合任何的应收账款转让手续，银行只能采取登记的办法控制应收账款风险。

第七章　投行融资

一、短期融资券 CP

短期融资券是对商业银行流动资金贷款的替代，是短期融资券发行对商业银行最直接和最主要的影响。短期融资券成本较流动资金贷款要低得多，即使考虑到发行费用因素，短期融资券的融资成本也比银行贷款要低。融资成本的巨大差异，使企业更愿意选择短期融资券这种低成本的融资工具。

短期融资券是利率市场化的代表产品，顺应整个资金市场的变化趋势，借款主体因资质不同，而在市场上反映出差异化的融资成本，符合正常的市场规律。传统资金市场利率差别不大，不能真实地反映借款人资信不同的资金定价机制得到了纠正。

自短期融资券进入市场后就迅速"走红"，成为特大型企业的主流选择融资方式，增长速度远远超过了商业银行的贷款。短期融资券保证了大型企业连续的资金补充机制，同时避免了传统贷款方式利率过高、资本市场上市融资股权被稀释、没有充分发挥杠杆效应的弊端，未来短期融资券发展的速度会越来越快。

【产品定义】

短期融资券是指企业依照《短期融资券管理办法》的条件和程序在银行间债券市场发行和交易，并约定在一定期限内还本付息的有价证券。

融资利率一般根据借款企业的资信由银行间市场投标确定。

短期融资券实际就是企业发行的短期融资票据。短期融资券在国外被称为商业票据，因为各家银行在主承销短期融资券或在银行间市场买入短期融资券的时候要承担发债主体的履约风险，各家银行一般都需要对发债主体进行授信风险评估，因此将短期融资券放入此部分统一进行论述。

【点评】

短期融资券是一次伟大创新，股份制银行在其中尽显风流，曾经一度占据市场"半壁江山"，"笑傲群雄"。究其原因，短期融资券是贷款替代产品，企业通过大量发行短期融资券融通资金，大量替代银行贷款融资。四大商业银行牢牢占据国内贷款市场最大的份额，而能够发行短期融资券的企业都是特大型优质国有企业，发行短期融资券无疑直接挤占了四大商业银行的贷款，所以四大商业银行并不积极。而中国股份制银行在优质特大型国有企业贷款市场中份额较低，没有这方面的顾虑，所以一开始就态度积极，因而此业务发展非常迅猛。短期融资券的出现根本改变了我国的融资体系，企业从间接融资大踏步迈向直接融资，优秀大企业"脱媒"的现象将愈演愈烈。

短期融资券已经成为大型优质企业融资的重要渠道，但是它不会彻底取代银行贷款融资，因为发行短期融资券采取审批制，受市场的制约，不像在银行融资一样，可以随时办理，非常便利。中央银行在设计该产品之初，就为短期融资券持有者设计了退出通道，使短期融资券成为一种流动性极强的投资工具，受到了市场的追捧。在各家商业银行资金非常充裕的年份，甚至出现了优质客户短期融资券一券难求的现象。

【中国银行间交易商协会可以注册的债券品种】

1. 超短期融资券（SCP）。

2. 中小企业集合票据（SMECN）。

3. 短期融资券（CP）。

4. 中期票据（MTN）。

5. 定向工具（PPN）。

6. 资产支持票据（ABN）。

7. 项目收益票据（PRN）。

以上是各家银行可以在中国银行间交易商协会可以注册的债券品种，通过在中国银行间交易商协会帮助企业发行这些融资工具，可以大幅降低企业的融资成本，募集资金速度极快。

以上债券品种发行的流程与短期融资券基本相同，所以，在此一次性展示。

【短期融资券与一般企业债比较】

1. 期限不同。一般企业债期限较长，均在 1 年以上，典型的如中国铁道建设债券、中国石油债券、中国三峡债券等，期限一般都超过 10 年；短期融资券的期限较短，最长不超过 365 天。

2. 管理体制不同。短期融资券作为货币市场品种，由中央银行负责管理；企业债的管理体制相对比较复杂，由国家发展和改革委员会负责对企业发行额度的管理，由中央银行负责对发行利率的管理。

3. 投资者范围不同。短期融资券只对银行间市场的机构投资者发行；企业债可对公众发行，个人投资者也可认购。

4. 流通场所不同。短期融资券只能在银行间市场流通；企业债发行后可申请到银行间市场和交易所市场交易流通。

5. 发行管理不同。短期融资券采用备案发行方式，发行规模实行余额管理；企业债发行采用审批方式，发行规模按期审批。

【适用对象】

1. 在中华人民共和国境内依法设立的企业法人。

2. 具有稳定的偿债资金来源，最近一个会计年度盈利。

3. 流动性良好，具有较强的到期偿债能力。

4. 发行融资券募集的资金用于生产经营。

5. 近 3 年没有违法和重大违规行为。

6. 近 3 年发行的各类债券没有延期支付本息的情形。

7. 具有健全的内部管理体系和募集资金的使用偿付管理制度。

8. 属于国家鼓励和重点发展的产业。

【营销建议】

客户经理的营销目标可以定位在大型的国有垄断型企业，符合国家经济政策导向的、关乎国计民生的重点行业，尤其是短期现金流非常充裕，有着明显优势主业的大型企业。短期融资券切忌选择投资型的企业集团及可能将资金用于长期项目的投资企业。

【产品优势】

1. 融资利率较低。融资券发行利率或发行价格由企业和承销机构协商确定。

2. 通常融资金额较大。

【业务提示】

承销机构承销短期融资券，可以采取代销、余额包销或全额包销方式。承销方式及相关费用由发行人和承销机构协商确定。

承销机构以代销方式承销短期融资券，在承销协议所规定的承销期结束后，应将未售出的融资券全部退还给发行人。

承销机构以余额包销方式承销短期融资券，须在承销协议所规定的承销期结束后，按发行价认购未售出的融资券。

承销机构以全额包销方式承销短期融资券，须在承销协议所规定的承销期开始之前，按承销协议规定价格全额认购融资券。承销团有 3 家或 3 家以上承销商的，可设一家联席主承销商或副主承销商共同组织承销活动；承销团中除主承销商、联席主承销商、副主承销商以外的承销机构为分销商。

实际操作中，发行人一般都选择包销方式。

此外还要求：

1. 主承销商应当在融资券发行工作结束后 10 个工作日内，将融资券发行情况书面报告中国人民银行。

2. 主承销商不得同时承销 4 只或 4 只以上融资券。

3. 承销业务原始凭证以及有关业务文件、资料、账册、报表和其他必要的材料应当至少妥善保存五年。

4. 发行人应按照本规程，通过中国货币网和中国债券信息网向全国银行间债券市场披露有关信息。

每年 4 月 30 日以前，披露经注册会计师审计的年度财务报表和审计报告，包括审计意见全文、经审计的资产负债表、损益表、现金流量表和会计报表附注。

每季度后 15 日内，披露上季度末的资产负债表、上季度的损益表、上季度的现金流量表。

5. 对企业发行融资券实行余额管理。待偿还融资券余额不超过企业净资产的 40%。

6. 融资券的期限最长不超过 365 天。发行融资券的企业可在上述最长期限内自主确定每期融资券的期限。

7. 融资券在债权债务登记日的下一个工作日，即可以在全国银行间债券市场机构投资人之间流通转让。

【业务流程】

1. 主承销商与拟发债企业进行接触，了解其经营情况，收集资料。

2. 主承销商按规定履行对申请发行融资券备案材料的核查，并出具核查意见。

3. 主承销商负责向中国人民银行报送申请发行融资券备案材料。

一般包括：发行人企业基本情况和历史沿革，发行人累计企业债券余额与净资产的比例，发行人发行融资券募集资金的主要用途，董事会同意发行融资券的决议或具有相同法律效力的文件，主承销商、发行人聘请的律师、会计师、信用评级机构等对发行申请文件真实性、准确性和完整性的承诺书，发行人章程和营业执照（副本）复印件，主承销商出具的×××（企业名称）申请发行融资券的推荐函，尽职调查的主要结论和推荐的主要理由。

主承销商出具的尽职调查报告，拟发行融资券的规模、期限和利率确定方式，发行期，本息偿还的时间、方式，信用评级报告全文及跟踪评级安排的说明，经注册会计师审计的发行人近 3 个会计年度的资产负债表、损益表、现金流量表及审计意见全文，发行人董事会、监事会关于报告期内被出具非标准无保留意见审计报告（如有）涉及事项处理情况的说明，关于支付融资券本息的现金流分析报告，承销协议及承销团协议。

4. 中国人民银行批准后，发行人应在融资券发行日前 3 个工作日，通过中国货币网披露相关发行信息。

发行人至少应披露以下文件：当期融资券发行公告，已发行融资券是否出现延迟支付本息情况的公告，当期融资券募集说明书，信用评级报告全文及跟踪评级安排的说明，经注册会计师审计的发行人近 3 个会计年度的资产负债表、损益表、现金流量表及审计意见全文。主承销商应当在融资券发行工作结束后 10 个工作日内，将融资券发行情况书面报告中国人民银行。

【风险防范】

1. 要坚决防止企业短借长用。短期融资券直接在银行间市场发行，由于竞争非常激烈，"僧多粥少"，因此，部分银行有时会泥沙俱下，导致一些较差的项目也遴选过关。银行要非常慎重，重视自身的信誉，一旦一笔短期融资券到期兑付出现问题，不但可能遭受监管机关的处罚，更可怕的是将失信于同行，未来本行承销的其他债券发行肯定将受阻。

2. 要合理控制发行规模。担任主承销商，应当与发债企业商议，合理确定发债规模。因为短期融资券受政策的影响非常大，有时在做不到连续发行，以旧债偿还新债，而企业资金运作能力不强的情况下，这时主承销银行很可能被动全部埋单，发放过桥贷款置换债券。当然对于特大型的优质企业，这可能是银行拓展信贷业务的良好机会，但是如果是实力偏弱的发债企业，银行很有可能被拖进"泥潭"，从此套牢。

【案例】 某航空公司短期融资券融资

一、企业基本情况

某航空公司为国内三大航空集团之一，管理规范、经营效益较好。公司在日常经营中需要大量的短期流动资金。公司资金用途主要是购置空中客车330-200飞机、波音787飞机、波音737-800飞机。

二、银行切入点分析

某银行接触该公司后，认为该公司经营现金流状况非常好，本身主业突出，有较好的合作价值。该公司资金来源渠道：银行贷款、融资租赁、资产证券化等。在市场上推出短期融资券产品后，该银行认为，该公司的资质较好，完全可以采取发行短期融资券方式筹措资金。经过与该公司接触，该公司同意委托该银行发行短期融资券筹措资金。

该银行对该公司的分析评价如下。

（1）行业状况。航空景气度将持续，近几年行业需求增长与GDP增速的相关性保持在1.5~1.8倍，预计未来2~3年行业需求增长在12%~15%，但由于航油价格的提升和人民币汇率的波动，会对行业盈利水平带来不确定性。

（2）财务状况。该公司股份盈利能力较强，收入和利润持续稳定增长，资产质量较好，经营能力强，经营性现金流充足，能对本期融资券提供较强保障。

（3）融资券状况。该公司股份本期发行短期融资券20亿元，募集资金的主要用途为补充流动资金，缓解流动资金压力，优化公司融资结构，降低融资成本，减少利息支出。

（4）结论。该公司在国内具有很高的品牌知名度，领先的市场份额和占优的客座率使其在同行业中具有较强的竞争优势。综合以上分析，该公司具备发行短期融资券的资格。

三、银企合作情况

经过该银行的认真准备资料，并上报中国人民银行，最终该公司短期融资券成功发行，为该企业节省了大量的财务费用。短期融资将主要用于流动资金周转、弥补公司日常运营的资金缺口，以及优化公司整体负债结构。

【点评】

该公司本身资质的优异是短期融资券可以成功发行的前提，商业银行在选择短期融资券客户的时候，一定要按本银行的贷款标准去选择客户，且不要因为银行无须承担担保责任而放松标准，一旦发债企业到期没有能力偿付融资券将给主承销商信誉带来致命的伤害，致使主承销商失去整个银行间市场的信任。

【政策依据】

《短期融资券管理办法》（中国人民银行令〔2005〕第2号）重要条款的解读。

1. 发行短期融资券的中央企业若在短期融资券存续期间无法及时按季度披露财务报表的，应先依照《短期融资券信息披露规程》按季度向银行间债券市场披露主要财务数据以及完整的会计资料形成后，应及时披露完整的会计信息。《短期融资券信息披露规程》施行两年后，发行短期融资券的中央企业应按照《短期融资券信息披露规程》的规定履行信息披露义务。

解读：发行短期融资券的企业必须有较好的透明度，及时做好关键财务指标的披露工作，对持券主体负责。

2. 主承销商应协助企业制作发行融资券的募集说明书。募集说明书至少应包括以下内容：发行人的企业基本情况，拟发行融资券的规模、期限和利率确定方式，发行期，本息偿还的时间、方式，发行人的违约责任，发行对象，投资风险提示。

对于发行人的不规范行为，主承销商有权要求其整改，并将整改情况在尽职调查报告或核查意见中予以说明，因发行人不配合，使尽职调查范围受限制，导致主承销商无法作出判断的，主承销商不得为发行人的发行申请出具推荐函；主承销商应按规定履行对申请发行融资券备案材料的核查及对备案材料进行质量控制的义务，并出具核查意见。

解读：主承销商要对发行短期融资券的企业做好尽职调查，做好风险控制的把关工作。

二、股权定向增发融资

【产品定义】

股权定向增发融资是指大型上市公司向确定某些公司定向增发股票，参与定向增发的公司以获得的股权作为质押，银行向这些参与定向增发的客户提供并购贷款，满足这些参与定向增发客户资金需求的一种融资方式。

定向增发是指上市公司向符合条件的少数特定投资者非公开发行股份的行为，规定要求发行对象不得超过 10 人，发行价不得低于公告前 20 个交易日市价均价的 90%，发行股份 12 个月内（认购后变成控股股东或拥有实际控制权的 36 个月内）不得转让。

【适用对象】

1. 特大型优质上市公司。

2. 具有稳定的偿债资金来源，最近一个会计年度盈利。

3. 流动性良好，具有较强的到期偿债能力。

4. 增发使用资金为企业自有资金，银行融资用于企业生产经营。

5. 近 3 年没有违法和重大违规行为。

6. 具有健全的内部管理体系和贷款资金的使用偿付管理制度。

【营销建议】

定向增发是未来上市公司采取的融资趋势，越来越多的特大型优质上市公司会加大向定向增发发行力度，银行应当非常重视大型客户定向增发带来的市场机会，进行重点营销。

客户经理的营销目标可以定位在优质的特大型制造类企业，尤其是短期现金流非常充裕，有着明确主业的大型企业。

【所需资料】

1. 定向增发相关资料。

2. 通常按照一般贷款的需要要求企业提供授信所需常规资料。

（1）公司章程和公司组织架构图；

（2）经过年检的营业执照正本原件（三证合一）及复印件；

（3）出示人民银行征信材料，并留下人民银行征信材料号和正确的密码；

（4）上年末及近期财务会计报告及审计报告；

（5）出具授权委托书，法人和经办人身份证原件及复印件；

（6）银行要求的其他有关资料。

【产品优势】

可以借助大型优质上市公司。

【业务流程】

1. 公司拟定初步方案，与中国证监会预沟通，获得同意。

2. 公司召开董事会，公告定向增发预案，并提议召开股东大会。

3. 公司召开股东大会，公告定向增发方案；将正式申报材料报中国证监会。

4. 银行与大型企业接触，了解其股权定向增发的具体情况，并收集资料。

5. 参与定向增发的公司按规定向银行提供贷款授信材料，并承诺可以办理股权质押。

6. 申请经中国证监会发审会审核通过，公司公告核准文件。

7. 公司召开董事会，审议通过定向增发的具体内容，并公告。

8、执行定向增发方案；银行进行审查，批准授信额度后，参与定向增发的公司与银行前往交易所办理股权质押手续。

9. 银行发放贷款融资，监控参与定向增发的公司使用资金。

10. 公司公告发行情况及股份变动报告书。

【案例】中国新力电器制造有限公司定向增发融资

一、企业基本情况

中国新力电器制造有限公司为国内空调行业领先企业，公司在全国有十多家大型的经销商。公司年销售额超过 200 亿元，利润超过 5 亿元。该公司决定向经销商进行定向增发，扩充股本。由于定向增发价格是市价的七成左右（市价是 20 元，经销商可以每股 14 元的价格认购），因此受到经销商的追捧。

二、银行切入点分析

某银行接触该公司后，认为该公司经营现金流状况非常好，本身主业突出，不缺流动资金。而其销商普遍资金紧张，有着扩大规模的冲动，本次增发，经销商虽然认购踊跃，但是普遍感到资金非常紧张。该银行认为，可以为其经销商提供融资，间接进入该公司。经过与中国新力电器制造有限公司接触，该公司同意介绍经销商向该银行办理融资。

三、银企合作情况

经过该银行认真准备资料，重点对经销商进行了拓展，经销商同意将定向增发获得的股权全部质押给银行，银行提供融资用于向中国新力电器制造有限公司的定向采购。该银行最终成功营销 8 家经销商，总计授信 2 亿元。

【点评】

中国新力电器制造有限公司本身产品的优质畅销是银行安全融资的前提，商业银行在选择股权定向增发融资客户的时候，一定要选择优质的特大型制造类客户，其经销商经营稳定，有较强的现金流。经销商有着阶段性的资金"潮汐"现象，参与核心客户的股权定向增发，可能临时大额资金被抽走，资金非常紧张，但是只要其主业经营连续，银行适当提供融资，就可以帮助企业恢复正常的连续经营，企业资金再次正常流动起来。

三、定向资产管理业务

【产品定义】

定向资产管理业务是指银行与证券公司（信托公司、基金公司）等合作，银行提供借款人或标的物资产，银行同时组织委托资金，并由证券公司（信托公司、基金公司）与客户签订委托合同，将委托资金投向确定的借款人或标的物资产的一种表外业务。

【业务流程图】

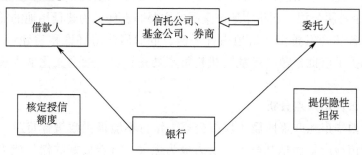

图 7 - 1　定向资产管理业务流程

【适用客户】

银行单纯提供贷款较为困难，但是对于银行评价较为优质的客户，如省级、市级的城投公司、土地开发公司、土地储备中心等客户，很容易获得授信额度，可以采取资产管理计划方式为其提供融资。

【产品要点】

银行一般都需要对借款人进行授信评估，核定授信额度，在额度内操作这类资产管理业务。

委托方如果为保险公司、大型银行等，通常也需要对借款人核定授信额度。

【产品优势】

1. 通过表外方式，银行为实力强大的借款人筹集资金。通常这类融资方式筹集的资金量大，而且期限极长。银行通过提供资产管理等业务，可以沉淀较为可观的存款。

2. 银行可以获得极为惊人的中间业务收入。由于定向资产管理业务属于撮合业务范畴，银行充分利用自身的信用优势，通过对证券公司（信托公司、基金公司）、资金委托方的担保，将各方的资金进行撮合，银行可以收取极为惊人的中间业务手续费。

【案例】 西华市地产集团定向资产管理融资

一、企业基本情况

西华市地产集团注册资本金20亿元。集团现有正式职工130人，设8个部门、4个直属公司。西华市地产集团的主要职责任务为建设用地的征用、土地收购储备和开发整治、耕地占补平衡、危旧房改造和廉租房建设。此外，集团还承担了市批金融"三乱"机构资产处置和六大社会文化事业重点项目建设任务。

二、银行切入点分析

由于西华市地产集团属于城投公司，银行不能提供政策性贷款。但是考虑到西华市地产集团依托政府，实力极为强大，有着极好的偿债能力，银行为其核定20亿元授信额度。

银行准备引入保险资产管理公司资金投向西华市地产集团。

三、银行授信方案

1. 授信主体：西华市地产集团。

2. 授信品种：定向资产管理计划产品。

3. 授信额度：20亿元。

4. 授信期限：5年。

5. 授信用途：专项用于铁路建设征地拆迁补差。

6. 还款来源：由市财政按年度从市土地出让金净收益的财政入库金额5%提取专项资金专项用于偿还理财资金。

【点评】

该案例立足于锁定客户的回款来源，要求城投企业的资金来源单位——财政局在银行开立专项还款账户，通过财政资金与银行信贷资金的捆绑链接锁定银行理财计划资金的还款风险。本授信方案非常精巧，银行为客户设计引入保险公司资金为西华市地产集团筹集资金，可以为银行创造可观的存款。

四、交易撮合融资

【产品定义】

银行为买卖双方撮合商业交易，银行同时为交易中的买方提供融资，从而实现银行促进社会中的交易双方的商业交易达成的一种融资加融智服务。

【适用客户】

交易标的物金额较大、利润率极高的行业客户。例如，商业地产写字楼、工业地产、园区地产等地产项目以及建材、石材等行业客户。

银行最大的优势在于客户数量众多，而且很多都是彼此为上下游行业的客户，存在交易的可能。银行可以发挥淘宝网络的功能，帮助买卖双方彼此发现对方，促成交易的实现。

【产品优势】

1. 银行可以获得可观的中间业务手续费。

2. 银行可以获得惊人的撮合交易中的存款。

【风险控制】

银行在交易撮合过程中，不能提供任何的担保或担保意向。

【案例】某银行水头支行交易撮合融资

一、企业基本情况

某银行水头支行所在地水头镇是全国乃至全球最大的石材集散地，水头隶属泉州下属的南安市（县级）。国际石材界对南安水头有过这样的评价："世界石材看中国，中国石材看水头。"

南安石材产量占全国产量比重超过30%，产品出口占全国比重的70%，石材产业产值占当地生产总值比重超过50%。而其下属的水头更是超过80%的GDP来自石材行业，石材无疑是当地的支柱产业。

二、银企合作情况

银行撮合购买石材的施工企业和销售石材的石材供应商，银行收取石材供应商销售金额的10%作为利润提成。

银行为北京大于工程有限公司提供1000万元贷款，专项用于购进石材；同时，银行帮助福建某石材供应商销售石材1000万元，银行提成100万元。

【点评】

　　银行最大的优势在于客户数量众多，而且跨很多行业，银行可以积极撮合能达成交易的上下游客户，通过撮合商务交易的达成获取商业提成。

五、并购贷款

【产品定义】

　　并购贷款是指商业银行向并购方或其子公司发放的，用于定向支付并购交易价款的一种特定用途贷款。

　　并购是指境内并购方企业通过受让现有股权、认购新增股权，或收购资产、承接债务等方式以实现合并或实际控制已设立并持续经营的目标企业的交易行为。

　　并购可由并购方通过其专门设立的无其他业务经营活动的全资或控股子公司进行。

【适用对象】

　　并购贷款强调针对优质的借款人营销，由于并购贷款操作复杂，目前国内各家商业银行开展并购贷款仍是选择优质借款人作为营销对象。

　　1. 境内优势企事业法人在改制、改组过程中，有偿兼并、收购国内其他企事业法人已建成项目及进行资产、债务重组，确有融资需求，可向银行申请办理中长期贷款用于支持其进行并购。

　　2. 银行运用中长期贷款支持企事业单位并购及资产、债务重组的重点是：符合国家产业政策，项目已经建成，经营效益可观，风险相对较小的交通、能源、基础原材料以及经营性基础设施等的并购及资产、债务重组；优势企事业单位之间的强强联合及其他具有较大发展潜力、较好经济效益的并购及资产、债务重组活动。

　　3. 申请使用贷款进行并购及资产、债务重组必须遵守国家法律法规，符合国家产业政策、信贷政策及银行贷款投向的要求。

4. 贷款支持的并购及资产、债务重组确能实现优势互补，规模经济效益显著，并能够为银行带来良好的经济效益。

5. 支持并购及资产、债务重组要有利于银行培育和竞争优质客户，扩大优质客户群，拓展新的贷款领域。

6. 贷款投入后，借款人的贷款整体质量要有明显提高。通过支持企业并购实行贷款逆向注入，要收回被并购企业的原有贷款，并有利于促进信贷结构的调整和资产质量的提高。

7. 严格贷款审查，努力防范风险，在进入市场时就要充分考虑退出的策略。对以逃废债务为目的的并购及资产、债务重组不得提供贷款支持。要加强对并购及资产、债务重组行为的跟踪与监控，及时采取有效措施落实银行债权，防止国家信贷资产流失。

【基本规定】

1. 允许符合以下条件的商业银行法人机构开展并购贷款业务：

（1）有健全的风险管理和有效的内控机制；

（2）贷款损失专项准备充足率不低于100%；

（3）资本充足率不低于10%；

（4）一般准备余额不低于同期贷款余额的1%；

（5）有并购贷款尽职调查和风险评估的专业团队。

2. 商业银行全部并购贷款余额占同期本行核心资本净额的比例不应超过50%。

3. 商业银行对同一借款人的并购贷款余额占同期本行核心资本净额的比例不应超过5%。并购的资金来源中并购贷款所占比例不应高于50%。

4. 并购贷款期限一般不超过五年。

【贷款条件】

借款人除必须符合银行贷款要求的基本条件外，还应符合以下条件：

1. 信用等级在 AA 级（含）以上的企业或可比照 AA 级（含）以上客户办理信贷业务的未评级客户（总行另有规定的除外）。

2. 能够提供超过并购资金总额50%的非债务性资金，具有较强的投融资能力和经营管理能力，并购后重组企业或项目资产负债率原则上不高于60%，现有企业申请贷款前三年要连续盈利。

3. 同意按当年净利润的 5% ～ 10% 提取风险保证金专户存储，承诺用综合效益优先归还银行贷款（总行另有规定的除外）。

4. 股份制企业应由其董事会或股东大会书面承诺在还清当年到期贷款本息前原则上不分红（总行另有规定的除外）。

5. 借款人须在银行开设专户，保证并购资金专款专用。

6. 能提供合法有效的担保，采取新设合并的，还须由新企业出具继续履行债务的承诺。

以上条件对公路、电力等基础设施类并购及资产、债务重组，可视预期效益、风险状况、贷款方式等实际情况适当放宽，但非债务性资金占并购资金总额的比率必须符合国家关于固定资产投资项目资本金比率的规定。

【评审原则】

1. 贷款审批行可视并购或资产、债务重组的复杂程度决定委托评估或授权分行作出调查报告，由有关分行、支行将贷款审查意见、调查报告或评估报告及相关材料报送审批。

2. 贷款审查的重点内容。

（1）借款人及其并购或资产、债务重组行为是否符合规定的条件。

（2）借款人提供的材料是否真实、有效。

（3）并购或资产、债务重组方案是否可行。

（4）其他资金筹措渠道是否落实。

（5）贷款效益、借款人偿债能力、贷款风险和规避风险的相应措施等。

3. 贷款期限原则上不超过 10 年，贷款偿还方式为每年分期等额还款。

4. 在受理借款申请时，除借款申请书、并购双方的财务报表外，还应要求借款人提供以下材料：

（1）有权部门出具的合法文件，包括并购或资产、债务重组的批复文件、资产评估报告、中外合资合作企业外方股东的资信证明等；

（2）并购或资产、债务重组双方订立的有关文件，包括并购或资产、债务重组方案、合同或协议、原有债权债务的处理方案、股份制企业董事会或股东大会同意并购或资产、债务重组的决议等。

（3）说明并购或被并购企业、项目情况的有关材料，包括可行性研究报告、批复文件及证明文件、被并购方出让资产的产权证明、有经营特许权的经营许可证、贷款期内并购双方各年现金流量预测表、并购双方或有负债的情况资料等。

（4）证明借款人投融资能力的有关材料，包括非债务性资金的筹资方案和出资证明、用款计划、还款资金来源和还款计划、还款保证措施及相关证明文件。

【业务流程图】

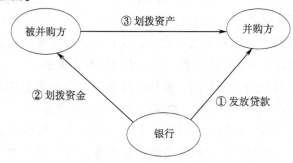

图7-2　并购贷款流程

【所需资料】

1. 有权部门出具的合法文件，包括并购或资产、债务重组的批复文件、资产评估报告、中外合资合作企业外方股东的资信证明等；

2. 并购或资产、债务重组双方订立的有关文件，包括并购或资产、债务重组方案、合同或协议、原有债权债务的处理方案、股份制企业董事会或股东大会同意并购或资产、债务重组的决议等。

3. 说明并购或被并购企业、项目情况的有关材料，包括可行性研究报告、批复文件及证明文件、被并购方出让资产的产权证明、有经营特许权的经营许可证、贷款期内并购双方各年现金流量预测表、并购双方或有负债的情况资料等。

4. 证明借款人投融资能力的有关材料，包括非债务性资金的筹资方案和出资证明、用款计划、还款资金来源和还款计划、还款保证措施及相关证明文件。

【产品优势】

1. 为企业的并购行为提供中长期的信贷资金支持，满足企业的并购大额资金需要；

2. 银行可以投放较大金额的信贷，给银行带来可观的贷款利息收入以及财务顾问费收入等，对银行的综合贡献颇丰。

【风险控制】

1. 根据需要可委托社会中介机构编制财务分析咨询报告，对并购及资产、债务重组双方的经营状况进行论证，作为评审贷款可行性、贷款风险及规避措施的参考。

2. 贷款用于跨地区并购的，应当积极联系客户所在地金融机构协助审查，同时尽可能要求被收购方在本行开立收款专户。

3. 如并购及资产、债务重组不成功，或有关方面放弃并购及资产、债务重组，应要求借款人立即归还贷款，并终止银行有关承诺。

4. 要通过积极担当财务顾问，提供结算服务，争取为更多的客户提供包括信贷在内的优质、高效、便利、快捷的全方位金融服务。

从国内操作并购贷款的实践分析，大部分银行都采取保守策略，提供并购贷款的借款人一般都是实力超强的特大型企业，贷款用于多为针对一些优质公司股权的收购或增资，例如对证券公司、商业银行、煤炭公司等的股权收购。

并购贷款必须把关的风险点：控制风险首先要选择好的客户，其次是要确保银行资金是否用于并购，关注被收购对象未来经营的现金流。

【政策依据】

商业银行并购贷款风险管理指引

第二条 本指引所称商业银行是指依照《中华人民共和国商业银行法》设立的商业银行法人机构。

第三条 本指引所称并购，是指境内并购方企业通过受让现有股权、认购新增股权，或收购资产、承接债务等方式以实现合并或实际控制已设立并持续经营的目标企业或资产的交易行为。

并购可由并购方通过其专门设立的无其他业务经营活动的全资或控股子公司（以下称子公司）进行。

第四条 本指引所称并购贷款，是指商业银行向并购方或其子公司发放的，用于支付并购交易价款和费用的贷款。

第五条 开办并购贷款业务的商业银行法人机构应当符合以下条件：

（一）有健全的风险管理和有效的内控机制；

（二）资本充足率不低于10%；

（三）其他各项监管指标符合监管要求；

（四）有并购贷款尽职调查和风险评估的专业团队。

商业银行开办并购贷款业务前，应当制定并购贷款业务流程和内控制度，并向监管机构报告。商业银行开办并购贷款业务后，如发生不能持续满足上述条件之一的情况，应当停止办理新的并购贷款业务。

第六条　商业银行开办并购贷款业务应当遵循依法合规、审慎经营、风险可控、商业可持续的原则。

第七条　商业银行应制定并购贷款业务发展策略，充分考虑国家产业、土地、环保等相关政策，明确发展并购贷款业务的目标、客户范围、风险承受限额及其主要风险特征，合理满足企业兼并重组融资需求。

第八条　商业银行应按照管理强度高于其他贷款种类的原则建立相应的并购贷款管理制度和管理信息系统，确保业务流程、内控制度以及管理信息系统能够有效地识别、计量、监测和控制并购贷款的风险。

商业银行应按照监管要求建立并购贷款统计制度，做好并购贷款的统计、汇总、分析等工作。

第九条　银监会及其派出机构依法对商业银行并购贷款业务实施监督管理，发现商业银行不符合业务开办条件或违反本指引有关规定，不能有效控制并购贷款风险的，可根据有关法律法规采取责令商业银行暂停并购贷款业务等监管措施。

第二章　风险评估

第十条　商业银行应在全面分析战略风险、法律与合规风险、整合风险、经营风险以及财务风险等与并购有关的各项风险的基础上评估并购贷款的风险。商业银行并购贷款涉及跨境交易的，还应分析国别风险、汇率风险和资金过境风险等。

第十一条　商业银行评估战略风险，应从并购双方行业前景、市场结构、经营战略、管理团队、企业文化和股东支持等方面进行分析，包括但不限于以下内容：

（一）并购双方的产业相关度和战略相关性，以及可能形成的协同效应；

（二）并购双方从战略、管理、技术和市场整合等方面取得额外回报的机会；

（三）并购后的预期战略成效及企业价值增长的动力来源；

（四）并购后新的管理团队实现新战略目标的可能性；

（五）并购的投机性及相应风险控制对策；

（六）协同效应未能实现时，并购方可能采取的风险控制措施或退出策略。

第十二条　商业银行评估法律与合规风险，包括但不限于分析以下内容：

（一）并购交易各方是否具备并购交易主体资格；

（二）并购交易是否按有关规定已经或即将获得批准，并履行必要的登记、公告等手续；

（三）法律法规对并购交易的资金来源是否有限制性规定；

（四）担保的法律结构是否合法有效并履行了必要的法定程序；

（五）借款人对还款现金流的控制是否合法合规；

（六）贷款人权利能否获得有效的法律保障；

（七）与并购、并购融资法律结构有关的其他方面的合规性。

第十三条　商业银行评估整合风险，包括但不限于分析并购双方是否有能力通过以下方面的整合实现协同效应：

（一）发展战略整合；

（二）组织整合；

（三）资产整合；

（四）业务整合；

（五）人力资源及文化整合。

第十四条　商业银行评估经营及财务风险，包括但不限于分析以下内容：

（一）并购后企业经营的主要风险，如行业发展和市场份额是否能保持稳定或增长趋势，公司治理是否有效，管理团队是否稳定并且具有足够能力，技术是否成熟并能提高企业竞争力，财务管理是否有效等；

（二）并购双方的未来现金流及其稳定程度；

（三）并购股权（或资产）定价高于目标企业股权（或资产）合理估值的风险；

（四）并购双方的分红策略及其对并购贷款还款来源造成的影响；

（五）并购中使用的债务融资工具及其对并购贷款还款来源造成的影响；

（六）汇率和利率等因素变动对并购贷款还款来源造成的影响。

商业银行应当综合考虑上述风险因素，根据并购双方经营和财务状况、并购融资方式和金额等情况，合理测算并购贷款还款来源，审慎确定并购贷款所支持的并购项目的财务杠杆率，确保并购的资金来源中含有合理比例的权益性资金，防范高杠杆并购融资带来的风险。

第十五条 商业银行应在全面分析与并购有关的各项风险的基础上，建立审慎的财务模型，测算并购双方未来财务数据，以及对并购贷款风险有重要影响的关键财务杠杆和偿债能力指标。

第十六条 商业银行应在财务模型测算的基础上，充分考虑各种不利情形对并购贷款风险的影响。不利情形包括但不限于：

（一）并购双方的经营业绩（包括现金流）在还款期内未能保持稳定或增长趋势；

（二）并购双方的治理结构不健全，管理团队不稳定或不能胜任；

（三）并购后并购方与目标企业未能产生协同效应；

（四）并购方与目标企业存在关联关系，尤其是并购方与目标企业受同一实际控制人控制的情形。

第十七条 商业银行应在全面评估并购贷款风险的基础上，确认并购交易的真实性，综合判断借款人的还款资金来源是否充足，还款来源与还款计划是否匹配，借款人是否能够按照合同约定支付贷款利息和本金等，并提出并购贷款质量下滑时可采取的应对措施或退出策略，形成贷款评审报告。

第三章 风险管理

第十八条 商业银行全部并购贷款余额占同期本行一级资本净额的比例不应超过50%。

第十九条 商业银行应按照本行并购贷款业务发展策略，分别按单一借款人、集团客户、行业类别、国家或地区对并购贷款集中度建立相应的限额控制体系，并向银监会或其派出机构报告。

第二十条 商业银行对单一借款人的并购贷款余额占同期本行一级资本净额的比例不应超过5%。

第二十一条 并购交易价款中并购贷款所占比例不应高于60%。

第二十二条 并购贷款期限一般不超过七年。

第二十三条 商业银行应具有与本行并购贷款业务规模和复杂程度相适

应的熟悉并购相关法律、财务、行业等知识的专业人员。

第二十四条　商业银行应在内部组织并购贷款尽职调查和风险评估的专业团队，对本指引第十一条到第十七条的内容进行调查、分析和评估，并形成书面报告。

前款所称专业团队的负责人应有 3 年以上并购从业经验，成员可包括但不限于并购专家、信贷专家、行业专家、法律专家和财务专家等。

第二十五条　商业银行应在并购贷款业务受理、尽职调查、风险评估、合同签订、贷款发放、贷后管理等主要业务环节以及内部控制体系中加强专业化的管理与控制。

第二十六条　商业银行受理的并购贷款申请应符合以下基本条件：

（一）并购方依法合规经营，信用状况良好，没有信贷违约、逃废银行债务等不良记录；

（二）并购交易合法合规，涉及国家产业政策、行业准入、反垄断、国有资产转让等事项的，应按相关法律法规和政策要求，取得有关方面的批准和履行相关手续；

（三）并购方与目标企业之间具有较高的产业相关度或战略相关性，并购方通过并购能够获得目标企业的研发能力、关键技术与工艺、商标、特许权、供应或分销网络等战略性资源以提高其核心竞争能力。

第二十七条　商业银行可根据并购交易的复杂性、专业性和技术性，聘请中介机构进行有关调查并在风险评估时使用该中介机构的调查报告。

有前款所述情形的，商业银行应建立相应的中介机构管理制度，并通过书面合同明确中介机构的法律责任。

第二十八条　并购方与目标企业存在关联关系的，商业银行应当加强贷前调查，了解和掌握并购交易的经济动机、并购双方整合的可行性、协同效应的可能性等相关情况，核实并购交易的真实性以及并购交易价格的合理性，防范关联企业之间利用虚假并购交易套取银行信贷资金的行为。

第二十九条　商业银行原则上应要求借款人提供充足的能够覆盖并购贷款风险的担保，包括但不限于资产抵押、股权质押、第三方保证，以及符合法律规定的其他形式的担保。以目标企业股权质押时，商业银行应采用更为审慎的方法评估其股权价值和确定质押率。

第三十条　商业银行应根据并购贷款风险评估结果，审慎确定借款合同中贷款金额、期限、利率、分期还款计划、担保方式等基本条款的内容。

第三十一条 商业银行应在借款合同中约定保护贷款人利益的关键条款，包括但不限于：

（一）对借款人或并购后企业重要财务指标的约束性条款；

（二）对借款人特定情形下获得的额外现金流用于提前还款的强制性条款；

（三）对借款人或并购后企业的主要或专用账户的监控条款；

（四）确保贷款人对重大事项知情权或认可权的借款人承诺条款。

第三十二条 商业银行应通过本指引第三十一条所述的关键条款约定在并购双方出现以下情形时可采取的风险控制措施：

（一）重要股东的变化；

（二）经营战略的重大变化；

（三）重大投资项目变化；

（四）营运成本的异常变化；

（五）品牌、客户、市场渠道等的重大不利变化；

（六）产生新的重大债务或对外担保；

（七）重大资产出售；

（八）分红策略的重大变化；

（九）担保人的担保能力或抵质押物发生重大变化；

（十）影响企业持续经营的其他重大事项。

第三十三条 商业银行应在借款合同中约定提款条件以及与贷款支付使用相关的条款，提款条件应至少包括并购方自筹资金已足额到位和并购合规性条件已满足等内容。

商业银行应按照借款合同约定，加强对贷款资金的提款和支付管理，做好资金流向监控，防范关联企业借助虚假并购交易套取贷款资金，确保贷款资金不被挪用。

第三十四条 商业银行应在借款合同中约定，借款人有义务在贷款存续期间定期报送并购双方、担保人的财务报表以及贷款人需要的其他相关资料。

第三十五条 商业银行在贷款存续期间，应加强贷后检查，及时跟踪并购实施情况，定期评估并购双方未来现金流的可预测性和稳定性，定期评估借款人的还款计划与还款来源是否匹配，对并购交易或者并购双方出现异常情况的，及时采取有效措施保障贷款安全。

并购方与目标企业存在关联关系的，商业银行应加大贷后管理力度，特别是应确认并购交易得到实际执行以及并购方对目标企业真正实施整合。

第三十六条 商业银行在贷款存续期间，应密切关注借款合同中关键条款的履行情况。

第三十七条 商业银行应按照不低于其他贷款种类的频率和标准对并购贷款进行风险分类和计提拨备。

第三十八条 并购贷款出现不良时，商业银行应及时采取贷款清收、保全，以及处置抵质押物、依法接管企业经营权等风险控制措施。

第三十九条 商业银行应明确并购贷款业务内部报告的内容、路线和频率，并应至少每年对并购贷款业务的合规性和资产价值变化进行内部检查和独立的内部审计，对其风险状况进行全面评估。当出现并购贷款集中度趋高、贷款风险分类趋降等情形时，商业银行应提高内部报告、检查和评估的频率。

第四十条 商业银行在并购贷款的不良贷款额或不良率上升时应加强对以下内容的报告、检查和评估：

（一）并购贷款担保的方式、构成和覆盖贷款本息的情况；

（二）针对不良贷款所采取的清收和保全措施；

（三）处置质押股权的情况；

（四）依法接管企业经营权的情况；

（五）并购贷款的呆账核销情况。

【案例】泰安鲁润股份有限公司并购贷款

一、企业基本情况

泰安鲁润股份有限公司是一家主板上市公司，但主营业务不突出，盈利能力较弱，虽然年销售收入 19 亿元，但净利润仅 300 多万元。泰安鲁润股份有限公司已经拥有 105 万吨/年的焦煤产能，另有 90 万吨/年产能的煤矿已经达成收购协议，预付定金 1.5 亿元，还需付款 3 亿元。为筹集资金进行煤矿收购以达到政府要求，泰安鲁润股份有限公司拟定向募集资金 6.4 亿元，预计 6 月增发成功。泰安鲁润股份有限公司为抢占优质煤矿资源，必须在 3 月底前完成付款 3 亿元，但前期的收购使泰安鲁润股份有限公司资金极为紧张。泰安鲁润股份有限公司急需 3 亿元进行收购，但定向增发在短期内无法完成。

同时股东会决议通过可以以自筹资金或银行贷款进行先期付款，待增发完成后还款。

二、银行切入点分析

银行收益：（1）贷款利息收入：贷款利率上浮30%，带来非常可观的利息收入。（2）中间业务收入：收取油品贸易咨询费、融资结构设计费、后续融资顾问费、客户信息费等费用合计2000万元。如1年内不能结清贷款，则追加后续融资顾问费1000万元。（3）创造存款：与客户签订协议，将全部定向增发募集的资金由银行监管，该公司后增发6亿元，全部进入银行归集账户。

在泰安鲁润股份有限公司3亿元高收益并购贷款操作完成后，银行又为该公司设计并批复了3年期、5亿元的高收益并购贷款授信方案（方案与首次类似）。在该公司增发成功后，原3亿元授信已经收回，新批复5亿元授信已经成功发放。一次性收取中间业务收入3000万元。

三、银企合作情况

银行给予泰安鲁润股份有限公司综合授信3亿元，期限1+1年，担保方式为：（1）现有2个煤矿采矿权抵押+拟收购煤矿采矿权抵押，如放款前无法办理抵押手续，需出具股权会决议承诺抵押且不会向第三方抵押，股东决议须公证并由上市公司公告。（2）实际控制人个人无限责任担保。（3）油品贸易资金1/3在银行指定账户往来，银行进行监控。（4）定向增发账户开户在银行。（5）拟收购煤矿的煤炭销售资金在银行结算，监控该矿的销售情况。

涉及产品：（1）主打产品为高收益并购贷款。（2）辅助产品为流动资金贷款。

泰安鲁润股份有限公司并购贷款见图7-3。

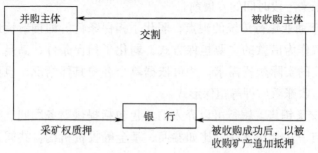

图7-3　泰安鲁润股份有限公司并购贷款示意图

【点评】

　　这个案例属于非常经典的并购贷款的案例，银行对一个大型的民营企业提供了并购贷款，用于收购中小能源物资企业的股权，这类贷款价值极高，属于企业急需的品种。操作得当，会给银行带来非常可观的回报。并购贷款最重要的就是控制并收购资产的交割环节，实现对被收购主体资金流的控制。

六、新三板贷

【产品定义】

　　新三板贷是指银行以在新三板上市的公司股权质押作为主要担保方式，并依据单个客户具体情况，适当加入知识产权质押、应收账款质押等担保形式，解决新三板客户缺少抵押物从银行融资的问题。

【产品优势】

　　1. 降低准入门槛、着重实质审核。银行注重对企业第一还款来源的分析，看重企业自主研发能力、渠道建设能力、企业经营团队稳定性以及是否有健全的人事制度。分析企业以向前看的眼光，不拘泥于现有财务报表及盈利情况，而看重未来一段时间的发展前景。

　　2. 相对于商业银行传统的观点，弱化了担保条件。即创新性地以非上市公众公司股权作为借款的主要担保方式，弱化了担保条件，满足了广大轻资产新三板企业的实际融资需求；并可依据单个客户具体情况，也可采用知识产权质押、应收账款质押等担保形式。

　　3. 可以交叉销售。银行可以介入的角色包括提供财务顾问、提供并购贷款，甚至是与一些合作伙伴，比如券商、基金等投资机构，共同进行结构化设计。

【风险控制】

1. 选择优质新三板上市企业提供融资，应当审阅这些新三板企业的公开披露资料，进行穿透性了解。

2. 多考虑采取股权质押方式，而且质押率应当控制在三成以内，这类新三板企业的股权往往流通性较差。

新三板股票与上海证券交易所、深圳证券交易所股票区别见表 7 - 1。

表 7 - 1　　新三板股票与上海证券交易所、深圳证券交易所股票区别

序号 \ 项目	新三板股票	上海证券交易所、深圳证券交易所股票
1	流通性较差	流通性较好
2	三成为佳	一般需要在六成
3	质押一般不易超过 500 万股	质押超过 5000 万股风险也可控

【案例】北京××科技股份有限公司新三板贷款

一、企业基本情况

北京××科技股份有限公司立足于微电子行业，以微电子器件、微波组件、通信系统集成等相关产品的研发和生产为主营业务，具有较强的自主研发能力。

该公司是中关村园区内较早登陆新三板的高科技企业，因此受到了银行的关注。通过分析发现该公司所处行业具有资金密集、技术密集的特点，进入该行业需要同时具备较强的资金实力、研发实力以及生产能力，行业壁垒较高。

二、银行切入点分析

经过银行专业人员分析发现，由于公司的下游客户为各军工企业和军事研究所，受到政府预算的限制，应收账款数额大且账期长，加上科技企业轻资产特点，难以得到银行传统信贷业务支持，因此企业饱受融资瓶颈限制。

三、银企合作情况

银行经全方面调查了解后，结合"新三板综合金融服务方案"对该企业综合授信 2000 万元，采用了股权质押及自然人担保的融资方式。在杭州银行的融资支持下，该公司业务继续保持快速发展，公司经营状况进一步提升，该企业销售收入已达 8830 万元，净利润 1464 万元。

做公司业务要有投行化的思维。意思就是以客户为中心，综合运用银行、信托、租赁、资管等金融媒介和贷款、投资、理财等资金渠道，在合理缓释资本和信贷规模约束的基础上为客户提供整体金融解决方案的经营模式。具体来说，主要包括债券承销、结构化融资、资产管理、资产证券化、银团贷款、并购贷款、财务顾问七大类业务。

第八章　信托融资

第一节　信托基本知识

信托的定义

根据我国《信托法》的定义，信托是指委托人（客户）基于对受托人（信托投资公司）的信任，将其财产权委托给受托人，由受托人按委托人的意愿以自己的名义，为受益人的利益或者特定目的，对财产进行管理或者处分的行为。一般来讲，信托公司会根据客户财富增值等需求设计开发一定期限（如一年、两年）、安全可靠（有多层次的保障措施）、收益较高（如两年期预计收益率在4%或更高）的理财产品，又叫信托计划，供客户购买。简单地说信托就是"受人之托，代人理财"。

1. 信托分类。

按照信托资产使用方式进行分类，信托分为融资类信托和投资类信托两种类别。

融资类信托是指以资金需求方的融资需求为驱动因素和业务起点及信托目的以寻求信托资产的固定回报为主，信托资产主要运用于信托设立前已事先指定的特定项目。

信托公司在此类业务中主要承担向委托人、受益人推荐特定项目，向特定项目索取融资本金和利息的职责。包括信托贷款、带有回购、回购选择权或担保安排的股权融资型信托、信贷资产受让信托等。

投资类信托是指以信托资产提供方的资产管理需求为驱动因素和业务起点，以实现信托财产的保值增值为主要目的，信托公司作为受托人主要发挥投资管理人的功能，对信托财产进行投资运用的信托业务，如私募股权投资信托（PE）、证券投资信托（含私募证券投资信托）等。

2. 信托有哪些基本特征？

答：信托具有以下基本特征：（1）信托是以信任为基础，受托人应具有良好的信誉；（2）信托成立的前提是委托人要将自有合法财产委托给受托人；（3）信托财产具有独立性，信托依法成立后，信托财产即从委托人、受托人以及受益人的自有财产中分离出来，成为独立运作的财产；（4）受托人为受益人的最大利益管理信托事务。

3. 在我国，信托投资公司是什么性质的机构？

答：在我国，信托投资公司是指依照《中华人民共和国信托法》设立的主要经营信托业务的金融机构。

《中华人民共和国信托法》的规定，设立信托投资公司必须经中国银行业监督管理委员会（2003年前为中国人民银行）批准，并领取信托机构法人许可证。未经批准，任何单位和个人不得经营信托业务，任何经营单位不得在其名称中使用"信托投资"字样。

4. 信托包括哪些当事人？

答：信托包括以下当事人：

（1）委托人：委托信托公司管理其自有财产的人。委托人应是财产的合法拥有者，具有完全民事行为能力。委托人可以是法人、自然人和依法成立的其他组织。

（2）受托人：是接受信托，按照信托合同的规定管理或处分信托财产的人。能够经营信托业务的受托人必须是经中国银行业监督管理委员会或中国人民银行批准成立的信托投资公司。

（3）受益人：享受信托利益（信托受益权）的人。可以是自然人、法人或者是依法成立的其他组织。可以是委托人自己，也可以是他人。委托人与受益人为同一人的是自益信托，为不同人是他益信托。

5. 什么是信托财产？

答：信托财产是指客户通过信托行为，转移给受托人并由受托人按照一定的信托目的进行管理或处分的财产，以及经过管理、运用或处分后取得的财产收益。信托财产包括资金、动产、不动产及其他财产和财产权。法律、行政法规禁止流通的财产，不得作为信托财产。

6. 什么叫信托财产的独立性？

答：信托财产与客户（委托人）的自有财产和信托投资公司（受托人）的固有财产相区别，不受委托人和受托人财务状况恶化，甚至破产的影响。

（1）信托设立后，信托财产脱离委托人的控制，让具有理财经验的受托人进行管理。

（2）受托人因信托财产的管理运用或其他情形取得的信托财产，都归入信托财产。

（3）除法律规定的情况外，对信托财产不得强制执行。

7. 信托公司管理信托财产的原则是什么？

答：信托公司作为受托人，按照信托合同的约定，以受益人的利益最大化为原则处理信托事务。

8. 信托公司管理、运用信托财产的方式有哪些？

答：信托公司管理、运用信托财产时，可以依照信托文件的约定，采取贷款、投资、出租、出售、同业拆放等方式进行。

9. 委托人的权利有哪些？

答：委托人有权了解其信托财产的管理运用、处分及收支情况，并有权要求受托人作出说明。委托人有权查阅、抄录或者复制与其信托财产有关的信托账目以及处理信托事务的其他文件。因设立信托时未能预见的特别事由，致使信托财产的管理方法不利于实现信托目的或者不符合受益人的利益时，委托人有权要求受托人调整该信托财产的管理方法。受托人违反信托目的处分信托财产或者因违背管理职责、处理信托事务不当致使信托财产受到损失的，委托人有权申请人民法院撤销该处分行为，并有权要求受托人恢复信托财产的原状或者予以赔偿；该信托财产的受让人明知是违反信托目的而接受该财产的，应当予以返还或者予以赔偿。受托人违反信托目的处分信托财产或者管理运用、处分信托财产有重大过失的，委托人有权依照信托文件的规定解任受托人，或者申请人民法院解任受托人。

第二节　信托产品

一、股权投资信托

【产品定义】

股权投资信托是指信托公司通过发行信托募集资金，资金的运用方式包括但不限于直接或间接投资于公司股权、股权收益权等，在交易实施过程中附带考虑了将来的退出机制，即通过上市、股权转让、原股东回购等方式，出售持有的股权（或收益权），通过专业化的管理实现受益人的信托利益。

【产品优势】

信托公司可以通过股权融资方式，为借款人提供融资。目前的银行管理体系，银行仅能通过债权及贷款方式为借款人提供资金。

【案例】华融·富驰地产股权投资集合资金信托计划（第一期）推介书

一、信托计划概况

1. 受托机构：华融国际信托有限责任公司。

2. 产品类型：集合资金信托计划。

3. 信托规模：总规模不超过 5.36 亿元，其中，优先级信托受益权 4 亿元，劣后级信托受益权 1.36 亿元。分期发行，本期发行优先级信托受益权 2 亿元，每期及每类受益权规模以实际募集金额为准。

4. 信托期限：24 个月（宽限期 6 个月）。

5. 投资门槛：100 万元，并按 10 万元的整数倍增加。

6. 预计投资收益：

A 类信托受益权：预定期限为自信托成立之日起满 6 个月，规模 1000 万元，包括：

A1 类：100 万元 ≤ 认购金额 < 300 万元，投资者预期年化收益率为 7.9%；

A2 类：认购金额 ≥ 300 万元，投资者预期年化收益率为 8.1%；

A3 类：定向合格投资者发行。

B 类信托受益权：预定期限为自信托成立之日起满 12 个月，规模 2000 万元，包括：

B1 类：100 万元 ≤ 认购金额 < 300 万元，投资者预期年化收益率为 8.3%；

B2 类：认购金额 ≥ 300 万元，投资者预期年化收益率为 8.5%；

B3 类：定向合格投资者发行。

C 类信托受益权：预定期限为自信托成立之日起满 18 个月，规模 1000 万元，包括：

C1 类：100 万元≤认购金额＜300 万元，投资者预期年化收益率为 8.7%；

C2 类：认购金额≥300 万元，投资者预期年化收益率为 8.9%；

C3 类：定向合格投资者发行。

D 类信托受益权：预定期限为自信托成立之日起满 24 个月，规模16000万元，包括：

D1 类：100 万元≤认购金额＜300 万元，投资者预期年化收益率为 9.1%；

D2 类：300 万元 ≤ 认购金额 ＜ 800 万元，投资者预期年化收益率为 9.3%；

D3 类：认购金额≥800 万元，投资者预期年化收益率为 9.5%；

D4 类：定向合格投资者发行。

7. 收益分配：按半年度分配收益，到期偿还剩余本金及相应收益。

8. 推介期：2015 年 9 月 8 日至 9 月 30 日（根据推介情况，受托人可提前或延后该推介期）。

9. 资金运用：主要用于深圳市富驰房地产开发有限公司（以下简称"富驰地产"）名下位于深圳市龙华新区龙华街道卢山工业区城市更新单元项目。

10. 还款来源：主要还款来源为卢山工业区项目的销售收入及富驰地产的控股股东深圳市朗贤投资有限公司（以下简称"朗贤投资"）的经营收入等。

11. 交易结构与交易步骤（见图 8 - 1）：

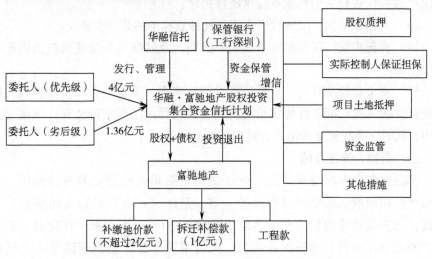

图 8 - 1　华融·富驰地产股权投资集合资金信托计划

二、信托计划主要特点及风险控制措施

1. 理财收益高，流动性强。本信托计划产品投资者预期收益高于市场平均水平，投资期限灵活，能满足投资者流动性偏好，并能有效防范企业经营风险。

2. 投资项目优质，区域优势明显。本信托计划投资的标的项目系一线城市的房地产项目。标的项目坐落于深圳市龙华新区龙华街道油松片区，处于龙华新区的中心位置；项目紧靠油富商城步行街和富康科技大厦，与深圳龙华富士康厂区（近20万名职工）一路之隔。龙华新区的房地产市场近年来是仅次于深圳前海的投资热点区域，龙华新区也是政府规划的"第二副中心"。因此，标的项目的区域优势明显。标的项目也是该片区政府批准开发的第1个的城市更新项目，属稀缺资源，商业开发的潜力较大。此外，标的项目取得楼面地价综合成本约13500元/平方米，较市场地价具有明显的成本优势等。

3. 风控措施完备。

（1）抵押担保：富驰地产将项目用地土地面积10162.8平方米的国有土地使用权为信托债权提供抵押（阶段性）担保。

（2）质押担保：朗贤投资和深圳市百隆兴实业有限公司将其合计持有富驰地产的49%股权为信托债权提供质押担保。

（3）共同债务人：朗贤投资作为信托计划项下的共同债务人。

（4）保证担保：朗贤投资及其实际控制人及其配偶为信托债权提供连带责任担保。

（5）资金监管及其他：华融信托控制董事会，保留项目降价销售权；信托资金按抵（质）押条件落实情况分期投放，并由工商银行监管，保证专款专用；同时，委托独立的第三方进行现场监管等。

三、借款人情况介绍

富驰地产是专项投资卢山工业区城市更新单元而设立的项目公司。富驰地产的控股股东房地产开发经验丰富，是江西省南昌市知名的房地产开发商，已开发建成的房地产项目建筑面积超过60万平方米，开发的主要项目有外滩铭座项目、加州溪谷项目、奥特莱斯小镇和南昌新建县中心区的家乐福广场项目等，其中，南昌加州溪谷项目在2013年是该片区的销售楼王和冠军，其园区设计、绿化等项目品质属全市标杆项目之一。此外，富驰地产的控股股东在深圳市龙华新区、宝安区和龙岗区有多个土地储备项目。

资料来源：华融信托网站。

二、信托贷款

【产品定义】

信托贷款是指信托公司作为受托人，以委托人提供的信托资金向借款人发放贷款，并按约定期限和利率收回本息的信托业务。

信托贷款发放应当遵循国家法律法规、执行国家区域产业政策、促进经济发展，对国家规定停止或严格限制发展的产业和产品应不予贷款。信托贷款的发放和使用要坚持效益性、安全性和流动性相统一的原则。

【业务流程】

1. 银行与借款人签订融资顾问协议，委托银行对外进行融资。
2. 银行收集借款人贷款资料，并形成融资推介资料。
3. 银行将资料提交信托公司，由信托公司审查。
4. 信托公司募集资金，并与银行签订信托资金托管协议。
5. 信托公司与借款人签订信托贷款协议，对借款人发放信贷。

【适用客户】

信托贷款适用于房地产开发商，尤其是中小房地产开发商；地方政府融资平台公司；上市公司大股东等。

在风险可控的前提之下，房地产信托业务收益率较高。

【产品优势】

银行可以将信托公司作为自己的募集资金的合作伙伴，自己牢牢控制账户。由信托公司筹集资金，信托公司承担风险，银行提供账户服务。通常，借款人并不在乎从哪里拿到资金。

【基本要求】

房地产信托项目必须取得《国有土地使用证》《建设用地规划许可证》《建设工程规划许可证》《建筑工程施工许可证》，同时项目自有资金投资比例应不低于总投资的 35%。

【案例】华融·杭州万通时尚信托贷款集合资金信托计划

一、信托计划概况

1. 受托机构：华融国际信托有限责任公司。

2. 产品类型：集合资金信托计划。

3. 信托规模：不超过 6.5 亿元，每期及每类信托受益权规模以实际募集金额为准。

4. 信托期限：18 个月。

5. 投资门槛：100 万元，并按 10 万元的整数倍增加。

6. 预计投资收益。

A 类信托受益权：预定期限为自本期募集完成日起满 6 个月，规模 5000 万元，包括：

A1 类：100 万元 ≤ 认购金额 < 300 万元，投资者预期年化收益率为 7.8%；

A2 类：认购金额≥300 万元，投资者预期年化收益率为 8%；

A3 类：定向合格投资者发行。

B 类信托受益权：预定期限为自本期募集完成日起满 12 个月，规模 10000 万元，包括：

B1 类：100 万元 ≤ 认购金额 < 300 万元，投资者预期年化收益率为 8.2%；

B2 类：认购金额≥300 万元，投资者预期年化收益率为 8.4%；

B3 类：定向合格投资者发行。

C 类信托受益权：预定期限为自本期募集完成日起满 18 个月，规模 50000 万元，包括：

C1 类：100 万元 ≤ 认购金额 < 300 万元，投资者预期年化收益率为 8.6%；

C2 类：300 万元 ≤ 认购金额 < 800 万元，投资者预期年化收益率为 8.8%；

C3 类：认购金额≥800 万元，投资者预期年化收益率为 9%；

C4 类：定向合格投资者发行。

7. 收益分配：自本期募集完成日起每半年分配收益，到期偿还剩余本金及相应收益。

8. 推介期：2015 年 8 月 20 日至 9 月 20 日（根据推介情况，受托人可提前或延后推介期）。

9. 资金运用：用于向杭州万通时尚发放信托贷款，杭州万通时尚将融资资金用于其开发的位于杭州市拱墅区万通中心项目的前期债务置换及偿还股东借款。

10. 还款来源：第一还款来源为杭州万通中心项目销售回款。第二还款来源为北京万通地产股份有限公司综合现金流。

11. 交易结构与交易步骤（见图 8－2）：

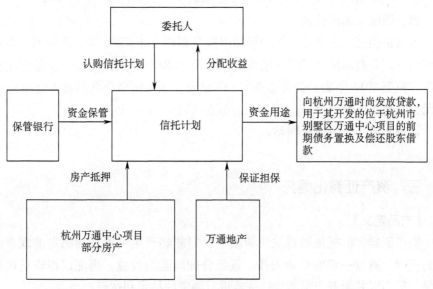

图 8－2 华融·杭州万通时尚信托贷款集合资金信托计划

二、信托计划主要特点及风险控制措施

1. 理财收益高。本信托计划产品投资者预期收益高于市场平均水平，投资期限适中，能有效防范企业经营风险。

2. 风险控制措施完备。

（1）杭州万通时尚以其持有的杭州万通中心项目的 590 套房产提供现房抵押。经北京中地华夏土地房地产评估有限公司评估，抵押物价值为167346. 58 万元。在销售房产过程中，如需解除部分房产抵押，须确保信托动态抵押率不超过 60%，否则须向保证金账户缴纳足额保证金后方可办理。项目抵押物区位较好、足值，且为现房，可处置性较好，有效规避了开发环节风险。

（2）北京万通地产股份有限公司为信托贷款提供连带责任担保。北京万通地产股份有限公司在建项目较多，实力较强，未来将产生可观的销售回款，且具备较强的股权及债权融资能力，担保能力较强，还款有保障。

三、借款人情况介绍

杭州万通时尚置业有限公司是由北京万通地产股份有限公司于 2008 年 3 月 12 日注册成立的有限责任公司，公司注册资本 3.5 亿元，主要负责开发和销售位于杭州运河 CBD 区域的万通中心项目。

四、担保人情况介绍

本项目担保人北京万通地产股份有限公司成立于 1998 年，是全国知名房地产企业，具有房地产开发一级资质，公司于 2000 年在上海证券交易所主板上市。截至 2014 年底，公司总资产 142 亿元，近 3 年累计合同销售金额逾 93 亿元，经营状况良好。

资料来源：华融信托网站。

三、资产证券化信托

【产品定义】

资产证券化信托是指将缺乏流动性，但能够产生可预见的稳定的现金流量的资产，通过一定的结构安排，重新分配风险与收益，再配以相应的信用担保，最终以其为资产标的发行证券进行融资的技术和过程。

资产证券化信托是一项以提高资产流动性和融资为目的的金融创新。

就证券化操作模式的选择而言，资产证券化可以根据资产特征、目标设置和配套环境的不同，设计多样化的操作模式。

以证券化资产是否移出发起人的资产负债表之外为标准，可分为表内模式和表外模式。以 SPV 的形态为标准，表外模式可再分为 SPT（special purpose trust，特殊目的信托）和 SPC（Special purpose company，特殊目的公司）模式。

【适用客户】

银行可以积极营销国内众多的小贷公司、保理公司、消费金融公司，协助这些公司发型资产证券化项目，而银行的投资部门又可以使用自有资金投资这些资产证券化项目，就是银行的非标投资项目。

【产品收益】

资产证券化项目，银行可以获得可观的中间业务手续费收入，一般资产证券化承销项目，手续费为1%~2%。

【案例】华融·荣泽证券投资集合资金信托计划

产品名称	华融·荣泽证券投资集合资金信托计划		
产品状态	接受预约	产品类型	封闭式、集合产品
发行机构	华融国际信托有限责任公司	投资门槛	100万元
推出时间	2015年5月6日	推出截止日期	2015年6月6日
预计成立规模	预计成立规模为2.7亿元，具体以受托人公告的实际募集规模为准		
信托利益分配时间	每季度向A类受益人现金分配；在信托计划终止后向B类、C类受益人现金分配	信托期限	1年
投资门槛	100万元，并按10万元的整数倍增加	认购费	无
投资顾问	全体委托人指定深圳市前海邦友盛财富管理有限公司担任投资顾问，为信托计划财产的投资管理提供投资建议		
资金运用方式	上海证券交易所、深圳证券交易所已经公开发行并挂牌交易的A股股票、基金；交易所国债、可转债、债券型基金；现金及等价物（银行活期存款、货币市场基金、债券逆回购）（不包含受托人、投资顾问、B类委托人、C类委托人关联公司股票和债券）。根据中国银行业监督管理委员会等监管部门的要求，信托财产需认购信托业保障基金，本信托计划的投资范围还包括认购信托业保障基金，认购金额为信托规模的1%		
风险控制	（1）严格筛选合格投资者。通过对投资者进行风险适应性调查，只有具备较强的风险认知能力和风险承受能力的合格投资者才能够加入本计划。 （2）充分的风险揭示。在产品推介和信托文件中充分揭示证券投资的风险，并对投资顾问的职责和受托人的职责作出清晰约定，本信托计划投资业绩主要取决于投资顾问的投资建议能力。受托人执行有效的投资建议并不代表受托人对投资顾问的建议能力、操作风险、道德风险等方面做出任何判断或保证，受托人也不对投资顾问的行为或执行投资建议而产生的后果而向委托人／受益人承担任何责任。		

（续）

风险控制	（3）设置预警线、止损线。在信托单位净值触及预警线时，C 类委托人应及时追加资金，否则受托人有权限制投资顾问的交易权限，并降低权益类资产的配置比例；在信托单位净值触及止损线时，C 类委托人也应及时追加资金，否则受托人有权不可逆转地强制性变现信托财产，变现完成后，本信托计划提前终止。 （4）受托人逐日盯市，并审查投资建议的有效性。受托人将投资比例等风控参数事先在资产管理系统中进行设置，并安排专人逐日盯市。对投资顾问下达的投资建议，受托人通过资产管理系统和交易员进行双重审查，对符合信托文件约定的有效投资建议，受托人立即执行，对违反信托文件约定的无效投资建议，受托人予以否决

资料来源：华融信托网站。

四、政府类信托

华融·涪陵开发信托贷款集合资金信托计划（第三期）

一、信托计划概况

1. 受托机构：华融国际信托有限责任公司。

2. 产品类型：集合资金信托计划。

3. 信托规模：总规模不高于 5 亿元，本期不超过 4700 万元，每期和每类受益权规模以实际募集金额为准。

4. 信托期限：每期均为 24 个月。

5. 投资门槛：100 万元，并按 10 万元的整数倍增加。

6. 预计投资收益。

E 类信托受益权：预定期限届满日为自本期募集完成之日起满 24 个月之日，预计规模 4700 万元，包括：

E1 类：100 万元 ≤ 认购金额 < 300 万元，投资者预期年化收益率为 8%；

E2 类：认购金额 ≥ 300 万元，投资者预期年化收益率为 8.2%；

E3 类：定向合格投资者发行。

7. 收益分配：按季度分配，每年 2 月 20 日、5 月 20 日、8 月 20 日及 11 月 20 日为核算日，到期归还本金及剩余收益（具体以资金信托合同为准）。

8. 推介期：2015 年 9 月 18 日—2015 年 10 月 18 日（根据推介情况，受托人可提前或延后该推介期）。

9. 资金运用：重庆市涪陵区新城区开发（集团）有限公司（以下简称"涪陵开发"）将取得的资金专项用于"李渡新区两桂公租房及配套廉租房二期工程"的建设。

10. 还款来源：涪陵开发经营性收入。

11. 交易结构与交易步骤（见图 8－3）：

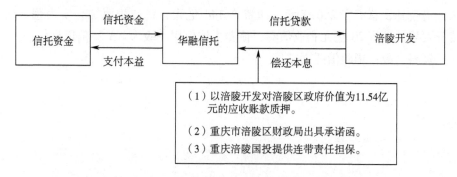

图 8－3　华融·涪陵开发信托贷款集合资金信托计划

二、信托计划主要特点及风险控制措施

1. 借款人综合实力强，主体信用评级 AA。借款人涪陵开发系由重庆市涪陵区国有资产管理监督委员会单独出资组建的有限责任公司，涪陵区国资委持其 100% 股权。涪陵开发为重庆市涪陵区核心平台之一，资产雄厚，综合实力强。

2. 担保方担保能力强，主体信用评级 AA＋。重庆市涪陵国有资产投资经营集团有限公司（以下简称"涪陵国投"）成立于 1994 年，注册资本 20 亿元，为重庆市涪陵区国有资产监督管理委员会 100% 控股子公司。涪陵国投累计发行公司债券、中期票据、小微债共 48 亿元，根据大公国际资信评估有限公司信用评级，公司的主体信用评级持续为 AA＋，信用较好。

3. 风控措施完备。

（1）涪陵开发以对重庆市涪陵区政府价值 11.54 亿元的应收账款质押，项目期间内，可以以不低于原价值的应收账款置换。

（2）重庆市涪陵区财政局出具承诺函。

（3）重庆市涪陵国有资产投资经营集团有限公司（主体信用评级 AA＋）

提供连带责任担保。

（4）设立资金用途监管账户，审批企业用款，确保资金专款专用。

三、融资人情况介绍

借款人涪陵开发成立于 2002 年 12 月 30 日，注册资本 20 亿元，是重庆市涪陵区核心平台公司之一，涪陵区财政实力较强，经济实力在重庆市排名前列。涪陵开发自成立以来，得到市政府和区政府的大力支持，建成了一批与涪陵区建设及老百姓生活息息相关的城市基础设施建设项目。截至 2014 年末，涪陵开发总资产 250 亿元、净资产 144 亿元，资产雄厚综合实力强。涪陵开发累计发行 20 亿元企业债券，债券主体信用评级为 AA，信用良好。

资料来源：华融信托网站。

第九章 融资租赁

第一节 租赁基本知识

一、信贷类合作产品

金融租赁向银行获取信贷类融资，包括信用贷款、担保贷款、抵押贷款、应收租赁款质押贷款、应收租赁款保理业务、票据业务等。

主要优势：（1）操作简便，模式成熟；（2）可以进行贷款登记、质押登记，租金可专户运作，银行接受程度高；（3）还贷安排与租金偿还计划匹配，还款压力轻，资金运营效率高。

重点产品：（1）应收租赁款质押贷款。以已投放租赁项目项下的应收租赁款向银行等金融机构质押以获得贷款。（2）应收租赁款保理业务。将融资租赁合同项下未到期应收租赁款债权转让给银行，由银行作为租赁款债权受让人收取租金，并向出租人提供融资及应收租赁款管理的综合性金融服务。按追索权是否保留，可分为有追索保理业务与无追索保理业务。

二、金融同业类合作产品

金融租赁作为金融同业机构，与银行等金融机构开展同业业务合作，包括同业资金的融入融出、融资租赁资产转让等。

主要优势：授信模式标准化，操作便捷，方式与期限灵活，不受信贷规模、存贷比限制。

重点产品：（1）同业拆借，包括拆入及拆出。（2）同业借款，目前操作模式包括信用借款及应收租赁款质押借款。（3）租赁资产转让业务，包括回购型租赁资产转让和买断型租赁资产转让。（4）同业定期存款。公司向银行存出定期同业资金。

表 9 – 1 不同类型融资租赁公司准入门槛及监管要求

项目	金融租赁公司	内资融资租赁试点企业	外商投资融资租赁公司
监管机构	银监会	商务部和国家税务总局联合	商务部
监管法规	《金融租赁公司管理办法》	《关于从事融资租赁业务有关问题的通知》《关于加强内资融资租赁试点监管工作的通知》	《外商投资租赁业务管理办法》
设立门槛	1 亿元人民币	1.7 亿人民币	1000 万美元
监管指标	资本充足率不得低于 8%	风险资产不得超过净资产总额的 10 倍	风险资产不得超过净资产总额的 10 倍

三、结构型融资类产品

金融租赁与银行、信托机构、券商等多方合作，以租赁资产为基础资产，通过建立信托计划、资产管理计划等，以适当的交易结构实现融资或租赁资产的证券化。

主要优势：（1）通过结构化设计隔离产品风险；（2）投资对象多样化，投资收益率较高。

重点产品：（1）租赁收益权信托与银行理财模式。以租金收益权作为信托财产设立权益信托，将信托权益转让给银行理财资金，或以理财产品募集资金设立单一资金信托，用于投资购买租赁收益权。（2）租赁收益权资产管理计划模式。以租赁资产（租金收益权）为标的，通过券商、保险资管等机构，设立租赁资产管理计划，对接银行理财产品资金、保险资金及其他资金等。（3）资产证券化模式。以租赁资产（租金收益权）设立财产信托，向公开市场发行信托计划份额，由公开市场投资者认购投资的方式。

四、资产组合业务产品

金融租赁与银行等金融机构合作，采用银团、结构性放款等方式，共同对目标客户（承租人）提供融资服务，共同控制融资成本，锁定风险。

主要优势：营销方式灵活，共同拓展并维护客户资源。

重点产品：

（1）额度组合，是指银行、金融租赁组成银团向客户提供融资服务。（2）期限组合，是指银行与金融租赁分别对客户提供短期及中长期融资服务。（3）风险控制组合，是指银行与金融租赁灵活运用各项风控资源，充分运用保证担保、抵（质）押以及租赁设备所有权的占用等方式，共同锁定金融资产风险。（4）介入期组合，是指银行与金融租赁分别在不同的时期介入对企业的服务，应对企业不同阶段的需求，科学管理客户的现金流。（5）信用组合，是指银行与金融租赁合作向客户提供个性化的增信，为企业提供多样化的融资服务。

五、租赁通常涉足领域

1. 目标客户。符合租赁业务特点，需要物权加现金流管理的企业机构客户；银行已合作客户中具有创新融资需求的企业机构客户。

2. 主要目标行业。包括 船舶（运输、工程类）、飞机、轨道交通（地铁、轻轨、铁路）、公用事业（包括水务、燃气、热力等）、城市公交、大型装备制造业（厂商租赁）、专用设备租赁（施工机械、医疗器械等）、传统行业（能源化工、钢铁有色、水泥建材、电力电网、电气、机械装备制造业等）。

《国家税务总局关于融资性售后回租业务中承租方出售资产行为有关税收问题的公告》（国家税务总局公告 2010 年第 13 号）（以下简称 13 号公告）规定，承租方以融资为目的将资产出售给经批准从事融资租赁业务的企业后，又将该项资产从该融资租赁企业租回。承租方出售资产时，资产所有权以及与资产所有权有关的全部报酬和风险并未完全转移。现行增值税和营业税有关规定，融资性售后回租业务中承租方出售资产的行为，不属于增值税和营业税征收范围，不征收增值税和营业税。企业所得税法及有关收入确定规定，融资性售后回租业务中，承租人出售资产的行为，不确认为销售收入，对融资性租赁的资产，仍按承租人出售前原账面价值作为计税基础计提折旧。租赁期间，承租人支付的属于融资利息的部分，作为企业财务费用在税前扣除。这体现了"实质重于形式"的立法原则。这是对出售方也是承租方而言的。

第二节　典型租赁产品

一、直接融资租赁贷款

在营销此类项目的时候，建议银行可以考虑直接将租赁公司作为拓展目标，租赁公司的特点是缺资金，不缺项目。选择优质的租赁公司，间接进入一些优质的客户，不失为一种明智的选择。将租赁公司作为一类渠道类客户，为它提供一定的利益，并通过它去开拓客户，比商业银行自己一家一家拓展容易得多。

【产品定义】

直接融资租赁贷款是指承租人选定机器设备，商业银行向租赁公司发放贷款，贷款采取受托支付方式划付给设备出售企业，银行代替租赁公司采购机器设备等，租赁公司在银行定向开设收取租金专户，银行代扣，以租金收入偿还银行贷款的一种融资方式。

【业务提示】

商业银行通常与专业的金融租赁公司（或财务公司）合作，银行提供融资（收取贷款利息），租赁公司提供资格（收取租赁费），供货商提供设备（收取销售款），承租人租赁设备（支付租赁费），以"四方完美"合作的方式完成整个操作。

1. 在不含专业租赁公司模式下，商业银行与设备供应商签订设备供货合同，商业银行与承租人签订租赁合同。

2. 在包括专业租赁公司模式下，商业银行与专业租赁公司签订贷款合同及反担保合同、专业租赁公司与供货人签订设备供货合同、专业租赁公司与承租人签订租赁合同。

【点评】

　　在营销此类项目的时候建议可以考虑直接将租赁公司作为拓展目标，租赁公司的特点是缺资金，不缺项目。选择优质的租赁公司，间接进入一些优质的客户，不失为一种明智的选择。将租赁公司作为一类渠道类客户，为它提供一定的利益，并通过它去开拓客户，比商业银行自己一家一家拓展容易得多。

【产品优势】

　　1. 租赁公司益处。

　　（1）融资租赁业务是由租赁公司以自有资金支付全部设备款项，待项目起租并正常运行后，再将这些成熟的租赁项目向银行申请贷款，用于置换已经投入的部分自有资金的操作方式。

　　返还式租赁特点：承租人与租赁物件供货人是一体，租赁物件不是外购，而是承租人在租赁合同签订前已经购买并正在使用的设备。承租人将设备卖给租赁公司，然后作为租赁物件返租回来，对物件仍有使用权，但没有所有权。设备的买卖是形式上的交易，承租企业需将固定资产转为融资租入固定资产。返还式租赁强调了租赁的融资功能，失去了租赁的促销功能，类似于"典当"业务。企业在不影响生产的同时，扩大资金来源，是一种金融活动。

　　（2）融资租赁是一项非常有前途的业务，很多租赁公司最大的优势在于有较强的特殊背景优势，如一些政府成立的租赁公司，可以拿到一些优质的政府投资项目；一些特大型集团公司成立的租赁公司（包括财务公司，有租赁业务的经营范围），凭借近水楼台的优势，可以直接操作本集团的优质项目。如中国石油化工集团系统内有优质的石化租赁有限公司、中国国航集团系统内的国航财务有限公司、中国中化集团系统内有远东租赁有限公司。可以通过这些租赁公司（持有租赁资格的财务公司）间接切入优质的集团客户，"顺藤摸瓜"。

　　（3）供货合同、租赁合同相互制约。融资租赁的操作核心由设备供货合同和租赁合同组成，设备供货合同依据租赁合同。

（4）至少涉及三方当事人——出租人、承租人和供货商，构成自成一体类的三边交易，这三方当事人相互关联。

（5）银行只负责单据，实际货物的风险由承租人自担。拟租赁的设备由承租人自行选定，出租人只负责根据承租人的申请提供购买设备的融资，不负担设备缺陷、延迟交货等责任和设备维护的义务；承租人也不得以此为由拖欠或拒付租金。出租人对单据表面是否符合买卖合同及租赁合同的要求承担责任，而对于单据对应的实际货物质量，出租人不予负责。

（6）全额清偿。在租期内，出租人只将设备出租给一个特定的用户，出租人从该用户收取的租金总额应等于出租人在该项租赁交易的全部资金投入及利润（即银行在租赁期内收回全部的贷款本息）。

（7）设备所有权与使用权分离。设备的所有权属于出租人，设备的使用权属于承租人，设备的保险、保养、维护等费用及过时风险均由承租人自行负担。

（8）不可解约性。对于承租人而言，租赁的设备是承租人根据其需要自行选定的，承租人不能以退还设备为条件而提前中止合同。对于出租人而言，因设备为已购进产品，也不能以市场涨价为由提高租金（因为汇率、贷款利率变化等原因除外）。总之，在一般情况下，租期内租赁双方无权中止合同。租期结束时，承租人一般对设备拥有留购、续租或退租三种选择权。

2. 承租人益处。

（1）大型企业集团仅仅依靠单一的融资渠道，是远远不能满足融资需求的，必须建立多渠道、持续稳定的融资渠道。在营销的时候突出可以帮助煤化工集团建立更多的融资渠道。融资租赁业务对于搭建多渠道融资体系的作用，来自两个方面：一方面，集团未来投资中，设备投资占了较大的比重，可以通过融资租赁的方式融入所需要的资金；另一方面，通过租赁表外融资的特点，使得集团未来的资产负债率动态保持较低水平，为其他融资手段的顺利实施创造条件。

（2）改善财务结构。利用融资租赁工具，可以通过先租后贷、先贷后租、租贷结合的方法，改变资产和负债性质，调整折旧提取额，加快或延长还款期限。从而调整集团的财务结构，使得集团公司可以从容的应对行业的周期变化。利用融资租赁特有的回租方式，可以盘活企业存量资产，增强资产的流动性，获得企业滚动发展的资金。同时可以降低资产负债比例，保持银行的贷款额度或增加债权融资的能力。

3. 构建合理税务结构。我国的设备折旧政策比较僵硬。企业很难通过加速折旧，延迟纳税的办法来平衡调整应税额。但由于会计准则的规定，融资租赁方式可以缩短折旧期限，或有租金可以税前列支，租赁业务的租金支付方式较灵活，企业可以选择不同的租赁方式、不同的租金支付方式，增加或减少税前提取或列支的金额，达到均衡税负的目的。

【营销建议】

1. 融资租赁的设备主要为大型电气设备、机械加工设备、医疗设备、通信设备、环保设备、航空飞行器、教学科研设备等。客户经理营销目标可以定位于各大航空公司、航空器材进出口公司、各大发电公司等客户。

2. 国内仅几大国有商业银行具备开办融资租赁的业务资格，直接作为融资租赁设备的所有权人操作融资租赁业务，而中小银行通常不能直接办理此项业务。中小银行在拓展这项业务的时候，可以与专业的金融租赁公司、信托公司或财务公司（财务公司的经营范围中通常包括融资租赁）合作，银行作为融资方，货物所有权由金融租赁公司或信托公司或财务公司控制，以租赁的设备作为融资银行的反担保。

3. 融资租赁应当重点考察承租人的履约能力，这是防范风险的关键，因为银行的贷款融资最终是由承租人归还的。

4. 可以在国家民航总局、中国航空器材进出口总公司、各大发电公司、各大电站设备供应商的网站寻找业务信息。

另外，营销时应当选择实力雄厚、经营规范、专业性较强的大型金融租赁公司为突破口，主动寻找租赁公司要求合作，对方提供项目，银行提供融资。

可在中国银行业监督管理委员会网站查询合格的金融租赁公司信息。

【办理条件】

1. 经国家有权部门批准的以租赁方式引进机器设备的文件。

2. 融资结构、租赁结构的有关描述文件（一般大型供货商都有成文的融资租赁操作规定等文件，银行需要根据本行的规定进行审查）。

3. 授信所需的常规资料。

【相关政策】

1. 《外商投资租赁业管理办法》。

2.《商务部　国家税务总局关于加强内资融资租赁试点监管工作的通知》（商建发〔2006〕160号）。

以上规定为国内租赁公司开展业务的基本政策规定，银行从业人员应当认真研读，掌握政策精髓。

【业务流程】

银行具备办理融资租赁业务资格模式下的业务流程。

1. 承租人应就租赁引进的设备向银行（出租人）提出申请，商洽银行提供融资租赁的意向。

2. 银行首先评估：承租人履约风险，即确信承租人能够按期支付租金，银行按照一般授信业务标准审查承租人；在银行表示同意的情况下，承租人与供应商洽商供货事宜，并与银行洽商供货合同及融资租赁合同。

银行其次评估：对供货商进行评估，考察供货商能否按期供货，以及货物质量风险。

3. 银行对承租人及担保进行授信审批，并审查设备供货合同、租赁合同等条款。

4. 审批通过后，银行与承租人签订租赁合同，与供应商签订设备供货合同。

5. 承租人按时支付租金，银行收回贷款本息资金。

有专业租赁公司参与模式下的业务流程与以上基本一致，可以参考操作。

【业务流程图】

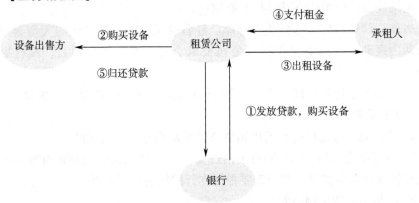

图 9-1　直接融资租赁贷款流程

【案例】北京新兴建设机械租赁有限公司工程机械融资租赁项目

一、企业基本情况

北京新兴建设机械租赁有限公司为一家专业公车设备租赁公司，公司资金紧张，希望能够得到银行融资。北京新领混凝土有限公司为北京大型场馆施工企业，由于中标北京朝青体育大厦等市重点项目，承租人北京新领混凝土有限公司通过融资租赁从北京新兴建设机械租赁有限公司租赁 60 台国际知名的日立混凝土搅拌车、7 台混凝土输送泵车。

二、银行切入点分析

某国有商业银行北京分行经过分析认为，北京新领混凝土有限公司所承包的北京朝青体育大厦工程为市重点项目，工程回款有保证，企业具有按时还贷的能力。北京新兴建设机械租赁有限公司为一家实力雄厚的租赁公司，管理规范。日立混凝土搅拌车、混凝土输送泵有较好的市场口碑。本次贷款的风险控制点依托在北京新领混凝土有限公司风险可控。

三、银企合作情况

经过充分准备后，该银行发放 2000 万元贷款给北京新兴建设机械租赁有限公司，定向支付给日立工程机械在北京的经销商。北京新领混凝土有限公司按照计划将设备的租赁款汇入北京新兴建设机械租赁有限公司开立在融资银行的账户，银行直接扣收归还贷款。

租赁期限为 3 年，3 年的租金全额覆盖银行融资的本息。租金交齐后，设备所有权归承租方。

银行为了降低风险，除了在合同签订前对北京新领混凝土有限公司进行详细的资信调查外，合同签订后，还每月定时检查北京新领混凝土有限公司的财务报表、经营状况，并不时查看工程现场，以掌握项目的进行情况，了解公司的回款程度，对其还租能力作出评估。

【点评】

一个项目最重要的是资金风险可控，融资租赁业务银行

风险控制的着力点在于承租人，因此，应当按照银行的贷款标准认真筛选承租人。融资租赁的优势在于解决期限较长、银行直接进入存在一定困难的项目，或可能存在政策性风险的项目。如一些较好的风险融资租赁项目等，没有租赁资格的银行不能介入，但是这些项目通常现金回流较好，资金风险不大。因此，商业银行可以采取与租赁公司合作的方式介入，银行分享项目的现金流。

（1）融资租赁封闭贷款（购设备前融资）。

（2）应收租赁款保理（购设备后融资）。

【案例】船舶融资租赁项目

某民营航运公司成立于 1999 年，注册资本 8000 万元，主营国内沿海及长江中下游普通货船运输业务，该公司原有 2 条多用途船和 2 条干散货船，总运力 37000 载重吨。为扩大业务，该公司要新建一艘 22500 吨散货船，但投资资金不足。公司针对该航运公司特定需求，为其提供了 9500 万元直租项目融资。具体为：公司按该公司要求向该公司指定的造船厂订造船舶，船舶建成后出租给该航运公司营运，租赁期限 5 年。租赁期限内，该公司按月向公司支付租金；租赁期满后，该公司根据约定的名义货价向公司购买该艘散货船，公司将船只的所有权转移给该航运公司。

二、已有设备回租赁（融资型售后回租赁）贷款

【产品定义】

已有设备回租赁（融资型售后回租赁）贷款是指企业（承租人）拥有未抵押的生产设备或其他大型设备，可以向金融租赁（出租人）提出申请，把设备以合理的价格出售给出租人，再签订租赁协议从出租人手中租回设备使用。租赁期间，承租人向出租人支付租金；租赁期满，设备归承租人所有，租赁公司将应收租赁款转让给银行的一种保理业务。

企业有未抵押的设备，可以通过先出售设备再回租使用的方式获得融资。

【适用领域】

该产品工商企业合法所有且未抵押的生产线、整套设备、系列设备或单

一设备，以及汽车、船舶、飞机及其他大型交通设施等，但缺少流动资金或新增项目投资款。

【优势与功能】

1. 设备的使用性能未改变，仍归承租人使用。

2. 出租人一次性支付设备转让款，承租人可获得大量的现金流，迅速解决资金流动性问题。

3. 承租人可以将出售设备的资金用于新增项目投资，有利于把握投资良机。

4. 若设备增值，承租人按公允价值出售，可以获得更多的资金。

5. 租赁期限在设备原使用年限内灵活商定，可以用租金来调节企业生产成本，有更好的节税或延迟纳税效果。

6. 承租人支付全部合同租金后，又拥有设备所有权。

【业务流程图】

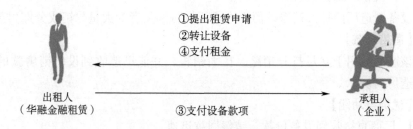

①提出租赁申请
②转让设备
④支付租金

出租人
（华融金融租赁）

承租人
（企业）

③支付设备款项

图9-2　已有设备回租赁（融资型售后回租赁）贷款流程

【案例】公共交通融资租赁项目

H市为沿海经济发达地区省会城市，人均收入中上等水平，居住环境适宜。但该城市的公共交通建设有待改进，特别是公交系统，旧车、非空调车占比较大，城市线路也明显不足，公交公司迫切需要购置新的公交设备。该公司虽有政府补贴政策的支持，但因公司运营的人力成本和设备维护成本不断攀升，该公交公司的流动资金不够充足。公司在了解上述情况后，为公交公司提供了总额1.1亿元的公交车辆回租服务。具体操作是：该公交公司向公司提供一批原已购入公交车辆的购置发票和车辆登记证，公司一次性支付1.1亿元用于购买该批车辆，该批车辆仍租赁给公交公司使用，租赁期限为

5 年。租赁期内，公交公司按月向公司支付租金。租赁期满后，公交公司向公司支付约定的名义货价后，公司将该批车辆的所有权转移给该公交公司。

通过融资租赁方式，H 市的公交车档次明显提高，营运线路增加了两倍，因公司提供资金而更新的车辆达到近 3000 辆，人车比例达到国内同行先进水平，企业创新和发展的步伐进一步加快。

三、厂商租赁

【产品定义】

厂商租赁是指设备制造厂商与金融租赁（出租人）结成战略合作关系，厂商向出租人推荐设备购买方，由出租人支付设备价款，并向推荐的设备购买方（承租人）提供融资租赁。厂商为租赁项目提供某种形式的担保或设备回购，并进行后续设备资产管理。租赁期间，承租人向出租人支付租金；租赁期满，设备归承租人所有。

设备制造厂商扩大销售，但无力承担设备购买者的大量赊销或分期付款。

【适用领域】

该产品适用于立足打开销路，扩大销售，并能迅速收到设备销售款的设备制造厂商。

【优势与功能】

1. 厂商直接收到设备价款，销售回款迅速。

2. 将金融业务融入厂商的销售体系中，有利于打开销路，扩大销售，提高市场占有率。

3. 出租人的专业信用评价与风险管理能力，有助于帮助厂商选择更优质、长远的业务合作伙伴。

4. 厂商与具有综合金融服务能力的出租人进行战略合作，强强联合，双方互利共赢。

5. 出租人通过融资租赁业务帮助购买设备的终端客户，增强客户的发展能力，最终又有利于厂商的持续发展。

【业务流程图】

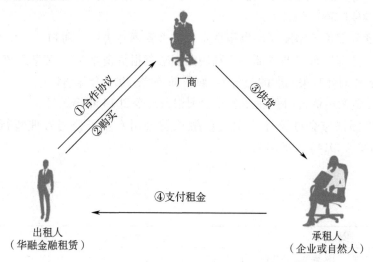

图 9 - 3　厂商租赁业务流程

【案例】　厂商租赁

李总是某设备生产厂商的负责人，近年受宏观经济影响，很多客户表示资金紧张，很难一次性付款来购买设备，要求分期付款，这将造成厂商自身流动资金紧张。后经人推荐，李总找到了金融租赁，以厂商租赁方式签订了 5000 万元的合作协议。

在之后的销售中，凡客户在购置设备时提出资金不足，由金融租赁提供融资租赁给客户，项目实施后，李总从租赁公司收到全额设备销售款项。既满足了客户的需求，同时也实现了销售的全额回笼。

【政策依据】

1. 《国务院办公厅关于加快融资租赁业发展的指导意见》（国办发〔2015〕68 号）。

2. 《最高人民法院关于审理城镇房屋租赁合同纠纷案件具体应用法律若干问题的解释》已于 2009 年 6 月 22 日由最高人民法院审判委员会第 1469 次会议通过。

3. 商务部、税务总局发布《关于天津等 4 个自由贸易试验区内资租赁企业从事融资租赁业务有关问题的通知》。

4.《商务部　国家税务总局关于从事融资租赁业务有关问题的通知》（商建发〔2004〕560号）。

5. 商务部关于印发《融资租赁企业监督管理办法》的通知。

6. 商务部发布《商务部关于利用全国融资租赁企业管理 信息系统进行租赁物登记查询等有关问题的公告》（商务部 公告2014年第84号）。

7.《金融租赁公司管理办法》中国银监会令2014年第3号。

8. 中国银监会办公厅印发《金融租赁公司专业子公司管理暂行规定》（银监办发〔2014〕198号）。

附件

序号	生效时间	文件信息
一、法律法规、司法解释及司法性文件		
1	2015年4月24日	《中华人民共和国民用航空法》（2015修订）（根据2015年4月24日《全国人民代表大会常务委员会关于修改〈中华人民共和国计量法〉等五部法律的决定》〔主席令第二十六号〕修订）
2	2008年1月1日	《中华人民共和国企业所得税法》（主席令第六十三号）
3	2007年10月1日	《中华人民共和国物权法》（主席令第六十二号）
4	1999年10月1日	《中华人民共和国合同法》（主席令第十五号）
5	2015年8月31日	国务院办公厅《关于加快融资租赁业发展的指导意见》 （国办发〔2015〕68号）
6	2014年3月1日	最高人民法院《关于审理融资租赁合同纠纷案件适用法律问题的解释》（法释〔2014〕3号）
7	2011年11月11日	天津市高级人民法院《关于审理融资租赁物权属争议案件的指导意见（试行）的通知》（津高法〔2011〕288号）
8	2011年4月1日	最高人民法院《关于印发修改后的〈民事案件案由规定〉的通知》（法〔2011〕42号）
9	已废止	最高人民法院关于适用《中华人民共和国民事诉讼法》若干问题的意见（法发〔92〕22号）（本法规已于2015年2月4日被《最高人民法院关于适用〈中华人民共和国民事诉讼法〉的解释》废止）
10	1990年7月20日	最高人民法院《关于中国东方租赁有限公司诉河南登封少林出租旅游公司等融资租赁合同纠纷一案的复函》（〔1990〕法经函字第61号）

序号	生效时间	文件信息
部门规章、规范性文件		
（一）综合		
23	2007 年 12 月 6 日	中国银行业监督管理委员会《关于印发非银行金融机构行政许可事项申请材料目录及格式要求的通知》（银监发〔2007〕86 号）《非银行金融机构行政许可事项申请材料目录及格式要求（2015 年版）》可在中国银行业监督管理委员会官方网站→在线办事→文件下载中下载
24	2014 年 7 月 11 日	中国银监会办公厅《关于印发〈金融租赁公司专业子公司管理暂行规定〉的通知》（银监办发〔2014	198 号）
25	2014 年 5 月 15 日	中国人民银行、中国银行业监督管理委员会〈关于金融租赁公司、汽车金融公司和消费金融公司发行金融债券有关事宜的公告〉（中国人民银行、中国银行业监督管理委员会公告〔2004〕第 8 号）
26	2014 年 3 月 13 日	中国银行业监督管理委员会《全融租赁公司管理办法》（2014 版）（中国银监会令 2014 年第 3 号）
27	2012 年 9 月 27 日	国家外汇管理局综合司《关于国内金融租赁公司办理融资租赁收取外币租金问题的批复》（汇综复〔2012〕80 号）
28	2010 年 1 月 13 日	中国银行业监督管理委员会《关于金融租赁公司在境内保税地区设立项目公司开展融资租赁业务有关问题的通知》（银监发〔2010〕2 号）
29	2008 年 1 月 24 日	中国银行业监督管理委员会《汽车金融公司管理办法》（中国银行业监督管理委员会令 2008 年第 1 号）
30	已废止	中国银行业监督管理委员会《金融租赁公司管理办法》（2007 版）（银监会令 2007 年第 1 号）（本法规已于 2014 年 3 月 13 日被《金融租赁公司管理办法（2014）》废止）
31	已废止	中国银行业监督管理委员会《关于调整金融租赁公司业务范围的通知》（银监发〔2005〕60 号）（本法规已于 2007 年 7 月 3 日被《中国银监会关于制定、修改、废止、不适用部分规章和规范性文件的公告》废止）
32	已废止	中国银行业监督管理委员会办公厅《关于加强金融租赁公司售后回租业务监管的通知》（银监办发〔2005〕19 号） （本法规已于 2007 年 7 月 3 日被《中国银监会关于制定、修改、废止、不适用部分规章和规范性文件的公告》废止）

续表

序号	生效时间	文件信息
33	已废止	中国银行业监督管理委员会《关于加强对金融租赁公司关联交易业务监管的通知》（银监通〔2004〕21号）（本法规已于2007年7月3日被《中国银监会关于制定、修改、废止、不适用部分规章和规范性文件的公告》废止）
（三）会计		
34	2008年8月7日	财政部《关于印发〈企业会计准则解释第2号〉的通知》（财会〔2008〕11号）
35	2007年11月16日	财政部《关于印发〈企业会计准则解释第1号〉的通知》（财会〔2007〕14号）
36	2007年1月1日	财政部《企业会计准则第21号——租赁》（财会〔2006〕3号）
37	2006年10月30日	财政部《〈企业会计准则第21号——租赁〉应用指南》
（四）外汇		
38	2014年2月10日	国家外汇管理局《关于进一步改进和调整资本项目外汇管理政策的通知》（汇发〔2014〕2号）
39	已废止	国家外汇管理局综合司《关于融资租赁类公司对外债权登记问题的批复》（汇综复〔2013〕142号）（本法规已于2015年3月19日被《国家外汇管理局关于公布废止和失效50件外汇管理规范性文件的通知》废止）
40	2012年9月27日	国家外汇管理局综合司《关于国内金融租赁公司办理融资租赁收取外币租金问题的批复》（汇综复〔2012〕80号）
（五）融资租赁登记、查询		
41	2014年12月4日	商务部《关于利用全国融资租赁企业管理信息系统进行租赁物登记查询等有关问题的公告》（商务部公告2014年第84号）
42	2014年6月30日	中国人民银行《中国人民银行征信中心中征动产融资统一登记平台操作规则》
43	2014年3月20日	中国人民银行《关于使用融资租赁登记公示系统进行融资租赁交易查询的通知》（银发〔2014〕93号）
44	2011年11月2日	天津市人民政府金融服务办公室、中国人民银行天津分行、天津市商务委员会、中国银行业监督管理委员会、中国银行业监督管理委员会天津监管局《关于做好融资租赁登记和查询工作的通知》（津金融办〔2011〕87号）

续表

序号	生效时间	文件信息
45	已废止	中国人民银行《中国人民银行征信中心融资租赁登记规则》（本规则已于2014年6月30日被《中国人民银行征信中心中征动产融资统一登记平台操作规则》废止）
（六）税收		
46	2015年12月24日	财政部、国家税务总局《关于融资租赁合同有关印花税政策的通知》（财税〔2015〕144号）
47	2014年10月1日	财政部、海关总署、国家税务总局《关于在全国开展融资租赁货物出口退税政策试点的通知》（财税〔2014〕62号）
48	2014年10月1日	国家税务总局《关于发布〈融资租赁货物出口退税管理办法〉的公告》（国家税务总局公告2014年第56号）
49	2014年1月1日	财政部《关于飞机租赁企业有关印花税政策的通知》（财税〔2014〕18号）
50	2014年1月1日	财政部、海关总署、国家税务总局《关于租赁企业进口飞机有关税收政策的通知》（财关税〔2014〕16号）
51	2014年1月1日	财政部、国家税务总局《关于铁路运输和邮政业营业税改征增值税试点有关政策的补充通知》（财税〔2013〕121号）
52	2014年1月1日 部分失效	财政部、国家税务总局《关于将铁路运输和邮政业纳入营业税改征增值税试点的通知》（财税〔2013〕106号）（本法规已于2015年5月19日被《国家税务总局关于明确部分增值税优惠政策审批事项取消后有关管理事项的公告》部分废止，2015年10月30日被《关于影视等出口服务适用增值税零税率政策的通知》部分废止）
53	2012年7月1日	财政部、海关总署、国家税务总局《关于在天津东疆保税港区试行融资租赁货物出口退税政策的通知》（财税〔2012〕66号）
54	已废止	国家税务总局《关于发布〈天津东疆保税港区融资租赁货物出口退税管理办法〉的公告》（国家税务总局公告2012年第39号）（本法规已于2014年10月1日被国家税务总局发布《融资租赁货物出口退税管理办法》的公告）废止）
55	已废止	海关总署《关于进一步明确飞机租赁中相关费用税收问题的公告》（海关总署公告2011年第55号）（本法规已于2016年1月29日被《海关总署关于修订飞机经营性租赁审定完税价格有关规定的公告》废止）

续表

序号	生效时间	文件信息
56	已废止	海关总署《海关总署关于飞机租赁中相关费用海关税收问题的公告》（海关总署公告2010年第47号）（本法规已于2016年1月29日被《海关总署关于修订飞机经营性租赁审定完税价格有关规定的公告》废止）
57	2011年6月10日	财政部、国家税务总局《关于跨境设备租赁合同继续实行过渡性营业税免税政策的通知》（财税〔2011〕第48号）
58	2010年10月1日	国家税务总局《关于融资性售后回租业务中承租方出售资产行为有关税收问题的公告》（国家税务总局公告2010年第13号）
59	2010年4月1日	国家税务总局《关于印发〈融资租赁船舶出口退税管理办法〉的通知》（国税发〔2010〕52号）
60	2010年3月30日	财政部、海关总署、国家税务总局《关于在天津市开展融资租赁船舶出口退税诚点的通知》（财税〔2010〕24号）
61	2009年12月1日	财政部、国家税务总局《关于房产税城镇土地使用税有关问题的通知》（财税〔2009〕128号）
62	2008年1月1日 部分失效	财政部、国家税务总局《关于执行企业所得税优惠政策若干问题的通知》（财税〔2009〕69号）（本法规已于2014年4月18日被《关于扩大小型微利企业减半征收企业所得税范围有关问题的公告》部分废止，2015年1月1日被《财政部、国家税务总局关于小型微利企业所得税优惠政策的通知》部分废止）
63	2003年1月1日 部分失效	财政部、国家税务总局《关于营业税若干政策问题的通知》（财税〔2003〕16号）（本法规已于2009年1月1日被《财政部、国家税务总局关于公布若干废止和失效的营业税规范性文件的通知》部分废止，2013年8月1日被《财政部、国家税务总局关于在全国开展交通运输业和部分现代服务业营业税改征增值税试点税收政策的通知》部分废止）
64	2000年11月15日	国家税务总局《关于融资租赁业务征收流转税问题的补充通知》（国税函〔2000〕909号）
65	2000年7月7日	国家税务总局《关于融资租赁业务征收流转税问题的遇知》（国税函〔2000〕514号）
66	1999年7月1日	财政部、国家税务总局《关于融资租赁业营业税计税营业额问题的通知》（财税字〔1999〕第183号）

序号	生效时间	文件信息
67	已废止	国家税务总局《关于融资租赁业务征收营业税的通知》（国税函发〔1995〕656 号）（本法规已于 2006 年 4 月 30 日被《国家税务总局关于发布已失效或废止的税收规范性文件目录的通知》废止）
（七）其他		
68	2014 年 6 月 4 日	国家发展改革委《关于飞机租赁企业订购国外飞机报备的通知》（发改基础〔2014〕1156 号）
69	2013 年 7 月 31 日	国务院《关于印发〈船舶工业加快结构调整促进转型升级实施方案（2013—2015 年）〉的通知》（国发〔2013〕29 号）
70	2008 年 3 月 28 日	交通运输部办公厅《关于规范国内船舶融资租赁管理的通知》（厅水字〔2008〕1 号）
71	2005 年 6 月 1 日	国家食品药品监督管理局《关于融资租赁医疗器械监管问题的答复意见》（国食药监市〔2005〕250 号）

第十章　供应链融资

特大型企业是中国经济的脊梁，在各自的领域都吸引了大量的配套企业，形成了庞大的产业链，而特大型企业在其中处于核心地位，牢牢掌控整个产业链的运转。如汽车行业中的中国一汽汽车产业链，有大量的汽车零配件供应商、汽车经销商；钢铁行业中的宝钢集团钢铁产业链，有大量的铁矿石供应商、钢材经销商。

链式融资业务的核心目的在于依托特大型的核心客户，关联营销为其配套的供应商、经销商，实现低风险状态下突破针对中小企业的融资业务，银行精细化经营，最大限度地挖掘核心大型客户的价值潜力。银行融资业务真正嵌入到企业产业链运行的"血液"中，形成银企相互依赖的紧密型商业合作伙伴关系。

链式融资是进行深度营销、改变银行客户拓展模式的重要手段。链式融资风险较低，银行可以较好地掌控企业的经营行为，便利交叉销售全线的银行产品，是银行投入—产出比最高的一类产品。以传统单一贷款的思路营销客户，银行只能获得其20%的利润，银行与企业合作浮在表面；以链式融资服务客户，银行可以获得80%的利润，银行进入了企业的"血液"，与企业形成共生的关系，便可以获得更丰厚的利润。

供应链融资是指供应商链式融资。经销链融资是指经销商链式融资。

切记：中小客户不可以无目标地随意拓展，中小客户必须依托特大型的核心客户，是核心客户的供应商或关联的经销商，依托大客户而经营。

第一节　供应链融资基本知识

一、供应链融资基本概念

供应链融资是指通过对有实力的核心客户的责任捆绑，对产业链相关的资金流、物流的有效控制，针对链条上供应商、经销商及终端用户等不同客户的融资需求，银行提供的以货物销售回款为风险控制基础的组合融资服务。

通过提供链式融资，推动整个产业链商品交易连续、有序地进行。

链式融资业务通常使用的融资产品有银行承兑汇票、国内信用证、流动资金贷款、商业承兑汇票保贴、商业汇票贴现（含买方付息票据、协议付息票据贴现）、国内保理、保函等。

1. 供应链融资实际通过对有实力核心企业的责任捆绑，对产业链相关的资金流、物流的有效控制，针对链条上供应商、经销商及终端用户等不同企业的融资需求，银行提供的以货物销售回款自偿为风险控制基础的组合融资服务。通过提供链式融资，推动整个产业链商品交易的连续、有序进行。

在"供应链"融资模式下，处在供应链的企业一旦获得银行的支持，资金这一"脐血"注入配套企业，也就等于进入供应链，从而可以激活整个"链条"运转，使该供应链的市场竞争能力得以提升。借助银行信用支持，为核心企业配套中小企业赢得更多与大企业合作的商机。

实际就是借助大企业良好商业信誉，强大的履约能力给中小企业融资。

2. 链式融资为组合关联授信，着重分析产业链内各企业主体执行合同的履约能力，围绕产业链原材料采购、加工、生产、销售的产业链条，全过程分析供应商、制造商、经销商、零售商、最终用户等不同主体融资需求，全方位融资融信，深入挖掘产业链的价值潜力，并有效控制银行信用风险。

3. 供应链融资业务要求银行必须对企业所在行业运营规律进行深入了解和透彻分析，把"以企业为中心"的营销理念贯穿于业务全过程，把营销工作做专、做深、做精、做细，与各企业主体（核心企业、供应商、经销商、保险公司、物流监管企业等）进行契约组合，提供量体裁衣式一揽子综合金融服务方案。

4. 在核心企业责任捆绑项下，从核心企业入手分析整个产业链，着眼于合理运用银行产品，将银行信用有效注入上下游配套企业，满足其融资需求，适度放大其经营能力，推动整个产业链商品交易的有序进行，以核心企业为依托，以核心企业真实履约为保障，控制产业链关联风险。

以强势企业的强大商业运作能力控制整个产业链的融资风险。

5. 供应链融资并非单一的融资产品，而是各类产品的组合序列，银行根据产业链各节点的资金需求特性嵌入相应的融资融信产品组合，包括票据及其衍生产品、贷款融资及其关联产品、结算、托管、现金管理等非融资产品，形成产品集群效应。

6. 供应链融资重点关注贸易背景的真实性、交易的连续性、交易对手的履约能力、业务的封闭运作与贷款的自偿性。它将贷款风险控制前移至企业的生产、存储及其交易环节，以产业链整体或局部风险控制强化单一企业的风险个案防范。

供应链融资可称为对重点行业的整体解决方案，着眼于整个产业链对银行的价值，力图从整个产业链寻找对银行的价值回报，而绝非每个企业的个体回报。供应链融资紧盯企业所依托的经营现金流，银行的融资嵌入到企业的经营现金流血液中。

二、供应链融资授信金额及期限

链式融资授信期限一般为从商务合同付款日起到合同执行完毕收回销售款的整个时间段。单笔授信原则上不超过合同交易金额的 80%；针对同一贸易背景和同一操作模式，链式融资授信可核定最高授信额度，在最高额度内循环使用，期限不超过 1 年，单笔出账一般不超过 6 个月。

三、供应链融资适用范围

核心厂商有着非常强势的资金运作能力、强大的辐射效能，吸引了一大批原材料供应商和经销商，形成了一个相对安全、经营稳定、价值较高的商务链条。这些供应商和经销商数量众多、交易模式趋同，有利于银行进行批发营销。

链式融资适用的行业容量广阔、市场需求稳定、交易金额巨大、交易方式规范、产业梯度较深、集群效应较好，属于资金技术密集型产业，有利于银行进行纵深拓展。以核心厂商来选择行业，通常应当满足以下条件：

1. 资源优势突出的行业，如石油、煤炭、电力等能源类行业，具有自然资源独占性优势，从事此类行业的客户通常都有相当雄厚的自有资金，行业风险不大。如中国石油化工集团、中国石油集团、中国海洋石油集团、中国中化集团、陕西延长石油等国内的知名石油企业，可针对这些客户的上下游配套企业进行深度拓展链式融资业务。

2. 财务指标突出、技术优势明显、内部经营管理规范的大型制造类企业，包括汽车、电器等大型制造类企业，如长春第一汽车集团、上海汽车集团、哈尔滨电站设备集团、上海电气集团等客户，可针对这些客户的上下游配套企业深度拓展链式融资业务。

3. 具有稳定资金来源的国家机关，包括各级国家行政机关、军队客户等。这些客户的长期供应商可以作为链式融资业务的客户主体。

【点评】

链式融资业务是商业银行营销中小客户的重要手段，为各家银行尤其是股份制商业银行所推崇。链式融资核心目的在于低风险状态下突破针对中小企业融资，链式融资的思路是银行信贷资源直接切入到企业的经营环节，直接用于企业原材料（产成品）采购，银行密切监控企业采购、生产、销售，以贸易项下货物销售来偿还银行融资。银行实现精细化经营，最大限度地挖掘客户价值潜力，银行融资业务真正嵌入到企业的经营"血液"中。

四、供应链融资业务条件

1. 对供应商的要求。

（1）供应商与其下游交易对手履约情况正常，交易记录良好，业务关系稳定。

（2）基于真实合理交易需要而产生的资金需求，商务交易产生的现金流可以完整地覆盖银行的融资敞口。

（3）商务交易的标的为大宗原材料，价值稳定，适销对路或为特大型买方订购的产成品。

（4）供应商的交易对手应是产业内有一定影响的、实力雄厚的企业。

（5）供应商与交易对手原则上不得为同一集团内部企业，双方不存在产权或股东关联关系。

2. 对经销商的要求。

（1）大型优质客户的经销商，如区域总代理、排名靠前的经销商。

（2）经销商属于本地的大型经销商，经营状况较好，有稳定的偿债资金来源。

（3）近3年没有违法和重大违规行为。

（4）近3年没有延迟支付银行本息的情形，在银行没有任何的不良信用记录。

（5）具有健全的内部资金管理体系和资金的使用偿付管理制度。

（6）设立单独的账户，独立管理银行发放的信贷资金。

【点评】

中小客户必须定位在大型核心客户的上游供应商及下游经销商，由于依托核心客户这棵"大树"，这些中小客户普遍经营情况较好、现金流稳定，有较好的开发价值。大型核心客户选择供应商、经销商都有严格的标准，每年进行考评，核心企业对其有着强大的控制力，因此，银行可以依托核心客户控制中小企业风险。借助核心客户的初步筛选，可以保证这类中端客户为行业中的佼佼者，管理规范。同时，对这类中小客户融资有真实商品交易作为基础，可以有效地避免银行信贷资金被挪用欺诈。

没有核心客户依托的中小企业通常有活就干，没活休息，"饥一顿、饱一顿"，经营状况很不稳定，银行与这样的客户合作风险较大。

对于中小企业，银行对其评价一般仅能从财务报表的质量、客户表面的经营情况进行分析，多流于表面，很难真正对企业经营水平的高低、竞争力的强弱进行深入判断，银行对这些企业的控制力偏弱。因此，大多数银行开展中小企业融资一般要求提供抵押，并且要求中小企业负责人提供个人连带责任保证等。

五、供应链融资的产品优势

1. 通常银行对中小企业融资最头疼的问题就是担心信贷资金被挪用，销售回款资金被调用，而链式融资对银行最大的好处在于可锁定资金的使用和还款。在链式融资项下，资金的使用由银行监控，确保资金用于真实的货物采购；由贸易项下的销售回款作为还款。

2. 链式融资是进行深度营销、改变银行客户拓展模式的重要手段。链式融资风险较低，银行可以较好地掌控企业经营行为，便利交叉销售全线的银行产品，是银行投入—产出比最高的一类产品。

3. 链式融资的前提是借款人已经有了成功的商业运作模式，只是公司一直受到资金规模偏小的限制，银行融资有效注入企业体内，适度放大其经营运作能力，推动产业链商品交易的有序进行，并以核心客户作为风险控制的依托。

链式融资与传统授信比较见表10－1。

表 10－1　　　　　　　　　　链式融资与传统授信比较

供应链融资	传统授信
（1）看借款人背后的核心企业实力。	（1）看借款人本身实力。
（2）看借款人的单次交易背景。	（2）看借款人的资金用途。
（3）要求牢牢捆绑核心企业。	（3）要求担保及抵押。
（4）多采取贷款合同＋三方协议模式。	（4）多采取贷款合同＋担保合同模式。
（5）链式融资的本质是贸易项下自偿性融资。需要了解核心厂商与其上下游配套企业的信用记录、贸易背景、交易对手、客户违约成本等，强调贸易背景的真实、贸易的连续性、核心厂商的信用及实力、信贷资金封闭运作。把握主体的同时控制资金流和物流。	（5）是主体授信。主体授信主要考虑客户的行业地位、财务特征和与担保方式，通常适用于大型企业，是判断长期还款能力的标准。
（6）要求：需要精确了解核心客户与其上下游客户之间的商务模式、结算方式及货物流转特点，需要全面、深入地追踪和把握核心客户与其上下游客户之间的贸易关系。	（6）通常只能片面依赖客户综合收入来还款，对客户没有全面把握和深度营销。

六、供应链融资风险控制

1. 链式融资以为核心厂商核定授信额度为前提（具体额度根据核心企业与配套企业的贸易特点具体切分），在核心厂商核定授信额度内开展与其供应商、经销商的供应链融资合作。

2. 核心客户的授信采取实质授信和虚拟授信相结合的方式，实质授信指核心厂商向银行提供授信需要的资料，银行与核心厂商签订书面的担保等协议，核心厂商针对供应商、经销商的授信提供连带责任保证、确定付款承诺、回购承诺、质押监管（盯市及跌价补偿）等单一或多种方式；虚拟授信指核心厂商不向银行提供授信需要的资料，银行与核心厂商不签订书面的担保等协议，核心厂商仅是表示会配合银行约束供应商、经销商的按时履约，如供应商、经销商违约，银行将协助处理货物，对其进行降低资质等处罚。

第二节　供应链融资

一、连带责任保证供应链融资

【产品定义】

连带责任保证供应链融资是指以核心厂商为风险控制依托，以核心厂商与其上游供应商签订真实原材料供应合同为基础，以已发货产生的应收账款或采购、生产、销售后将来产生的远期销售收入为第一还款来源，并辅之以核心厂商强力的连带责任保证，为其上游供应商提供的一种融资业务。

【适用对象】

该产品适用于核心厂商对供应商非常支持，往往是核心厂商有一定股份的供应商。

【所需资料】

1. 有关的商品购销合同等。

2. 供应商实力证明资料。

3. 授信所需常规资料，通常按照一般贷款的需要要求企业提供资料。

（1）公司章程和公司组织架构图；

（2）经过年检的营业执照正本原件（三证合一）及复印件；

（3）出示人民银行征信材料，并留下人民银行征信材料号和正确的密码；

（4）上年末及近期财务会计报告及审计报告；

（5）出具授权委托书，法人和经办人身份证原件及复印件；

（6）真实有效的贸易合同，且交易商品在企业的经营范围之内；

（7）银行要求的其他有关资料。

【产品优势】

1. 可以帮助核心企业延长账期，获得财务报表美化的优势。

2. 可以帮助供应商提前拿到资金，获得资金融通。

3. 采取银行承兑汇票方式，银行会获得非常可观的存款回报。

【业务流程】

1. 银行与核心企业及供应商商议操作模式，确定相关协议，协议中必须约定：核心企业将针对供应商的货款汇入供应商在银行的指定账户（如果支付票据，将交付银行指定工作人员）；供应商授权银行可以扣划销售回款归还银行的融资。

2. 银行为核心企业核定连带责任保证额度。

3. 供应商与核心企业签订供应合同，并将供应合同文本提交银行。

4. 供应商与银行签订贷款合同或银行承兑汇票协议，银行与核心企业签订保证合同。

5. 银行发放贷款或者为供应商办理银行承兑汇票，供应商用于采购。

6. 供应商按照计划向核心企业提供商品或劳务服务，销售回款进入供应商在银行的指定账户。

7. 银行扣划货款归还贷款或者货款资金进入银行承兑汇票保证金账户。

【业务流程图】

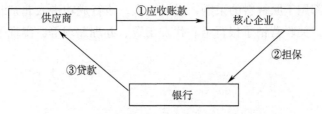

图 10-1　连带责任保证供应链融资业务流程

【风险控制】

强化对贸易背景真实性的审查，了解供应商的供货能力。供应商必须是核心客户的常年供应商，双方合作关系稳定，供应商供货的质量稳定、品质较好。

【案例】北京北良电工有限公司供应商融资

一、企业基本情况

北京北良电工有限公司注册资本为 800 万元，总资产约 1200 万元，销售额 2000 万元。企业性质为中外合资企业，由北京北达开关设备有限公司（占 70% 股份）和香港丽源投资有限公司（占 30% 股份）共同投资，公司主要业务是为北京北达开关设备有限公司提供电源开关设备基座。

二、银行切入点分析

某银行了解到，北京北达开关设备有限公司是非常优质的客户，单纯切入该公司非常困难，公司为了最大化挖掘产业链的价值，向上游进行投资。北京北良电工有限公司由于刚成立，公司销售规模偏小，现金流较为紧张。北京北达开关设备有限公司希望北京北良电工有限公司能够尽快扩大产能。银行可以尝试由北京北达开关设备有限公司提供连带责任保证，向北京北良电工有限公司提供一定的流动资金贷款。

三、银企合作情况

1. 北京北良电工有限公司由 700 万元应收账款。

2. 该银行为北京北良电工有限公司提供 500 万元授信额度。

3. 北京北良电工有限公司交存 500 万元保证金，银行与北京北良电工有限公司、北京北达开关设备有限公司签订供应链融资三方担保协议，办理 1000 万元银行承兑汇票。

公司全部用于原材料的采购，通过切入，该行成功进入北京北达开关设备有限公司，关联营销了银行卡、代发工资、办理贴现等，实现了较好的综合收益。

【点评】

　　供应商通常是核心厂商投资的企业，出于扶持供应商的目的，核心厂商愿意提供一定的连带责任保证，确保银行的资金安全。这在大型国有工业企业集团、大型外资制造企业集团经常出现，这些客户愿意对自己占有相当股份的新设立重要零部件供应商提供融资担保。多存在于如汽车、电力设备、电信设备等的制造企业的配套企业中。

二、商票保贴封闭融资

【产品定义】

　　商票保贴封闭融资是指以核心厂商为风险控制依托，以核心厂商与其上游供应商签订真实原材料供应合同为基础，核心厂商提供商业承兑汇票，银行办理贴现并监控供应商按照约定用途使用资金的一种融资业务形式。

【点评】

　　供应商多是贴牌生产企业，大型核心客户以供应商为其贴牌供应商，这些供应商规模偏小，流动资金紧张，但是却有熟练的劳动力、低廉的制造成本、成熟的制造经验等突出优势，在大型核心客户一时不能自己建厂扩大产能的情况下，往往依托这些供应商作为贴牌供应商。为了保证这些企业及时供货，核心企业会提供商业承兑汇票，要求银行协助监管贴现资金的用途。

665

【适用对象】

该产品适用于一些特大型企业的核心供应商，这些供应商虽然规模较小，但是，属于特大型企业的核心供应商，特大型企业愿意对这些供应商提供融资支持。

【营销建议】

商业承兑汇票有预付款的性质，在支付给供应商后，供应商持商业承兑汇票贴现，贴现取得资金用于生产。

【所需资料】

1. 有关的商品购销合同等。

2. 供应商实力证明资料。

3. 授信所需常规资料，通常按照一般贷款的需要要求企业提供资料。

（1）公司章程和公司组织架构图；

（2）经过年检的营业执照正本原件（三证合一）及复印件；

（3）出示人民银行征信材料，并留下人民银行征信材料号和正确的密码；

（4）上年末及近期财务会计报告及审计报告；

（5）出具授权委托书，法人和经办人身份证原件及复印件；

（6）真实有效的贸易合同，且交易商品在企业的经营范围之内；

（7）银行要求的其他有关资料。

【产品优势】

该产品优势见表10 - 2。

表 10 - 2　　核心企业应收账款质押与核心企业商业承兑汇票贴现比较

核心企业应收账款质押	核心企业商业承兑汇票贴现
操作风险较大	操作风险较小
质押率不超过70%	贴现金额—扣息，一般可以达到90%
核心企业付款及时性不能确保	核心企业付款及时性确保
核心企业付款路径不能封闭	核心企业付款路径能封闭

【业务流程】

1. 银行与核心企业及供应商商议操作模式，确定相关协议。协议约定：交易结算采用商业承兑汇票结算，贴现后资金由银行进行监管。

2. 银行为核心企业核定商业承兑汇票贴现额度。

3. 供应商与核心企业签订供应合同，核心企业签发以供应商为收款人的商业承兑汇票。

4. 商业承兑汇票直接交付银行，银行通知供应商提交商务合同，办理汇票背书等，准备办理贴现。

5. 贴现后资金入账，进入供应商在银行的监管账户。

6. 供应商向银行提交用款计划清单，银行根据采购清单，监控供应商逐笔支用贴现款项。

7. 商业承兑汇票到期，核心企业解付商业承兑汇票。

【业务流程图】

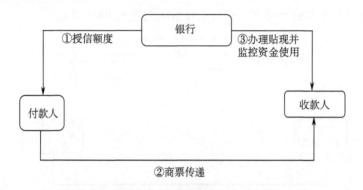

图 10 - 2　商业承兑汇票保贴封闭融资业务流程

【案例】深圳市奇峰电子有限公司商票保贴封闭融资

一、企业基本情况

深圳市奇峰电子有限公司注册资本为 2000 万元，总资产约 1.5 亿元，销售额 5 亿元。企业性质为民营股份，公司主要业务是为各大知名的手机制造商提供贴牌产品。青岛市海马集团选定该公司作为贴牌供应商，并定下 3 万台手机，合同金额约为 2.8 亿元。青岛市海马集团为全国知名的家电厂商，公司销售额超过 320 亿元，为通信市场领先企业。

二、银行切入点分析

某银行了解到，青岛市海马集团是非常优质的客户，单纯切入该公司非常困难，而随着公司从白色家电制造向通信产业的不断渗透，公司在通信市场的份额不断上升，但是在短时间内公司没有办法扩大产能，而兼并新企业操作较为复杂，因此公司在电子业较为发达的华南地区寻找贴牌供应商。深圳市奇峰电子有限公司有一定的技术优势，但是规模偏小、自身融资能力较弱，受资金制约难以承接大额订单。该银行与青岛市海马集团商议，由青岛市海马集团出具商业承兑汇票，该银行贴现后，由青岛市海马集团与该银行共同监控，由该银行根据监管协议约定监控深圳市奇峰电子有限公司逐笔支出资金。

三、银企合作情况

该银行为青岛市海马集团提供综合授信额度 5000 万元，公司全部用于商业承兑汇票贴现，该银行成功切入青岛市海马集团，吸收存款超过 1.5 亿元。深圳市奇峰电子有限公司在该银行的存款沉淀超过 1000 万元。

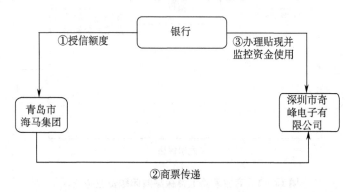

图 10 - 3　深圳市奇峰电子有限公司商票保贴封闭融资流程

三、确定购买付款承诺项下供应链融资

【产品定义】

确定购买付款承诺项下供应链融资是指以核心厂商为风险控制依托，以核心厂商与其上游供应商签订真实原材料供应合同为基础，以已发货产生的应收账款或采购、生产、销售后将来产生的远期销售收入为第一还款来源，并辅之以核心厂商确定的购买付款承诺为保证，为其上游供应商提供的融资业务。

【适用对象】

该产品适用于由核心企业提供购买承诺，或提供年度采购合同，要求回款账户为银行指定账户的企业。

【营销建议】

多存在于煤炭供应商，煤炭供应给发电企业；焦炭供应商焦炭供应给炼钢厂的产业链中。

【所需资料】

1. 有关的商品购销合同等。

2. 供应商实力证明资料。

3. 授信所需常规资料，通常按照一般贷款的需要要求企业提供资料。

（1）公司章程和公司组织架构图；

（2）经过年检的营业执照正本原件（三证合一）及复印件；

（3）出示人民银行征信材料，并留下人民银行征信材料号和正确的密码；

（4）上年末及近期财务会计报告及审计报告；

（5）出具授权委托书，法人和经办人身份证原件及复印件；

（6）真实有效的贸易合同，且交易商品在企业的经营范围之内；

（7）银行要求的其他有关资料。

【业务流程】

1. 银行与核心企业及供应商商议操作模式，确定相关协议，协议中必须约定：供应商提供标准化的货品，核心企业肯定购买，并将针对供应商的货款汇入供应商在银行的指定账户（如果支付票据，将交付银行指定工作人员）；供应商授权银行可以扣划销售回款归还银行的融资。

2. 银行收集核心企业的资料，分析确定核心企业的支付能力。

3. 供应商与核心企业签订供应合同，并将供应合同文本提交银行。

4. 银行为供应商核定授信额度，与供应商签订贷款合同或银行承兑汇票协议，核心企业应当签订确定购买付款承诺函等文件。

5. 银行发放贷款或者为供应商办理银行承兑汇票，供应商用于采购。

6. 供应商按照计划向核心企业提供商品或劳务服务，核心企业支付的销售回款进入供应商在银行的指定账户。

7. 银行扣划货款归还贷款或者货款资金进入银行承兑汇票保证金账户。

【风险控制】

调查核心客户的资信，详细了解以前核心客户对此类合同的付款情况，银行信贷资金安全建立在核心客户正常履约付款的基础上。

需要引入货权控制等，通过监控物流确保货物按照合同送达核心厂商，基础交易得到完整履行，应当选择规模较大、管理规范的大型物流公司来协助银行控制管理货物。

【点评】

　　供应商多是中型规模企业，与大型核心客户有着长年合作关系，这些供应商具有规模适中、产品质量稳定、经营管理完善、供应效率较高等突出优势，大型核心客户一般愿意向银行提供确定购买的付款承诺支持供应商融资，以便其进一步提高供应质量、提高产能，多存在于紧缺的物资供应、大宗原材料、能源产品的供应等，如成品油、煤炭、铁矿石、金属铜、天然气、钢材等。

【案例】大连市天石化工有限公司供应链融资

一、企业基本情况

　　大连市天石化工有限公司注册资本为 5000 万元，总资产约 1.5 亿元，销售额 5 亿元。企业性质为民营股份，现有员工 15 人，公司一直负责向辽宁中石船舶有限公司供应燃料油。辽宁中石船舶有限公司是特大型国有企业，注册资本达 12 亿元，年营业额高达 90 亿元，该公司与大连市天石化工有限公司为长期合作关系，大连市天石化工有限公司占该公司供应燃料油金额的 10%。大连市天石化工有限公司主要从俄罗斯进口燃料，进口量达到 8.29 万吨。

二、银行切入点分析

　　某银行了解到，辽宁中石船舶有限公司是非常优质的客户，公司与大连市天石化工有限公司有着长达 5 年的合作关系，大连市天石化工有限公司一直履约记录良好。大连市天石化工有限公司一直希望在银行获得授信额度，以便扩大其进口能力，该银行如果提供 5000 万元进口信用证额度，可以放大其经营运作能力的 10%，放大的提货金额辽宁中石船舶有限公司可以全部吸纳。辽宁中石船舶有限公司年合同履约能力约为 5 亿元，为了控制风险，该银行要求大连市天石化工有限公司进口的燃料油全部由大连大运储运公司监管，由大连大运储运公司监控发往辽宁中石船舶有限公司，并要求辽宁中石船舶有限公司承诺将货款直接汇往该银行指定账户。

三、银企合作情况

该银行为大连市天石化工有限公司提供额度5000万元进口信用证，公司全部用于进口燃料油。通过信用证切入，该银行争取到大连市天石化工有限公司超过1.5亿元的银行存款。

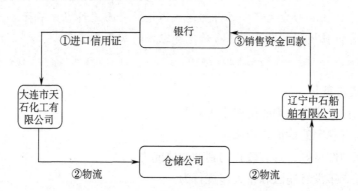

图10-4　大连市天石化工有限公司确定购买付款承诺项下供应链融资流程

四、代理采购融资

【产品定义】

代理采购融资是指在特大型集团客户成立专门的采购子公司或分公司的情况下，以采购公司与其母公司的商务交易结算为依托，银行向采购公司提供融资业务，用于满足采购公司的采购结算需要，并以销售回款作为第一还款来源的融资业务。融资利率一般要高于同期限的流动资金贷款。

【点评】

特大型集团客户纷纷成立采购公司，负责系统内物资的集中采购，以期最大限度地降低采购成本，规范采购交易，集约使用资金。如在电器行业的龙头企业——海尔成立了海尔零部件采购有限公司；五大发电集团均成立了燃料采购公司；中国联通集团成立了专门采购的联通进出口有限公司；中石化、中石油均成立了专门从海外采购原油的公司等，这样的特大型客户不胜枚举。但是，最大的问题在于这些采购公司普遍注册资本很小，但承担的采购金额极大，因而对银行信贷资金需求非常大。由于大部分银行都是主体授信，而这类客户不符合银行的一般信贷审批规则，因此，银行对这类客户的融资很慎重。

【适用对象】

1. 依托雄厚实力集团的中小采购商。

2. 具有稳定的偿债资金来源。

3. 流动性良好，具有较强的到期偿债能力。

4. 近 3 年没有违法和重大违规行为。

5. 具有健全的内部资金管理体系和偿付管理制度。

【营销建议】

一些专业的仓储物流公司、市场管理公司等，如中铁物流有限公司、安徽徽商金属有限公司等，这些公司本身既是较大的钢铁经销商，同时负责对中小钢铁经销商提供仓储监管服务。银行可以提供顾问服务，对这些仓储物流公司、市场管理公司提供代理采购融资业务。具体操作：给中小钢铁经销商提供授信，以这些中小企业在市场内的货物作为质押，要求市场对这些被质押的货物进行监管。银行将信贷资金封闭划拨给市场管理方，由市场管理方划给钢铁经销商指定的供应商。

【所需资料】

1. 有关的商品购销合同等。

2. 供应商实力证明资料。

3. 授信所需常规资料，通常按照一般贷款的需要要求企业提供资料。

（1）公司章程和公司组织架构图；

（2）经过年检的营业执照正本原件（三证合一）及复印件；

（3）出示人民银行征信材料，并留下人民银行征信材料号和正确的密码；

（4）上年末及近期财务会计报告及审计报告；

（5）出具授权委托书，法人和经办人身份证原件及复印件；

（6）真实有效的贸易合同，且交易商品在企业的经营范围之内；

（7）银行要求的其他有关资料。

【产品优势】

可以为一些实力偏弱的代理公司提供授信额度，很多特大型的集团公司成立专门的采购公司，由这些采购公司负责采购。而这些采购公司本身实力极弱，很难单独拿到授信额度，可以采取这种授信方案。

【业务流程】

1. 银行与借款人商议操作模式，确定相关的协议。

2. 银行为借款人核定授信额度，并签订融资协议（如流动资金贷款合同或银行承兑协议），核心集团应当签订付款承诺书（承诺书中声明，在进出口公司将货物发送至该公司后，该公司保证予以付款）。

3. 银行发放贷款或出具银行承兑汇票。一般需要将银行承兑汇票或贷款定向使用。

4. 借款人根据承诺向集团成员单位交货。

5. 集团成员单位收到货物后付款，偿还银行融资。

【风险控制】

要制定严密的风险控制措施，包括严格审查借款人在集团内的地位、借款人以往的履约记录等。

【案例】青岛新达电器集团代理采购融资

一、企业基本情况

青岛新达电器集团成立了青岛新达零部件采购有限公司，注册资本金为300万元，公司负责新达集团所有原材料的采购，年销售收入30亿元。青岛新达零部件采购有限公司最大的优势在于依托新达集团雄厚的实力。新达集团为国内领先的大型电器制造集团，新达品牌在行业内知名度非常高，集团总资产达120.9亿元，实现销售收入超过300亿元。

二、银行切入点分析

青岛新达零部件采购有限公司虽然规模偏小，但是公司却有非常好的股东背景，公司的经营运作能力非常突出。由于公司负责整个新达集团的零部件采购，因此公司资金需求量较大，给公司提供融资最大的困难在于该公司没有合适的抵押担保（由于新达集团为本地特大型集团企业，因此本地已经有商业银行为青岛新达零部件采购有限公司提供了信用授信，某银行属于后来者，只能接受这样的融资条件）。经过认真研究，该银行决定定向融资，要求新达集团配合提供确定购买付款承诺，即货物采购到港后，新达集团肯定购买付款。

三、银企合作情况

青岛新达零部件采购有限公司首先交存 20% 保证金开立银行承兑汇票，然后卖方将货物直接发送给青岛新达集团，青岛新达集团收到货物后将货款汇往该银行指定账户，填满银行承兑汇票敞口。

操作额度为 5800 万元，授信期限为 1 年，目前该公司在该银行存款余额约为 4500 万元。

【点评】

银行需要介入企业的经营环节，参与商务谈判，使得银行的服务与客户的经营能够对接。要认真分析新达集团对青岛新达零部件采购有限公司的支持态度，同时必须清楚，审批部门非常关心细节，必须详细考虑所有的风险环节，尽可能规避风险。

第三节　经销链融资

一、连带责任保证项下经销链融资

【产品定义】

连带责任保证项下经销链融资是指以核心厂商为风险控制主体，以下游经销商与核心厂商签订真实贸易合同将产生的应付账款为基础，通过核心厂商的连带责任保证，为下游经销商提供的定向用于向核心厂商采购支付的融资。

定向融资工具包括定向贷款、银行承兑汇票、保贴商业承兑汇票，见表10－2。

表10－2 定向融资工具

1. 定向贷款	2. 银行承兑汇票	3. 保贴商业承兑汇票
银行可以获得利息收入	银行可以获得保证金存款	银行可以获得保证金存款，以及商业承兑汇票贴现利息收入
操作最为简单	操作复杂	操作最为复杂
流动资金贷款协议＋连带责任保证协议	银行承兑协议＋连带责任保证协议	商票保贴协议＋连带责任保证协议

【点评】

经销商多与大型核心客户有着长年的合作关系，这些经销商规模适中、经营管理完善、销售量较大，且为当地总代理商，能够向大型核心厂商提供一定反担保，如房产抵押等。为了培植这些强势的销售渠道，大型核心客户一般愿意向银行提供连带责任保证的供应链融资，当然，大型核心客户一般会采取派出人员实地监管货物等方式强化控制，以便其进一步提高本公司产品在当地的销售量，多存在于竞争较为激烈、日常用品的销售行业，如家电、计算机、手机等行业。

【适用对象】

该产品适用于总子公司模式的产业链体系。总公司为特大型制造企业，在各地设立了较多的专业销售子公司，总公司处于扶持子公司的目的，为子公司在银行的融资提供担保。

【营销建议】

连带责任担保方式的供应链融资操作较为简便，而且对银行风险较小，银行可以积极营销这类供应链融资业务。

【所需资料】

1. 有关的商品购销合同等。

2. 供应商实力证明资料。

3. 授信所需常规资料，通常按照一般贷款的需要要求企业提供资料。

（1）公司章程和公司组织架构图；

（2）经过年检的营业执照正本原件（三证合一）及复印件；

（3）出示人民银行征信材料，并留下人民银行征信材料号和正确的密码；

（4）上年末及近期财务会计报告及审计报告；

（5）出具授权委托书，法人和经办人身份证原件及复印件；

（6）真实有效的贸易合同，且交易商品在企业的经营范围之内；

（7）银行要求的其他有关资料。

【产品优势】

1. 操作容易，由于有核心企业的连带责任担保，操作非常容易，成本极低。

2. 银行风险较小，随时可以要求核心企业履约。

【业务流程图】

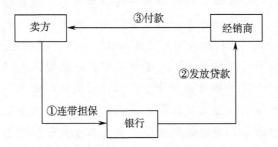

图 10-5　连带责任保证项下经销链融资业务流程

【风险控制】

1. 必须选择强势的卖方作为核心企业，而且银行必须为卖方核定授信额度，在额度内操作。

2. 对卖方推荐的买方必须进行适度审核，控制风险。

【案例】包头奥斯有限责任公司连带责任保证项下经销链融资

一、企业基本情况

包头奥斯有限责任公司是生产规模较大、技术实力较雄厚的大型专业化电脑企业之一，年销售额超过 100 亿元，公司在全国有 30 余家经销商。公司销售模式：产品销售给区域经销商，然后通过经销商在各省进行终端销售。

二、银行切入点分析

包头奥斯有限责任公司区域经销商都经过了严格的挑选，有着较高的经营管理水平，销售额平均为 3 亿 ~ 10 亿元，有着较好的开发价值。包头奥斯有限责任公司对本公司产品销售市场非常有信心，愿意向银行提供连带责任保证，即经销商使用银行承兑汇票付款后，如果销售不畅，经销商没有能力在银行承兑汇票到期前全额提货，该公司愿意提供银行融资敞口部分的连带责任保证。

三、银企合作情况

某银行为包头奥斯有限责任公司提供 2 亿元担保额度，其石家庄大型经销商——石家庄天宇销售有限公司在银行办理了 7000 万元银行承兑汇票。

二、退款承诺项下经销链融资

【产品定义】

退款承诺项下经销链融资是指以核心厂商为风险控制主体，以下游经销商与核心厂商签订真实贸易合同将产生的应付账款为基础，以核心厂商对货物退款的承诺为担保，为下游经销商提供定向用于向核心厂商采购支付的融资。

【点评】

退款承诺项下经销链融资实质上对核心厂商非常有利，经销商出具合同项下银行承兑汇票付款后，核心厂商根据银行的指令发货，而银行发出发货指令是依据经销商交存的保证金，因此，厂商没有风险，一旦经销商不能提货，厂商有货在手，将经销商未能交存的保证金（即合同对应的经销商未能提货的金额）退还给银行即可。

【适用对象】

该产品适用于特大型核心制造企业的经销商，例如特大型钢厂的经销商，特大型家电制造企业的经销商等。

【营销建议】

银行应当前期介入客户的经营环节，帮助客户设计融资模式，从以往的直接向银行贷款或开立银行承兑汇票转为借道经销商在银行融资。

【所需资料】

1. 有关的商品购销合同等。

2. 供应商实力证明资料。

3. 授信所需常规资料，通常按照一般贷款的需要要求企业提供资料。

（1）公司章程和公司组织架构图；

（2）经过年检的营业执照正本原件（三证合一）及复印件；

（3）出示人民银行征信材料，并留下人民银行征信材料号和正确的密码；

（4）上年末及近期财务会计报告及审计报告；

（5）出具授权委托书，法人和经办人身份证原件及复印件；

（6）真实有效的贸易合同，且交易商品在企业的经营范围之内；

（7）银行要求的其他有关资料。

【产品优势】

1. 可以帮助客户实现的表外融资，降低自身的资产负债率。

2. 有利于核心企业进一步控制经销商，同时，对经销商实现一定程度的扶持。

【业务流程】

1. 银行与经销商、厂商商议操作模式，确定相关的协议。

2. 银行为核心厂商核定授信额度（退款承诺担保额度），并为经销商核定银行承兑汇票额度（经销商本身的资信弱化，充分考虑经销商执行单笔交易的真实资金需求即可）。

3. 银行为经销商出具银行承兑汇票，并直接交付核心厂商（不经经销商手）。

4. 经销商交存保证金，银行通知核心厂商发送与保证金等额的货物，直至银行承兑汇票敞口全部填满。

5. 银行承兑汇票到期前，如经销商没能全额提货，银行通知核心厂商，退还经销商未能提走的货物款项（即银行承兑汇票与保证金的敞口部分）。

【业务流程图】

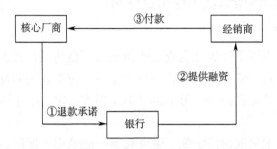

图 10 - 6 退款承诺项下经销链融资业务流程

【案例】广州青力电器有限责任公司退款承诺项下经销链融资

一、企业基本情况

广州青力电器有限责任公司是中国目前生产规模较大、技术实力较雄厚的大型专业化空调企业之一，年销售额超过 200 亿元，公司在全国有 30 余家区域总代理商。公司销售模式：产品销售给区域总代理商，然后通过总代理商在各省进行批发销售。

二、银行切入点分析

很多银行认为电器行业风险较大，但某银行经过深入分析后认为：电器行业是中国最具竞争力的行业，目前行业排名靠前的家电企业大多经过了市场的淘汰，留存下来的都是经营管理水平较高、产品质量过硬、经得起市场检验的强势厂商。青力电器区域总代理商都经过了严格挑选，有着较高的经营管理水平，销售额平均为 3 亿 ~ 10 亿元，有着较好的开发价值。广州青力电器有限责任公司对本公司产品销售市场非常有信心，愿意向银行提供退款保证，即经销商提供银行承兑汇票付款后，如果销售不畅，经销商没有能力在银行承兑汇票到期前全额提货，该公司愿意提供银行融资敞口部分的退款。

三、银企合作情况

某银行为广州青力电器有限责任公司提供 2 亿元退款承诺担保额度，其两家大型经销商在银行办理了票据融资，其中，广西大石电器销售有限公司 7000 万元，湖北镇原电器销售有限公司 6000 万元。

三、见货回购担保项下经销链融资

【产品定义】

见货回购担保项下经销链融资是指以核心厂商为风险控制主体，以下游经销商与核心厂商签订真实贸易合同将产生的应付账款为基础，通过核心厂商的对货物实物的回购担保，为下游经销商提供的定向用于向核心厂商采购支付的融资。

贷款方式一般采取封闭贷款，融资利率一般采用同期限的流动资金贷款利率；银行承兑汇票一般采取由银行直接传递给核心厂商的方式。

一般需要引入物流仓储企业作为中介进行监管。

【点评】

经销商多是中型规模企业，与大型核心客户有着长年合作关系，这些供应商具有规模适中、产品质量稳定、经营管理完善、供应效率较高等突出优势，大型核心客户一般愿意向银行提供确定购买见货回购担保项下经销链融资，以便其进一步提高供应质量、提高产能，多存在于紧缺的物资供应、大宗原材料、能源产品的供应行业，如汽车、金属铜、钢材等行业。

【适用对象】

该产品适用以下两类客户：

第一类：商品特性决定，流转量较大，经销商必须保持较高的现货库存，典型如钢铁经销商、煤炭经销商、燃料油经销商。

第二类：厂商销售政策决定，希望尽可能清空库存，将货物压给经销商，典型如家庭轿车、工程机械车等。

厂商为了控制风险，通常要求见货才回购。银行为了控制风险，通常需要经销商投保险，防止货物丢失。同时，要求厂商提供报价条件，必须按照销售给经销商的合同价回购，而不是市价。

【业务提示】

1. 需要调查经销商与核心客户经销协议，保证交易背景的真实性。需要认真调查经销商的市场销售能力、进货量与经销商的市场销售匹配能力，防止经销商盲目囤货，需要定期核实经销商库存，全程监控货物的流向，包括采购、运输、销售相关货物的跟踪与管理。

2. 核心厂商通常提供承诺的类型及适用行业。

退款承诺：通常以银行承兑汇票为结算工具，在厂商没有发货的情况下，若经销商没有在银行按时偿付债务，则核心厂商进行退款（在电器、钢铁行业中多采用）。

回购担保：通常以银行承兑汇票为结算工具，在厂商已经发货方式下，经销商在银行没有按时偿付债务，核心厂商进行回购货物，分为见货物凭证回购和见实物货回购两种方式（多在汽车行业中采用）。

连带责任保证：对于经销商在银行用于提货的专项融资，核心厂商提供连带责任保证（多在电器、计算机行业中采用）。

【所需资料】

1. 有关的商品购销合同。

2. 授信所需常规资料，通常按照一般贷款的需要要求企业提供资料。

（1）公司章程和公司组织架构图；

（2）经过年检的营业执照正本原件（三证合一）及复印件；

（3）出示人民银行征信材料，并留下人民银行征信材料号和正确的密码；

（4）上年末及近期财务会计报告及审计报告；

（5）出具授权委托书，法人和经办人身份证原件及复印件；

（6）真实有效的贸易合同，且交易商品在企业的经营范围之内；

（7）银行要求的其他有关资料。

【业务流程】

1. 银行与经销商、厂商仓储企业商议操作模式，确定相关的协议。

2. 银行为核心厂商核定授信额度（退款承诺担保额度），并为经销商核定银行承兑汇票额度（经销商本身的资信弱化，充分考虑经销商执行单笔交易的真实资金需求即可）。

3. 银行为经销商出具银行承兑汇票，并直接交付核心厂商（不经经销商手）。

4. 银行通知核心厂商发送与银票等额的货物至仓储企业仓库。

5. 经销商交存保证金，银行通知仓储企业发送货物，直至银行承兑汇票敞口部分填满。

6. 银行承兑汇票到期前，如经销商没能全额提货，银行通知核心厂商，回购退还经销商未能提走的货物（即银行承兑汇票与保证金的敞口部分），从仓储企业提走货物。

【业务流程图】

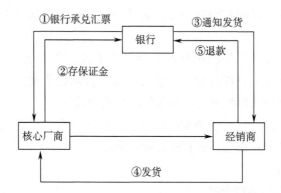

图 10－7　见货回购担保项下经销链融资业务流程

【风险控制】

银行必须为卖方核定授信额度，在额度内操作对买方的融资业务。

【案例】广州恒大钢铁有限责任公司回购项下经销链融资

一、企业基本情况

广州恒大钢铁有限责任公司是广州地区生产规模较大、实力较雄厚的大型钢铁经销企业之一，年销售额超过 80 亿元，公司在全国有 20 余家二级经销商。公司销售模式：产品从武钢、宝钢等大型钢厂提货，然后批发销售给二级经销商。其中，山东新源钢铁公司为其在山东地区的主要经销商，销售额超过 5 亿元。

二、银行切入点分析

某银行经过深入分析后认为：钢材属于大宗原材料，资金交易量较大、交易链条清晰、客户关联性稳定、变现性较好，适于银行深度拓展。广州恒大钢铁有限责任公司的二级经销商都经过了一定的挑选，有着稳定的销售渠道，平均销售额为 3 亿～5 亿元，有着一定的开发价值。广州恒大钢铁有限责任公司为了促进本公司经销产品的销售，愿意向其二级经销商提供见货回购担保，即二级经销商使用银行承兑汇票付款后，如果销售不畅，没有能力在银行承兑汇票到期前全额解付汇票，则该公司愿意见货后退款。

三、银企合作情况

该银行为广州恒大钢铁有限责任公司提供 1 亿元见货回购担保额度，其 7 家大型经销商在银行办理了票据融资，总计金额 2 亿元（包括 50% 保证金）。通过该链式融资，吸收了钢铁经销商大额的银行资金沉淀，其中山东新源钢铁公司在银行办理了 2000 万元的银行承兑汇票。

四、集中采购融信业务

【产品定义】

集中采购融信业务是指多个中小贸易商通过银行合并交易采购资金，与核心客户签订物资供应合同，集中进行采购，银行居间保证资金的安全交付，以最大限度地获得商业折扣的一种银行增值服务。

【适用对象】

该产品适用于具有一定资金实力的中小贸易商，这些企业一般都属于经营某个特大型核心客户产品的二级经销商。

【营销建议】

银行协调工作非常重要，银行与各中小企业进行协商，并提供资金安全的保证，通常中小企业都愿意接受。这一业务通常在钢铁行业办理得较多，众多的小型钢铁经销企业普遍资金实力不强，这类客户群体数量众多，集合资金的能力极强，但是由于提货金额较小，达不到核心厂商要求的一级经销商标准。通过银行的保证，集合所有的资金，与特大型的核心客户签订集中采购合同，可以获得较高的价格折扣。应当由银行出面与核心客户洽商，并负责起草所有的协议文本。

【所需资料】

1. 有关的商品购销合同等。

2. 供应商资料。

3. 授信所需常规资料，通常按照一般贷款的需要要求企业提供资料。

（1）公司章程和公司组织架构图；

（2）经过年检的营业执照正本原件（三证合一）及复印件；

（3）出示人民银行征信材料，并留下人民银行征信材料号和正确的密码；

（4）上年末及近期财务会计报告及审计报告；

（5）出具授权委托书，法人和经办人身份证原件及复印件；

（6）真实有效的贸易合同，且交易商品在企业的经营范围之内；

（7）银行要求的其他有关资料。

【产品优势】

1. 集中采购融信业务将是未来非常受欢迎的业务，就如同团购网站，可以有效集合中小客户的资金，形成较大的提货能力，每个主题都可以获得较好的价格折扣。

2. 银行居间提供采购的资金定向使用担保，保证了各个中小客户的采购资金安全，同时，银行可以吸收非常可观的保证金存款。

银行必须选择具备较高责任心的客户经理、制定严密的制度，以确保操作安全。

【业务流程】

1. 银行与各采购主体商议操作模式，确定相关的协议。银行出面与核心客户洽商集中采购事宜。签订委托集中采购资金管理协议，约定资金交由银行进行管理，定向用于向核心大企业的集中采购，并承诺集中采购项下的所有提货单全部交由银行，根据各采购商各自的出资份额，向银行索取提货单。

2. 银行选定一个牵头企业作为采购合同的签订主体，并签订集中采购协议（协议约定：卖方将所有提货单交给银行管理）。

3. 在确定日期，各采购主体将全部采购资金划入银行指定账户，银行出具全额保证金银行承兑汇票或将全部销售款项划给核心客户。

4. 核心客户在收到货款或银行承兑汇票后，根据集中采购协议，将所有提货单移交银行。

5. 银行收到提货单后，根据委托集中采购资金管理协议，以及各采购主体的出资份额，将仓单提供给各采购主体。

【业务流程图】

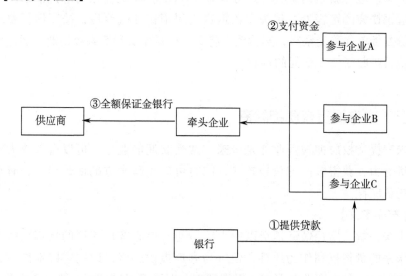

图 10 - 8　集中采购融信业务流程

【案例】包头钢铁经销商集中采购融信业务

一、企业基本情况

包头新达钢铁贸易公司为包头本地规模偏小的钢材经销商，年销售额约 2 亿元，属于包头立远钢铁集团的二级经销商。特大型钢铁企业包头立远钢铁集团在当地有超过 20 家一级经销商，200 多家二级经销商。二级钢铁经销商年销售高达 300 亿元，二级经销商只能从一级经销商手中拿货。

二、银行切入点分析

某银行包头分行经过分析认为，钢铁经销商普遍具有一定的资金运作规模，货物流转较快，有较好的开发价值。尤其是二级经销商，平均每家年销售额为 2 亿 ~ 3 亿元，月资金周转量在 3000 万元左右，这类客户数量众多。该银行经过与包头新达钢铁贸易公司商洽后，该公司愿意撮合 5 家二级钢铁经销商共同向包头立远钢铁集团进行集中采购。该银行设计了所有的操作文本，并与包头立远钢铁集团就集中采购方案进行了商务谈判。

三、银企合作情况

5 家经销商共计出资 25 亿元，并签订了委托集中采购资金管理协议、资金质押协议，某银行为包头新达钢铁贸易公司开立了 25 亿元全额保证金银行承兑汇票，包头新达钢铁贸易公司与银行共同将 25 亿元银行承兑汇票交付包头立远钢铁集团销售处，包头立远钢铁集团销售处收票后，按照银行要求出具 5 份提货单并移交银行，然后银行将 5 份提货单交给 5 家经销商。通过该业务，银行吸收了 2.5 亿元的存款。

五、未来提货权质押融资

未来提货权质押融资业务是未来非常受欢迎的业务，可以有效放大客户的提货能力，获得较高的价格折扣，同时可以免除卖方的回购担保，有较好的市场适应性。

【产品定义】

未来提货权质押融资是指以中小贸易商与核心客户签订的物资供应合同项下未来的货物权利作为质押，银行为客户提供融资，以销售回款作为第一还款来源的一种融资业务形式。融资利率一般要高于同期限的流动资金贷款。

【点评】

未来提货权质押融资业务强调过程控制、单据把握非常重要，对银行而言，操作风险较大，因而必须有非常具备责任心的客户经理、制定严密的制度，以确保合规操作。

【适用对象】

1. 管理规范的优质中小贸易商。

2. 具有稳定的偿债资金来源。

3. 流动性良好，具有较强的到期偿债能力。

4. 近 3 年没有违法和重大违规行为。

5. 具有健全的内部资金管理体系和租赁资金的使用偿付管理制度。

6. 交易品种为大宗、易流通货物。

【营销建议】

必须与卖方和买方签订相关合作协议书，其内容应包括：卖方代办相关货物的运输手续，并确保运输货物的运输合同中收货人为银行，到达港/到达站为银行指定的港站，不得由其他方特别是买方办理运输。卖方在收到银行承兑的银承或者发放的贷款后，应出具相关的收款证明。

1. 如采用贷款方式授信，买方必须授权银行直接将款项付给卖方。出账前签订质押担保合同，还应在转为现货质押后填写质物明细，并与银行签订委托收货协议。

2. 如采用贷款方式，买方必须事先在银行账户存入不低于合同金额30%的款项，银行发放的贷款数额不得高于合同金额70%的款项。银行贷款的款项必须与买方自有的款项一起直接付给卖方或者开具以卖方为收款人的银行汇票，卖方在收到相关款项后出具相关收款证明。

【所需资料】

1. 有关的商品购销合同等。

2. 供应商实力证明资料。

3. 授信所需常规资料，通常按照一般贷款的需要要求企业提供资料。

（1）公司章程和公司组织架构图；

（2）经过年检的营业执照正本原件（三证合一）及复印件；

（3）出示人民银行征信材料，并留下人民银行征信材料号和正确的密码；

（4）上年末及近期财务会计报告及审计报告；

（5）出具授权委托书，法人和经办人身份证原件及复印件；

（6）真实有效的贸易合同，且交易商品在企业的经营范围之内；

（7）银行要求的其他有关资料。

【业务流程】

1. 银行与借款人、仓储公司及卖方商议操作模式，确定相关的协议。

2. 银行为借款人核定授信额度，并签订融资协议（如流动资金贷款合同或银行承兑协议），卖方签订货物指定发送承诺书（承诺书中声明：厂商将货物发送至银行指定的目的地，通常由银行提供标准版本，卖方签订即可），与仓储公司签订货物质押保管协议（货物进入仓储公司仓库后，制成仓单交由银行保管）。

3. 银行发放贷款或出具银行承兑汇票。

4. 卖方收到货款或银行承兑汇票后，根据货物指定发送承诺书的路径发货。

5. 仓储公司收到货物后制作成仓单，将仓单提供给银行。

6. 借款人提供现金或银行承兑汇票质押赎货。

【业务流程图】

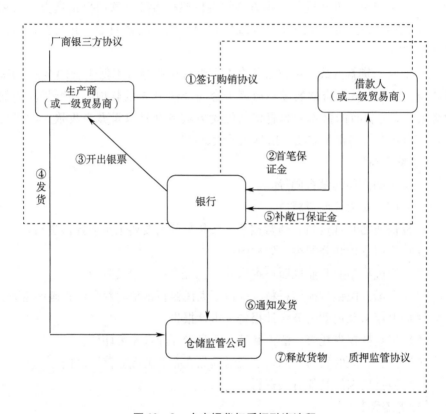

图 10 - 9　未来提货权质押融资流程

【风险控制】

1. 须与借款人、仓库方签订监管合同，监管合同至少应包括如下内容：

（1）办理提货仅凭银行通知指示；

（2）须注明有关跌价补充质物条款。

2. 须与借款人签订质押合同。

（1）签订单笔质押合同，应注明仓单编号。

（2）静态动产（赎货模式）质押签订单笔质押合同，应注明所质押货物的品名、规格和数量或者重量，如需附质押物清单，还应加盖合同双方骑缝章。

（3）动态动产（核定库存）质押签订最高额质押担保合同，注明所质押货物的品名、规格、数量或者重量。同时，在特别约定部分注明更新后质物清单以及进仓单为该质押合同不可分割部分，构成对质押标的变更。

3. 质押货物的价格应当根据发票、合同、付款凭证及综合考虑货物的市价综合确定。

【案例】大连保税区路达汽车销售有限公司未来提货权质押融资

一、企业基本情况

大连保税区路达汽车销售有限公司（以下简称路达汽车销售有限公司）注册资本金为300万美元，企业实现销售收入10亿元，拥有其他进口汽车经销商不具备的规模优势，拥有15000平方米的保税仓库及30000平方米的露天展厅。公司最大的优势在于拥有一大批经验丰富的营销队伍和庞大的销售网络。在东北地区，公司进口的××品牌汽车的销售处于垄断地位。

二、银行切入点分析

路达汽车销售有限公司有非常好的股东背景，外方股东——香港立华有限公司为日本××品牌汽车在大中华区的总代理，中方股东——大连新大公司为当地政府的投资公司。公司虽然注册资本偏小，但是经营运作能力非常突出。银行提供融资最大的困难在于该公司没有合适的抵押担保。经过认真研究，某银行决定以进口汽车作为质押。银行可以签发信用证，要求国外公司将信用证项下货物发送至大连大运储运公司仓库，大连大运储运公司将仓单交付给银行。

三、银企合作情况

最后实际操作信用证业务基本流程：路达汽车销售有限公司首先交存20%保证金开证→货物单据到后签订汽车控管协议→由大连大运储运公司监控完税汽车入库→大运储运公司将车钥匙、仓单交给融资银行→银行提供确认入库清单→路达汽车销售有限公司销售车款存入保证金账户→交存足额保证金→融资银行向大连大运储运公司出具出库通知单，通知向路达汽车销售有限公司发货→解除监控。

该银行向路达汽车销售有限公司提供开立信用证额度为5800万元，授信期限为1年，20%的保证金。目前该公司在银行存款余额约为4500万元。

【点评】

　　银行需要介入企业的经营环节，参与商务谈判，使得银行的服务与客户的经营能够完整对接，见图 10 - 10。

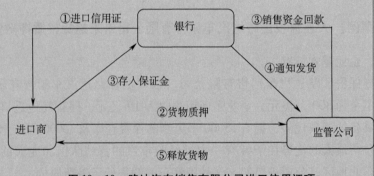

图 10 - 10　路达汽车销售有限公司进口信用证项下未来提货权质押融资流程

第十一章　客户经理营销技能培训

第一节　授信客户的选择及拓展技巧

一、选择授信目标客户的四个要点

（一）选择资金流充裕的行业

选择资金澎湃型行业进入，银行就是做资金业务生意人。银行确定客户还是应当从资金密集型行业入手，资金密集型行业保证银行可以运作大额存款和大额信贷业务，只有做大生意的人才可以赚到大钱。

选择一些基础上游行业进入，基础行业的特性决定系统性风险通常很小，比如电力、水、燃气、电信、大新网络电商、大型文化公司等行业，因为无论经济起伏，百姓总需要消耗电、喝水、用气、使用电话、总要网络购买、总要看电影等，人类最基本的生存需要保证了此类行业终端有稳定的需求，资金会源源不断地流入这些行业，又最终保证了整个产业链条上各企业主体的安全，所以说系统性风险很小。

不是要你去营销五大发电集团、三大电信公司，而是指这些垄断企业的配套服务企业，受到这些垄断企业的庇佑，配套企业生活的都不错。而像造船、煤炭、光伏、水泥、钢铁、电子等行业风险要大些，会受到相关下游行业以及宏观经济的影响。

优势行业决定了其发展的外在条件优越，国家的配套支持政策会很多。政府对很多行业的发展起着举足轻重的作用，决定该行业是否能获得资源配套和政策扶持，决定了行业的系统性风险及其变化趋势。

【点评】

　　建议选择以下 10 个行业重点拓展：电力、电信、文化、烟草、石油、交通运输、房地产、电商、教育、文化，因为这些行业将会长期繁荣。

　　（二）定位中小可以接触的客户

　　中小客户属于最容易切入的客户群体，只要可以设计科学合理的业务处理流程，就可以有效地控制风险，切入客户。以中端客户为基本定位，即以中型客户为主，以特大型和优质小客户为补充。在优势行业内寻找这些中小客户（优势行业中特大型企业很难切入），如电力客户拓展避免直接选择国家电网公司、南方电网公司、五大发电集团作为授信对象，应当选择电力设备供应商、电煤供应商等一批规模适中的、电力行业的配套客户。

　　不是不做大客户，而是单一做大客户成本太高、成功率太低，除非你有很强的人脉资源，或者你就在四大国有商业银行或在国家开发银行总行工作，否则建议你从中端客户切入，这样容易得多，而且收益率并不低。中小客户市场可以选择的主体众多，而银行竞争者相对较少。

　　（三）有足够议价能力的市场

　　该行业的客户利润率足够高，能够承担银行的贷款融资成本。营销的基本原则：客户满意、银行盈利。必须清楚，银行要在商言商，赚取利润是首要目标，千万不要乱了方向。

【点评】

　　中小企业信贷往往是两头热，商业银行总行热衷、经营机构欢迎，但审批机构不感冒，关键原因在于缺少产品服务方案这个载体，无法控制企业风险。单一的贷款提供确实风险很大，应当设计服务方案，有效地控制中小企业的现金流，规避信贷风险。银行发放融资就是协助中小企业经营，解决"小企业、大订单"周转不灵的问题，信贷资金的用途要牢牢掌控。

中小客户应当提供流动资金贷款，以满足其经营周转需要，或用于购买原材料或者产成品的经销，适当放大其经营运作能力，而绝不可以提供给其满足其扩大生产所需要的固定资产贷款。

（四）避免竞争过于激烈的市场

瞄准竞争激烈的目标市场，如五大发电集团、三大电信集团、效益较好的知名大学等，需要从对手那里争夺客户。满足客户新的需求或满足其尚未完全满足的需求比开拓那些已经得到满足的客户的成本低得多，且更易切入。

竞争过于激烈的市场必须留神，要么比拼价格、要么比拼服务，后来者非常困难，尤其是中小银行资金没有优势，资本实力不强，不宜强行进入竞争激烈的市场。

二、选择客户的象限理论

选择客户应当依据象限理论。

根据客户的所在象限选择见图 11 - 1。

1. 第一象限：客户资产规模偏大，而经营规模偏小。通常很多陷入困境的国有企业属于此种类型，客户固定资产庞大，但是大部分属于无效资产，这样的企业要慎重选择。在这些企业产生利润的个别业务分支中，谨慎选择一部分，可以尝试专项用于物资采购的封闭贷款，通过企业的销售回款用于还款。

2. 第二象限：客户资产规模较大，经营规模较大。如果客户还具备负债率合理、经营效率较高的条件，那么这样的客户非常难得。在资产负债表、损益表都表现较佳，这样的客户属于优中选优的客户，如中国石化、铁道部等大型垄断国有企业。通常这样的客户都非常强势，很难争取，没有强势的人脉资源很难切入。

3. 第三象限：客户资产规模偏小，经营规模通常偏小。通常如小型物资企业，银行一般不会选择这样的客户。

4. 第四象限：客户经营规模较大，而资产规模偏小。这样的客户属于中小企业，固定资产极少，经营规模较大，客户群体数量众多，银行碰到这样的客户银行通常都会犹豫，这种类型的客户通常给银行回报都非常好，但是却有一定的风险。典型客户如电器经销商、钢材经销商等客户，较小的外商投资企业（如台资企业）及很多大型集团客户设立的内部物资采购公司、进出口公司等客户，通常这类公司注册资本很小，如仅有两三千万元的资本，却可以有超过亿元的销售额。通常客户忠诚度极好，需要银行设计合理产品安排，并辅以有力的货押监管风险控制措施，同时，银行必须具备一批经验丰富的业务人员方可开拓此项业务。

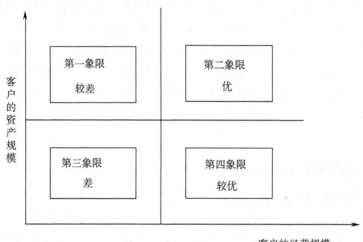

图 11 –1　选择客户象限

【点评】

1. 第四象限的客户通常有较好的合作价值。银行的优质信贷客户可以资产规模不大，但是经营运作能力必须强大，有主业可以产生强大的现金流，即企业有非常大的销售额。《财富》杂志选择世界 500 强的标准，唯一指标就是销售收入，以销售收入论英雄，而不是资产规模、资本实力等，世界 500 强必须是经营巨人，而不是单纯的资产庞大型企业。

2. 通常企业的 3 张报表可以诊断这家企业，如同评价一个人。

资产负债表可以反映出这个"人"的"外貌"，如"身高、体重、身材是否匀称"等。企业的资产规模等反映在资产负债表中。

损益表可以反映出这个"人"的外在"能力"，如"力量是否强大、头脑是否聪明"。企业的经营运作能力反映在损益表中。

现金流量表可以反映出这个"人"外在能力的"质量"，如"力量大是因为本身身体好还是服用药物"等，反映企业的经营运作的质量、效率。

选择客户首先要看现金流量表，观察现金流是否充沛；其次是损益表，观察销售情况；最后是资产负债表，观察企业的资产负债情况。

选择客户如同选择人，个子高、力量足、身体好当然最好；若个子矮，则一定要力量足、身体好；最不济个子矮、力量差都认了，但也要身体好。

三、选择授信客户的两个关键因素

（一）本行的资源条件

资源条件包括资本金的限制、技术条件。如中小银行由于资本金的限制，注定在特大型项目融资中力不从心；在需要复杂网银技术支持的市场，对科技投入不足的银行注定要失败。

本行的资源条件非常关键，既不要"高攀"，也不要"低就"。

过大的企业项目，其单笔贷款的需求可能就超过百亿元，中小银行肯定很困难。就如同一匹小马在拉着一辆大车，根本拉不动，即使拉动了，自己也是踉踉跄跄。中小银行信贷资源宝贵，应当促进"存款、结算、年金、基金、信用卡"等多项业务的发展，每个银行不可能都像国家开发银行那样专职做批发银行。当然，过小的企业，如规模很小、经营困难的水泥搅拌站、小店铺等更不要碰。

（二）个人的资源条件

选择客户必须考虑自己的资源条件，如社会背景、交际圈等。可以从自己熟悉的行业、区域，或有一定人脉资源的领域入手。

如果你身在中小股份制银行，同时没有强势的人脉资源，建议你从中端客户切入。高端客户如中国石化、中国石油、中国移动是各家银行的"宠儿"，众星捧月，新银行很难切入。中端客户往往是最好的选择，中端客户一般注册资本应当为 200 万 ~ 1000 万元，销售规模在 3 亿元以上，属于特大型客户的供应商或经销商，只有这样的客户才可能给银行带来适当的利润，同时风险可以得到控制，企业所有制性质并不重要。

四、不同企业的切入方法

国有企业、民营企业、外资企业各有特点，但是并没有绝对的优劣之分。如果你本人不是资源型客户经理，建议你从民营企业切入，因为其决策较快，一旦银行为其设计的金融服务方案对路，可以"速战速决，立竿见影"，同时这类客户维护成本较低。

1. 国有企业在管理架构上，总分公司模式居多。典型的中国石化、中国石油、中国联通、华能电力等基本模式都是总分公司管理模式。这种模式保证了总部对下属公司的绝对控制。

优点：忠诚度较高，"雪中送炭"会得到"涌泉相报"。经营较为稳健，由于这种总分公司的模式决定总部对所有债务承担责任，因此这类公司发展非常稳健，基本上是有多少钱办多少事，不会冒进。在企业最困难的时候如果银行提供了支持，企业会长时间感恩。

缺点：决策慢，营销时间会较长，需要培养人脉关系。这类客户选择银行的顺序通常是"先人后行"，客户先接受客户经理后，才可能谈业务。

2. 民营企业的总子公司模式较多。典型的如国美电器、富力地产、横店集团、万向集团等大型民营企业都是总子公司管理架构，采取总分公司管理的极少。

优点：决策快，有利于新入行客户经理拓展。如果你有非常有竞争力的产品，或价格较低（如较低的贴现利率），或服务模式非常合乎客户需要，客户会很快拍板和你做业务。

缺点：经营通常较为急进，采取疾风骤雨方式占领市场。发展冲动非常强烈，多数属于资金极度饥渴型行业。企业一般不会依托一家银行，通常哪家银行提供融资就与其合作，不会稳定。与民营企业合作如同与女生跳舞，初开始她可能不熟练舞蹈，需要你带一下，但是由于她的天性，很快就成为跳舞高手，需要你也不断提高。当你刚有所提高，她又会希望跳更复杂的舞蹈，如伦巴、探戈。因而你必须积极学习，提高自己，否则将产生两种可能：一是你伤害了她，她离你而去（很少讲感情，更谈不上当年的"滴水之恩"），二是她伤害了你（贷款不还、风险投机）。这很大程度上责任在你自己，如果你只懂简单的三步，而不去学习深奥的探戈，那么会处于被动的境地。

3. 外资企业的总子公司模式较多，总公司对下属公司的人、财、物都是高度集权管理，在账户开立、资金筹措运作上，下属企业基本没有决定权，通常总公司选择有长期稳定的合作银行，如选择外资跨国银行在中国的分行居多，国内商业银行一般都是选择四大商业银行。

优点：信誉较佳、资金量较大，经营稳健、技术非常领先，发展非常稳健，一旦选中合适的中资银行，合作时间会较为稳定，较为忠诚。

缺点：决策链条太长。资金的决定权绝对由外资企业总部掌控，通常外资企业在选择中资银行前，需要考察很长时间，从银行的经营年报评价银行的经营风险，然后还要评价银行的产品供给能力、客户经理的服务能力等。如果希望拓展这些跨国公司在中国的子公司，必须突破其国外总部，商业银行必须有足够的耐心。

五、客户的五个核心需求分析

为企业设计金融服务方案必须了解企业，银行的产品必须能够切实地满足客户的需要。通常客户有"采购、销售、融资、理财、管理"五大需要，设计产品必须从这五大需要入手，切实帮助客户降低采购成本、便利销售、低成本融资、实现理财、强化集团内的资金管理。

（一）采购环节

企业普遍对此非常重视，希望降低采购成本，便利采购的管理。尤其是大型集团企业，一般都是成立集团采购中心，对外进行采购招标，进行集中采购。在采购结算工具的选择上，购买企业有决定权。企业需要：降低支付成本，延缓现金的流出，必要时提前屯货。银行可以提供的金融服务方案：银行承兑汇票，商业承兑汇票，国内信用证。

有时候，银行产品可以决定行业的经营成败，如电器行业，因为银行承兑汇票属于无息融资工具，使用费用极低，所以电器经销商大量使用。

营销建议：营销一定要从采购部门入手（通常公司对采购部门都有尽可能降低采购成本的要求），从财务部门入手可能会绕较多弯路。

注意：在操作上，建议不要单一提供银行承兑汇票，必须考虑将银行承兑汇票与买方付息票据、代理贴现等捆绑销售，扩大营销成果。银行出具的银行承兑汇票必须实现体内循环，借助票据向产业链的上游挺进，既实现了关联营销，又可以锁定收益。

【点评】

大型企业一般都有大量的合格供应商，随时需要原材料、零部件，随时购买，供应商实际承担了大型制造企业前端原材料仓库、加工制造的职责，实际是大型企业将自己原材料供应外包。但是，中国制造商普遍不重视自己的供应商，尤其是大型企业，对供应商能拖欠就拖欠，这是非常不正确的。应当清楚，供应商是制造商产业链条重要的组成部分。合格的供应商是保证大型制造企业长期稳定经营的坚实基础，帮助供应商解决其流动资金问题，实际是保证大型制造商自身生产经营的正常进行，毕竟供应商事实上已成为大型制造企业的原材料仓库，它也是核心客户身体的一部分，"伤筋必然动骨"。

（二）销售环节

当今企业日益重视销售的重要性，几乎每个企业都在将本企业的资源向销售部门倾斜，企业非常需要银行促进其产品的销售。

企业需要：

1. 加快销售资金的回笼。

2. 支持销售体系的建设，提供对经销商的金融支持。

3. 提高销售的质量。

银行可以提供的金融服务方案：保兑仓；仓单质押融资；保理；买方信贷。

任何一个企业经营都面临销售问题，尤其是在制造行业。卖方应当清楚，银行有数量众多、分布全国的物理网点，银行自身有经营信贷的天然优势，可以帮助厂商建立、培植、强健销售渠道，提高销售渠道的结算质量，降低产业链的运行成本，提升产业链的竞争力。

中国的产品销售一般分为以下两种：

第一种是直供，由制造商直接向终端销售。典型的如石化、煤炭、有色、电力设备、医药、电子、纺织、房地产等。可以提供保理融资和买方信贷等（最典型的房地产按揭贷款就是一种最普通的买方信贷业务，可以有效地促进开发商的销售）。

第二种是经销商制，如电器、钢铁、汽车、计算机、粮食等。可以提供经销商票据融资服务，协助制造企业建立自身的销售渠道。具体以核心厂商为主体，以核心厂商与其下游经销商签订真实贸易合同产生的预付账款为基础，并辅之以核心厂商承担连带责任保证/回购担保、经销商提供现货质押/未来货物质押（未来提货权质押），为下游经销商提供的以合同项下商品产生的销售回款作为第一还款来源，银行为经销商提供票据融资。

【点评】

经销商对于制造商同样非常重要，如果说选择合格的供应商等于将自己前端原材料仓储业务外包，那么采取经销商销售体制等于是将自己销售外包，风险更大，制造商将自己的身家性命都交给经销商，制造商必须能够控制经销商，同时应当大力扶持自己的经销商。要清楚经销商是市场终端，经销商在前方"作战"，制造商必须提供足够支援，而不是一味的苛责，强行进行销售指标约束，却没有可行的支持措施。而最重要的支持措施无疑是解决其融资问题。

制造商与经销商是唇齿相依的关系，唇亡齿寒。"皮之不存，毛将焉附？"

（三）资金管理环节

现在大型企业越来越重视现金管理，通过银行将系统内资金集中管理。

企业需要：尽可能降低资金的闲置（虽然银行可能不情愿）；实现系统内调剂资金；集中管理系统内资金（下属公司基本没有存款）；对下属公司的资金运动进行监控（有可能的话，直接代理其支付）。

银行可以提供的金融服务方案：法人账户透支；现金管理；网上银行；委托贷款；通知存款；协定存款；债券投资。

以下是市场上较为流行的三种现金管理模式：

1. "零余额账户"管理。

（1）账户结构：集团设一个集合账户，并具有透支功能；各分公司设零余额基本账户，并具有透支功能。

资金清扫：营业日终各成员单位账户资金全部归集至集团集合账户。次一营业日开始将各成员单位的资金由集合账户全部划回，不影响成员单位日间的正常使用。

账户透支：每日营业终了，当集合账户资金不足时，可在额度内提供透支；日间可在额度内对各成员单位提供账户透支，日终仍有透支的与集合账户清算。

投资服务：如集合账户资金富余，日终则转做投资。

（2）方案益处：可以协助集团公司对内部资金进行统一管理，减少整个集团的资金冗余，降低资金成本，提高资金使用效益。

【点评】

操作手法非常高明，多为总分公司集团客户使用，此种资金管理手段外资客户比较认可，如松下电器（中国）有限公司等。

2. 集团委托贷款。

（1）账户结构：集团设一个集合账户，各子公司开设一结算账户。资金调拨：集团根据需要，将资金较为充裕的成员单位账户资金全部或部分归集至集团集合账户，从集合账户将资金调拨给资金紧缺单位。资金的调拨全部按委托贷款核算，资金划出方为委托贷款委托人，资金划入方为委托贷款借款人，银行帮助客户计算利息。

（2）方案益处：可以协助集团公司对内部资金进行统一管理，减少整个集团的资金冗余，降低资金成本，提高资金使用效益。集团内企业通过市场资金价格内部调剂资金余缺。

【点评】

多为总子集团客户使用，包括国内的特大型集团和特大型外商投资企业，典型的客户如通用电气（中国）有限公司。

3. "收支两条线"管理。

（1）账户结构：基本账户结构：总公司设一结算账户，用于与分公司及外部客户的结算，设一协定存款户，用于隔夜投资；分公司"收入专户"和"支出账户"分设。

收款：协办行定期主动将"收入专户"资金上划至总部结算账户。

付款：总部从结算账户统一向分公司"支出账户"拨付资金。

投资：对总部结算账户集中的资金，日终将超过留存额度的资金转入协定存款账户，次日营业开始再全部转回，提高存款收益。客户也可进行其他投资。

账户管理：协助客户监督"收入专户"的资金用途和"支出账户"的资金来源，"收入专户"资金只能付给总部指定账户，"支出账户"资金只能由总部统一拨付。

内部融资：提供委托贷款服务，总部调剂内部成员单位之间的资金余缺。

（2）方案益处：可以协助集团公司实现对分公司的快速收款，以及对分公司支付有效控制。

4. 集团统一授信。由总公司作为授信申请人，银行核定统一授信额度，总公司可以切分额度使用，授信额度由总公司牢牢控制。

【点评】

　　很多银行客户经理说，集团客户采取现金管理将会导致银行存款降低，确实是这样。很多特大型集团客户认为，整个集团在银行沉淀过多资金而仅能获得低利息收益是一种浪费，所以大型客户纷纷要求银行提供现金管理服务，一方面系统内调剂资金余缺，另一方面捕捉所有可能的理财机会。

　　国内特大型企业集团对下属公司融资集中管理已经成为趋势。在旗下深圳三九集团、中国华源集团融资出现问题后，国资委明确要求集团公司必须加强对系统内资金集中管理。下属公司大额对外支付，总公司必须知晓。

　　现金管理是银行无可奈何的游戏，银行必须顺应潮流，传统以贷吸存方式肯定将一去不返，"不要为打翻的牛奶而哭泣"。所以说，中资商业银行应当尽快研究现金管理产品，满足客户的需求，否则只有一种结果——被市场淘汰。

　　（四）融资需要

　　企业需要：降低融资成本；融资票据化、信托化、债券化；强化系统内融资的集中管理，总公司统一申请授信，切分使用；避免融资与存款并存的现象。

　　银行可以提供的金融服务方案：流动资金贷款；银行承兑汇票/商业承兑汇票；集团网银；法人账户透支业务；集团统一授信。

　　融资是一个企业最基本的需要，中国企业流动资金普遍缺乏，需要银行提供融资支持。银行可以选择的融资工具主要有以下几种。

　　1. 流动资金贷款：这是最传统的融资业务，可以便利企业的使用，但是对于优质大型客户营销流动资金贷款越来越难。流动资金贷款由于受到严格的利率管制，因此基本没有可以炫耀产品设计技巧的地方，银行可能比拼的只有与客户的关系。

　　2. 票据融资：这是目前较为流行的融资方式，可以为企业大幅降低财务费用。票据已经成为大型企业使用的主要融资工具。票据融资方式操作非常新颖，国内商业银行在票据创新上层出不穷，创造出买方付息票据、协议付息票据、回购式贴现、代理贴现、商票保贴等新产品，为企业的融资提供了更多的选择方式，充分展现了银行的技术专长。建议商业银行的客户经理认真研究票据。

3. 法人账户透支业务：目前仅限于特大型客户使用，对客户降低资金闲置、满足突发性的融资需求效果明显。

【点评】

法人账户透支业务将是未来特大型客户融资、现金管理选择的主流产品，国内客户对该产品的认识还不够，其实该产品在国外已经是成熟的产品。在营销时候切记：该产品仅对贡献度较高的高端客户推荐，银行必须考虑客户给银行创造的收益。如果仅是大量使用法人账户透支业务，对银行没有其他的任何贡献，这样只有企业一方得利（银行单纯获得法人账户透支业务融资利息收益，相对于付出的高额资金备付成本不值一提），这样的客户一定要回避。

（五）营销策略

对企业提供的融资应当是"套餐"，根据企业的经营管理、资金用途等，进行多融资产品的组合。如对一个特大型的交通集团正在进行一个大型投资项目，银行提供 10 亿元授信，设计的融资套餐应当是：3 亿元买方付息银行承兑汇票（用于项目的工程款、设备采购支付，通过票据业务为客户最大限度地降低财务费用），在项目的前期使用；5 亿元的流动资金贷款，用于企业的现金项支出，如水、电、气费，工资、税费支出，在整个工程过程使用；2 亿元的法人账户透支额度，用于企业的临时支出，此类支出可以很频繁，在企业工程完工，产生现金流，处于工程维护阶段使用（通过法人账户透支业务吸引客户结算业务）。

【点评】

　　这种设计思路可以将银行的金融服务深入到企业的"骨髓"中，银行融资真正满足了企业的经营需要，在满足客户的同时，又能合理交叉销售银行的产品，保证银行收益最大化，这是非常高明的选择。

　　（六）理财需要

　　企业需要：闲置资金运用于理财；间接进入银行间市场；闲置资金绕过银行直接进入项目贷款市场。

　　银行可以提供的金融服务方案：债券结算代理；国债、中央银行票据投资；资产托管服务；通知存款；协定存款。

　　通常可以选择的工具包括：

　　1. 通知存款、协定存款：最简单、最有效的理财方式，企业资金在超出一定限额后，银行协助企业将每日的闲置资金全部存入管理账户，按相对较高的利息计息。

　　2. 国债、中央银行票据投资：对于资金量较大，且会有一段时间内稳定沉淀的客户适用。

　　银行客户经理必须熟练掌握理财产品的使用规则，理财是未来大型集团客户的必然选择，应受到大型客户的高度重视。

【点评】

　　很多客户经理认为理财是一项很复杂的银行业务，需要非常专业的技能，其实不然，现有的很多传统产品就完全具备理财功能，只不过我们以前没有注意到。

　　以上五个方面包括了企业的主要需求，企业的需求不外乎这五个方面，客户经理要厘清思路，从这五个需求下手，设计银行的金融服务方案。

六、说服客户的三个步骤

（一）切入点——利益介绍

要体现"双赢"：发掘客户的关键需求，找出适合的金融产品，满足客户的需求，这是客户经理的价值所在。

要清楚地了解客户的现状及想法、需求，掌握将产品和服务转换成给企业带来实际利益的技巧。

要懂得分析目标客户的利益点。客户只关心银行产品能给他带来哪些利益，这是天经地义的事，因而切莫一味地推销自己的产品，却没有换位思考。

很多客户经理说，我们产品这么好，态度这么真诚，客户为什么不接受，其实很简单，你没有真正了解客户的需要。切记你要很清楚，你的银行有什么、你的银行需要什么，你的客户有什么、你的客户需要什么，你要有能力将客户需要与银行需要对接。

（二）具体实现路径——事实证明介绍

可以采取以下方式证明自己的产品（服务）更好。

1. 产品演示。

熟悉投影片、幻灯片、电脑操作。要会制作简单的幻灯片，将银行的产品、金融服务方案以幻灯片的方式展现给客户，表现自己较为专业，因而金融服务建议书通过稿纸展示与幻灯片播放效果会大大不同。有时客户经理还需要锻炼自己的口才，有能力进行简单的演讲，最好能做到口齿清晰、语音洪亮。

2. 成功案例。

参与同类客户的成功案例。要注意整理本行针对同类客户的成功案例，客户最希望看到活生生的例子，最好是举例说明哪些同类企业使用了银行的产品，取得了哪些较好的效果。案例的效果远远超过了你的任何描述。成功案例会对客户产生联想，从而激发客户的成交欲望。

3. 公开报道。

利用公开媒体关于本行产品的报道。可以收集社会公开媒体对本行产品的报道，这可以强化客户对银行的信心。

4. 统计资料。

证明产品市场占有率。如果本行产品市场占有率非常靠前，这证明该产品具备强大的功能，将可以给客户强烈的信心。如××银行在营销客户短期融资券的时候，提供《金融时报》数据，证明本行在短期融资券市场占据30%的份额，在市场中绝对领先，这样客户通常会对这家银行非常有信心。

（三）具体营销的步骤

1. 唤起客户对现状的认识。

大型客户通常存在财务费用偏高、采购成本偏高、产品销售压力较大等现实问题。

（1）降低财务费用。现在企业都非常重视财务部门的利润贡献，因而对财务部门提出了较高的要求，要求财务部门"开源节流"。"开源"就是财务部门要对现有的资金、票据等尽可能进行有效的管理，实现一定的理财；"节流"就是费用的节省，要尽可能地降低财务费用。

因此，第一，应当从降低财务费用入手，说明使用银行新产品对降低企业财务费用的巨大作用；第二，可以从理财入手，提供一些理财的工具，帮助客户实现理财增值。

（2）控制采购成本。除了财务部门，还应注意营销客户的外围部门，例如采购部门。对于采购部门而言，降低采购成本是最重要的任务。企业使用不同的银行支付工具，其采购成本相差甚远。

（3）促进产品销售。银行最应当重视借助企业的销售部门销售银行产品。对于非常难以攻克的客户，建议从销售部门入手。银行可以直接拜访销售部门，开门见山地说明银行的来意，就是为了促进企业产品销售。银行为其企业的经销商提供定向购买融资，最终促进本公司产品的销售。

2. 让客户了解能获得哪些改善。

（1）降低财务费用。

（2）降低采购成本。

（3）促进产品的销售。

3. 满足客户需求。

通过比较银行的产品后，并认同银行的产品和服务，解决客户的问题和满足客户需求。

（四）营销策略

1. 不可一味地妥协。不可为了迎合客户，做银行不可能提供的承诺。对于新建立合作关系的银行，特大型客户经常会提出一些苛刻的合作条件，如免承兑手续费、贷款可以随时归还等，大型房地产企业甚至可能要求银行在 2 个工作日内完成一笔按揭贷款。虽然是大型客户，但与之合作也要实事求是，不可一味迎合客户，做不切实际的承诺。

2. 挺直胸膛，清楚地告诉客户其存在的问题，与本银行合作可能得到的利益。银行是企业的财务顾问，是来帮助企业赚钱的，没有必要低声下气，即使对于规模再大的客户，都要挺起胸膛。只有你自己信心十足，客户才会放心和你合作。记住，你要表现得非常强势，只有强强才可能合作，强弱是没法达成合作的，因为力量不对等。

如北京××学校资金量非常大，是各家银行的黄金客户，某银行非常希望能够切入。北京××学校一直都是租房经营，而其本身每年有非常稳定的现金流入。某银行客户经理营销该客户时，提议北京××学校应当买房用做办公，而不是再租房经营。因为中国经济高速增长，房价的上涨速度肯定快于存款，企业可以通过购置固定资产，分享中国经济快速增长带来的利益，同时实现主业与投资收益的两翼齐飞，双重利润。客户对银行的建议非常满意，在选中房产后，在该银行办理了企业商业购房按揭贷款。

七、向授信客户营销的技巧

（一）设定谈判目标与底线

1. 简洁明了、言简意赅、目标集中。提出合作愿望应当开门见山，不要反复兜圈子，云里雾里一通，客户却不知道你要营销什么。在拜访之前，应当通过网站等途径了解客户的基本情况，预测客户的需求，合理设计银行的服务方案。你在拜访客户之前，就要清楚地确定向客户推销产品的重点，而不是到了客户那里再一个一个产品地推介，要客户选择。

2. 脚踏实地、量力而行。目标必须与自身的能力匹配，否则将白白浪费时间和精力。必须清楚本行的业务能力边界，不要盲目推销。如一个中小银行接触中国石化的票据业务，客户随口一说就是 100 亿元票据的贴现需求，中小银行明显不可能满足，就是其 1/2 也有 50 亿元，中小银行也满足不了，中国石化这样的特大型客户其实并不是中小银行应当定位的客户。切记营销的客户一定要能力相当，否则可能是劳而无功。

3. 轻重缓急、主次分明。制定长期目标与短期目标，要循序渐进。必须承认，在一次商谈中不可能得到想得到的一切，一次拜访客户应当只设定一个目标，最多两个。如在商谈银行买方付息票据业务合作的时候，其他产品如保理、短期融资券等就要一笔带过。切忌一次多目标、多产品推销，最后重点不突出，本来希望多产品推销，反而一个也没有推销出去，适得其反。

4. 设定底线并坚持。

（1）全力围绕目标开展工作，坚定与果断。

（2）谈判过程中不要偏离。

（3）没有诚意，不必消耗时间，及时友善撤退。

拓展客户的时候，必须头脑非常清楚，时刻围绕希望的结果挺进。没有必要兜圈子，本银行希望与客户建立哪部分业务合作关系，明明白白地告诉他。在谈判过程中，始终围绕主题，没有偏向。如果客户确实没有任何的合作意向，顾左右而言他，就干脆先退下来，暂时搁置，再作打算。切忌不管客户的反应，一味地推销自己的产品，自弹自唱。

（二）报盘技巧

1. 对于特大型、垄断型的客户。

建议：直接将你的底盘报给对方。很诚恳的解释，自己希望能够建立合作关系。对于大型垄断客户而言，与银行合作是买方市场，这些大型客户，各家银行已经提供了足够的服务，要多少授信提供多少，而且都是最优惠的价格，肯定可以满足它们的需要。这些客户之所以接受新加入的银行，更多的是基于对客户经理个人人品、为人处世的认同，银行提供的服务反而在其次。对这些客户最好是体现非常诚恳的合作态度，过多地表现出谈判技巧可能引起对方的反感，适得其反。

2. 对于中小客户、民营企业、外资企业。

建议：对这些客户在刚开始报价的时候，可以留有足够的余地。根据客户的讨价还价步调适度让价，让客户感觉到银行也进行了让步，使客户的心理得到满足。而且，中小客户、民营企业这些客户风险相对大些，银行应该得到更高的回报。外资企业普遍比较慎重，一次到位的报价，这些客户不见得领情。

八、方案磋商确定的两个步骤

1. 与客户初步敲定方案。客户经理应当熟悉本行的信贷管理规定，如一般的信贷条件如利率、金额、担保方式等，与客户初步确定方案。这需要客户经理经验丰富，平时注意积累，可以应对一些简单的突发问题，可以正确、合理地提供银行服务报价。客户经理是接触客户的最前端，必须具备初步把握合作方案、设计服务方案的能力，一开始合作框架由客户经理提出，分行、总行一般都是在客户经理设计的初步框架基础上进行细化、拍板。你不可能指望在第一次接触客户时候，总行、分行的公司业务部门（确定合作方案）、计划财务部门（确定一般的贷款价格）、票据部门（确定贴现利率）就都与你共同去营销客户。记住：要想成为优秀的客户经理，必须先成为合格的产品经理。

2. 报告银行审批机构。包括定价、信贷方案的评估。价格报计财部门、涉及票据的报票据中心、涉及网银的报科技部，分头协商，尽量避免单一授信，应当是一整套的金融服务方案，是一套产品的组合套餐。

必须分析清楚以下两点：

（1）服务方案为什么可以控制风险。通过对企业结算链条的控制，形成资金的封闭循环，以贸易资金的回流偿还银行融资。

（2）银行的收益何在。通过服务方案，实现关联营销的产、供、销全过程，扩大客户源，形成多产品交叉销售，促进贷款、票据等融资工具的封闭收益。

以上是银行有权决策部门最关心的内容，你需要不厌其烦地说明。

【点评】

　　作为一名成熟的客户经理，要清楚地向企业发问：拿资金做什么？拿什么还款？这关乎银行信贷资金安全，绝不可有任何马虎。要清楚地了解到企业拿资金是购进原材料还是做其他用途，企业是以销售资金回流偿还贷款还是其他融资渠道还款。

　　在解答审批人员询问的时候，你应当非常熟练地解释客户资金用途、还款来源等。你应当比任何人都清楚客户的经营状况，能够准确地说明为什么风险可以控制。

九、组织实施方案

（一）不折不扣地执行方案

拒绝客户的不合理要求，与客户进行合作的磨合。银行已经审批通过的方案必须不折不扣地执行，切不可自作主张，随意简化流程或答应客户的无理要求。最常见的情形是未落实信贷条件就放贷；简化条件、流程；本应双人经办变为单人经办；要求贷款封闭运作却敞开使用；要求开立还款账户的，不开立账户就放贷。

要特别注意：风险往往产生于事前的疏忽，乃至合作之初的懈怠。客户与银行合作，往往是一个博弈的过程。你一直按章操作，拒绝客户的不合理要求，客户就会顺着你的步点、节奏，会循规蹈矩，没有逾越；你一旦放松了任何一步，客户就会认为银行制度没有那么严厉，有很大的弹性，就可能变本加厉，最终影响还款，导致你反而受制于客户，被客户牵着走。《孙子兵法》云："制人而不制于人。"

前面的有效拜访客户、设计金融服务方案、本行内信贷审批沟通都已经完成，过程非常完美，最关键的业务操作一定要谨慎，万万不可虎头蛇尾，导致前面的努力都付之东流。

（二）要懂得及时反馈

信贷项目进展一定要进行总结，然后报告行里的相关部门。对待贷后调查报告一定要认真，要及时了解业务执行情况，发现任何问题及时对风险预警。对于信贷项目综合服务方案，一定要定期总结风险状况、改进的建议、收益状况。银行审批决策部门非常关心项目的执行情况，以便做好风险监控、资源配置决策。要懂得及时反馈，市场信息非常珍贵，一家银行就如同一个身体，总、分行作为头脑，客户经理是其手脚，只有得到准确的信息，才便于大脑的判断，作出正确的决策。

及时回复也会让总、分行增强对你的信心，认为你是一个负责任、有头脑的客户经理，对未来的项目审批非常有好处。总、分行一旦有同类项目，会优先推荐给你。

十、方案的后评价

方案的后评价有如下好处。

（一）评估方案的合理性、方案执行的效果，纠正偏失

回顾自己当初设计的方案和最终实施的方案有什么共同点和不同点，就会发现自己设计服务方案中应注意的问题、客户关心的问题、风险控制部门的想法，有利于自己在设计服务方案的时候积累经验。

（二）评估客户的价值贡献度

通过合作情况，可以评价客户的贡献度，为下一步资源配置提供依据，贡献度较大的客户以后要勤跑，多配置资源；对于贡献度较差的客户，要分析原因，看是否有提高贡献度的可能。对于贡献度注定很低的客户，要及时退出。

（三）挖掘可能交叉销售机会

整理授信客户上下游的情况，包括其上下游的关联客户，其他产品组合营销的重新回顾，梳理企业的生产、采购、销售资金管理特点，比照服务方案，看是否还有深入交叉销售的可能。通过现有的客户，通过票据等产品天然连接结算的优势，去关联营销授信客户的上游供应商及下游经销商，这比自己去市场上陌生式营销效果好得多。

（四）将单个客户的方案制作成行业方案，进行同类客户的复制营销

应当形成自己的品牌优势，进行低成本的复制营销。同类企业一般运作模式、金融需求大部分是一样的，有时同类客户人脉都是相通的，复制营销效果通常很好。可以将合作的成功经验做一次总结，设计一个幻灯片文件，对于同类的客户进行演示营销，效果通常很好。

【点评】

1. 企业之间竞争的不仅仅是自身的产品，比拼质量、价格，实际是整体素质，包括运营体系、组织架构、财务管理水平的竞争。能否熟练使用银行产品，充分利用最新的金融工具，最大限度地控制成本费用，锁定企业风险；能否有效管理资金，实现价值增值；能否科学有效地培植供销渠道，降低产业链条的运营成本，这些决定了企业的长远胜负。

银行的价值就在于协助企业提升竞争力，与企业并肩作战，共同搏击市场，而不再是旁观者，或者仅仅是锦上添花。青岛有两家全国知名的大型电器制造企业，这两家企业经营运作都非常良好，不想再新增银行了。我们的客户经理找到其中一家就直接说，"我不是来销售银行产品的，而是来协助中小企业促进产品销售的，与中小企业并肩作战与其他电器企业竞争，我们有办法使中小企业的企业更具竞争力"。该企业老总非常感兴趣，问有何良策。客户经理推荐了银行的经销商金融服务网络，由企业推荐经销商，银行提供票据融资，定向用于采购该企业的产品，一旦经销商产品销售不畅到期不能解付，便提供退款保证。电器企业对自己的产品非常有信心，表示没有问题。就这样客户经理成功切入该公司。

2. 大部分银行与企业合作，更多的是表面合作，仅是提供一定的授信，吸收一定的存款，根本没有深入到企业经营"血液"中真正地了解企业，帮助企业经营，往往对企业经营的真实情况到底怎么样、到底有什么样的风险不太清楚。

银行的服务应当真正地嵌入到企业经营"血液"中，提升企业"采购、销售、融资、理财、管理"五方面的竞争力。这样的合作才是企业真正需要的，才真正体现出银行的经营水平和银行的价值。

【案例】A银行关于中国宝武（集团）公司的金融服务方案

尊敬的中国宝武（集团）公司领导：

A银行非常荣幸地参加此次中国宝武（集团）公司合作银行的招标，我们希望能够有机会与贵公司开展业务合作，共同为中国经济的发展而努力。

第一部分　银行整体情况介绍

A银行成立于某年某月，某年完成股份制改造，同年在上海交易所上市。伴随着中国经济和金融业的发展进程，A银行不断改革创新、锐意进取，始终把自身发展与国民经济的增长紧密结合，在为社会提供优质金融服务的同时，取得了良好的经营业绩。A银行已在全国28个省、自治区、直辖市的48个经济中心城市拥有分支机构×××家，截至某年底，A银行资产总额达××亿元，贷款余额××亿元，整体规模实力处于国内股份制商业银行前列，位居全球大银行排名第××位。

【点评】

　　银行介绍要包括银行股权背景、分支机构数、地域分布、银行经营，在国际上排名。如果是大银行，可以展现自己的实力。如工商银行就可以直接声明本行是中国最大的商业银行，主要业务领域均居市场领先地位。如果是股份制银行，应当在自己创新能力、个性化服务方面多投入笔墨。总之，这里应当尽可能展现银行的形象、银行的价值观。

　　客户希望见到的不是呆板、机械化、冰凉的银行，而应是积极、进取、有着自己喜恶的、活生生的银行，是一家有社会责任感的银行，洋溢着自身理想和价值光芒的银行。注意，这里使用A银行而不要用"银行"字眼，这点很重要，要不断强化A银行在客户头脑中的印象，否则，多家银行参与，客户很可能记混这是哪家银行的标书。

第二部分　银行优势介绍

　　A银行具备较强的业务创新能力和整体竞争力，在国内同业中A银行一直以"积极、活跃、参与、创新"的形象参与中国经济的建设，树立了自身良好的社会形象，在多年的发展中培养了自身的经营优势。

　　在中国最前沿金融领域，A银行一直是领跑者之一。

　　1. A银行为中国规模最大的股份制商业银行，主要业务领域均居市场领先地位就贷款余额和存款余额而言，A银行为中国规模最大的商业银行之一。A银行在公司银行业务、个人住房贷款业务、票据业务、资金业务等多个领域确立了领先地位。

2. 与政府有着良好的合作关系。A 银行获得财政直接支付、财政非税收入收缴代理资格。凭借 A 银行先进的电子化手段、良好的社会形象、高效的服务，在财政部组织的公开招标中，A 银行中标，成为有资格服务国家财政的银行之一。四年多来，A 银行与财政部进行了密切的合作，亲身参与并实践了中国财政收支改革。

3. 强大的创新能力。A 银行同时获得首批企业年金"基金托管人"和"账户管理人"两项资格，成为国内获得此项殊荣的 4 家全国性商业银行之一。A 银行成为国内领先的、办理企业年金业务的银行。

4. 布局合理，遍布全国的网络。A 银行的运营网点分布在全国 28 个省、自治区、直辖市，拥有超过 3000 名银行业务客户经理在为客户提供全面的公司银行服务。

5. 领先的科技创新能力。A 银行拥有我国商业银行中较为先进的信息科技平台，在国内较早实现了数据的全国大集中，实现客户资金、信息在全行系统内的实时传递。

6. 全面的风险管理和内部控制。A 银行建立有涵盖信用、流动性、市场和操作风险等方面的风险管理架构，建立了风险控制委员会，执行信贷审批制，最大限度地控制风险。

【点评】

表明银行的优势所在，通常在这里表现银行的价值观、主要涉及的领域等，要体现银行与国家经济同呼吸、共成长的关系。通常优势一般包括：规模优势（小银行也一定要让客户感觉到你的资金实力等方面足够雄厚，否则很难与大客户谈合作）；与政府融洽的合作关系（通常外商企业非常看重银行与当地政府的关系）；高效的服务能力（银行能够根据客户的需要，提供"量体裁衣"式的服务）；网点数量（没有足够的网点就不可能满足大型集团客户的资金管理需求，虽然网上银行非常发达，但是网上银行仅是提供相对于在柜台办理业务操作上的简化，实际资金收付还是必须依托物理网点来实现）；科技创新能力（大型客户通常都有信息对接的需求，要求合作银行必须有强大的科技能力）；风险控制机制（通常外商投资企业非常关心合作银行的经营状况，有时，外商企业要求国内商业银行提供财务报表及国际知名评级公司评级）。

第三部分　分行介绍

A 银行武汉分行积极参与了本地的经济建设，近年来支持本地的重点城市建设项目，如武汉市绕城高速公路项目、武汉宜昌电厂等大型项目，并与武汉市地税局、国税局等政府机构开展了良好的合作。

A 银行武汉分行始终坚持利用现代化的金融手段为企业提供综合的现金管理服务。通过先进的资金清算系统，为大型集团客户提供汇划、清算、对账、查询一体化的"现金管理服务"。A 银行武汉分行的现金管理客户包括神龙汽车、国电华中公司等客户。

A 银行武汉分行拥有 15 家支行，存款达到 150 亿元，员工 260 人，拥有客户经理 89 名。在本市商业银行中经营规模领先，曾经多次被总行评为先进分行。

【点评】

表明分行具体业务承办能力，通常要写明具体的项目，给客户以信心。客户选择银行的时候，如果看到服务的银行获得有多项的奖励，必然会对其有一定的信心。通常，这种奖励是来自这家银行系统内部还是来自外部（如监管部门）等并不在意。因此，总行应当尽可能多给分行一些奖励，分行尽可能给支行一些奖励，有时这非常有利于营销，为经营机构制造一些竞争优势。当然，这与滥奖截然不同。想想，你服务的支行在大厅里挂满了各类奖状，而另一家支行没有任何的奖励，你会选择哪家？

第四部分　对客户的认识

我们对中国宝武（集团）公司的整体评价：钢铁巨子、实业报国、民族工业、自强的典范。

中国宝武（集团）公司作为国有大型企业，可持续发展能力较强。现具备年生产钢铁 1000 万吨的综合生产能力，产量位居全国前列，是我国最重要的钢材生产基地之一。中国宝武（集团）公司是国家重点扶持的大型企业。

中国宝武（集团）公司财务状况较佳，通过银行有针对性的产品和服务，财务状况仍有改善的空间。而良好的财务状况是公司稳健经营的基础，是回报员工、股东的前提。

我们认为：作为国家脊梁骨干企业，高市场认知度是中国宝武（集团）公司最大的优势，可以为企业带来巨大的财务利益。

中国宝武（集团）公司可以：

——采取有力措施，降低短期融资利率，降低公司财务费用；

——通过融资租赁、信托等安排，在不提高财务费用的前提下，降低长期贷款金额；

——在增加销售收入的同时，应当有效地控制应收账款、存货等。

【点评】

对客户提供一些积极肯定的正面评价，表现出对客户行业有一定的认知，这有利于拉近与客户的关系。银行应当准确提出合作的具体建议，宜精不宜条目过多，要切中要害，否则会让客户不知所云。银行的"把脉"是否准确全在于此。一定要在认真研究客户经营情况、行业相关知识的基础上，提出准备合作的领域。

第五部分　银行提供服务的整体思路

一、资金融通方式的创新

1. 短期借款"票据化",进一步降低财务费用。如前所述,公司短期借款可以进行适当的"票据化",公司至少有50%的票据上升空间。

2. 长期借款进行"信托化",从而进一步降低成本。

充分使用"融资租赁",降低长期借款的金额,降低资产负债率,进一步优化财务结构。

二、强化对系统内资金的集中管理

对系统内资金进一步强化集中管理、统一运作,产生内源性现金流,减少系统内成员单位存贷并存的现象及对金融机构融资的依赖,保证整个集团利益的最大化。

三、强化对销售渠道的管理

通过保兑仓、仓单质押等国内贸易融资产品,提高应收账款的质量,保证销售规模的合理性和良性的稳定增长,有效地培植销售渠道。

四、综合金融服务

与银行开展住房合作金融安排,激励并稳定核心员工。

通过以上操作,继续保持乃至更加改进公司财务指标,延续良好的财务状况。

说明:本行曾经为中国新源(集团)公司、中国大理(集团)公司等国内企业成功提供了类似的金融服务方案,取得了较好的效果。

【点评】

要条理清晰,根据客户资金管理、销售渠道培植等方面分别阐述。同时,要重点突出,制造类客户通常对销售渠道强化非常感兴趣,如汽车厂等;而垄断型大客户通常对理财服务感兴趣,如电力公司等;大型的外贸企业通常对规避风险感兴趣;大型的民营企业对于降低财务费用,强化管理感兴趣。金融服务方案最好带有案例,案例的效果远强于口说。

第六部分 产品介绍

1. 一般信贷产品。项目贷款、流动资金贷款。

2. 现金管理产品。集团委托贷款、网上银行服务、法人账户透支、集团二级账户业务。

3. 票据产品。银行承兑汇票、商业承兑汇票保贴、买方付息票据。

4. 供应链融资产品。保兑仓、仓单质押、厂商银。

5. 投资银行产品。并购贷款、短期融资券、中期票据、资产支持证券债券结算代理。

6. 顾问服务。使用顾问、理财顾问。

7. 年金业务。

【点评】

通常要写明本行最具优势的产品、对客户的益处，以及对使用本银行产品的重点客户介绍，给客户以信心。一个实际案例远远胜过了自己的表白。

第七部分 服务团队介绍

1. 支行行长介绍。××，2003年毕业于武汉大学会计系，曾经在某分行信贷科工作。目前为 A 银行某支行行长。

2. 客户经理介绍。××，2008年毕业于西南财经大学国际金融系，曾经在 A 银行信贷科工作。目前为 A 银行某支行客户部经理。曾连续两年被评为武汉分行优秀客户经理，曾经为武汉××公司等客户提供了优质的服务。

展望未来，我们对您的发展充满信心，我们承诺将以自己出色的专业知识及完善的客户服务助您继续走向辉煌。

非常诚恳地希望可以与贵公司建立合作。

【点评】

　　客户通常会希望了解将来为其服务的客户经理是什么样子，尤其是客户的财务经办人员，而财务经办人员的态度在选择银行时候也非常关键，因为服务态度的好坏只有财务经办有发言权，毕竟总经理、总会计师不接触日常业务。银行一定要把精明、诚恳的团队形象表现出来。这里记住不要在客户经理栏把总行行长、主管副行长、分行行长的名字写出来，客户很清楚，总行行长、分行行长是不可能真正作为客户经理的，只有支行行长和业务经办才是真正的服务人员，因此，在这里务实些更好。

【营销建议】

　　通常以幻灯片文件格式打印，篇数一般在 20 页左右，有合适的厚度。正文宜用华文中宋，每页宜 10 ~ 12 行。首页左下角打出明显的银行标志。

　　在拜访客户前最好准备好笔记本电脑，给客户当场演示为好。在此过程中，客户经理应当充分做好准备，展示自身才华，赢得客户的信任。

第二节　给客户经理的 20 条忠告

[忠告一] 做信贷业务，必须有自己的进退之规

　　做信贷业务，涉及原则的问题必须坚持。

　　如客户提出贷款担保方式的改变、到期贷款归还可能延期、抵押率调整等。这些涉及银行的信贷经营原则，你必须坚持，没有讨价还价的余地，无论客户说明任何理由。明确告诉客户，原则问题不可以谈，这些是合作的基础，不能改变，非常干脆，让客户打消这个念头。

　　有时，并非客户做不到，或者客户不能接受，而是客户在试探你，与你博弈，客户希望得到一些额外的利益。一旦答应，你将从此陷入被动，本来

简单的问题，却陷入非常困难的境地。如一笔贷款客户提出展期，你一旦答应，今后将只能展期下去，很难改变，正常的贷款变成逾期贷款。而如果在第一笔贷款到期的时候，你就要求客户必须归还，那么在大部分情况下，只要客户有能力一般都会归还，这时需要你非常强势。

非原则问题可以或进或退。

如客户希望降低委托贷款手续费，希望分期提款，提前归还贷款等，不违反监管政策规定，仅是银行挣多挣少、工作量可能增减的问题，可以酌情答应客户，尽可能给客户提供便利。

《孙子兵法》云："制人而不制于人"，银行与客户是始终处于博弈状态的一对矛盾体。作为商业银行的客户经理，在信贷业务方面，合作之初你就要确立双方合作的规则，只要你一直坚持，客户一般都会配合你的节奏。

【典型案例】成功收回汽车经销商票据融资

正确的做法：如某汽车经销商在厦门某汽车制造有限公司提供回购担保的情况下获得 1000 万元的银行承兑汇票额度。票据到期前，客户经理通知客户准备兑付票据。经销商声明由于销售不佳，无力解付票据，希望银行能够展期或要求银行介绍其他企业给其融资，客户许以高息。客户经理在得知消息后马上报告支行行长。行长在与分行协商后，决定对经销商采取强势，要求其必须偿付票据，同时通知厦门某汽车制造有限公司准备回购汽车。厦门某汽车制造公司首先尝试调剂销售汽车未果后，在银行承兑汇票到期当日，主动划还一笔资金解付票据，厦门某汽车制造公司将整车提走。该银行在与该汽车经销商的博弈中全身而退。

错误的做法：某银行客户经理为上海立生公司办理一笔 300 万元流动资金贷款，提供房产抵押，贷款到期后上海立生公司没能还款。上海立生公司要求银行为其找资金还款，并许以高息，承诺一旦归还银行此笔贷款后，配合银行办理新的借款，再归还拆借来的资金。银行客户经理为其介绍上海新信贸易公司 300 万元资金，支行擅自为上海新信贸易公司提供了担保，在贷款给上海立生公司后归还银行融资。后来，由于总行重新制定了对部分行业中小客户退出的政策，总行上收了审批权限。对上海立生公司的新贷款没有能够发放，上海新信贸易公司在追索无望后将银行告上法庭，支行行长、客户经理均被开除。

【点评】

　　以上案例都是真实发生的案例，基本是两个相同的事件，结果却大相径庭。

　　第一个案例，银行采取了正确的措施。虽然经历了一些周折，还是安全收回银行本金。可以设想，一旦答应了该经销商的要求，将步步受制，本来银行可以控制汽车厂商，风险迎刃化解。而银行一旦将贷款展期，或介绍其他企业资金给经销商，将步步受制于经销商，最终形成风险。

　　而第二个案例，银行将本来的大好局面丧失殆尽。只要强行将抵押房产进行拍卖，客户慑于法律的压力，会想办法筹措资金还款的。即便从最坏处着想，将房产进行变现处理，银行通常也不会出现较大的风险损失。

［忠告二］ 经营风险而不是规避风险

　　什么是信贷风险，信贷风险就是违约的概率。风险大，就是违约概率大。风险小，就是违约概率小。做信贷项目，总是存在违约的可能性，不可以完全避免，但是却可以通过精确的计算，得出可能的损失率，只要在银行的容忍限度内，就可以做。

　　收益可以覆盖损失就可以做。

　　商业银行经营的就是风险，不可以一味躲避风险，需要有效地管理风险，为自己设下可以承受的风险容忍度，追求零风险是不现实的。风险出现有其自身规律，不可能完全规避。无所作为地一味规避是最大的风险。制定合理措施管理风险，确定能够承受的损失容忍度，将可能的风险损失降到最低，这才是最佳的选择。经营银行就如同深海"蚌中取珠"，必须取出珠，这是生存的需要。需要锻炼熟练的取珠技巧，不能因为怕被蚌夹伤，而不去取珠。一味地临渊羡鱼，肯定会被饿死了。

我们注定是战士，上战场我们别无选择，我们只能是强壮自己，不能寄希望于对方软弱。我们一味躲闪，就是兔子都会咬我们。我们只能是往前冲！

［忠告三］原则永远不可突破

客户经理应当确立自己做人的规矩、自己的处世原则。

恪守职业操守，时刻检视自己的行为。有些诱惑绝不可以碰，不可以越雷池半步，一旦有任何把柄操控于客户，就如同一把尖刀横在客户经理头上，随时会落下伤人。客户经理属于中国富裕人群，银行为之提供了足够的福利保障，在退休时候，能够全身而退就会非常富裕。千万不可为一时小利所惑，而自己深陷囹圄。要规规矩矩挣钱、正正规规做事、堂堂正正做人。

客户经理应当建立自己做事的规矩、自己的处世原则、拓展客户的原则，有些项目即便利润再大，客户描述前景再好，也不要轻易去碰。如一些小型电厂项目、一些高风险地产项目，可能带来一定存款、个贷业务收益，但是却隐含巨大的潜在风险。国家政策限制的项目永远不要去碰。中国商业银行最大的问题在于缺少规矩，或经常突破自己立下的规矩。

银行按规矩办事，就会从从容容，风险尽在掌控之中，即使真出风险，也会对事不对人；一旦超越规则，银行就是高风险的行业，就很可能踩雷，也会对事又对人。一个贷款项目，只要手续合规、按章操作，没有个人利益掺杂其中，出了风险，属于天灾；如果个人利益掺杂其中，那么就是人祸了。天灾可以容忍，人祸的容忍度为零。

在商业银行，让自己的一切置于阳光下，坦坦荡荡做人，风风光光赚钱，正大光明做事。

［忠告四］要善于有效的银行内外沟通

客户经理最应该培训的是情商和逆商。

情商告诉你如何正确与内外部沟通；逆商告诉你如何正确应对失败，这才是最正确的人生。在商业银行，信贷审批部门掌控着最关键的资源，决定我们的成败与生死。我们只能生，不能死。

所以，客户经理应该懂得与信贷审批人员的沟通，信贷经理最常发的牢骚是"××银行都批了，我们不批""我们银行审批标准最严，而出不良最多"。切不可一味抱怨，抱怨没有任何作用，反而会将情况弄糟，要懂得换位思考。在申报授信项目的时候，最可怕的是客户经理与审批人员形成对立，将个人情绪带到项目中，成了双方较劲。本来应该是"对事不对人"，反而成了"因人论事"。

客户经理与审批人员是银行发展中一对不可分割的矛盾体，审批人员作用在于控制方向，客户经理是"发动机"，只有发动机动力澎湃，方向盘准确无误，汽车才能良性运转，发挥最大效用；若一味大马力发动，而失去方向，将会更加危险。曾经有个项目介于模棱两可之间，但是客户经理认为"××银行都批了，客户根本不缺我们的贷款""我们提出的条件过于苛刻"，激怒了审批人员，本来是项目的事情，变成了人与人之间的情感冲突，项目自然黄了，审批人员可以找到任何一条理由说明项目有风险。

最有效的沟通方式是让信贷审批人员相信，贷款给客户是安全的，说清楚资金如何使用，如何可以锁定客户的资金回流来偿还银行贷款，需要的是切实的风险控制措施，而不是一味地口说客户规模大、信誉好、法人代表是政协委员等。如一个汽车租赁公司，将汽车租赁给某市海关使用，这是一个非常好的项目。客户经理在申报这个项目时提出一个合理的方案：银行提供信贷资金，采取封闭贷款的方式，直接划给汽车厂商，由该市海关出具承诺函，承诺支付租金直接划拨至融资银行指定账户，同时汽车租赁公司提供承诺函，授权银行可以扣划保证金分期还贷。这样的合理设计可以有效地锁定资金流动风险，项目一般都会批准的。如果单纯给汽车租赁公司一笔流动资金贷款，十之八九是会毙掉的。

［忠告五］要善于交叉销售各类产品

客户经理切忌考虑问题不够严谨、全面。很多客户经理在拓展客户时候不知道自己应该得到什么。对于中小客户，要明确你需要从这个客户拿到多少存款、办理多少代发工资、发行多少银行卡等。对于大型客户，即使是中国石化这样的特大型客户，客户经理心中也要设定一个需要开拓业务量的指标，将来客户要使用银行多少票据贴现业务、使用多少网银等。总之，自与客户联系开始，就必须源源不断地销售产品，想方设法密切合作关系。

与授信客户合作，越多交叉销售，银行信贷资金越安全，合作越稳定，单一的信贷投入（如一笔贷款）是非常危险的。大的贷款客户没有综合业务的硬性捆绑，很容易被别的银行"挖墙脚"。小的信贷客户没有综合收入，分行可能随时要求你退出此类客户。

客户通常都是，一开始反感，到后来接受，再到后来，离不开你。这很像谈恋爱，一开始女孩反感你，但是，你要多追求，看电影、吃饭、逛公园；后来，因为爱贪吃，接受你；到后来，吃上了瘾，就会以身相许。

［忠告六］忠诚于你的银行

客户经理应当忠诚于自己的银行，在外面处处维护自己的银行。经常有客户经理在外面说我们银行这不行、那不行，这是不对的，热爱自己银行、忠诚于本行的客户经理永远值得人尊敬。我最钦佩一个客户经理，在外面如是说，"我非常热爱自己的银行，虽然它的规模不比四大行，品牌不比外资银行，但我会做好自己的工作，我相信经过我们的努力，我们银行会有光明的前景"。

在当今社会，忠诚就意味着人品，客户对忠诚的客户经理是会有普遍好感的，这家银行给了你生活的依靠，可以让你非常体面地生活，可以安养晚年，你为什么不热爱它呢？只有热爱这家银行，才可能有奉献的热情，形成正向的"马太效应"。在中国，各家银行管理机制相差很小，你需要的是适应环境、适应规则，没有意义的抱怨只会让你更不开心。既然已经身处游戏之中，不妨尽情享受游戏，争取成为赢家。记住：你不可能改变游戏规则，改变你自己更加现实。在游戏中过于桀骜不驯，可能被赶出局。再想想，你不开心，其实职位比你高、收入比你多的人，以及行长也都有很多烦心事，也会有很多不开心的事，工作上并不比你轻松。

［忠告七］精耕细作远胜于一味地拓荒

经常看见一些客户经理开拓很多客户，非常辛苦，但是业绩却一般。这是因为每个客户拓展都不彻底，很多都是浅尝辄止，并没有深入挖掘每个客户的潜在价值。建议应当咬定一个行业、咬定一个有潜力的客户拼命拓展，最大限度地挖掘客户的价值，围绕已经搞定的客户，向其上、下游延伸营销。企业在经济社会中生存，总有自己的资金吞吐、收付款业务，客户经理应当摸清企业的产业链，进行关联拓展。

银行客户经理如果专注在某一行业、某一领域，刻苦钻研，就会成为这个行业的专家，即便这个行业竞争激烈，存在一定的风险，通过对行业的了解，也能积累规避风险的经验，具备甄别客户的本领。经营银行就如同一项长期投资，我们应该向巴菲特学习，专注于自己熟悉的行业，可以多年寂寞地孤守这座城池。今天，我们看巴菲特已经成为一代"股神"，而同时代很多基金公司都已经成为过眼云烟。每个客户经理不妨在年初给自己确定一下本年度开拓客户的方向，就在确定范围内拓展，经过长时间积累，你会成为这个行业的专家。其实每个行业都有好项目，只要设计合理的服务方案，都可以锁定风险。客户经理切忌每个行业都做，都是蜻蜓点水，知之甚少。客户经理在拓展业务时要防止面面俱到，劳而无功，一是浪费了时间，二是挫伤了锐气。在一个行业精耕细作的最大好处是可以形成自己在某个行业的品牌，有了品牌客户自然滚滚而来。

今天之阿里巴巴名满天下，沿着产业链，支付宝、淘宝、聚划算、阿里小贷等，在中小企业的商业市场雄霸天下。

我不相信，就在一个地方拼命打眼，打不出水来。

［忠告八］不要冒你承担不起的风险

不要冒你承担不起的风险，或本不应该由你承担的风险。在信贷业务中，经常出现客户犹豫不还款的情形，或提出其他无理的要求，你应有理有据地拒绝，切不可自作主张，一味地迎合客户而尝试违反银行的制度，更不可为了业绩而参与弄虚作假，按制度行事是保证你在银行安身立命最起码的底线。

商业银行可以容忍天灾，对人祸的容忍为零。

贷款如果客户经营失败，我们可以对这个进行容忍，毕竟，商业上有得有失，可以理解。如果客户经理与客户进行勾结，弄虚作假，肯定就属于人祸了。

［忠告九］ 建立自己可以依靠的团队

不要恃才傲物，与周围环境不能相融。很多客户经理总是特立独行，不能与同事、领导融洽相处。自认为在某一方面有别人无法比拟的专长，对他人视而不见，这是银行客户经理的大忌。银行业务拓展必须是一个团队的行动，你需要得到信贷部门、产品研发部门、法律部门、科技部门等多个部门的协力支持，事业才能成功。

我们今天能够取得一些成绩，都是众人抬轿的结果，没有了同事的帮助，没有了客户的支持，我们什么也做不出来。

［忠告十］ 银行永远偏爱有主业的贷款客户

银行喜欢有主业的客户是一个永恒的主题，因此，要对你的借款人到底是做什么的非常清楚，你要非常清楚他的盈利模式。你的借款人必须有强大的主业，哪怕这个主业暂时仅是产生现金流而并没有赚钱，也不要找一个没有任何主业而看似盈利很丰的客户。

没有主业的客户现金流时断时续，隐藏了巨大的波动风险。你要坚信：银行不会选择没有主业的客户。

一味做多元化，而且不搭界的公司很难成功。

万科执着于地产、华为执着于电信、格力执着于家电，就像老鼠执着于大米，结果呢，都成功了。

［忠告十一］ 善于平衡客户与银行之间的利益

为客户和银行之间"双赢"的方案而积极磋商，"单赢"的合作不可能持久。很多客户经理喜欢一次过高的报价是不可取的。在你决定给企业提供资金融通的时候，无论企业规模的大小，在银行政策许可的范围内，就给其一定优惠的价格，这样，客户永远不会被其他银行夺走。

即便是大型的客户，该向客户提出的要求，也要理直气壮地说出，我们要积极向客户索要结算存款、进行交叉销售。客户承诺过的事项，要求他必须履行，这样银行才会获得合理的回报，银行的高层才会批准为其提供持续资源支持，才可能有长久的合作，我们诚信，要求客户也必须诚信。对于大客户一味地妥协，你反而可能失去客户。

［忠告十二］经常跳槽的人不会有未来

在一定银行工作久了，总有很多不如意的事情，有的客户经理往往牢骚满腹。记住，到退休时候，要想做到全身而退，而且还可以体面地颐养天年，就要注意保持心态平和，不可通过损害银行利益寻找心态的平衡，一失足成千古恨。

也不可过于看透世故，改换门庭不一定是最好的选择。各家银行的考核、选拔机制差异不大，高成本的离开可能得不偿失。去其他银行另起炉灶是非常困难的事情，起灶需要适应其他银行的搭灶技术要求，需要重新与审批机构的磨合等，需要在其他银行找到在原来的银行做信贷业务的感觉。

这都需要时间，需要成本。我们不可以总是栽树，却不收获。

［忠告十三］人品的力量高于技能

必须重视人格的塑造，提升人品。做人比做事更加重要，技巧可以赢得一时，人品可以赢得一生。

客户选择的顺序通常是"先人后行"，先接受银行的客户经理，认同客户经理的做事方式、人品、价值观，然后才接受银行服务，人品是立足的基本前提。在中国，是个认同做人的国家，你懂得如何与人相处，与你的总分行相处，与你的客户相处，求得别人的帮助。

你想知道自己的价值有多少，看看你身边的朋友，选出5个朋友，他们价值的平均值就是你的价值。

［忠告十四］懂得聪明地放弃

客户经理最大的财富就是时间，我们经常看见客户经理一直在一些根本不可能搞定的客户，或者没有价值的客户身上消耗过多的时间和精力，这是最大的浪费。

不要在不可行的观念上打转，一旦发现某种方法行不通，应立即放弃，把时间浪费在那些不可行的客户、方法上是不可弥补的损失。

宁可做 10 个有确定可能的中型客户，也不要在一个明显不可能的大客户身上耗时耗力，懂得放弃不失为一种明智的选择。一些特大型集团客户、大型外商投资企业，注定被多家银行追捧，中小银行确实很难介入。在当今的商业银行，要求的是"速战速决"，而绝不是"持久战"。人生就如同赌局，千万不要总是梦想着一次和个大牌，如果你总是赢，那么经年累月，你会赢尽天下。

［忠告十五］在错误中总结成长

在银行，要谨慎选择客户，对看准的业务，要大胆的尝试。即便犯了错误，修订即可。不要不敢承认自己的错误，犯了错误不是一种罪行，犯了错误不改才是罪过。必须不断总结，切实提升自己的能力。一次跌倒，可能仅是外伤，顶多头破血流，而再次犯同样的错误，很可能是万丈深渊，万劫不复。

成功就是简单的事情能够机械地重复做，且从不变形。伟大的银行客户经理就是能够坚持下去，并养成自己良好的习惯。

［忠告十六］授信业务是王中之王

信贷资金是企业经营的血脉，我们因为可以满足客户需要而有生存的机会。

到目前为止，授信仍是营销客户最主要、最有效的手段，是银行立行之本，是客户经理立业之源。最近几年，银行开发了多种金融产品，结算产品、理财产品，但是大多都是边缘性的产品，属于搭售范围，可以锦上添花，但不能作为银行立行的基础工具。授信产品是银行产品"百花园"中的牡丹，为王中之王。没有授信产品，其他产品很难销售。不懂得授信产品，客户经理无法立足。

没有授信就没有存款，没有存款就没有贷款，没有贷款就没有利润。所以银行是授信立行。客户经理一定要牢牢把握授信产品这个主线，千万不要迷失在银行纷繁复杂的"产品花园"中而失去开拓客户这个方向。

［忠告十七］永远全身心投入工作

尽量把时间花在事业上，心无任何杂念，直到事业站稳为止。做客户经理注定要高速运转，不能停下来，这是竞争使然。既然已经选择了这份事业，与其像无名小卒一样落寞，不如就立志在刀光剑影中成为一流高手，创下一片江山。

这个世界没有所谓的怀才不遇！

这个世界没有送给你的公平，公平需要你去抢，需要你自己用实力去抢得公平。

这是一个不抱怨的世界。

想一想马云、马化腾，二十年前，人家不也是穷的当当响。人家在做什么，在创业，在尝试改变我们的生活方式。结果呢，今天名满天下，而我们呢，如果你就想着过朝九晚五的平稳日子，你终究会平庸一辈子。

［忠告十八］银行人一诺必千金

每个微小的承诺都要慎重，已经承诺的事情再小都要履行。轻易不诺，一诺必千金。与客户交往必须慎重，千万不要轻许诺。客户经理与客户接触的时候应当多听少说，既是尊重客户，同时又可以捕捉合作机会。培养自己老成持重的形象，可以赢得客户的信赖。每天不敢有任何的懈怠，每天上紧发条的机器一样高速运转。

就是说，一定要谨慎考察生意伙伴的人品信誉，不本分老实的人就是利润再大，也不与之交往；一旦结交，在对方遇到困难时，就要竭力相助，即使明知无利可图，也不绝交。

［忠告十九］客户经理要保持高度敏感

我们要对市场变化保持高度敏感，时刻关注新的客户需求与金融政策。

不断学习新知识、新技能，最大限度地将之运用到实际工作中。善于总结，通过不断改善现有的工作方法、思路和流程来提高效率。及时调整自己，适应不断变化的环境。在今天的银行竞争中，使用老套路、老方法肯定是不行的，企业的需求在更新，银行不断推出新产品，若跟不上肯定会被市场淘汰。

银行是一个淘汰率很高的行业，不是银行在淘汰我们，而是客户在不断淘汰我们。不进则退。需要快跑、再快跑。

［忠告二十］大事小事都要懂得复命

完成上级布置的工作任务后应向上级反馈工作结果，最好采取书面的报告方式，而不应被动地等待上司的过问。

客户经理是银行的终端触角，我们多提供信息，才方便上级进行决策。

不管上级是否过问，都要向银行的上级（总行和分行，你的行长）不断反馈客户的需求、产品的市场使用效果等报告，做一个负责任、有着大局观念的优秀客户经理，这样你会有可能有长远的发展，从客户经理成长为支行行长。

［忠告二十一］做个有血性的男人

我们的客户经理要成为热血男儿，要有血性，要有狼一样的精神，见了客户，要拼命冲上去，死死咬住，怎么甩都不会掉下去。

其他银行要和我们抢客户，想都不要想，和他拼个你死我活。狭路相逢勇者胜，要有两军对垒，斩将夺旗的勇气。

追求好客户很像追求女孩，不主动，没有西施会主动上门。

［忠告二十二］了解客户才真正可以控制风险，而不是依赖抵押物

担保抵押控制不了风险，真正能够控制风险的是你对客户的了解，不了解客户就提供贷款是最大的风险。

当你不了解客户的时候，即便质押率仅有 10%，你也有巨大的风险。如

果了解客户，即便质押率达到 80%，你也不必害怕风险。

作为客户经理必须熟悉客户，熟悉客户所在的行业，熟悉银行产品，不熟悉客户就提供授信是毫无赢局的赌博；不熟悉银行产品就营销客户，你不知道如何下手。

想挣一个行业的钱，必须先成为圈内人。

给客户经理做信贷一个告诫：要非常清楚企业的销售资金回流的方式，和可以清晰测算的资金回流量，牢牢锁死企业的销售回流现金流，控制不了企业的销售现金回流，一切风险控制都将是空谈 。

［忠告二十三］掌握最扎实的基本功

银行客户经理游荡江湖，必须有扎实基本功。客户经理成才的第一要点就是练好基本功，基本功要非常扎实。

基本功就是对授信产品具备非常精深的理解，对票据、供应链融资、保理、国内证、保函等银行基础授信产品的学习非常透彻，一旦你有非常扎实的基本功，今后就可以对现有的授信产品进行随意组合了，一旦可以根据不同客户的需求，进行多产品的任意组合，形成金融服务方案，在营销过程中就可以随心所欲，这是客户经理的最高境界。

就如同巴西的足球运动员基本功非常扎实，停球、传球、过人每个动作都非常过硬，在实战中就可以随意组合动作了。再看看中国的足球运动员，每个基本功都谈不上，一旦上了赛场，停球停出界，射门射偏，盘球将自己绊倒，就只剩下在足球场上打架了。

［忠告二十四］先授信，再用信

授信额度就是判断企业最大的偿债能力，是对企业经营能力和现金流状况的综合评价的结果，银行相信企业在这个金额范围内有足够的清偿能力，控制企业的偿债能力风险。所以，只要是银行做信贷业务，首先必须为借款人核定授信额度。

我们应当首先判断企业是否有偿债能力，抵押和担保仅是一种控制手段，让企业做事有底线，不会轻易违约，控制企业的道德风险。不是有了抵押和担保我们就一定提供授信，首先是企业必须有独立的偿债能力。

［忠告二十五］授信要先考量企业的偿债能力，其次是融资总量

千万不要超贷，要做好两个测算，首先是测算企业的偿债能力，其次是测算企业的经营需要的融资总量。

银行提供的融资既不能超过企业的偿债能力，又不能超过企业经营需要的融资总量。我们要精准分析企业的经营能力边界极限。

做信贷，需要你很好的眼力，找到有能力的人，对有能力的人提供信贷资源。信贷资源是最宝贵的生产资料，只有好马才能配好鞍。

超过企业的偿债能力，企业根本无力清偿，超过企业经营需要的融资总量，企业可能会挪用信贷资金，这两种行为，风险都极大。

有时候，不是客户有意识违约不还款，而是我们的纵容，给了客户冒险的机会，反而将银行陷入危局。

［忠告二十六］存款靠业务支撑，而非人情

采取双边业务方式吸收存款，我们给企业提供融资或融信支持，企业给我们回报存款。千万不要做单边存款业务，单边存款业务，仅靠人情和关系维护，合作很难持久，同时存款成本极高。

双边存款业务，以资产业务拉动的存款业务，银企彼此为商业伙伴，实现商业利益的协同和共赢，这是商业银行的长久发展之计。

有往有来的存款才会长久。

［忠告二十七］有贷款必须有结算回报

千万不要做裸贷的客户，客户没有任何的结算流水，一笔贷款上账，立即被转走使用，你都不知道。

我们可以通过灵活调整贷款利率，提供上门服务等优惠，刺激客户在本行做结算流水，通过流水的变化来识别企业的风险信号。

只要我们给客户提供授信了，客户必须将主要结算流水放在我们这家

银行。

很多客户说，你这家银行太小了，在你这家银行做结算不方便。这都是托词，当初你借款，怎么不去大银行融资呢？还不是我们支持你。

［忠告二十八］"融资＋融智"

商业最新颖的"融资＋融智"服务是撮合交易融资。

单纯需要融资的往往是中小企业，而大型企业需要的是"融资＋融智"，需要的不是简单的流动资金贷款，而是投行、结构化的融资。

你学会客户转弯的融资需要，以前简单的表内融资被摒弃了。

大企业以前都是资产负债表右侧上端融资，现在变成了资产负债表后侧，下端融资。

［忠告二十九］销售银行产品要因人而异

商业银行销售金融产品要因人而异，周转速度快的流通类企业适合使用银行承兑汇票，通过循环使用银票创造存款；

周转速度慢的制造类适合使用商业承兑汇票，通过商票创造关联营销机会；

周转速度更慢而利润极高的开发商适合办理贷款，提供资金批发信贷创造利润，不可一个模式不变。

我们要根据客户不同的特点有针对性地营销各类银行产品，不能总是一个套路。否则，就是刻舟求剑，一场空。

［忠告三十］去争抢企业的基本结算账户

银行一定要去抓基本结算账户，抓企业的主要结算账户，一旦企业的主要结算账户指定在你这家银行，尤其是其往来结算的收款账户非常关键，这个账户会非常稳定，而且很难改变。而且流水量极大，沉淀的多是活期存款。所以，银行必须在企业刚出生的时候，就及时切入，要懂得搞定工商局验资专户，懂得搞定企业刚成立后，开立的第一个结算账户，这往往是主要的收款账户。

尽可能要求借款人将销售合同及增值税发票的账户及开户行，写上本银行，这样最安全。

［忠告三十一］ 在企业那里建立自己的内线

做银行营销，一定要在客户内部建立我们银行自己的内部眼线，你光和企业的总经理和财务总监搞好关系不行，这些高层一般负责的都是大的决定，而一些具体的存款业务往来和琐碎的票据贴现无疑都是财务主管或科长这层决定。

我的经验：我曾经营销北京开关电气股份有限公司，这个公司的财务总监我非常熟悉，客户在银行办理了超过 1 亿元的贷款，存放了接近 3000 万元。这个公司规模非常大，平时具体决定和银行打交道的是一个财务主管。平时，我非常注意和这个财务主管搞好关系，这个财务主管本身女同志，手下有大量的 50 多岁的女同志，都是拖家带口的。只要单位发月饼和挂历，我都会惦记这个主管和财务科的女同志。结果这个财务科长和科里的同志都成了我的眼线。只要公司收到了银行承兑汇票，都一定时间通知我来领取走，只要公司有办理银行保函的需要，都第一时间通知我，你可要知道，都是全额保证金的银行保函啊，含金量极高，结果光我办理保函就超过了 50 笔，保函带来的存款居然又增加了 4000 万元。

一个大的公司，你必须将上层和具体办事的都搞定，这才会有可观的存款，单纯搞定高层，如果忽视具体财务办事的，可能顶多捡了个小西瓜，而平时琐碎的一篮子苹果都会丢掉。

［忠告三十二］ 跟上这个时代

现在的银行发展一日千里，微信银行、投行金融、互联网金融层出不穷，我们一定要跟上这个时代。客户的需要远远超出了我们的要求，如果我们仍停留在过去了解的传统信贷，就会简单的流动资金贷款，肯定会被客户抛弃了。

我经常恐惧，晚上睡不着觉，唯恐被这个时代落下。这是一个不讲感情的时代，讲的是商业获利，我们与客户原本就是商业伙伴，伙伴就如同舞伴，要有能力跟上才可以。

后　记
做银行客户经理中的侠之大者

我经常回忆自己二十年前的银行客户经理生活。

阴差阳错进入银行，我做了一名客户经理，虽然偏离原本的人生规划，我却并不沮丧。我喜欢这种东奔西跑找客户的生活，我的客户经理生涯很多人肯定会感同身受。进入银行第二天就被拉去跑营销，行长对我说任务是1亿元，我当时眼睛瞪得大大的，1亿元！天啊，那么多！想想自己多天真，以自己的收入去考量存款。银行生活的第一天充满兴奋、紧张、恐惧，不知道未来的生涯会如何。可能人生就是一个不断试错的过程。

对营销的认识我经历四个阶段，每个阶段收获不同，但都在一步步成长。

第一个阶段：广种薄收练胆。刚开始做客户经理，想做什么客户全由自己，随意性很大。我一天陌生式拜访的客户最多达到了9个。中午也不休息，整天都在外面跑。当时年轻，感觉不到疲劳。这个阶段最大的收获就是锻炼出了胆量。做信贷，培养优秀客户经理是个笨功夫，来不得任何投机取巧。这段人生积累，对我后来的口才、耐力、与人交往都终生受益。

那时候，拉客户上了瘾，租的房子旁边是个卖空调的，周六时我也去登门拜访，当时在电器行业，银行承兑汇票结算和现款结算一个价。

"要不要准全额保证金银行承兑汇票，98万元资金就可以提100万元的货。"

"小兄弟，真的?"

"老板，您智商这么高。在我们行存入98万元，我们就给您开100万元银行承兑汇票。"

"说得也是，小伙子，你很有眼光，啥时可以办理?"

顺手将其拿下。

第二个阶段：精准定位法。通过网络寻找客户，那时我每天注意看当地的工商局网站注册信息、行业网站的信息、焦点网、本地广告栏经常有企业招人，他招人，我找客户。因为，我认为能在大型网站登大幅广告招人的企业应该有些实力，看到新企业的信息，我都会非常兴奋。那个时候，头天晚上我都会积极查找客户信息，找到电话，来天早上九点钟，我一定会打起电话来。

人生就是这样，大家刚到银行的时候，差距不大，过了 10 年，大部分人还是客户经理，还有些因为种种原因离开了银行队伍。

第三个阶段：主动伴郎法。在银行工作半年后，感觉自己很投入、很辛苦，效果却一般。我认真总结后发现，关键是自己不了解笨银行需要什么样的客户，太盲目，授信审批成功率太低。而且，客户在选择银行的时候，需要很长的熟悉、了解、接受，这都需要时间。

于是我转变了营销思路，尝试通过帮助其他客户经理做担保人调查等方式，首先接触熟悉的客户。我主动向支行其他客户经理提要求，帮助他做担保调查。分行当时每个部门都缺人，来了一个愿意做担保调查的人，当然接纳。这段让我脱胎换骨，我很快扩大自己的版图，担保人一般多少对我们这家银行还是了解的，清楚这家银行信贷偏好、客户取向。

你去开发借款人，我去开发担保人。

这以后，我的项目成功率有了明显提高。这就像你多去当伴郎，就有机会认识伴娘，脱离光棍的日子也就不远了！

第四个阶段：大树底下好乘凉。要想找个好客户，要按照供应链的方式，例如，能够做中石油的供应商，一般质量都不会太差。我就去找有核心企业依托的中小企业，太大的核心企业根本搞不定，中移动、中铁总不属于我们。我不会盲目出击一个客户，我先会评估一下，银行能否接受这样的客户，我能用什么样的产品与客户建立合作，银行能够得到什么。这个阶段是丰收的季节，成功率很高，而且积累了极好的人脉。

银行做信贷的人生很奔波，但是绝不是辛苦，做信贷谋生的生活要远远好于我们大部分同龄人的方式。我没有力量，做不了好工人；我忍受不了烈日，做不了好农民。我这人从不做毫无意义的横向比较，纵向比较更让我积极、敞亮。

我对工作过的两家股份制商业银行充满了感恩，高效市场化的运作机制、创新进取的信贷文化使它们成为市场竞争的佼佼者，它们给了我智慧。我也非常感谢做客户经理的这段经历，它锻炼了我的口才，我的胆识。

今天富足的生活，都是银行给予，我充满了感恩，自己是个幸运儿，从遥远的内蒙古来到北京，从北漂到凤凰男，用了不到十年工夫。

有时，拉存款很像吸食了鸦片，我感觉存款在支撑着我的神经，即使再累也会非常精神。

客户经理生活给了我很多快乐，让我一直都在进取的状态中生活着，虽然压力很大，但是我感到非常充实，我喜欢看见存款不断攀升的感觉，虽然这实际就是个数字游戏。

人生在自己风华正茂的少年时，一个正确的时间，选择了一个正确的职业，既能谋生，同时又是兴趣所在，这已经非常奢侈了。

后来，我们成立了立金银行培训中心，我们整天在各地培训对公客户经理，包括票据产品、供应链融资产品、投行产品的使用技巧、营销示范等，受到普遍欢迎，我喜欢这种天马行空的生活。在培训中，我发现案例最受欢迎，作用巨大，案例可以使客户经理很快掌握产品，通过案例来学习银行产品的效果非常好。

培训的经历非常简单：

1. 我们培训了中国大部分的股份制商业银行和城市商业银行，其中顶尖的民生银行、兴业银行、浦发银行、徽商银行、河北银行等，我们亲历了这些商业银行的转型，非常荣幸，为这些银行培养了极为出色的优秀的银行客户经理。

2. 新业务展示这些银行的快速崛起。我们培训的供应链融资、商票、投行等新产品帮助很多银行的公司业务快速崛起，营销方式发生了很大变化，从单一客户营销发展为针对一些客户产业链的整体营销，从单一产品销售发展为综合金融服务方案的提供，银行的商业价值凸显。

这本书收集了我们在各家银行培训使用银行授信产品、综合金融授信方案的总结、认识和领悟。我很希望将我的经验总结后与广大银行客户经理分享，让客户经理尽早找到正确的开拓客户的方法，尽快成长起来。